Diogenes Taschenbuch 149/3

de
te
be

Arthur Schopenhauer

Zürcher Ausgabe

Werke in zehn Bänden

Band III

Non multa
[Nicht vielerlei]

Der Text folgt der
historisch-kritischen Ausgabe von Arthur Hübscher
(3. Auflage, Brockhaus, Wiesbaden 1972)
Die editorischen Materialien
besorgte Angelika Hübscher
Redaktion von Claudia Schmölders,
Fritz Senn und Gerd Haffmans

Die Welt als Wille und Vorstellung.

Von Arthur Schopenhauer.

Zweiter Band,
welcher die Ergänzungen zu den vier Büchern des ersten Bandes enthält.

Paucis natus est, qui populum aetatis suae cogitat.
[Nur für wenige ist geboren, wer von seinen Zeitgenossen Anerkennung erwartet.]
Sen[eca, epistulae, 79,17]

Erster Teilband.

Diogenes

Diese Ausgabe erscheint mit Förderung
der Schopenhauer-Gesellschaft e. V. und des Schopenhauer-Archivs
(Sitz: Frankfurt am Main).

Ein Glossar der wichtigsten wissenschaftlichen Begriffe
und Fremdwörter findet sich jeweils im Anhang
der Bände IV, VI und X.
Nachbemerkungen von Angelika Hübscher zur *Welt als Wille und Vorstellung*, zu den *Kleineren Schriften* und *Parerga und Paralipomena* jeweils am Schluß der einzelnen Bände.
Ein Namenregister am Schluß des X. Bandes.

Umschlag: Arthur Schopenhauer,
nach einem Ölgemälde von Angilbert Göbel, 1857–1859.

40/81/8/3
ISBN 3 257 20423 X

Inhaltsverzeichniß des zweiten Bandes.

Erster Teilband:

Ergänzungen zum ersten Buch.
Erste Hälfte: die Lehre von der anschaulichen Vorstellung.

Zweite Hälfte: die Lehre von der abstrakten Vorstellung, oder dem Denken.

Ergänzungen zum zweiten Buch.

Zweiter Teilband:

Ergänzungen zum dritten Buch.

Ergänzungen zum vierten Buch.

Anhang.

Ergänzungen zum ersten Buch.

»Warum willst du dich von uns Allen
Und unsrer Meinung entfernen?« –
Ich schreibe nicht euch zu gefallen,
Ihr sollt was lernen.

Goethe.
[Zahme Xenien, I, 2.]

Zum ersten Buch.

Erste Hälfte.

Die Lehre von der anschaulichen Vorstellung.

(Zu § 1–7 des ersten Bandes.)

Kapitel 1.

Zur idealistischen Grundansicht.

Im unendlichen Raum zahllose leuchtende Kugeln, um jede von welchen etwan ein Dutzend kleinerer, beleuchteter sich wälzt, die inwendig heiß, mit erstarrter, kalter Rinde überzogen sind, auf der ein Schimmelüberzug lebende und erkennende Wesen erzeugt hat: – dies ist die empirische Wahrheit, das Reale, die Welt. Jedoch ist es für ein denkendes Wesen eine mißliche Lage, auf einer jener zahllosen im gränzenlosen Raum frei schwebenden Kugeln zu stehn, ohne zu wissen woher noch wohin, und nur Eines zu seyn von unzählbaren ähnlichen Wesen, die sich drängen, treiben, quälen, rastlos und schnell entstehend und vergehend, in anfangs- und endloser Zeit: dabei nichts Beharrliches, als allein die Materie und die Wiederkehr der selben, verschiedenen, organischen Formen, mittelst gewisser Wege und Kanäle, die nun ein Mal dasind. Alles was empirische Wissenschaft lehren kann, ist nur die genauere Beschaffenheit und Regel dieser Hergänge. – Da hat nun endlich die Philosophie der neueren Zeit, zumal durch Berkeley und Kant, sich darauf besonnen, daß Jenes alles zunächst doch nur ein Gehirnphänomen und mit so großen, vielen und verschiedenen subjektiven Bedingungen behaftet sei, daß die gewähnte absolute Realität desselben verschwindet und für eine ganz andere Weltordnung Raum läßt, die das jenem Phänomen zum Grunde Liegende wäre, d. h. sich dazu verhielte, wie zur bloßen Erscheinung das Ding an sich selbst.

»Die Welt ist meine Vorstellung« – ist, gleich den Axiomen Euklids, ein Satz, den Jeder als wahr erkennen muß, sobald er ihn versteht; wenn gleich nicht ein solcher, den Jeder versteht, sobald er ihn hört. – Diesen Satz zum Bewußtseyn gebracht und an ihn das Problem vom Verhältniß des Idealen zum Realen, d. h. der Welt im Kopf zur Welt außer dem Kopf, geknüpft zu haben, macht, neben dem Problem von der moralischen Freiheit, den auszeichnenden Charakter der Philosophie der Neueren aus. Denn erst nachdem man sich Jahrtausende lang im bloß objektiven Philosophiren versucht hatte, entdeckte man, daß unter dem Vielen, was die Welt so räthselhaft und bedenklich macht, das Nächste und Erste Dieses ist, daß, so unermeßlich und massiv sie auch seyn mag, ihr Daseyn dennoch an einem einzigen Fädchen hängt: und dieses ist das jedesmalige Bewußtseyn, in welchem sie dasteht. Diese Bedingung, mit welcher das Daseyn der Welt unwiderruflich behaftet ist, drückt ihr, trotz aller empirischen Realität, den Stämpel der Idealität und somit der bloßen Erscheinung auf; wodurch sie, wenigstens von Einer Seite, als dem Traume verwandt, ja als in die selbe Klasse mit ihm zu setzen, erkannt werden muß. Denn die selbe Gehirnfunktion, welche, während des Schlafes, eine vollkommen objektive, anschauliche, ja handgreifliche Welt hervorzaubert, muß eben so viel Antheil an der Darstellung der objektiven Welt des Wachens haben. Beide Welten nämlich sind, wenn auch durch ihre Materie verschieden, doch offenbar aus Einer Form gegossen. Diese Form ist der Intellekt, die Gehirnfunktion. – Wahrscheinlich ist Cartesius der Erste, welcher zu dem Grade von Besinnung gelangte, den jene Grundwahrheit erfordert und, in Folge hievon, dieselbe, wenn gleich vorläufig nur in der Gestalt skeptischer Bedenklichkeit, zum Ausgangspunkt seiner Philosophie machte. Wirklich war dadurch, daß er das *Cogito ergo sum* [Ich denke, also bin ich: *Principia philosophiae*, 1, 7, 10] als allein gewiß, das Daseyn der Welt aber vorläufig als problematisch nahm, der wesentliche und allein richtige Ausgangspunkt und zugleich der wahre Stützpunkt aller Philosophie gefunden. Dieser nämlich ist wesentlich und unumgänglich das Subjektive, das eigene Bewußtseyn. Denn dieses allein ist und bleibt das Unmittelbare: alles Andere, was immer es auch sei, ist durch dasselbe erst vermittelt und bedingt, sonach davon abhängig. Daher geschieht es mit

Recht, daß man die Philosophie der Neueren vom Cartesius, als dem Vater derselben, ausgehn läßt. Auf diesem Wege weiter gehend gelangte, nicht lange darauf, Berkeley zum eigentlichen Idealismus, d. h. zu der Erkenntniß, daß das im Raum Ausgedehnte, also die objektive, materielle Welt überhaupt, als solche, schlechterdings nur in unserer Vorstellung existirt, und daß es falsch, ja absurd ist, ihr, als solcher, ein Daseyn außerhalb aller Vorstellung und unabhängig vom erkennenden Subjekt beizulegen, also eine schlechthin vorhandene an sich seiende Materie anzunehmen. Diese sehr richtige und tiefe Einsicht macht aber auch eigentlich Berkeley's ganze Philosophie aus: er hatte sich daran erschöpft.

Demnach muß die wahre Philosophie jedenfalls idealistisch seyn: ja, sie muß es, um nur redlich zu seyn. Denn nichts ist gewisser, als daß Keiner jemals aus sich herauskann, um sich mit den von ihm verschiedenen Dingen unmittelbar zu identificiren: sondern Alles, wovon er sichere, mithin unmittelbare Kunde hat, liegt innerhalb seines Bewußtseyns. Ueber dieses hinaus kann es daher keine unmittelbare Gewißheit geben: eine solche aber müssen die ersten Grundsätze einer Wissenschaft haben. Dem empirischen Standpunkt der übrigen Wissenschaften ist es ganz angemessen, die objektive Welt als schlechthin vorhanden anzunehmen: nicht so dem der Philosophie, als welche auf das Erste und Ursprüngliche zurückzugehn hat. Nur das Bewußtseyn ist unmittelbar gegeben, daher ist ihre Grundlage auf Thatsachen des Bewußtseyns beschränkt: d. h. sie ist wesentlich idealistisch. – Der Realismus, der sich dem rohen Verstande dadurch empfiehlt, daß er sich das Ansehn giebt thatsächlich zu seyn, geht gerade von einer willkürlichen Annahme aus und ist mithin ein windiges Luftgebäude, indem er die allererste Thatsache überspringt oder verleugnet, diese, daß Alles was wir kennen innerhalb des Bewußtseyns liegt. Denn, daß das objektive Daseyn der Dinge bedingt sei durch ein sie Vorstellendes, und folglich die objektive Welt nur als Vorstellung existire, ist keine Hypothese, noch weniger ein Machtspruch, oder gar ein Disputirens halber aufgestelltes Paradoxon; sondern es ist die gewisseste und einfachste Wahrheit, deren Erkenntniß nur dadurch erschwert wird, daß sie gar zu einfach ist, und nicht Alle Besonnenheit genug haben, um auf die ersten Elemente ihres Bewußtseyns von den Dingen zurückzugehn. Nimmermehr kann es ein absolut und an sich selbst objektives Daseyn geben; ja, ein solches ist geradezu undenkbar: denn immer und wesentlich hat das Objektive, als solches, seine Existenz im Bewußtseyn eines Subjekts, ist also dessen Vorstellung, folglich bedingt durch dasselbe und dazu noch durch dessen Vorstellungsformen, als welche dem Subjekt, nicht dem Objekt anhängen.

Daß die objektive Welt dawäre, auch wenn gar kein erkennendes Wesen existirte, scheint freilich auf den ersten Anlauf gewiß; weil es sich *in abstracto* denken läßt, ohne daß der Widerspruch zu Tage käme, den es im Innern trägt. – Allein wenn man diesen abstrakten Gedanken realisiren, d.h. ihn auf anschauliche Vorstellungen, von welchen allein er doch (wie alles Abstrakte) Gehalt und Wahrheit haben kann, zurückführen will und demnach versucht, eine objektive Welt ohne erkennendes Subjekt zu imaginiren; so wird man inne, daß Das, was man da imaginirt, in Wahrheit das Gegentheil von Dem ist, was man beabsichtigte, nämlich nichts Anderes, als eben nur der Vorgang im Intellekt eines Erkennenden, der eine objektive Welt anschaut, also gerade Das, was man ausschließen gewollt hatte. Denn diese anschauliche und reale Welt ist offenbar ein Gehirnphänomen: daher liegt ein Widerspruch in der Annahme, daß sie auch unabhängig von allen Gehirnen, als eine solche, daseyn sollte.

Der Haupteinwand gegen die unumgängliche und wesentliche Idealität alles Objekts, der Einwand, der sich in Jedem, deutlich oder undeutlich, regt, ist wohl dieser: Auch meine eigene Person ist Objekt für einen Andern, ist also dessen Vorstellung; und doch weiß ich gewiß, daß ich dawäre, auch ohne daß Jener mich vorstellte. In dem selben Verhältniß aber, in welchem ich zu seinem Intellekt stehe, stehn auch alle andern Objekte zu diesem: folglich wären auch sie da, ohne daß jener Andere sie vorstellte. – Hierauf ist die Antwort: Jener Andere, als dessen Objekt ich jetzt meine Person betrachte, ist nicht schlechthin das Subjekt, sondern zunächst ein erkennendes Individuum. Daher, wenn er auch nicht dawäre, ja sogar wenn überhaupt kein anderes erkennendes Wesen als ich selbst existirte; so wäre damit noch keineswegs das Subjekt aufgehoben, in dessen Vorstellung allein alle Objekte existiren. Denn dieses Subjekt bin ja eben auch ich selbst, wie jedes Erkennende es ist. Folglich wäre, im angenommenen Fall, meine Person allerdings noch da, aber wieder als Vorstellung, nämlich in meiner eigenen Erkenntniß. Denn sie wird, auch von mir selbst, immer nur mittelbar, nie unmittelbar erkannt: weil alles Vorstellungseyn ein mittelbares ist. Nämlich als Objekt, d.h. als ausgedehnt, raumerfüllend und wirkend, erkenne ich meinen Leib nur in der Anschauung meines Gehirns: diese ist vermittelt durch die Sinne, auf deren Data der anschauende Verstand seine Funktion, von der Wirkung auf die Ursache zu gehn, vollzieht und dadurch, indem das Auge den Leib sieht, oder die Hände ihn betasten, die räumliche Figur konstruirt, die im Raume als mein Leib sich darstellt. Keineswegs aber ist mir unmittelbar, etwan im Gemeingefühl des Leibes, oder im innern Selbstbewußtseyn, irgend eine Ausdehnung, Gestalt und Wirksamkeit gegeben, welche dann zusammenfallen würde mit einem Wesen selbst, das demnach, um so dazuseyn, keines Andern, in dessen Erkenntniß es sich darstellte, bedürfte. Vielmehr ist jenes Gemeingefühl, wie auch das Selbstbewußtseyn, unmittelbar nur in Bezug auf den Willen da, nämlich als behaglich oder unbehaglich, und als aktiv in den Willensakten, welche, für die äußere Anschauung, sich als Leibesaktionen darstellen. Hieraus nun folgt, daß das Daseyn meiner Person oder meines Leibes, als eines Ausgedehnten und Wirkenden, allezeit ein davon verschiedenes Erkennendes voraussetzt: weil es wesentlich ein Daseyn in der Apprehension, in der Vorstellung, also ein Daseyn für ein Anderes ist. In der That ist es ein Gehirnphänomen, gleichviel ob das Gehirn, in welchem es sich darstellt, der eigenen, oder einer fremden Person angehört. Im ersten Fall zerfällt dann die eigene Person in Erkennendes und Erkanntes, in Objekt und Subjekt, die sich hier, wie überall, unzertrennlich und unvereinbar gegenüberstehn. – Wenn nun also meine eigene Person, um als solche dazuseyn, stets eines Erkennenden bedarf; so wird dies wenigstens eben so sehr von den übrigen Objekten gelten, welchen ein von der Erkenntniß und deren Subjekt unabhängiges Daseyn zu vindiciren [in Anspruch zu nehmen], der Zweck des obigen Einwandes war.

Inzwischen versteht es sich, daß das Daseyn, welches durch ein Erkennendes bedingt ist, ganz allein das Daseyn im Raum und daher das eines Ausgedehnten und Wirkenden ist: dieses allein ist stets ein erkanntes, folglich ein Daseyn für ein Anderes. Hingegen mag jedes auf diese Weise Daseiende noch ein Daseyn für sich selbst haben, zu welchem es keines Subjekts bedarf. Jedoch kann dieses Daseyn für sich selbst nicht Ausdehnung und Wirksamkeit (zusammen Raumerfüllung) seyn; sondern es ist nothwendig ein Seyn anderer Art, nämlich das eines Dinges an sich selbst, welches, eben als solches, nie Objekt seyn kann. – Dies also wäre die Antwort auf den oben dargelegten Haupteinwand, der demnach die Grundwahrheit, daß die objektiv vorhandene Welt nur in der Vorstellung, also nur für ein Subjekt daseyn kann, nicht umstößt.

Hier sei noch bemerkt, daß auch Kant unter seinen Dingen an sich, wenigstens so lange er konsequent blieb, keine Objekte gedacht haben kann. Denn dies geht schon daraus hervor, daß er bewies, der Raum, wie auch die Zeit, sei eine bloße Form unserer Anschauung, die folglich nicht den Dingen an sich angehöre. Was nicht im Raum, noch in der Zeit ist, kann auch nicht Objekt seyn: also kann das Seyn der Dinge an sich kein objektives mehr seyn, sondern nur ein ganz anderartiges, ein metaphysisches. Folglich liegt in jenem Kantischen Satze auch schon dieser, daß die objektive Welt nur als Vorstellung existirt.

Nichts wird so anhaltend, Allem was man sagen mag zum Trotz und stets wieder von Neuem mißverstanden, wie der Idealismus, indem er dahin ausgelegt wird, daß man die empirische Realität der Außenwelt leugne. Hierauf beruht die beständige Wiederkehr der Appellation [Berufung] an den gesunden Verstand, die in mancherlei Wendungen und Verkleidungen auftritt, z. B. als »Grundüberzeugung« in der Schottischen Schule, oder als Jacobischer Glaube an die Realität der Außenwelt. Keineswegs giebt sich, wie Jacobi es darstellt, die Außenwelt bloß auf Kredit und wird von uns auf Treu und Glauben angenommen: sie giebt sich als das was sie ist, und leistet unmittelbar was sie verspricht. Man muß sich erinnern, daß Jacobi, der ein solches Kreditsystem der Welt aufstellte und es glücklich einigen Philosophieprofessoren aufband, die es dreißig Jahre lang ihm behaglich und breit nachphilosophirt haben, der selbe war, der einst Lessingen als Spinozisten und später Schellingen als Atheisten denunzirte, von welchem Letzteren er die bekannte, wohlverdiente Züchtigung erhielt. Solchem Eifer gemäß wollte er, indem er die Außenwelt zur Glaubenssache herabsetzte, nur das Pförtchen für den Glauben überhaupt eröffnen und den Kredit vorbereiten für Das, was nachher wirklich auf Kredit an den Mann gebracht werden sollte: wie wenn man, um Papiergeld einzuführen, sich darauf berufen wollte, daß der Werth der klingenden Münze doch auch nur auf dem Stämpel beruhe, den der Staat darauf gesetzt hat. Jacobi, in seinem Philosophem über die auf Glauben angenommene Realität der Außenwelt, ist ganz genau der von Kant (Kritik der reinen Vernunft, erste Auflage, S. 369) getadelte »transscendentale Realist, der den empirischen Idealisten spielt.« –

Der wahre Idealismus hingegen ist eben nicht der empirische, sondern der transscendentale. Dieser läßt die empirische Realität der Welt unangetastet, hält aber fest, daß alles Objekt, also das empirisch Reale überhaupt, durch das Subjekt zwiefach bedingt ist: erstlich materiell, oder als Objekt überhaupt, weil ein objektives Daseyn nur einem Subjekt gegenüber und als dessen Vorstellung denkbar ist; zweitens formell, indem die Art und Weise der Existenz des Objekts, d. h. des Vorgestelltwerdens (Raum, Zeit, Kausalität), vom Subjekt ausgeht, im Subjekt prädisponirt ist. Also an den einfachen oder Berkeley'schen Idealismus, welcher das Objekt überhaupt betrifft, schließt sich unmittelbar der Kantische, welcher die speciell gegebene Art und Weise des Objektseyns betrifft. Dieser weist nach, daß die gesammte materielle Welt, mit ihren Körpern im Raum, welche ausgedehnt sind und, mittelst der Zeit, Kausalverhältnisse zu einander haben, und was dem anhängt, – daß dies Alles nicht ein unabhängig von unserm Kopfe Vorhandenes sei; sondern seine Grundvoraussetzungen habe in unsern Gehirnfunktionen, mittelst welcher und in welchen allein eine solche objektive Ordnung der Dinge möglich ist; weil Zeit, Raum und Kausalität, auf welchen alle jene realen und objektiven Vorgänge beruhen, selbst nichts weiter, als Funktionen des Gehirnes sind; daß also jene unwandelbare Ordnung der Dinge, welche das Kriterium und den Leitfaden ihrer empirischen Realität abgiebt, selbst erst vom Gehirn ausgeht und von diesem allein ihre Kreditive hat: dies hat Kant ausführlich und gründlich dargethan; nur daß er nicht das Gehirn nennt, sondern sagt: »das Erkenntnißvermögen«. Sogar hat er zu beweisen versucht, daß jene objektive Ordnung in Zeit, Raum, Kausalität, Materie u. s. f., auf welcher alle Vorgänge der realen Welt zuletzt beruhen, sich als eine für sich bestehende, d. h. als Ordnung der Dinge an sich selbst, oder als etwas absolut Objektives und schlechthin Vorhandenes, genau betrachtet, nicht ein Mal d e n k e n läßt, indem sie, wenn man versucht sie zu Ende zu denken, auf Widersprüche leitete. Dies darzuthun war die Absicht der Antinomien: jedoch habe ich, im Anhang zu meinem Werke, das Mißlingen des Versuches nachgewiesen. – Hingegen leitet die Kantische Lehre, auch ohne die Antinomien, zu der Einsicht, daß die Dinge und die ganze Art und Weise ihres Daseyns mit unserm Bewußtseyn von ihnen unzertrennlich verknüpft sind; daher wer Dies deutlich begriffen hat, bald zu der Ueberzeugung gelangt, daß die Annahme, die Dinge existirten als solche auch außerhalb unsers Bewußtseyns und unabhängig davon, wirklich absurd ist. Daß wir nämlich so tief eingesenkt sind in Zeit, Raum, Kausalität und den ganzen darauf beruhenden gesetzmäßigen Hergang der Erfahrung, daß wir (ja sogar die Thiere) darin so vollkommen zu Hause sind und uns von Anfang an darin zurecht zu finden wissen, – Dies wäre nicht möglich, wenn unser Intellekt Eines und die Dinge ein Anderes wären; sondern ist nur daraus erklärlich, daß Beide ein Ganzes ausmachen, der Intellekt selbst jene Ordnung schafft und er nur für die Dinge, diese aber auch nur für ihn dasind.

Allein selbst abgesehn von den tiefen Einsichten, welche nur die Kantische Philosophie eröffnet, läßt sich die Unstatthaftigkeit der so hartnäckig festgehaltenen Annahme des absoluten R e a l i s m u s auch wohl unmittelbar nachweisen, oder doch wenigstens fühlbar machen, durch die bloße Verdeutlichung ihres Sinnes, mittelst Betrachtungen, wie etwan folgende. – Die Welt soll, dem Realismus zufolge, so wie wir sie erkennen, auch unabhängig von diesem Erkennen daseyn. Jetzt wollen wir ein Mal alle erkennenden Wesen daraus wegnehmen, also bloß die unorganische und die vegetabilische Natur übrig lassen. Fels, Baum und Bach sei da und blauer Himmel: Sonne, Mond und Sterne erhellen diese Welt, wie zuvor; nur freilich vergeblich, indem kein Auge daist, solche zu sehn. Nunmehr aber wollen wir, nachträglich, ein erkennendes Wesen hineinsetzen. Jetzt also stellt, in dessen Gehirne, jene Welt sich nochmals dar und wiederholt sich innerhalb desselben, genau eben so, wie sie vorher außerhalb war. Zur ersten Welt ist also jetzt eine zweite gekommen, die, obwohl von jener völlig getrennt, ihr auf ein Haar gleicht. Wie im objektiven endlosen Raum die objektive Welt, genau so ist jetzt im subjektiven, erkannten Raum die subjektive Welt dieser Anschauung beschaffen. Die letztere hat aber vor der erstern noch die Erkenntniß voraus, daß jener Raum, da draußen, endlos ist, sogar auch kann sie die ganze Gesetzmäßigkeit aller in ihm möglichen und noch nicht wirklichen Verhältnisse haarklein und richtig angeben, zum voraus, und braucht nicht erst nachzusehn: eben so viel giebt sie über den Lauf der Zeit an, wie auch über das Verhältniß von Ursache und Wirkung, welches da draußen die Veränderungen leitet. Ich denke, daß dies Alles, bei näherer Betrachtung, absurd genug ausfällt und dadurch zu der Ueberzeugung führt, daß jene absolut objektive Welt, außerhalb des Kopfes, unabhängig von ihm und vor aller Erkenntniß, welche wir zuerst gedacht zu haben wähnten, eben keine andere war, als schon die zweite, die subjektiv erkannte, die Welt der Vorstellung, als welche allein es ist, die wir wirklich zu denken vermögen. Demnach drängt sich von selbst die Annahme auf, daß die Welt, so wie wir sie erkennen, auch nur für unsere Erkenntniß daist, mithin in der Vorstellung allein, und nicht noch ein Mal außer derselben†. Dieser Annahme entsprechend ist sodann das Ding an sich, d. h. das von unserer und jeder Erkenntniß unabhängig Daseiende, als ein von der Vorstellung und allen ihren Attributen, also von der Objektivität überhaupt, gänzlich Verschiedenes zu setzen: was dieses sei, wird nachher das Thema unsers zweiten Buches.

Hingegen auf der so eben kritisirten Annahme einer objektiven und einer subjektiven Welt, beide im Raume, und auf der bei dieser Voraussetzung entstehenden Unmöglichkeit eines

---

† Ich empfehle hier besonders die Stelle in Lichtenbergs vermischten Schriften (Göttingen 1801, Bd. 2, *pag. 12 fg.*): »Euler sagt in seinen Briefen über verschiedene Gegenstände aus der Naturlehre (Band 2, S. 228), es würde eben so gut donnern und blitzen, wenn auch kein Mensch vorhanden wäre, den der Blitz erschlagen könnte. Es ist ein gar gewöhnlicher Ausdruck, ich muß aber gestehn, daß es mir nie leicht gewesen ist, ihn ganz zu fassen. Mir kommt es immer vor, als wenn der Begriff seyn etwas von unserm Denken erborgtes wäre, und wenn es keine empfindenden und denkenden Geschöpfe mehr gibt, so ist auch nichts mehr.«

Ueberganges, einer Brücke, zwischen beiden, beruht der, § 5 des ersten Bandes, in Betracht gezogene Streit über die Realität der Außenwelt; hinsichtlich auf welchen ich noch Folgendes beizubringen habe.

Das Subjektive und das Objektive bilden kein Kontinuum: das unmittelbar Bewußte ist abgegränzt durch die Haut, oder vielmehr durch die äußersten Enden der vom Cerebralsystem [Hirnnervensystem] ausgehenden Nerven. Darüber hinaus liegt eine Welt, von der wir keine andere Kunde haben, als durch Bilder in unserm Kopfe. Ob nun und inwiefern diesen eine unabhängig von uns vorhandene Welt entspreche, ist die Frage. Die Beziehung zwischen beiden könnte allein vermittelt werden durch das Gesetz der Kausalität: denn nur dieses führt von einem Gegebenen auf ein davon ganz Verschiedenes. Aber dieses Gesetz selbst hat zuvörderst seine Gültigkeit zu beglaubigen. Es muß nun entweder objektiven, oder subjektiven Ursprungs seyn: in beiden Fällen aber liegt es auf dem einen oder dem andern Ufer, kann also nicht die Brücke abgeben. Ist es, wie Locke und Hume annahmen, *a posteriori*, also aus der Erfahrung abgezogen; so ist es objektiven Ursprungs, gehört dann selbst zu der in Frage stehenden Außenwelt und kann daher ihre Realität nicht verbürgen: denn da würde, nach Locke's Methode, das Kausalitätsgesetz aus der Erfahrung, und die Realität der Erfahrung aus dem Kausalitätsgesetz bewiesen. Ist es hingegen, wie Kant uns richtiger belehrt hat, *a priori* gegeben; so ist es subjektiven Ursprungs, und dann ist klar, daß wir damit stets im Subjektiven bleiben. Denn das einzige wirklich empirisch Gegebene, bei der Anschauung, ist der Eintritt einer Empfindung im Sinnesorgan: die Voraussetzung, daß diese, auch nur überhaupt, eine Ursache haben müsse, beruht auf einem in der Form unsers Erkennens, d. h. in den Funktionen unsers Gehirns, wurzelnden Gesetz, dessen Ursprung daher eben so subjektiv ist, wie jene Sinnesempfindung selbst. Die in Folge dieses Gesetzes zu der gegebenen Empfindung vorausgesetzte Ursache stellt sich alsbald in der Anschauung dar als Objekt, welches Raum und Zeit zur Form seines Erscheinens hat. Aber auch diese Formen selbst sind wieder ganz subjektiven Ursprungs: denn sie sind die Art und Weise unsers Anschauungsvermögens. Jener Uebergang von der Sinnesempfindung zu ihrer Ursache, der, wie ich wiederholentlich dargethan habe, aller Sinnesanschauung zum Grunde liegt, ist zwar hinreichend, uns die empirische Gegenwart, in Raum und Zeit, eines empirischen Objekts anzuzeigen, also völlig genügend für das praktische Leben; aber er reicht keineswegs hin, uns Aufschluß zu geben über das Daseyn und Wesen an sich der auf solche Weise für uns entstehenden Erscheinungen, oder vielmehr ihres intelligibeln Substrats. Daß also auf Anlaß gewisser, in meinen Sinnesorganen eintretender Empfindungen, in meinem Kopfe eine Anschauung von räumlich ausgedehnten, zeitlich beharrenden und ursächlich wirkenden Dingen entsteht, berechtigt mich durchaus nicht zu der Annahme, daß auch an sich selbst, d. h. unabhängig von meinem Kopfe und außer demselben dergleichen Dinge mit solchen ihnen schlechthin angehörigen Eigenschaften existiren. – Dies ist das richtige Ergebniß der Kantischen Philosophie. Dasselbe knüpft sich an ein früheres, eben so richtiges, aber sehr viel leichter faßliches Resultat Locke's. Wenn nämlich auch, wie Locke's Lehre es zuläßt, zu den Sinnesempfindungen äußere Dinge als ihre Ursachen schlechthin angenommen werden; so kann doch zwischen der Empfindung, in welcher die Wirkung besteht, und der objektiven Beschaffenheit der sie veranlassenden Ursache gar keine Aehnlichkeit seyn; weil die Empfindung, als organische Funktion, zunächst bestimmt ist durch die sehr künstliche und komplicirte Beschaffenheit unserer Sinneswerkzeuge, daher sie von der äußern Ursache bloß angeregt, dann aber ganz ihren eigenen Gesetzen gemäß vollzogen wird, also völlig subjektiv ist. – Locke's Philosophie war die Kritik der Sinnesfunktionen; Kant aber hat die Kritik der Gehirnfunktionen geliefert. – Nun aber ist diesem Allen noch das Berkeley'sche, von mir erneuerte Resultat unterzubreiten, daß nämlich alles Objekt, welchen Ursprung es auch haben möge, schon als Objekt durch das Subjekt bedingt, nämlich wesentlich bloß dessen Vorstellung ist. Der Zielpunkt des Realismus ist eben das Objekt ohne Subjekt: aber ein solches auch nur klar zu denken ist unmöglich.

Aus dieser ganzen Darstellung geht sicher und deutlich hervor, daß die Absicht, das Wesen an sich der Dinge zu erfassen, schlechthin unerreichbar ist auf dem Wege der bloßen Erkenntniß und Vorstellung; weil diese stets von außen zu den Dingen kommt und daher ewig draußen bleiben muß. Jene Absicht könnte allein dadurch erreicht werden, daß wir selbst uns im Innern der Dinge befänden, wodurch es uns unmittelbar bekannt würde. Inwiefern dies nun wirklich der Fall sei, betrachtet mein zweites Buch. So lange wir aber, wie in diesem ersten Buche, bei der objektiven Auffassung, also bei der Erkenntniß, stehn bleiben, ist und bleibt uns die Welt eine bloße Vorstellung, weil hier kein Weg möglich ist, der darüber hinausführte.

Ueberdies nun aber ist das Festhalten des idealistischen Gesichtspunktes ein nothwendiges Gegengewicht gegen den materialistischen. Die Kontroverse über das Reale und Ideale läßt sich nämlich auch ansehn als betreffend die Existenz der Materie. Denn die Realität, oder Idealität dieser ist es zuletzt, um die gestritten wird. Ist die Materie als solche bloß in unserer Vorstellung vorhanden, oder ist sie es auch unabhängig davon? Im letzteren Falle wäre sie das Ding an sich, und wer eine an sich existirende Materie annimmt, muß, konsequent, auch Materialist seyn, d. h. sie zum Erklärungsprincip aller Dinge machen. Wer sie hingegen als Ding an sich leugnet, ist *eo ipso* Idealist. Geradezu und ohne Umweg die Realität der Materie behauptet hat, unter den Neueren, nur Locke: daher hat seine Lehre, unter Condillac's Vermittelung, zum Sensualismus und Materialismus der Franzosen geführt. Geradezu und ohne Modifikationen geleugnet hat die Materie nur Berkeley. Der durchgeführte Gegensatz ist also Idealismus und Materialismus, in seinen Extremen repräsentirt durch Berkeley und die französischen Materialisten (Holbach). Fichte ist hier nicht zu erwähnen: er verdient keine Stelle unter den wirklichen Philosophen, unter diesen Auserwählten der Menschheit, die mit hohem Ernst nicht ihre Sache, sondern die Wahrheit suchen und daher nicht mit Solchen verwechselt werden dürfen, die unter diesem Vorgeben bloß ihr persönliches Fortkommen im Auge haben. Fichte ist der Vater der Schein-Philosophie, der unredlichen Methode, welche durch Zweideutigkeit im Gebrauch der Worte, durch unverständliche Reden und durch Sophismen zu täuschen, dabei durch einen vornehmen Ton zu imponiren, also den Lernbegierigen zu übertölpeln sucht; ihren Gipfel hat diese, nachdem auch Schelling sie angewandt hatte, bekanntlich in Hegeln erreicht, als woselbst sie zur eigentlichen Scharlatanerie herangereift war. Wer aber selbst nur jenen Fichte ganz ernsthaft neben Kant nennt, beweist, daß er keine Ahndung davon hat, was Kant sei. – Hingegen hat auch der Materialismus seine Berechtigung. Es ist eben so wahr, daß das Erkennende ein Produkt der Materie sei, als daß die Materie eine bloße Vorstellung des Erkennenden sei: aber es ist auch eben so einseitig. Denn der Materialismus ist die Philosophie des bei seiner Rechnung sich selbst vergessenden Subjekts. Darum eben muß der Behauptung, daß ich eine bloße Modifikation der Materie sei, gegenüber, diese geltend gemacht werden, daß alle Materie bloß in meiner Vorstellung existire: und sie hat nicht minder Recht. Eine noch dunkle Erkenntniß dieser Verhältnisse scheint den Platonischen Ausspruch ὑλη αληϑινον ψευδος *(materia mendacium verax)* [Die Materie ist eine wahre Lüge: wohl nach Plotin, *Enneades,* II, 5, 5,] hervorgerufen zu haben.

Der Realismus führt, wie gesagt, nothwendig zum Materialismus. Denn liefert die empirische Anschauung die Dinge an sich, wie sie unabhängig von unserm Erkennen dasind; so liefert auch die Erfahrung die Ordnung der Dinge an sich, d. h. die wahre und alleinige Weltordnung. Dieser Weg aber führt zu der Annahme, daß es nur ein Ding an sich gebe, die Materie, deren Modifikation alles Uebrige sei; da hier der Naturlauf die absolute und alleinige Weltordnung ist. Um diesen Konsequenzen auszuweichen, wurde, so lange der Realismus in unangefochtener Geltung war, der Spiritualismus daneben aufgestellt, also die Annahme einer zweiten Substanz, außer und neben der Materie, einer immateriellen Substanz. Dieser von Erfahrung, Beweisen und Begreiflichkeit gleich sehr verlassene Dualismus und Spiritualismus wurde von Spinoza geleugnet und von Kant als falsch nachgewiesen, der dies durfte, weil er zugleich den Idealismus in seine Rechte einsetzte. Denn mit dem Realismus fällt der Materialismus, als dessen Gegengewicht man den Spiritualismus ersonnen hatte, von selbst weg, indem alsdann die Materie, nebst dem Naturlauf, zur bloßen Erscheinung wird, welche durch den Intellekt bedingt ist, indem sie in dessen Vorstellung allein ihr Daseyn hat. Sonach ist gegen den Materialismus das scheinbare und falsche Rettungsmittel der Spiritualismus, das wirkliche und wahre aber der Idealismus, der dadurch, daß er die objektive Welt in Abhängigkeit von uns setzt, das nöthige Gegengewicht giebt zu der Abhängigkeit, in welche der Naturlauf uns von ihr setzt. Die Welt, aus der ich durch den Tod scheide, war andererseits nur meine Vorstellung. Der Schwerpunkt des Daseyns fällt ins Subjekt zurück. Nicht, wie im Spiritualismus, die Unabhängigkeit des Erkennenden von der Materie, sondern die Abhängigkeit aller Materie von ihm wird nachgewiesen. Freilich ist das nicht so leicht faßlich und bequem zu handhaben, wie der Spiritualismus mit seinen zwei Substanzen: aber χαλεπα τα καλα [Das Edle ist schwer: sprichwörtlich; bei Platon].

Allerdings nämlich steht dem subjektiven Ausgangspunkt »die Welt ist meine Vorstellung« vorläufig mit gleicher Berechtigung gegenüber der objektive »die Welt ist Materie«, oder »die Materie allein ist schlechthin« (da sie allein dem Werden und Vergehn nicht unterworfen ist), oder »alles Existirende ist Materie«. Dies ist der Ausgangspunkt des Demokritos, Leukippos und Epikuros. Näher betrachtet aber bleibt dem Ausgehn vom Subjekt ein wirklicher Vorzug: es hat einen völlig berechtigten Schritt voraus. Nämlich das Bewußtseyn allein ist das Unmittelbare: dieses aber überspringen wir, wenn wir gleich zur Materie gehn und sie zum Ausgangspunkt machen. Andererseits müßte es möglich seyn, aus der Materie und den richtig, vollständig und erschöpfend erkannten Eigenschaften derselben (woran uns noch viel fehlt) die Welt zu konstruiren. Denn alles Entstandene ist durch Ursachen wirklich geworden, welche nur vermöge der Grundkräfte der Materie wirken und zusammenkommen konnten: diese aber müssen wenigstens *objective* [den Tatsachen nach] vollständig nachweisbar seyn, wenn wir auch *subjective* [der unmittelbaren Wahrnehmung nach] nie dahin kommen werden, sie zu erkennen. Immer aber würde einer solchen Erklärung und Konstruktion der Welt nicht nur die Voraussetzung eines Daseyns an sich der Materie (während es in Wahrheit durch das Subjekt bedingt ist) zum Grunde liegen; sondern sie müßte auch noch an dieser Materie alle ihre ursprünglichen Eigenschaften als schlechthin unerklärliche, also als *qualitates occultae*, gelten und stehn lassen. (Siehe § 26, 27 des ersten Bandes.) Denn die Materie ist nur der Träger dieser Kräfte, wie das Gesetz der Kausalität nur der Ordner ihrer

Erscheinungen. Mithin würde eine solche Erklärung der Welt doch immer nur eine relative und bedingte seyn, eigentlich das Werk einer Physik, die sich bei jedem Schritte nach einer Metaphysik sehnte. – Andererseits hat auch der subjektive Ausgangspunkt und Ursatz »die Welt ist meine Vorstellung« sein Inadäquates: theils sofern er einseitig ist, da die Welt doch außerdem noch viel mehr ist (nämlich Ding an sich, Wille), ja, das Vorstellungseyn ihr gewissermaaßen accidentell ist; theils aber auch, sofern er bloß das Bedingtseyn des Objekts durch das Subjekt ausspricht, ohne zugleich zu besagen, daß auch das Subjekt als solches durch das Objekt bedingt ist. Denn eben so falsch wie der Satz des rohen Verstandes, »die Welt, das Objekt, wäre doch da, auch wenn es kein Subjekt gäbe«, ist dieser: »das Subjekt wäre doch ein Erkennendes, wenn es auch kein Objekt, d. h. gar keine Vorstellung hätte«. Ein Bewußtseyn ohne Gegenstand ist kein Bewußtseyn. Ein denkendes Subjekt hat Begriffe zu seinem Objekt, ein sinnlich anschauendes hat Objekte mit den seiner Organisation entsprechenden Qualitäten. Berauben wir nun das Subjekt aller nähern Bestimmungen und Formen seines Erkennens; so verschwinden auch am Objekt alle Eigenschaften, und nichts bleibt übrig, als die Materie ohne Form und Qualität, welche in der Erfahrung so wenig vorkommen kann, wie das Subjekt ohne Formen seines Erkennens, jedoch dem nackten Subjekt als solchem gegenüber stehn bleibt, als sein Reflex, der nur mit ihm zugleich verschwinden kann. Wenn auch der Materialismus nichts weiter als diese Materie, etwan Atome, zu postuliren wähnt; so setzt er doch unbewußt nicht nur das Subjekt, sondern auch Raum, Zeit und Kausalität hinzu, die auf speciellen Bestimmungen des Subjekts beruhen.

Die Welt als Vorstellung, die objektive Welt, hat also gleichsam zwei Kugel-Pole: nämlich das erkennende Subjekt schlechthin, ohne die Formen seines Erkennens, und dann die rohe Materie ohne Form und Qualität. Beide sind durchaus unerkennbar: das Subjekt, weil es das Erkennende ist; die Materie, weil sie ohne Form und Qualität nicht angeschaut werden kann. Dennoch sind Beide die Grundbedingungen aller empirischen Anschauung. So steht der rohen, formlosen, ganz todten (d. i. willenlosen) Materie, die in keiner Erfahrung gegeben, aber in jeder vorausgesetzt wird, als reines Widerspiel gegenüber das erkennende Subjekt, bloß als solches, welches ebenfalls Voraussetzung aller Erfahrung ist. Dieses Subjekt ist nicht in der Zeit: denn die Zeit ist erst die nähere Form alles seines Vorstellens; die ihm gegenüberstehende Materie ist, dem entsprechend, ewig, unvergänglich, beharrt durch alle Zeit, ist aber eigentlich nicht ein Mal ausgedehnt, weil Ausdehnung Form giebt, also nicht räumlich. Alles Andere ist in beständigem Entstehn und Vergehn begriffen, während jene Beiden die ruhenden Kugel-Pole der Welt als Vorstellung darstellen. Man kann daher die Beharrlichkeit der Materie betrachten als den Reflex der Zeitlosigkeit des reinen, schlechthin als Bedingung alles Objekts genommenen Subjekts. Beide gehören der Erscheinung an, nicht dem Dinge an sich: aber sie sind das Grundgerüst der Erscheinung. Beide werden nur durch Abstraktion herausgefunden, sind nicht unmittelbar rein und für sich gegeben.

Der Grundfehler aller Systeme ist das Verkennen dieser Wahrheit, daß der Intellekt und die Materie Korrelata sind, d. h. Eines nur für das Andere daist, Beide mit einander stehn und fallen, Eines nur der Reflex des Andern ist, ja, daß sie eigentlich Eines und das Selbe sind, von zwei entgegengesetzten Seiten betrachtet; welches Eine, – was ich hier anticipire, – die Erscheinung des Willens, oder Dinges an sich ist; daß mithin Beide sekundär sind: daher der Ursprung der Welt in keinem von Beiden zu suchen ist. Aber in Folge jenes Verkennens suchten alle Systeme (den Spinozismus etwan ausgenommen) den Ursprung aller Dinge in einem jener Beiden. Sie setzen nämlich entweder einen Intellekt, νους, als schlechthin Erstes und δημιουργος [Schöpfer], lassen demnach in diesem eine Vorstellung der Dinge und der Welt vor der Wirklichkeit derselben vorhergehn: mithin unterscheiden sie die reale Welt von der Welt als Vorstellung; welches falsch ist. Daher tritt jetzt als Das, wodurch Beide unterschieden sind, die Materie auf, als ein Ding an sich. Hieraus entsteht die Verlegenheit, diese Materie, die ὑλη, herbeizuschaffen, damit sie zur bloßen Vorstellung der Welt hinzukommend, dieser Realität ertheile. Da muß nun entweder jener ursprüngliche Intellekt sie vorfinden: dann ist sie, so gut wie er, ein absolut Erstes, und wir erhalten zwei absolut Erste, den δημιουργος und die ὑλη. Oder aber er bringt sie aus nichts hervor; eine Annahme, der unser Verstand sich widersetzt, da er nur Veränderungen an der

Materie, nicht aber ein Entstehn oder Vergehn derselben zu fassen fähig ist; welches im Grunde gerade darauf beruht, daß die Materie sein wesentliches Korrelat ist. – Die diesen Systemen entgegengesetzten, welche das andere der beiden Korrelate, also die Materie, zum absolut Ersten machen, setzen eine Materie, die dawäre, ohne vorgestellt zu werden, welches, wie aus allem oben Gesagten genugsam erhellt, ein gerader Widerspruch ist; da wir im Daseyn der Materie stets nur ihr Vorgestelltwerden denken. Danach aber entsteht ihnen die Verlegenheit, zu dieser Materie, die allein ihr absolut Erstes ist, den Intellekt hinzuzubringen, der endlich von ihr erfahren soll. Diese Blöße des Materialismus habe ich § 7 des ersten Bandes geschildert. – Bei mir hingegen sind Materie und Intellekt unzertrennliche Korrelata, nur für einander, daher nur relativ, da: die Materie ist die Vorstellung des Intellekts; der Intellekt ist das, in dessen Vorstellung allein die Materie existirt. Beide zusammen machen die Welt als Vorstellung aus, welche eben Kants Erscheinung, mithin ein sekundäres ist. Das Primäre ist das Erscheinende, das Ding an sich selbst, als welches wir nachher den Willen kennen lernen. Dieser ist an sich weder Vorstellendes, noch Vorgestelltes; sondern von seiner Erscheinungsweise völlig verschieden.

Zum nachdrücklichen Schluß dieser so wichtigen, wie schwierigen Betrachtung will ich jetzt jene beiden Abstrakta ein Mal personificirt und im Dialog auftreten lassen, nach dem Vorgang des Prabodha Tschandro Daya [indisches allegorisches Drama]: auch kann man damit einen ähnlichen Dialog der Materie mit der Form in des Raimund Lullius *Duodecim principia philosophiae* [12 Grundsätze der Philosophie], *c. 1 et 2*, vergleichen.

Das Subjekt.

Ich bin, und außer mir ist nichts. Denn die Welt ist meine Vorstellung.

Die Materie.

Vermessener Wahn! Ich, ich bin: und außer mir ist nichts. Denn die Welt ist meine vorübergehende Form. Du bist ein bloßes Resultat eines Theiles dieser Form und durchaus zufällig.

Das Subjekt.

Welch thörichter Dünkel! Weder du noch deine Form wären vorhanden ohne mich: ihr seid durch mich bedingt. Wer mich wegdenkt und dann glaubt euch noch denken zu können, ist in einer groben Täuschung begriffen: denn euer Daseyn außerhalb meiner Vorstellung ist ein gerader Widerspruch, ein Sideroxylon [Eisenholz]. Ihr seid heißt eben nur, ihr werdet von mir vorgestellt. Meine Vorstellung ist der Ort eures Daseyns: daher bin ich die erste Bedingung desselben.

Die Materie.

Zum Glück wird die Vermessenheit deiner Behauptung bald auf eine reale Weise widerlegt werden und nicht durch bloße Worte. Noch wenige Augenblicke, und du – bist wirklich nicht mehr, bist mit sammt deiner Großsprecherei ins Nichts versunken, hast, nach Schatten-Weise, vorübergeschwebt und das Schicksal jeder meiner vergänglichen Formen erlitten. Ich aber, ich bleibe, unverletzt und unvermindert, von Jahrtausend zu Jahrtausend, die unendliche Zeit hindurch, und schaue unerschüttert dem Spiel des Wechsels meiner Formen zu.

Das Subjekt.

Diese unendliche Zeit, welche zu durchleben du dich rühmst, ist, wie der unendliche Raum, den du füllst, bloß in meiner Vorstellung vorhanden, ja, ist bloße Form meiner Vorstellung, die ich fertig in mir trage, und in der du dich darstellst, die dich aufnimmt, wodurch du allererst dabist. Die Vernichtung aber, mit der du mir drohest, trifft nicht mich; sonst wärst du mit vernichtet: vielmehr trifft sie bloß das Individuum, welches auf kurze Zeit mein Träger ist und von mir vorgestellt wird, wie alles Andere.

Die Materie.

Und wenn ich dir dies zugestehe und darauf eingehe, dein Daseyn, welches doch an das dieser vergänglichen Individuen unzertrennlich geknüpft ist, als ein für sich bestehendes zu betrachten; so bleibt es dennoch von dem meinigen abhängig.

Denn du bist Subjekt nur sofern du ein Objekt hast: und dieses Objekt bin ich. Ich bin dessen Kern und Gehalt, das Bleibende darin, welches es zusammenhält und ohne welches es so unzusammenhängend wäre und so wesenlos verschwebte, wie die Träume und Phantasien deiner Individuen, die selbst ihren Scheingehalt doch noch von mir geborgt haben.

Das Subjekt.

Du thust wohl, mein Daseyn mir deshalb, daß es an die Individuen geknüpft ist, nicht abstreiten zu wollen: denn so unzertrennlich, wie ich an diese, bist du an deine Schwester, die Form, gekettet, und bist noch nie ohne sie erschienen. Dich, wie mich, hat nackt und isolirt noch kein Auge gesehn: denn Beide sind wir nur Abstraktionen. E i n Wesen ist es im Grunde, das sich selbst anschaut und von sich selbst angeschaut wird, dessen Seyn an sich aber weder im Anschauen noch im Angeschautwerden bestehn kann, da diese zwischen uns Beide vertheilt sind.

Beide.

So sind wir denn unzertrennlich verknüpft, als nothwendige Theile eines Ganzen, das uns Beide umfaßt und durch uns besteht. Nur ein Mißverständnis kann uns Beide einander feindlich gegenüber stellen und dahin verleiten, daß Eines des Andern Daseyn bekämpft, mit welchem sein eigenes steht und fällt.

Dieses Beide umfassende Ganze ist die Welt als Vorstellung, oder die Erscheinung. Nach deren Wegnahme bleibt nur noch das rein Metaphysische, das Ding an sich, welches wir im zweiten Buche als den Willen erkennen werden.

Kapitel 2.

Zur Lehre von der anschauenden, oder Verstandes-Erkenntniß.

Bei aller transsscendentalen Idealität behält die objektive Welt empirische Realität: das Objekt ist zwar nicht Ding an sich; aber es ist als empirisches Objekt real. Zwar ist der Raum nur in meinem Kopf; aber empirisch ist mein Kopf im Raum. Das Kausalitätsgesetz kann zwar nimmermehr dienen, den Idealismus zu beseitigen, indem es nämlich zwischen den Dingen an sich und unserer Erkenntniß von ihnen eine Brücke bildete und sonach der in Folge seiner Anwendung sich darstellenden Welt absolute Realität zusicherte: allein Dies hebt keineswegs das Kausalverhältniß der Objekte unter einander, also auch nicht das auf, welches zwischen dem eigenen Leibe jedes Erkennenden und den übrigen materiellen Objekten unstreitig Statt hat. Aber das Kausalitätsgesetz verbindet bloß die Erscheinungen, führt hingegen nicht über sie hinaus. Wir sind und bleiben mit demselben in der Welt der Objekte, d. h. der Erscheinungen, also eigentlich der Vorstellungen. Jedoch bleibt das Ganze einer solchen Erfahrungswelt zunächst durch die Erkenntniß eines Subjekts überhaupt, als nothwendige Voraussetzung derselben, und sodann durch die speciellen Formen unserer Anschauung und Apprehension bedingt, fällt also nothwendig der bloßen Erscheinung anheim und hat keinen Anspruch, für die Welt der Dinge an sich selbst zu gelten. Sogar das Subjekt selbst (sofern es bloß Erkennendes ist) gehört der bloßen Erscheinung an, deren ergänzende andere Hälfte es ausmacht.

Ohne Anwendung des Gesetzes der Kausalität könnte es inzwischen nie zur Anschauung einer objektiven Welt kommen: denn diese Anschauung ist, wie ich oft auseinandergesetzt habe, wesentlich intellektual und nicht bloß sensual. Die Sinne geben bloße Empfindung, die noch lange keine Anschauung ist. Den Antheil der Sinnesempfindung an der Anschauung sonderte Locke aus, unter dem Namen der sekundären Qualitäten, welche er mit Recht den Dingen an sich selbst absprach. Aber Kant, Locke's Methode weiter führend, sonderte überdies aus und sprach den Dingen an sich ab was der Verarbeitung jenes Stoffes (der Sinnesempfindung) durch das Gehirn angehört, und da ergab sich, daß hierin alles Das begriffen war, was Locke, als primäre Qualitäten, den Dingen an sich gelassen hatte, nämlich Ausdehnung, Gestalt, Solidität u. s. w., wodurch bei Kant das Ding an sich zu einem völlig Unbekannten = x wird. Bei Locke ist demnach das Ding an sich zwar ein Farbloses, Klangloses, Geruchloses, Geschmackloses, ein weder Warmes noch Kaltes, weder Weiches noch Hartes, weder Glattes noch Rauhes; jedoch bleibt es ein Ausgedehntes, Gestaltetes, Undurchdringliches, Ruhendes oder Bewegtes, und Maaß und Zahl Habendes. Hingegen bei Kant hat es auch diese letzteren Eigenschaften sämmtlich abgelegt; weil sie nur mittelst Zeit, Raum und Kausalität möglich sind, diese aber aus unserm Intellekt (Gehirn) eben so entspringen, wie Farben, Töne, Gerüche u. s. w. aus den Nerven der Sinnesorgane. Das Ding an sich ist bei Kant ein Raumloses, Unausgedehntes, Unkörperliches geworden. Was also zur Anschauung, in der die objektive Welt dasteht, die bloßen Sinne liefern, verhält sich zu Dem, was dazu die Gehirnfunktion liefert (Raum, Zeit, Kausalität), wie die Masse der Sinnesnerven zur Masse des Gehirns, nach Abzug desjenigen Theiles von dieser, der überdies zum eigentlichen Denken, d. h. dem abstrakten Vorstellen, verwendet wird und daher den Thieren abgeht. Denn, verleihen die Nerven der Sinnesorgane den erscheinenden Objekten Farbe, Klang, Geschmack, Geruch, Temperatur u. s. w.; so verleiht das Gehirn denselben Ausdehnung, Form, Undurchdringlichkeit, Beweglichkeit u. s. w., kurz Alles, was erst mittelst Zeit, Raum und Kausalität vorstellbar ist. Wie gering bei der Anschauung der Antheil der Sinne ist, gegen den des Intellekts, bezeugt also auch der Vergleich zwischen dem Nervenapparat zum Empfangen der Eindrücke mit dem zum Verarbeiten derselben; indem die Masse der Empfindungsnerven sämmtlicher Sinnesorgane sehr gering ist, gegen die des Gehirns, selbst noch bei den Thieren, deren Gehirn, da sie nicht eigentlich, d. h. abstrakt, denken, bloß zur Hervorbringung der Anschauung dient und doch, wo diese vollkommen ist, also bei den Säugethieren, eine bedeutende Masse hat; auch nach Abzug des kleinen Gehirns, dessen Funktion die geregelte Leitung der Bewegungen ist.

Von der Unzulänglichkeit der Sinne zur Hervorbringung der objektiven Anschauung der Dinge, wie auch vom nichtempirischen Ursprung der Anschauung des Raumes und der Zeit, erhält man, als Bestätigung der Kantischen Wahrheiten, auf negativem Wege, eine sehr gründliche Ueberzeugung durch Thomas Reid's vortreffliches Buch: *Inquiry into the human mind, first edition 1764, 6th edition 1810.* Dieser widerlegt die Locke'sche Lehre, daß die Anschauung ein Produkt der Sinne sei, indem er gründlich und scharfsinnig darthut, daß sämmtliche Sinnesempfindungen nicht die mindeste Aehnlichkeit haben mit der anschaulich erkannten Welt, besonders aber die fünf primären Qualitäten Locke's (Ausdehnung, Gestalt, Solidität, Bewegung, Zahl) durchaus von keiner Sinnesempfindung uns geliefert werden können. Er giebt sonach die Frage nach der Entstehungsart und dem Ursprung der Anschauung als völlig unlösbar auf. So liefert er, obwohl mit Kanten völlig unbekannt, gleichsam nach der *regula falsi* [Regel vom notwendig Falschen], einen gründlichen Beweis für die (eigentlich von mir, in Folge der Kantischen Lehre, zuerst dargelegte) Intellektualität der Anschauung und für den von Kant entdeckten apriorischen Ursprung der Grundbestandtheile derselben, also des Raumes, der Zeit und der Kausalität, aus welchen jene Locke'schen primären Eigenschaften allererst hervorgehn, mittelst ihrer aber leicht zu konstruiren sind. Thomas Reid's Buch ist sehr lehrreich und lesenswerth, zehn Mal mehr, als Alles was seit Kant Philosophisches geschrieben worden zusammengenommen. Einen andern indirekten Beweis für die selbe Lehre liefern, wiewohl auf dem Wege des Irrthums, die französischen Sensualphilosophen, welche, seitdem Condillac in die Fußstapfen Locke's trat, sich abmühen, wirklich darzuthun, daß unser ganzes Vorstellen und Denken auf bloße Sinnesempfindungen zurücklaufe *(penser c'est sentir)* [Denken ist Empfinden], welche sie, nach Locke's Vorgang, *idées simples* [einfache Vorstellungen] nennen, und durch deren bloßes Zusammentreten und Verglichenwerden die ganze objektive Welt sich in unserm Kopfe aufbauen soll. Diese Herren haben wirklich *des idées bien simples* [sehr einfältige Vorstellungen]: es ist belustigend zu sehn, wie sie, denen sowohl die Tiefe des Deutschen, als die Redlichkeit des Englischen Philosophen abgieng, jenen ärmlichen Stoff der Sinnesempfindung hin und her wenden und ihn wichtig zu machen suchen, um das so bedeutungsvolle Phänomen der Vorstellungs- und Gedanken-Welt daraus zusammenzusetzen. Aber der von ihnen konstruirte Mensch müßte, anatomisch zu reden, ein *Anencephalus* [gehirnloses Wesen], eine *Tête de crapaud* [Krötenkopf] seyn, mit bloßen Sinneswerkzeugen, ohne Gehirn. Um aus unzähligen nur ein Paar der besseren Versuche dieser Art beispielsweise anzuführen, nenne ich Condorcet im Anfang seines Buches: *Des progrès de l'esprit humain*, und Tourtual über das Sehn, im zweiten Bande der *Scriptores ophthalmologici minores; edidit Justus Radius (1828).*

Das Gefühl der Unzulänglichkeit einer bloß sensualistischen Erklärung der Anschauung zeigt sich gleichfalls in der, kurz vor dem Auftreten der Kantischen Philosophie ausgesprochenen Behauptung, daß wir nicht bloße, durch Sinnesempfindung erregte Vorstellungen von den Dingen hätten, sondern unmittelbar die Dinge selbst wahrnähmen, obwohl sie außer uns lägen; welches freilich unbegreiflich sei. Und dies war nicht etwan idealistisch gemeint, sondern vom gewöhnlichen realistischen Standpunkt aus gesagt. Gut und bündig drückt jene Behauptung der berühmte Euler aus, in seinen »Briefen an eine Deutsche Prinzessin«, Bd. 2, S. 68. »Ich glaube daher, daß die Empfindungen (der Sinne) noch etwas mehr enthalten, als die Philosophen sich einbilden. Sie sind nicht bloß leere Wahrnehmungen von gewissen im Gehirn gemachten Eindrücken: sie geben der Seele nicht bloß Ideen von Dingen; sondern sie stellen ihr auch wirklich Gegenstände vor, die außer ihr existiren, ob man gleich nicht begreifen kann, wie dies eigentlich zugehe.« Diese Meinung erklärt sich aus Folgendem. Obwohl, wie ich hinlänglich bewiesen habe, die Anwendung des uns *a priori* bewußten Kausalitätsgesetzes die Anschauung vermittelt; so tritt dennoch, beim Sehn, der Verstandesakt, mittelst dessen wir von der Wirkung zur Ursache übergehn, keineswegs ins deutliche Bewußtseyn: daher sondert sich die Sinnesempfindung nicht von der aus ihr, als dem rohen Stoff, erst vom Verstande gebildeten Vorstellung. Noch weniger kann ein, überhaupt nicht Statt habender, Unterschied zwischen Gegenstand und Vorstellung ins Bewußtseyn treten; sondern wir nehmen ganz unmittelbar die Dinge selbst wahr, und zwar als außer uns gelegen; obwohl gewiß ist, daß das Unmittelbare nur die Empfindung seyn kann, und diese auf das Gebiet unterhalb unserer Haut beschränkt ist. Dies ist daraus erklärlich, daß das Außer uns eine ausschließlich räumliche Bestimmung, der Raum selbst aber eine Form unsers Anschauungsvermögens, d. h. eine Funktion unsers Gehirns ist: daher liegt das Außer uns, wohin wir, auf Anlaß der Gesichtsempfindung, Gegenstände versetzen, selbst innerhalb unsers Kopfes: denn da ist sein ganzer Schauplatz. Ungefähr wie wir im Theater Berge, Wald und Meer sehn, aber doch Alles im Hause bleibt. Hieraus wird begreiflich, daß wir die Dinge mit der Bestimmung Außerhalb und doch ganz unmittelbar anschauen, nicht aber eine von den Dingen, die außerhalb lägen, verschiedene Vorstellung derselben innerhalb. Denn im Raume und folglich auch außer uns sind die Dinge nur sofern wir sie vorstellen: daher sind diese Dinge, die wir solchermaaßen unmittelbar selbst, und nicht etwan ihr bloßes Abbild, anschauen, eben selbst auch nur unsere Vorstellungen, und als solche nur in unserm Kopfe vorhanden. Also nicht sowohl, wie Euler sagt, schauen wir die außerhalb gelegenen Dinge unmittelbar selbst an; als vielmehr: die von uns als außerhalb gelegen angeschauten Dinge sind nur unsere Vorstellungen und deshalb ein von uns unmittelbar Wahrgenommenes. Die ganze oben in Eulers Worten gegebene und richtige Bemerkung liefert also eine neue Bestätigung der Kantischen transscendentalen Aesthetik und meiner darauf gestützten Theorie der Anschauung, wie auch des Idealismus überhaupt. Die oben erwähnte Unmittelbarkeit und Bewußtlosigkeit, mit der wir, bei der Anschauung, den Uebergang von der Empfindung zu ihrer Ursache machen, läßt sich erläutern durch einen analogen Hergang beim abstrakten Vorstellen, oder Denken. Beim Lesen und Hören nämlich empfangen wir bloße Worte, gehn aber von diesen so unmittelbar zu den durch sie bezeichneten Begriffen über, daß es ist, als ob wir unmittelbar die Begriffe empfiengen: denn wir werden uns des Uebergangs zu diesen gar nicht bewußt. Daher wissen wir bisweilen nicht, in welcher Sprache wir gestern etwas, dessen wir uns erinnern, gelesen haben. Daß ein solcher Uebergang dennoch jedesmal Statt hat, wird bemerklich, wenn er ein Mal ausbleibt, d. h. wenn wir, in der Zerstreuung, gedankenlos lesen und dann inne werden, daß wir zwar alle Worte, aber keinen Begriff empfangen haben. Bloß wenn wir von abstrakten Begriffen zu Bildern der Phantasie übergehn, werden wir uns der Umsetzung bewußt.

Uebrigens findet, bei der empirischen Wahrnehmung, die

Bewußtlosigkeit, mit welcher der Uebergang von der Empfindung zur Ursache derselben geschieht, eigentlich nur bei der Anschauung im engsten Sinn, also beim S e h n Statt; hingegen geschieht er bei allen übrigen sinnlichen Wahrnehmungen mit mehr oder minder deutlichem Bewußtseyn, daher, bei der Apprehension durch die gröberen vier Sinne seine Realität sich unmittelbar faktisch konstatiren läßt. Im Finstern betasten wir ein Ding so lange von allen Seiten, bis wir aus dessen verschiedenen Wirkungen auf die Hände die Ursache derselben als bestimmte Gestalt konstruiren können. Ferner, wenn etwas sich glatt anfühlt, so besinnen wir uns bisweilen, ob wir etwan Fett oder Oel an den Händen haben: auch wohl, wenn es uns kalt berührt, ob wir sehr warme Hände haben. Bei einem Ton zweifeln wir bisweilen, ob er eine bloß innere, oder wirklich eine von außen kommende Affektion des Gehörs war, sodann, ob er nah und schwach, oder fern und stark erscholl, dann, aus welcher Richtung er kam, endlich, ob er die Stimme eines Menschen, eines Thieres, oder eines Instruments war: wir forschen also, bei gegebener Wirkung, nach der Ursache. Beim Geruch und Geschmack ist die Ungewißheit über die Art der objektiven Ursache der empfundenen Wirkung alltäglich: so deutlich treten sie hier auseinander. Daß b e i m S e h n der Uebergang von der Wirkung zur Ursache ganz unbewußt geschieht, und dadurch der Schein entsteht, als wäre diese Art der Wahrnehmung eine völlig unmittelbare, in der sinnlichen Empfindung allein, ohne Verstandesoperation, bestehende, dies hat seinen Grund theils in der hohen Vollkommenheit des Organs, theils in der ausschließlich geradlinigen Wirkungsart des Lichts. Vermöge dieser letztern leitet der Eindruck selbst schon auf den Ort der Ursache hin, und da das Auge alle Nüancen von Licht, Schatten, Farbe und Umriß, wie auch die Data, nach welchen der Verstand die Entfernung schätzt, auf das Feinste und mit Einem Blick zu empfinden die Fähigkeit hat; so geschieht, bei Eindrücken auf diesen Sinn, die Verstandesoperation mit einer Schnelligkeit und Sicherheit, welche sie so wenig zum Bewußtseyn kommen läßt, wie das Buchstabiren beim Lesen; wodurch also der Schein entsteht, als ob schon die Empfindung selbst unmittelbar die Gegenstände gäbe. Dennoch ist, gerade beim Sehn, die Operation d e s V e r s t a n d e s , bestehend im Erkennen der Ursache aus der Wirkung, am bedeutendesten: vermöge ihrer wird das doppelt, mit zwei Augen, Empfundene einfach angeschaut; vermöge ihrer wird der Eindruck, welcher auf der Retina, in Folge der Kreuzung der Strahlen in der Pupille, verkehrt, das Oberste unten, eintrifft, bei Verfolgung der Ursache desselben auf dem Rückwege in gleicher Richtung, wieder zurechtgestellt, oder, wie man sich ausdrückt, sehn wir die Dinge aufrecht, obgleich ihr Bild im Auge verkehrt steht; vermöge jener Verstandesoperation endlich werden, aus fünf verschiedenen Datis [Daten], die Th. Reid sehr deutlich und schön beschreibt, Größe und Entfernung in unmittelbarer Anschauung von uns abgeschätzt. Ich habe dies Alles, wie auch die Beweise, welche die Intellektualität der Anschauung unwiderleglich darthun, schon 1816 auseinandergesetzt in meiner Abhandlung »Ueber das Sehn und die Farben« (in zweiter Auflage 1854), mit bedeutenden Vermehrungen aber in der funfzehn Jahre spätern und verbesserten Lateinischen Bearbeitung derselben, welche, unter dem Titel *Theoria colorum physiologica eademque primaria*, im dritten Bande der von Justus Radius 1830 herausgegebenen *Scriptores ophthalmologici minores* steht, am ausführlichsten und gründlichsten jedoch in der zweiten Auflage meiner Abhandlung »Ueber den Satz vom Grunde«, § 21. Dahin also verweise ich über diesen wichtigen Gegenstand, um gegenwärtige Erläuterungen nicht noch mehr anzuschwellen.

Hingegen mag eine ins Aesthetische einschlagende Bemerkung hier ihre Stelle finden. Vermöge der bewiesenen Intellektualität der Anschauung ist auch der Anblick schöner Gegenstände, z. B. einer schönen Aussicht, ein Gehirnphänomen. Die Reinheit und Vollkommenheit desselben hängt daher nicht bloß vom Objekt ab, sondern auch von der Beschaffenheit des Gehirns, nämlich von der Form und Größe desselben, von der Feinheit seiner Textur und von der Belebung seiner Thätigkeit durch die Energie des Pulses der Gehirnadern. Demnach fällt gewiß das Bild der selben Aussicht in verschiedenen Köpfen, auch bei gleicher Schärfe ihrer Augen, so verschieden aus, wie etwan der erste und letzte Abdruck einer stark gebrauchten Kupferplatte. Hierauf beruht die große Verschiedenheit der Fähigkeit zum Genusse der schönen Natur und folglich auch zum Nachbilden derselben, d. h. zum Hervorbringen des gleichen Gehirnphänomens mittelst einer ganz anderartigen Ursache, nämlich der Farbenflecke auf einer Leinwand.

Uebrigens hat die auf der gänzlichen Intellektualität der Anschauung beruhende scheinbare Unmittelbarkeit derselben, vermöge welcher wir, wie E u l e r sagt, die Dinge selbst und als außer uns gelegen apprehendiren, ein Analogon an der Art, wie wir die Theile unsers eigenen Leibes empfinden, zumal wenn sie schmerzen, welches, sobald wir sie empfinden, meistens der Fall ist. Wie wir nämlich wähnen, die Dinge unmittelbar dort, wo sie sind, wahrzunehmen, während es doch wirklich im Gehirn geschieht; so glauben wir auch den Schmerz eines Gliedes in diesem selbst zu empfinden, während dieser ebenfalls im Gehirn empfunden wird, wohin ihn der Nerv des afficirten Theiles leitet. Daher werden nur die Affektionen solcher Theile, deren Nerven zum Gehirn gehn, empfunden, nicht aber die, deren Nerven dem Gangliensystem angehören; es sei denn, daß eine überaus starke Affektion derselben auf Umwegen bis ins Gehirn dringe, wo sie sich doch meistens nur als dumpfes Unbehagen und stets ohne genaue Bestimmung ihres Ortes zu erkennen giebt. Daher auch werden die Verletzungen eines Gliedes, dessen Nervenstamm durchschnitten oder unterbunden ist, nicht empfunden. Daher endlich fühlt wer ein Glied verloren hat doch noch bisweilen Schmerz in demselben, weil die zum Gehirn gehenden Nerven noch dasind. – Also in beiden hier verglichenen Phänomenen wird was im Gehirn vorgeht als außer demselben apprehendirt: bei der Anschauung durch Vermittelung des Verstandes, der seine Fühlfäden in die Außenwelt streckt; bei der Empfindung der Glieder durch Vermittelung der Nerven.

Kapitel 3.

Ueber die Sinne.

Von Anderen Gesagtes zu wiederholen ist nicht der Zweck meiner Schriften: daher gebe ich hier nur einzelne, eigene Betrachtungen über die Sinne.

Die Sinne sind bloß die Ausläufe des Gehirns, durch welche es von außen den Stoff empfängt (in Gestalt der Empfindung), den es zur anschaulichen Vorstellung verarbeitet. Diejenigen Empfindungen, welche hauptsächlich zur o b j e k t i v e n Auffassung der Außenwelt dienen sollten, mußten an sich selbst weder angenehm noch unangenehm seyn: dies besagt eigentlich, daß sie den Willen ganz unberührt lassen mußten. Außerdem nämlich würde die Empfindung s e l b s t unsere Aufmerksamkeit fesseln und wir bei der W i r k u n g stehn bleiben, statt, wie hier bezweckt war, sogleich zur U r s a c h e überzugehn: so nämlich bringt es der entschiedene Vorrang mit sich, den, für unsere Beachtung, d e r W i l l e überall vor der bloßen Vorstellung hat, als welcher wir uns erst dann zuwenden, wann jener schweigt. Demgemäß sind Farben und Töne an sich selbst und so lange ihr Eindruck das normale Maaß nicht überschreitet, weder schmerzliche, noch angenehme Empfindungen; sondern treten mit derjenigen Gleichgültigkeit auf, die sie zum Stoff rein objektiver Anschauungen eignet. Dies ist nämlich so weit der Fall, als es an einem Leibe, der an sich selbst durch und durch Wille ist, überhaupt möglich seyn konnte, und ist eben in dieser Hinsicht bewunderungswerth. Physiologisch beruht es darauf, daß in den Organen der edleren Sinne, also des Gesichts und Gehörs, diejenigen Nerven, welche den specifischen äußern Eindruck aufzunehmen haben, gar keiner Empfindung von Schmerz fähig sind, sondern keine andere Empfindung, als die ihnen specifisch eigenthümliche, der bloßen Wahrnehmung dienende, kennen. Demnach ist die Retina, wie auch der optische Nerv, gegen jede Verletzung unempfindlich, und eben so ist es der Gehörnerv: in beiden Organen wird Schmerz nur in den übrigen Theilen derselben, den Umgebungen des ihnen eigenthümlichen Sinnesnerven, empfunden, nie in diesem selbst: beim Auge hauptsächlich in der *conjunctiva* [Bindehaut]; beim Ohr im *meatus auditorius* [Gehörgang]. Sogar mit dem Gehirn verhält es sich eben so, indem dasselbe, wenn unmittelbar selbst, also von oben, angeschnitten, keine Empfindung davon hat. Also nur vermöge dieser ihnen eigenen Gleichgültigkeit in Bezug auf den Willen werden die Empfindungen des Auges geschickt, dem Verstande die so mannigfaltigen und so fein nüancirten Data zu liefern, aus denen er, mittelst Anwendung des Kausalitätsgesetzes und auf Grundlage der reinen Anschauungen Raum und Zeit, die wundervolle objektive Welt in unserm Kopfe aufbaut. Eben jene Wirkungslosigkeit der Farbenempfindungen auf den W i l l e n befähigt sie, wann ihre Energie durch Transparenz erhöht ist, wie beim Abendroth, gefärbten Fenstern u. dgl., uns sehr leicht in den Zustand der rein objektiven, willenlosen Anschauung zu versetzen, welche, wie ich im dritten Buche nachgewiesen habe, einen Hauptbestandtheil des ästhetischen Eindrucks ausmacht. Eben diese Gleichgültigkeit in Bezug auf den Willen eignet [befähigt] die Laute, den Stoff der Bezeichnung für die endlose Mannigfaltigkeit der Begriffe der Vernunft abzugeben.

Indem der äußere Sinn, d. h. die Empfänglichkeit für äußere Eindrücke als reine Data für den Verstand, sich in fünf Sinne spaltete, richteten diese sich nach den vier Elementen, d. h. den vier Aggregationszuständen, nebst dem der Imponderabilität [Unwägbarkeit]. So ist der Sinn für das Feste (Erde) das Getast, für das Flüssige (Wasser) der Geschmack, für das Dampfförmige, d. h. Verflüchtigte (Dunst, Duft) der Geruch, für das permanent Elastische (Luft) das Gehör, für das Imponderabile (Feuer, Licht) das Gesicht. Das zweite Imponderabile, Wärme, ist eigentlich kein Gegenstand der Sinne, sondern des Gemeingefühls, wirkt daher auch stets direkt auf den Willen, als angenehm oder unangenehm. Aus dieser Klassifikation ergiebt sich auch die relative Dignität [Rangfolge] der Sinne. Das Gesicht hat den ersten Rang, sofern seine Sphäre die am weitesten reichende, und seine Empfänglichkeit die feinste ist; was darauf beruht, daß sein Anregendes ein Imponderabile, d. h. ein kaum noch Körperliches, ein *quasi* Geistiges, ist. Den zweiten Rang hat das Gehör, entsprechend der Luft. Inzwischen bleibt das Getast ein gründlicher und vielseitiger Gelehrter. Denn während die andern Sinne uns jeder nur eine ganz einseitige Beziehung des Objekts, wie seinen Klang, oder sein Verhältniß zum Licht, angeben, liefert das, mit dem Gemeingefühl und der Muskelkraft fest verwachsene Getast dem Verstande die Data zugleich für die Form, Größe, Härte, Glätte, Textur [Faserung], Festigkeit, Temperatur und Schwere der Körper, und dies Alles mit der geringsten Möglichkeit des Scheines und der Täuschung, denen alle andern Sinne weit mehr unterliegen. Die beiden niedrigsten Sinne, Geruch und Geschmack, sind schon nicht mehr frei von einer unmittelbaren Erregung des Willens, d. h. sie werden stets angenehm oder unangenehm afficirt, sind daher mehr subjektiv als objektiv.

Die Wahrnehmungen des Gehörs sind ausschließlich in der Zeit: daher das ganze Wesen der Musik im Zeitmaaß besteht, als worauf sowohl die Qualität oder Höhe der Töne, mittelst der Vibrationen, als die Quantität oder Dauer derselben, mittelst des Taktes, beruht. Die Wahrnehmungen des Gesichts hingegen sind zunächst und vorwaltend im Raume; sekundär, mittelst ihrer Dauer, aber auch in der Zeit.

Das Gesicht ist der Sinn des Verstandes, welcher anschaut, das Gehör der Sinn der Vernunft, welche denkt und vernimmt. Worte werden durch sichtbare Zeichen nur unvollkommen vertreten: daher zweifle ich, daß ein Taubstummer, der lesen kann, aber vom Laute der Worte keine Vorstellung hat, in seinem Denken mit den bloß sichtbaren Begriffszeichen so behende operirt, wie wir mit den wirklichen, d. h. hörbaren Worten. Wenn er nicht lesen kann, ist er bekanntlich fast dem unvernünftigen Thiere gleich; während der Blindgeborene, von Anfang an, ein ganz vernünftiges Wesen ist.

Das Gesicht ist ein aktiver, das Gehör ein passiver Sinn. Daher wirken Töne störend und feindlich auf unsern Geist ein, und zwar um so mehr, je thätiger und entwickelter dieser ist: sie zerreißen alle Gedanken, zerrütten momentan die Denkkraft. Hingegen giebt es keine analoge Störung durch das Auge, keine unmittelbare Einwirkung des Gesehenen, als solchen, auf die denkende Thätigkeit (denn natürlich ist hier nicht die Rede von dem Einfluß der erblickten Gegenstände auf den Willen); sondern die bunteste Mannigfaltigkeit von Dingen, vor unsern Augen, läßt ein ganz ungehindertes, ruhiges Denken zu. Demzufolge lebt der denkende Geist mit dem Auge in ewigem Frieden, mit dem Ohr in ewigem Krieg. Dieser Gegensatz der beiden Sinne bewährt sich auch darin, daß Taubstumme, wenn durch Galvanismus hergestellt, beim ersten Ton, den sie hören, vor Schrecken todtenblaß werden (Gilberts »Annalen der Physik«, Bd. 10, S. 382), operirte Blinde dagegen das erste Licht mit Entzücken erblicken, und nur ungern die Binde sich über die Augen legen lassen. Alles Angeführte aber ist daraus erklärlich, daß das Hören vermöge einer mechanischen Erschütterung des Gehörnerven vor sich geht, die sich sogleich bis ins Gehirn fortpflanzt; während hingegen das Sehn eine wirkliche Aktion der Retina ist, welche durch das Licht und seine Modifikationen bloß erregt und hervorgerufen wird: wie ich dies in meiner physiologischen Farbentheorie ausführlich gezeigt habe. Im Widerstreit hingegen steht dieser ganze Gegensatz mit der jetzt überall so unverschämt aufgetischten kolorirten Aether-Trommelschlag-Theorie, welche die Lichtempfindung des Auges zu einer mechanischen Erschütterung, wie die des Gehörs zunächst wirklich ist, erniedrigen will, während nichts heterogener seyn kann, als die stille, sanfte Wirkung des Lichts und die Allarmtrommel des Gehörs. Setzen wir hiemit noch den besondern Umstand in Verbindung, daß wir, obwohl mit zwei Ohren, deren Empfindlichkeit oft sehr verschieden ist, hörend, doch nie einen Ton doppelt vernehmen, wie wir mit zwei Augen oft doppelt sehn; so werden wir zu der Vermuthung geführt, daß die Empfindung des Hörens nicht im Labyrinth, oder der Schnecke entsteht, sondern erst da, wo, tief im Gehirn, beide Gehörnerven zusammentreffen, wodurch der Eindruck einfach wird: dies aber ist da, wo der *pons Varolii* [Varolische Brücke] die *medulla oblongata* [das verlängerte Mark] umfaßt, also an der absolut letalen [tödlichen] Stelle, durch deren Verletzung jedes Thier augenblicklich getödtet wird, und von wo der Gehörnerv nur einen kurzen Verlauf hat zum Labyrinth, dem Sitze der akustischen Erschütterung. Eben dieser sein Ursprung, an jener gefährlichen Stelle, von welcher auch alle Gliederbewegung ausgeht, ist Ursache, daß man bei einem plötzlichen Knall zusammenfährt; welches bei einer plötzlichen Erleuchtung, z. B. einem Blitz, keineswegs Statt findet. Der Sehnerv hingegen tritt viel weiter nach vorn aus seinen *thalamis* [Sehhügeln] (wenn auch vielleicht sein erster Ursprung hinter diesen liegt) hervor, ist in seinem Fortgang überall von den vorderen Gehirn-*lobis* [-lappen] bedeckt, wiewohl stets von ihnen gesondert, bis er, ganz aus dem Gehirn hinausgelangt, sich in die Retina ausbreitet, auf welcher nun allererst die Empfindung, auf Anlaß des Lichtreizes, entsteht und daselbst wirklich ihren Sitz hat; wie dieses meine Abhandlung über das Sehn und die Farben beweist. Aus jenem Ursprung des Gehörnerven erklärt sich denn auch die große Störung, welche die Denkkraft durch Töne erleidet, wegen welcher denkende Köpfe und überhaupt Leute von vielem Geist, ohne Ausnahme, durchaus kein Geräusch vertragen können. Denn es stört den beständigen Strohm ihrer Gedanken, unterbricht und lähmt ihr Denken, eben weil die Erschütterung des Gehörnerven sich so tief ins Gehirn fortpflanzt, dessen ganze Masse daher die durch den Gehörnerven erregten Schwingungen dröhnend mit empfindet, und weil das Gehirn solcher Leute viel leichter beweglich ist, als das der gewöhnlichen Köpfe. Auf der selben großen Beweglichkeit und Leitungskraft ihres Gehirns beruht es gerade, daß bei ihnen jeder Gedanke alle ihm analogen, oder verwandten, so leicht hervorruft, wodurch eben ihnen die Aehnlichkeiten, Analogien und Beziehungen der Dinge überhaupt, so schnell und leicht in den Sinn kommen, daß der selbe Anlaß, den Millionen gewöhnlicher Köpfe vor ihnen gehabt, sie auf d e n Gedanken, auf d i e Entdeckung bringt, welche nicht gemacht zu haben die Andern, weil sie wohl nach-, aber nicht vor-denken können, sich nachher verwundern: so schien die Sonne auf alle Säulen; aber nur Memnons Säule klang. Demgemäß waren Kant, Goethe, Jean Paul höchst empfindlich gegen jedes Geräusch, wie ihre Biographien bezeugen†. Goethe kaufte, in seinen letzten Jahren, ein in Verfall gerathenes Haus, neben dem seinigen, bloß damit er nicht den Lerm bei dessen Ausbesserung anzuhören hätte. Vergebens also war er, schon in seiner Jugend, der Trommel nachgegangen, um sich gegen Geräusch abzuhärten. Es ist nicht Sache der Gewohnheit. Dagegen ist die wahrhaft stoische Gleichgültigkeit gewöhnlicher Köpfe gegen das Geräusch bewunderungswürdig: sie stört kein Lerm in ihrem Denken, oder beim Lesen, Schreiben u. dgl.; während der vorzügliche Kopf dadurch völlig unfähig gemacht wird. Aber eben Das, was sie so unempfindlich macht gegen Lerm jeder Art, macht sie auch unempfindlich gegen das Schöne in den bildenden, und das tief Gedachte oder fein Ausgedrückte in den redenden Künsten, kurz, gegen Alles, was nicht ihr persönliches Interesse angeht. Auf die paralysirende Wirkung, welche hingegen das Geräusch auf die Geistreichen ausübt, findet folgende Bemerkung L i c h t e n b e r g s Anwendung: »Es ist allemal ein gutes Zeichen, wenn Künstler von Kleinigkeiten gehindert werden können, ihre Kunst gehörig auszuüben. F ..... steckte seine Finger in Hexenmehl, wenn er Klavier spielen wollte. – – – Den mittelmäßigen Kopf hindern solche Sachen nicht: – – – er führt gleichsam ein grobes Sieb.« (Vermischte Schriften, Bd. 1, S. 398.) Ich hege wirklich längst die Meinung, daß die Quantität Lerm, die Jeder unbeschwert vertragen kann, in umgekehrtem Verhält-

---

† L i c h t e n b e r g sagt in seinen »Nachrichten und Bemerkungen von und über sich selbst« (Vermischte Schriften, Göttingen 1800, Bd. 1, *pag. 43*): »Ich bin außerordentlich empfindlich gegen alles Getöse, allein es verliert ganz seinen widrigen Eindruck, sobald es mit einem vernünftigen Zweck verbunden ist.«

niß zu seinen Geisteskräften steht, und daher als das ungefähre Maaß derselben betrachtet werden kann. Wenn ich daher auf dem Hofe eines Hauses die Hunde stundenlang unbeschwichtigt bellen höre; so weiß ich schon, was ich von den Geisteskräften der Bewohner zu halten habe. Wer habituell die Stubenthüren, statt sie mit der Hand zu schließen, zuwirft, oder es in seinem Hause gestattet, ist nicht bloß ein ungezogener, sondern auch ein roher und bornirter Mensch. Daß im Englischen *sensible* auch »verständig« bedeutet, beruht demnach auf einer richtigen und feinen Beobachtung. Ganz civilisirt werden wir erst seyn, wann auch die Ohren nicht mehr vogelfrei seyn werden und nicht mehr Jedem das Recht zustehn wird, das Bewußtseyn jedes denkenden Wesens, auf tausend Schritte in die Runde, zu durchschneiden mittelst Pfeifen, Heulen, Brüllen, Hämmern, Peitschenklatschen, Bellenlassen u. dgl. Die Sybariten hielten die lermenden Handwerke außerhalb der Stadt gebannt: die ehrwürdige Sekte der Shakers in Nordamerika duldet kein unnöthiges Geräusch in ihren Dörfern: von den Herrnhutern wird das Gleiche berichtet. – Ein Mehreres über diesen Gegenstand findet man im dreißigsten Kapitel des zweiten Bandes der Parerga.

Aus der dargelegten passiven Natur des Gehörs erklärt sich auch die so eindringende, so unmittelbare, so unfehlbare Wirkung der Musik auf den Geist, nebst der ihr bisweilen folgenden, in einer besondern Erhabenheit der Stimmung bestehenden Nachwirkung. Die in kombinirten, rationalen Zahlenverhältnissen erfolgenden Schwingungen der Töne versetzen nämlich die Gehirnfibern selbst in gleiche Schwingungen. Hingegen wird aus der dem Hören ganz entgegengesetzten aktiven Natur des Sehns begreiflich, warum es kein Analogon der Musik für das Auge geben kann und das Farbenklavier ein lächerlicher Mißgriff war. Eben auch wegen der aktiven Natur des Gesichtssinnes ist er bei den verfolgenden Thieren, also den Raubthieren, ausgezeichnet scharf, wie umgekehrt der passive Sinn, das Gehör, bei den verfolgten, den fliehenden, furchtsamen Thieren; damit es von selbst ihnen den herbeieilenden, oder heranschleichenden Verfolger zeitig verrathe.

Wie wir im Gesicht den Sinn des Verstandes, im Gehör den der Vernunft erkannt haben, so könnte man den Geruch den Sinn des Gedächtnisses nennen; weil er unmittelbarer, als irgend etwas Anderes, den specifischen Eindruck eines Vorganges, oder einer Umgebung, selbst aus der fernsten Vergangenheit, uns zurückruft.

Kapitel 4.

Von der Erkenntniß a priori.

Aus der Thatsache, daß wir die Gesetze der Verhältnisse im Raume, ohne hiezu der Erfahrung zu bedürfen, aus uns selbst angeben und bestimmen können, folgerte Plato *(Meno, p. 353. Bip.),* daß alles Lernen bloß ein Erinnern sei; Kant hingegen, daß der Raum subjektiv bedingt und bloß eine Form des Erkenntnißvermögens sei. Wie hoch steht in dieser Hinsicht Kant über Plato!

Cogito, ergo sum [Ich denke, also bin ich] ist ein analytisches Urtheil: Parmenides hat es sogar für ein identisches gehalten: το γαϱ αυτο νοειν εστι τε ϰαι ειναι *(nam intelligere et esse idem est, Clem. Alex. Strom. VI, 2, § 23)* [denn Denken und Sein ist dasselbe]. Als ein solches aber, oder auch nur als analytisches, kann es keine besondere Weisheit enthalten; wie auch nicht, wenn man, noch gründlicher, es, als einen Schluß, aus dem Obersatz *non-entis nulla sunt praedicata* [Was nicht ist, hat auch keine Bestimmungen im Urteil] ableiten wollte. Eigentlich aber hat Cartesius damit die große Wahrheit ausdrücken wollen, daß nur dem Selbstbewußtseyn, also dem Subjektiven, unmittelbare Gewißheit zukommt; dem Objektiven, also allem Andern, hingegen, als dem durch jenes erst Vermittelten, bloß mittelbare; daher dieses, weil aus zweiter Hand, als problematisch zu betrachten ist. Hierauf beruht der Werth des so berühmten Satzes. Als seinen Gegensatz können wir, im Sinne der Kantischen Philosophie, aufstellen: *cogito, ergo est* [Ich denke (es), also ist es], – d. h. wie ich gewisse Verhältnisse (die mathematischen) an den Dingen denke, genau so müssen sie in aller irgend möglichen Erfahrung stets ausfallen, – dies war ein wichtiges, tiefes und spätes *Apperçu,* welches im Gewande des Problems von der Möglichkeit synthetischer Urtheile *a priori* auftrat und wirklich den Weg zu tiefer Erkenntniß eröffnet hat. Dies Problem ist die Parole der Kantischen Philosophie, wie der erstere Satz die der Cartesischen, und zeigt, εξ οἵων εις οἷα [aus welchem zu welchem].

Sehr passend stellt Kant seine Untersuchungen über Zeit und Raum an die Spitze aller andern. Denn dem spekulativen Geiste drängen sich vor allen diese Fragen auf: was ist die Zeit? was ist dies Wesen, das aus lauter Bewegung besteht, ohne etwas, das sich bewegt? – und was der Raum? dieses allgegenwärtige Nichts, aus welchem kein Ding herauskann, ohne aufzuhören Etwas zu seyn? –

Daß Zeit und Raum dem Subjekt anhängen, die Art und Weise sind, wie der Proceß objektiver Apperception im Gehirn vollzogen wird, hat schon einen genügenden Beweis an der gänzlichen Unmöglichkeit Zeit und Raum hinwegzudenken, während man Alles, was in ihnen sich darstellt, sehr leicht hinwegdenkt. Die Hand kann Alles fahren lassen; nur sich selbst nicht. Indessen will ich die von Kant gegebenen näheren Beweise jener Wahrheit hier durch einige Beispiele und Ausführungen erläutern, nicht zur Widerlegung alberner Einwendungen, sondern zum Gebrauch Derer, die künftig Kants Lehren vorzutragen haben werden.

»Ein rechtwinklichter gleichseitiger Triangel« enthält keinen logischen Widerspruch: denn die Prädikate heben einzeln keineswegs das Subjekt auf, noch sind sie mit einander unvereinbar. Erst bei der Konstruktion ihres Gegenstandes in der reinen Anschauung tritt ihre Unvereinbarkeit an ihm hervor. Wollte man diese eben deshalb für einen Widerspruch halten; so wäre auch jede physische und erst nach Jahrhunderten entdeckte Unmöglichkeit ein solcher: z. B. die Zusammensetzung eines Metalles aus seinen Bestandtheilen, oder ein Säugethier mit mehr oder weniger als sieben Halswirbeln*, oder Hörner und obere Schneidezähne am selben Thier. Allein bloß die logische Unmöglichkeit ist ein Widerspruch, nicht aber die physische, und eben so wenig die mathematische. Gleichseitig und rechtwinklicht widersprechen einander nicht (im Quadrat sind sie beisammen), noch widerspricht jedes von ihnen dem Dreieck. Daher kann die Unvereinbarkeit obiger Begriffe nie durch bloßes Denken erkannt werden, sondern ergiebt sich erst aus der

* Daß das dreizehige Faulthier deren neun hätte, soll als Irrthum erkannt worden seyn: jedoch führt *Owen, Ostéologie comp., p. 405*, es noch an.

Anschauung, welche nun aber eine solche ist, zu der es keiner Erfahrung, keines realen Gegenstandes bedarf, eine bloß mentale. Auch gehört hieher der Satz des Jordanus Brunus, der wohl auch beim Aristoteles [*De Caelo*, Lib. 1, cap. 5, § 3] zu finden seyn wird: »ein unendlich großer Körper ist nothwendig unbeweglich« [*Del infinito, universo e mondi*, 2. Dialog], – als welcher weder auf Erfahrung, noch auf dem Satz des Widerspruchs beruhen kann; da er von Dingen redet, die in keiner Erfahrung vorkommen können, und die Begriffe »unendlich groß« und »beweglich« einander nicht widersprechen; sondern bloß die reine Anschauung ergiebt, daß die Bewegung einen Raum außerhalb des Körpers erfordert, seine unendliche Größe aber keinen übrig läßt. – Wollte man nun gegen das erstere mathematische Beispiel einwenden: es käme nur darauf an, wie vollständig der Begriff sei, den der Urtheilende vom Triangel habe; wenn es ein ganz vollständiger wäre, so enthielte er auch die Unmöglichkeit, daß ein Triangel rechtwinklicht und doch gleichseitig sei; so ist die Antwort: angenommen, sein Begriff vom Dreieck sei nicht so vollständig; so kann er, ohne Hinzuziehung der Erfahrung, durch die bloße Konstruktion desselben in seiner Phantasie ihn erweitern und sich von der Unmöglichkeit jener Begriffsverbindung für alle Ewigkeit überzeugen: eben dieser Proceß aber ist ein synthetisches Urtheil *a priori*, d. h. ein solches, durch welches wir, ohne alle Erfahrung und doch mit Gültigkeit für alle Erfahrung, unsere Begriffe bilden und vervollständigen. – Denn überhaupt, ob ein gegebenes Urtheil analytisch oder synthetisch sei, wird, im einzelnen Fall, erst bestimmt werden können, je nachdem im Kopfe des Urtheilenden der Begriff des Subjekts mehr oder weniger Vollständigkeit hat: der Begriff »Katze« enthält im Kopfe Cuviers hundert Mal mehr, als in dem seines Bedienten: daher die selben Urtheile darüber für Diesen synthetisch, für Jenen bloß analytisch seyn werden. Nimmt man aber die Begriffe objektiv, und will nun entscheiden, ob ein gegebenes Urtheil analytisch oder synthetisch sei; so verwandle man das Prädikat desselben in sein kontradiktorisches Gegentheil und lege dieses, ohne Kopula, dem Subjekt bei: giebt nun dies eine *Contradictio in adjecto* [Widerspruch im Beiwort]; so war das Urtheil analytisch, außerdem aber synthetisch.

Daß die Arithmetik auf der reinen Anschauung der

Z e i t beruhe, ist nicht so augenfällig, wie daß die Geometrie auf der des Raums basirt sei*. Man kann es aber auf folgende Art beweisen. Alles Zählen besteht im wiederholten Setzen der Einheit: bloß um stets zu wissen, wie oft wir schon die Einheit gesetzt haben, markiren wir sie jedesmal mit einem andern Wort: dies sind die Zahlworte. Nun ist Wiederholung nur möglich durch Succession: diese aber, also das Nacheinander, beruht unmittelbar auf der Anschauung der Z e i t, ist ein nur mittelst dieser verständlicher Begriff: also ist auch das Zählen nur mittelst der Zeit möglich. – Dieses Beruhen alles Zählens auf der Z e i t verräth sich auch dadurch, daß in allen Sprachen die Multiplikation durch »Mal« bezeichnet wird, also durch einen Zeitbegriff: *sexies,* ἑξακις, *six fois, six times* [sechsmal]. Nun aber ist das einfache Zählen schon ein Multipliciren mit Eins, weshalb auch in Pestalozzi's Lehranstalt die Kinder stets so multipliciren mußten: »2 Mal 2 ist 4 Mal Eins.« – Auch A r i s t o t e l e s hat schon die enge Verwandtschaft der Zahl mit der Zeit erkannt und dargelegt, im vierzehnten Kapitel des vierten Buches der Physik. Die Zeit ist ihm »die Zahl der Bewegung« (ὁ χρονος αριϑμος εστι κινησεως) [*Physica,* IV, 11]. Tiefsinnig wirft er die Frage auf, ob die Zeit seyn könnte, wenn die Seele nicht wäre, und verneint sie. – Wenn die Arithmetik nicht diese reine Anschauung der Zeit zur Grundlage hätte, so wäre sie keine Wissenschaft *a priori,* mithin ihre Sätze nicht von unfehlbarer Gewißheit.

---

* Dies entschuldigt jedoch nicht einen Professor der Philosophie, welcher, auf Kants Stuhle sitzend, sich also vernehmen läßt: »Daß die Mathematik als solche die Arithmetik und Geometrie enthält, ist richtig; unrichtig jedoch die Arithmetik als die Wissenschaft der Zeit zu fassen, in der That aus keinem andern Grunde, als um der Geometrie, als der Wissenschaft des Raumes, einen Pendanten *(sic)* zu geben.« (Rosenkranz, im »Deutschen Museum«, 1857, 14. Mai, Nr. 20.) Dies sind die Früchte der Hegelei: ist durch deren sinnlosen Gallimathias [verworrenes Gerede] der Kopf ein Mal gründlich verdorben; so geht ernsthafte Kantische Philosophie nicht mehr hinein; und von dem Meister hat man die Dreistigkeit ererbt, in den Tag hinein zu reden über Dinge, die man nicht versteht: so kommt man endlich dahin, die Grundlehren eines großen Geistes ohne Umstände im peremtorisch [endgültig] entscheidenden Tone zu verurtheilen, als wären es eben Hegel'sche Narrenspossen. Wir dürfen es aber nicht hingehn lassen, daß die kleinen Leutchen da unten die Spur der großen Denker auszutreten sich bemühen. Sie thäten daher besser, sich an K a n t nicht zu reiben, sondern sich damit zu begnügen, ihrem Publiko über Gott, die Seele, die thatsächliche Freiheit des Willens und was sonst dahin einschlägt, nähere Auskunft zu ertheilen und sodann in ihrer finstern Hinterboutique, dem philosophischen Journal, sich ein Privatvergnügen zu machen: da können sie ungenirt thun und treiben was sie wollen, kein Mensch sieht hin.

Obwohl die Zeit, wie der Raum, die Erkenntnißform des Subjekts ist; so stellt sie sich gleichwohl, eben wie auch der Raum, als von demselben unabhängig und völlig objektiv vorhanden dar. Wider unsern Willen, oder ohne unser Wissen, eilt oder zögert sie: man frägt nach der Uhr, man forscht nach der Zeit, als nach einem ganz Objektiven. Und was ist dieses Objektive? Nicht das Fortschreiten der Gestirne, oder der Uhren, als welche bloß dienen, den Lauf der Zeit selbst daran zu messen: sondern es ist etwas von allen Dingen Verschiedenes, doch aber wie diese, von unserm Wollen und Wissen Unabhängiges. Es existirt nur in den Köpfen der erkennenden Wesen; aber die Gleichmäßigkeit seines Ganges und seine Unabhängigkeit vom Willen giebt ihm die Berechtigung der Objektivität.

Die Zeit ist zunächst die Form des innern Sinnes. Das folgende Buch anticipirend, bemerke ich, daß der alleinige Gegenstand des innern Sinnes der eigene Wille des Erkennenden ist. Die Zeit ist daher die Form, mittelst welcher dem ursprünglich und an sich selbst erkenntnißlosen individuellen Willen die Selbsterkenntniß möglich wird. In ihr nämlich erscheint sein an sich einfaches und identisches Wesen auseinandergezogen zu einem Lebenslauf. Aber eben wegen jener ursprünglichen Einfachheit und Identität des sich so Darstellenden bleibt sein Charakter stets genau der selbe; weshalb auch der Lebenslauf selbst durchweg den selben Grundton beibehält, ja, die mannigfaltigen Vorgänge und Scenen desselben sich im Grunde doch nur wie Variationen zu einem und dem selben Thema verhalten. –

Die Apriorität des Kausalitätsgesetzes ist von den Engländern und Franzosen theils noch gar nicht eingesehn, theils nicht recht begriffen: daher Einige von ihnen die früheren Versuche, für dasselbe einen empirischen Ursprung zu finden, fortsetzen. Maine de Biran setzt diesen in die Erfahrung, daß dem Willensakt als Ursache die Bewegung des Leibes als Wirkung folge. Aber diese Thatsache selbst ist falsch. Keineswegs erkennen wir den eigentlichen, unmittelbaren Willensakt als ein von der Aktion des Leibes Verschiedenes und Beide als durch das Band der Kausalität verknüpft; sondern Beide sind Eins und untheilbar. Zwischen ihnen ist keine Succession: sie sind zugleich. Sie sind Eins und das Selbe, auf doppelte Weise wahrgenommen: was nämlich der innern Wahrnehmung (dem Selbstbewußtseyn) sich als wirklicher Willensakt kund giebt, das Selbe stellt sich in der äußern Anschauung, in welcher der Leib objektiv dasteht, sofort als Aktion desselben dar. Daß physiologisch die Aktion des Nerven der des Muskels vorhergeht, kommt hier nicht in Betracht; da es nicht ins Selbstbewußtseyn fällt, und hier nicht die Rede ist vom Verhältniß zwischen Muskel und Nerv, sondern von dem zwischen Willensakt und Leibesaktion. Dieses nun giebt sich nicht als Kausalitätsverhältniß kund. Wenn diese beiden sich uns als Ursache und Wirkung darstellten; so würde ihre Verbindung uns nicht so unbegreiflich seyn, wie sie wirklich der Fall ist: denn was wir aus seiner Ursache verstehn, das verstehn wir so weit es überhaupt für uns ein Verständniß der Dinge giebt. Hingegen ist die Bewegung unserer Glieder vermöge bloßer Willensakte zwar ein so alltägliches Wunder, daß wir es nicht mehr bemerken: richten wir aber ein Mal die Aufmerksamkeit darauf, so tritt das Unbegreifliche der Sache uns sehr lebhaft ins Bewußtseyn: eben weil wir hier etwas vor uns haben, was wir nicht als Wirkung seiner Ursache verstehn. Nimmermehr also könnte diese Wahrnehmung uns auf die Vorstellung der Kausalität führen, als welche darin gar nicht vorkommt. Maine de Biran selbst erkennt die völlige Gleichzeitigkeit des Willensakts und der Bewegung an. *(Nouvelles considérations des rapports du physique au moral, p. 377, 78.).* – In England hat schon Th. Reid (*On the first principles of contingent truths. Ess. VI, c. 5)* ausgesprochen, daß die Erkenntniß des Kausalitätsverhältnisses in der Beschaffenheit unsers Erkenntnißvermögens selbst ihren Grund habe. In neuester Zeit lehrt Th. Brown in seinem höchst weitschweifig abgefaßten Buch: *Inquiry into the relation of cause and effect, 4th edit., 1835,* ziemlich das Selbe, nämlich daß jene Erkenntniß aus einer uns angeborenen, intuitiven und instinktiven Ueberzeugung entspringe: er ist also im Wesentlichen auf dem rechten Wege. Unverzeihlich jedoch ist die krasse Ignoranz, vermöge welcher, in diesem 476 Seiten starken Buche, davon 130 der Widerlegung Hume's gewidmet sind, Kants, der schon vor siebzig Jahren die Sache ins Reine gebracht hat, gar keine Erwähnung geschieht. Wäre das Lateinische die ausschließliche Sprache der Wissenschaft geblieben; so würde dergleichen nicht vorkommen. Trotz der im Ganzen richtigen Auseinandersetzung Browns hat in England eine Modifikation jener von Maine de Biran aufgestellten Lehre vom empirischen Ursprung der Grunderkenntniß des Kausalverhältnisses dennoch Eingang gefunden; da sie nicht ohne einige Scheinbarkeit ist. Es ist diese, daß wir das Gesetz der Kausalität abstrahirten aus der empirisch wahrgenommenen Einwirkung unsers eigenen Leibes auf andere Körper. Schon Hume hatte sie widerlegt. Ich aber habe die Unstatthaftigkeit derselben in meiner Schrift »Ueber den Willen in der Natur« [Bd. v uns. Ausg., S. 277] dargethan, daraus daß, damit wir sowohl unsern eigenen, als die andern Körper objektiv in räumlicher Anschauung wahrnehmen, die Erkenntniß der Kausalität, weil sie Bedingung solcher Anschauung ist, bereits daseyn muß. Wirklich liegt eben in der Nothwendigkeit eines von der, empirisch allein gegebenen, Sinnesempfindung zur Ursache derselben zu machenden Ueberganges, damit es zur Anschauung der Außenwelt komme, der einzige ächte Beweisgrund davon, daß das Gesetz der Kausalität vor aller Erfahrung uns bewußt ist. Daher habe ich diesen Beweis dem Kantischen substituirt [für den Kantischen eingesetzt], dessen Unrichtigkeit ich dargethan hatte. Die ausführlichste und gründlichste Darstellung des ganzen hier nur berührten, wichtigen Gegenstandes, also der Apriorität des Kausalitätsgesetzes und der Intellektualität der empirischen Anschauung, findet man in der zweiten Auflage meiner Abhandlung über den Satz vom Grunde, § 21, wohin ich verweise, um nicht alles dort Gesagte hier zu wiederholen. Daselbst habe ich den mächtigen Unterschied nachgewiesen zwischen der bloßen Sinnesempfindung und der Anschauung einer objektiven Welt, und habe die weite Kluft, die zwischen beiden liegt, aufgedeckt: über diese führt allein das Gesetz der Kausalität, welches aber zu seiner Anwendung die beiden andern ihm verwandten Formen, Raum und Zeit, voraussetzt. Allererst mittelst dieser drei im Verein kommt es zur objektiven Vorstellung. Ob nun die Empfindung, von welcher ausgehend wir zur Wahrnehmung gelangen, entsteht durch den Widerstand, den die Kraftäußerung unserer Muskeln erleidet, oder ob sie durch Lichteindruck auf die Retina, oder Schalleindruck auf den Gehörnerven u. s. f. entsteht, ist im Wesentlichen einerlei: immer bleibt die Empfindung ein bloßes Datum für den Verstand, welcher allein fähig ist, sie als Wirkung einer von ihr verschiedenen Ursache aufzufassen, die er nunmehr als ein Aeußerliches anschaut, d. h. in die ebenfalls vor aller Erfahrung dem Intellekt einwohnende Form Raum versetzt, als ein diesen Einnehmendes und Ausfüllendes. Ohne diese intellektuelle Operation, zu welcher die Formen fertig in uns liegen müssen, könnte nimmermehr aus einer bloßen Empfindung innerhalb unserer Haut die Anschauung einer objektiven Außenwelt entstehn. Wie kann man sich nur denken, daß das bloße, bei einer gewollten Bewegung, Sich-gehindert-fühlen, welches übrigens auch bei Lähmungen Statt hat, dazu hinreichte? Hiezu kommt noch, daß, damit ich auf äußere Dinge zu wirken versuche, diese nothwendig vorher auf mich gewirkt haben müssen, als Motive: dieses aber setzt schon die Apprehension der Außenwelt voraus. Nach der in Rede stehenden Theorie müßte (wie ich am oben angeführten Ort bereits bemerkt habe) ein ohne Arme und Beine geborener Mensch gar nicht zur Vorstellung der Kausalität und folglich auch nicht zur Wahrnehmung der Außenwelt gelangen können. Daß nun aber dem nicht so ist, belegt eine in Frorieps Notizen, 1838, Juli, Nr. 133, mitgetheilte Thatsache, nämlich der ausführliche und von einer Abbildung begleitete Bericht über eine Esthin, Eva Lauk, damals 14 Jahre alt, ganz ohne Arme und Beine geboren, welcher mit folgenden Worten schließt: »Nach den Aussagen der Mutter hat sie sich geistig eben so schnell entwickelt, wie ihre Geschwister: namentlich ist sie eben so bald zu einem richtigen Urtheil über Größe und Entfernung sichtbarer Gegenstände gelangt, ohne sich doch der Hände bedienen zu können. – Dorpat den 1. März 1838. Dr. A. Hueck.«

Auch Hume's Lehre, der Begriff der Kausalität entstehe bloß aus der Gewohnheit zwei Zustände konstant auf einander folgen zu sehn, findet eine faktische Widerlegung an der ältesten aller Successionen, nämlich der von Tag und Nacht, welche noch Niemand für Ursache und Wirkung von einander gehalten hat. Und eben diese Succession widerlegt auch Kants falsche Behauptung, daß die objektive Realität einer Succession allererst erkannt würde, indem man beide Succedentia [einander Ablösenden] in dem Verhältniß von Ursache und Wirkung zu einander auffaßte. Von dieser Lehre Kants ist sogar das Umgekehrte wahr: nämlich, welcher von zwei verknüpften Zuständen Ursache und welcher Wirkung sei, erkennen wir, empirisch, allein an ihrer Succession. Andererseits wieder ist die absurde Behauptung mancher Philosophie-Professoren unserer Tage, daß Ursache und Wirkung zugleich seien, daraus zu widerlegen, daß in Fällen, wo die Succession, wegen ihrer großen Schnelligkeit, gar nicht wahrgenommen werden kann, wir sie dennoch, und mit ihr das Verstreichen einer gewissen Zeit, *a priori* sicher voraussetzen: so z. B. wissen wir, daß zwischen dem Abdrücken der Flinte und dem Herausfahren der Kugel eine gewisse Zeit verstreichen muß, obwohl wir sie nicht wahrnehmen, und daß dieselbe wiederum vertheilt seyn muß unter mehrere in streng bestimmter Succession eintretende Zustände, nämlich das Abdrücken, das Funkenschlagen, das Zünden, das Fortpflanzen des Feuers, die Explosion und den Austritt der Kugel. Wahrgenommen hat diese Succession der Zustände noch kein Mensch: aber weil wir wissen, welcher den andern bewirkt, so wissen wir eben dadurch auch, welcher dem andern in der Zeit vorhergehn muß, folglich auch, daß während des Verlaufs der ganzen Reihe eine gewisse Zeit verstreicht, obwohl sie so kurz ist, daß sie unserer empirischen Wahrnehmung entgeht: denn Niemand wird behaupten, daß das Herausfliegen der Kugel mit dem Abdrücken wirklich gleichzeitig sei. Also ist uns nicht bloß das Gesetz der Kausalität, sondern auch dessen Beziehung auf die Zeit, und die Nothwendigkeit der Succession von Ursache und Wirkung *a priori* bekannt. Wenn wir wissen, welcher von zweien Zuständen Ursache und welcher Wirkung ist; so wissen wir auch, welcher dem andern in der Zeit vorhergeht: ist, im Gegentheil, uns jenes nicht bekannt, wohl aber ihr Kausalverhältniß überhaupt; so suchen wir die Succession empirisch auszumachen und bestimmen danach, welcher von beiden die Ursache und welcher die Wirkung sei. – Die Falschheit der Behauptung, daß Ursache und Wirkung gleichzeitig wären, ergiebt zudem sich auch aus folgender Betrachtung. Eine ununterbrochene Kette von Ursachen und Wirkungen füllt die gesammte Zeit. (Denn wäre sie unterbrochen, so stände die Welt stille, oder es müßte, um sie wieder in Bewegung zu setzen, eine Wirkung ohne Ursache eintreten.) Wäre nun jede Wirkung mit ihrer Ursache zugleich, so würde jede Wirkung in die Zeit ihrer Ursache hinaufgerückt und eine noch so vielgliederige

Kette von Ursachen und Wirkungen würde gar keine Zeit, viel weniger eine endlose, ausfüllen; sondern alle zusammen wären in Einem Augenblick. Also schrumpft, unter der Annahme Ursache und Wirkung seien gleichzeitig, der Weltlauf zur Sache eines Augenblicks zusammen. Dieser Beweis ist dem analog, daß jedes Blatt Papier eine Dicke haben muß, weil sonst das ganze Buch keine hätte. Anzugeben, wann die Ursache aufhört und die Wirkung anfängt, ist in fast allen Fällen schwer und oft unmöglich. Denn die Veränderungen (d. h. die Succession der Zustände) sind ein Kontinuum, wie die Zeit, welche sie füllen, also auch wie diese ins Unendliche theilbar. Aber ihre Reihenfolge ist so nothwendig bestimmt und unverkehrbar, wie die der Zeitmomente selbst: und jede von ihnen heißt in Beziehung auf die ihr vorhergegangene »Wirkung«, auf die ihr nachfolgende »Ursache«.

Jede Veränderung in der materiellen Welt kann nur eintreten, sofern eine andere ihr unmittelbar vorhergegangen ist: dies ist der wahre und ganze Inhalt des Gesetzes der Kausalität. Allein kein Begriff ist in der Philosophie mehr gemißbraucht worden, als der der Ursache, mittelst des so beliebten Kunstgriffs oder Mißgriffs, ihn, durch das Denken *in abstracto*, zu weit zu fassen, zu allgemein zu nehmen. Seit der Scholastik, ja eigentlich seit Plato und Aristoteles, ist die Philosophie großentheils ein fortgesetzter Mißbrauch allgemeiner Begriffe. Solche sind z. B. Substanz, Grund, Ursache, das Gute, die Vollkommenheit, Nothwendigkeit, Möglichkeit und gar viele andere. Eine Neigung der Köpfe zum Operiren mit solchen abstrakten und zu weit gefaßten Begriffen hat sich fast zu allen Zeiten gezeigt: sie mag zuletzt auf einer gewissen Trägheit des Intellekts beruhen, dem es zu beschwerlich ist, das Denken stets durch die Anschauung zu kontroliren. Solche zu weite Begriffe werden dann allmälig fast wie algebraische Zeichen gebraucht und wie diese hin und her geworfen, wodurch das Philosophiren zu einem bloßen Kombiniren, zu einer Art Rechnerei ausartet, welche (wie alles Rechnen) nur niedrige Fähigkeiten beschäftigt und erfordert. Ja, zuletzt entsteht hieraus ein bloßer Wortkram: von einem solchen liefert uns das scheußlichste Beispiel die kopfverderbende Hegelei, als in welcher er bis zum baaren Unsinn getrieben wird.

Aber auch schon die Scholastik ist oft in Wortkram ausgeartet. Ja, sogar die *Topi* des Aristoteles, – ganz allgemein gefaßte, sehr abstrakte Grundsätze, die man, zum *pro* oder *contra* disputiren, auf die verschiedenartigsten Gegenstände anwenden und überall ins Feld stellen konnte, – haben schon ihren Ursprung in jenem Mißbrauch allgemeiner Begriffe. Von dem Verfahren der Scholastiker mit solchen Abstraktis findet man unzählige Beispiele in ihren Schriften, vorzüglich im Thomas Aquinas. Auf der von den Scholastikern gebrochenen Bahn ist aber eigentlich die Philosophie fortgegangen, bis auf Locke und Kant, welche endlich sich auf den Ursprung der Begriffe besannen. Ja, wir treffen Kanten selbst, in seinen früheren Jahren, noch auf jenem Wege an, in seinem »Beweisgrund des Daseyns Gottes« (S. 191 des ersten Bandes der Rosenkranzischen Ausgabe), wo die Begriffe Substanz, Grund, Realität, in solcher Art gebraucht werden, wie sie es nimmermehr könnten, wenn man auf den Ursprung und den durch diesen bestimmten wahren Gehalt jener Begriffe zurückgegangen wäre: denn da hätte man gefunden, als Ursprung und Gehalt von Substanz allein die Materie, von Grund (wenn von Dingen der realen Welt die Rede ist) allein Ursache, d. h. die frühere Veränderung, welche die spätere herbeiführt, u. s. w. Freilich hätte das hier nicht zum beabsichtigten Resultat geführt. Aber überall, wie hier, entstanden aus solchen zu weit gefaßten Begriffen, unter welche sich daher mehr subsumiren ließ, als ihr wahrer Inhalt gestattet haben würde, falsche Sätze und aus diesen falsche Systeme. Auch Spinoza's ganze Demonstrirmethode beruht auf solchen ununtersuchten und zu weit gefaßten Begriffen. Hier nun liegt das eminente Verdienst Locke's, der, um allem jenem dogmatischen Unwesen entgegenzuwirken, auf Untersuchung des Ursprungs der Begriffe drang, wodurch er auf das Anschauliche und die Erfahrung zurückführte. In gleichem Sinn, doch mehr es auf Physik, als auf Metaphysik absehend, hatte vor ihm Bako gewirkt. Kant verfolgte die von Locke gebrochene Bahn, in höherm Sinne und viel weiter; wie bereits oben erwähnt. Den Männern des bloßen Scheines hingegen, denen es gelang, die Aufmerksamkeit des Publikums von Kant auf sich zu lenken, waren die Locke'schen und Kantischen Resultate beschwerlich. Allein in solchem Fall verstehn sie so gut die Todten, wie die Lebenden zu ignoriren. Sie verließen also, ohne Umstände, den von jenen Weisen endlich gefundenen allein richtigen Weg, philosophirten in den Tag hinein, mit allerlei aufgerafften Begriffen, unbekümmert um ihren Ursprung und wahren Gehalt; so daß zuletzt die Hegelsche Afterweisheit darauf hinauslief, daß die Begriffe gar keinen Ursprung hätten, vielmehr selbst der Ursprung der Dinge wären. – Inzwischen hat Kant darin gefehlt, daß er über der reinen Anschauung zu sehr die empirische vernachlässigte, wovon ich in meiner Kritik seiner Philosophie ausführlich geredet habe. Bei mir ist durchaus die Anschauung die Quelle aller Erkenntniß. Das Verfängliche und Insidiöse [Heimtückische] der Abstrakta früh erkennend, wies ich schon 1813, in meiner Abhandlung über den Satz vom Grunde, die Verschiedenheit der Verhältnisse nach, die unter diesem Begriffe gedacht werden. Allgemeine Begriffe sollen zwar der Stoff seyn, in welchen die Philosophie ihre Erkenntniß absetzt und niederlegt; jedoch nicht die Quelle, aus der sie solche schöpft: der *terminus ad quem* [Punkt, bis zu dem etwas geht], nicht *a quo* [bei dem es beginnt]. Sie ist nicht, wie Kant sie definirt, eine Wissenschaft aus Begriffen, sondern in Begriffen. – Auch der Begriff der Kausalität also, von dem wir hier reden, ist von den Philosophen, zum Vortheil ihrer dogmatischen Absichten, stets viel zu weit gefaßt worden, wodurch hineinkam, was gar nicht darin liegt: daraus entstanden Sätze wie: »Alles was ist hat seine Ursache«, – »die Wirkung kann nicht mehr enthalten, als die Ursache, also nichts, das nicht auch in dieser wäre«, – *»causa est nobilior suo effectu«* [die Ursache steht höher als ihre Wirkung] – und viele andere eben so unbefugte. Ein ausführlicheres und besonders lukulentes [erhellendes] Beispiel giebt folgende Vernünftelei des faden Schwätzers Proklos, in seiner *Institutio theologica*, § 76. Παν το απο ακινητου γιγνομενον αιτιας, αμεταβλητον εχει την ὑπαρξιν· παν δε το απο κινουμενης, μεταβλητην· ει γαρ ακινητον εστι παντη το ποιουν, ου δια κινησεως, αλλ' αυτῳ τῳ ειναι παραγει το δευτερον αφ' ἑαυτου. *(Quidquid ab immobili causa manat, immutabilem habet essentiam [substantiam]. Quidquid vero a mobili causa manat, essentiam habet mutabilem. Si enim illud, quod aliquid facit, est prorsus immobile, non per motum, sed per ipsum Esse producit ipsum secundum ex se ipso.)* [Alles, was aus einer unbeweglichen Ursache entsteht, hat eine unwandelbare Existenz; alles aber, was aus einer beweglichen entsteht, eine wandelbare. Denn wenn das Bewirkende in jedem Sinne unbewegt ist, wird es nicht durch eine Bewegung, sondern durch sein bloßes Sein das andere aus sich heraussetzen.] Schon recht! aber zeige mir ein Mal eine unbewegte Ursache: sie ist eben unmöglich. Allein die Abstraktion hat hier, wie in so vielen Fällen, alle Bestimmungen weggedacht, bis auf die eine, welche man eben brauchen will, ohne Rücksicht darauf, daß diese ohne jene nicht existiren kann. – Der allein richtige Ausdruck für das Gesetz der Kausalität ist dieser: jede Veränderung hat ihre Ursache in einer andern, ihr unmittelbar vorhergängigen. Wenn etwas geschieht, d. h. ein neuer Zustand eintritt, d. h. etwas sich verändert; so muß gleich vorher etwas Anderes sich verändert haben; vor diesem wieder etwas Anderes, und so aufwärts ins Unendliche: denn eine erste Ursache ist so unmöglich zu denken, wie ein Anfang der Zeit, oder eine Gränze des Raums. Mehr, als das Angegebene, besagt das Gesetz der Kausalität nicht: also treten seine Ansprüche erst bei Veränderungen ein. So lange sich nichts verändert, ist nach keiner Ursache zu fragen: denn es giebt keinen Grund *a priori*, vom Daseyn vorhandener Dinge, d. h. Zustände der Materie, auf deren vorheriges Nichtdaseyn und von diesem auf ihr Entstehn, also auf eine Veränderung, zu schließen. Daher berechtigt das bloße Dasein eines Dinges nicht, zu schließen, daß es eine Ursache habe. Gründe *a posteriori*, d. h. aus früherer Erfahrung geschöpft, kann es jedoch geben, zu der Voraussetzung, daß der vorliegende Zustand nicht von jeher dagewesen, sondern erst in Folge eines andern, also durch eine Veränderung, entstanden sei, von welcher dann die Ursache zu suchen ist, und von dieser eben so: hier sind wir alsdann in dem endlosen Regressus begriffen, zu welchem die Anwendung des Gesetzes der Kausalität allemal führt. Oben wurde gesagt: »Dinge, d. h. Zustände der Materie«; denn nur auf Zustände bezieht sich die Veränderung und die Kausalität. Diese Zustände sind es, welche man unter Form, im weitern Sinn, versteht: und nur die Formen wechseln; die Materie beharrt. Also ist auch nur die Form dem Gesetz der Kausalität unterworfen. Aber auch die Form macht das Ding aus, d. h. begründet die Verschiedenheit der Dinge; während die Materie als in allen gleichartig gedacht werden muß. Daher sagten die Scholastiker: *forma dat esse rei* [die Form gibt der Sache das Sein); genauer würde dieser Satz lauten: *forma dat rei essentiam, materia existentiam* [die Form gibt der Sache das Wesen, der Stoff gibt ihr das Dasein]. Daher eben betrifft die Frage nach der Ursache eines Dinges stets nur dessen Form, d. h. Zustand, Beschaffenheit, nicht aber dessen Materie, und auch jene nur, sofern man Gründe hat, anzunehmen, daß sie nicht von jeher gewesen, sondern durch eine Veränderung entstanden sei. Die Verbindung der Form mit der Materie, oder der *Essentia* mit der *Existentia*, giebt das Konkrete, welches stets ein Einzelnes ist, also das Ding: und die Formen sind es, deren Verbindung mit der Materie, d. h. deren Eintritt an dieser, mittelst einer Veränderung, dem Gesetze der Kausalität unterliegt. Durch die zu weite Fassung dieses Begriffes *in abstracto* also schlich sich der Mißbrauch ein, daß man die Kausalität auf das Ding schlechthin, also auf sein ganzes Wesen und Daseyn, mithin auch auf die Materie ausdehnte, und nun am Ende sich berechtigt hielt, sogar nach einer Ursache der Welt zu fragen. Hieraus entstand der kosmologische Beweis. Dieser geht eigentlich davon aus, daß er, ohne alle Berechtigung, vom Daseyn der Welt auf ihr Nichtseyn schließt, welches nämlich dem Daseyn vorhergegangen wäre: zu seinem Endpunkt aber hat er die fürchterliche Inkonsequenz, daß er eben das Gesetz der Kausalität, von welchem allein er alle Beweiskraft entlehnt, geradezu aufhebt, indem er bei einer ersten Ursache stehn bleibt und nicht weiter will, also gleichsam mit einem Vatermord endigt; wie die Bienen die Drohnen tödten, nachdem diese ihre Dienste geleistet haben. Auf einen verschämten und daher verlarvten kosmologischen Beweis läuft aber all das Gerede vom Absolutum zurück, welches, im Angesicht der Kritik der reinen Vernunft, seit sechzig Jahren in Deutschland für Philosophie gilt. Was bedeutet nämlich das Absolutum? – Etwas das nun ein Mal ist, und davon man (bei Strafe) nicht weiter fragen darf, woher und warum es ist. Ein Kabinetstück für Philosophie-Professoren! – Beim ehrlich dargelegten kosmologischen Beweis nun aber wird überdies, durch Annahme einer ersten Ursache, mithin eines ersten Anfangs in einer schlechterdings anfangslosen Zeit, dieser Anfang durch die Frage: warum nicht früher? immer höher hinaufgerückt und so hoch, daß man nie von ihm zur Gegenwart herabgelangt, sondern stets sich wundern muß, daß diese nicht schon vor Millionen Jahren gewesen. Ueberhaupt also findet das Gesetz der Kausalität auf alle Dinge in der Welt Anwendung, jedoch nicht auf die Welt selbst: denn es ist der Welt immanent, nicht transscendent: mit ihr ist es gesetzt und mit ihr aufgehoben. Dies liegt zuletzt daran, daß es zur bloßen Form unsers Verstandes gehört und, mit sammt der objektiven Welt, die deshalb bloße Erscheinung ist, durch ihn bedingt ist. Also auf alle Dinge in der Welt, versteht sich ihrer Form nach, auf den Wechsel dieser Formen, also auf ihre Veränderungen, findet das Gesetz der Kausalität volle Anwendung und leidet keine Ausnahme: es gilt vom Thun des Menschen, wie vom Stoße des Steines; jedoch, wie gesagt, immer nur in Bezug auf Vorgänge, auf Veränderungen. Wenn wir aber vom Ursprung desselben im Verstande abstrahiren und es rein objektiv auffassen wollen; so beruht es im tiefsten Grunde darauf, daß jedes Wirkende vermöge seiner ursprünglichen und daher ewigen, d. h. zeitlosen Kraft wirkt, daher seine jetzige Wirkung schon unendlich früher, nämlich vor jeder denkbaren Zeit, eingetreten sein müßte, wenn nicht die zeitliche Bedingung dazu gefehlt hätte: diese ist der Anlaß, d. h. die Ursache, vermöge welcher allein die Wirkung erst jetzt, jetzt aber nothwendig eintritt: sie ertheilt ihr ihre Stelle in der Zeit.

Allein in Folge der oben erörterten, zu weiten Fassung des Begriffes Ursache, im abstrakten Denken, hat man mit demselben auch den Begriff der Kraft verwechselt: diese, von der Ursache völlig verschieden, ist jedoch Das, was jeder Ursache ihre Kausalität, d. h. die Möglichkeit zu wirken, ertheilt; wie ich dies im zweiten Buche des ersten Bandes, sodann im »Willen in der Natur«, endlich auch in der zweiten Auflage der Abhandlung »Ueber den Satz vom Grunde«, § 20, S. 44 [Bd. v uns. Ausg., S. 60], ausführlich und gründlich dargethan habe. Am plumpesten findet man diese Verwechselung im oben erwähnten Buche von Maine de Biran, worüber das Nähere am zuletzt angeführten Orte: jedoch ist sie auch außerdem häufig, z. B. wenn nach der Ursache irgend einer ursprünglichen Kraft, z. B. der Schwerkraft, gefragt wird. Nennt doch Kant selbst (über den einzig möglichen Beweisgrund, Bd. 1, S. 211 und 215 der Rosenkranzischen Ausgabe) die Naturkräfte »wirkende Ursachen« und sagt: »die Schwere ist eine Ursache«. Es ist jedoch unmöglich, mit seinem Denken im Klaren zu seyn, so lange darin Kraft und Ursache nicht als völlig verschieden deutlich erkannt werden. Zur Verwechselung derselben führt aber sehr leicht der Gebrauch abstrakter Begriffe, wenn die Betrachtung ihres Ursprungs bei Seite gesetzt wird. Man verläßt die auf der Form des Verstandes beruhende, stets anschauliche Erkenntniß der Ursachen und Wirkungen, um sich an das Abstraktum Ursache zu halten: bloß dadurch ist der Begriff der Kausalität, bei aller seiner Einfachheit, so sehr häufig falsch gefaßt worden. Daher finden wir selbst beim Aristoteles *(Metaph., IV, 2)* die Ursachen in vier Klassen getheilt, welche grundfalsch, ja wirklich roh aufgegriffen sind. Man vergleiche damit meine Eintheilung der Ursachen, wie ich sie in meiner Abhandlung über das Sehn und die Farben, Kap. 1, zuerst aufgestellt, in § 6 unsers ersten Bandes kurz berührt, ausführlich aber in der Preisschrift »Ueber die Freiheit des Willens«, S. 30–33 [Bd. VI uns. Ausg., S. 68–71] dargelegt habe. – Von der Kette der Kausalität, welche vorwärts und rückwärts endlos ist, bleiben in der Natur zwei Wesen unberührt: die Materie und die Naturkräfte. Diese beiden nämlich sind die Bedingungen der Kausalität, während alles Andere durch diese bedingt ist. Denn das Eine (die Materie) ist Das, an welchem die Zustände und ihre Veränderungen eintreten; das Andere (die Naturkräfte) Das, vermöge dessen allein sie überhaupt eintreten können. Hiebei aber sei man eingedenk, daß im zweiten Buche und später, auch gründlicher, im »Willen in der Natur«, die Naturkräfte als identisch mit dem Willen in uns nachgewiesen werden, die Materie aber sich als die bloße Sichtbarkeit des Willens ergiebt; so daß auch sie zuletzt, in gewissem Sinne, als identisch mit dem Willen betrachtet werden kann.

Andererseits bleibt nicht minder wahr und richtig, was § 4 des ersten Bandes, und noch besser in der zweiten Auflage der Abhandlung »Ueber den Satz vom Grunde«, am Schluß des § 21, S. 77 [Bd. V, S. 99], auseinandergesetzt ist, daß nämlich die Materie die objektiv aufgefaßte Kausalität selbst sei, indem ihr ganzes Wesen im Wirken überhaupt besteht, sie selbst also die Wirksamkeit (ενεργεια = Wirklichkeit) der Dinge überhaupt ist, gleichsam das Abstraktum alles ihres verschiedenartigen Wirkens. Da demnach das Wesen, *Essentia,* der Materie im Wirken überhaupt besteht, die Wirklichkeit, *Existentia,* der Dinge aber eben in ihrer Materialität, die also wieder mit dem Wirken überhaupt Eins ist; so läßt sich von der Materie behaupten, daß bei ihr *Existentia* und *Essentia* zusammenfallen und Eins seien: denn sie hat keine andern Attribute als das Daseyn selbst überhaupt und abstrahirt von aller näheren Bestimmung desselben. Hingegen ist jede empirisch gegebene Materie, also der Stoff (den unsere heutigen unwissenden Materialisten mit der Materie verwechseln) schon in die Hülle der Formen eingegangen und manifestirt sich allein durch deren Qualitäten und Accidenzien; weil in der Erfahrung jedes Wirken ganz bestimmter und besonderer Art ist, nie ein bloß allgemeines. Daher eben ist die reine Materie ein Gegenstand des Denkens allein, nicht der Anschauung; welches den Plotinos *(Enneas II, lib. 4, c. 8 u. 9)* und den Jordanus Brunus *(Della causa, dial. 4)* zu dem paradoxen Ausspruch gebracht hat, daß die Materie keine Ausdehnung, als welche von der Form unzertrennlich sei, habe und daher unkörperlich sei; hatte doch schon Aristoteles gelehrt, daß sie kein Körper sei, wiewohl körperlich: σωμα μεν ουκ αν ειη, σωματικη δε *(Stob. Ecl., lib. I, c. 12, § 5).* Wirklich denken wir unter reiner Materie das bloße Wirken *in abstracto,* ganz abgesehn von der Art dieses Wirkens, also die reine Kausalität selbst: und als solche ist sie nicht Gegenstand, sondern Bedingung der Erfahrung, eben wie Raum und Zeit. Dies ist der Grund, warum auf der hier beigegebenen Tafel unserer reinen Grunderkenntnisse *a priori* die Materie die Stelle der Kausalität hat einnehmen können, und neben Zeit und Raum, als das dritte rein Formelle und daher unserm Intellekt Anhängende, figurirt.

Diese Tafel nämlich enthält sämmtliche in unserer anschauenden Erkenntniß *a priori* wurzelnden Grundwahrheiten, ausgesprochen als oberste, von einander unabhängige Grundsätze; nicht aber ist hier das Specielle aufgestellt, was den Inhalt der Arithmetik und Geometrie ausmacht, noch Dasjenige, was sich erst durch die Verknüpfung und Anwendung jener formellen Erkenntnisse ergiebt, als welches eben den Gegenstand der von Kant dargelegten »Metaphysischen Anfangsgründe der Naturwissenschaft« ausmacht, zu welchen diese Tafel gewissermaaßen die Propädeutik und Einleitung bildet, sich also unmittelbar daran schließt. Ich habe bei dieser Tafel zunächst den sehr merkwürdigen Parallelismus unserer, das Grundgerüst aller Erfahrung bildenden, Erkenntnisse *a priori* im Auge gehabt, besonders aber auch dies, daß, wie ich § 4 des ersten Bandes auseinandergesetzt habe, die Materie (wie eben auch die Kausalität) als eine Vereinigung, wenn man will, Verschmelzung, des Raumes mit der Zeit zu betrachten ist. In Uebereinstimmung hiemit finden wir dies: was die Geometrie für die reine Anschauung des Raumes, die Arithmetik für die der Zeit ist, das ist Kants Phoronomie [Lehre von den Bewegungsgesetzen] für die reine Anschauung Beider im Verein: denn die Materie allererst ist das Bewegliche im Raum. Der mathematische Punkt läßt sich nämlich nicht ein Mal als beweglich denken; wie schon Aristoteles dargethan hat: *Phys., VI, 10.* Dieser Philosoph selbst hat auch schon das erste Beispiel einer solchen Wissenschaft geliefert, indem er, im fünften und sechsten Buch seiner Physik, die Gesetze der Ruhe und Bewegung *a priori* bestimmt.

Nun kann man diese Tafel nach Belieben betrachten entweder als eine Zusammenstellung der ewigen Grundgesetze der Welt, mithin als die Basis einer Ontologie; oder aber als ein Kapitel aus der Physiologie des Gehirns; je nachdem man den realistischen, oder den idealistischen Gesichtspunkt faßt; wiewohl der zweite in letzter Instanz Recht behält. Hierüber haben wir zwar uns schon im ersten Kapitel verständigt: doch will ich es noch speciell durch ein Beispiel erläutern. Das Buch des Aristoteles *de Xenophane etc.* hebt an mit diesen gewichtigen Worten des Xenophanes: Αϊδιον ειναι φησιν, ει τι εστιν, ειπερ μη ενδεχεται γενεσθαι μηδεν εκ μηδενος *(Aeternum esse, inquit, quicquid est, siquidem fieri non potest, ut ex nihilo quippiam existat)* [Er behauptet, wenn es überhaupt etwas gebe, so müsse es ewig sein, da es unmöglich sei, daß etwas aus nichts entstehe]. Hier urtheilt also Xenophanes über den Ursprung der Dinge, seiner Möglichkeit nach, über welchen er keine Erfahrung haben kann, nicht ein Mal eine analoge: auch beruft er sich auf keine; sondern er urtheilt apodiktisch, mithin *a priori*. Wie kann er Dieses, wenn er von außen und fremd hineinschaut in eine rein objektiv, d. h. unabhängig von seinem Erkennen, vorhandene Welt? Wie kann Er, ein vorübereilendes Ephemer [Eintagswesen], dem nur ein flüchtiger Blick in eine solche Welt gestattet ist, über sie, über die Möglichkeit ihres Daseyns und Ursprungs, zum voraus, ohne Erfahrung, apodiktisch urtheilen? – Die Lösung dieses Räthsels ist, daß der Mann es bloß mit seinen eigenen Vorstellungen zu thun hat, die als solche das Werk seines Gehirns sind, deren Gesetzmäßigkeit daher nur die Art und Weise ist, wie seine Gehirnfunktion allein vollzogen werden kann, d. h. die Form seines Vorstellens. Er urtheilt also nur über sein eigenes Gehirnphänomen und sagt aus, was in dessen Formen, Zeit, Raum und Kausalität, hineingeht und was nicht: da ist er vollkommen zu Hause und redet apodiktisch. In gleichem Sinne also ist die hier folgende Tafel der *Praedicabilia a priori* der Zeit, des Raumes und der Materie zu nehmen.

Praedicabilia a priori

(Zu Seite 60.)

[Vor der Erfahrung gültige Verstandesbegriffe]

der Zeit	des Raumes	der Materie
1) Es giebt nur eine Zeit, und alle verschiedenen Zeiten sind Theile derselben.	1) Es giebt nur einen Raum, und alle verschiedenen Räume sind Theile desselben.	1) Es giebt nur eine Materie, und alle verschiedenen Stoffe sind verschiedene Zustände derselben: als solche heißt sie Substanz.
2) Verschiedene Zeiten sind nicht zugleich, sondern nach einander.	2) Verschiedene Räume sind nicht nach einander, sondern zugleich.	2) Verschiedenartige Materien (Stoffe) sind es nicht durch die Substanz, sondern durch die Accidenzien.
3) Die Zeit läßt sich nicht wegdenken, jedoch Alles aus ihr.	3) Der Raum läßt sich nicht wegdenken, jedoch Alles aus ihm.	3) Vernichtung der Materie läßt sich nicht denken, jedoch die aller ihrer Formen und Qualitäten.
4) Die Zeit hat drei Abschnitte: Vergangenheit, Gegenwart und Zukunft, welche zwei Richtungen mit einem Indifferenzpunkt bilden.	4) Der Raum hat drei Dimensionen: Höhe, Breite und Länge.	4) Die Materie existirt, d. i. wirkt, nach allen Dimensionen des Raumes und durch die ganze Länge der Zeit, wodurch sie Beide vereinigt und dadurch erfüllt: hierin besteht ihr Wesen: sie ist also durch und durch Kausalität.
5) Die Zeit ist ins Unendliche theilbar.	5) Der Raum ist ins Unendliche theilbar.	5) Die Materie ist ins Unendliche theilbar.

der Zeit	des Raumes	der Materie
6) Die Zeit ist homogen und ein *Continuum*: d. h. kein Theil derselben ist vom andern verschieden, noch durch etwas, das nicht Zeit wäre, getrennt.	6) Der Raum ist homogen und ein *Continuum:* d. h. kein Theil desselben ist vom andern verschieden, noch durch etwas, das nicht Raum wäre, getrennt.	6) Die Materie ist homogen und ein *Continuum*: d. h. sie besteht nicht aus ursprünglich verschiedenartigen (Homoiomerien), noch ursprünglich getrennten Theilen (Atome); ist also nicht zusammengesetzt aus Theilen, die wesentlich durch etwas, das nicht Materie wäre, getrennt wären.
7) Die Zeit hat keinen Anfang noch Ende, sondern aller Anfang und Ende ist in ihr.	7) Der Raum hat keine Gränzen, sondern alle Gränzen sind in ihm.	7) Die Materie hat keinen Ursprung noch Untergang, sondern alles Entstehn und Vergehn ist a n i h r.
8) Vermöge der Zeit zählen wir.	8) Vermöge des Raumes messen wir.	8) Vermöge der Materie wägen wir.
9) Der Rhythmus ist allein in der Zeit.	9) Die Symmetrie ist allein im Raume.	9) Das Aequilibrium ist allein in der Materie.
10) Wir erkennen die Gesetze der Zeit *a priori*.	10) Wir erkennen die Gesetze des Raumes *a priori*.	10) Wir erkennen die Gesetze der Substanz aller Accidenzien *a priori*.
11) Die Zeit ist *a priori*, wiewohl nur unter dem Bilde einer Linie, anschaubar.	11) Der Raum ist *a priori* unmittelbar anschaubar.	11) Die Materie wird *a priori* bloß gedacht.

der Zeit	des Raumes	der Materie
12) Die Zeit hat keinen Bestand, sondern vergeht sobald sie daist.	12) Der Raum kann nie vergehn, sondern besteht allezeit.	12) Die Accidenzien wechseln, die Substanz beharrt.
13) Die Zeit ist rastlos.	13) Der Raum ist unbeweglich.	13) Die Materie ist gleichgültig gegen Ruhe und Bewegung, d. h. zu keinem von Beiden ursprünglich geneigt.
14) Alles was in der Zeit ist hat eine Dauer.	14) Alles was im Raum ist hat einen Ort.	14) Alles Materielle hat eine Wirksamkeit.
15) Die Zeit hat keine Dauer, sondern alle Dauer ist in ihr, und ist das Beharren des Bleibenden, im Gegensatz ihres rastlosen Laufes.	15) Der Raum hat keine Bewegung, sondern alle Bewegung ist in ihm, und ist der Ortwechsel des Beweglichen, im Gegensatz seiner unerschütterlichen Ruhe.	15) Die Materie ist das Beharrende in der Zeit und das Bewegliche im Raum: durch den Vergleich des Ruhenden mit dem Bewegten messen wir die Dauer.
16) Alle Bewegung ist nur in der Zeit möglich.	16) Alle Bewegung ist nur im Raum möglich.	16) Alle Bewegung ist nur der Materie möglich.
17) Die Geschwindigkeit ist, bei gleichem Raum, im umgekehrten Verhältniß der Zeit.	17) Die Geschwindigkeit ist, bei gleicher Zeit, in geradem Verhältniß des Raumes.	17) Die *Größe der Bewegung* ist, bei gleicher Geschwindigkeit, im geraden geometrischen Verhältniß der Materie (Masse).
18) Meßbar ist die Zeit nicht direkte, durch sich selbst, sondern nur indirekte, durch die Bewegung, als welche in Raum und Zeit	18) Meßbar ist der Raum direkte durch sich selbst, und indirekte durch die Bewegung, als welche in Zeit und Raum zugleich	18) Meßbar, d. h. ihrer Quantität nach bestimmbar, ist die Materie als solche (die Masse) nur indirekt, nämlich allein durch die

der Zeit	des Raumes	der Materie
zugleich ist: so mißt die Bewegung der Sonne und der Uhr die Zeit.	ist: daher z. B. eine Stunde Weges, und die Entfernung der Fixsterne ausgedrückt durch so viel Jahre Lauf des Lichts.	Größe der Bewegung, welche sie empfängt und giebt, indem sie fortgestoßen, oder angezogen wird.
19) Die Zeit ist allgegenwärtig: jedes Zeittheil ist überall, d. h. im ganzen Raum, zugleich.	19) Der Raum ist ewig: jeder Theil desselben ist allezeit.	19) Die Materie ist absolut: d. h. sie kann nicht entstehn noch vergehn, ihr Quantum also weder vermehrt noch vermindert werden.
20) In der Zeit für sich allein wäre Alles nach einander.	20) Im Raum für sich allein wäre Alles zugleich.	20), 21) Die Materie vereint die bestandlose Flucht der Zeit mit der starren Unbeweglichkeit des Raumes: daher ist sie die beharrende Substanz der wechselnden Accidenzien. Diesen Wechsel bestimmt, für jeden Ort zu jeder Zeit, die Kausalität, welche eben dadurch Zeit und Raum verbindet und das ganze Wesen der Materie ausmacht.
21) Die Zeit macht den Wechsel der Accidenzien möglich.	21) Der Raum macht das Beharren der Substanz möglich.	
22) Jeder Theil der Zeit enthält alle Theile der Materie.	22) Kein Theil des Raumes enthält mit dem andern die selbe Materie.	22) Denn die Materie ist sowohl beharrend, als undurchdringlich.

der Zeit	des Raumes	der Materie
23) Die Zeit ist das *Principium individuationis*.	23) Der Raum ist das *Principium individuationis*.	23) Die Individuen sind materiell.
24) Das Jetzt ist ohne Dauer.	24) Der Punkt ist ohne Ausdehnung.	24) Das Atom ist ohne Realität.
25) Die Zeit an sich ist leer und bestimmungslos.	25) Der Raum an sich ist leer und bestimmungslos.	25) Die Materie an sich ist ohne Form und Qualität, desgleichen träge, d. h. gegen Ruhe oder Bewegung gleichgültig, also bestimmungslos.
26) Jeder Augenblick ist bedingt durch den vorhergegangenen, und ist nur sofern dieser aufgehört hat zu seyn. (Satz vom Grunde des Seyns in der Zeit. – Siehe meine Abhandlung über den Satz vom Grunde.)	26) Durch die Lage jeder Gränze im Raum gegen irgend eine andere ist auch ihre Lage gegen jede mögliche durchaus streng bestimmt. – (Satz vom Grunde des Seyns im Raum.)	26) Jede Veränderung an der Materie kann nur eintreten vermöge einer andern, ihr vorhergegangenen: daher ist eine erste Veränderung und also auch ein erster Zustand der Materie so undenkbar, wie ein Anfang der Zeit oder eine Gränze des Raums. – (Satz vom Grund des Werdens.)
27) Die Zeit macht die Arithmetik möglich.	27) Der Raum macht die Geometrie möglich.	27) Die Materie, als das Bewegliche im Raum, macht die Phoronomie möglich.
28) Das Einfache der Arithmetik ist die Einheit.	28) Das Einfache der Geometrie ist der Punkt.	28) Das Einfache der Phoronomie ist das Atom.

Anmerkungen zur beigefügten Tafel

1) Zu Nr. 4 der Materie.

Das Wesen der Materie besteht im Wirken: sie ist das Wirken selbst, *in abstracto,* also das Wirken überhaupt, abgesehn von aller Verschiedenheit der Wirkungsart: sie ist durch und durch Kausalität. Eben deshalb ist sie selbst, ihrem Daseyn nach, dem Gesetz der Kausalität nicht unterworfen, also unentstanden und unvergänglich: denn sonst würde das Gesetz der Kausalität auf sich selbst angewandt werden. Da nun die Kausalität uns *a priori* bewußt ist, so kann der Begriff der Materie, als der unzerstörbaren Grundlage alles Existirenden, indem er nur die Realisation einer uns *a priori* gegebenen Form des Erkennens ist, insofern seine Stelle unter den Erkenntnissen *a priori* einnehmen. Denn sobald wir ein Wirkendes anschauen, stellt es sich *eo ipso* als materiell dar, wie auch umgekehrt, ein Materielles nothwendig als wirksam: es sind in der That Wechselbegriffe. Daher wird das Wort »wirklich« als Synonym von »materiell« gebraucht: auch das Griechische κατ' ενεργειαν [der Wirklichkeit nach], im Gegensatz von κατα δυναμιν [der Möglichkeit nach], beurkundet den selben Ursprung, da ενεργεια das Wirken überhaupt bedeutet: eben so *actu* [in der Wirklichkeit], im Gegensatz von *potentiâ* [in der Möglichkeit]; auch das Englische *actually* für »wirklich«. – Was man die Raumerfüllung oder Undurchdringlichkeit nennt und als das wesentliche Merkmal des Körpers (d. i. des Materiellen) angiebt, ist bloß diejenige Wirkungsart, welche allen Körpern ohne Ausnahme zukommt, nämlich die mechanische. Diese Allgemeinheit, vermöge deren sie zum Begriff eines Körpers gehört und aus diesem Begriff *a priori* folgt, daher auch nicht weggedacht werden kann, ohne ihn selbst aufzuheben, ist es allein, die sie vor andern Wirkungsarten, wie die elektrische, die chemische, die leuchtende, die wärmende, auszeichnet. Diese Raumerfüllung, oder mechanische Wirkungsart, hat Kant sehr richtig zerlegt in Repulsions- und Attraktions-Kraft, wie man eine gegebene mechanische Kraft, durch das Parallelogramm der Kräfte, in zwei andere zerlegt. Doch ist jenes im Grunde nur die besonnene Analyse des Phänomens in seine Bestandtheile. Beide Kräfte im Verein stellen den Körper innerhalb seiner Gränzen, d. h. in bestimmtem Volumen dar, während die eine allein ihn ins Unendliche zerstreuend auflösen, die andere allein ihn in einen Punkt kontrahiren würde. Dieses gegenseitigen Balancements oder Neutralisation, ungeachtet, wirkt der Körper noch mit der ersten Kraft repellirend auf andere Körper, die ihm den Raum streitig machen, und mit der andern attrahirend auf alle Körper überhaupt, in der Gravitation; so daß die zwei Kräfte doch nicht in ihrem Produkt, dem Körper, erlöschen, wie etwan zwei in entgegengesetzter Richtung gleich wirkende Stoßkräfte, oder + *E* und – *E*, oder Oxygen und Hydrogen im Wasser. Daß Undurchdringlichkeit und Schwere wirklich genau zusammenhängen, bezeugt, obwohl wir sie in Gedanken trennen können, ihre empirische Unzertrennlichkeit, indem nie eine ohne die andere auftritt.

Ich darf jedoch nicht unerwähnt lassen, daß die hier angezogene Lehre Kants, welche den Grundgedanken des zweiten Hauptstücks seiner »Metaphysischen Anfangsgründe der Naturwissenschaft«, also der Dynamik, ausmacht, bereits vor Kant deutlich und ausführlich dargelegt war, von Priestley, in seinen so vortrefflichen *Disquisitions on matter and spirit, Sect. 1 et 2,* welches Buch 1777, in der zweiten Auflage 1782, erschien, während jene Metaphysischen Anfangsgründe von 1786 sind. Unbewußte Reminiscenzen lassen sich allenfalls bei Nebengedanken, sinnreichen Einfällen, Gleichnissen u. dgl. annehmen, nicht aber bei Haupt- und Grund-Gedanken. Sollen wir also glauben, daß Kant jenen so wichtigen Gedanken eines Andern sich stillschweigend zugeeignet habe? Und dies aus einem damals noch neuen Buch? Oder aber, daß dieses Buch ihm unbekannt gewesen und der selbe Gedanke binnen kurzer Zeit in zwei Köpfen entsprungen sei? – Auch die Erklärung, welche Kant, in den »Metaphysischen Anfangsgründen der Naturwissenschaft« (erste Auflage S. 88, Rosenkranzische Ausgabe S. 384), vom eigentlichen Unterschiede des Flüssigen vom Festen giebt, ist im Wesentlichen schon zu finden in Kaspar Friedr. Wolffs »Theorie von der Generation«, Berlin 1764, S. 132. Was sollen wir aber sagen, wenn wir Kants wichtigste und glänzendeste Grundlehre, die von der Idealität des Raumes und der bloß phänomenalen Existenz der Körperwelt, schon dreißig Jahre früher ausgesprochen finden von Maupertuis? wie Dies des Näheren zu ersehn ist aus Frauenstädt's Briefen über meine Philosophie, Brief 14. Maupertuis spricht diese paradoxe Lehre so entschieden und doch ohne Hinzufügung eines Beweises aus, daß man vermuthen muß, auch er habe sie wo anders hergenommen. Es wäre sehr wünschenswerth, daß man der Sache weiter nachforschte; und da dies mühsame und weitläuftige Untersuchungen erfordert, so könnte wohl irgend eine Deutsche Akademie eine Preisfrage darüber aufstellen. Wie Kant hier zu Priestley, vielleicht auch zu Kaspar Wolff, und zu Maupertuis oder dessen Vordermann, so steht zu ihm Laplace, dessen bewunderungswürdige und gewiß richtige Lehre vom Ursprung des Planetensystems, dargelegt in seiner *Exposition du système du monde Liv. V, c. 2,* der Hauptsache und den Grundgedanken nach, ungefähr funfzig Jahr früher, nämlich 1755, vorgetragen war von Kant, in seiner »Naturgeschichte und Theorie des Himmels«, und vollkommener 1763 in seinem »Einzig möglichen Beweisgrund des Daseyns Gottes«, Kap. 7; und da er in letzterer Schrift auch zu verstehn giebt, daß Lambert in seinen »Kosmologischen Briefen«, 1761, jene Lehre stillschweigend von ihm entlehnt habe, diese Briefe aber, um die selbe Zeit, auch französisch erschienen sind *(Lettres cosmologiques sur la constitution de l'univers)*; so müssen wir annehmen, daß Laplace jene Kantische Lehre gekannt hat. Zwar stellt er, wie es seinen tiefern astronomischen Kenntnissen angemessen ist, die Sache gründlicher, schlagender, ausführlicher und doch einfacher dar, als Kant: aber in der Hauptsache ist sie schon bei diesem deutlich vorhanden, und würde, bei der hohen Wichtigkeit der Sache, allein hinreichend seyn, seinen Namen unsterblich zu machen. – Es muß uns höchlich betrüben, wenn wir die Köpfe ersten Ranges einer Unredlichkeit verdächtig finden, die selbst denen des letzten zur Schande gereicht; indem wir fühlen, daß einem reichen Mann Diebstahl noch weniger zu verzeihen wäre, als einem armen. Wir dürfen aber nicht dazu schweigen: denn hier sind wir die Nachwelt und müssen gerecht seyn; wie wir hoffen, daß auch gegen uns einst die Nachwelt gerecht seyn werde. Daher will ich zu jenen Fällen noch als drittes Seitenstück anführen, daß die Grundgedanken der »Metamorphose der Pflanzen«, von Goethe, bereits 1764 ausgesprochen waren von Kaspar Friedrich Wolff in seiner »Theorie von der Generation«, S. 148, 229, 243 u. s. w. – Ja, ist es denn anders mit dem Gravitationssystem? dessen Entdeckung, auf dem Europäischen Festlande, noch immer dem Neuton zugeschrieben wird; während in England wenigstens die Gelehrten sehr wohl wissen, daß sie dem Robert Hooke angehört, welcher sie schon im Jahr 1666, in einer *Communication to the Royal Society*, zwar nur als Hypothese und ohne Beweis, aber ganz deutlich darlegte. Die Hauptstelle aus dieser ist abgedruckt in *Dugald Stewart's Philosophy of the human mind, Vol. 2, p. 434,* und wahrscheinlich aus *R. Hooke's Posthumous works* entnommen. Den Hergang der Sache und wie Neuton dabei ins Gedränge kam, findet man auch in der *Biographie universelle, article Neuton.* Als ausgemachte Sache wird Hooke's Priorität behandelt in einer kurzen Geschichte der Astronomie, *Quarterly review*, August 1828. Das Ausführlichere über diesen Gegenstand findet man in meinen Parergis, Bd. II, § 86. Die Geschichte vom Fall eines Apfels ist ein eben so grundloses, als beliebtes Mährchen und ohne alle Auktorität.

2) Zu Nr. 18 der Materie.

Die Größe der Bewegung *(quantitas motus*, schon bei Cartesius) ist das Produkt der Masse in die Geschwindigkeit.

Dieses Gesetz begründet nicht nur in der Mechanik die Lehre vom Stoß, sondern auch in der Statik die Lehre vom Gleichgewicht. Aus der Stoßkraft, welche zwei Körper, bei gleicher Geschwindigkeit, äußern, läßt sich das Verhältniß ihrer Massen zu einander bestimmen: so wird von zwei gleich schnell schlagenden Hämmern der von größerer Masse den Nagel tiefer in die Wand, oder den Pfahl tiefer in die Erde treiben. Z. B. ein Hammer, dessen Gewicht sechs Pfund ist, wird, bei einer Geschwindigkeit = 6, so viel wirken wie ein Hammer von drei Pfund, bei einer Geschwindigkeit = 12: denn in beiden Fällen ist die Größe der Bewegung = 36. Von zwei gleich schnell rollenden Kugeln wird die von größerer Masse eine dritte ruhende Kugel weiter fortstoßen, als die von kleinerer Masse es kann: weil die Masse der ersteren, multiplicirt mit der gleichen Geschwindigkeit, ein größeres Quantum der Bewegung ergiebt. Die Kanone reicht weiter als die Flinte, weil dort die gleiche Geschwindigkeit, einer viel größern Masse mitgetheilt, ein viel größeres Quantum Bewegung liefert, welches der ermattenden Einwirkung der Schwere länger widersteht. Aus dem nämlichen Grunde wird der selbe Arm eine bleierne Kugel weiter werfen, als eine steinerne von gleicher Größe, oder einen größern Stein weiter, als einen ganz kleinen.

Daher auch reicht ein Kartätschenschuß nicht so weit, wie der Schuß mit der Kugel.

Das selbe Gesetz liegt der Lehre vom Hebel und von der Waage zum Grunde: denn auch hier hat die kleinere Masse, am längern Hebelarm oder Waagebalken, beim Fallen eine größere Geschwindigkeit, mit welcher multiplicirt sie der, am kürzern Arm befindlichen, größern Masse an Größe der Bewegung gleich kommen, ja, sie übertreffen kann. In dem durch das Gleichgewicht herbeigeführten Zustande der Ruhe ist jedoch diese Geschwindigkeit bloß intentionell, oder virtuell, *potentiâ* nicht *actu*, vorhanden, wirkt jedoch so gut wie *actu*; welches sehr merkwürdig ist.

Nach diesen in Erinnerung gebrachten Wahrheiten wird die folgende Erklärung leichter faßlich seyn.

Die Quantität einer gegebenen Materie kann überhaupt nur nach ihrer Kraft geschätzt und diese nur an ihrer Aeußerung erkannt werden. Diese Aeußerung kann, wo die Materie bloß ihrer Quantität, nicht ihrer Qualität nach in Betracht kommt, nur eine mechanische seyn, d. h. nur bestehn in der Bewegung, die sie anderer Materie mittheilt. Denn erst in der Bewegung wird die Kraft der Materie gleichsam lebendig: daher der Ausdruck lebendige Kraft für die Kraftäußerung der bewegten Materie. Demnach ist für die Quantität gegebener Materie das alleinige Maaß die Größe ihrer Bewegung. In dieser aber, wenn sie gegeben ist, tritt die Quantität der Materie noch mit dem andern Faktor derselben, der Geschwindigkeit, versetzt und verschmolzen auf: dieser andere Faktor also muß ausgeschieden werden, wenn man die Quantität der Materie (die Masse) erkennen will. Nun wird zwar die Geschwindigkeit unmittelbar erkannt: denn sie ist $\frac{S}{T}$. Allein der andere Faktor, der durch Ausscheidung dieses übrig bleibt, also die Masse, ist stets nur relativ erkennbar, nämlich im Vergleich mit andern Massen, die aber selbst wieder nur mittelst der Größe ihrer Bewegung, also in ihrer Versetzung mit der Geschwindigkeit, erkennbar sind. Man muß also ein Quantum Bewegung mit dem andern vergleichen, dann aus beiden die Geschwindigkeit abrechnen, um zu ersehn wie viel jedes derselben seiner Masse verdankte. Dies geschieht durch das Wägen der Massen gegen einander, in welchem nämlich diejenige Größe der Bewegung, welche, in jeder der beiden Massen, die auf beide nur nach Maaßgabe ihrer Quantität wirkende Anziehungskraft der Erde erregt, verglichen wird. Daher giebt es zwei Arten des Wägens: nämlich entweder ertheilt man den beiden zu vergleichenden Massen gleiche Geschwindigkeit, um zu ersehn, welche von beiden der andern jetzt noch Bewegung mittheilt, also selbst ein größeres Quantum derselben hat, welches, da die Geschwindigkeit auf beiden Seiten gleich ist, dem andern Faktor der Größe der Bewegung, also der Masse, zuzuschreiben ist (Handwaage): oder aber man wägt dadurch, daß man untersucht, wie viel Geschwindigkeit die eine Masse mehr erhalten muß, als die andere hat, um dieser an Größe der Bewegung gleich zu kommen, mithin von ihr sich keine mehr mittheilen zu lassen; da dann in dem Verhältniß, wie ihre Geschwindigkeit die der andern übertreffen muß, ihre Masse, d. h. die Quantität ihrer Materie, geringer ist, als die der andern (Schnellwaage). Diese Schätzung der Massen durch Wägen beruht auf dem günstigen Umstand, daß die bewegende Kraft, an sich selbst, auf Beide ganz gleichmäßig wirkt, und jede von Beiden in der Lage ist, ihren Ueberschuß an Größe der Bewegung unmittelbar der andern mitzutheilen, wodurch er sichtbar wird.

Das Wesentliche dieser Lehren ist längst, von Neuton und Kant, ausgesprochen worden, aber durch den Zusammenhang und die Klarheit dieser Darstellung glaube ich denselben eine Faßlichkeit verliehen zu haben, welche Jedem die Einsicht zugänglich macht, die ich zur Rechtfertigung des Satzes Nr. 18 nöthig erachtete.

Zweite Hälfte.

Die Lehre von der abstrakten Vorstellung, oder dem Denken.

Kapitel 5*.

Vom vernunftlosen Intellekt.

Eine vollkommene Kenntniß des Bewußtseyns der Thiere müßte möglich seyn; sofern wir es durch bloße Wegnahme gewisser Eigenschaften des unserigen konstruiren können. Jedoch greift in dasselbe andererseits der Instinkt ein, welcher in allen Thieren entwickelter, als im Menschen ist, und in einigen bis zum Kunsttriebe geht.

Die Thiere haben Verstand, ohne Vernunft zu haben, mithin anschauliche, aber keine abstrakte Erkenntniß: sie apprehendiren richtig, fassen auch den unmittelbaren Kausalzusammenhang auf, die obern Thiere selbst durch mehrere Glieder seiner Kette; jedoch denken sie eigentlich nicht. Denn ihnen mangeln die Begriffe, d. h. die abstrakten Vorstellungen. Hievon aber ist die nächste Folge der Mangel eines eigentlichen Gedächtnisses, welchem selbst die klügsten Thiere noch unterliegen, und dieser eben begründet hauptsächlich den Unterschied zwischen ihrem Bewußtseyn und dem menschlichen. Die vollkommene Besonnenheit nämlich beruht auf dem deutlichen Bewußtseyn der Vergangenheit und der eventuellen Zukunft als solcher und im Zusammenhange mit der Gegenwart. Das hiezu erforderte eigentliche Gedächtniß ist daher eine geordnete, zusammenhängende, denkende Rückerin-

* Dieses Kapitel, mit sammt dem folgenden, steht in Beziehung auf § 8 und 9 des ersten Bandes.

nerung: eine solche aber ist nur möglich mittelst allgemeiner Begriffe, deren Hülfe sogar das ganz Individuelle bedarf, um in seiner Ordnung und Verkettung zurückgerufen zu werden. Denn die unübersehbare Menge gleichartiger und ähnlicher Dinge und Begebenheiten, in unserm Lebenslauf, läßt nicht unmittelbar eine anschauliche und individuelle Rückerinnerung jedes Einzelnen zu, als für welche weder die Kräfte der umfassendesten Erinnerungsfähigkeit, noch unsere Zeit ausreichen würde: daher kann dies Alles nur aufbewahrt werden mittelst Subsumtion unter allgemeine Begriffe und daraus entstehende Zurückführung auf verhältnißmäßig wenige Sätze, mittelst welcher wir sodann eine geordnete und genügende Uebersicht unserer Vergangenheit beständig zu Gebote haben. Bloß einzelne Scenen der Vergangenheit können wir uns anschaulich vergegenwärtigen; aber der seitdem verflossenen Zeit und ihres Inhalts sind wir uns bloß *in abstracto* bewußt, mittelst Begriffen von Dingen und Zahlen, welche nun Tage und Jahre, nebst deren Inhalt, vertreten. Das Erinnerungsvermögen der Thiere hingegen ist, wie ihr gesammter Intellekt, auf das Anschauliche beschränkt und besteht zunächst bloß darin, daß ein wiederkehrender Eindruck sich als bereits dagewesen ankündigt, indem die gegenwärtige Anschauung die Spur einer frühern auffrischt: ihre Erinnerung ist daher stets durch das jetzt wirklich Gegenwärtige vermittelt. Dieses regt aber eben deshalb die Empfindung und Stimmung, welche die frühere Erscheinung hervorgebracht hatte, wieder an. Demnach erkennt der Hund die Bekannten, unterscheidet Freunde und Feinde, findet den ein Mal zurückgelegten Weg, die schon besuchten Häuser, leicht wieder, und wird durch den Anblick des Tellers, oder den des Stocks, sogleich in die entsprechende Stimmung versetzt. Auf der Benutzung dieses anschauenden Erinnerungsvermögens und der bei den Thieren überaus starken Macht der Gewohnheit beruhen alle Arten der Abrichtung: diese ist daher von der menschlichen Erziehung gerade so verschieden, wie Anschauen von Denken. Auch wir sind, in einzelnen Fällen, wo das eigentliche Gedächtniß seinen Dienst versagt, auf jene bloß anschauende Rückerinnerung beschränkt, wodurch wir den Unterschied Beider aus eigener Erfahrung ermessen können; z. B. beim Anblick einer Person, die uns bekannt vorkommt, ohne daß wir uns erinnern, wann und wo wir sie gesehn haben; desgleichen, wann wir einen

Ort betreten, an welchem wir in früher Kindheit, also bei noch unentwickelter Vernunft, gewesen, solches daher ganz vergessen haben, jetzt aber doch den Eindruck des Gegenwärtigen als eines bereits Dagewesenen empfinden. Dieser Art sind alle Erinnerungen der Thiere. Nur kommt noch hinzu, daß, bei den klügsten, dieses bloß anschauende Gedächtniß sich bis zu einem gewissen Grade von Phantasie steigert, welche ihm wieder nachhilft und vermöge deren z. B. dem Hunde das Bild des abwesenden Herrn vorschwebt und Verlangen nach ihm erregt, daher er ihn, bei längerem Ausbleiben, überall sucht. Auf dieser Phantasie beruhen auch seine Träume. Das Bewußtseyn der Thiere ist demnach eine bloße Succession von Gegenwarten, deren jede aber nicht vor ihrem Eintritt als Zukunft, noch nach ihrem Verschwinden als Vergangenheit dasteht; als welches das Auszeichnende des menschlichen Bewußtseyns ist. Daher eben haben die Thiere auch unendlich weniger zu leiden, als wir, weil sie keine andern Schmerzen kennen, als die, welche die Gegenwart unmittelbar herbeiführt. Die Gegenwart ist aber ausdehnungslos; hingegen Zukunft und Vergangenheit, welche die meisten Ursachen unserer Leiden enthalten, sind weit ausgedehnt, und zu ihrem wirklichen Inhalt kommt noch der bloß mögliche, wodurch dem Wunsch und der Furcht sich ein unabsehbares Feld öffnet: von diesen hingegen ungestört genießen die Thiere jede auch nur erträgliche Gegenwart ruhig und heiter. Sehr beschränkte Menschen mögen ihnen hierin nahe kommen. Ferner können die Leiden, welche rein der Gegenwart angehören, bloß physische seyn. Sogar den Tod empfinden eigentlich die Thiere nicht: erst bei seinem Eintritt könnten sie ihn kennen lernen; aber dann sind sie schon nicht mehr. So ist denn das Leben des Thieres eine fortgesetzte Gegenwart. Es lebt dahin ohne Besinnung und geht stets ganz in der Gegenwart auf: selbst der große Haufen der Menschen lebt mit sehr geringer Besinnung. Eine andere Folge der dargelegten Beschaffenheit des Intellekts der Thiere ist der genaue Zusammenhang ihres Bewußtseyns mit ihrer Umgebung. Zwischen dem Thiere und der Außenwelt steht nichts: zwischen uns und dieser stehn aber immer noch unsere Gedanken über dieselbe, und machen oft uns ihr, oft sie uns unzugänglich. Nur bei Kindern und sehr rohen Menschen wird diese Vormauer bisweilen so dünn, daß um zu wissen, was in ihnen vorgeht, man nur zu sehn braucht, was um sie vorgeht. Daher auch sind die Thiere weder des Vorsatzes, noch der Verstellung fähig: sie haben nichts im Hinterhalt. In dieser Hinsicht verhält sich der Hund zum Menschen, wie ein gläserner zu einem metallenen Becher, und dies trägt viel bei ihn uns so werth zu machen: denn es gewährt uns ein großes Ergötzen, alle unsere Neigungen und Affekte, die wir so oft verhehlen, in ihm bloß und baar zu Tage gelegt zu sehn. Ueberhaupt spielen die Thiere gleichsam stets mit offen hingelegten Karten: daher sehn wir mit so vielem Vergnügen ihrem Thun und Treiben unter einander zu, sowohl wenn sie der selben, wie wenn sie verschiedenen Species angehören. Ein gewisses Gepräge von Unschuld charakterisirt dasselbe, im Gegensatz des menschlichen Thuns, als welches, durch den Eintritt der Vernunft, und mit ihr der Besonnenheit, der Unschuld der Natur entrückt ist. Dafür aber hat es durchweg das Gepräge der Vorsätzlichkeit, deren Abwesenheit, und mithin das Bestimmtwerden durch den augenblicklichen Impuls, den Grundcharakter alles thierischen Thuns ausmacht. Eines eigentlichen Vorsatzes nämlich ist kein Thier fähig; ihn zu fassen und zu befolgen ist das Vorrecht des Menschen, und ein höchst folgenreiches. Zwar kann ein Instinkt, wie der der Zugvögel, oder der der Bienen, ferner auch ein bleibender, anhaltender Wunsch, eine Sehnsucht, wie die des Hundes nach seinem abwesenden Herrn, den Schein des Vorsatzes hervorbringen, ist jedoch mit diesem nicht zu verwechseln. – Alles Dieses nun hat seinen letzten Grund in dem Verhältniß zwischen dem menschlichen und dem thierischen Intellekt, welches sich auch so ausdrücken läßt: die Thiere haben bloß eine unmittelbare Erkenntniß, wir neben dieser auch eine mittelbare; und der Vorzug, den in manchen Dingen, z. B. in der Trigonometrie und Analysis, im Wirken durch Maschinen statt durch Handarbeit u. s. w., das Mittelbare vor dem Unmittelbaren hat, findet auch hier Statt. Diesemnach wieder kann man sagen: die Thiere haben bloß einen einfachen Intellekt, wir einen doppelten; nämlich neben dem anschauenden noch den denkenden; und die Operationen beider gehn oft unabhängig von einander vor sich: wir schauen Eines an und denken an ein Anderes; oft wiederum greifen sie in einander. Diese Bezeichnung der Sache macht die oben erwähnte wesentliche Offenheit und Naivetät der Thiere, im Gegensatz der menschlichen Verstecktheit, besonders begreiflich.

Inzwischen ist das Gesetz *Natura non facit saltus* [Die Natur macht keine Sprünge: Aristoteles, *Historia animalium*, 1, 588 b 4] auch in Hinsicht auf den Intellekt der Thiere nicht ganz aufgehoben; wenn gleich der Schritt vom thierischen zum menschlichen Intellekt wohl der weiteste ist, den die Natur, bei Hervorbringung ihrer Wesen, gethan hat. Eine schwache Spur von Reflexion, von Vernunft, von Wortverständniß, von Denken, von Vorsatz, von Ueberlegung, giebt sich in den vorzüglichsten Individuen der obersten Thiergeschlechter allerdings bisweilen kund, zu unserer jedesmaligen Verwunderung. Die auffallendesten Züge der Art hat der Elephant geliefert, dessen sehr entwickelter Intellekt noch durch die Uebung und Erfahrung einer bisweilen zweihundertjährigen Lebensdauer erhöht und unterstützt wird. Von Prämeditation, welche uns an Thieren stets am meisten überrascht, hat er öfter unverkennbare Zeichen gegeben, die daher in allbekannten Anekdoten aufbewahrt sind: besonders gehört dahin die von dem Schneider, an welchem er, wegen eines Nadelstiches, Rache nahm. Ich will jedoch ein Seitenstück derselben, weil es den Vorzug hat, durch gerichtliche Untersuchung beglaubigt zu seyn, hier der Vergessenheit entreißen. Zu Morpeth, in England, wurde, am 27. August 1830, eine *Coroner's inquest* [kronamtliche Totenschau] gehalten, über den von seinem Elephanten getödteten Wärter Baptist Bernhard: aus dem Zeugenverhör ergab sich, daß er zwei Jahre vorher den Elephanten gröblich beleidigt und jetzt dieser, ohne Anlaß, aber bei günstiger Gelegenheit, ihn plötzlich gepackt und zerschmettert hatte. (Siehe den *Spectator* und andere Englische Zeitungen jener Tage.) Zur speciellen Kenntniß des Intellekts der Thiere empfehle ich das vortreffliche Buch des Leroy, *Sur l'intelligence des animaux, nouv. éd. 1802.*

Kapitel 6.

Zur Lehre von der abstrakten, oder Vernunft-Erkenntniß.

Der äußere Eindruck auf die Sinne, sammt der Stimmung, die er allein und für sich in uns hervorruft, verschwindet mit der Gegenwart der Dinge. Jene Beiden können daher nicht selbst die eigentliche Erfahrung ausmachen, deren Belehrung für die Zukunft unser Handeln leiten soll. Das Bild jenes Eindrucks, welches die Phantasie aufbewahrt, ist schon sogleich schwächer als er selbst, schwächt sich täglich mehr ab und verlischt mit der Zeit ganz. Weder jenem augenblicklichen Verschwinden des Eindrucks, noch dem allmäligen seines Bildes unterworfen, mithin frei von der Gewalt der Zeit, ist nur Eines: der Begriff. In ihm also muß die belehrende Erfahrung niedergelegt seyn, und er allein eignet sich zum sichern Lenker unserer Schritte im Leben. Daher sagt Seneka mit Recht: *Si vis tibi omnia subjicere, te subjice rationi* [Wenn du dir alles unterwerfen willst, unterwirf du dich der Vernunft] *(ep. 37* [,4]*)*. Und ich füge hinzu, daß, um im wirklichen Leben den Andern überlegen zu seyn, überlegt seyn, d. h. nach Begriffen verfahren, die unerläßliche Bedingung ist. Ein so wichtiges Werkzeug der Intelligenz, wie der Begriff ist, kann offenbar nicht identisch seyn mit dem Wort, diesem bloßen Klang, der als Sinneseindruck mit der Gegenwart, oder als Gehörphantasma mit der Zeit verklänge. Dennoch ist der Begriff eine Vorstellung, deren deutliches Bewußtseyn und deren Aufbewahrung an das Wort gebunden ist: daher benannten die Griechen Wort, Begriff, Verhältniß, Gedanken und Vernunft mit dem Namen des Ersteren: ὁ λογος. Dennoch ist der Begriff sowohl von dem Worte, an welches er geknüpft ist, als auch von den Anschauungen, aus denen er entstanden, völlig verschieden. Er ist ganz anderer Natur, als diese Sinneseindrücke. Jedoch vermag er alle Resultate der Anschauung in sich aufzunehmen, um sie, auch nach dem längsten Zeitraum, unverändert und unvermindert wieder zurückzugeben: erst hiedurch entsteht die Erfahrung. Aber nicht das Angeschaute, noch das dabei Empfundene, bewahrt der Begriff auf, sondern dessen Wesentliches, Essentielles, in ganz veränderter Gestalt, und doch als genügenden Stellvertreter Jener. So lassen sich die Blumen nicht aufbewahren, aber ihr ätherisches Oel, ihre Essenz, mit gleichem Geruch und gleichen Kräften. Das Handeln, welches richtige Begriffe zur Richtschnur gehabt hat, wird, im Resultat, mit der beabsichtigten Wirklichkeit zusammentreffen. – Den unschätzbaren Werth der Begriffe, und folglich der Vernunft, kann man ermessen, wenn man auf die unendliche Menge und Verschiedenheit von Dingen und Zuständen, die nach und neben einander dasind, den Blick wirft und nun bedenkt, daß Sprache und Schrift (die Zeichen der Begriffe) dennoch jedes Ding und jedes Verhältniß, wann und wo es auch gewesen seyn mag, zu unserer genauen Kunde zu bringen vermögen; weil eben verhältnißmäßig wenige Begriffe eine Unendlichkeit von Dingen und Zuständen befassen und vertreten. – Beim eigenen Nachdenken ist die Abstraktion ein Abwerfen unnützen Gepäckes, zum Behuf leichterer Handhabung der zu vergleichenden und darum hin und her zu werfenden Erkenntnisse. Man läßt nämlich dabei das viele Unwesentliche, daher nur Verwirrende, der realen Dinge weg, und operirt mit wenigen, aber wesentlichen, *in abstracto* gedachten Bestimmungen. Aber eben weil die Allgemeinbegriffe nur durch Wegdenken und Auslassen vorhandener Bestimmungen entstehn und daher je allgemeiner, desto leerer sind, beschränkt der Nutzen jenes Verfahrens sich auf die Verarbeitung unserer bereits erworbenen Erkenntnisse, zu der auch das Schließen aus den in ihnen enthaltenen Prämissen gehört. Neue Grundeinsichten hingegen sind nur aus der anschaulichen, als der allein vollen und reichen Erkenntniß zu schöpfen, mit Hülfe der Urtheilskraft. – Weil ferner Inhalt und Umfang der Begriffe in entgegengesetztem Verhältnisse stehn, also je mehr unter einem Begriff, desto weniger in ihm gedacht wird; so bilden die Begriffe eine Stufenfolge, eine Hierarchie, vom speciellsten bis zum allgemeinsten, an deren unterm Ende der scholastische Realismus, am oberen der Nominalismus beinahe Recht behält. Denn der speciellste Begriff ist schon beinahe das Individuum, also beinahe real: und der allgemeinste Begriff, z. B. das Seyn (d. i. der Infinitiv der Kopula), beinahe nichts als ein Wort. Daher auch sind philosophische Systeme, die sich innerhalb solcher sehr allgemeinen Begriffe halten, ohne auf das Reale herabzukommen, beinahe bloßer Wortkram. Denn da alle Abstraktion im bloßen Wegdenken besteht; so behält man, je weiter man sie fortsetzt, desto weniger übrig. Wenn ich daher solche moderne Philosopheme lese, die sich in lauter sehr weiten Abstraktis fortbewegen; so kann ich bald, trotz aller Aufmerksamkeit, fast nichts mehr dabei denken; weil ich eben keinen Stoff zum Denken erhalte, sondern mit lauter leeren Hülsen operiren soll, welches eine Empfindung giebt, der ähnlich, die beim Versuch sehr leichte Körper zu werfen entsteht: die Kraft nämlich und auch die Anstrengung ist da; aber es fehlt am Objekt, sie aufzunehmen, um das andere Moment der Bewegung herzustellen. Wer dies erfahren will, lese die Schriften der Schellingianer und, noch besser, der Hegelianer. – Einfache Begriffe müßten eigentlich solche seyn, die unauflösbar wären; demnach sie nie das Subjekt eines analytischen Urtheils seyn könnten: dies halte ich für unmöglich; da, wenn man einen Begriff denkt, man auch seinen Inhalt muß angeben können. Was man als Beispiele von einfachen Begriffen anzuführen pflegt, sind gar nicht mehr Begriffe, sondern theils bloße Sinnesempfindungen, wie etwan die einer bestimmten Farbe, theils die *a priori* uns bewußten Formen der Anschauung; also eigentlich die letzten Elemente der anschauenden Erkenntniß. Diese selbst aber ist für das System aller unserer Gedanken Das, was in der Geognosie [Erdgeschichte] der Granit ist, der letzte feste Boden, der Alles trägt und über den man nicht hinaus kann. Zur Deutlichkeit eines Begriffes nämlich ist erfordert, nicht nur, daß man ihn in seine Merkmale zerlegen, sondern auch daß man diese, falls auch sie Abstrakta sind, abermals analysiren könne, und so immerfort, bis man zur anschauenden Erkenntniß herabgelangt, mithin auf konkrete Dinge hinweist, durch deren klare Anschauung man die letzten Abstrakta belegt und dadurch diesen, wie auch allen auf ihnen beruhenden höheren Abstraktionen, Realität zusichert. Daher ist die gewöhnliche Erklärung, der Begriff sei deutlich, sobald man seine Merkmale angeben kann, nicht ausreichend: denn die Zerlegung dieser Merkmale führt vielleicht immerfort nur auf Begriffe, ohne daß zuletzt Anschauungen zum Grunde lägen, welche allen jenen Begriffen Realität ertheilten. Man nehme z. B. den Begriff »Geist« und analysire ihn in seine Merkmale, »ein denkendes, wollendes, immaterielles, einfaches, keinen Raum füllendes, unzerstörbares Wesen«; so ist dabei doch nichts Deutliches gedacht; weil die Elemente dieser Begriffe sich nicht durch Anschauungen belegen lassen: denn ein denkendes Wesen ohne Gehirn ist wie ein verdauendes Wesen ohne Magen. Klar sind eigentlich nur Anschauungen, nicht Begriffe: diese können höchstens deutlich seyn. Darum auch hat man, so absurd es war, »klar und verworren« zu einander gestellt und als synonym gebraucht, als man die anschauende Erkenntniß für eine nur verworrene abstrakte erklärte, weil nämlich diese letztere die allein deutliche wäre. Dies hat zuerst Duns Skotus gethan, aber auch noch Leibnitz hat im Grunde diese Ansicht, als auf welcher seine *Identitas indiscernibilium* [Identität der ununterscheidbaren Dinge: *Nouveaux essais*, ch. 27, § 1, 3] beruht: man sehe Kants Widerlegung derselben, S. 275 der ersten Ausgabe der »Kritik der reinen Vernunft«.

Die oben berührte enge Verbindung des Begriffs mit dem Wort, also der Sprache mit der Vernunft, beruht im letzten Grunde auf Folgendem. Unser ganzes Bewußtseyn, mit seiner innern und äußern Wahrnehmung, hat durchweg die Zeit zur Form. Die Begriffe hingegen, als durch Abstraktion entstandene, völlig allgemeine und von allen einzelnen Dingen verschiedene Vorstellungen, haben, in dieser Eigenschaft, ein zwar gewissermaaßen objektives Daseyn, welches jedoch keiner Zeitreihe angehört. Daher müssen sie, um in die unmittelbare Gegenwart eines individuellen Bewußtseyns treten, mithin in eine Zeitreihe eingeschoben werden zu können, gewissermaaßen wieder zur Natur der einzelnen Dinge herabgezogen, individualisirt und daher an eine sinnliche Vorstellung geknüpft werden: diese ist das Wort. Es ist demnach das sinnliche Zeichen des Begriffs und als solches das nothwendige Mittel ihn zu fixiren, d. h. ihn dem an die Zeitform gebundenen Bewußtseyn zu vergegenwärtigen und so eine Verbindung herzustellen zwischen der Vernunft, deren Objekte bloß allgemeine, weder Ort noch Zeitpunkt kennende *Universalia* [Allgemeinbegriffe] sind, und dem an die Zeit gebundenen, sinnlichen und insofern bloß thierischen Bewußtseyn. Nur vermöge dieses Mittels ist uns die willkürliche Reproduktion, also die Erinnerung und Aufbewahrung der Begriffe, möglich und disponibel, und erst mittelst dieser die mit denselben vorzunehmenden Operationen, also urtheilen, schließen, vergleichen, beschränken u. s. w. Zwar geschieht es bisweilen, daß Begriffe auch ohne ihre Zeichen das Bewußtseyn beschäftigen, indem wir mitunter eine Schlußkette so schnell durchlaufen, daß wir in solcher Zeit nicht hätten die Worte denken können. Allein dergleichen sind Ausnahmen, die eben eine große Uebung der Vernunft voraussetzen, welche sie nur mittelst der Sprache hat erlangen können. Wie sehr der Gebrauch der Vernunft an die Sprache gebunden ist, sehn wir an den Taubstummen, welche, wenn sie keine Art von Sprache erlernt haben, kaum mehr Intelligenz zeigen, als die Orangutane und Elephanten: denn sie haben fast nur *potentiâ* [in der Möglichkeit] nicht *actu* [in der Wirklichkeit] Vernunft.

Wort und Sprache sind also das unentbehrliche Mittel zum deutlichen Denken. Wie aber jedes Mittel, jede Maschine, zugleich beschwert und hindert; so auch die Sprache: weil sie den unendlich nüancirten, beweglichen und modifikabeln Gedanken in gewisse feste, stehende Formen zwängt und indem sie ihn fixirt, ihn zugleich fesselt. Dieses Hinderniß wird durch die Erlernung mehrerer Sprachen zum Theil beseitigt. Denn indem, bei dieser, der Gedanke aus einer Form in die andere gegossen wird, er aber in jeder seine Gestalt etwas verändert, löst er sich mehr und mehr von jeglicher Form und Hülle ab; wodurch sein selbst-eigenes Wesen deutlicher ins Bewußtseyn tritt und er auch seine ursprüngliche Modifikabilität wieder erhält. Die alten Sprachen aber leisten diesen Dienst sehr viel besser, als die neuen; weil, vermöge ihrer großen Verschiedenheit von diesen, der selbe Gedanke jetzt auf ganz andere Weise ausgedrückt werden, also eine höchst verschiedene Form annehmen muß; wozu noch kommt, daß die vollkommenere Grammatik der alten Sprachen eine künstlichere und vollkommenere Konstruktion der Gedanken und ihres Zusammenhanges möglich macht. Daher konnte ein Grieche, oder Römer, allenfalls sich an seiner Sprache genügen lassen. Aber wer nichts weiter, als so einen einzigen modernen Patois [Dialekt] versteht, wird, im Schreiben und Reden, diese Dürftigkeit bald verrathen, indem sein Denken, an so armsälige, stereotypische Formen fest geknüpft, ungelenk und monoton ausfallen muß. Genie freilich ersetzt, wie Alles, so auch dieses, z. B. im Shakespeare.

Von dem, was ich § 9 des ersten Bandes dargelegt habe, daß nämlich die Worte einer Rede vollkommen verstanden werden, ohne anschauliche Vorstellungen, Bilder in unserm Kopfe zu veranlassen, hat schon eine ganz richtige und sehr ausführliche Auseinandersetzung B u r k e gegeben, in seiner *Inquiry into the Sublime and Beautiful, P. 5, Sect. 4 et 5;* allein er zieht daraus den ganz falschen Schluß, daß wir die Worte hören, vernehmen und gebrauchen, ohne irgend eine Vorstellung *(idea)* damit zu verbinden; während er hätte schließen sollen, daß nicht alle Vorstellungen *(ideas)* anschauliche Bilder *(images)* sind, sondern daß gerade die, welche durch Worte bezeichnet werden müssen, bloße Begriffe *(abstract notions)* und diese, ihrer Natur zufolge, nicht anschaulich sind. – Eben weil Worte bloße Allgemeinbegriffe, welche von den anschaulichen Vorstellungen durchaus verschieden sind, mittheilen, werden z. B. bei der Erzählung einer Begebenheit, zwar alle Zuhörer die selben Begriffe erhalten; allein wenn sie nachher sich den Vorgang veranschaulichen wollen, wird Jeder ein anderes Bild davon in seiner Phantasie entwerfen, welches von dem richtigen, das allein der Augenzeuge hat, bedeutend abweicht. Hierin liegt der nächste Grund (zu welchem sich aber noch andere gesellen) warum jede Thatsache durch Weitererzählen nothwendig entstellt wird: nämlich der zweite Erzähler theilt Begriffe mit, die er aus seinem Phantasiebilde abstrahirt hat und aus denen der Dritte sich wieder ein anderes noch abweichenderes Bild entwirft, welches er nun wieder in Begriffe umsetzt, und so geht es immer weiter. Wer trocken genug ist, bei den ihm mitgetheilten Begriffen stehn zu bleiben und diese weiter zu geben, wird der treueste Berichterstatter seyn.

Die beste und vernünftigste Auseinandersetzung über Wesen und Natur der Begriffe, die ich irgendwo habe finden können, steht in Thom. Reid's *Essays on the powers of human mind, Vol. 2, essay 5, ch. 6.* – Dieselbe ist seitdem gemißbilligt worden von Dugald Stewart, in dessen *Philosophy of the human mind:* über diesen will ich, um kein Papier an ihm zu verschwenden, nur in der Kürze sagen, daß er zu den Vielen gehört hat, die durch Gunst und Freunde einen unverdienten Ruf erlangten; daher ich nur rathen kann, mit den Schreibereien dieses Flachkopfes keine Stunde zu verlieren.

Daß übrigens die Vernunft das Vermögen der abstrakten, der Verstand aber das der anschaulichen Vorstellungen sei, hat bereits der fürstliche Scholastiker Picus de Mirandula eingesehn, indem er in seinem Buche *De imaginatione, c. 11,* Verstand und Vernunft sorgfältig unterscheidet und diese für das diskursive, dem Menschen eigenthümliche Vermögen, jenen aber für das intuitive, der Erkenntnißweise der Engel, ja, Gottes verwandte erklärt. – Auch Spinoza charakterisirt ganz richtig die Vernunft als das Vermögen allgemeine Begriffe zu bilden: *Eth. II. prop. 40, schol. 2.* – Dergleichen brauchte nicht erwähnt zu werden, wäre es nicht wegen der Possen, welche in den letzten funfzig Jahren sämmtliche Philosophaster in Deutschland mit dem Begriffe der Vernunft getrieben haben, indem sie, mit unverschämter Dreistigkeit, unter diesem Namen ein völlig erlogenes Vermögen unmittelbarer, metaphysischer, sogenannter übersinnlicher Erkenntnisse einschwärzen wollten, die wirkliche Vernunft hingegen Verstand benannten, den eigentlichen Verstand aber, als ihnen sehr fremd, ganz übersahen, und seine intuitiven Funktionen der Sinnlichkeit zuschrieben.

Wie bei allen Dingen dieser Welt jedem Auskunftsmittel, jedem Vortheil, jedem Vorzug sich sofort auch neue Nachtheile anhängen; so führt auch die Vernunft, welche dem Menschen so große Vorzüge vor den Thieren giebt, ihre besondern Nachtheile mit sich und eröffnet ihm Abwege, auf welche das Thier nie gerathen kann. Durch sie erlangt eine ganz neue Art von Motiven, der das Thier unzugänglich ist, Macht über seinen Willen; nämlich die abstrakten Motive, die bloßen Gedanken, welche keineswegs stets aus der eigenen Erfahrung abgezogen sind, sondern oft nur durch Rede und Beispiel Anderer, durch Tradition und Schrift, an ihn kommen. Dem Gedanken zugänglich geworden steht er sofort auch dem Irrthum offen. Allein jeder Irrthum muß, früher oder später, Schaden stiften, und desto größern, je größer er war. Den individuellen Irrthum muß, wer ihn hegt, ein Mal büßen und oft theuer bezahlen: das Selbe wird im Großen von gemeinsamen Irrthümern ganzer Völker gelten. Daher kann nicht zu oft wiederholt werden, daß jeder Irrthum, wo man ihn auch antreffe, als ein Feind der Menschheit zu verfolgen und auszurotten ist, und daß es keine privilegirte, oder gar sanktionirte Irrthümer geben kann. Der Denker soll sie angreifen; wenn auch die Menschheit, gleich einem Kranken, dessen Geschwür der Arzt berührt, laut dabei aufschrie. – Das Thier kann nie weit vom Wege der Natur abirren: denn seine Motive liegen allein in der anschaulichen Welt, wo nur das Mögliche, ja, nur das Wirkliche Raum findet: hingegen in die abstrakten Begriffe, in die Gedanken und

Worte, geht alles nur Ersinnliche, mithin auch das Falsche, das Unmögliche, das Absurde, das Unsinnige. Da nun Vernunft Allen, Urtheilskraft Wenigen zu Theil geworden; so ist die Folge, daß der Mensch dem Wahne offen steht, indem er allen nur erdenklichen Chimären Preis gegeben ist, die man ihm einredet, und die, als Motive seines Wollens wirkend, ihn zu Verkehrtheiten und Thorheiten jeder Art, zu den unerhörtesten Extravaganzen, wie auch zu den seiner thierischen Natur widerstrebendesten Handlungen bewegen können. Eigentliche Bildung, bei welcher Erkenntniß und Urtheil Hand in Hand gehn, kann nur Wenigen zugewandt werden, und noch Wenigere sind fähig sie aufzunehmen. Für den großen Haufen tritt überall an ihre Stelle eine Art Abrichtung: sie wird bewerkstelligt durch Beispiel, Gewohnheit und sehr frühzeitiges, festes Einprägen gewisser Begriffe, ehe irgend Erfahrung, Verstand und Urtheilskraft dawären, das Werk zu stören. So werden Gedanken eingeimpft, die nachher so fest und durch keine Belehrung zu erschüttern haften, als wären sie angeboren, wofür sie auch oft, selbst von Philosophen, angesehn worden sind. Auf diesem Wege kann man, mit gleicher Mühe, den Menschen das Richtige und Vernünftige, oder auch das Absurdeste einprägen, z. B. sie gewöhnen, sich diesem oder jenem Götzen nur von heiligem Schauer durchdrungen zu nähern und beim Nennen seines Namens nicht nur mit dem Leibe, sondern auch mit dem ganzen Gemüthe sich in den Staub zu werfen; an Worte, an Namen, an die Vertheidigung der abentheuerlichsten Grillen, willig ihr Eigenthum und Leben zu setzen; die größte Ehre und die tiefste Schande beliebig an Dieses oder an Jenes zu knüpfen und danach Jeden mit inniger Ueberzeugung hoch zu schätzen, oder zu verachten; aller animalischen Nahrung zu entsagen, wie in Hindustan, oder die dem lebenden Thiere herausgeschnittenen, noch warmen und zuckenden Stücke zu verzehren, wie in Abyssinien; Menschen zu fressen, wie in Neuseeland, oder ihre Kinder dem Moloch zu opfern; sich selbst zu kastriren, sich willig in den Scheiterhaufen des Verstorbenen zu stürzen, – mit Einem Worte, was man will. Daher die Kreuzzüge, die Ausschweifungen fanatischer Sekten, daher Chiliasten und Flagellanten, Ketzerverfolgungen, Autos de Fe [Ketzerverbrennungen], und was immer das lange Register menschlicher Verkehrtheiten noch sonst darbietet. Damit man nicht denke, daß nur finstere Jahrhunderte solche Beispiele liefern, füge ich ein Paar neuere hinzu. Im Jahre 1818 zogen aus dem Würtembergischen 7000 Chiliasten in die Nähe des Ararat; weil das, besonders durch Jung-Stilling angekündigte, neue Reich Gottes daselbst anbrechen sollte*. Gall erzählt, daß zu seiner Zeit eine Mutter ihr Kind getödtet und gebraten habe, um mit dessen Fett die Rheumatismen ihres Mannes zu kuriren**. Die tragische Seite des Irrthums und Vorurtheils liegt im Praktischen, die komische ist dem Theoretischen vorbehalten: hätte man z. B. nur erst drei Menschen fest überredet, daß die Sonne nicht die Ursache des Tageslichts sei; so dürfte man hoffen, es bald als die allgemeine Ueberzeugung gelten zu sehn. Einen widerlichen, geistlosen Scharlatan und beispiellosen Unsinnschmierer, Hegel, konnte man, in Deutschland, als den größten Philosophen aller Zeiten ausschreien, und viele Tausende haben es, zwanzig Jahre lang, steif und fest geglaubt, sogar außer Deutschland die Dänische Akademie, welche für seinen Ruhm gegen mich aufgetreten ist und ihn als einen *summus philosophus* [größten Philosophen] hat geltend machen wollen. (Siehe hierüber die Vorrede zu meinen »Grundproblemen der Ethik«.) – Dies also sind die Nachtheile, welche, wegen der Seltenheit der Urtheilskraft, an das Daseyn der Vernunft geknüpft sind. Zu ihnen kommt nun noch die Möglichkeit des Wahnsinns: Thiere werden nicht wahnsinnig; wiewohl die Fleischfresser der Wuth, die Grasfresser einer Art Raserei ausgesetzt sind.

Kapitel 7***.

Vom Verhältniß der anschauenden zur abstrakten Erkenntniß.

Da nun, wie gezeigt worden, die Begriffe ihren Stoff von der anschauenden Erkenntniß entlehnen, und daher das ganze Gebäude unserer Gedankenwelt auf der Welt der Anschauungen

---

* Illgens Zeitschrift für historische Theologie, 1839, erstes Heft, S. 182.

** *Gall et Spurzheim, Des dispositions innées, 1811, p. 253.*

*** Dieses Kapitel steht in Beziehung zu § 12 des ersten Bandes.

ruht; so müssen wir von jedem Begriff, wenn auch durch Mittelstufen, zurückgehn können auf die Anschauungen, aus denen er unmittelbar selbst, oder aus denen die Begriffe, deren Abstraktion er wieder ist, abgezogen worden: d. h. wir müssen ihn mit Anschauungen, die zu den Abstraktionen im Verhältniß des Beispiels stehn, belegen können. Diese Anschauungen also liefern den realen Gehalt alles unsers Denkens, und überall, wo sie fehlen, haben wir nicht Begriffe, sondern bloße Worte im Kopfe gehabt. In dieser Hinsicht gleicht unser Intellekt einer Zettelbank, die, wenn sie solide seyn soll, Kontanten [Bargeld] in Kassa haben muß, um erforderlichenfalls alle ihre ausgestellten Noten einlösen zu können: die Anschauungen sind die Kontanten, die Begriffe die Zettel. – In diesem Sinne könnten die Anschauungen recht passend p r i m ä r e, Begriffe hingegen s e k u n d ä r e Vorstellungen benannt werden: nicht ganz so treffend nannten die Scholastiker, auf Anlaß des Aristoteles *(Metaph. VI, 11; XI, 1)* die realen Dinge *substantias primas* [primäre Wesenheiten], und die Begriffe *substantias secundas* [sekundäre Wesenheiten]. – Bücher theilen nur sekundäre Vorstellungen mit. Bloße Begriffe von einer Sache, ohne Anschauung, geben eine bloß allgemeine Kenntniß derselben. Ein durchaus gründliches Verständniß von Dingen und deren Verhältnissen hat man nur, sofern man fähig ist, sie in lauter deutlichen Anschauungen, ohne Hülfe der Worte, sich vorstellig zu machen. Worte durch Worte erklären, Begriffe mit Begriffen vergleichen, worin das meiste Philosophiren besteht, ist im Grunde ein spielendes Hin- und Herschieben der Begriffssphären; um zu sehn, welche in die andere geht und welche nicht. Im glücklichsten Fall wird man dadurch zu Schlüssen gelangen: aber auch Schlüsse geben keine durchaus neue Erkenntniß, sondern zeigen uns nur, was Alles in der schon vorhandenen lag und was davon etwan auf den jedesmaligen Fall anwendbar wäre. Hingegen anschauen, die Dinge selbst zu uns reden lassen, neue Verhältnisse derselben auffassen, dann aber dies Alles in Begriffe absetzen und niederlegen, um es sicher zu besitzen: das giebt neue Erkenntnisse. Allein, während Begriffe mit Begriffen zu vergleichen so ziemlich Jeder die Fähigkeit hat, ist Begriffe mit Anschauungen zu vergleichen eine Gabe der Auserwählten: sie bedingt, je nach dem Grade ihrer Vollkommenheit, Witz, Urtheilskraft, Scharfsinn, Genie. Bei jener ersten Fähigkeit hingegen kommt nie viel mehr heraus, als etwan vernünftige Betrachtungen. – Der innerste Kern jeder ächten und wirklichen Erkenntniß ist eine Anschauung; auch ist jede neue Wahrheit die Ausbeute aus einer solchen. Alles Urdenken geschieht in Bildern: darum ist die Phantasie ein so nothwendiges Werkzeug desselben, und werden phantasielose Köpfe nie etwas Großes leisten, – es sei denn in der Mathematik. – Hingegen bloß abstrakte Gedanken, die keinen anschaulichen Kern haben, gleichen Wolkengebilden ohne Realität. Selbst Schrift und Rede, sei sie Lehre oder Gedicht, hat zum letzten Zweck, den Leser zu der selben anschaulichen Erkenntniß hinzuleiten, von welcher der Verfasser ausgieng: hat sie den nicht, so ist sie eben schlecht. Eben darum ist Betrachtung und Beobachtung jedes W i r k l i c h e n, sobald es irgend etwas dem Beobachter Neues darbietet, belehrender als alles Lesen und Hören. Denn sogar ist, wenn wir auf den Grund gehn, in jedem Wirklichen alle Wahrheit und Weisheit, ja, das letzte Geheimniß der Dinge enthalten, freilich eben nur *in concreto* [im besonderen Fall], und so wie das Gold im Erze steckt: es kommt darauf an, es herauszuziehn. Aus einem Buche hingegen erhält man, im besten Fall, die Wahrheit doch nur aus zweiter Hand, öfter aber gar nicht.

Bei den meisten Büchern, von den eigentlich schlechten ganz abgesehn, hat, wenn sie nicht durchaus empirischen Inhalts sind, der Verfasser zwar g e d a c h t, aber nicht g e s c h a u t: er hat aus der Reflexion, nicht aus der Intuition geschrieben; und dies eben ist es, was sie mittelmäßig und langweilig macht. Denn was Jener gedacht hat, hätte der Leser, bei einiger Bemühung, allenfalls auch denken können: es sind nämlich eben vernünftige Gedanken, nähere Auseinandersetzungen des im Thema *implicite* [stillschweigend inbegriffen] Enthaltenen. Aber dadurch kommt keine wirklich neue Erkenntniß in die Welt: diese wird nur im Augenblick der Anschauung, der unmittelbaren Auffassung einer neuen Seite der Dinge, erzeugt. Wo daher, im Gegentheil, dem Denken eines Autors e i n S c h a u e n zum Grunde lag; da ist es, als schriebe er aus einem Lande, wo der Leser nicht auch schon gewesen ist; da ist Alles frisch und neu: denn es ist aus der Urquelle aller Erkenntniß unmittelbar geschöpft. Ich will den hier berührten Unterschied durch ein ganz leichtes und einfaches Beispiel erläutern. Jeder gewöhnliche Schriftsteller wird leicht das tiefsinnige Hinstarren, oder das versteinernde

Erstaunen, dadurch schildern, daß er sagt: »Er stand wie eine Bildsäule«; aber Cervantes sagt: »wie eine bekleidete Bildsäule: denn der Wind bewegte seine Kleider.« (Don Quijote, B. 6, Kap. 19.) Solchermaaßen haben alle große Köpfe stets in Gegenwart der Anschauung gedacht und den Blick unverwandt auf sie geheftet, bei ihrem Denken. Man erkennt dies, unter Anderm, daran, daß auch die heterogensten unter ihnen doch im Einzelnen so oft übereinstimmen und wieder zusammentreffen; weil sie eben Alle von der selben Sache reden, die sie sämmtlich vor Augen hatten: die Welt, die anschauliche Wirklichkeit: ja, gewissermaaßen sagen sie sogar alle das Selbe, und die Andern glauben ihnen nie. Man erkennt es ferner an dem Treffenden, Originellen, und der Sache stets genau Angepaßten des Ausdrucks, weil ihn die Anschauung eingegeben hat, an dem Naiven der Aussagen, an der Neuheit der Bilder und dem Schlagenden der Gleichnisse, welches Alles, ohne Ausnahme, die Werke großer Köpfe auszeichnet, denen der Andern hingegen stets abgeht; weshalb diesen nur banale Redensarten und abgenutzte Bilder zu Gebote stehn und sie nie sich erlauben dürfen, naiv zu seyn, bei Strafe ihre Gemeinheit in ihrer traurigen Blöße zu zeigen: statt dessen sind sie preziös. Darum sagte Büffon: *le style est l'homme même* [Der Stil ist der Mensch selbst; *Discours prononcé* 25. 8. 1753]. Wenn die gewöhnlichen Köpfe dichten, haben sie einige traditionelle, ja konventionelle, also *in abstracto* überkommene Gesinnungen, Leidenschaften, noble Sentiments u. dgl., die sie den Helden ihrer Dichtungen unterlegen, welche hiedurch zu einer bloßen Personifikation jener Gesinnungen werden, also gewissermaaßen selbst schon Abstrakta und daher fade und langweilig sind. Wenn sie philosophiren, haben sie einige weite abstrakte Begriffe überkommen, mit denen sie, als gelte es algebraische Gleichungen, hin und her werfen, und hoffen, es werde daraus etwas hervorgehn: höchstens sieht man, daß sie Alle das Selbe gelesen haben. Ein solches Hin- und Herwerfen mit abstrakten Begriffen, nach Art der algebraischen Gleichungen, welches man heut zu Tage Dialektik nennt, liefert aber nicht, wie die wirkliche Algebra, sichere Resultate; weil hier der durch das Wort vertretene Begriff keine feste und genau bestimmte Größe ist, wie die durch den Buchstaben der Algebra bezeichnete, sondern ein Schwankendes, Vieldeutiges, der Ausdehnung und Zusammenziehung Fähiges. Genau genommen hat alles Denken, d. h. Kombiniren abstrakter Begriffe, höchstens Erinnerungen aus dem früher Angeschauten zum Stoff, und auch noch indirekt, sofern nämlich Dieses die Unterlage aller Begriffe ausmacht: ein wirkliches, d. h. unmittelbares Erkennen hingegen ist allein das Anschauen, das neue frische Percipiren selbst. Nun aber können die Begriffe, welche die Vernunft gebildet und das Gedächtniß aufbehalten hat, nie alle zugleich dem Bewußtseyn gegenwärtig seyn, vielmehr nur eine sehr kleine Anzahl derselben zur Zeit. Hingegen die Energie, mit welcher die anschauliche Gegenwart, in der eigentlich immer das Wesentliche aller Dinge überhaupt *virtualiter* [der Möglichkeit nach] enthalten und repräsentirt ist, aufgefaßt wird, erfüllt, mit ihrer ganzen Macht, das Bewußtseyn in Einem Moment. Hierauf beruht das unendliche Ueberwiegen des Genies über die Gelehrsamkeit: sie verhalten sich zu einander wie der Text des alten Klassikers zu seinem Kommentar. Wirklich liegt alle Wahrheit und alle Weisheit zuletzt in der Anschauung. Aber leider läßt diese sich weder festhalten, noch mittheilen: allenfalls lassen sich die objektiven Bedingungen dazu, durch die bildenden Künste und schon viel mittelbarer durch die Poesie, gereinigt und verdeutlicht den Andern vorlegen; aber sie beruht eben so sehr auf subjektiven Bedingungen, die nicht Jedem und Keinem jederzeit zu Gebote stehn, ja die, in den höhern Graden der Vollkommenheit, nur die Begünstigung Weniger sind. Unbedingt mittheilbar ist nur die schlechteste Erkenntniß, die abstrakte, die sekundäre, der Begriff, der bloße Schatten eigentlicher Erkenntniß. Wenn Anschauungen mittheilbar wären, da gäbe es eine der Mühe lohnende Mittheilung: so aber muß am Ende Jeder in seiner Haut bleiben und in seiner Hirnschaale, und Keiner kann dem Andern helfen. Den Begriff aus der Anschauung zu bereichern, sind Poesie und Philosophie unablässig bemüht. – Inzwischen sind die wesentlichen Zwecke des Menschen praktisch; für diese aber ist es hinreichend, daß das anschaulich Aufgefaßte Spuren in ihm hinterläßt, vermöge deren er es, beim nächsten ähnlichen Fall, wiedererkennt: so wird er weltklug. Daher kann der Weltmann, in der Regel, seine gesammelte Wahrheit und Weisheit nicht lehren, sondern bloß üben: er faßt jedes Vorkommende richtig auf und beschließt, was demselben gemäß ist. – Daß Bücher nicht die Erfahrung, und Gelehrsamkeit nicht das

Genie ersetzt, sind zwei verwandte Phänomene: ihr gemeinsamer Grund ist, daß das Abstrakte nie das Anschauliche ersetzen kann. Bücher ersetzen darum die Erfahrung nicht, weil Begriffe stets allgemein bleiben und daher auf das Einzelne, welches doch gerade das im Leben zu Behandelnde ist, nicht herab gelangen: hiezu kommt, daß alle Begriffe eben aus dem Einzelnen und Anschaulichen der Erfahrung abstrahirt sind, daher man dieses schon kennen gelernt haben muß, um auch nur das Allgemeine, welches die Bücher mittheilen, gehörig zu verstehn. Gelehrsamkeit ersetzt das Genie nicht, weil auch sie bloß Begriffe liefert, die geniale Erkenntniß aber in der Auffassung der (Platonischen) Ideen der Dinge besteht, daher wesentlich intuitiv ist. Beim ersten Phänomen fehlt demnach die objektive Bedingung zur anschauenden Erkenntniß; beim zweiten die subjektive: jene läßt sich erlangen; diese nicht.

Weisheit und Genie, diese zwei Gipfel des Parnassus menschlicher Erkenntniß, wurzeln nicht im abstrakten, diskursiven, sondern im anschauenden Vermögen. Die eigentliche Weisheit ist etwas Intuitives, nicht etwas Abstraktes. Sie besteht nicht in Sätzen und Gedanken, die Einer als Resultate fremder oder eigener Forschung im Kopfe fertig herumtrüge: sondern sie ist die ganze Art, wie sich die Welt in seinem Kopfe darstellt. Diese ist so höchst verschieden, daß dadurch der Weise in einer andern Welt lebt, als der Thor, und das Genie eine andere Welt sieht, als der Stumpfkopf. Daß die Werke des Genies die aller Andern himmelweit übertreffen, kommt bloß daher, daß die Welt, die es sieht und der es seine Aussagen entnimmt, so viel klärer, gleichsam tiefer herausgearbeitet ist, als die in den Köpfen der Andern, welche freilich die selben Gegenstände enthält, aber zu jener sich verhält, wie ein Chinesisches Bild, ohne Schatten und Perspektive, zum vollendeten Oelgemälde. Der Stoff ist in allen Köpfen der selbe; aber in der Vollkommenheit der Form, die er in jedem annimmt, liegt der Unterschied, auf welchem die so vielfache Abstufung der Intelligenzen zuletzt beruht: dieser ist also schon in der Wurzel, in der anschauenden Auffassung, vorhanden und entsteht nicht erst im Abstrakten. Daher eben zeigt die ursprüngliche geistige Ueberlegenheit sich so leicht bei jedem Anlaß, und wird augenblicklich den Andern fühlbar und verhaßt.

Im Praktischen vermag die intuitive Erkenntniß des Verstandes unser Thun und Benehmen unmittelbar zu leiten, während die abstrakte der Vernunft es nur unter Vermittelung des Gedächtnisses kann. Hieraus entspringt der Vorzug der intuitiven Erkenntniß für alle die Fälle, die keine Zeit zur Ueberlegung gestatten, also für den täglichen Verkehr, in welchem eben deshalb die Weiber excelliren. Nur wer das Wesen der Menschen, wie sie in der Regel sind, intuitiv erkannt hat und eben so die Individualität des gegenwärtigen Einzelnen auffaßt, wird diesen mit Sicherheit und richtig zu behandeln verstehn. Ein Anderer mag alle dreihundert Klugheitsregeln des Gracian auswendig wissen; dies wird ihn nicht vor Balourdisen [Tölpeleien] und Mißgriffen schützen, wenn jene intuitive Erkenntniß ihm abgeht. Denn alle abstrakte Erkenntniß giebt zuvörderst bloß allgemeine Grundsätze und Regeln; aber der einzelne Fall ist fast nie genau nach der Regel zugeschnitten: sodann soll diese nun erst das Gedächtniß zu rechter Zeit vergegenwärtigen; was selten pünktlich geschieht: dann soll aus dem vorliegenden Fall die *propositio minor* [Untersatz] gebildet und endlich die Konklusion gezogen werden. Ehe das Alles geschehn, wird die Gelegenheit uns meistens schon das kahle Hinterhaupt zugekehrt haben, und dann dienen jene trefflichen Grundsätze und Regeln höchstens, uns hinterher die Größe des begangenen Fehlers ermessen zu lassen. Freilich wird hieraus, mittelst Zeit, Erfahrung und Uebung, die Weltklugheit langsam erwachsen; weshalb, in Verbindung mit diesen, die Regeln *in abstracto* allerdings fruchtbar werden können. Hingegen die intuitive Erkenntniß, welche stets nur das Einzelne auffaßt, steht in unmittelbarer Beziehung zum gegenwärtigen Fall: Regel, Fall und Anwendung ist für sie Eins, und diesem folgt das Handeln auf den Fuß. Hieraus erklärt sich, warum, im wirklichen Leben, der Gelehrte, dessen Vorzug im Reichthum abstrakter Erkenntnisse liegt, so sehr zurücksteht gegen den Weltmann, dessen Vorzug in der vollkommenen intuitiven Erkenntniß besteht, die ihm ursprüngliche Anlage verliehen und reiche Erfahrung ausgebildet hat. Immer zeigt sich zwischen beiden Erkenntnißweisen das Verhältniß des Papiergeldes zum baaren: wie jedoch für manche Fälle und Angelegenheiten jenes diesem vorzuziehn ist; so giebt es auch Dinge und Lagen, für welche die abstrakte Erkenntniß brauchbarer ist, als die intuitive. Wenn es nämlich ein Begriff ist, der, bei einer Angelegenheit, unser Thun leitet; so hat er den Vorzug, ein Mal gefaßt, unveränderlich zu seyn; daher wir, unter seiner Leitung, mit vollkommener Sicherheit und Festigkeit zu Werke gehn. Allein diese Sicherheit, die der Begriff auf der subjektiven Seite verleiht, wird aufgewogen durch die auf der objektiven Seite ihn begleitende Unsicherheit: nämlich der ganze Begriff kann falsch und grundlos seyn, oder auch das zu behandelnde Objekt nicht unter ihn gehören, indem es gar nicht, oder doch nicht ganz, seiner Art wäre. Werden wir nun, im einzelnen Fall, so etwas plötzlich inne; so sind wir aus der Fassung gebracht: werden wir es nicht inne; so lehrt es der Erfolg. Daher sagt Vauvenargues: *Personne n'est sujet à plus de fautes, que ceux qui n'agissent que par réflexion* [Niemand ist mehr in Gefahr, Fehler zu begehen, als der, welcher nur nach verstandesmäßiger Überlegung handelt]. – Ist es hingegen unmittelbar die Anschauung der zu behandelnden Objekte und ihrer Verhältnisse, die unser Thun leitet; so schwanken wir leicht bei jedem Schritt: denn die Anschauung ist durchweg modifikabel, ist zweideutig, hat unerschöpfliche Einzelheiten in sich, und zeigt viele Seiten nach einander: wir handeln daher ohne volle Zuversicht. Allein diese subjektive Unsicherheit wird durch die objektive Sicherheit kompensirt: denn hier steht kein Begriff zwischen dem Objekt und uns, wir verlieren dieses nicht aus dem Auge: wenn wir daher nur richtig sehn, was wir vor uns haben und was wir thun; so werden wir das Rechte treffen. – Vollkommen sicher ist demnach unser Thun nur dann, wann es von einem Begriffe geleitet wird, dessen richtiger Grund, Vollständigkeit und Anwendbarkeit auf den vorliegenden Fall völlig gewiß ist. Das Handeln nach Begriffen kann in Pedanterei, das nach dem anschaulichen Eindruck in Leichtfertigkeit und Thorheit übergehn.

Die Anschauung ist nicht nur die Quelle aller Erkenntniß, sondern sie selbst ist die Erkenntniß κατ' εξοχην [schlechthin], ist allein die unbedingt wahre, die ächte, die ihres Namens vollkommen würdige Erkenntniß: denn sie allein ertheilt eigentliche Einsicht, sie allein wird vom Menschen wirklich assimilirt, geht in sein Wesen über und kann mit vollem Grunde sein heißen; während die Begriffe ihm bloß ankleben. Im vierten Buche sehn wir sogar die Tugend eigentlich von der anschauenden Erkenntniß ausgehn: denn nur die Handlungen, welche unmittelbar durch diese hervorgerufen werden, mithin aus reinem Antriebe unserer eigenen Natur geschehn, sind eigentlich Symptome unsers wahren und unveränderlichen Charakters; nicht so die, welche aus der Reflexion und ihren Dogmen hervorgegangen, dem Charakter oft abgezwungen sind, und daher keinen unveränderlichen Grund und Boden in uns haben. Aber auch die Weisheit, die wahre Lebensansicht, der richtige Blick und das treffende Urtheil, gehn hervor aus der Art, wie der Mensch die anschauliche Welt auffaßt; nicht aber aus seinem bloßen Wissen, d. h. nicht aus abstrakten Begriffen. Wie der Fonds oder Grundgehalt jeder Wissenschaft nicht in den Beweisen, noch in dem Bewiesenen besteht, sondern in dem Unbewiesenen, auf welches die Beweise sich stützen und welches zuletzt nur anschaulich erfaßt wird; so besteht auch der Fonds der eigentlichen Weisheit und der wirklichen Einsicht jedes Menschen nicht in den Begriffen und dem Wissen *in abstracto,* sondern in dem Angeschauten und dem Grade der Schärfe, Richtigkeit und Tiefe, mit dem er es aufgefaßt hat. Wer hierin excellirt, erkennt die (Platonischen) Ideen der Welt und des Lebens: jeder Fall, den er gesehn, repräsentirt ihm unzählige; er faßt immer mehr jedes Wesen seiner wahren Natur nach auf, und sein Thun, wie sein Urtheil, entspricht seiner Einsicht. Allmälig nimmt auch sein Antlitz den Ausdruck des richtigen Blickes, der wahren Vernünftigkeit und, wenn es weit kommt, der Weisheit an. Denn die Ueberlegenheit in der anschauenden Erkenntniß ist es allein, die ihren Stämpel auch den Gesichtszügen aufdrückt; während die in der abstrakten dies nicht vermag. Dem Gesagten gemäß finden wir unter allen Ständen Menschen von intellektueller Ueberlegenheit, und oft ohne alle Gelehrsamkeit. Denn natürlicher Verstand kann fast jeden Grad von Bildung ersetzen, aber keine Bildung den natürlichen Verstand. Der Gelehrte hat vor Solchen allerdings einen Reichthum von Fällen und Thatsachen (historische Kenntniß) und Kausalbestimmungen (Naturlehre), Alles in wohlgeordnetem, übersehbarem Zusammenhange, voraus: aber damit hat er doch noch nicht die richtigere und tiefere Einsicht in das eigentlich Wesentliche aller jener Fälle, Thatsachen und Kausalitäten. Der Ungelehrte von Scharfblick und Penetration [tiefer Einsicht] weiß jenes Reichthums zu entrathen: mit Vielem hält man Haus, mit Wenig kommt man aus.

Ihn lehrt Ein Fall aus eigener Erfahrung mehr, als manchen Gelehrten tausend Fälle, die er kennt, aber nicht eigentlich versteht: denn das wenige Wissen jenes Ungelehrten ist lebendig; indem jede ihm bekannte Thatsache durch richtige und wohlgefaßte Anschauung belegt ist, wodurch dieselbe ihm tausend ähnliche vertritt. Hingegen ist das viele Wissen der gewöhnlichen Gelehrten todt; weil es, wenn auch nicht, wie oft der Fall ist, aus bloßen Worten, doch aus lauter abstrakten Erkenntnissen besteht: diese aber erhalten ihren Werth allein durch die anschauliche Erkenntniß des Individuums, auf die sie sich beziehn, und die zuletzt die sämmtlichen Begriffe realisiren muß. Ist nun diese sehr dürftig; so ist ein solcher Kopf beschaffen, wie eine Bank, deren Assignationen [Anweisungen] den baaren Fonds zehnfach übersteigen, wodurch sie zuletzt bankrott wird. Daher, während manchem Ungelehrten die richtige Auffassung der anschaulichen Welt den Stämpel der Einsicht und Weisheit auf die Stirne gedrückt hat, trägt das Gesicht manches Gelehrten von seinen vielen Studien keine andern Spuren, als die der Erschöpfung und Abnutzung, durch übermäßige, erzwungene Anstrengung des Gedächtnisses zu widernatürlicher Anhäufung todter Begriffe: dabei sieht ein solcher oft so einfältig, albern und schaafmäßig darein, daß man glauben muß, die übermäßige Anstrengung der dem Abstrakten zugewendeten, mittelbaren Erkenntnißkraft bewirke direkte Schwächung der unmittelbaren und anschauenden, und der natürliche, richtige Blick werde durch das Bücherlicht mehr und mehr geblendet. Allerdings muß das fortwährende Einströhmen fremder Gedanken die eigenen hemmen und ersticken, ja, auf die Länge, die Denkkraft lähmen, wenn sie nicht den hohen Grad von Elasticität hat, welcher jenem unnatürlichen Strohm zu widerstehn vermag. Daher verdirbt das unaufhörliche Lesen und Studiren geradezu den Kopf; zudem auch dadurch, daß das System unserer eigenen Gedanken und Erkenntnisse seine Ganzheit und stetigen Zusammenhang einbüßt, wenn wir diesen so oft willkürlich unterbrechen, um für einen ganz fremden Gedankengang Raum zu gewinnen. Meine Gedanken verscheuchen, um denen eines Buches Platz zu machen, käme mir vor, wie was Shakespeare an den Touristen seiner Zeit tadelt, daß sie ihr eigen Land verkaufen, um Anderer ihres zu sehn [*As you like it*, IV, 1]. Jedoch ist die Lesewuth der meisten Gelehrten eine Art *fuga vacui* [Flucht vor der Leere], der Gedankenleere ihres eigenen Kopfes, welche nun das Fremde mit Gewalt hereinzieht: um Gedanken zu haben, müssen sie welche lesen, wie die leblosen Körper nur von außen Bewegung erhalten; während die Selbstdenker den lebendigen gleichen, die sich von selbst bewegen. Es ist sogar gefährlich, früher über einen Gegenstand zu lesen, als man selbst darüber nachgedacht hat. Denn da schleicht sich mit dem neuen Stoff zugleich die fremde Ansicht und Behandlung desselben in den Kopf, und zwar um so mehr, als Trägheit und Apathie anrathen, sich die Mühe des Denkens zu ersparen und das fertige Gedachte anzunehmen und gelten zu lassen. Dies nistet sich jetzt ein, und fortan nehmen die Gedanken darüber, gleich den in Gräben geleiteten Bächen, stets den gewohnten Weg: einen eigenen, neuen zu finden, ist dann doppelt schwer. Dies trägt viel bei zum Mangel an Originalität der Gelehrten. Dazu kommt aber noch, daß sie vermeinen, gleich andern Leuten, ihre Zeit zwischen Genuß und Arbeit theilen zu müssen. Nun halten sie das Lesen für ihre Arbeit und eigentlichen Beruf, überfressen sich also daran, bis zur Unverdaulichkeit. Da spielt nun nicht mehr bloß das Lesen dem Denken der Prävenire [da kommt zuvor], sondern nimmt dessen Stelle ganz ein: denn sie denken an die Sachen auch gerade nur so lange, wie sie darüber lesen, also mit einem fremden Kopf, nicht mit dem eigenen. Ist aber das Buch weggelegt, so nehmen ganz andere Dinge ihr Interesse viel lebhafter in Anspruch, nämlich persönliche Angelegenheiten, sodann Schauspiel, Kartenspiel, Kegelspiel, Tagesbegebenheiten und Geklatsch. Der denkende Kopf ist es dadurch, daß solche Dinge kein Interesse für ihn haben, wohl aber seine Probleme, denen er daher überall nachhängt, von selbst und ohne Buch: dies Interesse sich zu geben, wenn man es nicht hat, ist unmöglich. Daran liegt's. Und daran liegt es auch, daß Jene immer nur von Dem reden, was sie gelesen, er hingegen von Dem, was er gedacht hat, und daß sie sind, wie Pope sagt:

*For ever reading, never to be read.**

Der Geist ist seiner Natur nach ein Freier, kein Fröhnling: nur was er von selbst und gern thut, geräth. Hingegen erzwungene Anstrengung eines Kopfes, zu Studien, denen er nicht gewachsen ist, oder wann er müde geworden, oder überhaupt zu

---

* Beständig lesend, um nie gelesen zu werden. [*The Dunciad*, 3, 194.]

anhaltend und *invita Minerva* [gegen den Willen der Minerva], stumpft das Gehirn so ab, wie Lesen im Mondschein die Augen. Ganz besonders thut dies auch die Anstrengung des noch unreifen Gehirns, in den frühen Kinderjahren: ich glaube, daß das Erlernen der Lateinischen und Griechischen Grammatik vom sechsten bis zum zwölften Jahre den Grund legt zur nachherigen Stumpfheit der meisten Gelehrten. Allerdings bedarf der Geist der Nahrung, des Stoffes von außen. Aber wie nicht Alles was wir essen dem Organismus sofort einverleibt wird, sondern nur sofern es verdaut worden, wobei nur ein kleiner Theil davon wirklich assimilirt wird, das Uebrige wieder abgeht, weshalb mehr essen als man assimiliren kann, unnütz, ja schädlich ist; gerade so verhält es sich mit Dem was wir l e s e n : nur sofern es Stoff zum Denken giebt, vermehrt es unsere Einsicht und eigentliches Wissen. Daher sagte schon H e r a k l e i t o s πολυμαθια νουν ου διδασκει *(multiscitia non dat intellectum)* [Vielwisserei bildet den Verstand nicht; bei Diogenes Laërtius IX, 1, § 1]: mir aber scheint die Gelehrsamkeit mit einem schweren Harnisch zu vergleichen, als welcher allerdings den starken Mann völlig unüberwindlich macht, hingegen dem Schwachen eine Last ist, unter der er vollends zusammensinkt. –

Die in unserm dritten Buch ausgeführte Darstellung der Erkenntniß der (Platonischen) Ideen, als der höchsten dem Menschen erreichbaren und zugleich als einer durchaus a n s c h a u e n d e n , ist uns ein Beleg dazu, daß nicht im abstrakten Wissen, sondern in der richtigen und tiefen anschaulichen Auffassung der Welt die Quelle wahrer Weisheit liegt. Daher auch können Weise in jeder Zeit leben, und die der Vorzeit bleiben es für alle kommenden Geschlechter: Gelehrsamkeit hingegen ist relativ: die Gelehrten der Vorzeit sind meistens Kinder gegen uns und bedürfen der Nachsicht.

Dem aber, der studirt, um E i n s i c h t zu erlangen, sind die Bücher und Studien bloß Sprossen der Leiter, auf der er zum Gipfel der Erkenntniß steigt: sobald eine Sprosse ihn um einen Schritt gehoben hat, läßt er sie liegen. Die Vielen hingegen, welche studiren, um ihr Gedächtniß zu füllen, benutzen nicht die Sprossen der Leiter zum Steigen, sondern nehmen sie ab und laden sie sich auf, um sie mitzunehmen, sich freuend an der zunehmenden Schwere der Last. Sie bleiben ewig unten, da sie Das tragen, was sie hätte tragen sollen.

Auf der hier auseinandergesetzten Wahrheit, daß der Kern aller Erkenntniß die anschauende Auffassung ist, beruht auch die richtige und tiefe Bemerkung des Helvetius [*De l'esprit,* Discours III, ch. VIII], daß die wirklich eigenthümlichen und originellen Grundansichten, deren ein begabtes Individuum fähig ist, und deren Verarbeitung, Entwickelung und mannigfaltige Benutzung alle seine, wenn auch viel später geschaffenen Werke sind, nur bis zum fünfunddreißigsten, spätestens vierzigsten Lebensjahre in ihm entstehn, ja, eigentlich die Folge der in frühester Jugend gemachten Kombinationen sind. Denn sie sind eben nicht bloße Verkettungen abstrakter Begriffe, sondern die ihm eigene, intuitive Auffassung der objektiven Welt und des Wesens der Dinge. Daß nun diese bis zu dem angegebenen Alter ihr Werk vollendet haben muß, beruht theils darauf, daß schon bis dahin die Ektypen [Nachbilder] aller (Platonischen) Ideen sich ihm dargestellt haben, daher später keine mehr mit der Stärke des ersten Eindrucks auftreten kann; theils ist eben zu dieser Quintessenz aller Erkenntniß, zu diesen Abdrücken *avant la lettre* der Auffassung, die höchste Energie der Gehirnthätigkeit erfordert, welche bedingt ist durch die Frische und Biegsamkeit seiner Fasern und durch die Heftigkeit, mit der das arterielle Blut zum Gehirn ströhmt: diese aber ist am stärksten nur so lange das arterielle System über das venöse ein entschiedenes Uebergewicht hat, welches schon mit den ersten dreißiger Jahren abnimmt, bis endlich nach dem zweiundvierzigsten Jahr das venöse System das Uebergewicht erhält; wie dies Cabanis vortrefflich und belehrend auseinandergesetzt hat. Daher sind die zwanziger und die ersten dreißiger Jahre für den Intellekt was der Mai für die Bäume ist: nur jetzt setzen sich die Blüthen an, deren Entwickelung alle späteren Früchte sind. Die anschauliche Welt hat ihren Eindruck gemacht und dadurch den Fonds aller folgenden Gedanken des Individuums gegründet. Dieses kann durch Nachdenken das Aufgefaßte sich verdeutlichen, es kann noch viele Kenntnisse erwerben, als Nahrung der ein Mal angesetzten Frucht, es kann seine Ansichten erweitern, seine Begriffe und Urtheile berichtigen, durch endlose Kombinationen erst recht Herr des erworbenen Stoffes werden, ja, seine besten Werke wird es meistens viel später produciren, wie die größte Wärme erst dann anfängt, wann die Tage schon abnehmen: aber neue Urerkenntnisse, aus der allein lebendigen

Quelle der Anschauung, hat es nicht mehr zu hoffen. Im Gefühl hievon bricht Byron in die wunderschöne Klage aus:

No more – no more – Oh! never more on me
The freshness of the heart can fall like dew,
Which out of all the lovely things we see
Extracts emotions beautiful and new,
Hived in our bosoms like the bag o' the bee:
Thinkst thou the honey with those objects grew?
Alas! 'twas not in them, but in thy power
*To double even the sweetness of a flower.**

Durch alles Bisherige hoffe ich die wichtige Wahrheit in helles Licht gestellt zu haben, daß alle abstrakte Erkenntniß, wie sie aus der anschaulichen entsprungen ist, auch allen Werth allein durch ihre Beziehung auf diese hat, also dadurch, daß ihre Begriffe, oder deren Theilvorstellungen, durch Anschauungen zu realisiren, d. h. zu belegen sind; imgleichen, daß auf die Qualität dieser Anschauungen das Meiste ankommt. Begriffe und Abstraktionen, die nicht zuletzt auf Anschauungen hinleiten, gleichen Wegen im Walde, die ohne Ausgang endigen. Begriffe haben ihren großen Nutzen dadurch, daß mittelst ihrer der ursprüngliche Stoff der Erkenntniß leichter zu handhaben, zu übersehn und zu ordnen ist: aber so vielfältige, logische und dialektische Operationen mit ihnen auch möglich sind; so wird aus diesen doch nie eine ganz ursprüngliche und neue Erkenntniß hervorgehn, d. h. eine solche, deren Stoff nicht schon in der Anschauung läge, oder auch aus dem Selbstbewußtseyn geschöpft wäre. Dies ist der wahre Sinn der dem Aristoteles zugeschriebenen Lehre *nihil est in intellectu, nisi quod antea fuerit in sensu* [Nichts ist im Intellekt, was nicht vorher in der Sinneswahrnehmung gewesen wäre: vgl. *de anima*, III, 8]: es ist ebenfalls der Sinn der Locke'schen Philosophie, welche dadurch, daß sie die

---

* Nicht mehr, – nicht mehr, – o nimmermehr auf mich
Kann, gleich dem Thau, des Herzens Frische fallen,
Die aus den holden Dingen, die wir sehn,
Gefühle auszieht, neu und wonnevoll:
Die Brust bewahrt sie, wie die Zell' den Honig.
Denkst du, der Honig sei der Dinge Werk?
Ach nein, nicht sie, nur deine eig'ne Kraft
Kann selbst der Blume Süßigkeit verdoppeln.
[*Don Juan*, I, 214.]

Frage nach dem Ursprung unserer Erkenntnisse endlich ein Mal ernstlich zur Sprache brachte, für immer Epoche in der Philosophie macht. Es ist, in der Hauptsache, auch was die Kritik der reinen Vernunft lehrt. Auch sie nämlich will, daß man nicht bei den Begriffen stehn bleibe, sondern auf den Ursprung derselben zurückgehe, also auf die Anschauung; nur noch mit dem wahren und wichtigen Zusatz, daß was von der Anschauung selbst gilt, sich auch auf die subjektiven Bedingungen derselben erstreckt, also auf die Formen, welche im anschauenden und denkenden Gehirn, als seine natürliche Funktionen, prädisponirt liegen; obgleich diese wenigstens *virtualiter* der wirklichen Sinnesanschauung vorhergängig, d. h. *a priori* sind, also nicht von dieser abhängen, sondern diese von ihnen: denn auch diese Formen haben ja keinen andern Zweck, noch Tauglichkeit, als auf eintretende Anregung der Sinnesnerven die empirische Anschauung hervorzubringen; wie aus dem Stoffe dieser, andere Formen nachmals Gedanken *in abstracto* zu bilden bestimmt sind. Die Kritik der reinen Vernunft verhält sich daher zur Locke'schen Philosophie wie die Analysis des Unendlichen zur Elementargeometrie; ist jedoch durchaus als Fortsetzung der Locke'schen Philosophie zu betrachten. – Der gegebene Stoff jeder Philosophie ist demnach kein anderer, als das empirische Bewußtseyn, welches in das Bewußtseyn des eigenen Selbst (Selbstbewußtseyn) und in das Bewußtseyn anderer Dinge (äußere Anschauung) zerfällt. Denn dies allein ist das Unmittelbare, das wirkliche Gegebene. Jede Philosophie, die, statt hievon auszugehn, beliebig gewählte abstrakte Begriffe, wie z. B. Absolutum, absolute Substanz, Gott, Unendliches, Endliches, absolute Identität, Seyn, Wesen u. s. w. u. s. w. zum Ausgangspunkt nimmt, schwebt ohne Anhalt in der Luft, kann daher nie zu einem wirklichen Ergebniß führen. Dennoch haben Philosophen zu allen Zeiten es mit dergleichen versucht; daher sogar Kant bisweilen, nach hergebrachter Weise und mehr aus Gewohnheit, als aus Konsequenz, die Philosophie als eine Wissenschaft aus bloßen Begriffen definirt. Eine solche aber würde eigentlich unternehmen, aus bloßen Theilvorstellungen (denn das sind die Abstraktionen) herauszubringen, was in den vollständigen Vorstellungen (den Anschauungen), daraus jene, durch Weglassen, abgezogen sind, nicht zu finden ist. Die Möglichkeit der Schlüsse verleitet hiezu, weil hier die Zusammenfügung der Urtheile ein neues Resultat giebt; wiewohl mehr scheinbar als wirklich, indem der Schluß nur heraushebt, was in den gegebenen Urtheilen schon lag; da ja die Konklusion nicht mehr enthalten kann, als die Prämissen. Begriffe sind freilich das Material der Philosophie, aber nur so, wie der Marmor das Material des Bildhauers ist: sie soll nicht a u s ihnen, sondern i n s i e arbeiten, d. h. ihre Resultate in ihnen niederlegen, nicht aber von ihnen, als dem Gegebenen ausgehn. Wer ein recht grelles Beispiel eines solchen verkehrten Ausgehns von bloßen Begriffen haben will, betrachte die *Institutio theologica* des P r o k l o s, um sich das Nichtige jener ganzen Methode daran zu verdeutlichen. Da werden Abstrakta, wie ἑν, πληϑος, αγαϑον, παραγον και παραγομενον, αυταρκες, αιτιον, κρειττον, κινητον, ακινητον, κινουμενον *(unum, multa, bonum, producens et productum, sibi sufficiens, causa, melius, mobile, immobile, motum)* [Eines, Vielheit, Gutes, Hervorbringendes und Hervorgebrachtes, Selbstgenügendes, Ursache, Besseres, Bewegliches, Unbewegliches, Bewegtes] u. s. w. aufgerafft, aber die Anschauungen, denen allein sie ihren Ursprung und allen Gehalt verdanken, ignorirt und darüber vornehm weggesehn: dann wird aus jenen Begriffen eine Theologie konstruirt, wobei das Ziel, der ϑεος [Gott], verdeckt gehalten, also scheinbar ganz unbefangen verfahren wird, als wüßte nicht, schon beim ersten Blatt, der Leser, so gut wie der Autor, wo das Alles hinaussoll. Ein Bruchstück davon habe ich bereits oben angeführt. Wirklich ist dies Produkt des P r o k l o s ganz besonders geeignet, deutlich zu machen, wie ganz untauglich und illusorisch dergleichen Kombinationen abstrakter Begriffe sind, indem sich daraus machen läßt, was Einer will, zumal wenn er noch dazu die Vieldeutigkeit mancher Worte benutzt, wie z. B. κρειττον [Besseres]. Bei persönlicher Gegenwart eines solchen Begriffsarchitekten brauchte man nur naiv zu fragen, wo denn all die Dinge seien, von denen er so Vieles zu berichten hat, und woher er die Gesetze, aus denen er seine sie betreffenden Folgerungen zieht, kenne? Da würde er denn bald genöthigt seyn, auf die empirische Anschauung zu verweisen, in der ja allein die reale Welt sich darstellt, aus welcher jene Begriffe geschöpft sind. Alsdann hätte man nur noch zu fragen, warum er nicht ganz ehrlich von der gegebenen Anschauung einer solchen Welt ausgienge, wo er bei jedem Schritt seine Behauptungen durch sie belegen könnte, statt mit Begriffen zu operiren, die doch allein aus ihr abgezogen sind und daher weiter keine Gültigkeit haben können, als die, welche sie ihnen ertheilt. Aber freilich, das ist eben sein Kunststück, daß er durch solche Begriffe, in denen, vermöge der Abstraktion, als getrennt gedacht wird was unzertrennlich, und als vereint was unvereinbar ist, weit über die Anschauung, die ihnen den Ursprung gab und damit über die Gränzen ihrer Anwendbarkeit hinausgeht zu einer ganz andern Welt, als die ist, welche den Baustoff hergab, aber eben deshalb zu einer Welt von Hirngespinsten. Ich habe hier den Proklos angeführt, weil eben bei ihm dies Verfahren, durch die unbefangene Dreistigkeit, mit der es durchgeführt ist, besonders deutlich wird: aber auch beim Plato findet man einige, wenn gleich minder grelle Beispiele der Art, und überhaupt liefert die philosophische Litteratur aller Zeiten eine Menge dergleichen. Die der unserigen ist reich daran: man betrachte z. B. die Schriften der Schelling'schen Schule und sehe die Konstruktionen, welche aufgebaut werden aus Abstraktis wie Endliches, Unendliches, – Seyn, Nichtseyn, Andersseyn, – Thätigkeit, Hemmung, Produkt, – Bestimmen, Bestimmtwerden, Bestimmtheit, – Gränze, Begränzen, Begränztseyn, – Einheit, Vielheit, Mannigfaltigkeit, – Identität, Diversität, Indifferenz, – Denken, Seyn, Wesen u. s. f. Nicht nur gilt von Konstruktionen aus solchem Material alles oben Gesagte: sondern, weil durch dergleichen weite Abstrakta unendlich Vieles gedacht wird, kann in ihnen nur äußerst wenig gedacht werden: es sind leere Hülsen. Dadurch aber wird nun der Stoff des ganzen Philosophirens erstaunlich gering und ärmlich, woraus jene unsägliche und marternde Langweiligkeit entsteht, die allen solchen Schriften eigen ist. Wollte ich nun gar an den Mißbrauch erinnern, den Hegel und seine Gesellen mit dergleichen weiten und leeren Abstraktis getrieben haben; so müßte ich besorgen, daß dem Leser übel würde und mir auch: denn die allerekelhafteste Langweiligkeit schwebt über dem hohlen Wortkram dieser widerlichen Philosophaster.

Daß ebenfalls in der praktischen Philosophie aus bloßen abstrakten Begriffen keine Weisheit zu Tage gefördert wird, ist wohl das Einzige, was zu lernen ist aus den moralischen Abhandlungen des Theologen Schleiermacher, mit deren Vorlesung derselbe, in einer Reihe von Jahren, die Berliner Akademie gelangweilt hat, und die jetzt kürzlich zusammengedruckt erschienen sind. Da werden zum Ausgangspunkt lauter abstrakte Begriffe genommen, wie Pflicht, Tugend, höchstes Gut, Sittengesetz u. dgl., ohne weitere Einführung, als daß sie eben in den Moralsystemen vorzukommen pflegen, und werden nun behandelt als gegebene Realitäten. Ueber dieselben wird dann gar spitzfindig hin und her geredet, hingegen gar nie auf den Ursprung jener Begriffe, auf die Sache selbst losgegangen, auf das wirkliche Menschenleben, auf welches doch allein jene Begriffe sich beziehn, aus dem sie geschöpft seyn sollen, und mit dem es die Moral eigentlich zu thun hat. Gerade deshalb sind diese Diatriben [gelehrten Abhandlungen] eben so unfruchtbar und nutzlos, wie sie langweilig sind; womit viel gesagt ist. Leute, wie diesen nur gar zu gern philosophirenden Theologen, findet man zu allen Zeiten, berühmt, während sie leben, nachher bald vergessen. Ich rathe hingegen lieber Die zu lesen, welchen es umgekehrt ergangen: denn die Zeit ist kurz und kostbar.

Wenn nun, allem hier Gesagten zufolge, weite, abstrakte, zumal aber durch keine Anschauung zu realisirende Begriffe nie die Erkenntnißquelle, der Ausgangspunkt, oder der eigentliche Stoff des Philosophirens seyn dürfen; so können doch bisweilen einzelne Resultate desselben so ausfallen, daß sie sich bloß *in abstracto* denken, nicht aber durch irgend eine Anschauung belegen lassen. Erkenntnisse dieser Art werden freilich auch nur halbe Erkenntnisse seyn: sie zeigen gleichsam nur den Ort an, wo das zu Erkennende liegt; aber es bleibt verhüllt. Daher soll man auch nur im äußersten Fall und wo man an den Gränzen der unsern Fähigkeiten möglichen Erkenntniß angelangt ist, sich mit dergleichen Begriffen begnügen. Ein Beispiel der Art wäre etwan der Begriff eines Seyns außer der Zeit; desgleichen der Satz: die Unzerstörbarkeit unsers wahren Wesens durch den Tod ist keine Fortdauer desselben. Bei Begriffen dieser Art wankt gleichsam der feste Boden, der unser sämmtliches Erkennen trägt: das Anschauliche. Daher darf zwar bisweilen und im Nothfall das Philosophiren in solche Erkenntnisse auslaufen, nie aber mit ihnen anheben.

Das oben gerügte Operiren mit weiten Abstraktis, unter gänzlichem Verlassen der anschaulichen Erkenntniß, aus der sie abgezogen worden und welche daher die bleibende, naturgemäße

Kontrole derselben ist, war zu allen Zeiten die Hauptquelle der Irrthümer des dogmatischen Philosophirens. Eine Wissenschaft aus der bloßen Vergleichung von Begriffen, also aus allgemeinen Sätzen aufgebaut, könnte nur dann sicher seyn, wenn alle ihre Sätze synthetische *a priori* wären, wie dies in der Mathematik der Fall ist: denn nur solche leiden keine Ausnahmen. Haben die Sätze hingegen irgend einen empirischen Stoff; so muß man diesen stets zur Hand behalten, um die allgemeinen Sätze zu kontroliren. Denn alle irgendwie aus der Erfahrung geschöpften Wahrheiten sind nie unbedingt gewiß, haben daher nur eine approximative Allgemeingültigkeit; weil hier keine Regel ohne Ausnahme gilt. Kette ich nun dergleichen Sätze, vermöge des Ineinandergreifens ihrer Begriffssphären, an einander; so wird leicht ein Begriff den andern gerade da treffen, wo die Ausnahme liegt: ist aber dies im Verlauf einer langen Schlußkette auch nur ein einziges Mal geschehn; so ist das ganze Gebäude von seinem Fundament losgerissen und schwebt in der Luft. Sage ich z. B. »die Wiederkäuer sind ohne vordere Schneidezähne«, und wende dies und was daraus folgt auf die Kameele an; so wird Alles falsch: denn es gilt nur von den gehörnten Wiederkäuern. – Hieher gehört gerade was Kant das Vernünfteln nennt und so oft tadelt: denn dies besteht eben in einem Subsumiren von Begriffen unter Begriffe, ohne Rücksicht auf den Ursprung derselben, und ohne Prüfung der Richtigkeit und Ausschließlichkeit einer solchen Subsumtion, wodurch man dann, auf längerm oder kürzerm Umwege, zu fast jedem beliebigen Resultat, das man sich als Ziel vorgesteckt hatte, gelangen kann; daher dieses Vernünfteln vom eigentlichen Sophisticiren nur dem Grade nach verschieden ist. Nun aber ist, im Theoretischen, Sophisticiren eben das, was im Praktischen Schikaniren ist. Dennoch hat selbst Plato sich sehr häufig jenes Vernünfteln erlaubt: Proklos hat, wie schon erwähnt, diesen Fehler seines Vorbildes, nach Weise aller Nachahmer, viel weiter getrieben. Dionysius Areopagita, *De divinis nominibus,* ist ebenfalls stark damit behaftet. Aber auch schon in den Fragmenten des Eleaten Melissos finden wir deutliche Beispiele von solchem Vernünfteln (besonders §§ 2–5 in Brandis *Comment. Eleat.*): sein Verfahren mit den Begriffen, die nie die Realität, aus der sie ihren Inhalt haben, berühren, sondern, in der Atmosphäre abstrakter Allgemeinheit schwebend, darüber hinwegfahren, gleicht zum Schein gegebenen Schlägen, die nie treffen. Ein rechtes Muster von solchem Vernünfteln ist ferner des Philosophen Sallustius Büchelchen *De Diis et mundo*, besonders *c. c. 7, 12 et 17*. Aber ein eigentliches Kabinetstück von philosophischem Vernünfteln, übergehend in entschiedenes Sophisticiren, ist folgendes Räsonnement des Platonikers Maximus Tyrius, welches ich, da es kurz ist, hersetzen will. »Jede Ungerechtigkeit ist die Entreißung eines Guts: es giebt kein anderes Gut, als die Tugend: die Tugend aber ist nicht zu entreißen: also ist es nicht möglich, daß der Tugendhafte Ungerechtigkeit erleide von dem Bösen. Nun bleibt übrig, daß entweder gar keine Ungerechtigkeit erlitten werden kann, oder daß solche der Böse von dem Bösen erleide. Allein der Böse besitzt gar kein Gut; da nur die Tugend ein solches ist: also kann ihm keines genommen werden. Also kann auch er keine Ungerechtigkeit erleiden. Also ist die Ungerechtigkeit eine unmögliche Sache.« – Das Original, durch Wiederholungen weniger koncis, lautet so: Αδικια εστι αφαιρεσις αγαθου· το δε αγαθον τι αν ειη αλλο η αρετη; – ἡ δε αρετη αναφαιρετον. Ουκ αδικησεται τοινυν ὁ την αρετην εχων, η ουκ εστιν αδικια αφαιρεσις αγαθου· ουδεν γαρ αγαθον αφαιρετον, ουδ' αποβλητον, ουδ' ἑλετον, ουδε ληιστον. Ειεν ουν, ουδ' αδικειται ὁ χρηστος, ουδ' ὑπο του μοχθηρου· αναφαιρετος γαρ. Λειπεται τοινυν η μηδενα αδικεισθαι καθαπαξ, η τον μοχθηρον ὑπο του ὁμοιου· αλλα τῳ μοχθηρῳ ουδενος μετεστιν αγαθου· ἡ δε αδικια ην αγαθου αφαιρεσις· ὁ δε μη εχων ὁ, τι αφαιρεσθῃ, ουδε εις ὁ, τι αδικησθῃ, εχει *(Sermo 2)*. [Jede Ungerechtigkeit ist die Entreißung eines Gutes; was könnte man aber unter einem Gut anders verstehen als die Tugend? – Die Tugend aber ist nicht zu entreißen. Entweder kann also der, welcher die Tugend hat, kein Unrecht erleiden, oder man müßte annehmen, daß die Ungerechtigkeit nicht die Entreißung eines Gutes wäre. Denn kein Gut kann entrissen oder verloren oder weggenommen oder geraubt werden. Nun denn, der Tugendhafte kann also kein Unrecht erleiden, auch nicht von dem Bösen; denn man kann ihm nichts entreißen. Es bleibt also nur übrig, daß entweder überhaupt niemand Unrecht erleiden kann, oder nur der Böse von dem Bösen; aber der Böse hat keinen Teil an irgend einem Gut; die Ungerechtigkeit aber, sagten wir, ist die Entreißung eines Gutes; wer aber nichts hat, was ihm entrissen werden könnte, der hat auch nichts, woran ihm Unrecht geschehen könnte. – *Maximus Tyrius, dissertationes 2, 11.*] Auch ein modernes Beispiel von solchem Beweisen aus abstrakten Begriffen, wodurch ein offenbar absurder Satz als Wahrheit aufgestellt wird, will ich noch hinzufügen und nehme es aus den Werken eines großen Mannes, des Jordanus Brunus. In seinem Buche *Del Infinito, universo e mondi* (S. 87 der Ausgabe von A. Wagner) läßt er einen Aristoteliker (mit Benutzung und Uebertreibung der Stelle 1, 5 *De coelo* des Aristoteles) beweisen, daß jenseit der Welt kein Raum seyn könne. Die Welt nämlich sei eingeschlossen von der achten Sphäre des Aristoteles; jenseit dieser aber könne kein Raum mehr seyn. Denn: gäbe es jenseit derselben noch einen Körper; so wäre dieser entweder einfach oder zusammengesetzt. Nun wird aus lauter erbetenen Principien sophistisch bewiesen, daß kein einfacher Körper daselbst seyn könne; aber auch kein zusammengesetzter: denn dieser müßte aus einfachen bestehn. Also ist daselbst überhaupt kein Körper: – dann aber auch kein Raum. Denn der Raum wird definirt als »das, worin Körper seyn können«: nun ist aber eben bewiesen, daß daselbst keine Körper seyn können. Also ist auch kein Raum da. Dies Letztere ist der Hauptstreich dieses Beweisens aus abstrakten Begriffen. Im Grunde beruht er darauf, daß der Satz »wo kein Raum ist, können keine Körper seyn« als ein allgemein verneinender genommen und demnach *simpliciter* [einfach] konvertirt [umgekehrt] wird: »wo keine Körper seyn können, da ist kein Raum«. Aber jener Satz ist, genau betrachtet, ein allgemein bejahender, nämlich dieser: »alles Raumlose ist körperlos«: er darf also nicht *simpliciter* konvertirt werden. Jedoch läßt nicht jeder Beweis aus abstrakten Begriffen, mit einem Ergebniß, welches der Anschauung offenbar widerstreitet (wie hier die Endlichkeit des Raumes), sich auf so einen logischen Fehler zurückführen. Denn das Sophistische liegt nicht immer in der Form, sondern oft in der Materie, in den Prämissen und in der Unbestimmtheit der Begriffe und ihres Umfangs. Hiezu finden sich zahlreiche Belege bei Spinoza, dessen Methode es ja ist, aus Begriffen zu beweisen; man sehe z. B. die erbärmlichen Sophismen, in seiner *Ethica, P. IV, prop. 29–31*, mittelst der Vieldeutigkeit der schwankenden Begriffe *convenire* [übereinstimmen] und *commune habere* [gemein haben]. Doch verhindert Dergleichen nicht, daß den Neo-Spinozisten unserer Tage

Alles, was er gesagt hat, als ein Evangelium gilt. Besonders sind unter ihnen die Hegelianer, deren es wirklich noch einige giebt, belustigend, durch ihre traditionelle Ehrfurcht vor seinem Satz *omnis determinatio est negatio* [jede Bestimmung ist Verneinung: Spinoza, *epist.* 50], bei welchem sie, dem scharlatanischen Geiste der Schule gemäß, ein Gesicht machen, als ob er die Welt aus den Angeln zu heben vermöchte; während man keinen Hund damit aus dem Ofen locken kann; indem auch der Einfältigste von selbst begreift, daß wenn ich, durch Bestimmungen, etwas abgränze, ich eben dadurch das jenseit der Gränze Liegende ausschließe und also verneine.

Also an allen Vernünfteleien obiger Art wird recht sichtbar, welche Abwege jener Algebra mit bloßen Begriffen, die keine Anschauung kontrolirt, offen stehn, und daß mithin für unsern Intellekt die Anschauung Das ist, was für unsern Leib der feste Boden, auf welchem er steht: verlassen wir jene, so ist Alles *instabilis tellus, innabilis unda* [Land, auf dem man nicht stehen, Wasser, in dem man nicht schwimmen kann: Ovid, *Metamorphosen,* I, 16]. Man wird dem Belehrenden dieser Auseinandersetzungen und Beispiele die Ausführlichkeit derselben zu Gute halten. Ich habe dadurch den großen, bisher zu wenig beachteten Unterschied, ja, Gegensatz zwischen dem anschauenden und dem abstrakten oder reflektirten Erkennen, dessen Feststellung ein Grundzug meiner Philosophie ist, hervorheben und belegen wollen; da viele Phänomene unsers geistigen Lebens nur aus ihm erklärlich sind. Das verbindende Mittelglied zwischen jenen beiden so verschiedenen Erkenntnißweisen bildet, wie ich § 14 des ersten Bandes dargethan habe, die Urtheilskraft. Zwar ist diese auch auf dem Gebiete des bloß abstrakten Erkennens thätig, wo sie Begriffe nur mit Begriffen vergleicht: daher ist jedes Urtheil, im logischen Sinn dieses Worts, allerdings ein Werk der Urtheilskraft, indem dabei allemal ein engerer Begriff einem weiteren subsumirt wird. Jedoch ist diese Thätigkeit der Urtheilskraft, wo sie bloß Begriffe mit einander vergleicht, eine geringere und leichtere, als wo sie den Uebergang vom ganz Einzelnen, dem Anschaulichen, zum wesentlich Allgemeinen, dem Begriff, macht. Da nämlich dort, durch Analyse der Begriffe in ihre wesentlichen Prädikate, ihre Vereinbarkeit oder Unvereinbarkeit auf rein logischem Wege muß entschieden werden können, wozu die Jedem einwohnende bloße Vernunft hinreicht; so ist die Urtheilskraft dabei nur in der Abkürzung jenes Processes thätig, indem der mit ihr Begabte schnell übersieht, was Andere erst durch eine Reihe von Reflexionen herausbringen. Ihre Thätigkeit im engern Sinne aber tritt allerdings erst da ein, wo das anschaulich Erkannte, also das Reale, die Erfahrung, in das deutliche, abstrakte Erkennen übertragen, unter genau entsprechende Begriffe subsumirt und so in das reflektirte Wissen abgesetzt werden soll. Daher ist es dieses Vermögen, welches die festen Grundlagen aller Wissenschaften, als welche stets im unmittelbar Erkannten, nicht weiter Abzuleitenden bestehn, aufzustellen hat. Hier in den Grundurtheilen liegt daher auch die Schwierigkeit derselben, nicht in den Schlüssen daraus. Schließen ist leicht, urtheilen schwer. Falsche Schlüsse sind eine Seltenheit, falsche Urtheile stets an der Tagesordnung. Nicht weniger hat die Urtheilskraft im praktischen Leben, bei allen Grundbeschlüssen und Hauptentscheidungen, den Ausschlag zu geben; wie denn der richterliche Ausspruch, in der Hauptsache, ihr Werk ist. Bei ihrer Thätigkeit muß, – auf ähnliche Art, wie das Brennglas die Sonnenstrahlen in einen engen Fokus [Brennpunkt] zusammenzieht, – der Intellekt alle Data, die er über eine Sache hat, so eng zusammenbringen, daß er sie mit Einem Blick erfaßt, welchen er nun richtig fixirt und dann mit Besonnenheit das Ergebniß sich deutlich macht. Zudem beruht die große Schwierigkeit des Urtheils in den meisten Fällen darauf, daß wir von der Folge auf den Grund zu gehn haben, welcher Weg stets unsicher ist; ja, ich habe nachgewiesen, daß hier die Quelle alles Irrthums liegt. Dennoch ist in allen empirischen Wissenschaften, wie auch in den Angelegenheiten des wirklichen Lebens, dieser Weg meistens der einzige vorhandene. Das Experiment ist schon ein Versuch, ihn in umgekehrter Richtung zurückzulegen: daher ist es entscheidend und bringt wenigstens den Irrthum zu Tage; vorausgesetzt, daß es richtig gewählt und redlich angestellt sei, nicht aber wie die Neutonischen Experimente in der Farbenlehre: aber auch das Experiment muß wieder beurtheilt werden. Die vollkommene Sicherheit der Wissenschaften *a priori*, also der Logik und Mathematik, beruht hauptsächlich darauf, daß in ihnen uns der Weg vom Grunde auf die Folge offen steht, der allemal sicher ist. Dies verleiht ihnen den Charakter rein objektiver Wissenschaften, d. h. solcher, über deren Wahrheiten Alle, welche dieselben verstehn, auch übereinstimmend urtheilen müssen; welches um so auffallender ist, als gerade sie auf den subjektiven Formen des Intellekts beruhen, während die empirischen Wissenschaften allein es mit dem handgreiflich Objektiven zu thun haben.

Aeußerungen der Urtheilskraft sind auch Witz und Scharfsinn: in jenem ist sie reflektirend, in diesem subsumirend thätig. Bei den meisten Menschen ist die Urtheilskraft bloß nominell vorhanden: es ist eine Art Ironie, daß man sie den normalen Geisteskräften beizählt, statt sie allein den *monstris per excessum* [unnatürlichen Ausnahmeerscheinungen] zuzuschreiben. Die gewöhnlichen Köpfe zeigen selbst in den kleinsten Angelegenheiten Mangel an Zutrauen zu ihrem eigenen Urtheil; eben weil sie aus Erfahrung wissen, daß es keines verdient. Seine Stelle nimmt bei ihnen Vorurtheil und Nachurtheil ein; wodurch sie in einem Zustand fortdauernder Unmündigkeit erhalten werden, aus welcher unter vielen Hunderten kaum Einer losgesprochen wird. Eingeständlich ist sie freilich nicht; da sie sogar vor sich selber zum Schein urtheilen, dabei jedoch stets nach der Meinung Anderer schielen, welche ihr heimlicher Richtpunkt bleibt. Während Jeder sich schämen würde, in einem geborgten Rock, Hut oder Mantel umherzugehn, haben sie Alle keine andern, als geborgte Meinungen, die sie begierig aufraffen, wo sie ihrer habhaft werden, und dann, sie für eigen ausgebend, damit herumstolziren. Andere borgen sie wieder von ihnen und machen es damit eben so. Dies erklärt die schnelle und weite Verbreitung der Irrthümer, wie auch den Ruhm des Schlechten: denn die Meinungsverleiher von Profession, also Journalisten u. dgl., geben in der Regel nur falsche Waare aus, wie die Ausleiher der Maskenanzüge nur falsche Juwelen.

Kapitel 8*.

Zur Theorie des Lächerlichen.

Auf dem in den vorhergegangenen Kapiteln erläuterten, von mir so nachdrücklich hervorgehobenen Gegensatz zwischen anschaulichen und abstrakten Vorstellungen beruht auch meine Theorie des Lächerlichen; weshalb das zu ihrer Erläuterung noch Beizubringende seine Stelle hier findet, obgleich es, der Ordnung des Textes nach, erst weiter unten folgen müßte.

Das Problem des überall identischen Ursprungs und damit der eigentlichen Bedeutung des Lachens wurde schon von Cicero erkannt, aber auch sofort als unlösbar aufgegeben. *(De orat., II. 58.)* Der älteste mir bekannte Versuch einer psychologischen Erklärung des Lachens findet sich in *Hutchesons Introduction into moral philosophy Bk. 1, ch. 1, § 14.* – Eine etwas spätere anonyme Schrift, *Traité des causes physiques et morales du rire, 1768,* ist als Ventilation des Gegenstandes nicht ohne Verdienst. Die Meinungen der von Home bis zu Kant sich an einer Erklärung jenes der menschlichen Natur eigenthümlichen Phänomens versuchenden Philosophen hat Platner zusammengestellt, in seiner Anthropologie, § 894. – Kants und Jean Pauls Theorien des Lächerlichen sind bekannt. Ihre Unrichtigkeit nachzuweisen halte ich für überflüssig; da Jeder, welcher gegebene Fälle des Lächerlichen auf sie zurückzuführen versucht, bei den allermeisten die Ueberzeugung von ihrer Unzulänglichkeit sofort erhalten wird.

Meiner im ersten Bande ausgeführten Erklärung zufolge ist der Ursprung des Lächerlichen allemal die paradoxe und daher unerwartete Subsumtion eines Gegenstandes unter einen ihm übrigens heterogenen Begriff, und bezeichnet demgemäß das Phänomen des Lachens allemal die plötzliche Wahrnehmung einer Inkongruenz zwischen einem solchen Begriff und dem durch denselben gedachten realen Gegenstand, also zwischen dem Abstrakten und dem Anschaulichen. Je größer und unerwarteter, in der Auffassung des Lachenden, diese Inkongruenz ist, desto heftiger wird sein Lachen ausfallen. Demnach muß bei Allem, was Lachen erregt, allemal nachzuweisen seyn ein Begriff

* Dieses Kapitel bezieht sich auf § 13 des ersten Bandes.

und ein Einzelnes, also ein Ding oder ein Vorgang, welcher zwar unter jenen Begriff sich subsumiren, mithin durch ihn sich denken läßt, jedoch in anderer und vorwaltender Beziehung gar nicht darunter gehört, sondern sich von Allem, was sonst durch jenen Begriff gedacht wird, auffallend unterscheidet. Wenn, wie zumal bei Witzworten oft der Fall ist, statt eines solchen anschaulichen Realen, ein dem höhern oder Gattungsbegriff untergeordneter Artbegriff auftritt; so wird er doch das Lachen erst dadurch erregen, daß die Phantasie ihn realisirt, d. h. ihn durch einen anschaulichen Repräsentanten vertreten läßt, und so der Konflikt zwischen dem Gedachten und dem Angeschauten Statt findet. Ja, man kann, wenn man die Sache recht *explicite* [deutlich] erkennen will, jedes Lächerliche zurückführen auf einen Schluß in der ersten Figur, mit einer unbestrittenen *major* [Obersatz] und einer unerwarteten, gewissermaaßen nur durch Schikane geltend gemachten *minor* [Untersatz]; in Folge welcher Verbindung die Konklusion die Eigenschaft des Lächerlichen an sich hat.

Ich habe, im ersten Bande, für überflüssig gehalten, diese Theorie an Beispielen zu erläutern; da Jeder dies, durch ein wenig Nachdenken über ihm erinnerliche Fälle des Lächerlichen, leicht selbst leisten kann. Um jedoch auch der Geistesträgheit derjenigen Leser, die durchaus im passiven Zustand verharren wollen, zu Hülfe zu kommen, will ich mich hier dazu bequemen. Sogar will ich, in dieser dritten Auflage, die Beispiele vermehren und anhäufen; damit es unbestritten sei, daß hier, nach so vielen fruchtlosen, früheren Versuchen, die wahre Theorie des Lächerlichen gegeben und das schon vom Cicero aufgestellte, aber auch aufgegebene Problem definitiv gelöst sei. –

Wenn wir bedenken, daß zu einem Winkel zwei auf einander treffende Linien erfordert sind, welche, wenn verlängert, einander schneiden, die Tangente hingegen den Kreis nur an einem Punkte streift, an diesem Punkte aber eigentlich mit ihm parallel geht, und wir demgemäß die abstrakte Ueberzeugung von der Unmöglichkeit eines Winkels zwischen Kreislinie und Tangente gegenwärtig haben; nun aber doch auf dem Papier ein solcher Winkel uns augenscheinlich vorliegt; so wird dieses uns leicht ein Lächeln abnöthigen. Das Lächerliche in diesem Fall ist zwar äußerst schwach: hingegen tritt gerade in ihm der Ursprung desselben aus der Inkongruenz des Gedachten zum Angeschauten ungemein deutlich hervor. – Je nachdem wir, beim Auffinden einer solchen Inkongruenz, vom Realen, d. i. Anschaulichen, zum Begriff, oder aber umgekehrt vom Begriff zum Realen übergehn, ist das dadurch entstehende Lächerliche entweder ein Witzwort, oder aber eine Ungereimtheit, im höhern Grade, zumal im Praktischen, eine Narrheit; wie im Text auseinandergesetzt worden. Um nun Beispiele des ersten Falles, also des Witzes, zu betrachten, wollen wir zunächst die allbekannte Anekdote nehmen vom Gaskogner, über den der König lachte, als er ihn bei strenger Winterkälte in leichter Sommerkleidung sah, und der darauf zum König sagte: »Hätten Ew. Maj. angezogen, was ich angezogen habe; so würden Sie es sehr warm finden«, – und auf die Frage, was er angezogen habe: »Meine ganze Garderobe.« – Unter diesem letztern Begriff ist nämlich, so gut wie die unübersehbare Garderobe eines Königs, auch das einzige Sommerröckchen eines armen Teufels zu denken, dessen Anblick auf seinem frierenden Leibe sich jedoch dem Begriff sehr inkongruent zeigt. – Das Publikum eines Theaters in Paris verlangte einst, daß die Marseillaise gespielt werde, und gerieth, als dies nicht geschah, in großes Schreien und Toben; so daß endlich ein Polizeikommissarius in Uniform auf die Bühne trat und erklärte, es sei nicht erlaubt, daß im Theater etwas Anderes vorkomme, als was auf dem Zettel stehe. Da rief eine Stimme: *Et vous, Monsieur, êtes-vous aussi sur l'affiche?* [Und Sie, Herr, stehen Sie auch auf dem Theaterzettel?] welcher Einfall das einstimmigste Gelächter erregte. Denn hier ist die Subsumtion des Heterogenen unmittelbar deutlich und ungezwungen. – Das Epigramm:

> »B a v ist der treue Hirt, von dem die Bibel sprach:
> Wenn seine Heerde schläft, bleibt er allein noch wach«,

subsumirt unter den Begriff eines bei der schlafenden Heerde wachenden Hirten, den langweiligen Prediger, der die ganze Gemeinde eingeschläfert hat und nun ungehört allein fortbelfert. – Analog ist die Grabschrift eines Arztes: »Hier liegt er, wie ein Held, und die Erschlagenen liegen um ihn her«: – es subsumirt unter den dem Helden ehrenvollen Begriff des »von Getödteten umringt Liegens« den Arzt, der das Leben erhalten soll. – Sehr häufig besteht das Witzwort in einem einzigen Ausdruck, durch den eben nur der Begriff angegeben wird, unter welchen der vorliegende Fall subsumirt werden kann, welcher jedoch Allem, was sonst darunter gedacht wird, sehr heterogen ist. So im Romeo, wenn der lebhafte, aber soeben tödtlich verwundete Merkutio seinen Freunden, die ihn Morgen zu besuchen versprechen, antwortet: »Ja, kommt nur, ihr werdet einen stillen Mann an mir finden« [Shakespeare, *Romeo und Julia*, III, 1], unter welchen Begriff hier der Todte subsumirt wird: im Englischen kommt aber noch das Wortspiel hinzu, daß *a grave man* zugleich den ernsthaften, und den Mann des Grabes bedeutet. – Dieser Art ist auch die bekannte Anekdote vom Schauspieler Unzelmann: nachdem auf dem Berliner Theater alles Improvisiren streng untersagt worden war, hatte er zu Pferde auf der Bühne zu erscheinen, wobei, als er gerade auf dem Proscenio war, das Pferd Mist fallen ließ, wodurch das Publikum schon zum Lachen bewogen wurde, jedoch sehr viel mehr, als Unzelmann zum Pferde sagte: »Was machst denn du? weißt du nicht, daß uns das Improvisiren verboten ist?« Hier ist die Subsumtion des Heterogenen unter den allgemeineren Begriff sehr deutlich, daher das Witzwort überaus treffend und die dadurch erlangte Wirkung des Lächerlichen äußerst stark. – Hieher gehört ferner eine Zeitungsnachricht vom März 1851 aus Hall: »Die jüdische Gaunerbande, deren wir erwähnt haben, wurde wieder bei uns, unter obligater Begleitung, eingeliefert.« Diese Subsumtion einer Polizeieskorte unter einem musikalischen Ausdruck ist sehr glücklich; wiewohl sich schon dem bloßen Wortspiel nähernd. – Hingegen ist es ganz der hier in Rede stehenden Art, wenn Saphir, in einem Federkrieg gegen den Schauspieler Angeli, diesen bezeichnet als »den an Geist und Körper gleich großen Angeli« – wo, vermöge der stadtbekannten winzigen Statur des Schauspielers, unter den Begriff »groß« das ungemein Kleine sich anschaulich stellt: – so auch, wenn derselbe Saphir die Arien einer neuen Oper »gute alte Bekannte« nennt, also unter einen Begriff, der in andern Fällen zur Empfehlung dient, gerade die tadelhafte Eigenschaft bringt: – eben so, wenn man von einer Dame, auf deren Gunst Geschenke Einfluß hätten, sagen wollte, sie wisse das *utile dulci* [Nützliche mit dem Angenehmen: Horaz, *Ars poetica*, 343] zu vereinigen; wodurch man unter den Begriff der Regel, welche vom Horaz in ästhetischer Hinsicht empfohlen wird, das moralisch Gemeine bringt: – eben so, wenn man, um ein Bordell anzudeuten, es etwan bezeichnete als einen »bescheidenen

Wohnsitz stiller Freuden«. – Die gute Gesellschaft, welche, um vollkommen fade zu seyn, alle entschiedenen Aeußerungen und daher alle starken Ausdrücke verbannt hat, pflegt, um skandalöse, oder irgendwie anstößige Dinge zu bezeichnen, sich dadurch zu helfen, daß sie solche, zur Milderung, mittelst allgemeiner Begriffe ausdrückt: hiedurch aber wird diesen auch das ihnen mehr oder minder Heterogene subsumirt, wodurch eben, in entsprechendem Grade, die Wirkung des Lächerlichen entsteht. Dahin also gehört das obige *utile dulci*: desgleichen: »er hat auf dem Ball Unannehmlichkeiten gehabt«, – wenn er geprügelt und herausgeschmissen worden; oder »er hat des Guten etwas zu viel gethan«, – wenn er betrunken ist; wie auch »die Frau soll schwache Augenblicke haben«, – wenn sie ihrem Mann Hörner aufsetzt; u. s. w. Ebenfalls gehören dahin die Aequivoken [Zweideutigkeiten], nämlich Begriffe, welche an und für sich nichts Unanständiges enthalten, unter die jedoch das Vorliegende gebracht auf eine unanständige Vorstellung leitet. Sie sind in der Gesellschaft sehr häufig. Aber ein vollkommenes Muster der durchgeführten und großartigen Aequivoke ist die unvergleichliche Grabschrift auf den *Justice of peace* [Friedensrichter] von Shenstone, als welche, in ihrem hochtrabenden Lapidarstil, von edeln und erhabenen Dingen zu reden scheint, während unter jeden ihrer Begriffe etwas ganz Anderes zu subsumiren ist, welches erst im allerletzten Wort, als unerwarteter Schlüssel zum Ganzen, hervortritt und der Leser laut auflachend entdeckt, daß er bloß eine sehr schmutzige Aequivoke gelesen hat. Sie herzusetzen und gar noch zu übersetzen ist in diesem glatt gekämmten Zeitalter schlechterdings unzulässig: man findet sie in *Shenstone's Poëtical works*, überschrieben *Inscription*. Die Aequivoken gehn bisweilen in das bloße Wortspiel über, von welchem im Text das Nöthige gesagt worden.

Auch wider die Absicht kann die jedem Lächerlichen zum Grunde liegende Subsumtion des in einer Hinsicht Heterogenen unter einen ihm übrigens [sonst] angemessenen Begriff Statt finden: z. B. einer der freien Neger in Nordamerika, welche sich bemühen, in allen Stücken den Weißen nachzuahmen, hat ganz kürzlich seinem gestorbenen Kinde ein Epitaphium [Grabinschrift] gesetzt, welches anhebt: »Liebliche, früh gebrochene Lilie«. – Wird hingegen, mit plumper Absichtlichkeit, ein Reales und Anschauliches geradezu unter den Begriff seines Gegentheils gebracht; so entsteht die platte, gemeine Ironie. Z. B. wenn bei starkem Regen gesagt wird: »das ist heute ein angenehmes Wetter«; – oder, von einer häßlichen Braut: »der hat sich ein schönes Schätzchen ausgesucht«; – oder von einem Spitzbuben: »dieser Ehrenmann«; u. dgl. m. Nur Kinder und Leute ohne alle Bildung werden über so etwas lachen: denn hier ist die Inkongruenz zwischen dem Gedachten und dem Angeschauten eine totale. Doch tritt, eben bei dieser plumpen Uebertreibung in der Bewerkstelligung des Lächerlichen, der Grundcharakter desselben, besagte Inkongruenz, sehr deutlich hervor. – Dieser Gattung des Lächerlichen ist, wegen der Uebertreibung und deutlichen Absichtlichkeit, in etwas verwandt die Parodie. Ihr Verfahren besteht darin, daß sie den Vorgängen und Worten eines ernsthaften Gedichtes oder Dramas unbedeutende, niedrige Personen, oder kleinliche Motive und Handlungen unterschiebt. Sie subsumirt also die von ihr dargestellten platten Realitäten unter die im Thema gegebenen hohen Begriffe, unter welche sie nun in gewisser Hinsicht passen müssen, während sie übrigens denselben sehr inkongruent sind; wodurch dann der Widerstreit zwischen dem Angeschauten und dem Gedachten sehr grell hervortritt. An bekannten Beispielen fehlt es hier nicht: ich führe daher nur eines an, aus der Zobeide von Carlo Gozzi, Akt 4, Scene 3, wo zweien Hanswürsten, die sich soeben geprügelt haben und davon ermüdet ruhig neben einander liegen, die berühmte Stanze des Ariosto *(Orl. fur. I, 22) oh gran bontà de cavalieri antichi* [O große Trefflichkeit der alten Ritter] u. s. w. ganz wörtlich in den Mund gelegt ist. – Dieser Art ist auch die in Deutschland sehr beliebte Anwendung ernster, besonders Schiller'scher Verse auf triviale Vorfälle, welche offenbar eine Subsumtion des Heterogenen unter den allgemeinen Begriff, welchen der Vers ausspricht, enthält. So z. B. wann Jemand einen recht charakteristischen Streich hat ergehn lassen, wird es selten an Einem fehlen, der dazu sagt: »Daran erkenn' ich meine Pappenheimer [*Wallensteins Tod*, III, 15].« Aber originell und sehr witzig war es, als Einer an ein eben getrautes junges Ehepaar, dessen weibliche Hälfte ihm gefiel, die Schlußworte der Schiller'schen Ballade »Die Bürgschaft« (ich weiß nicht wie laut) richtete:

»Ich sei, erlaubt mir die Bitte,
In eurem Bunde der Dritte.«

Die Wirkung des Lächerlichen ist hier stark und unausbleiblich, weil unter die Begriffe, durch welche Schiller uns ein moralisch edeles Verhältniß zu denken giebt, ein verbotenes und unsittliches, aber richtig und ohne Veränderung subsumirt, also dadurch gedacht wird. – In allen hier angeführten Beispielen des Witzes findet man, daß einem Begriff, oder überhaupt einem abstrakten Gedanken, ein Reales, unmittelbar, oder mittelst eines engern Begriffes, subsumirt wird, welches zwar, nach der Strenge, darunter gehört, jedoch himmelweit verschieden ist von der eigentlichen und ursprünglichen Absicht und Richtung des Gedankens. Demgemäß besteht der Witz, als Geistesfähigkeit, ganz allein in der Leichtigkeit, zu jedem vorkommenden Gegenstande einen Begriff zu finden, unter welchem er allerdings mitgedacht werden kann, jedoch allen andern darunter gehörigen Gegenständen sehr heterogen ist.

Die zweite Art des Lächerlichen geht, wie erwähnt, in umgekehrter Richtung, vom abstrakten Begriff zu dem durch diesen gedachten Realen, also Anschaulichen, welches nun aber irgend eine Inkongruenz zu demselben, die übersehn worden, an den Tag legt, wodurch eine Ungereimtheit, mithin *in praxi* eine närrische Handlung, entsteht. Da das Schauspiel Handlung erfordert, so ist diese Art des Lächerlichen der Komödie wesentlich. Hierauf beruht Voltaire's Bemerkung: *J'ai cru remarquer aux spectacles, qu'il ne s'élève presque jamais de ces éclats de rire universels, qu'à l'occasion d'une méprise (Préface de l'enfant prodigue.)* [Ich glaube im Theater beobachtet zu haben, daß fast niemals ein so allgemeines Gelächter ausbricht wie bei einer auf Mißverständnis beruhenden Handlung.] Als Beispiele dieser Gattung des Lächerlichen können die folgenden gelten. Als Jemand geäußert hatte, daß er gern allein spatzieren gienge, sagte ein Oesterreicher zu ihm: »Sie gehn gern allein spatzieren; ich halt auch: da können wir zusammen gehn.« Er geht aus von dem Begriff »ein Vergnügen, welches Zwei lieben, können sie gemeinschaftlich genießen«, und subsumirt demselben den Fall, der gerade die Gemeinschaft ausschließt. Ferner der Bediente, welcher das abgeschabte Seehundsfell am Koffer seines Herrn mit Makassaröl bestreicht, damit es wieder behaart werde; wobei er ausgeht von dem Begriff »Makassaröl macht Haare wachsen«: – die Soldaten in der Wachtstube, welche dem eben eingebrachten Arrestanten an ihrem Kartenspiel Theil zu nehmen erlauben, weil er aber dabei schikanirt, wodurch Streit entsteht, ihn hinauswerfen: sie lassen sich leiten durch den allgemeinen Begriff »schlechte Gesellen wirft man hinaus«, – vergessen aber, daß er zugleich Arrestant, d. h. Einer, den sie festhalten sollen, ist. – Zwei Bauerjungen hatten ihre Flinte mit grobem Schrot geladen, welches sie, um ihm feines zu substituiren, heraus haben wollten, ohne jedoch das Pulver einzubüßen. Da legte der Eine die Mündung des Laufes in seinen Hut, den er zwischen die Beine nahm, und sagte zum Andern: »Jetzt drücke du ganz sachte, sachte, sachte los: da kommt zuerst das Schrot.« Er geht aus von dem Begriff »Verlangsamung der Ursache giebt Verlangsamung der Wirkung.« – Belege sind ferner die meisten Handlungen des Don Quijote, welcher unter Begriffe, die er aus Ritterromanen geschöpft, die ihm vorkommenden ihnen sehr heterogenen Realitäten subsumirt, z. B. um die Unterdrückten zu beschützen, die Galeerensklaven befreit. Eigentlich gehören auch alle Münchhausianaden hieher: nur sind sie nicht närrische Handlungen, die vollzogen, sondern unmögliche, die als wirklich geschehn dem Zuhörer aufgebunden werden. Bei denselben ist allemal die Thatsache so gefaßt, daß sie, bloß *in abstracto*, mithin komparativ [vergleichsweise] *a priori* gedacht, als möglich und plausibel erscheint: aber hinterher, wenn man zur Anschauung des individuellen Falls herabkommt, also *a posteriori*, thut sich das Unmögliche der Sache, ja, das Absurde der Annahme hervor und erregt Lachen, durch die augenfällige Inkongruenz des Angeschauten zum Gedachten: z. B. wenn die im Posthorn eingefrorenen Melodien in der warmen Stube aufthauen; – wenn Münchhausen, bei strengem Frost, auf dem Baume sitzend, sein herabgefallenes Messer am gefrierenden Wasserstrahl seines Urins in die Höhe zieht, u. s. w. Dieser Art ist auch die Geschichte von zwei Löwen, welche Nachts die Scheidewand durchbrechen und in ihrer Wuth sich gegenseitig auffressen; so daß am Morgen nur noch die beiden Schwänze gefunden werden.

Noch giebt es Fälle des Lächerlichen, wo der Begriff, unter welchen das Anschauliche gebracht wird, weder ausgesprochen, noch angedeutet zu werden braucht, sondern vermöge der Ideenassociation von selbst ins Bewußtseyn tritt. Das Lachen, in welches Garrick, mitten im Tragiren, ausbrach, weil ein vorn im Parterre stehender Fleischer, um sich den Schweiß abzuwischen, einstweilen seinem großen Hunde, der, mit den Vorderpfoten auf die Parterreschranke [Abtrennung zum Parkett] gestützt, nach dem Theater [der Bühne] hinsah, seine Perrücke aufgesetzt hatte, war dadurch vermittelt, daß Garrick vom hinzugedachten Begriff eines Zuschauers ausgieng. Eben hierauf beruht es, daß gewisse Thiergestalten, wie Affen, Kangurus, Springhaasen u. dgl. uns bisweilen lächerlich erscheinen, weil etwas Menschenähnliches in ihnen uns veranlaßt, sie unter den Begriff der menschlichen Gestalt zu subsumiren, von welchem wieder ausgehend, wir ihre Inkongruenz zu demselben wahrnehmen.

Die Begriffe, deren hervortretende Inkongruenz zur Anschauung uns zum Lachen bewegt, sind nun entweder die eines Andern, oder unsere eigenen. Im ersten Fall lachen wir über den Andern: im zweiten fühlen wir eine oft angenehme, wenigstens belustigende Ueberraschung. Kinder und rohe Menschen lachen daher bei den kleinsten, sogar bei widrigen Zufällen, wenn sie ihnen unerwartet waren, also ihren vorgefaßten Begriff des Irrthums überführten. – In der Regel ist das Lachen ein vergnüglicher Zustand: die Wahrnehmung der Inkongruenz des Gedachten zum Angeschauten, also zur Wirklichkeit, macht uns demnach Freude und wir geben uns gern der krampfhaften Erschütterung hin, welche diese Wahrnehmung erregt. Der Grund hievon liegt in Folgendem. Bei jenem plötzlich hervortretenden Widerstreit zwischen dem Angeschauten und dem Gedachten behält das Angeschaute allemal unzweifelhaftes Recht: denn es ist gar nicht dem Irrthum unterworfen, bedarf keiner Beglaubigung von außerhalb, sondern vertritt sich selbst. Sein Konflikt mit dem Gedachten entspringt zuletzt daraus, daß dieses mit seinen abstrakten Begriffen nicht herabkann zur endlosen Mannigfaltigkeit und Nüancirung des Anschaulichen. Dieser Sieg der anschauenden Erkenntniß über das Denken erfreut uns. Denn das Anschauen ist die ursprüngliche, von der thierischen Natur unzertrennliche Erkenntnißweise, in der sich Alles, was dem Willen unmittelbares Genügen giebt, darstellt: es ist das Medium der Gegenwart, des Genusses und der Fröhlichkeit: auch ist dasselbe mit keiner Anstrengung verknüpft. Vom Denken gilt das

Gegentheil: es ist die zweite Potenz des Erkennens, deren Ausübung stets einige, oft bedeutende Anstrengung erfordert, und deren Begriffe es sind, welche sich so oft der Befriedigung unserer unmittelbaren Wünsche entgegenstellen, indem sie, als das Medium der Vergangenheit, der Zukunft und des Ernstes, das Vehikel unserer Befürchtungen, unserer Reue und aller unserer Sorgen abgeben. Diese strenge, unermüdliche, überlästige Hofmeisterin Vernunft jetzt ein Mal der Unzulänglichkeit überführt zu sehn, muß uns daher ergötzlich seyn. Deshalb also ist die Miene des Lachens der der Freude sehr nahe verwandt.

Wegen des Mangels an Vernunft, also an Allgemeinbegriffen, ist das Thier, wie der Sprache, so auch des Lachens unfähig. Dieses ist daher ein Vorrecht und charakteristisches Merkmal des Menschen. Jedoch hat, beiläufig gesagt, auch sein einziger Freund, der Hund, einen analogen, ihm allein eigenen und charakteristischen Akt vor allen andern Thieren voraus, nämlich das so ausdrucksvolle, wohlwollende und grundehrliche Wedeln. Wie vortheilhaft sticht doch diese, ihm von der Natur eingegebene Begrüßung ab, gegen die Bücklinge und grinzenden Höflichkeitsbezeugungen der Menschen, deren Versicherung inniger Freundschaft und Ergebenheit es an Zuverlässigkeit, wenigstens für die Gegenwart, tausend Mal übertrifft. –

Das Gegentheil des Lachens und Scherzes ist der Ernst. Demgemäß besteht er im Bewußtseyn der vollkommenen Uebereinstimmung und Kongruenz des Begriffs, oder Gedankens, mit dem Anschaulichen, oder der Realität. Der Ernste ist überzeugt, daß er die Dinge denkt wie sie sind, und daß sie sind wie er sie denkt. Eben deshalb ist der Uebergang vom tiefen Ernst zum Lachen so besonders leicht und durch Kleinigkeiten zu bewerkstelligen; weil jene vom Ernst angenommene Uebereinstimmung, je vollkommener sie schien, desto leichter selbst durch eine geringe, unerwartet zu Tage kommende Inkongruenz aufgehoben wird. Daher je mehr ein Mensch des ganzen Ernstes fähig ist, desto herzlicher kann er lachen. Menschen, deren Lachen stets affektirt und gezwungen herauskommt, sind intellektuell und moralisch von leichtem Gehalt; wie denn überhaupt die Art des Lachens, und andererseits der Anlaß dazu, sehr charakteristisch für die Person ist. Daß die Geschlechtsverhältnisse den leichtesten, jederzeit bereit liegenden und auch dem schwächsten Witz erreichbaren Stoff zum Scherze abgeben, wie die Häufigkeit der Zoten beweist, könnte nicht seyn, wenn nicht der tiefste Ernst gerade ihnen zum Grunde läge.

Daß das Lachen Anderer über Das, was wir thun oder ernstlich sagen, uns so empfindlich beleidigt, beruht darauf, daß es aussagt, zwischen unsern Begriffen und der objektiven Realität sei eine gewaltige Inkongruenz. Aus dem selben Grunde ist das Prädikat »lächerlich« beleidigend. – Das eigentliche Hohngelächter ruft dem gescheiterten Widersacher triumphirend zu, wie inkongruent die Begriffe, welche er gehegt, zu der sich jetzt ihm offenbarenden Wirklichkeit gewesen. Unser eigenes bitteres Lachen, bei der sich uns schrecklich enthüllenden Wahrheit, durch welche fest gehegte Erwartungen sich als täuschend erweisen, ist der lebhafte Ausdruck der nunmehr gemachten Entdeckung der Inkongruenz zwischen den Gedanken, die wir, in thörichtem Vertrauen auf Menschen oder Schicksal, gehegt, und der jetzt sich entschleiernden Wirklichkeit.

Das absichtlich Lächerliche ist der Scherz: er ist das Bestreben, zwischen den Begriffen des Andern und der Realität, durch Verschieben des Einen dieser Beiden, eine Diskrepanz zu Wege zu bringen; während sein Gegentheil der Ernst in der wenigstens angestrebten genauen Angemessenheit Beider zu einander besteht. Versteckt nun aber der Scherz sich hinter den Ernst; so entsteht die Ironie: z. B. wenn wir auf die Meinungen des Andern, welche das Gegentheil der unserigen sind, mit scheinbarem Ernst eingehn und sie mit ihm zu theilen simuliren; bis endlich das Resultat ihn an uns und ihnen irre macht. So verhielt sich Sokrates dem Hippias, Protagoras, Gorgias und andern Sophisten, überhaupt oft seinem Collocutor [Gesprächspartner] gegenüber. – Das Umgekehrte der Ironie wäre demnach der hinter den Scherz versteckte Ernst, und dies ist der Humor. Man könnte ihn den doppelten Kontrapunkt der Ironie nennen. – Erklärungen wie »der Humor ist die Wechseldurchdringung des Endlichen und Unendlichen« drücken nichts weiter aus, als die gänzliche Unfähigkeit zum Denken Derer, die an solchen hohlen Floskeln ihr Genügen haben. – Die Ironie ist objektiv, nämlich auf den Andern berechnet; der Humor aber subjektiv, nämlich zunächst nur für das eigene Selbst da. Demgemäß finden die Meisterstücke der Ironie sich bei den Alten, die des Humors bei den Neueren. Denn näher betrachtet, beruht der Humor auf einer subjektiven, aber ernsten und erhabenen Stimmung, welche unwillkürlich in Konflikt geräth mit einer ihr sehr heterogenen, gemeinen Außenwelt, der sie weder ausweichen, noch sich selbst aufgeben kann; daher sie, zur Vermittelung, versucht, ihre eigene Ansicht und jene Außenwelt durch die selben Begriffe zu denken, welche hiedurch eine doppelte, bald auf dieser bald auf der andern Seite liegende Inkongruenz zu dem dadurch gedachten Realen erhalten, wodurch der Eindruck des absichtlich Lächerlichen, also des Scherzes entsteht, hinter welchem jedoch der tiefste Ernst versteckt ist und durchscheint. Fängt die Ironie mit ernster Miene an und endigt mit lächelnder, so hält der Humor es umgekehrt. Als ein Beispiel von diesem kann schon der oben angeführte Ausdruck des Merkutio gelten. Desgleichen im Hamlet: Polonius: »Gnädigster Herr, ich will ehrerbietigst Abschied von Ihnen nehmen. – Hamlet: Sie können nichts von mir nehmen, was ich williger hergäbe; – ausgenommen mein Leben, ausgenommen mein Leben, ausgenommen mein Leben.« [II, 2.] – Sodann, vor der Aufführung des Schauspiels bei Hofe, sagt Hamlet zur Ophelia: »Was sollte ein Mensch Anderes thun, als lustig seyn? Denn seht nur, wie vergnügt meine Mutter aussieht, und mein Vater ist doch erst vor zwei Stunden gestorben. – Ophelia: Vor zwei Mal zwei Monaten, gnädigster Herr. – Hamlet: So lang ist's her?! Ei, da mag der Teufel noch schwarz gehn! ich will mir ein munteres Kleid machen lassen.« [III, 2.] – Ferner auch in Jean Pauls »Titan«, wenn der tiefsinnig gewordene und nun über sich selbst brütende Schoppe öfter seine Hände ansehend zu sich sagt: »Da sitzt ein Herr leibhaftig und ich in ihm: wer ist aber solcher?« [4. Bd., 31. Jobelperiode, 121. Zykel.] – Als wirklicher Humorist tritt Heinrich Heine auf, in seinem »Romancero«: hinter allen seinen Scherzen und Possen merken wir einen tiefen Ernst, der sich schämt unverschleiert hervorzutreten. – Demnach beruht der Humor auf einer besondern Art der Laune (wahrscheinlich von *Luna* [Mond]), durch welchen Begriff, in allen seinen Modifikationen, ein entschiedenes Ueberwiegen des Subjektiven über das Objektive, bei der Auffassung der Außenwelt, gedacht wird. Auch jede poetische, oder künstlerische Darstellung einer komischen, ja sogar possenhaften Scene, als deren verdeckter Hintergrund jedoch ein ernster Gedanke durchschimmert, ist Produkt des Humors, also humoristisch. Dahin gehört z. B. eine kolorirte Zeichnung von Tischbein: sie stellt ein ganz leeres Zimmer dar, welches seine Beleuchtung allein von dem im Kamin lodernden Feuer erhält. Vor diesem steht ein Mensch, in der Weste, so daß, von seinen Füßen ausgehend, der Schatten seiner Person sich über das ganze Zimmer streckt. »Das ist Einer«, kommentirte Tischbein dazu, »dem in der Welt nichts hat gelingen wollen und der es zu nichts gebracht hat: jetzt freut er sich, daß er doch einen so großen Schatten werfen kann.« Sollte ich nun aber den hinter diesen Scherz versteckten Ernst aussprechen; so könnte ich es am besten durch folgende dem Persischen Gedichte Anwari Soheili entnommene Verse:

»Ist einer Welt Besitz für dich zerronnen,
Sei nicht im Leid darüber, es ist nichts;
Und hast du einer Welt Besitz gewonnen,
Sei nicht erfreut darüber, es ist nichts.
Vorüber gehn die Schmerzen und die Wonnen,
Geh' an der Welt vorüber, es ist nichts.« –

[Motto zu Sadis *Rosengarten:*
Übers. K. H. Graf, Leipzig 1846.]

Daß heut zu Tage in der Deutschen Litteratur »humoristisch« durchgängig in der Bedeutung von »komisch« überhaupt gebraucht wird, entspringt aus der erbärmlichen Sucht, den Dingen einen vornehmeren Namen zu geben, als ihnen zukommt, nämlich den einer über ihnen stehenden Klasse: so will jedes Wirthshaus Hotel, jeder Geldwechsler Banquier, jede Reiterbude Cirkus, jedes Konzert Musikalische Akademie, das Kaufmannskomptoir Büreau, der Töpfer Thonkünstler heißen, – demnach auch jeder Hanswurst Humorist. Das Wort Humor ist von den Engländern entlehnt, um eine, bei ihnen zuerst bemerkte, ganz eigenthümliche, sogar, wie oben gezeigt, dem Erhabenen verwandte Art des Lächerlichen auszusondern und zu bezeichnen; nicht aber um jeden Spaaß und jede Hanswurstiade damit zu betiteln, wie jetzt in Deutschland allgemein, ohne Opposition, geschieht, von Litteraten und Gelehrten; weil der wahre Begriff jener Abart, jener Geistesrichtung, jenes Kindes des Lächerlichen und Erhabenen, zu subtil und zu hoch seyn würde für ihr Publikum, welchem zu gefallen, sie bemüht sind, Alles abzuplatten und zu pöbelarisiren. Je nun, »hohe Worte und niedriger Sinn« ist überhaupt der Wahlspruch der edeln »Jetztzeit«: demgemäß heißt heut zu Tage ein Humorist, was ehemals ein Hanswurst genannt wurde.

Kapitel 9*.

Zur Logik überhaupt.

Logik, Dialektik und Rhetorik gehören zusammen, indem sie das Ganze einer Technik der Vernunft ausmachen, unter welcher Benennung sie auch zusammen gelehrt werden sollten, Logik als Technik des eigenen Denkens, Dialektik des Disputirens mit Andern und Rhetorik des Redens zu Vielen (*concionatio* [Rede in einer Versammlung]); also entsprechend dem Singular, Dual und Plural, wie auch dem Monolog, Dialog und Panegyrikus [Festrede].

Unter Dialektik verstehe ich, in Uebereinstimmung mit Aristoteles *(Metaph. III, 2, et Analyt. post. I, 11)*, die Kunst des auf gemeinsame Erforschung der Wahrheit, namentlich der philosophischen, gerichteten Gespräches. Ein Gespräch dieser Art geht aber nothwendig, mehr oder weniger, in die Kontroverse über; daher Dialektik auch erklärt werden kann als Disputirkunst. Beispiele und Muster der Dialektik haben wir an den Platonischen Dialogen: aber für die eigentliche Theorie derselben, also für die Technik des Disputirens, die Eristik, ist bisher sehr wenig geleistet worden. Ich habe einen Versuch der Art ausgearbeitet und eine Probe desselben im zweiten Band der Parerga mitgetheilt; daher ich die Erörterung dieser Wissenschaft hier ganz übergehe.

In der Rhetorik sind die rhetorischen Figuren ungefähr was in der Logik die syllogistischen, jeden Falls aber der Betrachtung würdig. Zu Aristoteles Zeit scheinen sie noch nicht Gegenstand theoretischer Untersuchung gewesen zu seyn; da er in keiner seiner Rhetoriken von ihnen handelt, und wir in dieser Hinsicht an

---

* Dieses Kapitel, mit sammt dem folgenden, steht in Beziehung zu § 9 des ersten Bandes.

den Rutilius Lupus, den Epitomator [Verfasser des Auszugs] eines spätern Gorgias, verwiesen sind.

Alle drei Wissenschaften haben das Gemeinsame, daß man, ohne sie gelernt zu haben, ihre Regeln befolgt, welche sogar selbst erst aus dieser natürlichen Ausübung abstrahirt sind. – Daher haben sie, bei vielem theoretischen Interesse, doch nur geringen praktischen Nutzen: theils weil sie zwar die Regel, aber nicht den Fall der Anwendung geben; theils weil während der Praxis gewöhnlich keine Zeit ist, sich der Regeln zu erinnern. Sie lehren also nur was Jeder schon von selbst weiß und übt: dennoch ist die abstrakte Erkenntniß desselben interessant und wichtig. Praktischen Nutzen wird die Logik, wenigstens für das eigene Denken, nicht leicht haben. Denn die Fehler unsers eigenen Räsonnements liegen fast nie in den Schlüssen, noch sonst in der Form, sondern in den Urtheilen, also in der Materie des Denkens. Hingegen können wir bei der Kontroverse bisweilen einigen praktischen Nutzen von der Logik ziehn, indem wir die, aus deutlich oder undeutlich bewußter Absicht, trügerische Argumentation des Gegners, welche er unter dem Schmuck und der Decke fortlaufender Rede vorbringt, auf die strenge Form regelmäßiger Schlüsse zurückführen und dann ihm Fehler gegen die Logik nachweisen, z. B. einfache Umkehrung allgemein bejahender Urtheile, Schlüsse mit vier Terminis [Begriffen], Schlüsse von der Folge auf den Grund, Schlüsse in der zweiten Figur aus lauter affirmirenden Prämissen u. dgl. m. –

Mir dünkt, daß man die Lehre von den Denkgesetzen dadurch vereinfachen könnte, daß man deren nur zwei aufstellte, nämlich das vom ausgeschlossenen Dritten und das vom zureichenden Grunde. Ersteres so: »Jedem Subjekt ist jegliches Prädikat entweder beizulegen oder abzusprechen.« Hier liegt im Entweder Oder schon, daß nicht Beides zugleich geschehn darf, folglich eben Das, was die Gesetze der Identität und des Widerspruchs besagen: diese würden also als Korollarien jenes Satzes hinzukommen, welcher eigentlich besagt, daß jegliche zwei Begriffssphären entweder als vereint, oder als getrennt zu denken sind, nie aber als Beides zugleich; mithin daß, wo Worte zusammengefügt sind, welche Letzteres dennoch ausdrücken, diese Worte einen Denkproceß angeben, der unausführbar ist: das Innewerden dieser Unausführbarkeit ist das Gefühl des Widerspruchs. – Das zweite Denkgesetz, der Satz vom Grunde, würde besagen, daß obiges Beilegen oder Absprechen durch etwas vom Urtheil selbst Verschiedenes bestimmt seyn muß, welches eine (reine oder empirische) Anschauung, oder aber bloß ein anderes Urtheil seyn kann: dieses Andere und Verschiedene heißt alsdann der Grund des Urtheils. Sofern ein Urtheil dem ersten Denkgesetz genügt, ist es denkbar; sofern es dem zweiten genügt, ist es wahr, wenigstens logisch oder formell wahr, wenn nämlich der Grund des Urtheils wieder nur ein Urtheil ist. Die materielle, oder absolute Wahrheit aber ist zuletzt doch immer nur das Verhältniß zwischen einem Urtheil und einer Anschauung, also zwischen der abstrakten und der anschaulichen Vorstellung. Dies Verhältniß ist entweder ein unmittelbares, oder aber vermittelt durch andere Urtheile, d. h. durch andere abstrakte Vorstellungen. Hienach ist leicht abzusehn, daß nie eine Wahrheit die andere umstoßen kann, sondern alle zuletzt in Uebereinstimmung seyn müssen; weil im Anschaulichen, ihrer gemeinsamen Grundlage, kein Widerspruch möglich ist. Daher hat keine Wahrheit die andere zu fürchten. Trug und Irrthum hingegen haben jede Wahrheit zu fürchten; weil, durch die logische Verkettung aller, auch die entfernteste ein Mal ihren Stoß auf jeden Irrthum fortpflanzen muß. Dieses zweite Denkgesetz ist demnach der Anknüpfungspunkt der Logik an Das, was nicht mehr Logik, sondern Stoff des Denkens ist. Folglich besteht in der Uebereinstimmung der Begriffe, also der abstrakten Vorstellung, mit dem in der anschaulichen Vorstellung Gegebenen, nach der Seite des Objekts, die Wahrheit, und nach der Seite des Subjekts, das Wissen.

Das obige Vereint- oder Getrennt-seyn zweier Begriffssphären auszudrücken ist die Bestimmung der Kopula: »ist – ist nicht.« Durch diese ist jedes Verbum mittelst seines Particips ausdrückbar. Daher besteht alles Urtheilen im Gebrauch eines Verbi, und umgekehrt. Demnach ist die Bedeutung der Kopula, daß im Subjekt das Prädikat mitzudenken sei – nichts weiter. Jetzt erwäge man, worauf der Inhalt des Infinitivs der Kopula, »Seyn«, hinausläuft. Dieser nun aber ist ein Hauptthema der Professorenphilosophie gegenwärtiger Zeit. Indessen muß man es mit ihnen nicht so genau nehmen: die meisten nämlich wollen damit nichts Anderes, als die materiellen Dinge, die Körperwelt, bezeichnen, welcher sie, als vollkommen unschuldige Realisten, im Grund ihres Herzens, die höchste Realität beilegen. Nun aber so geradezu von den Körpern zu reden scheint ihnen zu vulgär: daher sagen sie »das Seyn«, als welches vornehmer klingt – und denken sich dabei die vor ihnen stehenden Tische und Stühle.

»Denn, weil, warum, darum, also, da, obgleich, zwar, dennoch, sondern, wenn – so, entweder – oder«, und ähnliche mehr, sind eigentlich logische Partikeln; da ihr alleiniger Zweck ist, das Formelle der Denkprocesse auszudrücken. Sie sind daher ein kostbares Eigenthum einer Sprache und nicht allen in gleicher Anzahl eigen. Namentlich scheint zwar (das zusammengezogene »es ist wahr«) der deutschen Sprache ausschließlich anzugehören: es bezieht sich allemal auf ein folgendes, oder hinzugedachtes aber, wie wenn auf so.

Die logische Regel, daß die der Quantität nach einzelnen Urtheile, also die, welche einen Einzelbegriff *(notio singularis)* zum Subjekt haben, eben so zu behandeln sind, wie die allgemeinen Urtheile, beruht darauf, daß sie in der That allgemeine Urtheile sind, die bloß das Eigene haben, daß ihr Subjekt ein Begriff ist, der nur durch ein einziges reales Objekt belegt werden kann, mithin nur ein einziges unter sich begreift: so, wenn der Begriff durch einen Eigennamen bezeichnet wird. Dies kommt aber eigentlich erst in Betracht, wenn man von der abstrakten Vorstellung abgeht zur anschaulichen, also die Begriffe realisiren will. Beim Denken selbst, beim Operiren mit den Urtheilen, entsteht daraus kein Unterschied; weil eben zwischen Einzelbegriffen und Allgemeinbegriffen kein logischer Unterschied ist: »Immanuel Kant« bedeutet logisch: »alle Immanuel Kant«. Demnach ist die Quantität der Urtheile eigentlich nur zwiefach: allgemeine und partikulare. Eine einzelne Vorstellung kann gar nicht das Subjekt eines Urtheils seyn; weil sie kein Abstraktum, kein Gedachtes, sondern ein Anschauliches ist: jeder Begriff hingegen ist wesentlich allgemein, und jedes Urtheil muß einen Begriff zum Subjekt haben.

Der Unterschied der besondern Urtheile *(propositiones particulares)* von den allgemeinen beruht oft nur auf dem äußern und zufälligen Umstande, daß die Sprache kein Wort hat, um den hier abzuzweigenden Theil des allgemeinen Begriffs, der das Subjekt eines solchen Urtheils ist, für sich auszudrücken, in welchem Fall manches besondere Urtheil ein allgemeines seyn würde. Z. B. das besondere Urtheil: »einige Bäume tragen Galläpfel«, wird zum allgemeinen, weil man für diese Abzweigung des Begriffs Baum ein eigenes Wort hat: »alle Eichen tragen Galläpfel«. Eben so verhält sich das Urtheil: »einige Menschen sind schwarz«, zu dem: »alle Mohren sind schwarz«. – Oder aber jener Unterschied beruht darauf, daß im Kopfe des Urtheilenden der Begriff, welchen er zum Subjekt des besondern Urtheils macht, sich nicht deutlich abgesondert hat von dem allgemeinen Begriff, als dessen Theil er ihn bezeichnet, sonst er statt dessen ein allgemeines Urtheil würde aussprechen können: z. B. statt des Urtheils: »einige Wiederkäuer haben obere Vorderzähne«, dieses: »alle ungehörnten Wiederkäuer haben obere Vorderzähne«.

Das hypothetische und das disjunktive Urtheil sind Aussagen über das Verhältniß zweier (beim disjunktiven auch mehrerer) kategorischer Urtheile zu einander. – Das hypothetische Urtheil sagt aus, daß von der Wahrheit des ersten der hier verknüpften kategorischen Urtheile die des zweiten abhängt, und von der Unwahrheit des zweiten die des ersten; also, daß diese zwei Sätze, in Hinsicht auf Wahrheit und Unwahrheit, in direkter Gemeinschaft stehn. – Das disjunktive Urtheil hingegen sagt aus, daß von der Wahrheit des einen der hier verknüpften kategorischen Urtheile die Unwahrheit der übrigen abhänge, und umgekehrt; also daß diese Sätze, in Hinsicht auf Wahrheit und Unwahrheit, in Widerstreit stehn. – Die Frage ist ein Urtheil, von dessen drei Stücken eines offen gelassen ist: also entweder die Kopula: »ist Kajus ein Römer – oder nicht?« oder das Prädikat: »ist Kajus ein Römer – oder etwas Anderes?« oder das Subjekt: »ist Kajus ein Römer – oder ist es ein Anderer?« – Die Stelle des offen gelassenen Begriffs kann auch ganz leer bleiben, z. B. was ist Kajus? – wer ist ein Römer?

Die επαγωγη, *inductio* [Schluß von der Folge auf den Grund], bei Aristoteles, ist das Gegentheil der απαγωγη [Schluß vom angenommenen Grund auf die Folge]. Diese weist einen Satz als falsch nach, indem sie zeigt, daß was aus ihm folgen würde, nicht wahr ist; also durch die *instantia in contrarium* [den Beweis des Gegenteils]. Die επαγωγη hingegen weist die Wahrheit eines Satzes dadurch nach, daß sie zeigt, daß was aus ihm folgen würde, wahr ist. Sie treibt demnach durch Beispiele zu einer Annahme hin; die απαγωγη treibt eben so von ihr ab. Mithin ist die επαγωγη, oder Induktion, ein Schluß von den Folgen auf den Grund, und zwar *modo ponente* [durch Setzen]: denn sie stellt aus vielen Fällen die Regel auf, aus der diese dann wieder die Folgen sind. Eben deshalb ist sie nie vollkommen sicher, sondern bringt es höchstens zu sehr großer Wahrscheinlichkeit. Indessen kann diese formelle Unsicherheit, durch die Menge der aufgezählten Folgen, einer materiellen Sicherheit Raum geben; in ähnlicher Weise, wie in der Mathematik die irrationalen Verhältnisse, mittelst Decimalbrüchen, der Rationalität unendlich nahe gebracht werden. Die απαγωγη hingegen ist zunächst der Schluß vom Grunde auf die Folgen, verfährt jedoch nachher *modo tollente* [durch Aufheben], indem sie das Nichtdaseyn einer nothwendigen Folge nachweist und dadurch die Wahrheit des angenommenen Grundes aufhebt. Eben deshalb ist sie stets vollkommen sicher und leistet durch ein einziges sicheres Beispiel *in contrarium* [für das Gegenteil] mehr, als die Induktion durch unzählige Beispiele für den aufgestellten Satz. So sehr viel leichter ist widerlegen, als beweisen, umwerfen, als aufstellen.

Kapitel 10.
Zur Syllogistik.

Wiewohl es sehr schwer hält, über einen seit mehr als zwei Tausend Jahren von Unzähligen behandelten Gegenstand, der überdies nicht durch Erfahrungen Zuwachs erhält, eine neue und richtige Grundansicht aufzustellen; so darf dies mich doch nicht abhalten, den hier folgenden Versuch einer solchen dem Denker zur Prüfung vorzulegen.

Ein Schluß ist die Operation unserer Vernunft, vermöge welcher aus zwei Urtheilen, durch Vergleichung derselben, ein drittes entsteht, ohne daß dabei irgend anderweitige Erkenntniß zu Hülfe genommen würde. Die Bedingung hiezu ist, daß solche zwei Urtheile einen Begriff gemein haben: denn sonst sind sie sich fremd und ohne alle Gemeinschaft. Unter dieser Bedingung aber werden sie Vater und Mutter eines Kindes, welches von Beiden etwas an sich hat. Auch ist besagte Operation kein

Akt der Willkür, sondern der Vernunft, welche, der Betrachtung solcher Urtheile hingegeben, ihn von selbst, nach ihren eigenen Gesetzen, vollzieht: insofern ist er objektiv, nicht subjektiv, und daher den strengsten Regeln unterworfen.

Beiläufig frägt sich, ob der Schließende durch den neu entstandenen Satz wirklich etwas Neues erfährt, etwas ihm vorher Unbekanntes? – Nicht schlechthin; aber doch gewissermaaßen. Was er erfährt, lag in Dem, was er wußte: also wußte er es schon mit. Aber er wußte nicht, daß er es wußte, welches ist, wie wenn man etwas hat, aber nicht weiß, daß man es hat; wo es so gut ist, als hätte man es nicht. Nämlich er wußte es nur *implicite*, jetzt weiß er es *explicite*: dieser Unterschied aber kann so groß seyn, daß ihm der Schlußsatz als eine neue Wahrheit erscheint. Z. B.

Alle Diamanten sind Steine;
Alle Diamanten sind verbrennlich:
Also sind einige Steine verbrennlich.

Das Wesen des Schlusses besteht folglich darin, daß wir uns zum deutlichen Bewußtseyn bringen, die Aussage der Konklusion schon in den Prämissen mitgedacht zu haben: er ist demnach ein Mittel, sich seiner eigenen Erkenntniß deutlicher bewußt zu werden, näher zu erfahren, oder inne zu werden, was man weiß. Die Erkenntniß, welche der Schlußsatz liefert, war latent, wirkte daher so wenig, wie latente Wärme aufs Thermometer wirkt. Wer Salz hat, hat auch Chlor; aber es ist als hätte er es nicht: denn nur wenn es chemisch entbunden ist, kann es als Chlor wirken; also erst dann besitzt er es wirklich. Eben so verhält sich der Erwerb, welchen ein bloßer Schluß aus schon bekannten Prämissen liefert: eine vorher gebundene oder latente Erkenntniß wird dadurch frei. Diese Vergleiche könnten zwar etwas übertrieben scheinen, sind es jedoch wohl nicht. Denn, weil wir viele der aus unsern Erkenntnissen möglichen Schlüsse sehr bald, sehr schnell und ohne Förmlichkeit vollziehn, weshalb auch keine deutliche Erinnerung derselben bleibt; so scheint es, daß keine Prämissen zu möglichen Schlüssen lange unbenutzt aufbewahrt blieben, sondern wir zu allen Prämissen, die im Bereich unsers Wissens liegen, auch schon die Konklusionen fertig hätten. Allein dies ist nicht immer der Fall: vielmehr können, in einem Kopfe, zwei Prämissen lange Zeit ein isolirtes Daseyn haben, bis endlich ein Anlaß sie zusammenführt, wo dann die Konklusion plötzlich hervorspringt, wie aus Stahl und Stein, erst wann sie an einander schlagen, der Funke. Wirklich liegen, sowohl zu theoretischen Einsichten, als zu Motiven, welche Entschlüsse herbeiführen, die von außen aufgenommenen Prämissen oft lange in uns und werden, zum Theil durch undeutlich bewußte, selbst wortlose Denkakte, mit unserm übrigen Vorrath von Erkenntnissen verglichen, ruminirt [überlegt] und gleichsam durcheinandergeschütttelt, bis endlich die rechte Major auf die rechte Minor trifft, wo diese alsbald sich gehörig stellen und nun die Konklusion mit Einem Male dasteht, als ein uns plötzlich aufgegangenes Licht, und ohne unser Zuthun, als wäre sie eine Inspiration: da begreifen wir nicht, wie wir und wie Andere Das so lange nicht erkannt haben. Freilich wird im glücklich organisirten Kopf dieser Proceß schneller und leichter vor sich gehn, als im gewöhnlichen: und eben weil er spontan, ja ohne deutliches Bewußtseyn vollzogen wird, ist er nicht zu erlernen. Daher sagt Goethe:

»Wie etwas sei leicht,
Weiß, der es erfunden und der es erreicht.«
[*West-östlicher Divan*, VI, 4]

Als ein Gleichniß des geschilderten Gedankenprocesses kann man jene Vorhängschlösser betrachten, die aus Ringen mit Buchstaben bestehn: am Koffer eines Reisewagens hängend werden sie so lange geschüttelt, bis endlich die Buchstaben des Wortes gehörig zusammentreffen und das Schloß aufgeht. Uebrigens aber ist dabei zu bedenken, daß der Syllogismus im Gedankengange selbst besteht, die Worte und Sätze aber, durch welche man ihn ausdrückt, bloß die nachgebliebene Spur desselben bezeichnen: sie verhalten sich zu ihm, wie die Klangfiguren aus Sand zu den Tönen, deren Vibrationen sie darstellen. Wann wir etwas überdenken wollen, rücken wir unsere Data zusammen, sie konkresciren [vereinigen sich] zu Urtheilen, welche sämmtlich schnell aneinandergehalten und verglichen werden, wodurch sich augenblicklich die daraus möglichen Konklusionen, mittelst des Gebrauchs aller drei syllogistischen Figuren, absetzen; wobei jedoch, wegen der großen Schnelligkeit dieser Operationen, nur wenige, bisweilen gar keine Worte gebraucht werden und bloß die Konklusion förmlich ausgesprochen wird. So geschieht es denn auch bisweilen, daß, indem wir auf diesem Wege, oder auch auf dem bloß intuitiven, d. h. durch ein glückliches

Apperçu, irgend eine neue Wahrheit uns zum Bewußtseyn gebracht haben, wir nun zu ihr, als der Konklusion, die Prämissen suchen, d. h. einen Beweis für dieselbe aufstellen möchten: denn die Erkenntnisse sind in der Regel früher da, als ihre Beweise. Wir durchwühlen alsdann den Vorrath unserer Erkenntnisse, um zu sehn, ob wir nicht darin irgend eine Wahrheit finden können, in welcher die neu entdeckte schon *implicite* enthalten wäre, oder zwei Sätze, durch deren regelmäßige Aneinanderfügung diese sich als Resultat ergäbe. – Hingegen liefert den förmlichsten und großartigsten Syllogismus, und zwar in der ersten Figur, jeder gerichtliche Proceß. Die Civil- oder Kriminal-Uebertretung, wegen welcher geklagt wird, ist die Minor: sie wird vom Kläger festgestellt. Das Gesetz für solchen Fall ist die Major. Das Urtheil ist die Konklusion, welche daher, als ein Nothwendiges, vom Richter bloß »erkannt« wird.

Jetzt aber will ich versuchen, von dem eigentlichen Mechanismus des Schließens die einfachste und richtigste Darstellung zu geben.

Das Urtheilen, dieser elementare und wichtigste Proceß des Denkens, besteht im Vergleichen zweier Begriffe; das Schließen im Vergleichen zweier Urtheile. Inzwischen wird gewöhnlich, in den Lehrbüchern, das Schließen ebenfalls auf ein Vergleichen von Begriffen zurückgeführt, wiewohl von dreien; indem nämlich aus dem Verhältniß, welches zwei dieser Begriffe zum dritten haben, dasjenige, welches sie zu einander haben, erkannt würde. Dieser Ansicht läßt sich die Wahrheit auch nicht absprechen, und indem dieselbe Anlaß zu der, auch von mir im Text gelobten, anschaulichen Darstellung der syllogistischen Verhältnisse mittelst gezeichneter Begriffssphären giebt, hat sie den Vorzug, die Sache leicht faßlich zu machen. Allein mir scheint, daß hier, wie in so manchen Fällen, die Faßlichkeit auf Kosten der Gründlichkeit erreicht wird. Der eigentliche Denkproceß beim Schließen, mit welchem die drei syllogistischen Figuren und ihre Nothwendigkeit genau zusammenhängen, wird dadurch nicht erkannt. Wir operiren nämlich beim Schließen nicht mit bloßen Begriffen, sondern mit ganzen Urtheilen, denen die Qualität, die allein in der Kopula und nicht in den Begriffen liegt, wie auch die Quantität, durchaus wesentlich ist, wozu auch sogar noch die Modalität kommt. Jene Darstellung des Schlusses als eines Verhältnisses d r e i e r B e g r i f f e fehlt darin, daß sie die Urtheile sogleich in ihre letzten Bestandtheile (die Begriffe) auflöst, wobei das Bindungsmittel dieser verloren geht und das den Urtheilen a l s s o l c h e n und in ihrer Ganzheit Eigenthümliche, welches gerade die Nothwendigkeit der aus ihnen hervorgehenden Konklusion herbeiführt, aus den Augen gebracht wird. Sie verfällt hiedurch in einen Fehler, der dem analog ist, den die organische Chemie begienge, wenn sie, z. B. in der Analyse der Pflanzen, diese sogleich in ihre l e t z t e n Bestandtheile auflöste, wo sie denn bei allen Pflanzen Karbon, Hydrogen und Oxygen erhalten, aber die specifischen Unterschiede verlieren würde, welche zu gewinnen man bei den n ä h e r n Bestandtheilen, den sogenannten Alkaloiden, stehn bleiben und sich hüten muß, diese gleich wieder zu zersetzen. – Aus drei gegebenen B e g r i f f e n läßt sich noch kein Schluß ziehn. Da sagt man freilich: das Verhältniß zweier derselben zum dritten muß dabei gegeben seyn. Der Ausdruck dieses Verhältnisses sind ja aber gerade die jene Begriffe verbindenden U r t h e i l e: also sind U r t h e i l e, nicht bloße B e g r i f f e, der Stoff des Schlusses. Demnach ist Schließen wesentlich ein Vergleichen zweier U r t h e i l e: mit diesen, mit den durch sie ausgedrückten Gedanken, und nicht bloß mit drei Begriffen, geht der Denkproceß in unserm Kopfe, auch wenn er unvollständig oder gar nicht durch Worte bezeichnet wird, vor sich, und als solchen, als ein Aneinanderhalten der ganzen, unzerlegten Urtheile, muß man ihn in Betrachtung nehmen, um den technischen Hergang beim Schließen eigentlich zu verstehn, woraus dann auch die Nothwendigkeit dreier, wirklich vernunftgemäßer, syllogistischer Figuren sich ergeben wird.

Wie man, bei der Darstellung der Syllogistik mittelst B e g r i f f s s p h ä r e n, diese sich unter dem Bilde von Kreisen denkt; so hat man, bei der Darstellung mittelst ganzer U r t h e i l e, sich diese unter dem Bilde von Stäben zu denken, die, zum Behuf der Vergleichung bald mit dem einen, bald mit dem andern Ende aneinandergehalten werden: die verschiedenen Weisen aber, nach denen dies geschehn kann, geben die drei Figuren. Da nun jede Prämisse ihr Subjekt und ihr Prädikat enthält; so sind diese zwei Begriffe als an den beiden Enden jedes Stabes befindlich vorzustellen. Verglichen werden jetzt die beiden Urtheile hinsichtlich der in ihnen beiden v e r s c h i e d e n e n Begriffe: denn der dritte Begriff muß in beiden, wie schon erwähnt, der selbige seyn; daher er keiner Vergleichung unterworfen, sondern Das ist, woran, d. h. in Bezug worauf, die beiden andern verglichen werden: es ist der Medius [Mittelbegriff]. Dieser ist sonach immer nur das Mittel und nicht die Hauptsache. Die beiden disparaten Begriffe hingegen sind der Gegenstand des Nachdenkens, und ihr Verhältniß zu einander, mittelst der Urtheile, in denen sie enthalten sind, herauszubringen, ist der Zweck des Syllogismus: daher eben redet die Konklusion nur von ihnen, nicht aber vom Medius, als welcher ein bloßes Mittel, ein Maaßstab war, den man fallen läßt, sobald er gedient hat. Ist nun dieser in beiden Sätzen identische Begriff, also der Medius, in einer Prämisse, das Subjekt derselben; so muß der zu vergleichende Begriff ihr Prädikat seyn, und umgekehrt. Sogleich stellt sich hier *a priori* die Möglichkeit dreier Fälle heraus: entweder nämlich wird das Subjekt der einen Prämisse mit dem Prädikat der andern verglichen, oder aber das Subjekt der einen mit dem Subjekt der andern, oder endlich das Prädikat der einen mit dem Prädikat der andern. Hieraus entstehn die drei syllogistischen Figuren des Aristoteles: die vierte, welche, etwas naseweis, hinzugefügt worden, ist unächt und eine Afterart: man schreibt sie dem Galenus zu; jedoch beruht dies bloß auf Arabischen Auktoritäten. Jede der drei Figuren stellt einen ganz verschiedenen, richtigen und natürlichen Gedankengang der Vernunft beim Schließen dar.

Ist nämlich, in den zwei zu vergleichenden Urtheilen, das Verhältniß zwischen dem Prädikat des einen und dem Subjekt des andern der Zweck der Vergleichung; so entsteht die erste Figur. Diese allein hat den Vorzug, daß die Begriffe, welche in der Konklusion Subjekt und Prädikat sind, beide auch schon in den Prämissen in der selben Eigenschaft auftreten; während in den zwei andern Figuren stets einer von ihnen in der Konklusion seine Rolle wechseln muß. Dadurch aber hat in der ersten Figur das Resultat stets weniger Neuheit und Ueberraschendes, als in den beiden andern. Jener Vorzug der ersten Figur wird nur dadurch erreicht, daß das Prädikat der Major verglichen wird mit dem Subjekt der Minor; nicht aber umgekehrt: welches daher hier wesentlich ist und herbeiführt, daß der Medius die beiden ungleichnamigen Stellen einnimmt, d. h. in der Major Subjekt und in der Minor

Prädikat ist; woraus eben wieder seine untergeordnete Bedeutung hervorgeht, indem er figurirt als ein bloßes Gewicht, welches man beliebig bald in die eine, bald in die andere Waagschaale legt. Der Gedankengang bei dieser Figur ist, daß dem Subjekt der Minor das Prädikat der Major zukommt, weil das Subjekt der Major dessen eigenes Prädikat ist; oder im negativen Fall, aus dem selben Grunde, das Umgekehrte. Hier wird also den durch einen Begriff gedachten Dingen eine Eigenschaft beigelegt, weil sie einer andern anhängt, die wir schon an ihnen kennen; oder umgekehrt. Daher ist hier das leitende Princip: *nota notae est nota rei ipsius, et repugnans notae repugnat rei ipsi.* [Ein Merkmal, welches dem Prädikat zukommt, kommt auch dessen Subjekt zu, und ein Merkmal, welches dem Prädikat nicht zukommt, kommt auch dessen Subjekt nicht zu. (Regel der ersten Schlußfigur.)]

Vergleichen wir hingegen zwei Urtheile in der Absicht, das Verhältniß, welches die Subjekte beider zu einander haben mögen, herauszubringen; so müssen wir zum gemeinsamen Maaßstab das Prädikat derselben nehmen: dieses wird demnach hier der Medius und muß folglich in beiden Urtheilen das selbe seyn. Daraus entsteht die zweite Figur. Hier wird das Verhältniß zweier Subjekte zu einander bestimmt, durch dasjenige, welches sie zu einem und dem selben Prädikat haben. Dies Verhältniß kann aber nur dadurch bedeutsam werden, daß das selbe Prädikat dem einen Subjekt beigelegt, dem andern abgesprochen wird, als wodurch es zu einem wesentlichen Unterscheidungsgrunde beider wird. Denn würde es beiden Subjekten beigelegt; so könnte dies über ihr Verhältniß zu einander nicht entscheidend seyn: weil fast jedes Prädikat unzähligen Subjekten zukommt. Noch weniger würde es entscheiden, wenn man es beiden abspräche. Hieraus folgt der Grundcharakter der zweiten Figur, daß nämlich die beiden Prämissen entgegengesetzte Qualität haben müssen: die eine muß bejahen, die andere verneinen. Daher ist hier die oberste Regel: *sit altera negans* [der eine Vordersatz muß verneinend sein]: deren Korollarium ist: *e meris affirmativis nihil sequitur* [aus nur bejahenden Vordersätzen folgt nichts]; eine Regel, gegen welche in einer losen, durch viele Zwischensätze verdeckten Argumentation bisweilen gesündigt wird. Aus dem Gesagten geht der Gedankengang, den diese Figur darstellt, deutlich hervor: es ist die Untersuchung zweier Arten von Dingen, in der Absicht sie zu unterscheiden, also festzustellen, daß sie nicht gleicher Gattung sind; welches hier dadurch entschieden wird, daß der einen Art eine Eigenschaft wesentlich ist, welche der andern fehlt. Daß dieser Gedankengang ganz von selbst die zweite Figur annimmt und nur in dieser sich scharf ausprägt, zeige ein Beispiel:

Alle Fische haben kaltes Blut;
Kein Wallfisch hat kaltes Blut:
Also ist kein Wallfisch ein Fisch.

Hingegen stellt dieser Gedanke sich in der ersten Figur matt, gezwungen und zuletzt ausgeflickt dar:

Keines, was kaltes Blut hat, ist ein Wallfisch;
Alle Fische haben kaltes Blut:
Also ist kein Fisch ein Wallfisch
Und folglich kein Wallfisch ein Fisch. –

Auch ein Beispiel mit bejahender Minor:

Kein Mohammedaner ist ein Jude;
Einige Türken sind Juden:
Also sind einige Türken keine Mohammedaner.

Als das leitende Princip für diese Figur stelle ich demnach auf: für die Modi mit verneinender Minor: *cui repugnat nota, etiam repugnat notatum* [Was nicht vom Prädikat gilt, gilt auch nicht vom Subjekt]: und für die mit bejahender Minor: *notato repugnat id cui nota repugnat* [Vom Subjekt gilt nicht, was nicht vom Prädikat gilt]. Deutsch läßt es sich so zusammenfassen: zwei Subjekte, die zu einem Prädikat in entgegengesetztem Verhältnisse stehn, haben zu einander ein negatives.

Der dritte Fall ist der, daß es die Prädikate zweier Urtheile sind, deren Verhältniß zu erforschen wir die Urtheile zusammenstellen: hieraus entsteht die dritte Figur, in welcher demgemäß der Medius in beiden Prämissen als Subjekt auftritt. Er ist auch hier das *tertium comparationis* [das zwei verglichenen Objekten Gemeinsame], der Maaßstab, der an beide zu untersuchende Begriffe gelegt wird, oder gleichsam ein chemisches Reagens, an welchem man beide prüft, um aus ihrem Verhältniß zu ihm, das zu erfahren, welches zwischen ihnen selbst Statt findet: demzufolge sagt dann die Konklusion aus, ob zwischen ihnen beiden ein Verhältniß von Subjekt und Prädikat vorhanden ist und wie weit sich dieses erstreckt. Demnach stellt in dieser Figur sich das Nachdenken über zwei Eigenschaften dar, welche man entweder für unvereinbar, oder aber für unzertrennlich zu halten geneigt ist und, um dieses zu entscheiden, sie in zwei Urtheilen zu Prädikaten eines und des selben Subjekts zu machen versucht. Hiedurch ergiebt sich nun, entweder daß beide Eigenschaften einem und dem selben Dinge zukommen, folglich ihre Vereinbarkeit, oder aber, daß ein Ding zwar die eine, jedoch nicht die andere hat, folglich ihre Trennbarkeit: Ersteres in allen Modis mit zwei affirmirenden, Letzteres in allen mit einer negirenden Prämisse: z. B.

Einige Thiere können sprechen;
Alle Thiere sind unvernünftig:
Also können einige Unvernünftige sprechen.

Nach Kant (Die falsche Spitzfindigkeit, § 4) würde nun dieser Schluß nur dadurch konklusiv [schlüssig] seyn, daß wir in Gedanken hinzufügten: »also einige Unvernünftige sind Thiere«. Dies scheint hier aber durchaus überflüssig und keineswegs der natürliche Gedankengang zu seyn. Um aber den selben Gedankenproceß direkt mittelst der ersten Figur zu vollziehn, müßte ich sagen:

»Alle Thiere sind unvernünftig;
Einige Sprechenkönnende sind Thiere«,

welches offenbar nicht der natürliche Gedankengang ist: ja, die alsdann sich ergebende Konklusion »einige Sprechenkönnende sind unvernünftig« müßte umgekehrt werden, um den Schlußsatz zu erhalten, den die dritte Figur von selbst ergiebt und auf welchen der ganze Gedankengang es abgesehn hat. – Nehmen wir noch ein Beispiel:

Alle Alkalimetalle schwimmen auf dem Wasser;
Alle Alkalimetalle sind Metalle:
Also einige Metalle schwimmen auf dem Wasser.

Bei der Versetzung in die erste Figur muß die Minor umgekehrt werden, lautet also: »einige Metalle sind Alkalimetalle«: sie besagt mithin nur, daß einige Metalle in der Sphäre »Alkalimetalle« liegen, so:

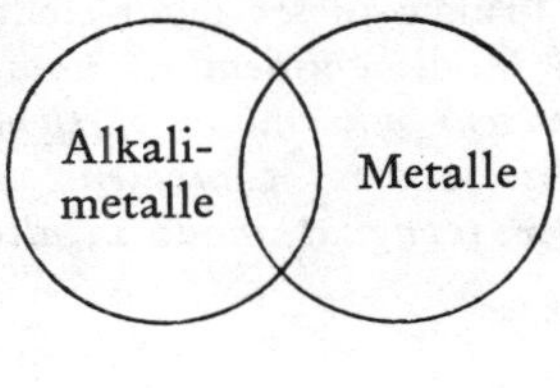

während unsere wirkliche Erkenntniß ist, daß alle Alkalimetalle in der Sphäre »Metalle« liegen, so:

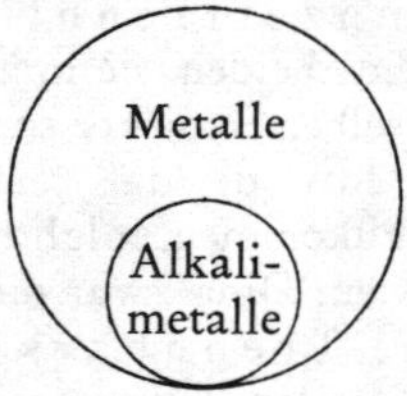

Folglich müßten wir, wenn die erste Figur die allein normale seyn soll, um naturgemäß zu denken, weniger denken, als wir wissen, und unbestimmt denken, während wir bestimmt wissen. Diese Annahme hat zu viel gegen sich. Ueberhaupt also ist zu leugnen, daß wir, beim Schließen in der zweiten und dritten Figur, im Stillen einen Satz umkehren. Vielmehr stellt die dritte und auch die zweite Figur einen eben so vernunftgemäßen Gedankenproceß dar, wie die erste. Betrachten wir jetzt noch ein Beispiel der andern Art der dritten Figur, wo die Trennbarkeit der beiden Prädikate das Ergebniß ist; weshalb hier eine Prämisse negirend seyn muß:

Kein Buddhaist glaubt einen Gott;
Einige Buddhaisten sind vernünftig:
Also glauben einige Vernünftige keinen Gott.

Wie in den obigen Beispielen die Vereinbarkeit, so ist jetzt die Trennbarkeit zweier Eigenschaften das Problem der Reflexion, welches auch hier dadurch entschieden wird, daß man sie an einem Subjekt vergleicht und an diesem die eine ohne die andere nachweist: dadurch erreicht man seinen Zweck unmittelbar, während man ihn durch die erste Figur nur mittelbar erreichen könnte. Denn um den Schluß auf diese zu reduciren, müßte man die Minor umkehren, mithin sagen: »Einige Vernünftige sind Buddhaisten«, welches nur ein verfehlter Ausdruck des Sinnes derselben wäre, als welcher besagt: »Einige Buddhaisten sind denn doch wohl vernünftig.«

Als das leitende Princip dieser Figur stelle ich demnach auf: für die bejahenden Modi: *ejusdem rei notae, modo sit altera universalis, sibi invicem sunt notae particulares:* und für die verneinenden Modi: *nota rei competens, notae eidem repugnanti, particulariter, repugnat, modo sit altera universalis.* Zu deutsch: Werden von einem Subjekte zwei Prädikate bejaht, und zwar wenigstens eines allgemein, so werden sie auch von einander partikulär bejaht; hingegen partikulär verneint, sobald eines derselben dem Subjekt widerspricht, von dem das andere bejaht wird: nur muß Jenes oder Dieses allgemein geschehn.

In der vierten Figur soll nun das Subjekt der Major mit dem Prädikat der Minor verglichen werden: allein in der Konklusion müsse Beide ihren Werth und ihre Stelle wieder vertauschen, so daß als Prädikat auftritt, was in der Major Subjekt war und als Subjekt, was in der Minor Prädikat war. Hieran wird sichtbar, daß diese Figur bloß die muthwillig auf den Kopf gestellte erste, keineswegs aber der Ausdruck eines wirklichen und der Vernunft natürlichen Gedankenganges ist.

Hingegen sind die drei ersten Figuren der Ektypos dreier wirklicher und wesentlich verschiedener Denkoperationen. Diese haben das Gemeinsame, daß sie in der Vergleichung zweier Urtheile bestehn: aber eine solche wird nur dann fruchtbar, wann sie einen Begriff gemeinschaftlich haben. Diesen können wir, wenn wir uns die Prämissen unter dem Bilde zweier Stäbe versinnlichen, als einen Haken denken, der sie mit einander verbindet: ja, man könnte, beim Vortrage, sich solcher Stäbe bedienen. Die drei Figuren unterscheiden sich hingegen dadurch, daß jene Urtheile verglichen werden entweder hinsichtlich ihrer beiden Subjekte, oder aber ihrer beiden Prädikate, oder endlich hinsichtlich des Subjekts des einen und des Prädikats des andern. Da nun jeder Begriff bloß sofern er bereits Theil eines Urtheils ist die Eigenschaft hat, Subjekt oder Prädikat zu seyn; so bestätigt dies meine Ansicht, daß im Syllogismus zunächst nur Urtheile verglichen werden, Begriffe aber bloß sofern sie Theile von Urtheilen sind. Beim Vergleich zweier Urtheile kommt es aber wesentlich darauf an, in Hinsicht auf was man sie vergleicht, nicht aber darauf, wodurch man sie vergleicht: jenes sind die disparaten Begriffe derselben, Letzteres der Medius, d. h. der in beiden identische Begriff. Es ist daher nicht der rechte Gesichtspunkt, den Lambert, ja eigentlich schon Aristoteles und fast alle Neueren genommen haben, bei der Analyse der Schlüsse vom Medius auszugehn, ihn zur Hauptsache und seine Stellung zum wesentlichen Charakter der Schlüsse zu machen. Vielmehr ist seine Rolle nur eine sekundäre und seine Stellung eine Folge des logischen Werthes der im Syllogismus eigentlich zu vergleichenden Begriffe. Diese sind zweien Substanzen, die chemisch zu prüfen wären, zu vergleichen, der Medius aber dem Reagens, a n welchem sie geprüft werden. Er nimmt daher allemal die Stelle ein, welche die zu vergleichenden Begriffe leer lassen, und kommt in der Konklusion nicht mehr vor. Er wird gewählt je nachdem sein Verhältniß zu beiden Begriffen bekannt ist und er sich zu der einzunehmenden Stelle eignet: daher kann man ihn in vielen Fällen auch beliebig gegen einen andern vertauschen, ohne daß es den Syllogismus afficirt: z. B. in dem Schluß:

Alle Menschen sind sterblich;
Kajus ist ein Mensch:

kann ich den Medius »Mensch« vertauschen mit »animalische Wesen«. In dem Schluß:

Alle Diamanten sind Steine;
Alle Diamanten sind brennbar:

kann ich den Medius »Diamant« vertauschen mit »Anthracit«. Als äußeres Merkmal, daran man sogleich die Figur eines Schlusses erkennt, ist allerdings der Medius sehr brauchbar. Aber zum Grundcharakter einer zu erklärenden Sache muß man ihr Wesentliches nehmen: dieses ist hier aber, ob man zwei Sätze zusammenstellt, um ihre Prädikate, oder ihre Subjekte, oder das Prädikat des einen und das Subjekt des andern zu vergleichen.

Also um als Prämissen eine Konklusion zu erzeugen, müssen zwei Urtheile einen gemeinschaftlichen Begriff haben, ferner nicht beide verneinend, auch nicht beide partikular seyn, endlich im Fall die beiden in ihnen zu vergleichenden Begriffe ihre Subjekte sind, dürfen sie auch nicht beide bejahend seyn.

Als ein Sinnbild des Syllogismus kann man die Voltaische Säule betrachten: ihr Indifferenzpunkt in der Mitte stellt den Medius vor, der das Zusammenhaltende der beiden Prämissen ist, vermöge dessen sie Schlußkraft haben: die beiden disparaten Begriffe hingegen, welche eigentlich das zu Vergleichende sind, werden durch die beiden heterogenen Pole der Säule dargestellt: erst indem diese, mittelst ihrer beiden Leitungsdrähte, welche die Kopula der beiden Urtheile versinnlichen, zusammengebracht werden, springt bei ihrer Berührung der Funke, – das neue Licht der Konklusion hervor.

Kapitel 11*.

Zur Rhetorik.

Beredsamkeit ist die Fähigkeit, unsere Ansicht einer Sache, oder unsere Gesinnung hinsichtlich derselben, auch in Andern zu erregen, unser Gefühl darüber in ihnen zu entzünden und sie so in Sympathie mit uns zu versetzen; dies Alles aber dadurch, daß wir, mittelst Worten, den Strohm unserer Gedanken in ihren Kopf leiten, mit solcher Gewalt, daß er den ihrer eigenen von dem Gange, den sie bereits genommen, ablenkt und in seinen Lauf mit fortreißt. Dies Meisterstück wird um so größer seyn, je mehr der Gang ihrer Gedanken vorher von dem unserigen abwich. Hieraus wird leicht begreiflich, warum die eigene Ueberzeugung und die Leidenschaft beredt macht, und überhaupt Beredsamkeit mehr Gabe der Natur, als Werk der Kunst ist: doch wird auch hier die Kunst die Natur unterstützen.

Um einen Andern von einer Wahrheit, die gegen einen von ihm festgehaltenen Irrthum streitet, zu überzeugen, ist die erste zu befolgende Regel eine leichte und natürliche: man lasse die Prämissen vorangehn, die Konklusion aber folgen. Dennoch wird diese Regel selten beobachtet, sondern umgekehrt verfahren; weil Eifer, Hastigkeit und Rechthaberei uns treiben, die Konklusion, laut und gellend, dem am entgegengesetzten Irrthum Hängenden entgegen zu schreien. Dies macht ihn leicht kopfscheu, und nun stemmt er seinen Willen gegen alle Gründe und Prämissen, von denen er schon weiß, zu welcher Konklusion sie führen. Daher soll man vielmehr die Konklusion völlig verdeckt halten und allein die Prämissen geben, deutlich, vollständig, allseitig. Wo möglich spreche man sogar die Konklusion gar nicht aus: sie wird sich in der Vernunft der Hörer nothwendig und gesetzmäßig von selbst einfinden, und die so in ihnen selbst geborene Ueberzeugung wird um so aufrichtiger, zudem von Selbstgefühl, statt von Beschämung, begleitet seyn. In schwierigen Fällen kann man sogar die Miene machen, zu einer ganz entgegengesetzten Konklusion, als die man wirklich beabsichtigt, gelangen zu wollen. Ein Muster dieser Art ist die berühmte Rede des Antonius im »Julius Cäsar« [III, 2] von Shakespeare.

---

* Dieses Kapitel steht in Beziehung zum Schlusse des § 9 des ersten Bandes.

Beim Vertheidigen einer Sache versehn Viele es darin, daß sie alles Ersinnliche, was sich dafür sagen läßt, getrost vorbringen, Wahres, Halbwahres und bloß Scheinbares durcheinander. Aber das Falsche wird bald erkannt, oder doch gefühlt, und verdächtigt nun auch das mit ihm zusammen vorgetragene Triftige und Wahre: man gebe also dieses rein und allein, und hüte sich, eine Wahrheit mit unzulänglichen und daher, sofern sie als zulänglich aufgestellt werden, sophistischen Gründen zu vertheidigen: denn der Gegner stößt diese um und gewinnt dadurch den Schein, auch die darauf gestützte Wahrheit selbst umgestoßen zu haben: d. h. er macht *argumenta ad hominem* [auf den Partner abgestimmte Beweisgründe] als *argumenta ad rem* [sachliche Beweisgründe] geltend. Zu weit, auf der andern Seite, gehn vielleicht die Chinesen, indem sie folgenden Spruch haben: »Wer beredt ist und eine scharfe Zunge hat, mag immer die Hälfte eines Satzes unausgesprochen lassen; und wer das Recht auf seiner Seite hat, kann drei Zehntel seiner Behauptung getrost nachgeben.«

Kapitel 12*.

Zur Wissenschaftslehre.

Aus der in sämmtlichen vorhergegangenen Kapiteln gegebenen Analyse der verschiedenen Funktionen unsers Intellekts erhellt, daß zu einem regelrechten Gebrauch desselben, sei es in theoretischer oder in praktischer Absicht, Folgendes erforderlich ist: 1) die richtige anschauende Auffassung der in Betracht genommenen realen Dinge und aller ihrer wesentlichen Eigenschaften und Verhältnisse, also aller Data. 2) Die Bildung richtiger Begriffe aus diesen, also die Zusammenfassung jener Eigenschaften unter richtige Abstrakta, welche jetzt das Material des nachfolgenden Denkens werden. 3) Die Vergleichung dieser Begriffe, theils mit dem Angeschauten, theils unter sich, theils mit dem übrigen Vorrath von Begriffen; so daß richtige, zur Sache gehörige und diese vollständig befassende und erschöpfende Urtheile daraus hervorgehn: also richtige

* Dieses Kapitel steht in Beziehung zu § 14 des ersten Bandes.

Beurtheilung der Sache. 4) Die Zusammenstellung, oder Kombination dieser Urtheile zu Prämissen von Schlüssen: diese kann nach Wahl und Anordnung der Urtheile sehr verschieden ausfallen und doch ist das eigentliche Resultat der ganzen Operation zunächst von ihr abhängig. Es kommt hiebei darauf an, daß, aus so vielen möglichen Kombinationen jener verschiedenen zur Sache gehörigen Urtheile, die freie Ueberlegung gerade die zweckdienlichen und entscheidenden treffe. – Ist aber bei der ersten Funktion, also bei der anschauenden Auffassung der Dinge und Verhältnisse, irgend ein wesentlicher Punkt übersehn worden; so kann die Richtigkeit aller nachfolgenden Operationen des Geistes doch nicht verhindern, daß das Resultat falsch ausfalle: denn dort liegen die Data, der Stoff der ganzen Untersuchung. Ohne die Gewißheit, daß diese richtig und vollständig beisammen seien, soll man sich, in wichtigen Dingen, jeder definitiven Entscheidung enthalten. –

Ein Begriff ist richtig; ein Urtheil wahr; ein Körper real; ein Verhältniß evident. – Ein Satz von unmittelbarer Gewißheit ist ein Axiom. Nur die Grundsätze der Logik und die aus der Anschauung *a priori* geschöpften der Mathematik, endlich auch das Gesetz der Kausalität, haben unmittelbare Gewißheit. – Ein Satz von mittelbarer Gewißheit ist ein Lehrsatz, und das dieselbe Vermittelnde ist der Beweis. – Wird einem Satz, der keine unmittelbare Gewißheit hat, eine solche beigelegt; so ist er eine *petitio principii* [Erschleichung des Beweisgrundes]. – Ein Satz, der sich unmittelbar auf die empirische Anschauung beruft, ist eine Assertion: seine Konfrontation mit derselben verlangt Urtheilskraft. – Die empirische Anschauung kann zunächst nur einzelne, nicht aber allgemeine Wahrheiten begründen: durch vielfache Wiederholung und Bestätigung erhalten solche zwar auch Allgemeinheit, jedoch nur eine komparative und prekäre, weil sie immer noch der Anfechtung offen steht. – Hat aber ein Satz absolute Allgemeingültigkeit; so ist die Anschauung, auf die er sich beruft, keine empirische, sondern *a priori*. Vollkommen sichere Wissenschaften sind demnach allein Logik und Mathematik: sie lehren uns aber auch eigentlich nur, was wir schon vorher wußten. Denn sie sind bloße Verdeutlichungen des uns *a priori* Bewußten, nämlich der Formen unsers eigenen Erkennens, die eine der des denkenden, die andere der des anschauenden. Wir spinnen sie daher ganz aus uns selbst heraus. Alles andere Wissen ist empirisch.

Ein Beweis beweist zu viel, wenn er sich auf Dinge oder Fälle erstreckt, von denen das zu Beweisende offenbar nicht gilt, daher er durch diese apagogisch [indirekt] widerlegt wird. – Die *Deductio ad absurdum* [Nachweisung der Widersinnigkeit] besteht eigentlich darin, daß man, die aufgestellte falsche Behauptung zum Obersatze nehmend und eine richtige Minor hinzufügend, eine Konklusio erhält, welche erfahrungsmäßigen Thatsachen oder unbezweifelbaren Wahrheiten widerspricht. Auf einem Umwege aber muß eine solche für jede falsche Lehre möglich seyn; sofern der Verfechter dieser doch wohl irgend eine Wahrheit erkennt und zugiebt: denn alsdann müssen die Folgerungen aus dieser und andererseits die aus der falschen Behauptung sich so weit fortführen lassen, bis zwei Sätze sich ergeben, die einander geradezu widersprechen. Von diesem schönen Kunstgriff ächter Dialektik finden wir im Plato viele Beispiele.

Eine richtige Hypothese ist nichts weiter, als der wahre und vollständige Ausdruck der vorliegenden Thatsache, welche der Urheber derselben in ihrem eigentlichen Wesen und innern Zusammenhang intuitiv aufgefaßt hatte. Denn sie sagt uns nur, was hier eigentlich vorgeht.

Den Gegensatz der analytischen und synthetischen Methode finden wir schon beim Aristoteles angedeutet, deutlich beschrieben jedoch vielleicht zuerst beim Proklos, als welcher ganz richtig sagt: Μεθοδοι δε παραδιδονται· καλλιστη μεν ἡ δια της αναλυσεως επ’ αρχην ὁμολογουμενην αναγουσα το ζητουμενον· ἡν και Πλατων, ὡς φασι, Λαοδαμαντι παρεδωκεν. κ. τ. λ. *(Methodi traduntur sequentes: pulcherrima quidem ea, quae per analysin quaesitum refert ad principium, de quo jam convenit; quam etiam Plato Laodamanti tradidisse dicitur.) In primum Euclidis librum,* [1,] *L. III.* [Als Methoden werden überliefert: als beste diejenige, welche auf analytischem Wege das, was man beweisen will, auf einen zugestandenen Grundsatz zurückführt, welche schon Platon, wie es heißt, dem Laodamas überliefert hat.] Allerdings besteht die analytische Methode im Zurückführen des Gegebenen auf ein zugestandenes Princip; die synthetische hingegen in dem Ableiten aus einem solchen. Sie haben daher

Analogie mit der, Kapitel 9 erörterten επαγωγη [Schluß von der Folge auf den Grund] und απαγωγη [Schluß vom Grund auf die Folge]; nur daß letztere nicht auf das Begründen, sondern stets auf das Umstoßen von Sätzen gerichtet ist. Die analytische Methode geht von den Thatsachen, dem Besondern, zu den Lehrsätzen, dem Allgemeinen, oder von den Folgen zu den Gründen; die andere umgekehrt. Daher wäre es viel richtiger, sie als die induktive und die deduktive Methode zu bezeichnen: denn die hergebrachten Namen sind unpassend und drücken die Sache schlecht aus.

Wollte ein Philosoph damit anfangen, die Methode, nach der er philosophiren will, sich auszudenken; so gliche er einem Dichter, der zuerst sich eine Aesthetik schriebe, um sodann nach dieser zu dichten: Beide aber glichen einem Menschen, der zuerst sich ein Lied sänge und hinterher danach tanzte. Der denkende Geist muß seinen Weg aus ursprünglichem Triebe finden: Regel und Anwendung, Methode und Leistung müssen, wie Materie und Form, unzertrennlich auftreten. Aber nachdem man angelangt ist, mag man den zurückgelegten Weg betrachten. Aesthetik und Methodologie sind, ihrer Natur nach, jünger als Poesie und Philosophie; wie die Grammatik jünger ist als die Sprache, der Generalbaß jünger als die Musik, die Logik jünger als das Denken.

Hier finde beiläufig eine Bemerkung ihre Stelle, durch die ich einem einreißenden Verderb, solange es noch Zeit ist, Einhalt thun möchte. – Daß das Lateinische aufgehört hat, die Sprache aller wissenschaftlichen Untersuchungen zu seyn, hat den Nachtheil, daß es nicht mehr eine unmittelbar gemeinsame wissenschaftliche Litteratur für ganz Europa giebt, sondern Nationallitteraturen; wodurch dann jeder Gelehrte zunächst auf ein viel kleineres, zudem in nationalen Einseitigkeiten und Vorurtheilen befangenes Publikum beschränkt ist. Sodann muß er jetzt die vier Europäischen Hauptsprachen, neben den beiden alten, erlernen. Hiebei nun wird es ihm eine große Erleichterung seyn, daß die *termini technici* [Fachausdrücke] aller Wissenschaften (mit Ausnahme der Mineralogie), als ein Erbtheil von unsern Vorgängern, Lateinisch oder Griechisch sind. Daher auch alle Nationen diese weislich beibehalten. Nur die Deutschen sind auf den unglücklichen Einfall gerathen, die *termini technici* aller Wissenschaften verdeutschen zu wollen. Dies hat zwei große Nachtheile. Erstlich wird der fremde und auch der deutsche Gelehrte genöthigt, alle Kunstausdrücke seiner Wissenschaft zwei Mal zu erlernen, welches, wo deren viele sind, z. B. in der Anatomie, unglaublich mühsam und weitläuftig ist. Wären die andern Nationen nicht, in diesem Stücke, klüger als die Deutschen; so hätten wir die Mühe, jeden *terminus technicus* fünf Mal zu erlernen. Fahren die Deutschen damit fort; so werden die auswärtigen Gelehrten die, überdies meistens viel zu ausführlichen, dazu in einem nachlässigen, schlechten, oft auch noch affektirten und geschmackwidrigen Stile, häufig auch mit einer unartigen Rücksichtslosigkeit gegen den Leser und dessen Bedürfnisse abgefaßten Bücher derselben vollends ungelesen lassen. – Zweitens sind jene Verdeutschungen der *termini technici* fast durchgängig lange, zusammengeflickte, ungeschickt gewählte, schleppende, dumpftönende, sich von der übrigen Sprache nicht scharf absondernde Worte, welche daher sich dem Gedächtniß schwer einprägen; während die von den alten, unvergeßlichen Urhebern der Wissenschaften gewählten Griechischen und Lateinischen Ausdrücke die sämmtlichen entgegengesetzten guten Eigenschaften haben und durch ihren sonoren Klang sich leicht einprägen. Was für ein häßliches, kakophonisches Wort ist nicht schon »Stickstoff« statt Azot! »Verbum, Substantiv, Adjektiv«, behält und unterscheidet sich doch leichter, als Zeitwort, Nennwort, Beiwort, oder gar »Umstandswort« statt Adverbium. Ganz unausstehlich und dazu noch gemein und barbiergesellenhaft ist es in der Anatomie. Schon »Pulsader und Blutader« sind der augenblicklichen Verwechselung leichter ausgesetzt, als Arterie und Vene: aber vollends verwirrend sind Ausdrücke wie »Fruchthälter, Fruchtgang und Fruchtleiter« statt *uterus, vagina* und *tuba Faloppii,* die doch jeder Arzt kennen muß und mit denen er in allen Europäischen Sprachen ausreicht; desgleichen »Speiche und Ellenbogenröhre« statt *radius* und *ulna,* die ganz Europa seit Jahrtausenden versteht: wozu alle jene ungeschickte, verwirrende, schleppende, ja abgeschmackte Verdeutschung? Nicht weniger widerlich ist die Uebersetzung der Kunstausdrücke in der Logik, wo denn unsere genialen Philosophieprofessoren die Schöpfer einer neuen Terminologie sind und fast Jeder seine eigene hat: bei G. E. Schulze z. B. heißt das Subjekt »Grundbegriff«, das Prädikat »Beilegungsbegriff«: da giebt es »Beilegungsschlüsse, Voraussetzungsschlüsse und Entgegensetzungsschlüsse«, die Urtheile haben »Größe, Beschaffenheit, Verhältniß und Zuverlässigkeit« d. h. Quantität, Qualität, Relation und Modalität. Die selbe widerwärtige Wirkung jener Deutschthümelei wird man in allen Wissenschaften finden. – Die Lateinischen und Griechischen Ausdrücke haben zudem noch den Vorzug, daß sie den wissenschaftlichen Begriff als einen solchen stämpeln und ihn aussondern aus den Worten des gemeinen Verkehrs und den diesen anklebenden Ideenassociationen; während z. B. »Speisebrei«, statt Chymus, von der Kost kleiner Kinder zu reden, und »Lungensack«, statt *pleura*, nebst »Herzbeutel«, statt *pericardium*, eher von Metzgern als von Anatomen herzurühren scheint. Endlich hängt an den antiken *terminis technicis* die unmittelbarste Nothwendigkeit der Erlernung der alten Sprachen, welche durch den Gebrauch der lebenden zu gelehrten Untersuchungen mehr und mehr in Gefahr geräth, beseitigt zu werden. Kommt es aber dahin, verschwindet der an die Sprachen gebundene Geist der Alten aus dem gelehrten Unterricht; dann wird Rohheit, Plattheit und Gemeinheit sich der ganzen Litteratur bemächtigen. Denn die Werke der Alten sind der Nordstern für jedes künstlerische oder litterarische Streben: geht der euch unter; so seid ihr verloren. Schon jetzt merkt man an dem jämmerlichen und läppischen Stil der meisten Schreiber, daß sie nie Latein geschrieben haben†. Sehr passend nennt man die Beschäftigung mit den Schriftstellern des Alterthums Humanitätsstudien: denn durch sie wird der Schüler zuvörderst wieder ein Mensch, indem er eintritt in die Welt, die noch rein war von allen Fratzen des Mittelalters und der Romantik, welche nachher in die Europäische Menschheit so tief eindrangen, daß auch noch jetzt Jeder damit betüncht zur Welt kommt und sie erst abzustreifen hat, um nur zuvörderst wieder ein Mensch zu werden. Denkt nicht, daß eure moderne Weisheit jene Weihe zum Menschen je ersetzen könne: ihr seid nicht, wie Griechen und Römer, geborene

† Ein Hauptnutzen des Studiums der Alten ist, daß es uns vor der Weitschweifigkeit bewahrt; indem die Alten stets bemüht sind, koncis und prägnant zu schreiben und der Fehler fast aller Neueren Weitschweifigkeit ist, welche die Allerneuesten durch Silben- und Buchstabensuppression gut zu machen suchen. Daher soll man das ganze Leben hindurch das Studium der Alten fortsetzen, wenn auch mit Beschränkung der darauf zu verwendenden Zeit. Die Alten wußten, daß man nicht schreiben soll, wie man spricht: Die Neuesten hingegen haben sogar die Unverschämtheit gehaltene Vorlesungen drucken zu lassen.

Freie, unbefangene Söhne der Natur. Ihr seid zunächst die Söhne und Erben des rohen Mittelalters und seines Unsinns, des schändlichen Pfaffentrugs und des halb brutalen, halb geckenhaften Ritterwesens. Geht es gleich mit Beiden jetzt allgemach zu Ende, so könnt ihr darum doch noch nicht auf eigenen Füßen stehn. Ohne die Schule der Alten wird eure Litteratur in gemeines Geschwätze und platte Philisterei ausarten. – Aus allen diesen Gründen also ist es mein wohlgemeinter Rath, daß man der oben gerügten Deutschmichelei ungesäumt ein Ende mache.

Ferner will ich hier die Gelegenheit nehmen, das Unwesen zu rügen, welches seit einigen Jahren, auf unerhörte Weise, mit der deutschen Rechtschreibung getrieben wird. Die Skribler, in jeder Gattung, haben nämlich so etwas vernommen von Kürze des Ausdrucks, wissen jedoch nicht, daß diese besteht in sorgfältigem Weglassen alles Ueberflüssigen, wozu denn freilich ihre ganze Schreiberei gehört; sondern vermeinen es dadurch zu erzwingen, daß sie die Worte beschneiden, wie die Gauner die Münzen, und jede Silbe, die ihnen überflüssig scheint, weil sie den Werth derselben nicht fühlen, ohne Weiteres abknappen. Z. B. unsere Vorfahren haben, mit richtigem Takt, »Beweis« und »Verweis«, hingegen »Nachweisung« gesagt: der feine Unterschied, analog dem zwischen »Versuch« und »Versuchung«, »Betracht« und »Betrachtung«, ist den dicken Ohren und dicken Schädeln nicht fühlbar; daher sie das Wort »Nachweis« erfunden haben, welches sogleich in allgemeinen Gebrauch gekommen ist: denn dazu gehört nur, daß ein Einfall recht plump und ein Schnitzer recht grob sei. Demgemäß ist die gleiche Amputation bereits an unzähligen Worten vorgenommen worden: z. B. statt »Untersuchung« schreibt man »Untersuch«, ja, gar statt »allmälig, mälig«, statt »beinahe, nahe«, statt »beständig, ständig«. Unterfienge sich ein Franzose *près* statt *presque*, ein Engländer *most* statt *almost* zu schreiben; so würde er einstimmig als ein Narr verlacht werden: in Deutschland aber gilt man durch so etwas für einen originellen Kopf. Chemiker schreiben bereits »löslich und unlöslich« statt »unauflöslich« und werden damit, wenn ihnen nicht die Grammatiker auf die Finger schlagen, die Sprache um ein werthvolles Wort bestehlen: l ö s l i c h sind Knoten, Schuhriemen, auch Konglomerate, deren Cäment erweicht wird, und alles diesem Analoge: a u f l ö s l i c h hingegen ist was in einer Flüssigkeit ganz verschwindet, wie Salz im Wasser. »Auflösen« ist der *ter-*

minus ad hoc [hierfür gültige Begriff], welcher Dies und nichts Anderes besagt, einen bestimmten Begriff aussondernd: den aber wollen unsere scharfsinnigen Sprachverbesserer in die allgemeine Spülwanne »Lösen« gießen: konsequenter Weise müßten sie dann auch statt »ablösen (von Wachen), auslösen, einlösen« u. s. w. überall »lösen« setzen, und in diesem, wie in jenem Fall der Sprache die Bestimmtheit des Ausdrucks benehmen. Aber die Sprache um ein Wort ärmer machen heißt das Denken der Nation um einen Begriff ärmer machen. Dahin aber tendiren die vereinten Bemühungen fast aller unserer Bücherschreiber seit zehn bis zwanzig Jahren: denn was ich hier an einem Beispiele gezeigt habe, ließe sich an hundert andern nachweisen, und die niederträchtigste Silbenknickerei grassirt wie eine Seuche. Die Elenden zählen wahrhaftig die Buchstaben und nehmen keinen Anstand, ein Wort zu verkrüppeln, oder eines in falschem Sinne zu gebrauchen, sobald nur zwei Buchstaben dabei zu lukriren [gewinnen] sind. Wer keiner neuen Gedanken fähig ist, will wenigstens neue Worte zu Markte bringen, und jeder Tintenklexer hält sich berufen, die Sprache zu verbessern. Am unverschämtesten treiben es die Zeitungsschreiber, und da ihre Blätter, vermöge der Trivialität ihres Inhalts, das allergrößte Publikum, ja ein solches haben, das größtentheils nichts Anderes liest; so droht durch sie der Sprache große Gefahr; daher ich ernstlich anrathe, sie einer orthographischen Censur zu unterwerfen, oder sie für jedes ungebräuchliche, oder verstümmelte Wort eine Strafe bezahlen zu lassen: denn was könnte unwürdiger seyn, als daß Sprachumwandelungen vom allerniedrigsten Zweig der Litteratur ausgiengen? Die Sprache, zumal eine relative Ursprache, wie die Deutsche, ist das köstlichste Erbtheil der Nation und dabei ein überaus komplicirtes, leicht zu verderbendes und nicht wieder herzustellendes Kunstwerk, daher ein *noli me tangere* [Rühre mich nicht an!]. Andere Völker haben dies gefühlt und haben gegen ihre, obwohl viel unvollkommneren Sprachen große Pietät bewiesen: daher ist Dante's und Petrarka's Sprache nur in Kleinigkeiten von der heutigen verschieden, Montaigne noch ganz lesbar, und so auch Shakespeare in seinen ältesten Ausgaben. – Dem Deutschen ist es sogar gut, etwas lange Worte im Munde zu haben: denn er denkt langsam und sie geben ihm Zeit zum besinnen. Aber jene eingerissene Sprachökonomie zeigt sich in noch mehreren charakteristischen

Phänomenen: sie setzen z. B., gegen alle Logik und Grammatik, das Imperfektum statt des Perfektums und Plusquamperfektums; sie stecken oft das Auxiliarverbum in die Tasche; sie brauchen den Ablativ statt des Genitivs; sie machen, um ein Paar logische Partikeln zu lukriren, so verflochtene Perioden, daß man sie vier Mal lesen muß, um hinter den Sinn zu kommen: denn bloß das Papier, nicht die Zeit des Lesers wollen sie sparen: bei Eigennamen deuten sie, ganz hottentottisch, den Kasus weder durch Flexion, noch Artikel an: der Leser mag ihn rathen. Besonders gern aber eskrokiren [hinwegschwindeln] sie die doppelten Vokale und das tonverlängernde h, diese der Prosodie geweihten Buchstaben; welches Verfahren gerade so ist, wie wenn man aus dem Griechischen das η und ω verbannen und statt ihrer ε und ο setzen wollte. Wer nun Scham, Märchen, Maß, Spaß schreibt, sollte auch Lon, Son, Stat, Sat, Jar, Al u. s. w. schreiben. Die Nachkommen aber werden, da ja die Schrift das Abbild der Rede ist, vermeinen, daß man auszusprechen hat, wie man schreibt: wonach dann von der Deutschen Sprache nur ein gekniffenes, spitzmäuliges, dumpfes Konsonantengeräusch übrig bleiben und alle Prosodie verloren gehn wird. Sehr beliebt ist auch, wegen Ersparniß eines Buchstabens, die Schreibart »Literatur« statt der richtigen »Litteratur«. Zu ihrer Vertheidigung wird das Particip des Verbums *linere* für den Ursprung des Wortes ausgegeben. *Linere* heißt aber s c h m i e r e n : daher möchte für den größten Theil der Deutschen Buchmacherei die beliebte Schreibart wirklich die richtige seyn, so daß man eine sehr kleine Litteratur und eine sehr ausgedehnte Literatur unterscheiden könnte. – Um kurz zu schreiben, veredele man seinen Stil und vermeide alles unnütze Gewäsche und Gekaue: da braucht man nicht, des theuren Papiers halber, Silben und Buchstaben zu eskrokiren. Aber so viele unnütze Seiten, unnütze Bogen, unnütze Bücher zu schreiben, und dann diese Zeit- und Papiervergeudung an den unschuldigen Silben und Buchstaben wieder einbringen zu wollen, – das ist wahrlich der Superlativ Dessen, was man auf Englisch *pennywise and pound-foolish* [sparsam im Kleinen und verschwenderisch im Großen] nennt. – Zu beklagen ist es, daß keine Deutsche Akademie daist, dem litterarischen Sanskülottismus [Revoluzzertum] gegenüber die Sprache in ihren Schutz zu nehmen, zumal in einer Zeit, wo auch die der alten Sprachen Unkundigen es wagen dürfen, die Presse zu beschäftigen. Ueber den ganzen, heut zu Tage mit der Deutschen Sprache getriebenen, unverzeihlichen Unfug habe ich mich des Weiteren ausgelassen in meinen Parergis, Bd. II, Kap. 23. –

Von der bereits in meiner Abhandlung »Ueber den Satz vom Grunde«, § 51, vorgeschlagenen und auch hier, § 7 und 15 des ersten Bandes, wieder berührten, obersten Eintheilung der Wissenschaften, nach der in ihnen vorherrschenden Gestalt des Satzes vom Grunde, will ich eine kleine Probe hiehersetzen, die jedoch ohne Zweifel mancher Verbesserung und Vervollständigung fähig seyn wird.

I. Reine Wissenschaften *a priori.*

1. Die Lehre vom Grunde des Seyns.
   a) im Raum: Geometrie.
   b) in der Zeit: Arithmetik und Algebra.
2. Die Lehre vom Grunde des Erkennens: Logik.

II. Empirische oder Wissenschaften *a posteriori.*

Sämmtlich nach dem Grunde des Werdens, d. i. dem Gesetz der Kausalität, und zwar nach dessen drei Modis.

1. Die Lehre von den Ursachen:
   a) Allgemeine: Mechanik, Hydrodynamik, Physik, Chemie.
   b) Besondere: Astronomie, Mineralogie, Geologie, Technologie, Pharmacie.
2. Die Lehre von den Reizen:
   a) Allgemeine: Physiologie der Pflanzen und Thiere, nebst deren Hülfswissenschaft Anatomie.
   b) Besondere: Botanik, Zoologie, Zootomie, vergleichende Physiologie, Pathologie, Therapie.
3. Die Lehre von den Motiven:
   a) Allgemeine: Ethik, Psychologie.
   b) Besondere: Rechtslehre, Geschichte.

Die Philosophie oder Metaphysik, als Lehre vom Bewußtseyn und dessen Inhalt überhaupt, oder vom Ganzen der Erfahrung als solcher, tritt nicht in die Reihe; weil sie nicht ohne Weiteres der Betrachtung, die der Satz vom Grunde heischt, nachgeht, sondern zuvörderst diesen selbst zum Gegenstande hat. Sie ist als der Grundbaß aller Wissenschaften anzusehn, ist aber höherer Art als diese und der Kunst fast so sehr als der Wissenschaft verwandt. – Wie in der Musik jede einzelne Periode dem Ton entsprechen muß, zu welchem der Grundbaß eben fortgeschritten ist; so wird jeder Schriftsteller, nach Maaßgabe seines Faches, das Gepräge der zu seiner Zeit herrschenden Philosophie tragen. – Ueberdies aber hat jede Wissenschaft noch ihre specielle Philosophie: daher man von einer Philosophie der Botanik, der Zoologie, der Geschichte u. s. w. redet. Hierunter ist vernünftigerweise nichts Anderes zu verstehn, als die Hauptresultate jeder Wissenschaft selbst, vom höchsten, d. h. allgemeinsten Standpunkt aus, der innerhalb derselben möglich ist, betrachtet und zusammengefaßt. Diese allgemeinsten Ergebnisse schließen sich unmittelbar an die allgemeine Philosophie an, indem sie ihr wichtige Data liefern und sie der Mühe überheben, diese im philosophisch unbearbeiteten Stoffe der Specialwissenschaften selbst zu suchen. Diese Specialphilosophien stehn demnach vermittelnd zwischen ihren speciellen Wissenschaften und der eigentlichen Philosophie. Denn da diese die allgemeinsten Aufschlüsse über das Ganze der Dinge zu ertheilen hat; so müssen solche auch auf das Einzelne jeder Art derselben herabgeführt und angewandt werden können. Die Philosophie jeder Wissenschaft entsteht inzwischen unabhängig von der allgemeinen Philosophie, nämlich aus den Datis ihrer eigenen Wissenschaft selbst: daher sie nicht zu warten braucht, bis jene endlich gefunden worden; sondern schon vorher ausgearbeitet, zur wahren allgemeinen Philosophie jedenfalls passen wird. Diese hingegen muß Bestätigung und Erläuterung erhalten können aus den Philosophien der einzelnen Wissenschaften: denn die allgemeinste Wahrheit muß durch die specielleren belegt werden können. Ein schönes Beispiel der Philosophie der Zoologie hat Goethe geliefert an seinen Reflexionen über Dalton's und Pander's Skelette der Nagethiere. (Hefte zur Morphologie, 1824.) Aehnliche Verdienste um die selbe Wissenschaft haben Kielmayer, Delamark, Geoffroy St. Hilaire, Cuvier u. a. m., sofern sie Alle die durchgängige Analogie, die innere Verwandtschaft, den bleibenden Typus und den gesetzmäßigen Zusammenhang der thierischen Gestalten hervorgehoben haben. – Empirische Wissenschaften, rein ihrer selbst wegen und ohne philosophische Tendenz betrieben, gleichen einem Antlitz ohne Augen. Sie sind inzwischen eine passende Beschäftigung für gute Kapacitäten [Fachbegabungen], denen jedoch die höchsten Fähigkeiten abgehn, welche auch eben den minutiosen Forschungen solcher Art hinderlich sein würden. Solche koncentriren ihre ganze Kraft und ihr gesammtes Wissen auf ein einziges abgestecktes Feld, in welchem sie daher, unter der Bedingung gänzlicher Unwissenheit in allem Uebrigen, die möglichst vollständige Erkenntniß erlangen können; während der Philosoph alle Felder übersehn, ja, in gewissem Grad darauf zu Hause seyn muß; wobei diejenige Vollkommenheit, welche man nur durch das Detail erlangt, nothwendig ausgeschlossen bleibt. Dafür aber sind Jene den Genfer Arbeitern zu vergleichen, deren Einer lauter Räder, der Andere lauter Federn, der Dritte lauter Ketten macht; der Philosoph hingegen dem Uhrmacher, der aus dem Allen erst ein Ganzes hervorbringt, welches Bewegung und Bedeutung hat. Auch kann man sie den Musicis im Orchester vergleichen, jeder von welchen Meister auf seinem Instrument ist, den Philosophen hingegen dem Kapellmeister, der die Natur und Behandlungsweise jedes Instruments kennen muß, ohne jedoch sie alle, oder auch nur eines, in großer Vollkommenheit, zu spielen. Skotus Erigena begreift alle Wissenschaften unter dem Namen *Scientia* [Wissenschaft], im Gegensatz der Philosophie, welche er *Sapientia* [Weisheit] nennt. Die selbe Distinktion haben schon die Pythagoreer gemacht; wie zu ersehn ist aus *Stobaei Florilegium, Vol. I, p. 20,* wo sie sehr klar und artig auseinandergesetzt ist. Aber ein überaus glückliches und pikantes Gleichniß des Verhältnisses beider Arten geistiger Bestrebungen zu einander haben die Alten so oft wiederholt, daß man nicht mehr weiß, wem es angehört. Diogenes Laertius (II, 79) schreibt es dem Aristippos zu, Stobäos *(Floril. tit. IV, 110)* dem Ariston [von] Chios, dem Aristoteles sein Scholiast (S. 8 der Berliner Ausgabe), Plutarch aber *(De puer.* [= *liberis*] *educ. c. 10)* dem Bion, *qui ajebat, sicut Penelopes proci, quum non possent cum Penelope concumbere, rem cum ejus ancillis habuissent; ita qui philosophiam nequeunt apprehendere, eos in aliis nullius pretii disciplinis sese conterere* [der sagte: wie die Freier, da sie der Penelope nicht beikommen konnten, sich mit ihren Mägden einließen, so verbrauchen diejenigen, welche der Philosophie nicht habhaft werden können, in den anderen minderwertigen Disziplinen ihre Kräfte]. In unserm überwiegend empirischen und historischen Zeitalter kann die Erinnerung daran nicht schaden.

Kapitel 13*.

Zur Methodenlehre der Mathematik.

Die Eukleidische Demonstrirmethode hat aus ihrem eigenen Schooß ihre treffendeste Parodie und Karikatur geboren, an der berühmten Streitigkeit über die Theorie der Parallelen und den sich jedes Jahr wiederholenden Versuchen, das elfte Axiom zu beweisen. Dieses nämlich besagt, und zwar durch das mittelbare Merkmal einer schneidenden dritten Linie, daß zwei sich gegen einander neigende (denn dies eben heißt »kleiner als zwei rechte seyn«), wenn genugsam verlängert, zusammentreffen müssen; welche Wahrheit nun zu komplicirt seyn soll, um für selbstevident zu gelten, daher sie eines Beweises bedarf, der nun aber nicht aufzubringen ist; eben weil es nichts Unmittelbareres giebt. Mich erinnert dieser Gewissensskrupel an die Schillersche Rechtsfrage:

»Jahre lang schon bedien' ich mich meiner Nase zum Riechen:
Hab' ich denn wirklich an sie auch ein erweisliches Recht?«

[*Die Philosophen.*]

ja, mir scheint, daß die logische Methode sich hiedurch bis zur Niaiserie [Albernheit] steigere. Aber gerade durch die Streitigkeiten darüber, nebst den vergeblichen Versuchen, das unmittelbar Gewisse als bloß mittelbar gewiß darzustellen, tritt die Selbstständigkeit und Klarheit der intuitiven Evidenz mit der Nutzlosigkeit und Schwierigkeit der logischen Ueberführung in einen Kontrast, der nicht weniger belehrend, als belustigend ist. Man will hier nämlich die unmittelbare Gewißheit deshalb nicht gelten lassen, weil sie keine bloß logische, aus dem Begriffe folgende, also allein auf dem Verhältniß des Prädikats zum Subjekt, nach dem Satze vom Widerspruch, beruhende ist. Nun ist aber jenes Axiom ein synthetischer Satz *a priori* und hat als solcher die Gewährleistung der reinen, nicht empirischen Anschauung, die eben so unmittelbar und sicher ist, wie der Satz vom Widerspruch selbst, von welchem alle Beweise ihre Gewißheit erst zur Lehn haben. Im Grunde gilt dies von jedem geometrischen Theorem, und es ist willkürlich, wo man hier die Gränze zwischen dem unmittelbar Gewissen und dem erst zu

---

* Dieses Kapitel bezieht sich auf § 15 des ersten Bandes.

Beweisenden ziehn will. – Mich wundert, daß man nicht vielmehr das achte Axiom angreift: »Figuren, die sich decken, sind einander gleich«. Denn das Sichdecken ist entweder eine bloße Tautologie, oder etwas ganz Empirisches, welches nicht der reinen Anschauung, sondern der äußern sinnlichen Erfahrung angehört. Es setzt nämlich Beweglichkeit der Figuren voraus: aber das Bewegliche im Raum ist allein die Materie. Mithin verläßt dies Provociren auf das Sichdecken den reinen Raum, das alleinige Element der Geometrie, um zum Materiellen und Empirischen überzugehn. –

Die angebliche Ueberschrift des Platonischen Lehrsaals, Αγεωμετρητος μηδεις εισιτω [Niemand trete ein, der nicht mit der Geometrie vertraut ist!], auf welche die Mathematiker so stolz sind, war ohne Zweifel dadurch motivirt, daß Plato die geometrischen Figuren als Mittelwesen zwischen den ewigen Ideen und den einzelnen Dingen ansah, wie dies Aristoteles in seiner Metaphysik öfter erwähnt (besonders *I, c. 6, p. 887, 998 et Scholia, p. 827, Ed. Berol.*). Ueberdies ließ der Gegensatz zwischen jenen für sich bestehenden, ewigen Formen, oder Ideen, und den vergänglichen einzelnen Dingen sich an den geometrischen Figuren am leichtesten faßlich machen und dadurch der Grund legen zur Ideenlehre, welche der Mittelpunkt der Philosophie Plato's, ja, sein einziges ernstliches und entschiedenes theoretisches Dogma ist: beim Vortrag desselben gieng er darum von der Geometrie aus. In gleichem Sinn wird uns gesagt, daß er die Geometrie als Vorübung betrachtete, durch welche der Geist der Schüler sich an die Beschäftigung mit unkörperlichen Gegenständen gewöhnte, nachdem derselbe bis dahin, im praktischen Leben, es nur mit körperlichen Dingen zu thun gehabt hatte *(Schol. in Aristot., p. 12, 15).* Dies also ist der Sinn, in welchem Plato die Geometrie den Philosophen empfahl: man ist daher nicht berechtigt, denselben weiter auszudehnen. Vielmehr empfehle ich, als Untersuchung des Einflusses der Mathematik auf unsere Geisteskräfte und ihres Nutzens für wissenschaftliche Bildung überhaupt, eine sehr gründliche und kenntnißreiche Abhandlung, in Form der Recension eines Buches von Whewell, in der *Edinburgh Review* vom Januar 1836: ihr Verfasser, der sie später, zusammen mit einigen andern Abhandlungen, unter seinem Namen herausgegeben hat, ist W. Hamilton, Professor der Logik und Metaphysik in Schottland. Dieselbe hat auch einen Deutschen Uebersetzer gefunden und ist für sich allein erschienen, unter dem Titel: »Ueber den Werth und Unwerth der Mathematik«, aus dem Englischen, 1836. Das Ergebniß derselben ist, daß der Werth der Mathematik nur ein mittelbarer sei, nämlich in der Anwendung zu Zwecken, welche allein durch sie erreichbar sind, liege; an sich aber lasse die Mathematik den Geist da, wo sie ihn gefunden hat, und sei der allgemeinen Ausbildung und Entwickelung desselben keineswegs förderlich, ja sogar entschieden hinderlich. Dies Ergebniß wird nicht nur durch gründliche dianoiologische [nach den Regeln der Denklehre erfolgende] Untersuchung der mathematischen Geistesthätigkeit dargethan, sondern auch durch eine sehr gelehrte Anhäufung von Beispielen und Auktoritäten befestigt. Der einzige unmittelbare Nutzen, welcher der Mathematik gelassen wird, ist, daß sie unstäte und flatterhafte Köpfe gewöhnen kann, ihre Aufmerksamkeit zu fixiren. – Sogar Cartesius, der doch selbst als Mathematiker berühmt war, urtheilte eben so über die Mathematik. In der *Vie de Descartes par Baillet, 1693, heißt es, Liv. II, ch. 6, p. 54: Sa propre expérience l'avait convaincu du peu d'utilité des mathématiques, surtout lorsqu' on ne les cultive que pour elles mêmes. – – – Il ne voyait rien de moins solide, que de s'occuper de nombres tout simples et de figures imaginaires* u. s. f. [Seine eigene Erfahrung hatte ihn von dem geringen Nutzen der Mathematik überzeugt, zumal wenn man sie nur um ihrer selbst willen treibt ... Er fand, keine Beschäftigung sei weniger gediegen als die mit bloßen Zahlen und eingebildeten Figuren.]

Kapitel 14.

Ueber die Gedankenassociation.

Die Gegenwart der Vorstellungen und Gedanken in unserm Bewußtseyn ist dem Satze vom Grund, in seinen verschiedenen Gestalten, so streng unterworfen, wie die Bewegung der Körper dem Gesetze der Kausalität. So wenig ein Körper ohne Ursache in Bewegung gerathen kann, ist es möglich, daß ein Gedanke ohne Anlaß ins Bewußtseyn trete. Dieser Anlaß ist nun entweder ein äußerer, also ein Eindruck auf die Sinne; oder ein innerer, also selbst wieder ein Gedanke, der einen andern herbeiführt, vermöge der Association. Diese wieder beruht entweder auf einem Verhältniß von Grund und Folge zwischen beiden; oder aber auf Aehnlichkeit, auch bloßer Analogie; oder endlich auf Gleichzeitigkeit ihrer ersten Auffassung, welche wieder in der räumlichen Nachbarschaft ihrer Gegenstände ihren Grund haben kann. Die beiden letztern Fälle bezeichnet das Wort *à propos.* Für den intellektuellen Werth eines Kopfes ist das Vorherrschen des einen dieser drei Bänder der Gedankenassociation vor den andern charakteristisch: das zuerst genannte wird in den denkenden und gründlichen, das zweite in den witzigen, geistreichen, poetischen, das letzte in den beschränkten Köpfen vorherrschen. Nicht weniger charakteristisch ist der Grad der Leichtigkeit, mit welcher ein Gedanke andere, in irgend einer Beziehung zu ihm stehende, hervorruft: sie macht die Regsamkeit des Geistes aus. Aber die Unmöglichkeit des Eintritts eines Gedankens ohne seinen genügenden Anlaß, selbst beim stärksten Willen ihn hervorzurufen, bezeugen alle die Fälle, wo wir vergeblich bemüht sind, uns auf etwas zu besinnen, und nun den ganzen Vorrath unserer Gedanken durchprobiren, um irgend einen zu finden, der mit dem gesuchten associirt sei: finden wir jenen, so ist auch dieser da. Stets sucht wer eine Erinnerung hervorrufen will, zunächst nach einem Faden, an dem sie durch die Gedankenassociation hängt. Hierauf beruht die Mnemonik [Gedächtnisbildung]: sie will zu allen aufzubewahrenden Begriffen, Gedanken, oder Worten, uns mit leicht zu findenden Anlässen versehn. Das Schlimme jedoch ist, daß doch auch diese Anlässe selbst erst wiedergefunden werden müssen und hiezu wieder eines Anlasses bedürfen. Wie viel bei der Erinnerung der Anlaß leistet, läßt sich daran nachweisen, daß Einer, der in einem Anekdotenbuch funfzig Anekdoten gelesen und dann es weggelegt hat, gleich darauf bisweilen nicht auf eine einzige sich besinnen kann: kommt jedoch ein Anlaß, oder fällt ihm ein Gedanke ein, der irgend eine Analogie mit einer jener Anekdoten hat; so fällt diese ihm sogleich ein; und so gelegentlich alle funfzig. Das Selbe gilt von Allem, was man liest. – Im Grund beruht unser unmittelbares, d. h. nicht durch mnemonische Künste vermitteltes, Wortgedächtniß, und mit diesem unsere ganze Sprachfähigkeit, auf der unmittelbaren

Gedankenassociation. Denn das Erlernen der Sprache besteht darin, daß wir, auf immer, einen Begriff mit einem Worte so zusammenketten, daß bei diesem Begriff stets zugleich dieses Wort, und bei diesem Wort dieser Begriff uns einfällt. Den selben Proceß haben wir nachmals bei Erlernung jeder neuen Sprache zu wiederholen. Erlernen wir jedoch eine Sprache bloß zum passiven, nicht zum aktiven Gebrauch, d. h. zum Lesen, nicht zum Sprechen, wie z. B. meistens das Griechische; so ist die Verkettung einseitig, indem beim Wort uns der Begriff, nicht aber durchweg beim Begriff das Wort einfällt. Der selbe Hergang, wie bei der Sprache, wird im Einzelnen augenfällig bei Erlernung jedes neuen Eigennamens. Bisweilen aber trauen wir uns nicht zu, mit dem Gedanken an d i e s e Person, oder Stadt, Fluß, Berg, Pflanze, Thier u. s. w. den Namen derselben unmittelbar so fest zu verknüpfen, daß er ihn von selbst herbeizöge: alsdann helfen wir uns mnemonisch und verknüpfen das Bild der Person, oder Sache, mit irgend einer anschaulichen Eigenschaft, deren Name im ihrigen vorkommt. Jedoch ist dies nur ein einstweiliges Gerüst zur Stützung: späterhin lassen wir es fallen, indem die Gedankenassociation eine unmittelbare wird.

Das Suchen nach einem Faden der Erinnerung zeigt sich in eigenthümlicher Art, wenn es ein Traum ist, den wir beim Erwachen vergessen haben, als wo wir vergeblich nach Dem suchen, was noch vor wenigen Minuten uns mit der Macht der hellsten Gegenwart beschäftigte, jetzt aber ganz entwichen ist; weshalb wir dann nach irgend einem zurückgebliebenen Eindruck haschen, an dem das Fädchen hienge, welches, vermöge der Association, jenen Traum wieder in unser Bewußtsein zurückziehn könnte. Selbst aus dem magnetisch-somnambulen Schlafe soll bisweilen Erinnerung möglich seyn, durch ein im Wachen vorgefundenes sinnliches Zeichen: nach Kieser, »Tellurismus«, Bd. II, § 271. Auf der selben Unmöglichkeit des Eintritts eines Gedankens ohne seinen Anlaß beruht es, daß, wenn wir uns vorsetzen, zu einer bestimmten Zeit irgend etwas zu thun, dieses nur dadurch geschehn kann, daß wir entweder bis dahin an nichts Anderes denken, oder aber zur bestimmten Zeit durch irgend etwas daran e r i n n e r t werden, welches entweder ein äußerer, dazu vorherbereiteter Eindruck, oder auch ein selbst wieder gesetzmäßig herbeigeführter Gedanke seyn kann. Beides gehört dann in die Klasse der Motive. – Jeden Morgen, beim Erwachen, ist das Bewußtseyn eine *tabula rasa* [völlige Leere], die sich aber schnell wieder füllt. Zunächst nämlich ist es die jetzt wieder eintretende Umgebung des vorigen Abends, welche uns an das erinnert, was wir unter eben dieser Umgebung gedacht haben: daran knüpfen sich die Ereignisse des vorigen Tages, und so ruft ein Gedanke schnell den andern hervor, bis Alles, was uns gestern beschäftigte, wieder daist. Darauf, daß dies gehörig geschehe, beruht die Gesundheit des Geistes, im Gegensatz des Wahnsinns, der, wie im dritten Buche gezeigt wird, eben darin besteht, daß große Lücken im Zusammenhange der Rückerinnerung Statt haben. Wie gänzlich aber der Schlaf den Faden der Erinnerung unterbricht, so daß dieser an jedem Morgen wieder angeknüpft werden muß, sehn wir an einzelnen Unvollkommenheiten dieser Operation: z. B. eine Melodie, welche Abends uns zum Ueberdruß im Kopfe herumgieng, können wir bisweilen am andern Morgen nicht wiederfinden.

Eine Ausnahme zu dem Gesagten scheinen die Fälle zu liefern, wo ein Gedanke, oder ein Bild der Phantasie, uns plötzlich und ohne bewußten Anlaß in den Sinn kommt. Meistens ist dies jedoch Täuschung, die darauf beruht, daß der Anlaß so gering, der Gedanke selbst aber so hell und interessant war, daß er jenen augenblicklich aus dem Bewußtsein verdrängte: bisweilen aber mag ein solcher urplötzlicher Eintritt einer Vorstellung innere körperliche Eindrücke, entweder der Theile des Gehirns auf einander, oder auch des organischen Nervensystems auf das Gehirn zur Ursache haben.

Ueberhaupt ist in der Wirklichkeit der Gedankenproceß unsers Innern nicht so einfach, wie die Theorie desselben; da hier vielerlei ineinandergreift. Vergleichen wir, um uns die Sache zu veranschaulichen, unser Bewußtseyn mit einem Wasser von einiger Tiefe; so sind die deutlich bewußten Gedanken bloß die Oberfläche: die Masse hingegen ist das Undeutliche, die Gefühle, die Nachempfindung der Anschauungen und des Erfahrenen überhaupt, versetzt mit der eigenen Stimmung unsers Willens, welcher der Kern unsers Wesens ist. Diese Masse des ganzen Bewußtseyns ist nun, mehr oder weniger, nach Maaßgabe der intellektuellen Lebendigkeit, in steter Bewegung, und was in Folge dieser auf die Oberfläche steigt, sind die klaren Bilder der Phantasie, oder die deutlichen, bewußten, in Worten ausgedrückten Gedanken und die Beschlüsse des Willens. Selten liegt der ganze Proceß unsers Denkens und Beschließens auf der Oberfläche, d. h. besteht in einer Verkettung deutlich gedachter Urtheile; obwohl wir dies anstreben, um uns und Andern Rechenschaft geben zu können: gewöhnlich aber geschieht in der dunkeln Tiefe die Rumination [reifliche Überlegung] des von außen erhaltenen Stoffes, durch welche er zu Gedanken umgearbeitet wird; und sie geht beinahe so unbewußt vor sich, wie die Umwandelung der Nahrung in die Säfte und Substanz des Leibes. Daher kommt es, daß wir oft vom Entstehn unserer tiefsten Gedanken keine Rechenschaft geben können: sie sind die Ausgeburt unsers geheimnißvollen Innern. Urtheile, Einfälle, Beschlüsse steigen unerwartet und zu unserer eigenen Verwunderung aus jener Tiefe auf. Ein Brief bringt uns unvermuthete, wichtige Nachrichten, in Folge deren eine Verwirrung unserer Gedanken und Motive eintritt: wir entschlagen uns der Sache einstweilen und denken nicht wieder daran; aber am andern, oder dem dritten, vierten Tage steht bisweilen das ganze Verhältniß, mit dem was wir dabei zu thun haben, deutlich vor uns. Das Bewußtseyn ist die bloße Oberfläche unsers Geistes, von welchem, wie vom Erdkörper, wir nicht das Innere, sondern nur die Schaale kennen.

Was aber die Gedankenassociation selbst, deren Gesetze oben dargelegt worden, in Thätigkeit versetzt, ist, in letzter Instanz, oder im Geheimen unsers Innern, der Wille, welcher seinen Diener, den Intellekt, antreibt, nach Maaßgabe seiner Kräfte, Gedanken an Gedanken zu reihen, das Aehnliche, das Gleichzeitige zurückzurufen, Gründe und Folgen zu erkennen: denn im Interesse des Willens liegt, daß überhaupt gedacht werde, damit man möglichst orientirt sei, für alle vorkommenden Fälle. Daher ist die Gestalt des Satzes vom Grunde, welche die Gedankenassociation beherrscht und thätig erhält, im letzten Grunde, das Gesetz der Motivation; weil Das, was das Sensorium lenkt und es bestimmt, in dieser oder jener Richtung, der Analogie, oder sonstigen Gedankenassociation, nachzugehn, der Wille des denkenden Subjekts ist. Wie nun also hier die Gesetze des Ideennexus doch nur auf der Basis des Willens bestehn; so besteht der Kausalnexus der Körper in der realen Welt eigentlich auch nur auf der Basis des in den Erscheinungen dieser sich äußernden Willens; weshalb die Erklärung aus Ursachen nie eine absolute und erschöpfende ist, sondern zurückweist auf Naturkräfte als ihre Bedingung, deren Wesen eben der Wille als Ding an sich ist; – wobei ich freilich das folgende Buch anticipirt habe.

Weil nun aber die äußern (sinnlichen) Anlässe der Gegenwart unserer Vorstellungen eben so wohl wie die innern (der Gedankenassociation), und beide unabhängig von einander, beständig auf das Bewußtseyn einwirken; so entstehn hieraus die häufigen Unterbrechungen unsers Gedankenlaufs, welche eine gewisse Zerstückelung und Verwirrung unsers Denkens herbeiführen, die zu den nicht zu beseitigenden Unvollkommenheiten desselben gehört, welche wir jetzt in einem eigenen Kapitel betrachten wollen.

Kapitel 15.

Von den wesentlichen Unvollkommenheiten des Intellekts.

Unser Selbstbewußtseyn hat nicht den Raum, sondern allein die Zeit zur Form: deshalb geht unser Denken nicht, wie unser Anschauen, nach drei Dimensionen vor sich, sondern bloß nach einer, also auf einer Linie, ohne Breite und Tiefe. Hieraus entspringt die größte der wesentlichen Unvollkommenheiten unsers Intellekts. Wir können nämlich Alles nur successive erkennen und nur Eines zur Zeit uns bewußt werden, ja, auch dieses Einen nur unter der Bedingung, daß wir derweilen alles Andere vergessen, also uns desselben gar nicht bewußt sind, mithin es so lange aufhört für uns dazuseyn. In dieser Eigenschaft ist unser Intellekt einem Teleskop mit einem sehr engen Gesichtsfelde zu vergleichen; weil eben unser Bewußtseyn kein stehendes, sondern ein fließendes ist. Der Intellekt apprehendirt nämlich nur successiv und muß, um das Eine zu ergreifen, das Andere fahren lassen, nichts, als die Spuren von ihm zurückbehaltend, welche immer schwächer werden. Der Gedanke, der mich jetzt lebhaft beschäftigt, muß mir, nach einer kurzen Weile, ganz entfallen seyn: tritt nun noch eine wohldurchschlafene Nacht dazwischen; so kann es kommen, daß ich ihn nie wiederfinde; es sei denn, daß er an mein persönliches Interesse, d.h. an meinen Willen geknüpft wäre, als welcher stets das Feld behauptet.

Auf dieser Unvollkommenheit des Intellekts beruht das Rhapsodische [Unzusammenhängende] und oft Fragmentarische unsers Gedankenlaufs, welches ich bereits am Schlusse des vorigen Kapitels berührt habe, und aus diesem entsteht die unvermeidliche Zerstreuung unsers Denkens. Theils nämlich dringen äußere Sinneseindrücke störend und unterbrechend auf dasselbe ein, ihm jeden Augenblick das Fremdartigste aufzwingend, theils zieht am Bande der Association ein Gedanke den andern herbei und wird nun selbst von ihm verdrängt; theils endlich ist auch der Intellekt selbst nicht ein Mal fähig sich sehr lange und anhaltend auf einen Gedanken zu heften: sondern wie das Auge, wenn es lange auf einen Gegenstand hinstarrt, ihn bald nicht mehr deutlich sieht, indem die Umrisse in einander fließen, sich verwirren und endlich Alles dunkel wird; so wird auch, durch lange fortgesetztes Grübeln über eine Sache, allmälig das Denken verworren, stumpft sich ab und endigt in völliger Dumpfheit. Daher müssen wir jede Meditation oder Deliberation [Überlegung], welche glücklicherweise ungestört geblieben, aber doch nicht zu Ende geführt worden, auch wenn sie die wichtigste und uns angelegenste Sache betrifft, nach einer gewissen Zeit, deren Maaß individuell ist, vor der Hand aufgeben und ihren uns so interessanten Gegenstand aus dem Bewußtseyn entlassen, um uns, so schwer die Sorge darüber auch auf uns lastet, jetzt mit unbedeutenden und gleichgültigen Dingen zu beschäftigen. Während dieser Zeit nun ist jener wichtige Gegenstand für uns nicht mehr vorhanden: er ist jetzt, wie die Wärme im kalten Wasser, latent. Wenn wir ihn nun, zur andern Zeit, wieder aufnehmen; so kommen wir an ihn wie an eine neue Sache, in der wir uns von Neuem, wiewohl schneller, orientiren, und auch der angenehme, oder widrige Eindruck derselben auf unsern Willen tritt von Neuem ein. Inzwischen kommen wir selbst nicht ganz unverändert zurück. Denn mit der physischen Mischung der Säfte und Spannung der Nerven, welche, nach Stunden, Tagen und Jahreszeiten, stets wechselt, ändert sich auch unsere Stimmung und Ansicht: zudem haben die in der Zwischenzeit dagewesenen fremdartigen Vorstellungen einen Nachklang zurückgelassen, dessen Ton auf die folgenden Einfluß hat. Daher erscheint uns die selbe Sache zu verschiedenen Zeiten, Morgens, Abends, Nachmittags, oder am andern Tage, oft sehr verschieden: entgegengesetzte Ansichten derselben drängen sich jetzt auf und vermehren unsern Zweifel. Darum spricht man vom Beschlafen einer Angelegenheit und fordert zu großen Entschlüssen lange Ueberlegungszeit. Wenn nun gleich diese Beschaffenheit unsers Intellekts, als aus der Schwäche desselben entspringend, ihre offenbaren Nachtheile hat; so gewährt sie andererseits den Vortheil, daß wir, nach der Zerstreuung und der physischen Umstimmung, als komparativ Andere, frisch und fremd zu unserer Angelegenheit zurückkehren und so sie mehrmals in stark verändertem Lichte erblicken können. – Aus diesem allen ist ersichtlich, daß das menschliche Bewußtseyn und Denken, seiner Natur nach, nothwendig fragmentarisch ist, weshalb die theoretischen oder praktischen Ergebnisse, welche durch die Zusammensetzung solcher Fragmente erlangt werden, meistens mangelhaft ausfallen. Dabei gleicht unser denkendes Bewußtseyn einer *Laterna magica*, in deren Fokus nur Ein Bild zur Zeit erscheinen kann und jedes, auch wenn es das Edelste darstellt, doch bald verschwinden muß, um dem Heterogensten, ja Gemeinsten Platz zu machen. – In praktischen Angelegenheiten werden die wichtigsten Pläne und Beschlüsse im Allgemeinen festgestellt: diesen aber ordnen andere, als Mittel zum Zweck, sich unter, diesen wieder andere und so bis zum Einzelnen, *in concreto* Auszuführenden herab. Nun aber kommen sie nicht in der Reihe ihrer Dignität zur Ausführung, sondern während die Pläne im Großen und Allgemeinen uns beschäftigen, müssen wir mit den kleinsten Einzelheiten und der Sorge des Augenblicks kämpfen. Dadurch wird unser Bewußtsein noch desultorischer [unsteter]. Ueberhaupt machen theoretische Geistesbeschäftigungen zu praktischen Angelegenheiten und diese wieder zu jenen unfähig.[1]

In Folge des dargestellten unvermeidlich Zerstreuten und Fragmentarischen alles unsers Denkens, und des dadurch herbeigeführten Gemisches der heterogensten Vorstellungen, welches auch dem edelsten menschlichen Geiste anhängt, haben wir eigentlich nur e i n e h a l b e B e s i n n u n g und tappen mit dieser im Labyrinth unsers Lebenswandels und im Dunkel unserer Forschungen umher: helle Augenblicke erleuchten dabei wie Blitze unsern Weg. Aber was läßt sich überhaupt von Köpfen erwarten, unter denen selbst der weiseste allnächtlich der Tummelplatz der abenteuerlichsten und unsinnigsten Träume ist und von diesen kommend seine Meditationen wieder aufnehmen soll? Offenbar ist ein so großen Beschränkungen unterliegendes Bewußtseyn zur Ergründung des Räthsels der Welt wenig geeignet, und ein solches Bestreben müßte Wesen höherer Art, deren Intellekt nicht die Zeit zur Form, und deren Denken daher wahre Ganzheit und Einheit hätte, seltsam und erbärmlich erscheinen. Ja, es ist sogar zu bewundern, daß wir durch das so höchst heterogene Gemisch der Vorstellungs- und Denkfragmente jeder Art, welche sich beständig in unserm Kopfe durchkreuzen, nicht völlig verworren werden, sondern uns stets noch wieder darin zurechtfinden und Alles aneinanderzupassen vermögen. Offenbar muß doch ein einfacher Faden daseyn, auf dem sich Alles aneinanderreiht: was ist aber dieser? – Das Gedächtniß allein reicht dazu nicht aus; da es wesentliche Beschränkungen hat, von denen ich bald reden werde, und überdies höchst unvollkommen und treulos ist. Das logische Ich, oder gar die transscendentale synthetische Einheit der Apperception, – sind Ausdrücke und Erläuterungen, welche nicht leicht dienen werden, die Sache faßlich zu machen, vielmehr wird Manchem dabei einfallen:

»Zwar euer Bart ist kraus, doch hebt ihr nicht die Riegel.«
[Goethe, *Faust* I, 671.]

Kants Satz: »das Ich denke muß alle unsere Vorstellungen begleiten«, ist unzureichend: denn das Ich ist eine unbekannte Größe, d. h. sich selber ein Geheimniß. – Das, was dem Bewußtseyn Einheit und Zusammenhang giebt, indem es, durchgehend durch dessen sämmtliche Vorstellungen, seine Unterlage, sein bleibender Träger ist, kann nicht selbst durch das Bewußtseyn bedingt, mithin keine Vorstellung seyn: vielmehr muß es das *Prius* [Frühere] des Bewußtseyns und die Wurzel des Baumes seyn, davon jenes die Frucht ist. Dieses, sage ich, ist der Wille: er allein ist unwandelbar und schlechthin identisch, und hat, zu seinen Zwecken, das Bewußtseyn hervorgebracht. Daher ist auch er es, welcher ihm Einheit giebt und alle Vorstellungen und Gedanken desselben zusammenhält, gleichsam als durchgehender Grundbaß sie begleitend. Ohne ihn hätte der Intellekt nicht mehr Einheit des Bewußtseyns, als ein Spiegel, in welchem sich successiv bald Dieses bald Jenes darstellt, oder doch höchstens nur soviel wie ein Konvexspiegel, dessen Strahlen in einen imaginären Punkt hinter seiner Oberfläche zusammenlaufen. Nun aber ist der Wille allein das Beharrende und

Unveränderliche im Bewußtseyn. Er ist es, welcher alle Gedanken und Vorstellungen, als Mittel zu seinen Zwecken, zusammenhält, sie mit der Farbe seines Charakters, seiner Stimmung und seines Interesses tingirt [färbt], die Aufmerksamkeit beherrscht und den Faden der Motive, deren Einfluß auch Gedächtniß und Ideenassociation zuletzt in Thätigkeit setzt, in der Hand hält: von ihm ist im Grunde die Rede, so oft »Ich« in einem Urtheil vorkommt. Er also ist der wahre, letzte Einheitspunkt des Bewußtseyns und das Band aller Funktionen und Akte desselben: er gehört aber nicht selbst zum Intellekt, sondern ist nur dessen Wurzel, Ursprung und Beherrscher.

Aus der Form der Zeit und der einfachen Dimension der Vorstellungsreihe, vermöge welcher der Intellekt, um Eines aufzufassen, alles Andere fallen lassen muß, folgt, wie seine Zerstreuung, auch seine Vergeßlichkeit. Das Meiste von Dem, was er fallen gelassen, nimmt er nie wieder auf; zumal da die Wiederaufnahme an den Satz vom Grunde gebunden ist, also eines Anlasses bedarf, den die Gedankenassociation und Motivation erst zu liefern hat; welcher Anlaß jedoch um so entfernter und geringer seyn darf, je mehr unsere Empfindlichkeit dafür durch das Interesse des Gegenstandes erhöht ist. Nun aber ist das Gedächtniß, wie ich schon in der Abhandlung über den Satz vom Grunde gezeigt habe, kein Behältniß, sondern eine bloße Uebungsfähigkeit im Hervorbringen beliebiger Vorstellungen, die daher stets durch Wiederholung in Uebung erhalten werden müssen; da sie sonst sich allmälig verlieren. Demzufolge ist das Wissen auch des gelehrtesten Kopfes doch nur *virtualiter* vorhanden, als eine im Hervorbringen gewisser Vorstellungen erlangte Uebung: *actualiter* hingegen ist auch er auf eine einzige Vorstellung beschränkt und nur dieser einen sich zur Zeit bewußt. Hieraus entsteht ein seltsamer Kontrast zwischen Dem, was er *potentiâ* und Dem, was er *actu* weiß, d. h. zwischen seinem Wissen und seinem jedesmaligen Denken: Ersteres ist eine unübersehbare, stets etwas chaotische Masse, Letzteres ein einziger deutlicher Gedanke. Das Verhältniß gleicht dem, zwischen den zahllosen Sternen des Himmels und dem engen Gesichtsfelde des Teleskops: es tritt auffallend hervor, wann er, auf einen Anlaß, irgend eine Einzelheit aus seinem Wissen zur deutlichen Erinnerung bringen will, wo Zeit und Mühe erfordert wird, es aus jenem Chaos hervorzusuchen.

Die Schnelligkeit hierin ist eine besondere Gabe, aber sehr von Tag und Stunde abhängig: daher versagt bisweilen das Gedächtniß seinen Dienst, selbst in Dingen, die es zur andern Zeit leicht zur Hand hat. Diese Betrachtung fordert uns auf, in unsern Studien mehr nach Erlangung richtiger Einsicht, als nach Vermehrung der Gelehrsamkeit zu streben, und zu beherzigen, daß die Qualität des Wissens wichtiger ist, als die Quantität desselben. Diese ertheilt den Büchern bloß Dicke, jene Gründlichkeit und zugleich Stil: denn sie ist eine intensive Größe, während die andere eine bloß extensive ist. Sie besteht in der Deutlichkeit und Vollständigkeit der Begriffe, nebst der Reinheit und Richtigkeit der ihnen zum Grunde liegenden anschaulichen Erkenntnisse; daher das ganze Wissen, in allen seinen Theilen von ihr durchdrungen wird und demgemäß werthvoll, oder gering ist. Mit kleiner Quantität, aber guter Qualität desselben leistet man mehr, als mit sehr großer Quantität, bei schlechter Qualität. –

Die vollkommenste und genügendeste Erkenntniß ist die anschauende: aber sie ist auf das ganz Einzelne, das Individuelle beschränkt. Die Zusammenfassung des Vielen und Verschiedenen in eine Vorstellung ist nur möglich durch den Begriff, d. h. durch das Weglassen der Unterschiede, mithin ist dieser eine sehr unvollkommene Art des Vorstellens. Freilich kann auch das Einzelne unmittelbar als ein Allgemeines aufgefaßt werden, wenn es nämlich zur (Platonischen) Idee erhoben wird: bei diesem Vorgang aber, den ich im dritten Buch analysirt habe, tritt auch schon der Intellekt aus den Schranken der Individualität und mithin der Zeit heraus: auch ist es nur eine Ausnahme.

Diese innern und wesentlichen Unvollkommenheiten des Intellekts werden noch erhöht durch eine ihm gewissermaaßen äußerliche, aber unausbleibliche Störung, nämlich durch den Einfluß, welchen auf alle seine Operationen der Wille ausübt, sobald er beim Resultat derselben irgend betheiligt ist. Jede Leidenschaft, ja, jede Neigung oder Abneigung, tingirt die Objekte der Erkenntniß mit ihrer Farbe. Am alltäglichsten ist die Verfälschung, welche Wunsch und Hoffnung an der Erkenntniß ausüben, indem sie uns das kaum Mögliche als wahrscheinlich und beinahe gewiß vorspiegeln und zur Auffassung des Entgegenstehenden uns fast unfähig machen: auf ähnliche

Weise wirkt die Furcht; auf analoge jede vorgefaßte Meinung, jede Parteilichkeit und, wie gesagt, jedes Interesse, jede Regung und jeder Hang des Willens.

Zu allen diesen Unvollkommenheiten des Intellekts kommt endlich noch die, daß er, mit dem Gehirn, altert, d. h. wie alle physiologischen Funktionen, in den spätern Jahren seine Energie verliert; wodurch dann alle seine Unvollkommenheiten sehr zunehmen.

Die hier dargelegte mangelhafte Beschaffenheit des Intellekts wird uns indessen nicht wundern, wenn wir auf seinen Ursprung und seine Bestimmung zurücksehn, wie ich solche im zweiten Buche nachgewiesen habe. Zum Dienst eines individuellen Willens hat ihn die Natur hervorgebracht: daher ist er allein bestimmt, die Dinge zu erkennen, sofern sie die Motive eines solchen Willens abgeben; nicht aber, sie zu ergründen, oder ihr Wesen an sich aufzufassen. Der menschliche Intellekt ist nur eine höhere Steigerung des thierischen: und wie dieser ganz auf die Gegenwart beschränkt ist, so trägt auch der unserige starke Spuren dieser Beschränkung. Daher ist unser Gedächtniß und Rückerinnerung etwas sehr Unvollkommenes: wie wenig von Dem, was wir gethan, erlebt, gelernt, gelesen haben, können wir uns zurückrufen! und selbst dies Wenige meistens nur mühsam und unvollständig. Aus dem selben Grunde wird es uns so sehr schwer, uns vom Eindrucke der Gegenwart frei zu erhalten. – Bewußtlosigkeit ist der ursprüngliche und natürliche Zustand aller Dinge, mithin auch die Basis, aus welcher, in einzelnen Arten der Wesen, das Bewußtseyn, als die höchste Efflorescenz [Blüte] derselben, hervorgeht, weshalb auch dann jene immer noch vorwaltet. Demgemäß sind die meisten Wesen ohne Bewußtseyn: sie wirken dennoch nach den Gesetzen ihrer Natur, d. h. ihres Willens. Die Pflanzen haben höchstens ein ganz schwaches Analogon von Bewußtseyn, die untersten Thiere bloß eine Dämmerung desselben. Aber auch nachdem es sich, durch die ganze Thierreihe, bis zum Menschen und seiner Vernunft gesteigert hat, bleibt die Bewußtlosigkeit der Pflanze, von der es ausgieng, noch immer die Grundlage, und ist zu spüren in der Nothwendigkeit des Schlafes, wie eben auch in allen hier dargelegten, wesentlichen und großen Unvollkommenheiten jedes durch physiologische Funktionen hervorgebrachten Intellekts: von einem andern aber haben wir keinen Begriff.

Die hier nachgewiesenen wesentlichen Unvollkommenheiten des Intellekts werden nun aber, im einzelnen Falle, stets noch durch unwesentliche erhöht. Nie ist der Intellekt, in jeder Hinsicht, was er möglicherweise seyn könnte: die ihm möglichen Vollkommenheiten stehn einander so entgegen, daß sie sich ausschließen. Daher kann Keiner Plato und Aristoteles, oder Shakespeare und Neuton, oder Kant und Goethe zugleich seyn. Die Unvollkommenheiten des Intellekts hingegen vertragen sich sehr wohl zusammen; weshalb er, in der Wirklichkeit, meistens tief unter Dem bleibt, was er seyn könnte. Seine Funktionen hängen von so gar vielen Bedingungen ab, welche wir, in der Erscheinung, in der sie uns allein gegeben sind, nur als anatomische und physiologische erfassen können, daß ein auch nur in einer Richtung entschieden excellirender Intellekt zu den seltensten Naturerscheinungen gehört; daher eben die Produktionen eines solchen Jahrtausende hindurch aufbewahrt werden, ja, jede Reliquie eines so begünstigten Individuums zum köstlichsten Kleinod wird. Von einem solchen Intellekt bis zu dem, der sich dem Blödsinn nähert, sind der Abstufungen unzählige. Diesen gemäß fällt nun zunächst der geistige Gesichtskreis eines Jeden sehr verschieden aus, nämlich von dem der bloßen Auffassung der Gegenwart, die selbst das Thier hat, zu dem, der doch auch die nächste Stunde, zu dem, der den Tag umfaßt, selbst noch den morgenden, die Woche, das Jahr, das Leben, die Jahrhunderte, Jahrtausende, bis zu dem eines Bewußtseyns, welches fast beständig den, wenn auch undeutlich dämmernden Horizont der Unendlichkeit gegenwärtig hat, dessen Gedanken daher einen diesem angemessenen Charakter annehmen. – Ferner zeigt jener Unterschied der Intelligenzen sich in der Schnelligkeit ihres Denkens, auf welche sehr viel ankommt, und die so verschieden und allmälig abgestuft seyn mag, wie die der Punkte des Radius einer sich drehenden Scheibe. Die Ferne der Folgen und Gründe, zu der das Denken eines Jeden reichen kann, scheint mit der Schnelligkeit des Denkens in einem gewissen Verhältniß zu stehn, indem die größte Spannung der Denkkraft überhaupt nur eine ganz kurze Zeit hindurch anhalten könne, und doch nur während sie dauert ein Gedanke in seiner vollkommenen Einheit sich durchdenken ließe; weshalb es dann darauf ankommt, wie weit der Intellekt ihn in solcher kurzen

Zeit verfolgen, also wie viel Weges er in ihr zurücklegen kann. Andererseits mag, bei Manchem, die Schnelligkeit durch das längere Anhalten jener Zeit des vollkommen einheitlichen Denkens ersetzt werden. Wahrscheinlich macht das langsame und anhaltende Denken den mathematischen Kopf, die Schnelle des Denkens das Genie: dieses ist ein Flug, jenes ein sicheres Gehn auf festem Boden, Schritt vor Schritt. Daß man jedoch mit diesem letzteren auch in den Wissenschaften, sobald es nicht mehr auf bloße Größen, sondern auf das Verstehn des Wesens der Erscheinungen ankommt, nicht ausreicht, beweist z. B. Neuton's Farbenlehre, und später Biot's Gefasel über Farbenringe, welches jedoch mit der ganzen atomistischen Betrachtungsweise des Lichts bei den Franzosen, mit ihren *molécules de lumière* [Lichtmolekülen] und überhaupt mit ihrer fixen Idee, Alles in der Natur auf bloß mechanische Wirkungen zurückführen zu wollen, zusammenhängt. – Endlich zeigt der in Rede stehende große individuelle Unterschied der Intelligenzen sich vorzüglich im Grade der Klarheit des Verständnisses und demnach in der Deutlichkeit des gesammten Denkens. Dem Einen ist schon Das Verstehn, was dem Andern erst einigermaaßen Merken ist; Jener ist schon fertig und am Ziel, wo Dieser erst am Anfang ist; Jenem ist schon Das die Lösung, was Diesem erst das Problem. Dies beruht auf der Qualität des Denkens und Wissens, welche bereits oben erwähnt wurde. Wie in Zimmern der Grad der Helle verschieden ist, so in den Köpfen. Diese Qualität des ganzen Denkens spürt man, sobald man nur wenige Seiten eines Schriftstellers gelesen hat. Denn da hat man sogleich mit seinem Verstande und in seinem Sinn zu verstehn gehabt: daher, ehe man noch weiß, was er Alles gedacht hat, man schon sieht, wie er denkt, nämlich welches die formelle Beschaffenheit, die Textur seines Denkens sei, die sich in Allem worüber er denkt, gleich bleibt, und deren Abdruck der Gedankengang und der Stil ist. An diesem empfindet man sogleich den Schritt und Tritt, die Gelenkigkeit und Leichtigkeit, wohl gar die Beflügelung seines Geistes, oder, umgekehrt, dessen Schwerfälligkeit, Steifheit, Lahmheit und bleierne Beschaffenheit. Denn wie die Sprache der Abdruck des Geistes eines Volks, so ist der Stil der unmittelbare Abdruck des Geistes eines Schriftstellers, die Physiognomie desselben. Man werfe das Buch weg, bei dem man merkt, daß man in eine dunklere Region geräth, als die eigene ist; es sei denn, daß man bloß Thatsachen, nicht Gedanken aus ihm zu empfangen habe. Außerdem aber wird nur der Schriftsteller uns Gewinn bringen, dessen Verstehn schärfer und deutlicher ist, als das eigene, der unser Denken beschleunigt, nicht es hemmt, wie der stumpfe Kopf, der den Krötengang seines Denkens mitzumachen uns nöthigen will; also jener, mit dessen Kopfe einstweilen zu denken, uns fühlbare Erleichterung und Förderung gewährt, bei dem wir uns getragen fühlen wohin wir allein nicht gelangen konnten. Goethe sagte mir ein Mal, daß wenn er eine Seite im Kant lese, ihm zu Muthe würde, als träte er in ein helles Zimmer. Die schlechten Köpfe sind es nicht bloß dadurch, daß sie schief sind und mithin falsch urtheilen; sondern zunächst durch die Undeutlichkeit ihres gesammten Denkens, als welches dem Sehn durch ein schlechtes Fernrohr, in welchem alle Umrisse undeutlich und wie verwischt erscheinen und die verschiedenen Gegenstände in einander laufen, zu vergleichen ist. Die Forderung der Deutlichkeit der Begriffe, vor welcher der schwache Verstand solcher Köpfe zurückbebt, machen diese daher selbst nicht an ihn; sondern sie behelfen sich mit einem Helldunkel, in welchem sich zu beruhigen sie gern nach Worten greifen, zumal nach solchen, die unbestimmte, sehr abstrakte, ungewöhnliche und schwer zu erklärende Begriffe bezeichnen, wie z. B. Unendliches und Endliches, Sinnliches und Uebersinnliches, die Idee des Seyns, Vernunft-Ideen, das Absolute, die Idee des Guten, das Göttliche, die sittliche Freiheit, Selbsterzeugungskraft, die absolute Idee, Subjekt-Objekt u. s. w. Mit dergleichen werfen sie getrost um sich, meinen wirklich, das drücke Gedanken aus, und muthen Jedem zu, sich damit zufrieden zu stellen: denn der höchste ihnen absehbare Gipfel der Weisheit ist eben, für jede mögliche Frage dergleichen fertige Worte in Bereitschaft zu haben. Dies unsägliche Genügen an Worten ist für die schlechten Köpfe durchaus charakteristisch: es beruht eben auf ihrer Unfähigkeit zu deutlichen Begriffen, sobald diese über die trivialsten und einfachsten Verhältnisse hinausgehn sollen, mithin auf der Schwäche und Trägheit ihres Intellekts, ja, auf dem geheimen Bewußtseyn dieser, welches bei Gelehrten verbunden ist mit der früh erkannten, harten Nothwendigkeit, sich für denkende Wesen auszugeben, welcher Anforderung in allen Fällen zu begegnen, sie einen solchen Vorrath fertiger Worte geeignet halten. Wirklich belustigend muß es seyn, einen Philosophieprofessor dieses Schlages auf dem Katheder zu sehn, der *bona fide* [guten Glaubens] einen dergleichen gedankenleeren Wortkram vorträgt, ganz ehrlich, im Wahn, dies seien eben Gedanken, und vor ihm die Studenten, welche eben so *bona fide,* d. h. im selben Wahn, andächtig zuhören und nachschreiben; während doch im Grunde weder der Eine noch die Andern über die Worte hinausgehn, vielmehr diese, nebst dem hörbaren Kratzen der Federn, das einzige Reale bei der Sache sind. Dieses eigenthümliche Genügen an Worten trägt mehr als irgend etwas bei zur Perpetuirung [Verewigung] der Irrthümer. Denn gestützt auf die von seinen Vorgängern übernommenen Worte und Phrasen geht jeder getrost an Dunkelheiten, oder Problemen vorbei: wodurch diese sich unbeachtet, Jahrhunderte hindurch, von Buch zu Buch fortpflanzen und der denkende Kopf, zumal in der Jugend, in Zweifel geräth, ob etwan nur er unfähig sei, Das zu verstehn, oder ob hier wirklich nichts Verständliches vorliege; desgleichen, ob für die Andern das Problem, um welches sie mit so komischer Ernsthaftigkeit alle den selben Fußpfad herumschleichen, keines sei, oder ob sie es nur nicht sehn wollen. Viele Wahrheiten bleiben bloß deshalb unentdeckt, weil Keiner Muth hat, das Problem ins Auge zu fassen und darauf los zu gehn. – Im Gegentheil hievon bewirkt die den eminenten Köpfen eigenthümliche Deutlichkeit des Denkens und Klarheit der Begriffe, daß sogar bekannte Wahrheiten, von ihnen vorgetragen, neues Licht, oder wenigstens neuen Reiz gewinnen: hört oder liest man sie; so ist es, als hätte man ein schlechtes Fernrohr gegen ein gutes vertauscht. Man lese z. B. nur in Eulers Briefen an eine Prinzessin seine Darstellung der Grundwahrheiten der Mechanik und Optik. Hierauf beruht Diderots, im *Neveu de Rameau* beigebrachte Bemerkung, daß nur die vollendeten Meister fähig sind, die Elemente einer Wissenschaft eigentlich gut vorzutragen; eben weil nur sie die Sachen wirklich verstehn und niemals ihnen Worte die Stelle der Gedanken vertreten.

Aber man soll wissen, daß die schlechten Köpfe die Regel, die guten die Ausnahme, die eminenten höchst selten, das Genie ein *portentum* [Wunder] ist. Wie könnte sonst ein aus ungefähr acht hundert Millionen Individuen bestehendes Menschengeschlecht, nach sechs Jahrtausenden, noch so Vieles zu entdecken, zu erfinden, zu erdenken und zu sagen übrig gelassen haben? Auf Erhaltung des Individuums allein ist der Intellekt berechnet und in der Regel selbst hiezu nur nothdürftig ausreichend. Aber weislich ist die Natur mit Ertheilung eines größern Maaßes sehr karg gewesen: denn der beschränkte Kopf kann die wenigen und einfachen Verhältnisse, welche im Bereich seiner engen Wirkungssphäre liegen, mit viel größerer Leichtigkeit übersehn und die Hebel derselben handhaben, als der eminente, der eine ungleich größere und reichere Sphäre überblickt und mit langen Hebeln agirt, es könnte. So sieht das Insekt auf seinen Stängeln und Blättchen Alles mit minutiösester Genauigkeit und besser, als wir; wird aber nicht den Menschen gewahr, der drei Schritte davon steht. Hierauf beruht die Schlauheit der Dummen und das Paradoxon: *Il y a un mystère dans l'esprit des gens qui n'en ont pas.* [Es waltet ein Geheimnis über dem Geist der Leute, die keinen haben.] Für das praktische Leben ist das Genie so brauchbar, wie ein Stern-Teleskop im Theater. – Sonach ist, in Hinsicht auf den Intellekt, die Natur höchst aristokratisch. Die Unterschiede, die sie hier eingesetzt hat, sind größer als die, welche Geburt, Rang, Reichthum, oder Kastenunterschied in irgend einem Lande feststellen: aber wie in andern Aristokratien, so auch in der ihrigen, kommen viele tausend Plebejer auf einen Edeln, viele Millionen auf einen Fürsten, und ist der große Haufen bloßer Pöbel, *mob, rabble, la canaille.* Dabei ist nun freilich zwischen der Rangliste der Natur und der der Konvention ein schreiender Kontrast, dessen Ausgleichung nur in einem goldenen Zeitalter zu hoffen stände. Inzwischen haben die auf der einen, und die auf der andern Rangliste sehr hoch Stehenden das Gemeinsame, daß sie meistens in vornehmer Isolation leben, auf welche Byron hindeutet, wenn er sagt:

To feel me in the solitude of kings,
Without the power that makes them bear a crown.*
(*Proph. of Dante.* C. 1 [v. 166].)

Denn der Intellekt ist ein differenzirendes, mithin trennendes Princip: seine verschiedenen Abstufungen geben, noch viel mehr

---

* Die Einsamkeit der Könige zu fühlen,
Jedoch der Macht entbehren, welche sie
Die Krone tragen läßt.

als die der bloßen Bildung, Jedem andere Begriffe, in Folge deren gewissermaaßen Jeder in einer andern Welt lebt, in welcher er nur dem Gleichgestellten unmittelbar begegnet, den Uebrigen aber bloß aus der Ferne zurufen und sich ihnen verständlich zu machen suchen kann. Große Unterschiede im Grade und dabei in der Ausbildung des Verstandes öffnen zwischen Mensch und Mensch eine weite Kluft, über welche nur die Herzensgüte setzen kann, als welche im Gegentheil das unificirende [einigende] Princip ist, welches jeden Andern mit dem eigenen Selbst identificirt. Jedoch bleibt die Verbindung eine moralische: sie kann keine intellektuelle werden. Sogar bei ziemlich gleichem Grade der Bildung gleicht die Konversation zwischen einem großen Geiste und einem gewöhnlichen Kopfe der gemeinschaftlichen Reise eines Mannes, der auf einem muthigen Rosse sitzt, mit einem Fußgänger. Beiden wird sie bald höchst lästig und auf die Länge unmöglich. Auf eine kurze Strecke kann zwar der Reiter absitzen, um mit dem Andern zu gehn; wiewohl auch dann ihm die Ungeduld seines Pferdes viel zu schaffen machen wird. –

Das Publikum aber könnte durch nichts so sehr gefördert werden, als durch die Erkenntniß jener intellektuellen Aristokratie der Natur. Vermöge einer solchen würde es begreifen, daß zwar, wo es sich um Thatsachen handelt, also etwan aus Experimenten, Reisen, Codices [Gesetzbüchern], Geschichtsbüchern und Chroniken referirt werden soll, der normale Kopf ausreicht; hingegen wo es sich bloß um Gedanken handelt, zumal um solche, zu welchen der Stoff, die Data, Jedem vorliegen, wo es also eigentlich nur darauf ankommt, den Andern vorzudenken, entschiedene Ueberlegenheit, angeborene Eminenz, welche nur die Natur und höchst selten verleiht, unerläßlich erfordert ist, und Keiner Gehör verdient, der nicht sogleich Proben derselben ablegt. Könnte dem Publiko die selbsteigene Einsicht hierin verliehen werden; so würde es nicht mehr die ihm zu seiner Bildung kärglich zugemessene Zeit vergeuden an den Produktionen gewöhnlicher Köpfe, also an den zahllosen Stümpereien in Poesie und Philosophie, wie sie jeder Tag ausbrütet; es würde nicht mehr, im kindischen Wahn, daß Bücher, gleich Eiern, frisch genossen werden müssen, stets nach dem Neuesten greifen; sondern würde sich an die Leistungen der wenigen Auserlesenen und Berufenen aller Zeiten und Völker halten, würde suchen sie kennen und verstehn zu lernen, und könnte so allmälig zu ächter Bildung gelangen. Dann würden auch bald jene Tausende unberufener Produktionen ausbleiben, die wie Unkraut dem guten Weizen das Aufkommen erschweren.

Kapitel 16*.

Ueber den praktischen Gebrauch der Vernunft und den Stoicismus.

Im siebenten Kapitel habe ich gezeigt, daß im Theoretischen das Ausgehn von Begriffen nur zu mittelmäßigen Leistungen hinreicht, die vortrefflichen hingegen das Schöpfen aus der Anschauung selbst, als der Urquelle aller Erkenntniß, erfordern. Im Praktischen verhält es sich nun aber umgekehrt: hier ist das Bestimmtwerden durch das Anschauliche die Weise des Thiers, des Menschen aber unwürdig, als welcher Begriffe hat, sein Handeln zu leiten, und dadurch emancipirt ist von der Macht der anschaulich vorliegenden Gegenwart, welcher das Thier unbedingt hingegeben ist. In dem Maaße, wie der Mensch dieses Vorrecht geltend macht, ist sein Handeln vernünftig zu nennen, und nur in diesem Sinne kann von praktischer Vernunft die Rede seyn, nicht im Kantischen, dessen Unstatthaftigkeit ich in der Preisschrift über das Fundament der Moral ausführlich dargethan habe.

Es ist aber nicht leicht, sich durch Begriffe allein bestimmen zu lassen: auch auf das stärkste Gemüth dringt die vorliegende nächste Außenwelt, mit ihrer anschaulichen Realität, gewaltsam ein. Aber eben in der Besiegung dieses Eindrucks, in der Vernichtung seines Gaukelspiels, zeigt der Menschengeist seine Würde und Größe. So, wenn die Reizungen zu Lust und Genuß ihn ungerührt lassen, oder das Drohen und Wüthen ergrimmter Feinde ihn nicht erschüttert, das Flehen irrender Freunde seinen Entschluß nicht wanken macht, die Truggestalten, mit denen verabredete Intriguen ihn umstellen, ihn unbe-

* Dieses Kapitel bezieht sich auf § 16 des ersten Bandes.

wegt lassen, der Hohn der Thoren und des Pöbels ihn nicht aus der Fassung bringt, noch irre macht an seinem eigenen Werth: dann scheint er unter dem Einfluß einer ihm allein sichtbaren Geisterwelt (und das ist die der Begriffe) zu stehn, vor welcher jene Allen offen daliegende, anschauliche Gegenwart wie ein Phantom zerfließt. – Was hingegen der Außenwelt und sichtbaren Realität ihre große Gewalt über das Gemüth ertheilt, ist die Nähe und Unmittelbarkeit derselben. Wie die Magnetnadel, welche durch die vereinte Wirkung weitvertheilter, die ganze Erde umfassender Naturkräfte in ihrer Richtung erhalten wird, dennoch durch ein kleines Stückchen Eisen, wenn es ihr nur recht nahe kommt, perturbirt und in heftige Schwankungen versetzt werden kann; so kann bisweilen selbst ein starker Geist durch geringfügige Begebenheiten und Menschen, wenn sie nur in großer Nähe auf ihn einwirken, aus der Fassung gebracht und perturbirt werden, und den überlegtesten Entschluß kann ein unbedeutendes, aber unmittelbar gegenwärtiges Gegenmotiv in momentanes Wanken versetzen. Denn der relative Einfluß der Motive steht unter einem Gesetz, welches dem, nach welchem die Gewichte auf den Waagebalken wirken, gerade entgegengesetzt ist, und in Folge dessen ein sehr kleines, aber sehr nahe liegendes Motiv ein an sich viel stärkeres, jedoch aus der Ferne wirkendes, überwiegen kann. Die Beschaffenheit des Gemüthes aber, vermöge deren es diesem Gesetze gemäß sich bestimmen läßt und nicht, kraft der wirklich praktischen Vernunft, sich ihm entzieht, ist es, was die Alten durch *animi impotentia* [Mangel an Selbstbeherrschung] bezeichneten, welches eigentlich *ratio regendae voluntatis impotens* [Vernunft, die nicht imstande ist, den Willen zu regieren] bedeutet. Jeder Affekt *(animi perturbatio)* [starke Gemütsbewegung] entsteht eben dadurch, daß eine auf unsern Willen wirkende Vorstellung uns so übermäßig nahe tritt, daß sie uns alles Uebrige verdeckt, und wir nichts mehr als sie sehn können, wodurch wir, für den Augenblick, unfähig werden, das Anderweitige zu berücksichtigen. Ein gutes Mittel dagegen wäre, daß man sich dahin brächte, die Gegenwart unter der Einbildung anzusehn, sie sei Vergangenheit, mithin seiner Apperception den Briefstil der Römer angewöhnte. Vermögen wir doch sehr wohl, umgekehrt, das längst Vergangene so lebhaft als gegenwärtig anzusehn, daß alte, längst schlafende Affekte dadurch wieder zu vollem Toben erwachen. – Ingleichen würde Niemand sich über einen Unfall, eine Widerwärtigkeit, entrüsten und aus der Fassung gerathen, wenn die Vernunft ihm stets gegenwärtig erhielte, was eigentlich der Mensch ist: das großen und kleinen Unfällen, ohne Zahl, täglich und stündlich Preis gegebene, hülfsbedürftigste Wesen, το δειλοτατον ζωον, welches daher in beständiger Sorge und Furcht zu leben hat. Παν εστι ανθρωπος συμφορα *(homo totus est calamitas)* [Der Mensch ist ganz Zufall] sagt schon Herodot [*Hist.* I, 32].

Die Anwendung der Vernunft und das Praktische leistet zunächst dies, daß sie das Einseitige und Zerstückelte der bloß anschauenden Erkenntniß wieder zusammensetzt und die Gegensätze, welche diese darbietet, als Korrektionen zu einander gebraucht, wodurch das objektiv richtige Resultat gewonnen wird. Z. B. fassen wir die schlechte Handlung eines Menschen ins Auge, so werden wir ihn verdammen; hingegen, bloß die Noth, die ihn dazu bewogen, betrachtend, ihn bemitleiden: die Vernunft, mittelst ihrer Begriffe, erwägt Beides und führt zu dem Resultat, daß er durch angemessene Strafe gebändigt, eingeschränkt, gelenkt werden müsse.

Ich erinnere hier nochmals an Seneka's Ausspruch: *Si vis tibi omnia subjicere, te subjice rationi* [Willst du dir alles unterwerfen, so unterwirf du dich der Vernunft! *Epist.*, 37, 4]. Weil nun aber, wie im vierten Buche dargethan wird, das Leiden positiver, der Genuß negativer Natur ist; so wird Der, welcher die abstrakte oder Vernunft-Erkenntniß zur Richtschnur seines Thuns nimmt und demnach dessen Folgen und die Zukunft allezeit bedenkt, das *Sustine et abstine* [Ertrage und entsage: Epiktet bei Gellius XVII, 19,6] sehr häufig zu üben haben, indem er, um die möglichste Schmerzlosigkeit des Lebens zu erlangen, die lebhaften Freuden und Genüsse meistens zum Opfer bringt, eingedenk des Aristotelischen ὁ φρονιμος το αλυπον διωκει, ου το ἡδυ *(quod dolore vacat, non quod suave est, persequitur vir prudens)* [Der Kluge strebt nach Schmerzlosigkeit, nicht nach Lust: Aristoteles, *Eth. Nicom.* VII, 12]. Daher borgt bei ihm stets die Zukunft von der Gegenwart; statt daß beim leichtsinnigen Thoren die Gegenwart von der Zukunft borgt, welche, dadurch verarmt, nachher bankrott wird. Bei Jenem muß freilich die Vernunft meistens die Rolle eines grämlichen Mentors spielen und unablässig auf Entsagungen antragen, ohne dafür etwas Anderes versprechen zu können, als eine ziemlich schmerzlose Existenz. Dies beruht darauf, daß die Vernunft, mittelst ihrer Begriffe, das Ganze des Lebens überblickt, dessen Ergebniß, im berechenbar glücklichsten Fall, kein anderes seyn kann, als das besagte.

Dieses Streben nach einer schmerzlosen Existenz, so weit sie, durch Anwendung und Befolgung vernünftiger Ueberlegung und erlangter Erkenntniß der wahren Beschaffenheit des Lebens, möglich seyn möchte, hat, als es mit strenger Konsequenz und bis zum äußersten Extrem durchgeführt wurde, den Kynismus erzeugt, aus welchem nachher der Stoicismus hervorgieng; wie ich Dies, zu festerer Begründung der unser erstes Buch beschließenden Darstellung, hier mit Wenigem ausführen will.

Alle Moralsysteme des Alterthums, das Platonische allein ausgenommen, waren Anleitungen zu einem glücksäligen Leben: demnach hat, bei ihnen, die Tugend ihren Zweck durchaus nicht jenseit des Todes, sondern in dieser Welt. Denn sie ist ihnen eben nur der rechte Weg zum wahrhaft glücklichen Leben; deshalb erwählt sie der Weise. Daher eben stammen die, besonders von Cicero uns aufbehaltenen, weitläuftigen Debatten und scharfen, stets erneuerten Untersuchungen, ob auch wirklich die Tugend, ganz allein und für sich, zum glücklichen Leben hinreichend sei; oder ob es dazu noch irgend eines Aeußerlichen bedürfe; ob der Tugendhafte und Weise auch auf der Folter und dem Rade, oder im Stier des Phalaris [Seneca, *Ep. 66*], glücklich sei; oder ob es so weit doch nicht gehe. Denn freilich wäre dies der Probierstein einer Ethik dieser Art: beglücken müßte ihre Ausübung unmittelbar und unbedingt. Vermag sie das nicht; so leistet sie nicht, was sie soll, und ist zu verwerfen. So richtig, wie dem christlichen Standpunkt gemäß ist es mithin, daß Augustinus seiner Darlegung der Moralsysteme der Alten *(De civ. Dei, Lib. XIX, c. 1)* die Erklärung voranschickt: *Exponenda sunt nobis argumenta mortalium, quibus sibi ipsi beatitudinem facere in hujus vitae infelicitate moliti sunt; ut ab eorum rebus vanis spes nostra quid differat clarescat. De finibus bonorum et malorum multa inter se philosophi disputarunt; quam quaestionem maxima intentione versantes, invenire conati sunt, quid efficiat hominem beatum: illud enim est finis bonorum.* [Es liegt uns ob, die Beweisgründe sterblicher Menschen darzulegen, durch welche sie versucht haben, selber sich eine Glückseligkeit in der Unseligkeit dieses Lebens zu erwirken, damit um so deutlicher werde, wie sehr sich das, worauf wir hoffen, von ihren eitlen Bemühungen unterscheidet. Über das höchste Gut und das höchste Übel haben die Philosophen viel miteinander gestritten; und indem sie diese Frage mit dem größten Eifer behandelten, suchten sie herauszufinden, was den Menschen glücklich mache; denn das ist, was man das höchste Gut nennt.] Ich will den angegebenen, eudämonistischen Zweck der antiken Ethik durch einige ausdrückliche Aussprüche der Alten außer Zweifel setzen. Aristoteles sagt in der *Eth. magna, I, 4:* Ἡ ευδαιμονια εν τῳ ευ ζῃν εστι, το δε ευ ζῃν εν τῳ κατα τας αρετας ζῃν. *(Felicitas in bene vivendo posita est: verum bene vivere est in eo positum, ut secundum virtutem vivamus)* [Die Glückseligkeit besteht im glücklichen Leben, das glückliche Leben aber im tugendhaften Leben], womit zu vergleichen *Eth. Nicom., I, 5. – Cic. Tusc., V, I: Nam, quum ea causa impulerit eos, qui primi se ad philosophiae studia contulerunt, ut, omnibus rebus posthabitis, totos se in optimo vitae statu exquirendo collocarent; profecto spe beate vivendi tantam in eo studio curam operamque posuerunt.* [Denn da dieses (das glückliche Leben) die Ursache war, welche die zuerst sich mit dem Studium der Philosophie Beschäftigenden antrieb, alles andere geringer zu achten und sich ganz der Forschung nach der besten Lebensführung hinzugeben, so haben sie wirklich in der Hoffnung, dadurch ein glückseliges Leben zu erreichen, so viel Sorge und Mühe auf dieses Studium verwendet.] – Nach Plutarch *(De repugn. stoic., c. 18)* hat Chrysippos gesagt: Το κατα κακιαν ζῃν τῳ κακοδαιμονως ζῃν ταυτον εστι. *(Vitiose vivere idem est, quod vivere infeliciter.)* [Lasterhaft leben ist das Gleiche wie unglücklich leben.] – *Ibid. c. 26:* Ἡ φρονησις ουχ ἑτερον εστι της ευδαιμονιας καϑ' ἑαυτο, αλλ' ευδαιμονια. *(Prudentia nihil differt a felicitate, estque ipsa adeo felicitas.)* [Besonnenheit unterscheidet sich nicht von Glückseligkeit, sondern ist selbst Glückseligkeit.] – *Stob. Ecl., Lib. II, c. 7:* Τελος δε φασιν ειναι το ευδαιμονειν, οὑ ἑνεκα παντα πραττεται. *(Finem esse dicunt felicitatem, cujus causa fiunt omnia.)* [Ihr Ziel nennen sie die Glückseligkeit, um derentwillen man alles tut.] – Ευδαιμονιαν συνωνυμειν τῳ τελει λεγουσι. *(Finem bonorum et felicitatem synonyma esse dicunt.)* [Glückseligkeit und höchstes Ziel nennen sie sinngleich.] – *Arrian. diss Epict., I, 4:* Ἡ αρετη ταυτην εχει την επαγγελιαν, ευδαιμονιαν ποιησαι. *(Virtus profitetur, se felicitatem praestare.)* [Die Tugend birgt in sich die Verheißung der Glückseligkeit.] – *Sen. ep.* 90 [,27]: *Ceterum (sapientia) ad beatum statum tendit, illo ducit, illo vias aperit. – Id. ep.* 108: *Illud admoneo, auditionem philosophorum, lectionemque, ad propositum beatae vitae trahendam.* [Übrigens strebt sie (die Weisheit) nach dem Zustande der Glückseligkeit; zu ihm führt sie, zu ihm eröffnet sie die Wege. – Ebenda, Brief 108, 35: Daran erinnere ich, daß das Hören und Lesen der Philosophen in den Plan eines glückseligen Lebens einzubeziehen ist.]

Diesen Zweck des glücklichsten Lebens also setzte sich ebenfalls die Ethik der Kyniker; wie der Kaiser Julian ausdrücklich bezeugt: *Orat. VI:* Της Κυνικης δε φιλοσοφιας σκοπος μεν εστι και τελος, ὥσπερ δη και πασης φιλοσοφιας, το ευδαιμονειν· το δε ευδαιμονειν εν τῳ ζην κατα φυσιν, αλλα μη προς τας των πολλων δοξας. *(Cynicae philosophiae, ut etiam omnis philosophiae, scopus et finis est feliciter vivere: felicitas vitae autem in eo posita est, ut secundum naturam vivatur, nec vero secundum opiniones multitudinis.)* [Für die Zyniker gilt als Ziel und Endzweck – wie ja auch für jede andere Philosophie – das glückselige Leben: das glückselige Leben aber besteht darin, daß man der Natur gemäß lebt und nicht gemäß den Meinungen der Menge.] Nur aber schlugen die Kyniker zu diesem Ziel einen ganz besondern Weg ein, einen dem gewöhnlichen gerade entgegengesetzten: den der möglichst weitgetriebenen Entbehrung. Sie giengen nämlich von der Einsicht aus, daß die Bewegungen, in welche den Willen die ihn reizenden und anregenden Objekte versetzen, und das mühevolle, meistens vereitelte Streben diese zu erlangen, oder, wenn sie erlangt sind, die Furcht sie zu verlieren, endlich gar der Verlust selbst, viel größere Schmerzen erzeugen, als die Entbehrung aller jener Objekte irgend vermag. Darum wählten sie, um zum schmerzlosesten Leben zu gelangen, den Weg der größtmöglichen Entbehrung, und flohen alle Genüsse, als Fallstricke, durch die man nochmals dem Schmerz überliefert würde. Danach aber konnten sie dem Glück und seinen Launen kühn Trotz bieten. Dies ist der Geist des Kynismus: deutlich spricht ihn Seneka aus, im achten Kapitel *De tranquillitate animi: cogitandum est, quanto levior dolor sit, non habere, quam perdere: et intelligemus, paupertati eo minorem tormentorum, quo minorem damnorum esse materiam.* [*Von der Ruhe des Gemütes,* VIII, 2, 3, 4,

5, 7: Man muß bedenken, wieviel geringer der Schmerz ist, etwas nicht zu haben, als es zu verlieren: und wir begreifen, daß die Armut um so weniger zu leiden hat, je weniger sie zu verlieren hat.] Sodann: *Tolerabilius est, faciliusque, non acquirere, quam amittere. – – – Diogenes effecit, ne quid sibi eripi posset, – – – qui se fortuitis omnibus exuit. – – – Videtur mihi dixisse: age tuum negotium, fortuna: nihil apud Diogenem jam tuum est.* [Es ist erträglicher und leichter, nicht zu gewinnen als zu verlieren. – – – Diogenes brachte es fertig, daß ihm nichts geraubt werden konnte, – – – der sich von allem Zufälligen freigemacht hat – – – Mir scheint, er habe gesagt: Treibe du dein Geschäft, o Schicksal: bei Diogenes gibt es nichts mehr, was du dein nennen kannst.] Zu diesem letzteren Satz ist die Parallelstelle die Anführung des Stobäos *(Ecl., II, 7):* Διογενης εφη νομιζειν ὁραν την Τυχην ενορωσαν αυτον και λεγουσαν· τουτον δ' ου δυναμαι βαλεειν κυνα λυσσητηρα. *(Diogenes credere se dixit, videre Fortunam, ipsum intuentem, ac dicentem: ast hunc non potui tetigisse canem rabiosum).* [Diogenes sagte, er glaube das Schicksal zu sehen, wie es ihn anblicke und spreche: diesen wütenden Hund vermag ich nicht zu treffen.] Den selben Geist des Kynismus bezeugt auch die Grabschrift des Diogenes, bei Suidas, *voce* Φιλισκος, und bei Diogenes Laertius, VI, 2 [§ 78]:

Γηρασκει μεν χαλκος ὑπο χρονου· αλλα σον ουτι
  Κυδος ὁ πας αιων, Διογενες, καθελει·
Μουνος επει βιοτης αυταρκεα δοξαν εδειξας
  Θνητοις, και ζωης οιμον ελαφροτατην.
*(Aera quidem absumit tempus, sed tempore numquam
  Interitura tua est gloria, Diogenes:
Quandoquidem ad vitam miseris mortalibus aequam
  Monstrata est facilis, te duce, et ampla via.)*

[Auch das Eisen verschleißt mit der Zeit; aber nimmermehr [werden]
Schmälern, Diogenes, dir künftige Zeiten den Ruhm,
Denn du zeigtest allein zu selbstgenügsamem Leben,
Zu der Sterblichen Glück, leichten und würdigen Weg.]

Der Grundgedanke des Kynismus ist demnach, daß das Leben in seiner einfachsten und nacktesten Gestalt, mit den ihm von der

Natur beigegebenen Beschwerden, das erträglichste, mithin zu erwählen sei; weil jede Hülfe, Bequemlichkeit, Ergötzlichkeit und Genuß, dadurch man es angenehmer machen möchte, nur neue und größere Plagen herbeizöge, als die demselben ursprünglich eigenen. Daher ist als der Kernausdruck seiner Lehre der Satz anzusehn: Διογενης εβοα πολλακις λεγων, τον των ανθρωπων βιον ραδιον ὑπο των θεων δεδοσθαι, αποκεκρυφθαι δε αυτον ζητουντων μελιπηκτα και μυρα και τα παραπλησια. *(Diogenes clamabat saepius, hominum vitam facilem a diis dari, verum occultari illam quaerentibus mellita cibaria, unguenta, et his similia. – Diog. Laert., VI, 2* [, 44].) [Diogenes pflegte oft auszurufen, daß den Menschen von den Göttern verliehen sei, leicht zu leben, daß das aber denen verborgen bleibe, welche nach Honiggebäck, Salben und derartigem verlangen.] Ferner auch: Δεον, αντι των αχρηστων πονων, τους κατα φυσιν ἑλομενους, ζην ευδαιμονως· παρα την ανοιαν κακοδαιμονουσι. – – – τον αυτον χαρακτηρα του βιου λεγων διεξαγειν, ὁνπερ και Ἡρακλης, μηδεν ελευθηριας προκρινων. *(Quum igitur, repudiatis inutilibus laboribus, naturales insequi, ac vivere beate debeamus, per summam dementiam infelices sumus. – – – – eandem vitae formam, quam Hercules, se vivere affirmans, nihil libertati praeferens. – Ibid.)* [Diejenigen, welche statt unnützer Mühen sich nur bestreben, naturgemäß zu leben, müssen ein glückliches Leben führen; nur wegen ihrer Torheit sind die Menschen unglücklich. – – – Und er behauptete, dieselbe Lebensweise zu führen wie Herakles, da er nichts höher schätze als die Freiheit. Ebenda, § 71.] Demnach hatten die alten, ächten Kyniker, Antisthenes, Diogenes, Krates und ihre Jünger, ein für alle Mal jedem Besitz, allen Bequemlichkeiten und Genüssen entsagt, um der Mühe und Sorge, der Abhängigkeit und den Schmerzen, die unvermeidlich damit verknüpft sind und nicht dadurch aufgewogen werden, für immer zu entgehn. Durch nothdürftige Befriedigung der dringendesten Bedürfnisse und Entbehrung alles Ueberflüssigen gedachten sie leichtesten Kaufes davonzukommen. Sonach begnügten sie sich mit Dem, was in Athen und Korinth so ziemlich umsonst zu haben war, wie Lupinen, Wasser, ein schlechtes Tribonion [Mantel aus grobem Stoff], Schnappsack und Knittel, bettelten gelegentlich, so weit es hiezu nöthig war, arbeiteten aber nicht. Sie nahmen jedoch durchaus nichts an, was über obige Bedürfnisse hinausgieng. Unabhängigkeit, im weitesten Sinn, war ihre

Absicht. Ihre Zeit brachten sie zu mit Ruhen, Umhergehn, Reden mit allen Menschen, viel Spotten, Lachen und Scherzen: ihr Charakter war Sorglosigkeit und große Heiterkeit. Da sie nun, bei dieser Lebensweise, kein eigenes Trachten, keine Absichten und Zwecke zu verfolgen hatten, also über das menschliche Treiben selbst hinausgehoben waren, dabei auch stets voller Muße genossen, eigneten sie, als Männer von erprobter Geistesstärke, sich trefflich, die Berather und Ermahner der Uebrigen zu werden. Daher sagt Apulejus *(Florid., IV): Crates, ut lar familiaris apud homines suae aetatis cultus est. Nulla domus ei unquam clausa erat: nec erat patrisfamilias tam absconditum secretum, quin eo tempestive Crates interveniret, litium omnium et jurgiorum inter propinquos disceptator et arbiter.* [Krates wurde von den Menschen seiner Zeit wie ein Hausgott verehrt. Kein Haus war ihm jemals verschlossen, und kein Familienvater hatte ein so verborgenes Geheimnis, daß nicht Krates rechtzeitig in dasselbe eingeweiht worden wäre, um alle Streitigkeiten und Händel zwischen Verwandten zu prüfen und zu schlichten.] Auch hierin also, wie in so vielem Andern, zeigen sie große Aehnlichkeit mit den Bettelmönchen der neuen Zeit, d. h. mit den besseren und ächten unter diesen, deren Ideal man sich an dem Kapuziner Christoph, in *Manzoni's* berühmtem Roman, vergegenwärtigen mag. Jedoch liegt diese Aehnlichkeit nur in den Wirkungen, nicht in der Ursache. Sie treffen im Resultat zusammen; aber der Grundgedanke Beider ist ganz verschieden: bei den Mönchen ist er, wie bei den ihnen verwandten Saniassis [indischen Einsiedlern], ein über das Leben hinausgestecktes Ziel; bei den Kynikern aber nur die Überzeugung, daß es leichter sei, seine Wünsche und Bedürfnisse auf das *Minimum* herabzusetzen, als in ihrer Befriedigung das *Maximum* zu erreichen, welches sogar unmöglich ist, da mit der Befriedigung die Wünsche und Bedürfnisse ins Unendliche wachsen; daher sie, um das Ziel aller antiken Ethik, möglichste Glücksäligkeit in diesem Leben, zu erreichen, den Weg der Entsagung einschlugen, als den kürzesten und leichtesten: ὁϑεν και τον Κυνισμον ειϱηκασιν συντομον επ' αϱετην ὁδον *(unde et Cynismum dixere compendiosam ad virtutem viam. Diog. Laert., VI, 9* [§ 104]). [Daher bezeichneten sie auch den Kynismus als den abgekürzten Weg zur Tugend.] – Die Grundverschiedenheit des Geistes des Kynismus von dem der Askese tritt augenfällig hervor an der Demuth, als welche der Askese wesentlich, dem Kynismus aber so fremd ist, daß er, im Gegentheil, den Stolz und die Verachtung aller Uebrigen im Schilde führt:

> *Sapiens uno minor est Jove, dives,*
> *Liber, honoratus, pulcher, rex denique regum.*
>
> [Der Weise allein dem Jupiter nachsteht,
> Reich und frei und geehrt und schön, der Könige König.]
>
> *Hor.* [*az, epist.*, 1, 1, 106.]

Hingegen trifft, dem Geiste der Sache nach, die Lebensansicht der Kyniker mit der des J. J. Rousseau, wie er sie im *Discours sur l'origine de l'inégalité* darlegt, zusammen; da auch er uns zum rohen Naturzustande zurückführen möchte und das Herabsetzen unserer Bedürfnisse auf ihr *Minimum* als den sichersten Weg zur Glücksäligkeit betrachtet. – Uebrigens waren die Kyniker ausschließlich praktische Philosophen: wenigstens ist mir keine Nachricht von ihrer theoretischen Philosophie bekannt.

Aus ihnen giengen nun die Stoiker dadurch hervor, daß sie das Praktische in ein Theoretisches verwandelten. Sie meinten, das wirkliche Entbehren alles irgend Entbehrlichen sei nicht erfordert, sondern es reiche hin, daß man Besitz und Genuß beständig als entbehrlich und als in der Hand des Zufalls stehend betrachte: da würde denn die wirkliche Entbehrung, wenn sie etwan eintrete, weder unerwartet seyn, noch schwer fallen. Man könne immerhin Alles haben und genießen; nur müsse man die Ueberzeugung von der Werthlosigkeit und Entbehrlichkeit solcher Güter einerseits, und von ihrer Unsicherheit und Hinfälligkeit andererseits stets gegenwärtig erhalten, mithin sie alle ganz gering schätzen, und allezeit bereit seyn, sie aufzugeben. Ja, wer, um nicht durch jene Dinge bewegt zu werden, sie wirklich entbehren müsse, zeige dadurch an, daß er, in seinem Herzen, sie für wahre Güter halte, die man, um nicht danach lüstern zu werden, ganz aus seinem Gesichtskreis entfernen müsse. Der Weise hingegen erkenne, daß sie gar keine Güter seien, vielmehr ganz gleichgültige Dinge, αδιαφορα, allenfalls προηγμενα [Unverwerfliches]. Daher wird er sie, wenn sie sich darbieten, annehmen, ist jedoch stets bereit, sie mit größter Gleichgültigkeit wieder fahren zu lassen, wenn der Zufall, dem sie angehören, sie zurückfordert; weil sie των ουκ εφ'ἡμιν [nicht uns zugehörig] sind. In diesem Sinne sagt Epiktet, Kap. 7, der Weise werde, gleich Einem, der vom Schiffe ans Land gestiegen u. s. w., sich auch ein Weibchen, oder Knäbchen gefallen lassen, dabei jedoch stets bereit seyn, sobald der Schiffer ruft, sie wieder gehn zu lassen. – So vervollkommneten die Stoiker die Theorie des Gleichmuths und der Unabhängigkeit, auf Kosten der Praxis, indem sie Alles auf einen mentalen Proceß zurückführten und durch Argumente, wie sie das erste Kapitel des Epiktet darbietet, sich alle Bequemlichkeiten des Lebens heransophisticirten. Sie hatten aber dabei außer Acht gelassen, daß alles Gewohnte zum Bedürfniß wird und daher nur mit Schmerz entbehrt werden kann; daß der Wille nicht mit sich spielen läßt, nicht genießen kann, ohne die Genüsse zu lieben; daß ein Hund nicht gleichgültig bleibt, indem man ihm ein Stück Braten durchs Maul zieht, und ein Weiser, wenn er hungerig ist, auch nicht; und daß es zwischen Begehren und Entsagen kein Mittleres giebt. Sie aber glaubten sich dadurch mit ihren Grundsätzen abzufinden, daß sie, an einer luxuriösen Römischen Tafel sitzend, kein Gericht ungekostet ließen, jedoch dabei versicherten, Das wären sammt und sonders bloße προηγμενα [unverwerfliche Dinge], keine αγαθα [Güter]; oder, Deutsch zu reden, daß sie aßen, tranken und sich einen guten Tag machten, dabei aber dem lieben Gott keinen Dank dafür wußten, vielmehr fastidiöse [verdrießliche] Gesichter schnitten und nur immer brav versicherten, sie machten sich den Teufel etwas aus der ganzen Fresserei. Dies war das Auskunftsmittel der Stoiker: sie waren demnach bloße Maulhelden, und zu den Kynikern verhalten sie sich ungefähr, wie wohlgemästete Benediktiner und Augustiner zu Franziskanern und Kapuzinern. Je mehr sie nun die Praxis vernachlässigten, desto feiner spitzten sie die Theorie zu. Der am Schlusse unsers ersten Buches gegebenen Auseinandersetzung derselben will ich hier noch einige einzelne Belege und Ergänzungen beifügen.

Wenn wir in den uns hinterbliebenen Schriften der Stoiker, die alle unsystematisch abgefaßt sind, nach dem letzten Grunde jenes uns unablässig zugemutheten, unerschütterlichen Gleichmuthes forschen; so finden wir keinen andern, als die Erkenntniß der gänzlichen Unabhängigkeit des Weltlaufs von unserm Willen und folglich der Unvermeidlichkeit der uns treffenden Uebel. Haben wir nach einer richtigen Einsicht hierin unsere Ansprüche regulirt; so ist Trauern, Jubeln, Fürchten und Hoffen eine Thorheit, deren wir nicht mehr fähig sind. Dabei wird, besonders in den Kommentarien des Arrians, die Subreption [Erschleichung] begangen, daß Alles was ουκ εφ' ἡμιν ist (d. h. nicht von uns abhängt), sofort auch ου προς ἡμας wäre (d. h. uns nichts angienge). Doch bleibt wahr, daß alle Güter des Lebens in der Macht des Zufalls stehn, mithin sobald er, diese Macht übend, sie uns entreißt, wir unglücklich sind, wenn wir unser Glück darin gesetzt haben. Diesem unwürdigen Schicksal soll uns der richtige Gebrauch der Vernunft entziehn, vermöge dessen wir alle jene Güter nie als die unserigen betrachten, sondern nur als auf unbestimmte Zeit uns geliehen: nur so können wir sie eigentlich nie verlieren. Daher sagt Seneka *(Ep. 98* [, 5]): *Si, quid humanarum rerum varietas possit, cogitaverit, ante quam senserit* [Wenn man bedacht hat, was die Wandelbarkeit der menschlichen Dinge vermag, ehe man es zu fühlen bekommt], und Diogenes Laërtius (VII, I, 87): Ισον δε εστι το κατ' αρετην ζην τῳ κατ' εμπειριαν των φυσει συμβαινοντων ζην. *(Secundum virtutem vivere idem est, quod secundum experientiam eorum, quae secundum naturam accidunt, vivere.)* [Gemäß der Tugend zu leben ist das gleiche wie gemäß der Erfahrung der Naturgeschehnisse zu leben.] Hieher gehört besonders die Stelle in Arrians Epiktetäischen Abhandlungen, B. III, Kap. 24, 84–89; und speciell, als Beleg des § 16 des ersten Bandes in dieser Hinsicht von mir Gesagten, die Stelle: Τουτο γαρ εστι το αιτιον τοις ανθρωποις παντων των κακων, το τας προληψεις τας κοινας μη δυνασθαι εφαρμοζειν τοις επι μερους, *ibid. IV, 1. 42. (Haec enim causa est hominibus omnium malorum, quod anticipationes generales rebus singularibus accommodare non possunt.)* [Denn dies ist für die Menschen die Ursache aller Übel, daß sie nicht imstande sind, die allgemeinen Begriffe auf die einzelnen Dinge anzuwenden.] Desgleichen die Stelle im Antoninus [Marc Aurel] (IV, 29): Ει ξενος κοσμου ὁ μη γνωριζων τα εν αυτῳ οντα, ουχ ἡττον ξενος και ὁ μη γνωριζων τα γιγνομενα, d. h.: »Wenn Der ein Fremdling in der Welt ist, welcher nicht weiß, was es darin giebt; so ist es nicht weniger Der, welcher nicht weiß, wie es darin hergeht.« Auch Seneka's elftes Kapitel *De tranquillitate animi* ist ein vollkommender Beleg dieser Ansicht. Die Meinung der Stoiker geht im Ganzen dahin, daß wenn der Mensch dem Gaukelspiel des

Glückes eine Weile zugesehn hat und nun seine Vernunft gebraucht, er sowohl den schnellen Wechsel der Würfel, als die innere Werthlosigkeit der Rechenpfennige erkennen und daher fortan unbewegt bleiben müsse. Ueberhaupt läßt die Stoische Ansicht sich auch so ausdrücken: Unser Leiden entspringt allemal aus dem Mißverhältniß zwischen unsern Wünschen und dem Weltlauf. Daher muß Eines dieser Beiden geändert und dem Andern angepaßt werden. Da nun der Lauf der Dinge nicht in unserer Macht steht (ουκ εφ' ἡμιν); so müssen wir unser Wollen und Wünschen dem Lauf der Dinge gemäß einrichten: denn der Wille allein ist εφ' ἡμιν. Dieses Anpassen des Wollens zum Laufe der Außenwelt, also zur Natur der Dinge, wird sehr oft unter dem vieldeutigen κατα φυσιν ζῃν [gemäß der Natur leben] verstanden. Man sehe *Arriani Diss., II, 17, 21, 22.* Ferner bezeichnet diese Ansicht Seneka *(Ep. 119)* [,2]), indem er sagt: *Nihil interest, utrum non desideres, an habeas. Summa rei in utroque est eadem: non torqueberis.* [Es ist kein Unterschied zwischen Nichtwollen und Haben. In beiden Fällen ist die Hauptsache die gleiche: man ist frei von Qual.] Auch Cicero *(Tusc., IV, 26),* durch die Worte: *Solum habere velle, summa dementia est.* [Nur haben wollen ist der größte Unverstand.] Desgleichen Arrian *(IV, I, 175))* Ου γαρ εκπληρωσει των επιθυμουμενων ελευθερια παρασκευαζεται, αλλα ανασκευῃ της επιθυμιας. *(Non enim explendis desideriis libertas comparatur, sed tollenda cupiditate.)* [Denn nicht dadurch, daß man erreicht was man begehrt, wird man frei, sondern durch die Unterdrückung des Begehrens.]

Als Belege dessen, was ich am angeführten Orte über das ὁμολογουμενως ζῃν [übereinstimmend leben] der Stoiker gesagt habe, kann man die in der *Historia philosophiae Graeco-Romanae* von Ritter und Preller, § 398, zusammengestellten Anführungen betrachten; desgleichen den Ausspruch des Seneka *(Ep. 31* [,8] und nochmals *Ep. 74): Perfecta virtus est aequalitas et tenor vitae per omnia consonans sibi.* [Die vollkommene Tugend besteht in der Gleichmäßigkeit und der stets mit sich selbst übereinstimmenden Lebensführung.] Den Geist der Stoa überhaupt bezeichnet deutlich diese Stelle des Seneka *(Ep. 92* [,3]*): Quid est beata vita? Securitas et perpetua tranquillitas. Hanc dabit animi magnitudo, dabit constantia bene judicati tenax.* [Worin besteht das glückselige Leben? In

Sicherheit und unerschütterlicher Ruhe. Sie wird erlangt durch Seelengröße und durch Beständigkeit, die bei dem als richtig Erkannten beharrt.] Ein zusammenhängendes Studium der Stoiker wird Jeden überzeugen, daß der Zweck ihrer Ethik, eben wie der des Kynismus, aus welchem sie entsprungen, durchaus kein anderer ist, als ein möglichst schmerzloses und dadurch möglichst glückliches Leben; woraus folgt, daß die Stoische Moral nur eine besondere Art des Eudämonismus ist. Sie hat nicht, wie die Indische, die Christliche, selbst die Platonische Ethik, eine metaphysische Tendenz, einen transscendenten Zweck, sondern einen völlig immanenten, in diesem Leben erreichbaren: die Unerschütterlichkeit (αταραξια) und ungetrübte Glücksäligkeit des Weisen, den nichts anfechten kann. Doch ist nicht zu leugnen, daß die späteren Stoiker, namentlich Arrian, bisweilen diesen Zweck aus den Augen verlieren und eine wirklich asketische Tendenz verrathen, welches dem damals schon sich verbreitenden Christlichen und überhaupt orientalischen Geiste zuzuschreiben ist. – Wenn wir das Ziel des Stoicismus, jene αταραξια, in der Nähe und ernstlich betrachten; so finden wir in ihr eine bloße Abhärtung und Unempfindlichkeit gegen die Streiche des Schicksals, dadurch erlangt, daß man die Kürze des Lebens, die Leerheit der Genüsse, den Unbestand des Glücks sich stets gegenwärtig erhält, auch eingesehn hat, daß zwischen Glück und Unglück der Unterschied sehr viel kleiner ist, als unsere Anticipation Beider ihn uns vorzuspiegeln pflegt. Dies ist aber noch kein glücklicher Zustand, sondern nur das gelassene Ertragen der Leiden, die man als unvermeidlich vorhergesehn hat. Doch liegt Geistesgröße und Würde darin, daß man schweigend und gelassen das Unvermeidliche trägt, in melancholischer Ruhe, sich gleich bleibend, während Andere vom Jubel zur Verzweiflung und von dieser zu jenem übergehn. – Man kann demnach den Stoicismus auch auffassen als eine geistige Diätetik, welcher gemäß, wie man den Leib gegen Einflüsse des Windes und Wetters, gegen Ungemach und Anstrengung abhärtet, man auch sein Gemüth abzuhärten hat gegen Unglück, Gefahr, Verlust, Ungerechtigkeit, Tücke, Verrath, Hochmuth und Narrheit der Menschen.

Ich bemerke noch, daß die καθηκοντα der Stoiker, welche Cicero *officia* übersetzt, ungefähr bedeuten Obliegenheiten, oder Das, was zu thun der Sache angemessen ist, Englisch *incum-*

bencies, Italiänisch *quel che tocca a me di fare, o di lasciare*, also überhaupt was einem vernünftigen Menschen zu thun zukommt. Man sehe *Diog. Laert., VII, 1. 109.* – Endlich den Pantheismus der Stoiker, wie er ganz und gar nicht zu so manchen Kapuzinaden Arrians paßt, spricht auf das deutlichste Seneka aus: *Quid est Deus? Mens universi. Quid est Deus? Quod vides totum, et quod non vides totum. Sic demum magnitudo sua illi redditur, qua nihil majus excogitari potest: si solus est omnia, opus suum et extra et intra tenet.* [Was ist Gott? Die Seele des Weltalls. Was ist Gott? Alles, was du siehst, und alles, was du nicht siehst. So allein wird seine Größe anerkannt, größer als welche nichts gedacht werden kann: wenn er allein alles ist, dann umfaßt er sein Werk und durchdringt es.] *(Quaest. natur. I, praefatio, 12* [richtiger: 13].*)*

Kapitel 17*.

Ueber das metaphysische Bedürfniß des Menschen.

Den Menschen ausgenommen, wundert sich kein Wesen über sein eigenes Daseyn; sondern ihnen Allen versteht dasselbe sich so sehr von selbst, daß sie es nicht bemerken. Aus der Ruhe des Blickes der Thiere spricht noch die Weisheit der Natur; weil in ihnen der Wille und der Intellekt noch nicht weit genug auseinandergetreten sind, um bei ihrem Wiederbegegnen sich über einander verwundern zu können. So hängt hier die ganze Erscheinung noch fest am Stamme der Natur, dem sie entsprossen, und ist der unbewußten Allwissenheit der großen Mutter theilhaft. – Erst nachdem das innere Wesen der Natur (der Wille zum Leben in seiner Objektivation) sich durch die beiden Reiche der bewußtlosen Wesen und dann durch die lange und breite Reihe der Thiere, rüstig und wohlgemuth, gesteigert hat, gelangt es endlich, beim Eintritt der Vernunft, also im Menschen, zum ersten Male zur Besinnung: dann wundert es sich über seine eigenen Werke und frägt sich, was es selbst sei. Seine Verwunderung ist aber um so ernstlicher, als es hier zum ersten Male mit

---

* Dieses Kapitel steht in Beziehung zu § 15 des ersten Bandes.

Bewußtseyn dem Tode gegenübersteht, und neben der Endlichkeit alles Daseyns auch die Vergeblichkeit alles Strebens sich ihm mehr oder minder aufdringt. Mit dieser Besinnung und dieser Verwunderung entsteht daher das dem Menschen allein eigene Bedürfniß einer Metaphysik: er ist sonach ein *animal metaphysicum* [metaphysisches Lebewesen]. Im Anfang seines Bewußtseyns freilich nimmt auch er sich als Etwas, das sich von selbst versteht. Aber dies währt nicht lange; sondern sehr früh, zugleich mit der ersten Reflexion, tritt schon diejenige Verwunderung ein, welche dereinst Mutter der Metaphysik werden soll. – Diesem gemäß sagt auch Aristoteles im Eingang seiner Metaphysik: Δια γαϱ το ϑαυμαζειν οἱ ανϑϱωποι και νυν και το πϱωτον ηϱξαντο φιλοσοφειν. *(Propter admirationem enim et nunc et primo inceperunt homines philosophari.)* [Denn wegen des Verwunderns haben die Menschen sowohl jetzt wie ehedem zu philosophieren begonnen.] Auch besteht die eigentliche philosophische Anlage zunächst darin, daß man über das Gewöhnliche und Alltägliche sich zu verwundern fähig ist, wodurch man eben veranlaßt wird, das Allgemeine der Erscheinung zu seinem Problem zu machen; während die Forscher in den Realwissenschaften sich nur über ausgesuchte und seltene Erscheinungen verwundern, und ihr Problem bloß ist, diese auf bekanntere zurückzuführen. Je niedriger ein Mensch in intellektueller Hinsicht steht, desto weniger Räthselhaftes hat für ihn das Daseyn selbst: ihm scheint vielmehr sich Alles, wie es ist, und daß es sei, von selbst zu verstehn. Dies beruht darauf, daß sein Intellekt seiner ursprünglichen Bestimmung, als Medium der Motive dem Willen dienstbar zu seyn, noch ganz treu geblieben und deshalb mit der Welt und Natur, als integrirender Theil derselben, eng verbunden, folglich weit entfernt davon ist, sich vom Ganzen der Dinge gleichsam ablösend, demselben gegenüber zu treten und so einstweilen als für sich bestehend, die Welt rein objektiv aufzufassen. Hingegen ist die hieraus entspringende philosophische Verwunderung im Einzelnen durch höhere Entwickelung der Intelligenz bedingt, überhaupt jedoch nicht durch diese allein; sondern ohne Zweifel ist es das Wissen um den Tod, und neben diesem die Betrachtung des Leidens und der Noth des Lebens, was den stärksten Anstoß zum philosophischen Besinnen und zu metaphysischen Auslegungen der Welt giebt. Wenn unser Leben endlos und schmerzlos wäre, würde es vielleicht doch Keinem einfallen zu fragen, warum die Welt dasei und gerade diese Beschaffenheit habe; sondern eben auch sich Alles von selbst verstehn. Dem entsprechend finden wir, daß das Interesse, welches philosophische, oder auch religiöse Systeme einflößen, seinen allerstärksten Anhaltspunkt durchaus an dem Dogma irgend einer Fortdauer nach dem Tode hat: und wenn gleich die letzteren das Daseyn ihrer Götter zur Hauptsache zu machen und dieses am eifrigsten zu vertheidigen scheinen; so ist dies im Grunde doch nur, weil sie an dasselbe ihr Unsterblichkeitsdogma geknüpft haben und es für unzertrennlich von ihm halten: nur um dieses ist es ihnen eigentlich zu thun. Denn wenn man ihnen dasselbe anderweitig sicher stellen könnte; so würde der lebhafte Eifer für ihre Götter alsbald erkalten, und er würde fast gänzlicher Gleichgültigkeit Platz machen, wenn, umgekehrt, die völlige Unmöglichkeit einer Unsterblichkeit ihnen bewiesen wäre: denn das Interesse am Daseyn der Götter verschwände mit der Hoffnung einer nähern Bekanntschaft mit ihnen, bis auf den Rest, der sich an ihren möglichen Einfluß auf die Vorfälle des gegenwärtigen Lebens knüpfen möchte. Könnte man aber gar die Fortdauer nach dem Tode, etwan weil sie Ursprünglichkeit des Wesens voraussetzte, als unverträglich mit dem Daseyn von Göttern nachweisen; so würden sie diese bald ihrer eigenen Unsterblichkeit zum Opfer bringen und für den Atheismus eifern. Auf dem selben Grunde beruht es, daß die eigentlich materialistischen Systeme, wie auch die absolut skeptischen, niemals einen allgemeinen, oder dauernden Einfluß haben erlangen können.

Tempel und Kirchen, Pagoden und Moscheen, in allen Landen, aus allen Zeiten, in Pracht und Größe, zeugen vom metaphysischen Bedürfniß des Menschen, welches, stark und unvertilgbar, dem physischen auf dem Fuße folgt. Freilich könnte wer satirisch gelaunt ist hinzufügen, daß dasselbe ein bescheidener Bursche sei, der mit geringer Kost vorlieb nehme. An plumpen Fabeln und abgeschmackten Mährchen läßt er sich bisweilen genügen: wenn nur früh genug eingeprägt, sind sie ihm hinlängliche Auslegungen seines Daseyns und Stützen seiner Moralität. Man betrachte z. B. den Koran: dieses schlechte Buch war hinreichend, eine Weltreligion zu begründen, das metaphysische Bedürfniß zahlloser Millionen Menschen seit 1200 Jahren zu befriedigen, die Grundlage ihrer Moral und einer bedeutenden Verachtung des Todes zu werden, wie auch, sie zu blutigen Kriegen und den ausgedehntesten Eroberungen zu begeistern. Wir finden in ihm die traurigste und ärmlichste Gestalt des Theismus. Viel mag durch die Uebersetzungen verloren gehn; aber ich habe keinen einzigen werthvollen Gedanken darin entdecken können. Dergleichen beweist, daß mit dem metaphysischen Bedürfniß die metaphysische Fähigkeit nicht Hand in Hand geht. Doch will es scheinen, daß in den frühen Zeiten der gegenwärtigen Erdoberfläche Diesem anders gewesen sei und daß Die, welche der Entstehung des Menschengeschlechts und dem Urquell der organischen Natur bedeutend näher standen, als wir, auch noch theils größere Energie der intuitiven Erkenntnißkräfte, theils eine richtigere Stimmung des Geistes hatten, wodurch sie einer reineren, unmittelbaren Auffassung des Wesens der Natur fähig und dadurch im Stande waren, dem metaphysischen Bedürfniß auf eine würdigere Weise zu genügen: so entstanden in den Urvätern der Brahmanen, den Rischis, die fast übermenschlichen Konceptionen, welche später in den Upanischaden der Veden niedergelegt wurden.

Niemals hingegen hat es an Leuten gefehlt, welche auf jenes metaphysische Bedürfniß des Menschen ihren Unterhalt zu gründen und dasselbe möglichst auszubeuten bemüht waren; daher es unter allen Völkern Monopolisten und Generalpächter desselben giebt: die Priester. Ihr Gewerbe mußte ihnen jedoch überall dadurch gesichert werden, daß sie das Recht erhielten, ihre metaphysischen Dogmen den Menschen sehr früh beizubringen, ehe noch die Urtheilskraft aus ihrem Morgenschlummer erwacht ist, also in der ersten Kindheit: denn da haftet jedes wohl eingeprägte Dogma, sei es auch noch so unsinnig, auf immer. Hätten sie zu warten, bis die Urtheilskraft reif ist; so würden ihre Privilegien nicht bestehn können.

Eine zweite, wiewohl nicht zahlreiche Klasse von Leuten, welche ihren Unterhalt aus dem metaphysischen Bedürfniß der Menschen zieht, machen die aus, welche von der Philosophie leben: bei den Griechen hießen sie Sophisten, bei den Neuern Professoren der Philosophie. Aristoteles zählt *(Metaph. II, 2)* den Aristipp unbedenklich den Sophisten bei: den Grund dazu finden wir bei Diogenes Laertius (II, 65), nämlich daß er der Erste unter den Sokratikern gewesen, der sich seine Philosophie bezahlen ließ; weshalb auch Sokrates ihm sein Geschenk zurücksandte. Auch bei den Neuern sind die, welche von der Philosophie leben, nicht nur, in der Regel und mit den seltensten Ausnahmen, ganz Andere, als die, welche für die Philosophie leben; sondern sogar sind sie sehr oft die Widersacher, die heimlichen und unversöhnlichen Feinde dieser: denn jede ächte und bedeutende philosophische Leistung wird auf die ihrigen zu viel Schatten werfen und überdies den Absichten und Beschränkungen der Gilde sich nicht fügen; weshalb sie allezeit bemüht sind, eine solche nicht aufkommen zu lassen, wozu dann, nach Maaßgabe der jedesmaligen Zeiten und Umstände, bald Verhehlen, Zudecken, Verschweigen, Ignoriren, Sekretiren, bald Verneinen, Verkleinern, Tadeln, Lästern, Verdrehen, bald Denunziren und Verfolgen die üblichen Mittel sind. Daher hat denn auch schon mancher große Kopf, unerkannt, ungeehrt, unbelohnt, sich keuchend durchs Leben schleppen müssen, bis endlich nach seinem Tode die Welt über ihn enttäuscht wurde, und [er] über sie. Inzwischen hatten sie ihren Zweck erreicht, hatten gegolten, dadurch daß sie ihn nicht gelten ließen, und hatten mit Weib und Kind von der Philosophie gelebt, während Jener für diese lebte. Ist er aber todt; da kehrt die Sache sich um: die neue Generation jener stets Vorhandenen wird nun der Erbe seiner Leistungen, schneidet sie nach ihrem Maaßstab sich zurecht und lebt jetzt von ihm. Daß jedoch Kant zugleich von und für die Philosophie leben konnte, beruhte auf dem seltenen Umstande, daß, zum ersten Male wieder, seit dem *Divo Antonino* [Göttlichen Mark Aurel] und *Divo Juliano* [Göttlichen Julian Apostata], ein Philosoph auf dem Throne saß: nur unter solchen Auspicien konnte die Kritik der reinen Vernunft das Licht erblicken. Kaum war der König todt, so sehn wir auch schon Kanten, weil er zur Gilde gehörte, von Furcht ergriffen, sein Meisterwerk in der zweiten Ausgabe modificiren, kastriren und verderben, dennoch aber bald in Gefahr kommen, seine Stelle zu verlieren; so daß ihn Campe in Braunschweig einlud, zu ihm zu kommen, um als das Oberhaupt seiner Familie bei ihm zu leben (Ring [Rinck], Ansichten aus Kants Leben, S. 68). Mit der Universitätsphilosophie ist es in der Regel bloße Spiegelfechterei: der wirkliche Zweck derselben ist, den Studenten, im tiefsten Grunde ihres Denkens, diejenige Geistesrichtung zu geben, welche das die Professuren besetzende Ministerium seinen Absichten angemessen hält. Daran mag dieses, im staatsmännischen Sinn, auch ganz Recht haben: nur folgt daraus, daß solche Kathederphilosophie ein *nervis alienis mobile lignum* [von fremden Kräften bewegtes Holzspielzeug: Horaz, *serm.*, II, 7, 82] ist und nicht für ernstliche, sondern nur für Spaaßphilosophie gelten kann. Auch bleibt es jedenfalls billig, daß eine solche Beaufsichtigung, oder Leitung, sich bloß auf die Kathederphilosophie erstrecke, nicht aber auf die wirkliche, welche es ernstlich meint. Denn, wenn irgend etwas auf der Welt wünschenswerth ist, so wünschenswerth, daß selbst der rohe und dumpfe Haufen, in seinen besonneneren Augenblicken, es höher schätzen würde, als Silber und Gold; so ist es, daß ein Lichtstrahl fiele auf das Dunkel unsers Daseyns und irgend ein Aufschluß uns würde über diese räthselhafte Existenz, an der nichts klar ist, als ihr Elend und ihre Nichtigkeit. Dies aber wird, gesetzt es sei an sich erreichbar, durch aufgedrungene und aufgezwungene Lösungen des Problems unmöglich gemacht.

Jetzt aber wollen wir die verschiedenen Weisen der Befriedigung, welche diesem so starken metaphysischen Bedürfnisse wird, einer allgemeinen Betrachtung unterwerfen.

Unter M e t a p h y s i k verstehe ich jede angebliche Erkenntniß, welche über die Möglichkeit der Erfahrung, also über die Natur, oder die gegebene Erscheinung der Dinge, hinausgeht, um Aufschluß zu ertheilen über Das, wodurch jene, in einem oder dem andern Sinne, bedingt wäre; oder, populär zu reden, über Das, was hinter der Natur steckt und sie möglich macht. – Nun aber setzt die große ursprüngliche Verschiedenheit der Verstandeskräfte, wozu noch die der viele Muße erfordernden Ausbildung derselben kommt, einen so großen Unterschied zwischen Menschen, daß, sobald ein Volk sich aus dem Zustande der Rohheit herausgearbeitet hat, nicht wohl e i n e Metaphysik für Alle ausreichen kann; daher wir bei den civilisirten Völkern durchgängig zwei verschiedene Arten derselben antreffen, welche sich dadurch unterscheiden, daß die eine ihre Beglaubigung i n s i c h, die andere sie a u ß e r s i c h hat. Da die metaphysischen Systeme der ersten Art, zur Rekognition [Anerkennung] ihrer Beglaubigung, Nachdenken, Bildung, Muße und Urtheil erfordern; so können sie nur einer äußerst geringen Anzahl von Menschen zugänglich seyn, auch nur bei bedeutender Civilisation entstehn und sich erhalten. Für die große Anzahl der Menscher hingegen, als welche nicht zu denken, sondern nur zu glauben befähigt und nicht für Gründe, sondern nur für Auktorität empfänglich ist, sind ausschließlich die Systeme der zweiten Art: diese können deshalb als Volksmetaphysik bezeichnet werden, nach Analogie der Volkspoesie, auch der Volksweisheit, worunter man die Sprichwörter versteht. Jene Systeme sind indessen unter dem Namen der Religionen bekannt und finden sich bei allen Völkern, mit Ausnahme der allerrohesten. Ihre Beglaubigung ist, wie gesagt, äußerlich und heißt als solche Offenbarung, welche dokumentirt wird durch Zeichen und Wunder. Ihre Argumente sind hauptsächlich Drohungen mit ewigen, auch wohl mit zeitlichen Uebeln, gerichtet gegen die Ungläubigen, ja schon gegen die bloßen Zweifler: als *ultima ratio theologorum* [letztes Argument der Theologen] finden wir, bei manchen Völkern, den Scheiterhaufen, oder dem Aehnliches. Suchen sie eine andere Beglaubigung, oder gebrauchen sie andere Argumente; so machen sie schon einen Uebergang in die Systeme der ersten Art und können zu einem Mittelschlag beider ausarten; welches mehr Gefahr als Vortheil bringt. Denn ihnen giebt die sicherste Bürgschaft für den fortdauernden Besitz der Köpfe ihr unschätzbares Vorrecht, den K i n d e r n beigebracht zu werden, als wodurch ihre Dogmen zu einer Art von zweitem angeborenen Intellekt einwachsen, gleich dem Zweige auf dem gepfropften Baum; während hingegen die Systeme der ersten Art sich immer nur an Erwachsene wenden, bei diesen aber allemal schon ein System der zweiten Art im Besitz der Ueberzeugung vorfinden. – Beide Arten der Metaphysik, deren Unterschied sich kurz durch Ueberzeugungslehre und Glaubenslehre bezeichnen läßt, haben Dies gemein, daß jedes einzelne System derselben in einem feindlichen Verhältniß zu allen übrigen seiner Art steht. Zwischen denen der ersten Art wird der Krieg nur mit Wort und Schrift, zwischen denen der zweiten auch mit Feuer und Schwerdt geführt: manche von diesen haben ihre Verbreitung zum Theil dieser letztern Art der Polemik zu danken, und alle haben nach und nach die Erde unter sich getheilt, und zwar mit so entschiedener Herrschaft, daß die Völker sich mehr nach ihnen, als nach der Nationalität, oder der Regierung unterscheiden und sondern. Nur s i e sind, jede in ihrem Bezirke, h e r r s c h e n d, die der ersten Art hingegen höchstens t o l e r i r t, und auch dies nur, weil man, wegen der geringen Anzahl ihrer Anhänger, sie meistens der Bekämpfung durch Feuer und Schwerdt nicht werth hält; wiewohl, wo es nöthig schien, auch diese mit Erfolg gegen sie angewendet worden sind: zudem finden sie sich bloß sporadisch. Meistens hat man sie jedoch nur in einem Zustande der Zähmung und Unterjochung geduldet, indem das im Lande herrschende System der zweiten Art ihnen vorschrieb, ihre Lehren seinen eigenen, mehr oder weniger eng, anzupassen. Bisweilen hat es sie nicht nur unterjocht, sondern sogar dienstbar gemacht und als Vorspann gebraucht; welches jedoch ein gefährliches Experiment ist; da jene Systeme der ersten Art, weil ihnen die Gewalt genommen ist, sich durch List helfen zu dürfen glauben und eine geheime Tücke nie ganz ablegen, die sich dann bisweilen unvermuthet hervorthut und schwer zu heilenden Schaden stiftet. Denn überdies wird ihre Gefährlichkeit dadurch erhöht, daß sämmtliche Realwissenschaften, sogar die unschuldigsten nicht ausgenommen, ihre heimlichen Alliirten gegen die Systeme der zweiten Art sind, und, ohne selbst mit diesen in offenem Kriege zu stehn, plötzlich und unerwartet, großen Schaden auf dem Gebiete derselben anrichten. Zudem ist der durch die erwähnte Dienstbarmachung bezweckte Versuch, einem System, welches ursprünglich seine Beglaubigung außerhalb hat, dazu noch eine von innen geben zu wollen, seiner Natur nach, mißlich: denn, wäre es einer solchen Beglaubigung fähig; so hätte es keiner äußern bedurft. Und überhaupt ist es stets ein Wagestück, einem fertigen Gebäude ein neues Fundament unterschieben zu wollen. Wie sollte überdies eine Religion noch des Suffragiums [Beifalls] einer Philosophie bedürfen! Sie hat ja Alles auf ihrer Seite: Offenbarung, Urkunden, Wunder, Prophezeiungen, Schutz der Regierung, den höchsten Rang, wie er der Wahrheit gebührt, Beistimmung und Verehrung Aller, tausend Tempel, in denen sie verkündigt und geübt wird, geschworene Priesterschaaren, und, was mehr als Alles ist, das unschätzbare Vorrecht, ihre Lehren dem zarten Kindesalter einprägen zu dürfen, wodurch sie fast zu angeborenen Ideen werden. Um bei solchem Reichthum an Mitteln noch die Beistimmung armsäliger Philosophen zu verlangen, müßte sie habsüchtiger, oder, um den Widerspruch derselben zu besorgen, furchtsamer seyn, als mit einem guten Gewissen vereinbar scheint.

An den oben aufgestellten Unterschied zwischen Metaphysik der ersten und der zweiten Art knüpft sich noch folgender. Ein

System der ersten Art, also eine Philosophie, macht den Anspruch, und hat daher die Verpflichtung, in Allem, was sie sagt, *sensu stricto et proprio* [im strengen und eigentlichen Sinne] wahr zu seyn: denn sie wendet sich an das Denken und die Ueberzeugung. Eine Religion hingegen, für die Unzähligen bestimmt, welche, der Prüfung und des Denkens unfähig, die tiefsten und schwierigsten Wahrheiten *sensu proprio* nimmermehr fassen würden, hat auch nur die Verpflichtung *sensu allegorico* [im übertragenen Sinne] wahr zu seyn. Nackt kann die Wahrheit vor dem Volke nicht erscheinen. Ein Symptom dieser allegorischen Natur der Religionen sind die vielleicht in jeder anzutreffenden Mysterien, nämlich gewisse Dogmen, die sich nicht ein Mal deutlich denken lassen, geschweige wörtlich wahr seyn können. Ja, vielleicht ließe sich behaupten, daß einige völlige Widersinnigkeiten, einige wirkliche Absurditäten, ein wesentliches Ingredienz einer vollkommenen Religion seien: denn diese sind eben der Stämpel ihrer allegorischen Natur und die allein passende Art, dem gemeinen Sinn und rohen Verstande fühlbar zu machen, was ihm unbegreiflich wäre, nämlich daß die Religion im Grunde von einer ganz andern, von einer Ordnung der Dinge an sich handelt, vor welcher die Gesetze dieser Erscheinungswelt, denen gemäß sie sprechen muß, verschwinden, und daß daher nicht bloß die widersinnigen Dogmen, sondern auch die begreiflichen, eigentlich nur Allegorien und Akkommodationen zur menschlichen Fassungskraft sind. In diesem Geiste scheint mir Augustinus und selbst Luther die Mysterien des Christenthums festgehalten zu haben, im Gegensatz des Pelagianismus, der Alles zur platten Verständlichkeit herabziehn möchte. Von diesem Gesichtspunkte aus wird auch begreiflich, wie Tertullian, ohne zu spotten, sagen konnte: *Prorsus credibile est, quia ineptum est: – – certum est, quia impossibile.* [Es ist durchaus glaubhaft, weil es töricht ist: – – es ist gewiß, weil es unmöglich ist.] *(De carne Christi, c. 5.)* – Diese ihre allegorische Natur entzieht auch die Religionen den der Philosophie obliegenden Beweisen und überhaupt der Prüfung; statt deren sie Glauben verlangen, d. h. eine freiwillige Annahme, daß es sich so verhalte. Da sodann der Glaube das Handeln leitet, und die Allegorie allemal so gestellt ist, daß sie, in Hinsicht auf das Praktische, eben dahin führt, wohin die Wahrheit *sensu proprio* [im eigentlichen Sinne] auch führen würde; so verheißt die Religion Denen, welche glauben, mit Recht die ewige Säligkeit. Wir sehn also, daß die Religionen die Stelle der Metaphysik überhaupt, deren Bedürfniß der Mensch als unabweisbar fühlt, in der Hauptsache und für die große Menge, welche nicht dem Denken obliegen kann, recht gut ausfüllen, theils nämlich zum praktischen Behuf, als Leitstern ihres Handelns, als öffentliche Standarte der Rechtlichkeit und Tugend, wie Kant es vortrefflich ausdrückt; theils als unentbehrlicher Trost in den schweren Leiden des Lebens, als wo sie die Stelle einer objektiv wahren Metaphysik vollkommen vertreten, indem sie, so gut wie diese nur irgend könnte, den Menschen über sich selbst und das zeitliche Daseyn hinausheben: hierin zeigt sich glänzend der große Werth derselben, ja, ihre Unentbehrlichkeit. Denn φιλοσοφον πληϑος αδυνατον ειναι *(vulgus philosophum esse impossibile est)* [daß die große Menge philosophisch gebildet sei, ist unmöglich], sagt schon Plato und mit Recht *(De Rep., VI, p. 89, Bip.).* Der einzige Stein des Anstoßes hingegen ist dieser, daß die Religionen ihre allegorische Natur nie eingestehn dürfen, sondern sich als *sensu proprio* wahr zu behaupten haben. Dadurch thun sie einen Eingriff in das Gebiet der eigentlichen Metaphysik, und rufen den Antagonismus dieser hervor, der daher zu allen Zeiten, in denen sie nicht an die Kette gelegt worden, sich äußert. – Auf dem Verkennen der allegorischen Natur jeder Religion beruht auch der in unsern Tagen so anhaltend geführte Streit zwischen Supernaturalisten und Rationalisten. Beide nämlich wollen das Christenthum *sensu proprio* wahr haben: in diesem Sinne wollen die ersten es ohne Abzug, gleichsam mit Haut und Haar, behaupten; wobei sie, den Kenntnissen und der allgemeinen Bildung des Zeitalters gegenüber, einen schweren Stand haben. Die andern hingegen suchen alles eigenthümlich Christliche hinauszuexegesiren [hinauszuerklären]; wonach sie etwas übrig behalten, das weder *sensu proprio* noch *sensu allegorico* wahr ist, vielmehr eine bloße Platitüde, beinahe nur Judenthum, oder höchstens seichter Pelagianismus, und, was das Schlimmste, niederträchtiger Optimismus, der dem eigentlichen Christenthum durchaus fremd ist. Ueberdies versetzt der Versuch, eine Religion aus der Vernunft zu begründen, sie in die andere Klasse der Metaphysik, in die, welche ihre Beglaubigung in sich selbst hat, also auf einen fremden Boden, auf den der philosophischen Systeme, und sonach in den Kampf, den diese, auf ihrer eigenen Arena, gegen einander führen, folglich unter das Gewehrfeuer des Skepticismus und das schwere Geschütz der Kritik der reinen Vernunft: sich aber dahin zu begeben, wäre für sie offenbare Vermessenheit.

Beiden Arten der Metaphysik wäre es am zuträglichsten, daß jede von der andern rein gesondert bliebe und sich auf ihrem eigenen Gebiete hielte, um daselbst ihr Wesen vollkommen entwickeln zu können. Statt dessen ist man schon das ganze Christliche Zeitalter hindurch bemüht, vielmehr eine Fusion beider zu bewerkstelligen, indem man die Dogmen und Begriffe der einen in die andere überträgt, wodurch man beide verdirbt. Am unverholensten ist dies in unsern Tagen geschehn in jenem seltsamen Zwitter oder Kentauren, der sogenannten Religionsphilosophie, welche, als eine Art Gnosis, bemüht ist, die gegebene Religion zu deuten und das *sensu allegorico* Wahre durch ein *sensu proprio* Wahres auszulegen. Allein dazu müßte man die Wahrheit *sensu proprio* schon kennen und besitzen: alsdann aber wäre jene Deutung überflüssig. Denn bloß aus der Religion die Metaphysik, d. i. die Wahrheit *sensu proprio*, durch Auslegung und Umdeutung erst finden zu wollen, wäre ein mißliches und gefährliches Unternehmen, zu welchem man sich nur dann entschließen könnte, wenn es ausgemacht wäre, daß die Wahrheit, gleich dem Eisen und andern unedlen Metallen, nur im vererzten, nicht im gediegenen Zustande vorkommen könne, daher man sie nur durch Reduktion [Entziehung von Sauerstoff] aus der Vererzung gewinnen könnte. –

Religionen sind dem Volke nothwendig, und sind ihm eine unschätzbare Wohlthat. Wenn sie jedoch den Fortschritten der Menschheit in der Erkenntniß der Wahrheit sich entgegenstellen wollen; so müssen sie mit möglichster Schonung bei Seite geschoben werden. Und zu verlangen, daß sogar ein großer Geist – ein Shakespeare, ein Goethe – die Dogmen irgend einer Religion *implicite, bona fide et sensu proprio* [stillschweigend einbegriffen, guten Glaubens und im eigentlichen Sinne] zu seiner Ueberzeugung mache, ist wie verlangen, daß ein Riese den Schuh eines Zwerges anziehe.

Religionen können, als auf die Fassungskraft der großen Menge berechnet, nur eine mittelbare, nicht eine unmittelbare Wahrheit haben: diese von ihnen verlangen, ist, wie wenn man die im Buchdruckerrahmen aufgesetzten Lettern lesen wollte, statt ihres Abdrucks. Der Werth einer Religion wird demnach abhängen von dem größern oder geringern Gehalt an Wahrheit, den sie, unter dem Schleier der Allegorie, in sich trägt, sodann von der größern oder geringern Deutlichkeit, mit welcher derselbe durch diesen Schleier sichtbar wird, also von der Durchsichtigkeit des letztern. Fast scheint es, daß, wie die ältesten Sprachen die vollkommensten sind, so auch die ältesten Religionen. Wollte ich die Resultate meiner Philosophie zum Maaßstabe der Wahrheit nehmen, so müßte ich dem Buddhaismus den Vorzug vor den andern zugestehn. Jeden Falls muß es mich freuen, meine Lehre in so großer Uebereinstimmung mit einer Religion zu sehn, welche die Majorität auf Erden für sich hat; da sie viel mehr Bekenner zählt, als irgend eine andere. Diese Uebereinstimmung muß mir aber um so erfreulicher seyn, als ich, bei meinem Philosophiren, gewiß nicht unter ihrem Einfluß gestanden habe. Denn bis 1818, da mein Werk erschien, waren über den Buddhaismus nur sehr wenige, höchst unvollkommene und dürftige Berichte in Europa zu finden, welche sich fast gänzlich auf einige Aufsätze in den früheren Bänden der *Asiatic researches* beschränkten und hauptsächlich den Buddhaismus der Birmanen betrafen. Erst seitdem ist nach und nach eine vollständigere Kunde von dieser Religion zu uns gelangt, hauptsächlich durch die gründlichen und lehrreichen Abhandlungen des verdienstvollen Petersburger Akademikus I. J. Schmidt, in den Denkschriften seiner Akademie, und sodann allmälig durch mehrere Englische und Französische Gelehrte, so daß ich habe ein ziemlich zahlreiches Verzeichniß der besten Schriften über diese Glaubenslehre liefern können, in meiner Schrift »Ueber den Willen in der Natur«, unter der Rubrik Sinologie. – Leider ist uns Csoma Körösi, dieser beharrliche Ungar, der, um die Sprache und die heiligen Schriften des Buddhaismus zu studiren, viele Jahre in Tibet und besonders in den Buddhaistischen Klöstern zugebracht hat, gerade dann durch den Tod entrissen, als er anfieng, den Ertrag seiner Forschungen für uns auszuarbeiten. Ich kann inzwischen die Freude nicht verleugnen, mit welcher ich in seinen vorläufigen Berichten manche unmittelbar aus dem Kahgyur selbst referirte Stellen lese, z. B. folgende Unterredung des sterbenden Buddha mit dem ihm huldigenden Brahma: *There is a description of their con-*

versation on the subject of creation, – by whom was the world made. S h a k y a *asks several questions of* B r a h m a *, – whether was it he, who made or produced such and such things, and endowed or blessed them with such and such virtues or properties, – whether was it he who caused the several revolutions in the destruction and regeneration of the world. He denies that he had ever done anything to that effect. At last he himself asks* S h a k y a *how the world was made, – by whom? Here are attributed all changes in the world to the moral works of the animal beings, and it is stated that in the world all is illusion, there is no reality in the things; all is empty.* B r a h m a *being instructed in his doctrine, becomes his follower. (Asiatic researches, Vol. 20, p. 434.)**

Den F u n d a m e n t a l u n t e r s c h i e d aller Religionen kann ich nicht, wie durchgängig geschieht, darin setzen, ob sie monotheistisch, polytheistisch, pantheistisch, oder atheistisch sind; sondern nur darin, ob sie optimistisch oder pessimistisch sind, d. h. ob sie das Daseyn dieser Welt als durch sich selbst gerechtfertigt darstellen, mithin es loben und preisen, oder aber es betrachten als etwas, das nur als Folge unserer Schuld begriffen werden kann und daher eigentlich nicht seyn sollte, indem sie erkennen, daß Schmerz und Tod nicht liegen können in der ewigen, ursprünglichen, unabänderlichen Ordnung der Dinge, in Dem, was in jedem Betracht seyn sollte. Die Kraft, vermöge welcher das Christenthum zunächst das Judenthum und dann das Griechische und Römische Heidenthum überwinden konnte, liegt ganz allein in seinem Pessimismus, in dem Eingeständniß, daß unser Zustand ein höchst elender und zugleich sündlicher ist, während Judenthum und Heidenthum optimistisch waren. Jene von Jedem tief und schmerzlich gefühlte

* »Es findet sich eine Beschreibung ihrer Unterredung, deren Gegenstand die Schöpfung ist, – durch wen die Welt hervorgebracht sei? Buddha richtet mehrere Fragen an Brahma: ob e r es gewesen, der dies oder jenes Ding gemacht, oder hervorgebracht, und es mit dieser oder jener Eigenschaft begabt habe? ob e r es gewesen, der die verschiedenen Umwälzungen zur Zerstörung und Wiederherstellung der Welt verursacht habe? – Brahma leugnet, daß er jemals irgend etwas dergleichen gethan habe. Endlich frägt er selbst den Buddha, wie die Welt hervorgebracht sei, – durch wen? Nun werden alle Veränderungen der Welt d e n m o r a l i s c h e n W e r k e n a n i m a l i s c h e r W e s e n zugeschrieben, und wird gesagt, daß Alles in der Welt bloße I l l u s i o n sei, keine Realität in den Dingen, Alles leer. Der also in Buddha's Lehre unterrichtete Brahma wird sein Anhänger.«

Wahrheit schlug durch und hatte das Bedürfniß der Erlösung in ihrem Gefolge. –

Ich wende mich zur allgemeinen Betrachtung der andern Art der Metaphysik, also derjenigen, welche ihre Beglaubigung in sich selbst hat und Philosophie genannt wird. Ich erinnere an den oben erörterten Ursprung derselben aus einer Verwunderung über die Welt und unser eigenes Daseyn, indem diese sich dem Intellekt als ein Räthsel aufdringen, dessen Lösung sodann die Menschheit ohne Unterlaß beschäftigt. Hier nun will ich zuvörderst darauf aufmerksam machen, daß Diesem nicht so seyn könnte, wenn die Welt im Spinozischen, in unsern Tagen unter modernen Formen und Darstellungen als Pantheismus so oft wieder vorgebrachten Sinn, eine »absolute Substanz«, mithin ein schlechthin nothwendiges Wesen wäre. Denn dies besagt, daß sie mit einer so großen Nothwendigkeit existire, daß neben derselben jede andere, unserm Verstande als solche faßliche Nothwendigkeit wie ein Zufall aussehn müßte: sie wäre nämlich alsdann Etwas, das nicht nur alles wirkliche, sondern auch alles irgend mögliche Daseyn dergestalt in sich begriffe, daß, wie Spinoza eben auch angiebt, die Möglichkeit und die Wirklichkeit desselben ganz und gar Eins wären, dessen Nichtseyn daher auch die Unmöglichkeit selbst wäre, also Etwas, dessen Nichtseyn, oder Andersseyn, völlig undenkbar seyn müßte, welches mithin sich so wenig wegdenken ließe, wie z. B. der Raum oder die Zeit. Indem ferner wir selbst Theile, Modi, Attribute oder Accidenzien einer solchen absoluten Substanz wären, welche das Einzige wäre, was, in irgend einem Sinne, jemals und irgendwo daseyn könnte; so müßte unser und ihr Daseyn, nebst der Beschaffenheit desselben, weit entfernt, sich uns als auffallend, problematisch, ja, als das unergründliche, uns stets beunruhigende Räthsel darzustellen, sich, im Gegentheil, noch viel mehr von selbst verstehn, als daß 2 Mal 2 vier ist. Denn wir müßten gar nicht anders irgend zu denken fähig seyn, als daß die Welt sei, und so sei, wie sie ist: mithin müßten wir ihres Daseyns als solchen, d. h. als eines Problems zum Nachdenken, so wenig uns bewußt werden, als wir die unglaublich schnelle Bewegung unsers Planeten empfinden.

Diesem Allen ist nun aber ganz und gar nicht so. Nur dem gedankenlosen Thiere scheint sich die Welt und das Daseyn von selbst zu verstehn: dem Menschen hingegen ist sie ein Problem, dessen sogar der Roheste und Beschränkteste, in einzelnen helleren Augenblicken, lebhaft inne wird, das aber Jedem um so deutlicher und anhaltender ins Bewußtsein tritt, je heller und besonnener dieses ist und je mehr Stoff zum Denken er durch Bildung sich angeeignet hat, welches Alles endlich in den zum Philosophiren geeigneten Köpfen sich zu Plato's θαυμαζειν, μαλα φιλοσοφικον παθος *(mirari, valde philosophicus affectus)* [Verwundern, einer sehr philosophischen Gemütsstimmung: Platon, *Theaitet.* p. 155 D] steigert, nämlich zu derjenigen Verwunderung, die das Problem, welches die edlere Menschheit jeder Zeit und jedes Landes unablässig beschäftigt und ihr keine Ruhe läßt, in seiner ganzen Größe erfaßt. In der That ist die Unruhe, welche die nie ablaufende Uhr der Metaphysik in Bewegung erhält, das Bewußtseyn, daß das Nichtseyn dieser Welt eben so möglich sei, wie ihr Daseyn. Daher also ist die Spinozistische Ansicht derselben als eines absolut nothwendigen Wesens, d. h. als Etwas, das schlechterdings und in jedem Sinn seyn sollte und müßte, eine falsche. Geht doch selbst der einfache Theismus, in seinem kosmologischen Beweise, stillschweigend davon aus, daß er vom Daseyn der Welt auf ihr vorheriges Nichtseyn schließt: er nimmt sie mithin vorweg als ein Zufälliges. Ja, was mehr ist, wir fassen sehr bald die Welt auf als Etwas, dessen Nichtseyn nicht nur denkbar, sondern sogar ihrem Daseyn vorzuziehn wäre; daher unsere Verwunderung über sie leicht übergeht in ein Brüten über jene Fatalität, welche dennoch ihr Daseyn hervorrufen konnte, und vermöge deren eine so unermeßliche Kraft, wie zur Hervorbringung und Erhaltung einer solchen Welt erfordert ist, so sehr gegen ihren eigenen Vortheil geleitet werden konnte. Das philosophische Erstaunen ist demnach im Grunde ein bestürztes und betrübtes: die Philosophie hebt, wie die Ouvertüre zum Don Juan, mit einem Mollakkord an. Hieraus ergiebt sich, daß sie weder Spinozismus, noch Optimismus seyn darf. – Die soeben ausgesprochene nähere Beschaffenheit des Erstaunens, welches zum Philosophiren treibt, entspringt offenbar aus dem Anblick des Uebels und des Bösen in der Welt, welche, selbst wenn sie im gerechtesten Verhältniß zu einander ständen, ja, auch noch vom Guten weit überwogen würden, dennoch Etwas sind, was ganz und gar und überhaupt nicht seyn sollte. Weil nun aber nichts aus Nichts entstehn kann; so müssen auch jene ihren Keim im Ursprunge, oder im Kern der Welt selbst haben. Dies anzunehmen wird uns schwer, wenn wir auf die Größe, Ordnung und Vollendung der physischen Welt sehn, indem wir meinen, daß was die Macht hatte, eine solche hervorzubringen, auch wohl hätte das Uebel und das Böse müssen vermeiden können. Am allerschwersten wird jene Annahme (deren aufrichtigster Ausdruck Ormuzd und Ahriman ist) begreiflicherweise dem Theismus. Daher wurde, um zuvörderst das Böse zu beseitigen, die Freiheit des Willens erfunden: diese ist jedoch nur eine versteckte Art, Etwas aus Nichts zu machen; indem sie ein *Operari* [Handeln] annimmt, das aus keinem *Esse* [Sein] hervorgienge (siehe »Die beiden Grundprobleme der Ethik«, S. 58 fg. [Bd. VI uns. Ausg., S. 96]). Sodann das Uebel suchte man dadurch los zu werden, daß man es der Materie, oder auch einer unvermeidlichen Nothwendigkeit zur Last legte; wobei man ungern den Teufel zur Seite liegen ließ, der eigentlich das rechte *Expediens ad hoc* [Mittel zu diesem Zweck] ist. Zum Uebel gehört auch der Tod: das Böse aber ist bloß das Von-sich-auf-einen-Andern-schieben des jedesmaligen Uebels. Also, wie oben gesagt, das Böse, das Uebel und der Tod sind es, welche das philosophische Erstaunen qualificiren und erhöhen: nicht bloß, daß die Welt vorhanden, sondern noch mehr, daß sie eine so trübsälige sei, ist das *punctum pruriens* [die juckende Stelle] der Metaphysik, das Problem, welches die Menschheit in eine Unruhe versetzt, die sich weder durch Skepticismus noch durch Kriticismus beschwichtigen läßt.

Mit der Erklärung der Erscheinungen in der Welt finden wir auch die Physik (im weitesten Sinne des Worts) beschäftigt. Aber in der Natur ihrer Erklärungen selbst liegt schon, daß sie nicht genügen können. Die Physik vermag nicht auf eigenen Füßen zu stehn, sondern bedarf einer Metaphysik, sich darauf zu stützen; so vornehm sie auch gegen diese thun mag. Denn sie erklärt die Erscheinungen durch ein noch Unbekannteres, als diese selbst sind: durch Naturgesetze, beruhend auf Naturkräften, zu welchen auch die Lebenskraft gehört. Allerdings muß der ganze gegenwärtige Zustand aller Dinge auf der Welt, oder in der Natur, nothwendig aus rein physischen Ursachen erklärbar seyn. Allein eben so nothwendig müßte eine solche Erklärung, gesetzt man gelangte wirklich so weit, sie geben zu können, – stets mit zwei wesentlichen Unvollkommenheiten behaftet seyn (gleichsam mit zwei faulen Flecken, oder wie Achill mit der verwundbaren Ferse, oder der Teufel mit dem Pferdefuß), vermöge welcher alles so Erklärte doch wieder eigentlich unerklärt bliebe. Erstlich nämlich mit dieser, daß der Anfang der Alles erklärenden Kette von Ursachen und Wirkungen, d. h. zusammenhängenden Veränderungen, schlechterdings nie zu erreichen ist, sondern, eben wie die Gränzen der Welt in Raum und Zeit, unaufhörlich und ins Unendliche zurückweicht; und zweitens mit dieser, daß sämmtliche wirkende Ursachen, aus denen man Alles erklärt, stets auf einem völlig Unerklärbaren beruhen, nämlich auf den ursprünglichen Qualitäten der Dinge und den in diesen sich hervorthuenden Naturkräften, vermöge welcher jene auf bestimmte Art wirken, z. B. Schwere, Härte, Stoßkraft, Elasticität, Wärme, Elektricität, chemische Kräfte u. s. w., und welche nun in jeder gegebenen Erklärung stehn bleiben, wie eine gar nicht wegzubringende unbekannte Größe in einer sonst vollkommen aufgelösten algebraischen Gleichung; wonach es dann keine noch so gering geschätzte Thonscherbe giebt, die nicht aus lauter unerklärlichen Qualitäten zusammengesetzt wäre. Also diese zwei unausweichbaren Mängel in jeder rein physikalischen, d. h. kausalen Erklärung, zeigen an, daß eine solche nur relativ wahr seyn kann, und daß die ganze Methode und Art derselben nicht die einzige, nicht die letzte, also nicht die genügende, d. h. nicht diejenige seyn kann, welche zur befriedigenden Lösung des schweren Räthsels der Dinge und zum wahren Verständniß der Welt und des Daseyns jemals zu führen vermag; sondern daß die physische Erklärung, überhaupt und als solche, noch einer metaphysischen bedarf, welche den Schlüssel zu allen ihren Voraussetzungen lieferte, eben deshalb aber auch einen ganz andern Weg einschlagen müßte. Der erste Schritt hiezu ist, daß man den Unterschied beider, mithin den zwischen Physik und Metaphysik, zum deutlichen Bewußtseyn bringt und festhält. Er beruht im Allgemeinen auf der Kantischen Unterscheidung zwischen Erscheinung und Ding an sich. Eben weil Kant das Letztere für schlechthin unerkennbar erklärte, gab es, ihm zufolge, gar keine Metaphysik, sondern bloß immanente Erkenntniß, d. h. bloße Physik, welche stets nur von Erscheinungen reden kann, und daneben eine Kritik der nach Metaphysik strebenden Vernunft.

Hier aber will ich, um den rechten Anknüpfungspunkt meiner Philosophie an die Kantische nachzuweisen, das zweite Buch anticipirend, hervorheben, daß Kant, in seiner schönen Erklärung des Zusammenbestehns der Freiheit mit der Nothwendigkeit (Kritik der reinen Vernunft, erste Auflage, S. 532–554, und Kritik der praktischen Vernunft, S. 224–231 der Rosenkranzischen Ausgabe) darthut, wie eine und die selbe Handlung einerseits aus dem Charakter des Menschen, dem Einfluß, den er im Lebenslauf erlitten, und den jetzt ihm vorliegenden Motiven, als nothwendig eintretend, vollkommen erklärbar sei, dabei aber andererseits doch als das Werk seines freien Willens angesehn werden müsse: und in gleichem Sinne sagt er, § 53 der Prolegomena: »Zwar wird aller Verknüpfung der Ursache und Wirkung in der Sinnenwelt Naturnothwendigkeit anhangen, dagegen doch derjenigen Ursache, die selbst keine Erscheinung ist (obzwar ihr zum Grunde liegt), Freiheit zugestanden, Natur also und Freiheit eben dem selben Dinge, aber in verschiedener Beziehung, ein Mal als Erscheinung, das andere Mal als einem Dinge an sich selbst, ohne Widerspruch beigelegt werden können.« Was nun also Kant von der Erscheinung des Menschen und seines Thuns lehrt, das dehnt meine Lehre auf alle Erscheinungen in der Natur aus, indem sie ihnen den Willen als Ding an sich zum Grunde legt. Dies Verfahren rechtfertigt sich zunächst schon dadurch, daß nicht angenommen werden darf, der Mensch sei von den übrigen Wesen und Dingen in der Natur specifisch, *toto genere* [der ganzen Gattung nach] und von Grund aus verschieden, vielmehr nur dem Grade nach. – Von dieser anticipirenden Abschweifung kehre ich zurück zu unserer Betrachtung der Unzulänglichkeit der Physik, die letzte Erklärung der Dinge abzugeben. – Ich sage also: physisch ist freilich Alles, aber auch nichts erklärbar. Wie für die Bewegung der gestoßenen Kugel, muß auch zuletzt für das Denken des Gehirns eine physische Erklärung an sich möglich seyn, die dieses eben so begreiflich machte, als jene es ist. Aber eben jene, die wir so vollkommen zu verstehn wähnen, ist uns im Grunde so dunkel wie Letzteres: denn was das innere Wesen der Expansion im Raum, der Undurchdringlichkeit, Beweglichkeit, der Härte, Elasticität und Schwere sei, – bleibt, nach allen physikalischen Erklärungen, ein Mysterium, so gut wie das Denken. Weil aber bei diesem das Unerklärbare am unmittelbarsten hervortritt, machte man hier sogleich einen Sprung aus der Physik in die Metaphysik und hypostasirte [verdinglichte] eine Substanz ganz anderer Art, als alles Körperliche, – versetzte ins Gehirn eine Seele. Wäre man jedoch nicht so stumpf gewesen, nur durch die auffallendeste Erscheinung frappirt werden zu können; so hätte man die Verdauung durch eine Seele im Magen, die Vegetation durch eine Seele in der Pflanze, die Wahlverwandtschaft durch eine Seele in den Reagenzien, ja, das Fallen eines Steines durch eine Seele in diesem erklären müssen. Denn die Qualität jedes unorganischen Körpers ist eben so geheimnißvoll, wie das Leben im Lebendigen: auf gleiche Weise stößt daher überall die physische Erklärung auf ein Metaphysisches, durch welches sie vernichtet wird, d. h. aufhört Erklärung zu seyn. Nimmt man es streng, so ließe sich behaupten, daß alle Naturwissenschaft im Grunde nichts weiter leistet, als was auch die Botanik: nämlich das Gleichartige zusammenzubringen, zu klassificiren. – Eine Physik, welche behauptete, daß ihre Erklärungen der Dinge, – im Einzelnen aus Ursachen und im Allgemeinen aus Kräften, – wirklich ausreichten und also das Wesen der Welt erschöpften, wäre der eigentliche Naturalismus. Vom Leukippos, Demokritos und Epikuros an, bis herab zum *Système de la nature*, dann zu Delamark, Cabanis und zu dem in diesen letzten Jahren wieder aufgewärmten Materialismus können wir den fortgesetzten Versuch verfolgen, eine Physik ohne Metaphysik aufzustellen, d. h. eine Lehre, welche die Erscheinung zum Dinge an sich machte. Aber alle ihre Erklärungen suchen den Erklärern selbst und Andern zu verbergen, daß sie die Hauptsache, ohne Weiteres, voraussetzen. Sie bemühen sich zu zeigen, daß alle Phänomene, auch die geistigen, physisch sind: mit Recht; nur sehn sie nicht ein, daß alles Physische andererseits zugleich ein Metaphysisches ist. Dies ist aber auch, ohne Kant, schwer einzusehn; da es die Unterscheidung der Erscheinung vom Ding an sich voraussetzt. Dennoch hat sich, selbst ohne diese, Aristoteles, so sehr er auch zur Empirie geneigt und von Platonischer Hyperphysik [Übersinnlichkeit] entfernt war, von jener beschränkten Ansicht frei gehalten: er sagt: Ει μεν ουν μη εστι τις ἑτερα ουσια παρα τας φυσει συνεστηκυιας, ἡ φυσικη αν ειη πρωτη επιστημη· ει δε εστι τις ουσια ακινητος, αὕτη προτερα και φιλοσοφια πρωτη, και καθολου οὕτως, ὁτι πρωτη· και περι του οντος ᾗ ον, ταυτης αν ειη θεωρησαι. *(Si igitur non est aliqua alia substantia, praeter eas, quae natura consistunt, physica profecto prima scientia esset: quodsi autem est aliqua substantia immobilis, haec prior et philosophia prima, et universalis sic, quod prima; et de ente, prout ens est, speculari hujus est.)* [Wenn es nun keine andere Wesenheit gibt außer den in der Natur vorkommenden, so würde die Physik die erste Wissenschaft sein; wenn es aber eine unwandelbare Wesenheit gibt, so ist diese die frühere und die Philosophie über sie die erste und darum die allgemeinste, weil sie die erste ist; und ihre Aufgabe würde es sein, nach dem Seienden als solchem zu forschen.] *Metaph., V, 1.* Eine solche absolute Physik, wie oben beschrieben, welche für keine Metaphysik Raum ließe, würde die *Natura naturata* zur *Natura naturans* [geschaffene Natur zur schaffenden Natur: nach Spinoza] machen: sie wäre die auf den Thron der Metaphysik gesetzte Physik, würde jedoch, auf dieser hohen Stelle, sich fast so ausnehmen, wie Holbergs theatralischer Kannengießer, den man zum Burgemeister gemacht. Sogar hinter dem an sich abgeschmackten, auch meistens boshaften Vorwurf des Atheismus liegt, als seine innere Bedeutung und ihm Kraft ertheilende Wahrheit, der dunkle Begriff einer solchen absoluten Physik ohne Metaphysik. Allerdings müßte eine solche für die Ethik zerstörend seyn, und wie man fälschlich den Theismus für unzertrennlich von der Moralität gehalten hat, so gilt Dies in Wahrheit nur von einer Metaphysik überhaupt, d. h. von der Erkenntniß, daß die Ordnung der Natur nicht die einzige und absolute Ordnung der Dinge sei. Daher kann man als das nothwendige *Credo* aller Gerechten und Guten dieses aufstellen: »Ich glaube an eine Metaphysik«. In dieser Hinsicht ist es wichtig und nothwendig, daß man sich von der Unhaltbarkeit einer absoluten Physik überzeuge; um so mehr, da diese, der eigentliche Naturalismus, eine Ansicht ist, die sich dem Menschen von selbst und stets von Neuem aufdringt und nur durch tiefere Spekulation vernichtet werden kann, als deren Surrogat, in dieser Hinsicht, allerlei Systeme und Glaubenslehren, insofern und so lange sie gelten, freilich auch dienen. Daß aber eine grundfalsche Ansicht sich dem Menschen von selbst aufdringt und erst künstlich entfernt werden muß, ist daraus erklärlich, daß der Intellekt ursprünglich nicht bestimmt ist, uns über das Wesen der Dinge zu belehren, sondern nur ihre Relationen, in Bezug auf unsern Willen, uns zu zeigen: er ist, wie wir im zweiten Buche finden werden, das bloße Medium der Motive. Daß nun in diesem die Welt sich auf eine Weise schematisirt, welche eine ganz andere, als die schlechthin wahre Ordnung der Dinge darstellt, weil sie eben uns nicht den Kern, sondern nur die äußere Schaale derselben zeigt, geschieht *accidentaliter* [zufällig] und kann dem Intellekt nicht zum Vorwurf gereichen; um so weniger, als er doch wieder in sich selbst die Mittel findet, jenen Irrthum zu rektificiren [berichtigen], indem er zur Unterscheidung zwischen Erscheinung und Wesen an sich der Dinge gelangt; welche Unterscheidung im Grunde zu allen Zeiten dawar, nur meistens sehr unvollkommen zum Bewußtseyn gebracht und daher ungenügend ausgesprochen wurde, sogar oft in seltsamer Verkleidung auftrat. Schon die Christlichen Mystiker z. B. erklären den Intellekt, indem sie ihn das Licht der Natur nennen, für unzulänglich, das wahre Wesen der Dinge zu erfassen. Er ist gleichsam eine bloße Flächenkraft, wie die Elektricität, und dringt nicht in das Innere der Wesen.

Die Unzulänglichkeit des reinen Naturalismus tritt, wie gesagt, zuvörderst, auf dem empirischen Wege selbst, dadurch hervor, daß jede physikalische Erklärung das Einzelne aus seiner Ursache erklärt, die Kette dieser Ursachen aber, wie wir *a priori*, mithin völlig gewiß wissen, ins Unendliche rückwärts läuft, so daß schlechthin keine jemals die erste seyn konnte. Sodann aber wird die Wirksamkeit jeder Ursache zurückgeführt auf ein Naturgesetz, und dieses endlich auf eine Naturkraft, welche nun als das schlechthin Unerklärliche stehn bleibt. Dieses Unerklärliche aber, auf welches alle Erscheinungen jener so klar gegebenen und so natürlich erklärbaren Welt, von der höchsten bis zur niedrigsten, zurückgeführt werden, verräth eben, daß die ganze Art solcher Erklärung nur eine bedingte, gleichsam nur *ex concessis* [auf Grund von Zugeständnissen] ist, und keineswegs die eigentliche und genügende; daher ich oben sagte, daß physisch Alles und nichts erklärbar sei. Jenes schlechthin Unerklärliche, welches alle Erscheinungen durchzieht, bei den höchsten, z. B. bei der Zeugung, am auffallendesten, jedoch auch bei den niedrigsten, z. B. den mechanischen, eben so wohl vorhanden ist, giebt Anweisung auf eine der physischen Ordnung der Dinge zum Grunde liegende ganz anderartige, welche eben Das ist, was Kant die Ordnung der Dinge an sich nennt und was den

Zielpunkt der Metaphysik ausmacht. – Zweitens aber erhellt die Unzulänglichkeit des reinen Naturalismus aus jener philosophischen Grundwahrheit, welche wir in der ersten Hälfte dieses Buches ausführlich betrachtet haben und die eben auch das Thema der Kritik der reinen Vernunft ist: daß nämlich alles Objekt, sowohl seinem objektiven Daseyn überhaupt, als der Art und Weise (dem Formellen) dieses Daseyns nach, durch das erkennende Subjekt durchweg bedingt, mithin bloße Erscheinung, nicht Ding an sich ist; wie Dies § 7 des ersten Bandes auseinandergesetzt und daselbst dargethan worden, daß nichts täppischer seyn kann, als daß man, nach Weise aller Materialisten, das Objektive unbesehen als schlechthin gegeben nimmt, um aus ihm Alles abzuleiten, ohne irgend das Subjektive zu berücksichtigen, mittelst dessen, ja in welchem, allein doch jenes dasteht. Proben dieses Verfahrens liefert zu allernächst unser heutiger Mode-Materialismus, der eben dadurch eine rechte Barbiergesellen- und Apotheker-Lehrlings-Philosophie geworden ist. Ihm, in seiner Unschuld, ist die unbedenklich als absolut real genommene Materie das Ding an sich, und Stoßkraft die einzige Fähigkeit eines Dinges an sich, indem alle andern Qualitäten nur Erscheinungen derselben seyn können.

Mit dem Naturalismus, oder der rein physikalischen Betrachtungsart, wird man demnach nie ausreichen: sie gleicht einem Rechnungsexempel, welches nimmermehr aufgeht. End- und anfangslose Kausalreihen, unerforschliche Grundkräfte, unendlicher Raum, anfangslose Zeit, endlose Theilbarkeit der Materie, und dies Alles noch bedingt durch ein erkennendes Gehirn, in welchem allein es dasteht, so gut wie der Traum, und ohne welches es verschwindet, – machen das Labyrinth aus, in welchem sie uns unaufhörlich herumführt. Die Höhe, zu welcher in unsern Zeiten die Naturwissenschaften gestiegen sind, stellt in dieser Beziehung alle frühern Jahrhunderte in tiefen Schatten, und ist ein Gipfel, den die Menschheit zum ersten Mal erreicht. Allein, wie große Fortschritte auch die Physik (im weiten Sinn der Alten verstanden) je machen möge; so wird damit noch nicht der kleinste Schritt zur Metaphysik geschehn seyn; so wenig, wie eine Fläche, durch noch so weit fortgesetzte Ausdehnung, je Kubikinhalt gewinnt. Denn solche Fortschritte werden immer nur die Kenntniß der Erscheinung vervollständigen; während die Metaphysik über die Erscheinung selbst hinausstrebt, zum Erscheinenden. Und wenn sogar die gänzlich vollendete Erfahrung hinzukäme; so würde dadurch in der Hauptsache nichts gebessert seyn. Ja, wenn selbst Einer alle Planeten sämmtlicher Fixsterne durchwanderte; so hätte er damit noch keinen Schritt in der Metaphysik gethan. Vielmehr werden die größten Fortschritte der Physik das Bedürfniß einer Metaphysik nur immer fühlbarer machen; weil eben die berichtigte, erweiterte und gründlichere Kenntniß der Natur einerseits die bis dahin geltenden metaphysischen Annahmen immer untergräbt und endlich umstößt, andererseits aber das Problem der Metaphysik selbst deutlicher, richtiger und vollständiger vorlegt, dasselbe von allem bloß Physischen reiner absondert, und eben auch das vollständiger und genauer erkannte Wesen der einzelnen Dinge dringender die Erklärung des Ganzen und Allgemeinen fordert, welches, je richtiger, gründlicher und vollständiger empirisch erkannt, nur desto räthselhafter sich darstellt. Dies Alles wird freilich der einzelne, simple Naturforscher, in einem abgesonderten Zweige der Physik, nicht sofort deutlich inne: vielmehr schläft er behaglich bei seiner erwählten Magd im Hause des Odysseus, sich aller Gedanken an die Penelopeia entschlagend (siehe Kap. 12 am Ende). Daher sehn wir heut zu Tage die Schaale der Natur auf das genaueste durchforscht, die Intestina der Intestinalwürmer [Eingeweide der Eingeweidewürmer] und das Ungeziefer des Ungeziefers haarklein gekannt: kommt aber Einer, wie z. B. ich, und redet vom Kern der Natur; so hören sie nicht hin, denken eben es gehöre nicht zur Sache und klauben an ihren Schaalen weiter. Jene überaus mikroskopischen und mikrologischen Naturforscher findet man sich versucht, die Topfkucker der Natur zu nennen. Die Leute aber, welche vermeinen, Tiegel und Retorte seien die wahre und einzige Quelle aller Weisheit, sind in ihrer Art eben so verkehrt, wie es weiland ihre Antipoden, die Scholastiker waren. Wie nämlich diese, ganz und gar in ihre abstrakten Begriffe verstrickt, mit diesen sich herumschlugen, nichts außer ihnen kennend, noch untersuchend; so sind Jene ganz in ihre Empirie verstrickt, lassen nichts gelten, als was ihre Augen sehn, und vermeinen damit bis auf den letzten Grund der Dinge zu reichen, nicht ahnend, daß zwischen der Erscheinung und dem darin sich Manifestirenden, dem Dinge an sich, eine tiefe Kluft, ein radikaler Unterschied ist, welcher nur durch die Erkenntniß und genaue Gränzbestimmung des subjektiven Elements der Erscheinung aufgeklärt wird, und durch die Einsicht, daß die letzten und wichtigsten Aufschlüsse über das Wesen der Dinge allein aus dem Selbstbewußtseyn geschöpft werden können; – ohne welches Alles man nicht einen Schritt über das den Sinnen unmittelbar Gegebene hinauskann, also nicht weiter gelangt, als bis zum Problem. – Jedoch sei auch andererseits bemerkt, daß die möglichst vollständige Naturerkenntniß die berichtigte Darlegung des Problems der Metaphysik ist: daher soll Keiner sich an diese wagen, ohne zuvor eine, wenn auch nur allgemeine, doch gründliche, klare und zusammenhängende Kenntniß aller Zweige der Naturwissenschaft sich erworben zu haben. Denn das Problem muß der Lösung vorhergehn. Dann aber muß der Blick des Forschers sich nach innen wenden: denn die intellektuellen und ethischen Phänomene sind wichtiger, als die physischen, in dem selben Maaße, wie z. B. der animalische Magnetismus eine ungleich wichtigere Erscheinung, als der mineralische ist. Die letzten Grundgeheimnisse trägt der Mensch in seinem Innern, und dieses ist ihm am unmittelbarsten zugänglich; daher er nur hier den Schlüssel zum Räthsel der Welt zu finden und das Wesen aller Dinge an Einem Faden zu erfassen hoffen darf. Das eigenste Gebiet der Metaphysik liegt also allerdings in Dem, was man Geistesphilosophie genannt hat.

»Du führst die Reihe der Lebendigen
Vor mir vorbei, und lehrst mich meine Brüder
Im stillen Busch, in Luft und Wasser kennen:

Dann führst Du mich zur sichern Höhle, zeigst
Mich dann mir selbst, und meiner eignen Brust
Geheime tiefe Wunder öffnen sich.«

[Goethe, *Faust*, 3225–34.]

Was nun endlich die Quelle, oder das Fundament der metaphysischen Erkenntniß betrifft; so habe ich schon weiter oben mich gegen die, auch von Kant wiederholte, Voraussetzung erklärt, daß es in bloßen Begriffen liegen müsse. Begriffe können in keiner Erkenntniß das Erste seyn: denn sie sind allemal aus irgend einer Anschauung abgezogen. Was aber zu jener Annahme verleitet hat, ist wahrscheinlich das Beispiel der Mathematik gewesen. Diese kann, wie besonders in der Algebra, Trigonometrie, Analysis geschieht, die Anschauung ganz verlassend, mit bloßen abstrakten, ja nur durch Zeichen statt der Worte repräsentirten Begriffen operiren, und doch zu einem völlig sichern und dabei so fern liegenden Resultate gelangen, daß man, auf dem festen Boden der Anschauung verharrend, es nicht hätte erreichen können. Allein die Möglichkeit hievon beruht, wie Kant genugsam gezeigt hat, darauf, daß die Begriffe der Mathematik aus den allersichersten und bestimmtesten Anschauungen, nämlich aus den *a priori* und doch intuitiv erkannten Größenverhältnissen, abgezogen sind und daher durch diese stets wieder realisirt und kontrolirt werden können, entweder arithmetisch, mittelst Vollziehung der durch jene Zeichen bloß angedeuteten Rechnungen, oder geometrisch, mittelst der von Kant so genannten Konstruktion der Begriffe. Dieses Vorzugs hingegen entbehren die Begriffe, aus welchen man vermeint hatte, die Metaphysik aufbauen zu können, wie z. B. Wesen, Seyn, Substanz, Vollkommenheit, Nothwendigkeit, Realität, Endliches, Unendliches, Absolutes, Grund, u. s. w. Denn ursprünglich, wie vom Himmel gefallen, oder auch angeboren, sind dergleichen Begriffe keineswegs; sondern auch sie sind, wie alle Begriffe, aus Anschauungen abgezogen, und, da sie nicht, wie die mathematischen, das bloß Formale der Anschauung, sondern mehr enthalten; so liegen ihnen empirische Anschauungen zum Grunde: also läßt sich aus ihnen nichts schöpfen, was nicht auch die empirische Anschauung enthielte, d. h. was Sache der Erfahrung wäre und was man, da jene Begriffe sehr weite Abstraktionen sind, viel sicherer und aus erster Hand von dieser empfienge. Denn aus Begriffen läßt sich nie mehr schöpfen, als die Anschauungen enthalten, aus denen sie abgezogen sind. Verlangt man reine Begriffe, d. h. solche, die keinen empirischen Ursprung haben; so lassen sich bloß die aufweisen, welche Raum und Zeit, d. h. den bloß formalen Theil der Anschauung betreffen, folglich allein die mathematischen, und höchstens noch der Begriff der Kausalität, welcher zwar nicht aus der Erfahrung entsprungen ist, aber doch nur mittelst derselben (zuerst in der Sinnesanschauung) ins Bewußtseyn tritt; daher zwar die Erfahrung nur durch ihn möglich, aber auch er nur in ihrem Gebiete gültig ist; weshalb eben Kant gezeigt hat, daß derselbe bloß dient, der Erfahrung Zusammenhang zu ertheilen, nicht aber sie zu überfliegen, daß er also bloß physische Anwendung gestattet, nicht metaphysische. Apodiktische Gewißheit kann einer Erkenntniß freilich nur ihr Ursprung *a priori* geben: eben dieser aber beschränkt sie auf das bloß Formelle der Erfahrung überhaupt, indem er anzeigt, daß sie durch die subjektive Beschaffenheit des Intellekts bedingt sei. Dergleichen Erkenntniß also, weit entfernt uns über die Erfahrung hinauszuführen, giebt bloß einen Theil dieser selbst, nämlich den formellen, ihr durchweg eigenen und daher allgemeinen, mithin bloße Form ohne Gehalt. Da nun die Metaphysik am allerwenigsten hierauf beschränkt seyn kann; so muß auch sie empirische Erkenntnißquellen haben: mithin ist jener vorgefaßte Begriff einer rein *a priori* zu findenden Metaphysik nothwendig eitel. Es ist wirklich eine *petitio principii* Kants, welche er § 1 der Prolegomena am deutlichsten ausspricht, daß Metaphysik ihre Grundbegriffe und Grundsätze nicht aus der Erfahrung schöpfen dürfe. Dabei wird nämlich zum voraus angenommen, daß nur Das, was wir vor aller Erfahrung wissen, weiter reichen könne, als mögliche Erfahrung. Hierauf gestützt kommt dann Kant und beweist, daß alle solche Erkenntniß nichts weiter sei, als die Form des Intellekts zum Behuf der Erfahrung, folglich über diese nicht hinausleiten könne; woraus er dann die Unmöglichkeit aller Metaphysik richtig folgert. Aber erscheint es nicht vielmehr geradezu verkehrt, daß man, um die Erfahrung, d. h. die uns allein vorliegende Welt, zu enträthseln, ganz von ihr wegsehn, ihren Inhalt ignoriren und bloß die *a priori* uns bewußten, leeren Formen zu seinem Stoff nehmen und gebrauchen solle? Ist es nicht vielmehr der Sache angemessen, daß die Wissenschaft von der Erfahrung überhaupt und als solcher, eben auch aus der Erfahrung schöpfe? Ihr Problem selbst ist ihr ja empirisch gegeben; warum sollte nicht auch die Lösung die Erfahrung zu Hülfe nehmen? Ist es nicht widersinnig, daß wer von der Natur der Dinge redet, die Dinge selbst nicht ansehn, sondern nur an gewisse abstrakte Begriffe sich halten sollte? Die Aufgabe der Metaphysik ist zwar nicht die Beobachtung einzelner Erfahrungen, aber doch die richtige Erklärung der Erfahrung im Ganzen. Ihr Fundament muß daher allerdings empirischer Art seyn. Ja sogar die Apriorität eines Theils der menschlichen Erkenntniß wird von ihr als eine gegebene Thatsache aufgefaßt, aus der sie auf den subjektiven Ursprung desselben schließt. Eben nur sofern das Bewußtseyn seiner Apriorität ihn begleitet, heißt er, bei Kant, transscendental zum Unterschiede von transscendent, welches bedeutet »alle Möglichkeit der Erfahrung überfliegend«, und seinen Gegensatz hat am immanent, d. h. in den Schranken jener Möglichkeit bleibend. Ich rufe gern die ursprüngliche Bedeutung dieser von Kant eingeführten Ausdrücke zurück, mit welchen, eben wie auch mit dem der Kategorie u. a. m., heut zu Tage die Affen der Philosophie ihr Spiel treiben. – Ueberdies nun ist die Erkenntnißquelle der Metaphysik nicht die äußere Erfahrung allein, sondern eben so wohl die innere; ja, ihr Eigenthümlichstes, wodurch ihr der entscheidende Schritt, der die große Frage allein lösen kann, möglich wird, besteht, wie ich im »Willen in der Natur«, unter der Rubrik »Physische Astronomie« ausführlich und gründlich dargethan habe, darin, daß sie, an der rechten Stelle, die äußere Erfahrung mit der inneren in Verbindung setzt und diese zum Schlüssel jener macht.

Der hier erörterte, redlicherweise nicht abzuleugnende Ursprung der Metaphysik aus empirischen Erkenntnißquellen benimmt ihr freilich die Art apodiktischer Gewißheit, welche allein durch Erkenntniß *a priori* möglich ist: diese bleibt das Eigenthum der Logik und Mathematik, welche Wissenschaften aber auch eigentlich nur Das lehren, was Jeder schon von selbst, nur nicht deutlich weiß: höchstens lassen noch die allerersten Elemente der Naturlehre sich aus der Erkenntniß *a priori* ableiten. Durch dieses Eingeständniß giebt die Metaphysik nur einen alten Anspruch auf, welcher, dem oben Gesagten zufolge, auf Mißverständniß beruhte und gegen welchen die große Verschiedenheit und Wandelbarkeit der metaphysischen Systeme, wie auch der sie stets begleitende Skepticismus jederzeit gezeugt hat. Gegen ihre Möglichkeit überhaupt kann jedoch diese Wandelbarkeit nicht geltend gemacht werden; da dieselbe eben so sehr alle Zweige der Naturwissenschaft, Chemie, Physik, Geologie, Zoologie u. s. f. trifft, und sogar die Geschichte nicht damit verschont geblieben ist. Wann aber ein Mal ein, soweit die Schranken des menschlichen Intellekts es zulassen, richtiges System der Metaphysik gefunden seyn wird; so wird ihm die Unwandelbarkeit einer *a priori* erkannten Wissenschaft doch zukommen: weil sein Fundament nur die Erfahrung überhaupt seyn kann, nicht aber die einzelnen und besondern Erfahrungen, durch welche hingegen die Naturwissenschaften stets modificirt werden und der Geschichte immer neuer Stoff zuwächst. Denn die Erfahrung im Ganzen und Allgemeinen wird nie ihren Charakter gegen einen neuen vertauschen.

Die nächste Frage ist: wie kann eine aus der Erfahrung geschöpfte Wissenschaft über diese hinausführen und so den Namen Metaphysik verdienen? – Sie kann es nicht etwan so, wie aus drei Proportionalzahlen die vierte, oder aus zwei Seiten und dem Winkel das Dreieck gefunden wird. Dies war der Weg der vorkantischen Dogmatik, welche eben, nach gewissen uns *a priori* bewußten Gesetzen, vom Gegebenen auf das Nichtgegebene, von der Folge auf den Grund, also von der Erfahrung auf das in keiner Erfahrung möglicherweise zu Gebende schließen wollte. Die Unmöglichkeit einer Metaphysik auf diesem Wege that Kant dar, indem er zeigte, daß jene Gesetze, wenn auch nicht aus der Erfahrung geschöpft, doch nur für dieselbe Gültigkeit hätten. Er lehrt daher mit Recht, daß wir auf solche Art die Möglichkeit aller Erfahrung nicht überfliegen können. Allein es giebt noch andere Wege zur Metaphysik. Das Ganze der Erfahrung gleicht einer Geheimschrift, und die Philosophie der Entzifferung derselben, deren Richtigkeit sich durch den überall hervortretenden Zusammenhang bewährt. Wenn dieses Ganze nur tief genug gefaßt und an die äußere die innere Erfahrung geknüpft wird; so muß es aus sich selbst gedeutet, ausgelegt werden können. Nachdem Kant uns unwiderleglich gezeigt hat, daß die Erfahrung überhaupt aus zwei Elementen, nämlich den Erkenntnißformen und dem Wesen an sich der Dinge, erwächst, und daß sogar beide sich darin gegen einander abgränzen lassen; nämlich als das *a priori* uns Bewußte und das *a posteriori* Hinzugekommene; so läßt sich wenigstens im Allgemeinen angeben, was in der gegebenen Erfahrung, welche zunächst bloße Erscheinung ist, der durch den Intellekt bedingten Form dieser Erscheinung angehört, und was, nach dessen Abziehung, dem Dinge an sich übrig bleibt. Und wenn gleich Keiner, durch die Hülle der Anschauungsformen hindurch, das Ding an sich erkennen kann; so trägt andererseits doch Jeder dieses in sich, ja, ist es selbst: daher muß es ihm im Selbstbewußtseyn, wenn auch noch bedingterweise, doch irgendwie zugänglich seyn. Die Brücke also, auf welcher die Metaphysik über die Erfahrung hinausgelangt, ist nichts Anderes, als eben jene Zerlegung der Erfahrung in Erscheinung und Ding an sich, worin ich Kants größtes Verdienst gesetzt habe. Denn sie enthält die Nachweisung eines von der Erscheinung verschiedenen Kernes derselben. Dieser kann zwar nie von der Erscheinung ganz losgerissen und, als ein *ens extramundanum* [außerweltliches Wesen], für sich betrachtet werden, sondern er wird immer nur in seinen Verhältnissen und Beziehungen zur Erscheinung selbst erkannt. Allein die Deutung und Auslegung dieser, in Bezug auf jenen ihren innern Kern, kann uns Aufschlüsse über sie ertheilen, welche sonst nicht ins Bewußtseyn kommen. In diesem Sinne also geht die Metaphysik über die Erscheinung, d. i. die Natur, hinaus, zu dem in oder hinter ihr Verborgenen (το μετα το φυσικον [das über das Natürliche Hinausgehende]), es jedoch immer nur als das in ihr Erscheinende, nicht aber unabhängig von aller Erscheinung betrachtend: sie bleibt daher immanent und wird nicht transscendent. Denn sie reißt sich von der Erfahrung nie ganz los, sondern bleibt die bloße Deutung und Auslegung derselben, da sie vom Dinge an sich nie anders, als in seiner Beziehung zur Erscheinung redet. Wenigstens ist dies der Sinn, in welchem ich, mit durchgängiger Berücksichtigung der von Kant nachgewiesenen Schranken der menschlichen Erkenntniß, das Problem der Metaphysik zu lösen versucht habe: daher lasse ich seine Prolegomena zu jeder Metaphysik auch für die meinige gelten und bestehn. Diese geht demnach nie eigentlich über die Erfahrung hinaus, sondern eröffnet nur das wahre Verständniß der in ihr vorliegenden Welt. Sie ist weder, nach der auch von Kant wiederholten Definition der Metaphysik, eine Wissenschaft aus bloßen Begriffen, noch ist sie ein System von Folgerungen aus Sätzen *a priori*, deren Untauglichkeit zum metaphysischen Zweck Kant dargethan hat. Sondern sie ist ein Wissen, geschöpft aus der Anschauung der äußern, wirklichen Welt und dem Aufschluß, welchen über diese die intimste Thatsache des Selbstbewußtseyns liefert, niedergelegt in deutliche Begriffe. Sie ist demnach Erfahrungswissenschaft: aber nicht einzelne Erfahrungen, sondern das Ganze und Allgemeine aller Erfahrung ist ihr Gegenstand und ihre Quelle. Ich lasse ganz und gar Kants Lehre bestehn, daß die Welt der Erfahrung bloße Erscheinung sei und daß die Erkenntnisse *a priori* bloß in Bezug auf diese gelten: aber ich füge hinzu, daß sie, gerade als Erscheinung, die Manifestation Desjenigen ist, was erscheint, und nenne es mit ihm das Ding an sich. Dieses muß daher sein Wesen und seinen Charakter in der Erfahrungswelt ausdrücken, mithin solcher aus ihm herauszudeuten seyn, und zwar aus dem Stoff, nicht aus der bloßen Form der Erfahrung. Demnach ist die Philosophie nichts Anderes, als das richtige, universelle Verständniß der Erfahrung selbst, die wahre Auslegung ihres Sinnes und Gehaltes. Dieser ist das Metaphysische, d. h. das in die Erscheinung bloß Gekleidete und in ihre Form Verhüllte, ist Das, was sich zu ihr verhält, wie der Gedanke zu den Worten.

Eine solche Entzifferung der Welt in Beziehung auf das in ihr Erscheinende muß ihre Bewährung aus sich selbst erhalten, durch die Uebereinstimmung, in welche sie die so verschiedenartigen Erscheinungen der Welt zu einander setzt, und welche man ohne sie nicht wahrnimmt. – Wenn man eine Schrift findet, deren Alphabet unbekannt ist; so versucht man die Auslegung so lange, bis man auf eine Annahme der Bedeutung der Buchstaben geräth, unter welcher sie verständliche Worte und zusammenhängende Perioden bilden. Dann aber bleibt kein Zweifel an der Richtigkeit der Entzifferung; weil es nicht möglich ist, daß die Uebereinstimmung und der Zusammenhang, in welchen diese Auslegung alle Zeichen jener Schrift setzt, bloß zufällig wäre und man, bei einem ganz andern Werthe der Buchstaben, ebenfalls Worte und Perioden in dieser Zusammenstellung derselben erkennen könnte. Auf ähnliche Art muß die Entzifferung der Welt sich aus sich selbst vollkommen bewähren. Sie muß ein gleichmäßiges Licht über alle Erscheinungen der Welt verbreiten und auch die heterogensten in Uebereinstimmung bringen, so daß auch zwischen den kontrastirendesten der Widerspruch gelöst wird. Diese Bewährung aus sich selbst ist das Kennzeichen ihrer Aechtheit. Denn jede falsche Entzifferung wird, wenn sie auch zu einigen Erscheinungen paßt, den übrigen desto greller widersprechen. So z. B. widerspricht der Leibnitzische Optimismus dem augenfälligen Elend des Daseyns; die Lehre des Spinoza, daß die Welt die allein mögliche und absolut nothwendige Substanz sei, ist unvereinbar mit unserer Verwunderung über ihr Seyn und Wesen; der Wolfischen Lehre, daß der Mensch von einem ihm fremden Willen seine *Existentia* und *Essentia* [Wirklichkeit und Wesenheit] habe, widerstreitet unsere moralische

Verantwortlichkeit für die aus diesen, im Konflikt mit den Motiven, streng nothwendig hervorgehenden Handlungen; der oft wiederholten Lehre von einer fortschreitenden Entwickelung der Menschheit zu immer höherer Vollkommenheit, oder überhaupt von irgend einem Werden mittelst des Weltprocesses, stellt sich die Einsicht *a priori* entgegen, daß bis zu jedem gegebenen Zeitpunkt bereits eine unendliche Zeit abgelaufen ist, folglich Alles, was mit der Zeit kommen sollte, schon daseyn müßte; und so ließe sich ein unabsehbares Register der Widersprüche dogmatischer Annahmen mit der gegebenen Wirklichkeit der Dinge zusammenstellen. Hingegen muß ich in Abrede stellen, daß auf dasselbe irgend eine Lehre meiner Philosophie redlicherweise einzutragen seyn würde; eben weil jede derselben in Gegenwart der angeschauten Wirklichkeit durchdacht worden und keine ihre Wurzel allein in abstrakten Begriffen hat. Da es dabei dennoch ein Grundgedanke ist, der an alle Erscheinungen der Welt, als ihr Schlüssel, gelegt wird; so bewährt sich derselbe als das richtige Alphabet, unter dessen Anwendung alle Worte und Perioden Sinn und Bedeutung haben. Das gefundene Wort eines Räthsels erweist sich als das rechte dadurch, daß alle Aussagen desselben zu ihm passen. So läßt meine Lehre Uebereinstimmung und Zusammenhang in dem kontrastirenden Gewirre der Erscheinungen dieser Welt erblicken und löst die unzähligen Widersprüche, welche dasselbe, von jedem andern Standpunkt aus gesehn, darbietet: sie gleicht daher insofern einem Rechenexempel, welches aufgeht; wiewohl keineswegs in dem Sinne, daß sie kein Problem zu lösen übrig, keine mögliche Frage unbeantwortet ließe. Dergleichen zu behaupten, wäre eine vermessene Ableugnung der Schranken menschlicher Erkenntniß überhaupt. Welche Fackel wir auch anzünden und welchen Raum sie auch erleuchten mag; stets wird unser Horizont von tiefer Nacht umgränzt bleiben. Denn die letzte Lösung des Räthsels der Welt müßte nothwendig bloß von den Dingen an sich, nicht mehr von den Erscheinungen reden. Aber gerade auf diese allein sind alle unsere Erkenntnißformen angelegt: daher müssen wir Alles uns durch ein Nebeneinander, Nacheinander und Kausalitätsverhältnisse faßlich machen. Aber diese Formen haben bloß in Beziehung auf die Erscheinung Sinn und Bedeutung: die Dinge an sich selbst und ihre möglichen Verhältnisse lassen sich durch jene Formen nicht erfassen. Daher muß die wirkliche, positive

Lösung des Räthsels der Welt etwas seyn, das der menschliche Intellekt zu fassen und zu denken völlig unfähig ist; so daß wenn ein Wesen höherer Art käme und sich alle Mühe gäbe, es uns beizubringen, wir von seinen Eröffnungen durchaus nichts würden verstehn können. Diejenigen sonach, welche vorgeben, die letzten, d. i. die ersten, Gründe der Dinge, also ein Urwesen, Absolutum, oder wie sonst man es nennen will, nebst dem Proceß, den Gründen, Motiven, oder sonst was, in Folge welcher die Welt daraus hervor geht, oder quillt, oder fällt, oder producirt, ins Daseyn gesetzt, »entlassen« und hinauskomplimentirt wird, zu erkennen, – treiben Possen, sind Windbeutel, wo nicht gar Scharlatane.

Als einen großen Vorzug meiner Philosophie sehe ich es an, daß alle ihre Wahrheiten unabhängig von einander, durch die Betrachtung der realen Welt gefunden sind, die Einheit und Zusammenstimmung derselben aber, um die ich unbesorgt gewesen war, sich immer nachher von selbst eingefunden hat. Darum auch ist sie reich und hat breite Wurzeln auf dem Boden der anschaulichen Wirklichkeit, aus welchem alle Nahrung abstrakter Wahrheiten quillt: und darum wieder ist sie nicht langweilig; welche Eigenschaft man sonst, nach den philosophischen Schriften der letzten fünfzig Jahre zu urtheilen, für eine der Philosophie wesentliche halten könnte. Wenn hingegen alle Lehren einer Philosophie bloß eine aus der andern und zuletzt wohl gar aus einem ersten Satze abgeleitet sind; so muß sie arm und mager, mithin auch langweilig ausfallen; da aus keinem Satze mehr folgen kann, als was er eigentlich schon selbst besagt: zudem hängt dann Alles von der Richtigkeit e i n e s Satzes ab, und durch einen einzigen Fehler in der Ableitung wäre die Wahrheit des Ganzen gefährdet. – Noch weniger Gewährleistung geben die Systeme, welche von einer intellektualen Anschauung, d. i. einer Art Ekstase oder Hellsehn, ausgehn: jede so gewonnene Erkenntniß muß als subjektiv, individuell und folglich problematisch, abgewiesen werden. Selbst wenn sie wirklich vorhanden wäre, würde sie nicht mittheilbar seyn: denn nur die normale Gehirnerkenntniß ist mittheilbar: wenn sie eine abstrakte ist, durch Begriffe und Worte; wenn eine bloß anschauliche, durch Kunstwerke.

Wenn man, wie so oft geschieht, der Metaphysik vorwirft, im Laufe so vieler Jahrhunderte, so geringe Fortschritte gemacht zu haben; so sollte man auch berücksichtigen, daß keine andere Wissenschaft, gleich ihr, unter fortwährendem Drucke erwachsen, keine von außen so gehemmt und gehindert worden ist, wie sie allezeit durch die Religion jedes Landes, als welche, überall im Besitz des Monopols metaphysischer Erkenntnisse, sie neben sich ansieht wie ein wildes Kraut, wie einen unberechtigten Arbeiter, wie eine Zigeunerhorde, und sie in der Regel nur unter der Bedingung tolerirt, daß sie sich bequeme ihr zu dienen und nachzufolgen. Wo ist denn je wahre Gedankenfreiheit gewesen? Geprahlt hat man genug damit: aber sobald sie weiter gehn wollte, als etwan in untergeordneten Dogmen von der Landesreligion abzuweichen, ergriff die Verkündiger der Toleranz ein heiliger Schauder über die Vermessenheit, und es hieß: keinen Schritt weiter! – Welche Fortschritte der Metaphysik waren unter solchem Drucke möglich? – Ja, nicht allein auf die Mittheilung der Gedanken, sondern auf das Denken selbst erstreckt sich jener Zwang, den die privilegirte Metaphysik ausübt, dadurch, daß ihre Dogmen dem zarten, bildsamen, vertrauensvollen und gedankenlosen Kindesalter, unter studirtem, feierlich ernsten Mienenspiel so fest eingeprägt werden, daß sie, von Dem an, mit dem Gehirn verwachsen und fast die Natur angeborener Gedanken annehmen, wofür manche Philosophen sie daher gehalten haben, noch mehrere aber sie zu halten vorgeben. Nichts kann jedoch der Auffassung auch nur des Problems der Metaphysik so fest entgegenstehn, wie eine ihm vorhergängige, aufgedrungene und dem Geiste früh eingeimpfte Lösung desselben: denn der nothwendige Ausgangspunkt zu allem ächten Philosophiren ist die tiefe Empfindung des Sokratischen: »Dies Eine weiß ich, daß ich nichts weiß.« Die Alten standen auch in dieser Rücksicht im Vortheil gegen uns; da ihre Landesreligionen zwar die Mittheilung des Gedachten etwas beschränkten, aber die Freiheit des Denkens selbst nicht beeinträchtigten, weil sie nicht förmlich und feierlich den Kindern eingeprägt, wie auch überhaupt nicht so ernsthaft genommen wurden. Daher sind die Alten noch unsere Lehrer in der Metaphysik.

Bei jenem Vorwurf der geringen Fortschritte der Metaphysik und ihres, trotz so anhaltendem Bemühen, noch immer nicht erreichten Zieles, soll man ferner erwägen, daß sie unterweilen immerfort den unschätzbaren Dienst geleistet hat, den unendlichen Ansprüchen der privilegirten Metaphysik Gränzen zu setzen und dabei zugleich doch dem, gerade durch diese als unausbleibliche Reaktion hervorgerufenen, eigentlichen Naturalismus und Materialismus entgegenzuarbeiten. Man bedenke, wohin es mit den Anmaaßungen der Priesterschaft jeder Religion kommen würde, wenn der Glaube an ihre Lehren so fest und blind wäre, wie jene eigentlich wünscht. Man sehe dabei zurück auf alle Kriege, Unruhen, Rebellionen und Revolutionen in Europa vom achten bis zum achtzehnten Jahrhundert: wie wenige wird man finden, die nicht zum Kern, oder zum Vorwand, irgend eine Glaubensstreitigkeit, also metaphysische Probleme, gehabt haben, welche der Anlaß wurden, die Völker auf einander zu hetzen. Ist doch jenes ganze Jahrtausend ein fortwährendes Morden, bald auf dem Schlachtfeld, bald auf dem Schafott, bald auf den Gassen, – in metaphysischen Angelegenheiten! Ich wollte, ich hätte ein authentisches Verzeichniß aller Verbrechen, die wirklich das Christenthum verhindert, und aller guten Handlungen, die es wirklich erzeugt hat, um sie auf die andere Waagschaale legen zu können.

Was endlich die Verpflichtungen der Metaphysik betrifft, so hat sie nur eine einzige: denn es ist eine, die keine andere neben sich duldet: die Verpflichtung wahr zu seyn. Wollte man neben dieser ihr noch andere auflegen, wie etwan die, spiritualistisch, optimistisch, monotheistisch, ja auch nur die, moralisch zu seyn; so kann man nicht zum voraus wissen, ob diese nicht der Erfüllung jener ersten entgegenstände, ohne welche alle ihre sonstigen Leistungen offenbar werthlos seyn müßten. Eine gegebene Philosophie hat demnach keinen andern Maaßstab ihrer Schätzung, als den der Wahrheit. – Uebrigens ist die Philosophie wesentlich Weltweisheit: ihr Problem ist die Welt: mit dieser allein hat sie es zu thun und läßt die Götter in Ruhe, erwartet aber dafür, auch von ihnen in Ruhe gelassen zu werden.

Ergänzungen zum zweiten Buch.

»Ihr folget falscher Spur,
Denkt nicht, wir scherzen!
Ist nicht der Kern der Natur
Menschen im Herzen?«
Goethe.
[Gott und Welt, im
Gedicht ›Ultimatum‹]

Zum zweiten Buch.

Kapitel 18*.

Von der Erkennbarkeit des Dinges an sich.

Zu diesem Buche, welches den eigenthümlichsten und wichtigsten Schritt meiner Philosophie, nämlich den von Kant als unmöglich aufgegebenen Uebergang von der Erscheinung zum Dinge an sich, enthält, habe ich die wesentlichste Ergänzung schon 1836 veröffentlicht, unter dem Titel »Ueber den Willen in der Natur« (zweite Auflage, 1854). Man würde sehr irren, wenn man die fremden Aussprüche, an welche ich dort meine Erläuterungen geknüpft habe, für den eigentlichen Stoff und Gegenstand jener dem Umfang nach kleinen, dem Inhalt nach wichtigen Schrift halten wollte: vielmehr sind diese bloß der Anlaß, von welchem ausgehend ich daselbst jene Grundwahrheit meiner Lehre mit so großer Deutlichkeit, wie sonst nirgends, erörtert und bis zur empirischen Naturerkenntniß herabgeführt habe. Und zwar ist dies am erschöpfendesten und stringentesten unter der Rubrik »Physische Astronomie« geschehn; so daß ich nicht hoffen darf, jemals einen richtigeren und genaueren Ausdruck jenes Kernes meiner Lehre zu finden, als der daselbst niedergelegte ist. Wer meine Philosophie gründlich kennen und ernstlich prüfen will, hat daher vor Allem die besagte Rubrik zu berücksichtigen. Ueberhaupt also würde Alles in jener kleinen Schrift Gesagte den Hauptinhalt gegenwärtiger Ergänzungen ausmachen, wenn es nicht, als ihnen vorangegangen, ausgeschlossen bleiben müßte; wogegen ich es nun aber hier als bekannt voraussetze, indem sonst gerade das Beste fehlen würde.

Zunächst will ich jetzt, von einem allgemeinern Standpunkt

---

* Dieses Kapitel steht in Beziehung zu § 18 des ersten Bandes.

aus, über den Sinn, in welchem von einer Erkenntniß des Dinges an sich die Rede seyn kann und über die nothwendige Beschränkung desselben einige Betrachtungen voranschicken.

Was ist Erkenntniß? – Sie ist zunächst und wesentlich Vorstellung. – Was ist Vorstellung? – Ein sehr komplicirter physiologischer Vorgang im Gehirne eines Thiers, dessen Resultat das Bewußtseyn eines Bildes eben daselbst ist. – Offenbar kann die Beziehung eines solchen Bildes auf etwas von dem Thiere, in dessen Gehirn es dasteht, gänzlich Verschiedenes nur eine sehr mittelbare seyn. – Dies ist vielleicht die einfachste und faßlichste Art, die tiefe Kluft zwischen dem Idealen und Realen aufzudecken. Diese nämlich gehört zu den Dingen, deren man, wie der Bewegung der Erde, nicht unmittelbar inne wird: darum hatten die Alten sie, wie eben auch diese, nicht bemerkt. Hingegen, von Cartesius zuerst, ein Mal nachgewiesen, hat sie seitdem den Philosophen keine Ruhe gegönnt. Nachdem aber zuletzt Kant die völlige Diversität des Idealen und Realen am allergründlichsten dargethan, war es ein so kecker, wie absurder, jedoch auf die Urtheilskraft des philosophischen Publikums in Deutschland ganz richtig berechneter und daher von glänzendem Erfolg gekrönter Versuch, durch, auf angebliche intellektuale Anschauung sich berufende, Machtansprüche, die absolute Identität Beider behaupten zu wollen. – In Wahrheit hingegen ist ein subjektives und ein objektives Daseyn, ein Seyn für sich und ein Seyn für Andere, ein Bewußtseyn des eigenen Selbst und ein Bewußtseyn von andern Dingen, uns unmittelbar gegeben, und Beide sind es auf so grundverschiedene Weise, daß keine andere Verschiedenheit dieser gleich kommt. Von sich weiß Jeder unmittelbar, von allem Andern nur sehr mittelbar. Dies ist die Thatsache und das Problem.

Hingegen ob, durch fernere Vorgänge im Innern eines Gehirns, aus den darin entstandenen anschaulichen Vorstellungen oder Bildern Allgemeinbegriffe *(Universalia)* abstrahirt werden, zum Behuf fernerer Kombinationen, wodurch das Erkennen ein vernünftiges wird und nunmehr Denken heißt, – dies ist hier nicht mehr das Wesentliche, sondern von untergeordneter Bedeutung. Denn alle solche Begriffe entlehnen ihren Inhalt allein aus der anschaulichen Vorstellung, welche daher Urerkenntniß ist und also bei Untersuchung des Verhältnisses zwischen dem Idealen und dem Realen allein in Betracht kommt. Demnach zeugt es von gänzlicher Unkenntniß des Problems, oder ist wenigstens sehr ungeschickt, jenes Verhältniß bezeichnen zu wollen als das zwischen Seyn und Denken. Das Denken hat zunächst bloß zum Anschauen ein Verhältniß, das Anschauen aber hat eines zum Seyn an sich des Angeschauten, und dieses Letztere ist das große Problem, welches uns hier beschäftigt. Das empirische Seyn hingegen, wie es vorliegt, ist nichts Anderes, als eben nur das Gegebenseyn in der Anschauung: dieser ihr Verhältniß zum Denken ist aber kein Räthsel; da die Begriffe, also der unmittelbare Stoff des Denkens, offenbar aus der Anschauung abstrahirt sind; woran kein vernünftiger Mensch zweifeln kann. Beiläufig gesagt, kann man, wie wichtig die Wahl der Ausdrücke in der Philosophie sei, daran sehn, daß jener oben gerügte, ungeschickte Ausdruck und das aus ihm entstandene Mißverständniß die Grundlage der ganzen Hegelschen Afterphilosophie geworden ist, welche das Deutsche Publikum fünfundzwanzig Jahre hindurch beschäftigt hat. –

Wollte man nun aber sagen: »Die Anschauung ist schon die Erkenntniß des Dinges an sich: denn sie ist die Wirkung des außer uns Vorhandenen, und wie dies wirkt, so ist es: sein Wirken ist eben sein Seyn«; so steht dem entgegen: 1) daß das Gesetz der Kausalität, wie genugsam bewiesen, subjektiven Ursprungs ist, so gut wie die Sinnesempfindung, von der die Anschauung ausgeht: 2) daß ebenfalls Zeit und Raum, in denen das Objekt sich darstellt, subjektiven Ursprungs sind: 3) daß wenn das Seyn des Objekts eben in seinem Wirken besteht, dies besagt, daß es bloß in den Veränderungen, die es in Andern hervorbringt, besteht, mithin selbst und an sich gar nichts ist. – Bloß von der Materie ist es wahr, wie ich im Text gesagt und in der Abhandlung über den Satz vom Grunde, am Schlusse des § 21, ausgeführt habe, daß ihr Seyn in ihrem Wirken besteht, daß sie durch und durch nur Kausalität, also die objektiv angeschaute Kausalität selbst ist: daher ist sie aber eben auch nichts an sich (ἡ ὑλη το αληθινον ψευδος, *materia mendacium verax* [Die Materie ist eine wahre Lüge]), sondern ist, als Ingredienz des angeschauten Objekts, ein bloßes Abstraktum, welches für sich allein in keiner Erfahrung gegeben werden kann. Weiter unten wird sie, in einem eigenen Kapitel, ausführlich betrachtet werden. – Das angeschaute Objekt aber muß etwas an sich selbst seyn und nicht bloß etwas für Andere: denn sonst wäre es schlechthin nur Vorstellung, und wir hätten einen absoluten Idealismus, der am Ende theoretischer Egoismus würde, bei welchem alle Realität wegfällt und die Welt zum bloßen subjektiven Phantasma wird. Wenn wir inzwischen, ohne weiter zu fragen, bei der Welt als Vorstellung ganz und gar stehn bleiben; so ist es freilich einerlei, ob ich die Objekte für Vorstellungen in meinem Kopfe, oder für in Zeit und Raum sich darstellende Erscheinungen erkläre: weil eben Zeit und Raum selbst nur in meinem Kopfe sind. In diesem Sinne ließe sich alsdann eine Identität des Idealen und Realen immerhin behaupten: jedoch wäre, nachdem Kant dagewesen, nichts Neues damit gesagt. Ueberdies aber wäre dadurch das Wesen der Dinge und der erscheinenden Welt offenbar nicht erschöpft; sondern man stände damit noch immer erst auf der idealen Seite. Die reale Seite muß etwas von der Welt als Vorstellung *toto genere* Verschiedenes seyn, nämlich Das, was die Dinge an sich selbst sind: und diese gänzliche Diversität des Idealen und Realen ist es, welche Kant am gründlichsten nachgewiesen hat.

Locke nämlich hatte den Sinnen die Erkenntniß der Dinge, wie sie an sich sind, abgesprochen; Kant aber sprach sie auch dem anschauenden Verstande ab, unter welchem Namen ich hier Das, was er die reine Sinnlichkeit nennt, und das die empirische Anschauung vermittelnde Gesetz der Kausalität, sofern es *a priori* gegeben ist, zusammenfasse. Nicht nur haben Beide Recht, sondern auch ganz unmittelbar läßt sich einsehn, daß ein Widerspruch in der Behauptung liegt, ein Ding werde erkannt nach Dem, was es an und für sich, d. h. außer der Erkenntniß, sei. Denn jedes Erkennen ist, wie gesagt, wesentlich ein Vorstellen: aber mein Vorstellen, eben weil es meines ist, kann niemals identisch seyn mit dem Wesen an sich des Dinges außer mir. Das An- und Fürsichseyn jedes Dinges muß nothwendig ein subjektives seyn: in der Vorstellung eines Andern hingegen steht es eben so nothwendig als ein objektives da; ein Unterschied, der nie ganz ausgeglichen werden kann. Denn durch denselben ist die ganze Art seines Daseyns von Grund aus verändert: als objektives setzt es ein fremdes Subjekt, als dessen Vorstellung es existirt, voraus, und ist zudem, wie K a n t nachgewiesen hat, in Formen eingegangen, die seinem eigenen Wesen fremd sind, weil sie eben jenem fremden Subjekt, dessen Erkennen erst durch dieselben möglich wird, angehören. Wenn ich, in diese Betrachtung vertieft, etwan leblose Körper von leicht übersehbarer Größe und regelmäßiger, faßlicher Form anschaue und nun versuche, dies räumliche Daseyn, in seinen drei Dimensionen, als das Seyn an sich, folglich als das den Dingen subjektive Daseyn derselben aufzufassen; so wird mir die Unmöglichkeit der Sache geradezu fühlbar, indem ich jene objektiven Formen nimmermehr als das den Dingen subjektive Seyn denken kann, vielmehr mir unmittelbar bewußt werde, daß was ich da vorstelle ein in meinem Gehirn zu Stande gebrachtes und nur für mich als erkennendes Subjekt existirendes Bild ist, welches nicht das letzte, mithin subjektive Seyn an sich und für sich auch nur dieser leblosen Körper ausmachen kann. Andererseits aber darf ich nicht annehmen, daß auch nur diese leblosen Körper ganz allein in meiner Vorstellung existirten; sondern muß ihnen, da sie unergründliche Eigenschaften und vermöge dieser Wirksamkeit haben, ein S e y n a n s i c h , irgend einer Art, zugestehn. Aber eben diese Unergründlichkeit der Eigenschaften, wie sie zwar einerseits auf ein von unserm Erkennen unabhängig Vorhandenes deutet, giebt andererseits den empirischen Beleg dazu, daß unser Erkennen, weil es nur im V o r s t e l l e n mittelst subjektiver Formen besteht, stets bloße E r s c h e i n u n g e n , nicht das Wesen an sich der Dinge liefert. Hieraus nämlich ist es zu erklären, daß in Allem, was wir erkennen, uns ein gewisses Etwas, als ganz unergründlich, verborgen bleibt und wir gestehn müssen, daß wir selbst die gemeinsten und einfachsten Erscheinungen nicht von Grund aus verstehn können. Denn nicht etwan bloß die höchsten Produktionen der Natur, die lebenden Wesen, oder die k o m p l i c i r t e n Phänomene der unorganischen Welt bleiben uns unergründlich; sondern selbst jeder Bergkrystall, jeder Schwefelkies, ist vermöge seiner krystallographischen, optischen, chemischen, elektrischen Eigenschaften, für die eindringende Betrachtung und Untersuchung, ein Abgrund von Unbegreiflichkeiten und Geheimnissen. Dem könnte nicht so seyn, wenn wir die Dinge erkennten, wie sie an sich selbst sind: denn da müßten wenigstens die einfacheren Erscheinungen, zu deren Eigenschaften nicht Unkenntniß uns den Weg versperrt, von Grund aus uns verständlich seyn und ihr ganzes Seyn und Wesen in die Erkenntniß übergehn können. Es liegt also nicht am Mangelhaften unserer Bekanntschaft mit den Dingen, sondern am Wesen des Erkennens selbst. Denn wenn schon unsere Anschauung, mithin die ganze empirische Auffassung der sich uns darstellenden Dinge, wesentlich und hauptsächlich durch unser Erkenntnißvermögen bestimmt und durch dessen Formen und Funktionen bedingt ist; so kann es nicht anders ausfallen, als daß die Dinge auf eine von ihrem selbst-eigenen Wesen ganz verschiedene Weise sich darstellen und daher wie in einer Maske erscheinen, welche das darunter Versteckte immer nur voraussetzen, aber nie erkennen läßt; weshalb es dann als unergründliches Geheimniß durchblinkt, und nie die Natur irgend eines Dinges ganz und ohne Rückhalt in die Erkenntniß übergehn kann, noch viel weniger aber irgend ein Reales sich *a priori* konstruiren läßt, wie ein Mathematisches. Also ist die empirische Unerforschlichkeit aller Naturwesen ein Beleg *a posteriori* der Idealität und bloßen Erscheinungswirklichkeit ihres empirischen Daseyns.

Diesem allen zufolge wird man auf dem Wege der objektiven Erkenntniß, mithin von der Vorstellung ausgehend, nie über die Vorstellung, d. i. die Erscheinung, hinausgelangen, wird also bei der Außenseite der Dinge stehn bleiben, nie aber in ihr Inneres dringen und erforschen können, was sie an sich selbst, d. h. für sich selbst, seyn mögen. So weit stimme ich mit Kant überein. Nun aber habe ich, als Gegengewicht dieser Wahrheit, jene andere hervorgehoben, daß wir nicht bloß das erkennende Subjekt sind, sondern andererseits auch selbst zu den erkennenden Wesen gehören, selbst das Ding an sich sind; daß mithin zu jenem selbsteigenen und inneren Wesen der Dinge, bis zu welchem wir von außen nicht dringen können, uns ein Weg von innen offen steht, gleichsam ein unterirdischer Gang, eine geheime Verbindung, die uns, wie durch Verrath, mit Einem Male in die Festung versetzt, welche durch Angriff von außen zu nehmen unmöglich war. – Das Ding an sich kann, eben als solches, nur ganz unmittelbar ins Bewußtseyn kommen, nämlich dadurch, daß es selbst sich seiner bewußt wird: es objektiv erkennen wollen, heißt etwas Widersprechendes verlangen. Alles Objektive ist Vorstellung, mithin Erscheinung, ja bloßes Gehirnphänomen.

Kants Hauptresultat läßt sich im Wesentlichen so resumiren: »Alle Begriffe, denen nicht eine Anschauung in Raum und Zeit (sinnliche Anschauung) zum Grunde liegt, d. h. also die nicht aus einer solchen Anschauung geschöpft worden, sind schlechterdings leer, d. h. geben keine Erkenntniß. Da nun aber die Anschauung nur Erscheinungen, nicht Dinge an sich, liefern kann; so haben wir auch von Dingen an sich gar keine Erkenntniß.« – Ich gebe dies von Allem zu, nur nicht von der Erkenntniß, die Jeder von seinem eigenen Wollen hat: diese ist weder eine Anschauung (denn alle Anschauung ist räumlich) noch ist sie leer; vielmehr ist sie realer, als irgend eine andere. Auch ist sie nicht *a priori,* wie die bloß formale, sondern ganz und gar *a posteriori;* daher eben wir sie auch nicht, im einzelnen Fall, anticipiren können, sondern hiebei oft des Irrthums über uns selbst überführt werden. – In der That ist unser Wollen die einzige Gelegenheit, die wir haben, irgend einen sich äußerlich darstellenden Vorgang zugleich aus seinem Innern zu verstehn, mithin das einzige uns unmittelbar Bekannte und nicht, wie alles Uebrige, bloß in der Vorstellung Gegebene. Hier also liegt das Datum, welches allein tauglich ist, der Schlüssel zu allem Andern zu werden, oder, wie ich gesagt habe, die einzige, enge Pforte zur Wahrheit. Demzufolge müssen wir die Natur verstehn lernen aus uns selbst, nicht umgekehrt uns selbst aus der Natur. Das uns unmittelbar Bekannte muß uns die Auslegung zu dem nur mittelbar Bekannten geben; nicht umgekehrt. Versteht man etwan das Fortrollen einer Kugel auf erhaltenen Stoß gründlicher, als seine eigene Bewegung auf ein wahrgenommenes Motiv? Mancher mag es wähnen: aber ich sage: es ist umgekehrt. Wir werden jedoch zu der Einsicht gelangen, daß in den beiden soeben erwähnten Vorgängen das Wesentliche identisch ist, wiewohl so identisch, wie der tiefste noch hörbare Ton der Harmonie mit dem zehn Oktaven höher liegenden gleichnamigen derselbe ist.

Inzwischen ist wohl zu beachten, und ich habe es immer festgehalten, daß auch die innere Wahrnehmung, welche wir von unserm eigenen Willen haben, noch keineswegs eine erschöpfende und adäquate Erkenntniß des Dinges an sich liefert. Dies würde der Fall seyn, wenn sie eine ganz unmittelbare wäre: weil sie nun aber dadurch vermittelt ist, daß der Wille, mit und mittelst der Korporisation, sich auch einen Intellekt (zum Behuf seiner Beziehungen zur Außenwelt) schafft und durch diesen nunmehr im Selbstbewußtseyn (dem nothwendigen Widerspiel der Außenwelt) sich als Willen erkennt; so ist diese Erkenntniß des Dinges an sich nicht vollkommen adäquat. Zunächst ist sie an die Form der Vorstellung gebunden, ist Wahrnehmung und zerfällt, als solche, in Subjekt und Objekt. Denn auch im Selbstbewußtseyn ist das Ich nicht schlechthin einfach, sondern besteht aus einem Erkennenden, Intellekt, und einem Erkannten, Wille: jener wird nicht erkannt, und dieser ist nicht erkennend, wenn gleich Beide in das Bewußtseyn Eines Ich zusammenfließen. Aber eben deshalb ist dieses Ich sich nicht durch und durch intim, gleichsam durchleuchtet, sondern ist opak [undurchsichtig] und bleibt daher sich selber ein Räthsel. Also auch in der innern Erkenntniß findet noch ein Unterschied Statt zwischen dem Seyn an sich ihres Objekts und der Wahrnehmung desselben im erkennenden Subjekt. Jedoch ist die innere Erkenntniß von zwei Formen frei, welche der äußern anhängen, nämlich von der des Raums und von der alle Sinnesanschauung vermittelnden Form der Kausalität. Hingegen bleibt noch die Form der Zeit, wie auch die des Erkanntwerdens und Erkennens überhaupt. Demnach hat in dieser innern Erkenntniß das Ding an sich seine Schleier zwar großen Theils abgeworfen, tritt aber doch noch nicht ganz nackt auf. In Folge der ihm noch anhängenden Form der Zeit erkennt Jeder seinen Willen nur in dessen successiven einzelnen Akten, nicht aber im Ganzen, an und für sich: daher eben Keiner seinen Charakter *a priori* kennt, sondern ihn erst erfahrungsmäßig und stets unvollkommen kennen lernt. Aber dennoch ist die Wahrnehmung, in der wir die Regungen und Akte des eigenen Willens erkennen, bei Weitem unmittelbarer, als jede andere: sie ist der Punkt, wo das Ding an sich am unmittelbarsten in die Erscheinung tritt, und in größter Nähe vom erkennenden Subjekt beleuchtet wird; daher eben der also intim erkannte Vorgang der Ausleger jedes andern zu werden einzig und allein geeignet ist.

Denn bei jedem Hervortreten eines Willensaktes aus der dunklen Tiefe unsers Innern in das erkennende Bewußtseyn geschieht ein unmittelbarer Uebergang des außer der Zeit liegenden Dinges an sich in die Erscheinung. Demnach ist zwar der Willensakt nur die nächste und deutlichste Erscheinung des Dinges an sich; doch folgt hieraus, daß wenn alle übrigen

Erscheinungen eben so unmittelbar und innerlich von uns erkannt werden könnten, wir sie für eben Das ansprechen müßten, was der Wille in uns ist. In diesem Sinne also lehre ich, daß das innere Wesen eines jeden Dinges W i l l e ist, und nenne den Willen das Ding an sich. Hiedurch wird K a n t s Lehre von der Unerkennbarkeit des Dinges an sich dahin modificirt, daß dasselbe nur nicht schlechthin und von Grund aus erkennbar sei, daß jedoch die bei Weitem unmittelbarste seiner Erscheinungen, welche durch diese Unmittelbarkeit sich von allen übrigen *toto genere* unterscheidet, es für uns vertritt, und wir sonach die ganze Welt der Erscheinungen zurückzuführen haben auf diejenige, in welcher das Ding an sich in der allerleichtesten Verhüllung sich darstellt und nur noch insofern Erscheinung bleibt, als mein Intellekt, der allein das der Erkenntniß Fähige ist, von mir als dem Wollenden noch immer unterschieden bleibt und auch die Erkenntnißform der Z e i t , selbst bei der i n n e r n Perception, nicht ablegt.

Demzufolge läßt, auch nach diesem letzten und äußersten Schritt, sich noch die Frage aufwerfen, was denn jener Wille, der sich in der Welt und als die Welt darstellt, zuletzt schlechthin an sich selbst sei? d. h. was er sei, ganz abgesehn davon, daß er sich als W i l l e darstellt, oder überhaupt e r s c h e i n t, d. h. überhaupt e r k a n n t w i r d. – Diese Frage ist n i e zu beantworten: weil, wie gesagt, das Erkanntwerden selbst schon dem Ansichseyn widerspricht und jedes Erkannte schon als solches nur Erscheinung ist. Aber die Möglichkeit dieser Frage zeigt an, daß das Ding an sich, welches wir am unmittelbarsten im Willen erkennen, ganz außerhalb aller möglichen Erscheinung, Bestimmungen, Eigenschaften, Daseynsweisen haben mag, welche für uns schlechthin unerkennbar und unfaßlich sind, und welche eben dann als das Wesen des Dinges an sich übrig bleiben, wann sich dieses, wie im vierten Buche dargelegt wird, als W i l l e frei aufgehoben hat, daher ganz aus der Erscheinung herausgetreten und für unsere Erkenntniß, d. h. hinsichtlich der Welt der Erscheinungen, ins leere Nichts übergegangen ist. Wäre der Wille das Ding an sich schlechthin und absolut; so wäre auch dieses Nichts ein a b s o l u t e s ; statt daß es sich eben dort uns ausdrücklich nur als ein r e l a t i v e s ergiebt.

Indem ich nun daran gehe, die, sowohl in unserm zweiten Buche, als auch in der Schrift »Ueber den Willen in der Natur«

gelieferte Begründung der Lehre, daß in sämmtlichen Erscheinungen dieser Welt sich, auf verschiedenen Stufen, eben Das objektivirt, was in der unmittelbarsten Erkenntniß sich als Wille kund giebt, noch durch einige dahin gehörige Betrachtungen zu ergänzen, will ich damit anfangen, eine Reihe psychologischer Thatsachen vorzuführen, welche darthun, daß zunächst in unserm eigenen Bewußtseyn der Wille stets als das Primäre und Fundamentale auftritt und durchaus den Vorrang behauptet vor dem Intellekt, welcher sich dagegen durchweg als das Sekundäre, Untergeordnete und Bedingte erweist. Diese Nachweisung ist um so nöthiger, als alle mir vorhergegangenen Philosophen, vom ersten bis zum letzten, das eigentliche Wesen, oder den Kern des Menschen in das erkennende Bewußtseyn setzen, und demnach das Ich, oder bei Vielen dessen transscendente Hypostase, genannt Seele, als zunächst und wesentlich erkennend, ja denkend, und erst in Folge hievon, sekundärer und abgeleiteter Weise, als wollend aufgefaßt und dargestellt haben. Dieser uralte und ausnahmslose Grundirrthum, dieses enorme πρωτον ψευδος [erster falscher Schritt] und fundamentale ὑστερον προτερον [Verwechslung von Grund und Folge] ist, vor allen Dingen, zu beseitigen und dagegen die naturgemäße Beschaffenheit der Sache zum völlig deutlichen Bewußtseyn zu bringen. Da aber Dieses, nach Jahrtausenden des Philosophirens, hier zum ersten Male geschieht, wird einige Ausführlichkeit dabei an ihrer Stelle seyn. Das auffallende Phänomen, daß in diesem grundwesentlichen Punkte alle Philosophen geirrt, ja, die Wahrheit auf den Kopf gestellt haben, möchte, zumal bei denen der Christlichen Jahrhunderte, zum Theil daraus zu erklären seyn, daß sie sämmtlich die Absicht hatten, den Menschen als vom Thiere möglichst weit verschieden darzustellen, dabei jedoch dunkel fühlten, daß die Verschiedenheit Beider im Intellekt liegt, nicht im Willen; woraus ihnen unbewußt die Neigung hervorgieng, den Intellekt zum Wesentlichen und zur Hauptsache zu machen, ja, das Wollen als eine bloße Funktion des Intellekts darzustellen. – Daher ist auch der Begriff einer Seele nicht nur, wie durch die Kritik der reinen Vernunft feststeht, als transscendente Hypostase unstatthaft; sondern er wird zur Quelle unheilbarer Irrthümer, dadurch, daß er, in seiner »einfachen Substanz«, eine untheilbare Einheit der Erkenntniß und des Willens vorweg feststellt, deren Trennung gerade der Weg zur Wahrheit ist. Jener Begriff darf daher in der Philosophie nicht mehr vorkommen, sondern ist den Deutschen Medicinern und Physiologen zu überlassen, welche, nachdem sie Skalpel und Spatel weggelegt haben, mit ihren bei der Konfirmation überkommenen Begriffen zu philosophiren unternehmen. Sie mögen allenfalls ihr Glück damit in England versuchen. Die französischen Physiologen und Zootomen [Tier-Anatomen] haben sich (bis vor Kurzem) von jenem Vorwurf durchaus frei gehalten.

Die nächste, allen jenen Philosophen sehr unbequeme Folge ihres gemeinschaftlichen Grundirrthums ist diese: da im Tode das erkennende Bewußtseyn augenfällig untergeht; so müssen sie entweder den Tod als Vernichtung des Menschen gelten lassen, wogegen unser Inneres sich auflehnt; oder sie müssen zu der Annahme einer Fortdauer des erkennenden Bewußtseyns greifen, zu welcher ein starker Glaube gehört, da Jedem seine eigene Erfahrung die durchgängige und gänzliche Abhängigkeit des erkennenden Bewußtseyns vom Gehirn sattsam bewiesen hat, und man eben so leicht eine Verdauung ohne Magen glauben kann, wie ein erkennendes Bewußtseyn ohne Gehirn. Aus diesem Dilemma führt allein meine Philosophie, als welche zuerst das eigentliche Wesen des Menschen nicht in das Bewußtseyn, sondern in den Willen setzt, der nicht wesentlich mit Bewußtseyn verbunden ist, sondern sich zum Bewußtseyn, d. h. zur Erkenntniß, verhält wie Substanz zu Accidenz, wie ein Beleuchtetes zum Licht, wie die Saite zum Resonanzboden, und der von innen in das Bewußtseyn fällt, wie die Körperwelt von außen. Nunmehr können wir die Unzerstörbarkeit dieses unsers eigentlichen Kerns und wahren Wesens fassen, trotz dem offenbarten Untergehn des Bewußtseyns im Tode und dem entsprechenden Nichtvorhandenseyn desselben vor der Geburt. Denn der Intellekt ist so vergänglich, wie das Gehirn, dessen Produkt, oder vielmehr Aktion er ist. Das Gehirn aber ist, wie der gesammte Organismus, Produkt, oder Erscheinung, kurz Sekundäres, des Willens, welcher allein das Unvergängliche ist.

Kapitel 19*.

Vom Primat des Willens im Selbstbewußtseyn.

Der Wille, als das Ding an sich, macht das innere, wahre und unzerstörbare Wesen des Menschen aus: an sich selbst ist er jedoch bewußtlos. Denn das Bewußtseyn ist bedingt durch den Intellekt, und dieser ist ein bloßes Accidenz unsers Wesens: denn er ist eine Funktion des Gehirns, welches, nebst den ihm anhängenden Nerven und Rückenmark, eine bloße Frucht, ein Produkt, ja, insofern ein Parasit des übrigen Organismus ist, als es nicht direkt eingreift in dessen inneres Getriebe, sondern dem Zweck der Selbsterhaltung bloß dadurch dient, daß es die Verhältnisse desselben zur Außenwelt regulirt. Der Organismus selbst hingegen ist die Sichtbarkeit, Objektität, des individuellen Willens, das Bild desselben, wie es sich darstellt in eben jenem Gehirn (welches wir, im ersten Buch, als die Bedingung der objektiven Welt überhaupt, kennen gelernt haben), daher eben auch vermittelt durch dessen Erkenntnißformen, Raum, Zeit und Kausalität, folglich sich darstellend als ein Ausgedehntes, successiv Agirendes und Materielles, d. h. Wirkendes. Sowohl direkt empfunden, als mittelst der Sinne angeschaut werden die Glieder nur im Gehirn. – Diesem zufolge kann man sagen: der Intellekt ist das sekundäre Phänomen, der Organismus das primäre, nämlich die unmittelbare Erscheinung des Willens; – der Wille ist metaphysisch, der Intellekt physisch; – der Intellekt ist, wie seine Objekte, bloße Erscheinung; Ding an sich ist allein der Wille: – sodann in einem mehr und mehr b i l d l i c h e n Sinne, mithin gleichnißweise: der Wille ist die Substanz des Menschen, der Intellekt das Accidenz: – der Wille ist die Materie, der Intellekt die Form: – der Wille ist die Wärme, der Intellekt das Licht.

Diese Thesis wollen wir nun zunächst durch folgende, dem innern Leben des Menschen angehörende Thatsachen dokumentiren und zugleich erläutern; bei welcher Gelegenheit für die Kenntniß des innern Menschen vielleicht mehr abfallen wird, als in vielen systematischen Psychologien zu finden ist.

1) Nicht nur das Bewußtseyn von andern Dingen, d. i. die

---

* Dieses Kapitel steht in Beziehung zu § 19 des ersten Bandes.

Wahrnehmung der Außenwelt, sondern auch das Selbstbewußtseyn enthält, wie schon oben erwähnt, ein Erkennendes und ein Erkanntes: sonst wäre es kein Bewußtseyn. Denn Bewußtseyn besteht im Erkennen: aber dazu gehört ein Erkennendes und ein Erkanntes; daher auch das Selbstbewußtseyn nicht Statt haben könnte, wenn nicht auch in ihm dem Erkennenden gegenüber ein davon Verschiedenes Erkanntes wäre. Wie nämlich kein Objekt ohne Subjekt seyn kann, so auch kein Subjekt ohne Objekt, d. h. kein Erkennendes ohne ein von ihm Verschiedenes, welches erkannt wird. Daher ist ein Bewußtseyn, welches durch und durch reine Intelligenz wäre, unmöglich. Die Intelligenz gleicht der Sonne, welche den Raum nicht erleuchtet, wenn nicht ein Gegenstand daist, von dem ihre Strahlen zurückgeworfen werden. Das Erkennende selbst kann, eben als solches, nicht erkannt werden: sonst wäre es das Erkannte eines andern Erkennenden. Als das Erkannte im Selbstbewußtseyn finden wir nun aber ausschließlich den Willen. Denn nicht nur das Wollen und Beschließen, im engsten Sinne, sondern auch alles Streben, Wünschen, Fliehen, Hoffen, Fürchten, Lieben, Hassen, kurz, Alles was das eigene Wohl und Wehe, Lust und Unlust, unmittelbar ausmacht, ist offenbar nur Affektion des Willens, ist Regung, Modifikation des Wollens und Nichtwollens, ist eben Das, was, wenn es nach außen wirkt, sich als eigentlicher Willensakt darstellt*. Nun aber ist in aller Erkenntniß das Erkannte das Erste und Wesentliche, nicht das Erkennende; sofern Jenes der πρωτοτυπος [Urbild], dieses der εκτυπος [Nachbild] ist. Daher muß auch im Selbstbewußtseyn das Erkannte, mithin der Wille, das Erste und Ursprüngliche seyn; das Erkennende hingegen nur das Sekundäre, das Hinzugekommene, der Spiegel. Sie verhalten sich ungefähr wie der selbstleuchtende Körper zum reflektiren-

* Merkwürdig ist, daß schon Augustinus dieses erkannt hat. Nämlich im vierzehnten Buche *De civ. Dei, c. 6,* redet er von den *affectionibus animi* [Gemütsstimmungen], welche er, im vorhergehenden Buche, unter vier Kategorien, *cupiditas, timor, laetitia, tristitia* [Begierde, Furcht, Fröhlichkeit, Traurigkeit], gebracht hat, und sagt: *voluntas est quippe in omnibus, imo omnes nihil aliud, quam voluntates sunt: nam quid est cupiditas et laetitia, nisi voluntas in eorum consensionem, quae volumus? et quid est metus atque tristitia, nisi voluntas in dissensionem ab his, quae nolumus?* etc. [Der Wille ist allerdings in ihnen allen, ja sie alle sind nichts anderes als Willensregungen: denn was sind Begierde und Fröhlichkeit anderes als der Wille, dem zuzustimmen, was wir wollen? und was sind Furcht und Traurigkeit anderes als der Wille, dem nicht zuzustimmen, was wir nicht wollen? usw.]

den; oder auch wie die vibrirende Saite zum Resonanzboden, wo dann der also entstehende Ton das Bewußtseyn wäre. – Als ein solches Sinnbild des Bewußtseyns können wir auch die Pflanze betrachten. Diese hat bekanntlich zwei Pole, Wurzel und Krone: jene ins Finstere, Feuchte, Kalte, diese ins Helle, Trockene, Warme strebend, sodann, als den Indifferenzpunkt beider Pole, da wo sie auseinandertreten, hart am Boden, den Wurzelstock *(rhizoma, le collet)*. Die Wurzel ist das Wesentliche, Ursprüngliche, Perennirende [Ausdauernde], dessen Absterben das der Krone nach sich zieht, ist also das Primäre; die Krone hingegen ist das Ostensible [Augenscheinliche], aber Entsprossene und, ohne daß die Wurzel stirbt, Vergehende, also das Sekundäre. Die Wurzel stellt den Willen, die Krone den Intellekt vor, und der Indifferenzpunkt Beider, der Wurzelstock, wäre das Ich, welches, als gemeinschaftlicher Endpunkt, Beiden angehört. Dieses Ich ist das *pro tempore* [zeitweilig] identische Subjekt des Erkennens und Wollens, dessen Identität ich schon in meiner allerersten Abhandlung (Ueber den Satz vom Grunde) und in meinem ersten philosophischen Erstaunen, das Wunder κατ' εξοχην [schlechthin] genannt habe. Es ist der zeitliche Anfangs- und Anknüpfungspunkt der gesammten Erscheinung, d. h. der Objektivation des Willens: es bedingt zwar die Erscheinung, aber ist auch durch sie bedingt. – Das hier aufgestellte Gleichniß läßt sich sogar bis auf die individuelle Beschaffenheit der Menschen durchführen. Wie nämlich eine große Krone nur einer großen Wurzel zu entsprießen pflegt; so finden die größten intellektuellen Fähigkeiten sich nur bei heftigem, leidenschaftlichem Willen. Ein Genie von phlegmatischem Charakter und schwachen Leidenschaften würde den Saftpflanzen, die bei ansehnlicher, aus dicken Blättern bestehender Krone, sehr kleine Wurzeln haben, gleichen; wird jedoch nicht gefunden werden. Daß Heftigkeit des Willens und Leidenschaftlichkeit des Charakters eine Bedingung der erhöhten Intelligenz ist, stellt sich physiologisch dadurch dar, daß die Thätigkeit des Gehirns bedingt ist durch die Bewegung, welche die großen, nach der *basis cerebri* [Gehirnbasis] laufenden Arterien ihm mit jedem Pulsschlage mittheilen; daher ein energischer Herzschlag, ja sogar, nach Bichat, ein kurzer Hals, ein Erforderniß großer Gehirnthätigkeit ist. Wohl aber findet sich das Gegentheil des Obigen: heftige Begierden, leidenschaftlicher, ungestümer

Charakter, bei schwachem Intellekt, d. h. bei kleinem und übel konformirtem Gehirn, in dicker Schaale; eine so häufige, als widrige Erscheinung: man könnte sie allenfalls den Runkelrüben vergleichen.

2) Um nun aber das Bewußtseyn nicht bloß bildlich zu beschreiben, sondern gründlich zu erkennen, haben wir zuvörderst aufzusuchen, was in jedem Bewußtseyn sich auf gleiche Weise vorfindet und daher, als das Gemeinsame und Konstante, auch das Wesentliche seyn wird. Sodann werden wir betrachten, was ein Bewußtseyn von dem andern unterscheidet, welches demnach das Hinzugekommene und Sekundäre seyn wird.

Das Bewußtseyn ist uns schlechterdings nur als Eigenschaft animalischer Wesen bekannt: folglich dürfen, ja können wir es nicht anders, denn als animalisches Bewußtseyn denken; so daß dieser Ausdruck schon tautologisch ist. – Was nun also in jedem thierischen Bewußtseyn, auch dem unvollkommensten und schwächsten, sich stets vorfindet, ja ihm zum Grunde liegt, ist das unmittelbare Innewerden eines Verlangens und der wechselnden Befriedigung und Nichtbefriedigung desselben, in sehr verschiedenen Graden. Dies wissen wir gewissermaaßen *a priori*. Denn so wundersam verschieden auch die zahllosen Arten der Thiere seyn mögen, so fremd uns auch eine neue, noch nie gesehene Gestalt derselben entgegentritt; so nehmen wir doch vorweg das Innerste ihres Wesens, mit Sicherheit, als wohlbekannt, ja uns völlig vertraut an. Wir wissen nämlich, daß das Thier will, sogar auch was es will, nämlich Daseyn, Wohlseyn, Leben und Fortpflanzung: und indem wir hierin Identität mit uns völlig sicher voraussetzen, nehmen wir keinen Anstand, alle Willensaffektionen, die wir an uns selbst kennen, auch ihm unverändert beizulegen, und sprechen, ohne Zaudern, von seiner Begierde, Abscheu, Furcht, Zorn, Haß, Liebe, Freude, Trauer, Sehnsucht u. s. f. Sobald hingegen Phänomene der bloßen Erkenntniß zur Sprache kommen, gerathen wir in Ungewißheit. Daß das Thier begreife, denke, urtheile, wisse, wagen wir nicht zu sagen: nur Vorstellungen überhaupt legen wir ihm sicher bei; weil ohne solche sein Wille nicht in jene obigen Bewegungen gerathen könnte. Aber hinsichtlich der bestimmten Erkenntnißweise der Thiere und der genauen Gränzen derselben in einer gegebenen Species, haben wir nur unbestimmte Begriffe und machen Konjekturen [Vermutungen]; daher auch unsere Verständigung mit ihnen oft schwierig ist und nur in Folge von Erfahrung und Uebung künstlich zu Stande kommt. Hier also liegen Unterschiede des Bewußtseyns. Hingegen ein Verlangen, Begehren, Wollen, oder Verabscheuen, Fliehen, Nichtwollen, ist jedem Bewußtseyn eigen: der Mensch hat es mit dem Polypen gemein. Dieses ist demnach das Wesentliche und die Basis jedes Bewußtseyns. Die Verschiedenheit der Aeußerungen desselben, in den verschiedenen Geschlechtern thierischer Wesen, beruht auf der verschiedenen Ausdehnung ihrer Erkenntnißsphären, als worin die Motive jener Aeußerungen liegen. Alle Handlungen und Gebehrden der Thiere, welche Bewegungen des Willens ausdrücken, verstehn wir unmittelbar aus unserm eigenen Wesen; daher wir, so weit, auf mannigfaltige Weise mit ihnen sympathisiren. Hingegen die Kluft zwischen uns und ihnen entsteht einzig und allein durch die Verschiedenheit des Intellekts. Eine vielleicht nicht viel geringere, als zwischen einem sehr klugen Thiere und einem sehr beschränkten Menschen ist, liegt zwischen einem Dummkopf und einem Genie; daher auch hier die andererseits aus der Gleichheit der Neigungen und Affekte entspringende und Beide wieder assimilirende Aehnlichkeit zwischen ihnen bisweilen überraschend hervortritt und Erstaunen erregt. – Diese Betrachtung macht deutlich, daß der Wille in allen thierischen Wesen das Primäre und Substantiale ist, der Intellekt hingegen ein Sekundäres, Hinzugekommenes, ja, ein bloßes Werkzeug zum Dienste des Ersteren, welches, nach den Erfordernissen dieses Dienstes, mehr oder weniger vollkommen und komplicirt ist. Wie, den Zwecken des Willens einer Thiergattung gemäß, sie mit Huf, Klaue, Hand, Flügeln, Geweih oder Gebiß versehn auftritt, so auch mit einem mehr oder weniger entwickelten Gehirn, dessen Funktion die zu ihrem Bestand erforderliche Intelligenz ist. Je komplicirter nämlich, in der aufsteigenden Reihe der Thiere, die Organisation wird, desto vielfacher werden auch ihre Bedürfnisse, und desto mannigfaltiger und specieller bestimmt die Objekte, welche zur Befriedigung derselben taugen, desto verschlungener und entfernter mithin die Wege, zu diesen zu gelangen, welche jetzt alle erkannt und gefunden werden müssen: in dem selben Maaße müssen daher auch die Vorstellungen des Thieres vielseitiger, genauer, bestimmter und zusammenhängender, wie auch seine Aufmerksamkeit gespannter, anhaltender und erregbarer werden, folglich sein Intellekt entwickelter und vollkommener seyn. Demgemäß sehn wir das Organ der Intelligenz, also das Cerebralsystem, sammt den Sinneswerkzeugen, mit der Steigerung der Bedürfnisse und der Komplikation des Organismus gleichen Schritt halten, und die Zunahme des vorstellenden Theiles des Bewußtseyns (im Gegensatz des wollenden) sich körperlich darstellen im immer größer werdenden Verhältniß des Gehirns überhaupt zum übrigen Nervensystem, und sodann des großen Gehirns zum kleinen; da (nach Flourens) Ersteres die Werkstätte der Vorstellungen, Letzteres der Lenker und Ordner der Bewegungen ist. Der letzte Schritt, den die Natur in dieser Hinsicht gethan hat, ist nun aber unverhältnißmäßig groß. Denn im Menschen erreicht nicht nur die bis hieher allein vorhandene anschauende Vorstellungskraft den höchsten Grad der Vollkommenheit; sondern die abstrakte Vorstellung, das Denken, d. i. die Vernunft, und mit ihr die Besonnenheit, kommt hinzu. Durch diese bedeutende Steigerung des Intellekts, also des sekundären Theiles des Bewußtseyns, erhält derselbe über den primären jetzt insofern ein Uebergewicht, als er fortan der vorwaltend thätige wird. Während nämlich beim Thiere das unmittelbare Innewerden seines befriedigten oder unbefriedigten Begehrens bei Weitem das Hauptsächliche seines Bewußtseyns ausmacht, und zwar um so mehr, je tiefer das Thier steht, so daß die untersten Thiere nur durch die Zugabe einer dumpfen Vorstellung sich von den Pflanzen unterscheiden; so tritt beim Menschen das Gegentheil ein. So heftig, selbst heftiger als die irgend eines Thieres, seine Begehrungen, als welche zu Leidenschaften anwachsen, auch sind; so bleibt dennoch sein Bewußtseyn fortwährend und vorwaltend mit Vorstellungen und Gedanken beschäftigt und erfüllt. Ohne Zweifel hat hauptsächlich dieses den Anlaß gegeben zu jenem Grundirrthum aller Philosophen, vermöge dessen sie als das Wesentliche und Primäre der sogenannten Seele, d. h. des innern oder geistigen Lebens des Menschen, das Denken setzen, es allemal voranstellend, das Wollen aber, als ein bloßes Ergebniß desselben, erst sekundär hinzukommen und nachfolgen lassen. Wenn aber das Wollen bloß aus dem Erkennen hervorgienge; wie könnten denn die Thiere, sogar die unteren, bei so äußerst geringer Erkenntniß, einen oft so unbezwinglich heftigen Willen zeigen? Weil demnach jener Grundirrthum der Philosophen gleichsam das Accidenz zur Substanz macht, führt er sie auf Abwege, aus denen nachher kein Herauslenken mehr ist. – Jenes beim Menschen nun also eintretende relative Ueberwiegen des erkennenden Bewußtseyns über das begehrende, mithin des sekundären Theiles über den primären, kann in einzelnen, abnorm begünstigten Individuen so weit gehn, daß, in den Zeitpunkten der höchsten Steigerung, der sekundäre oder erkennende Theil des Bewußtseyns sich vom wollenden ganz ablöst und für sich selbst in freie, d. h. vom Willen nicht angeregte, also ihm nicht mehr dienende Thätigkeit geräth, wodurch er rein objektiv und zum klaren Spiegel der Welt wird, woraus dann die Konceptionen des Genies hervorgehn, welche der Gegenstand unsers dritten Buches sind.

3) Wenn wir die Stufenreihe der Thiere abwärts durchlaufen, sehn wir den Intellekt immer schwächer und unvollkommener werden: aber keineswegs bemerken wir eine entsprechende Degradation des Willens. Vielmehr behält dieser überall sein identisches Wesen und zeigt sich als große Anhänglichkeit am Leben, Sorge für Individuum und Gattung, Egoismus und Rücksichtslosigkeit gegen alle Andern, nebst den hieraus entspringenden Affekten. Selbst im kleinsten Insekt ist der Wille vollkommen und ganz vorhanden: es will was es will, so entschieden und vollkommen wie der Mensch. Der Unterschied liegt bloß in dem was es will, d. h. in den Motiven, welche aber Sache des Intellekts sind. Dieser freilich, als Sekundäres und an körperliche Organe Gebundenes, hat unzählige Grade der Vollkommenheit und ist überhaupt wesentlich beschränkt und unvollkommen. Hingegen der Wille, als Ursprüngliches und Ding an sich, kann nie unvollkommen seyn; sondern jeder Willensakt ist ganz was er seyn kann. Vermöge der Einfachheit, die dem Willen als dem Ding an sich, dem Metaphysischen in der Erscheinung, zukommt, läßt sein Wesen keine Grade zu, sondern ist stets ganz es selbst: bloß seine Erregung hat Grade, von der schwächsten Neigung bis zur Leidenschaft, und eben auch seine Erregbarkeit, also seine Heftigkeit, vom phlegmatischen bis zum cholerischen Temperament. Der Intellekt hingegen hat nicht bloß Grade der Erregung, von der Schläfrigkeit bis zur Laune und Begeisterung, sondern auch Grade seines Wesens selbst, der Vollkommenheit desselben,

welche demnach stufenweise steigt, vom niedrigsten, nur dumpf wahrnehmenden Thiere bis zum Menschen, und da wieder vom Dummkopf bis zum Genie. Der Wille allein ist überall ganz er selbst. Denn seine Funktion ist von der größten Einfachheit: sie besteht im Wollen und Nichtwollen, welches mit der größten Leichtigkeit, ohne Anstrengung von Statten geht und keiner Uebung bedarf; während hingegen das Erkennen mannigfaltige Funktionen hat und nie ganz ohne Anstrengung vor sich geht, als welcher es zum Fixiren der Aufmerksamkeit und zum Deutlichmachen des Objekts, weiter aufwärts noch gar zum Denken und Ueberlegen, bedarf; daher es auch großer Vervollkommnung durch Uebung und Bildung fähig ist. Hält der Intellekt dem Willen ein einfaches Anschauliches vor; so spricht dieser sofort sein Genehm oder Nichtgenehm darüber aus: und eben so, wenn der Intellekt mühsam gegrübelt und abgewogen hat, um aus zahlreichen Datis, mittelst schwieriger Kombinationen, endlich das Resultat herauszubringen, welches dem Interesse des Willens am meisten gemäß scheint; da hat dieser unterdessen müßig geruht und tritt, nach erlangtem Resultat, herein, wie der Sultan in den Diwan [Empfangssaal], um wieder nur sein eintöniges Genehm oder Nichtgenehm auszusprechen, welches zwar dem Grade nach verschieden ausfallen kann, dem Wesen nach stets das selbe bleibt.

Diese grundverschiedene Natur des Willens und des Intellekts, die jenem wesentliche Einfachheit und Ursprünglichkeit, im Gegensatz der komplicirten und sekundären Beschaffenheit dieses, wird uns noch deutlicher, wenn wir ihr sonderbares Wechselspiel in unserm Innern beobachten und nun im Einzelnen zusehn, wie die Bilder und Gedanken, welche im Intellekt aufsteigen, den Willen in Bewegung setzen, und wie ganz gesondert und verschieden die Rollen Beider sind. Dies können wir nun zwar schon wahrnehmen bei wirklichen Begebenheiten, die den Willen lebhaft erregen, während sie zunächst und an sich selbst bloß Gegenstände des Intellekts sind. Allein theils ist es hiebei nicht so augenfällig, daß auch diese Wirklichkeit als solche zunächst nur im Intellekt vorhanden ist; theils geht der Wechsel dabei meistens nicht so rasch vor sich, wie es nöthig ist, wenn die Sache leicht übersehbar und dadurch recht faßlich werden soll. Beides ist hingegen der Fall, wenn es bloße Gedanken und Phantasien sind, die wir auf den Willen einwirken lassen. Wenn wir z. B., mit uns selbst allein, unsere persönlichen Angelegenheiten überdenken und nun etwan das Drohende einer wirklich vorhandenen Gefahr und die Möglichkeit eines unglücklichen Ausganges uns lebhaft vergegenwärtigen; so preßt alsbald Angst das Herz zusammen und das Blut stockt in den Adern. Geht dann aber der Intellekt zur Möglichkeit des entgegengesetzten Ausganges über und läßt die Phantasie das lang gehoffte, dadurch erreichte Glück ausmalen; so gerathen alsbald alle Pulse in freudige Bewegung und das Herz fühlt sich federleicht; bis der Intellekt aus seinem Traum erwacht. Darauf nun führe etwan irgend ein Anlaß die Erinnerung an eine längst ein Mal erlittene Beleidigung oder Beeinträchtigung herbei: sogleich durchstürmt Zorn und Groll die eben noch ruhige Brust. Dann aber steige, zufällig angeregt, das Bild einer längst verlorenen Geliebten auf, an welches sich der ganze Roman, mit seinen Zauberscenen, knüpft; da wird alsbald jener Zorn der tiefen Sehnsucht und Wehmuth Platz machen. Endlich falle uns noch irgend ein ehemaliger beschämender Vorfall ein: wir schrumpfen zusammen, möchten versinken, die Schaamröthe steigt auf, und wir suchen oft durch irgend eine laute Aeußerung uns gewaltsam davon abzulenken und zu zerstreuen, gleichsam die bösen Geister verscheuchend. – Man sieht, der Intellekt spielt auf und der Wille muß dazu tanzen: ja, jener läßt ihn die Rolle eines Kindes spielen, welches von seiner Wärterin, durch Vorschwätzen und Erzählen abwechselnd erfreulicher und trauriger Dinge, beliebig in die verschiedensten Stimmungen versetzt wird. Dies beruht darauf, daß der Wille an sich erkenntnißlos, der ihm zugesellte Verstand aber willenlos ist. Daher verhält sich jener wie ein Körper, welcher bewegt wird, dieser wie die ihn in Bewegung setzenden Ursachen: denn er ist das Medium der Motive. Bei dem Allen jedoch wird das Primat des Willens wieder deutlich, wenn dieser dem Intellekt, dessen Spiel er, wie gezeigt, sobald er ihn walten läßt, wird, ein Mal seine Oberherrschaft in letzter Instanz fühlbar macht, indem er ihm gewisse Vorstellungen verbietet, gewisse Gedankenreihen gar nicht aufkommen läßt, weil er weiß, d. h. von eben dem selben Intellekt erfährt, daß sie ihn in irgend eine der oben dargestellten Bewegungen versetzen würden: er zügelt jetzt den Intellekt und zwingt ihn sich auf andere Dinge zu richten. So schwer dies oft seyn mag, muß es doch gelingen, sobald es dem Willen Ernst damit ist: denn das

Widerstreben dabei geht nicht vom Intellekt aus, als welcher stets gleichgültig bleibt; sondern vom Willen selbst, der zu einer Vorstellung, die er in einer Hinsicht verabscheuet, in anderer Hinsicht eine Neigung hat. Sie ist ihm nämlich an sich interessant, eben weil sie ihn bewegt; aber zugleich sagt ihm die abstrakte Erkenntniß, daß sie ihn zwecklos in quaalvolle, oder unwürdige Erschütterung versetzen wird: dieser letztern Erkenntniß gemäß entscheidet er sich jetzt und zwingt den Intellekt zum Gehorsam. Man nennt dies »Herr über sich seyn«: offenbar ist hier der Herr der Wille, der Diener der Intellekt; da jener in letzter Instanz stets das Regiment behält, mithin den eigentlichen Kern, das Wesen an sich des Menschen, ausmacht. In dieser Hinsicht würde der Titel Ἡγεμονικον [leitendes Prinzip] dem Willen gebühren: jedoch scheint derselbe wiederum dem Intellekt zuzukommen, sofern dieser der Leiter und Führer ist, wie der Lohnbediente, der vor dem Fremden hergeht. In Wahrheit aber ist das treffendeste Gleichniß für das Verhältniß Beider der starke Blinde, der den sehenden Gelähmten auf den Schultern trägt.

Das hier dargelegte Verhältniß des Willens zum Intellekt ist ferner auch darin zu erkennen, daß der Intellekt den Beschlüssen des Willens ursprünglich ganz fremd ist. Er liefert ihm die Motive: aber wie sie gewirkt haben, erfährt er erst hinterher, völlig *a posteriori;* wie wer ein chemisches Experiment macht, die Reagenzien heranbringt und dann den Erfolg abwartet. Ja, der Intellekt bleibt von den eigentlichen Entscheidungen und geheimen Beschlüssen des eigenen Willens so sehr ausgeschlossen, daß er sie bisweilen, wie die eines fremden, nur durch Belauschen und Ueberraschen erfahren kann, und ihn auf der That seiner Aeußerungen ertappen muß, um nur hinter seine wahren Absichten zu kommen. Z. B. ich habe einen Plan entworfen, dem aber bei mir selbst noch ein Skrupel entgegensteht, und dessen Ausführbarkeit andererseits, ihrer Möglichkeit nach, völlig ungewiß ist, indem sie von äußern, noch unentschiedenen Umständen abhängt; daher es vor der Hand jedenfalls unnöthig wäre, darüber einen Entschluß zu fassen; weshalb ich die Sache für jetzt auf sich beruhen lasse. Da weiß ich nun oft nicht, wie fest ich schon mit jenem Plan im Geheimen verbrüdert bin und wie sehr ich, trotz dem Skrupel, seine Ausführung wünsche: d. h. mein Intellekt weiß es nicht. Aber jetzt komme nur eine der

Ausführbarkeit günstige Nachricht: sogleich steigt in meinem Innern eine jubelnde, unaufhaltsame Freudigkeit auf, die sich über mein ganzes Wesen verbreitet und es in dauernden Besitz nimmt, zu meinem eigenen Erstaunen. Denn jetzt erst erfährt mein Intellekt, wie fest bereits mein Wille jenen Plan ergriffen hatte und wie gänzlich dieser ihm gemäß war, während der Intellekt ihn noch für ganz problematisch und jenem Skrupel schwerlich gewachsen gehalten hatte. – Oder, in einem andern Fall, ich bin mit großem Eifer eine gegenseitige Verbindlichkeit eingegangen, die ich meinen Wünschen sehr angemessen glaubte. Wie nun, beim Fortgang der Sache, die Nachtheile und Beschwerden fühlbar werden, werfe ich auf mich den Verdacht, daß ich was ich so eifrig betrieben wohl gar bereue: jedoch reinige ich mich davon, indem ich mir die Versicherung gebe, daß ich, auch ungebunden, auf dem selben Wege fortfahren würde. Jetzt aber löst sich unerwartet die Verbindlichkeit von der andern Seite auf, und mit Erstaunen nehme ich wahr, daß dies zu meiner großen Freude und Erleichterung geschieht. – Oft wissen wir nicht was wir wünschen, oder was wir fürchten. Wir können Jahre lang einen Wunsch hegen, ohne ihn uns einzugestehn, oder auch nur zum klaren Bewußtseyn kommen zu lassen; weil der Intellekt nichts davon erfahren soll; indem die gute Meinung, welche wir von uns selbst haben, dabei zu leiden hätte: wird er aber erfüllt, so erfahren wir an unserer Freude, nicht ohne Beschämung, daß wir Dies gewünscht haben: z. B. den Tod eines nahen Anverwandten, den wir beerben. Und was wir eigentlich fürchten, wissen wir bisweilen nicht; weil uns der Muth fehlt, es uns zum klaren Bewußtseyn zu bringen. – Sogar sind wir oft über das eigentliche Motiv, aus dem wir etwas thun oder unterlassen, ganz im Irrthum, – bis etwan endlich ein Zufall uns das Geheimniß aufdeckt und wir erkennen, daß was wir für das Motiv gehalten, es nicht war, sondern ein anderes, welches wir uns nicht hatten eingestehn wollen, weil es der guten Meinung, die wir von uns selbst hegen, keineswegs entspricht. Z. B. wir unterlassen etwas, aus rein moralischen Gründen, wie wir glauben; erfahren jedoch hinterher, daß bloß die Furcht uns abhielt, indem wir es thun, sobald alle Gefahr beseitigt ist. In einzelnen Fällen kann es hiemit so weit gehn, daß ein Mensch das eigentliche Motiv seiner Handlung nicht ein Mal muthmaaßt, ja, durch ein solches bewogen zu werden sich nicht für fähig hält: dennoch ist es das eigentliche Motiv seiner Handlung. – Beiläufig haben wir an allem Diesen eine Bestätigung und Erläuterung der Regel des Larochefoucauld: *l'amour-propre est plus habile que le plus habile homme du monde* [Die Eigenliebe ist gewandter als der gewandteste Weltmann: *Réflexions,* maxime 4]; ja, sogar einen Kommentar zum Delphischen γνωθι σαυτον [Erkenne dich selbst] und dessen Schwierigkeit. – Wenn nun hingegen, wie alle Philosophen wähnten, der Intellekt unser eigentliches Wesen ausmachte und die Willensbeschlüsse ein bloßes Ergebniß der Erkenntniß wären; so müßte für unsern moralischen Werth gerade nur das Motiv, aus welchem wir zu handeln wähnen, entscheidend seyn; auf analoge Art, wie die Absicht, nicht der Erfolg, hierin entscheidend ist. Eigentlich aber wäre alsdann der Unterschied zwischen gewähntem und wirklichem Motiv unmöglich. – Alle hier dargestellten Fälle also, dazu jeder Aufmerksame Analoga an sich selbst beobachten kann, lassen uns sehn, wie der Intellekt dem Willen so fremd ist, daß er von diesem bisweilen sogar mystificirt [zum Narren gehalten] wird: denn er liefert ihm zwar die Motive, aber in die geheime Werkstätte seiner Beschlüsse dringt er nicht. Er ist zwar ein Vertrauter des Willens, jedoch ein Vertrauter, der nicht Alles erfährt. Eine Bestätigung hievon giebt auch noch die Thatsache, welche fast Jeder an sich zu beobachten ein Mal Gelegenheit haben wird, daß bisweilen der Intellekt dem Willen nicht recht traut. Nämlich wenn wir irgend einen großen und kühnen Entschluß gefaßt haben, – der als solcher doch eigentlich nur ein vom Willen dem Intellekt gegebenes Versprechen ist; – so bleibt oft in unserm Innern ein leiser, nicht eingestandener Zweifel, ob es auch ganz ernstlich damit gemeint sei, ob wir auch bei der Ausführung nicht wanken oder zurückweichen, sondern Festigkeit und Beharrlichkeit genug haben werden, es zu vollbringen. Es bedarf daher der That, um uns selbst von der Aufrichtigkeit des Entschlusses zu überzeugen. –

Alle diese Thatsachen bezeugen die gänzliche Verschiedenheit des Willens vom Intellekt, das Primat des Ersteren und die untergeordnete Stellung des Letzteren.

4) Der Intellekt ermüdet; der Wille ist unermüdlich. – Nach anhaltender Kopfarbeit fühlt man die Ermüdung des Gehirnes, wie die des Armes, nach anhaltender Körperarbeit. Alles Erkennen ist mit Anstrengung verknüpft: Wol-

l e n hingegen ist unser selbsteigenes Wesen, dessen Aeußerungen ohne alle Mühe und völlig von selbst vor sich gehn. Daher, wenn unser W i l l e stark aufgeregt ist, wie in allen Affekten, also im Zorn, Furcht, Begierde, Betrübniß u. s. w., und man fordert uns jetzt zum E r k e n n e n , etwan in der Absicht der Berichtigung der Motive jener Affekte, auf; so bezeugt die Gewalt, die wir uns dazu anthun müssen, den Uebergang aus der ursprünglichen, natürlichen und selbsteigenen, in die abgeleitete, mittelbare und erzwungene Thätigkeit. – Denn der Wille allein ist αυτοματος [selbstbewegend] und daher ακαματος και αγηρατος ηματα παντα *(lassitudinis et senii expers in sempiternum)* [unermüdlich und nie alternd]. Er allein ist unaufgefordert, daher oft zu früh und zu sehr, thätig, und kennt kein Ermüden. Säuglinge, die kaum die erste schwache Spur von Intelligenz zeigen, sind schon voller Eigenwillen: durch unbändiges, zweckloses Toben und Schreien zeigen sie den Willensdrang, von dem sie strotzen, während ihr Wollen noch kein Objekt hat, d. h. sie wollen, ohne zu wissen was sie wollen. Hieher gehört auch was C a b a n i s bemerkt: *Toutes ces passions, qui se succèdent d'une manière si rapide, et se peignent avec tant de naïveté, sur le visage mobile des enfans. Tandis que les faibles muscles de leurs bras et de leurs jambes savent encore à peine former quelques mouvemens indécis, les muscles de la face expriment déja par des mouvemens distincts presque toute la suite des affections générales propres à la nature humaine: et l'observateur attentif reconnait facilement dans ce tableau les traits caractéristiques de l'homme futur.* [Alle diese Leidenschaften, welche so rasch aufeinander folgen, malen sich mit soviel Offenherzigkeit auf dem beweglichen Angesicht der Kinder. Während die schwachen Muskeln ihrer Arme und Beine noch kaum imstande sind, einige unbestimmte Bewegungen auszuführen, wird von den Gesichtsmuskeln durch bestimmte Bewegungen schon fast die ganze Reihe der allgemeinen Affekte ausgedrückt, welche der Menschennatur eigen sind: und der aufmerksame Beobachter erkennt mit Leichtigkeit in diesem Bilde die charakteristischen Züge des künftigen Mannes.] *(Rapports du physique et moral, Vol. I, p. 123.)* – Der Intellekt hingegen entwickelt sich langsam, der Vollendung des Gehirns und der Reife des ganzen Organismus folgend, welche seine Bedingungen sind; eben weil er nur eine somatische Funktion ist. Weil das Gehirn schon mit dem siebenten Jahre seine volle Größe erlangt hat, werden die Kinder, von dem an, so auffallend intelligent, wißbegierig und vernünftig. Danach aber kommt die Pubertät: sie ertheilt dem Gehirn gewissermaaßen einen Widerhalt, oder einen Resonanzboden, und hebt mit Einem Male den Intellekt um eine große Stufe, gleichsam um eine Oktave, entsprechend ihrem Herabsetzen der Stimme um eine solche. Aber zugleich widerstreben jetzt die auftretenden thierischen Begierden und Leidenschaften der Vernünftigkeit, welche vorher herrschte, und Dies nimmt zu. Von der Unermüdlichkeit des Willens zeugt ferner der Fehler, welcher, mehr oder weniger, wohl allen Menschen von Natur eigen ist und nur durch Bildung bezwungen wird: die Voreiligkeit. Sie besteht darin, daß der Wille vor der Zeit an sein Geschäft eilt. Dieses nämlich ist das rein Aktive und Exekutive [Ausführende], welches erst eintreten soll, nachdem das Explorative und Deliberative [Prüfende und Überlegende], also das Erkennende, sein Geschäft völlig und ganz beendigt hat. Aber selten wird diese Zeit wirklich abgewartet. Kaum sind über die vorliegenden Umstände, oder die eingetretene Begebenheit, oder die mitgetheilte fremde Meinung, einige wenige Data von der Erkenntniß obenhin aufgefaßt und flüchtig zusammengerafft; so tritt schon aus der Tiefe des Gemüths der stets bereite und nie müde Wille unaufgefordert hervor, und zeigt sich als Schreck, Furcht, Hoffnung, Freude, Begierde, Neid, Betrübniß, Eifer, Zorn, Wuth, und treibt zu raschen Worten oder Thaten, auf welche meistens Reue folgt, nachdem die Zeit gelehrt hat, daß das Hegemonikon [leitende Prinzip], der Intellekt, mit seinem Geschäft des Auffassens und der Umstände, Ueberlegens ihres Zusammenhanges und Beschließens des Rathsamen, nicht hat auch nur halb zu Ende kommen können, weil der Wille es nicht abwartete, sondern lange vor seiner Zeit vorsprang mit »jetzt ist die Reihe an mir!« und sofort die Aktive ergriff, ohne daß der Intellekt Widerstand leistete, als welcher ein bloßer Sklave und Leibeigener des Willens, nicht aber, wie dieser, αυτοματος, noch aus eigener Kraft und eigenem Drange thätig ist; daher er vom Willen leicht bei Seite geschoben und durch einen Wink desselben zur Ruhe gebracht wird; während er seinerseits, mit der äußersten Anstrengung, kaum vermag, den Willen auch nur zu einer kurzen Pause zu bringen, um zum Worte zu kommen. Dieserhalb sind die Leute so selten und werden fast nur unter

Spaniern, Türken und allenfalls Engländern gefunden, welche, auch unter den provocirendesten Umständen, den Kopf oben behalten, die Auffassung und Untersuchung der Sachlage imperturbirt [unverwirrt] fortsetzen und, wo Andere schon außer sich wären, *con mucho sosiego* [mit vieler Gelassenheit], eine fernere Frage thun; welches etwas ganz Anderes ist, als die auf Phlegma und Stumpfheit beruhende Gelassenheit vieler Deutschen und Holländer. Eine unübertreffliche Veranschaulichung der belobten Eigenschaft pflegte Iffland zu geben, als Hetmann der Kosaken, im Benjowski [Stück von Kotzebue], wann die Verschworenen ihn in ihr Zelt gelockt haben und nun ihm eine Büchse vor den Kopf halten, mit dem Bedeuten, sie würde abgedrückt, sobald er einen Schrei thäte: Iffland blies in die Mündung der Büchse, um zu erproben, ob sie auch geladen sei. – Von zehn Dingen, die uns ärgern, würden neun es nicht vermögen, wenn wir sie recht gründlich, aus ihren Ursachen, verständen und daher ihre Nothwendigkeit und wahre Beschaffenheit erkennten: dies aber würden wir viel öfter, wenn wir sie früher zum Gegenstand der Ueberlegung, als des Eifers und Verdrusses machten. – Denn was, für ein unbändiges Roß, Zügel und Gebiß ist, das ist für den Willen im Menschen der Intellekt: an diesem Zügel muß er gelenkt werden, mittelst Belehrung, Ermahnung, Bildung u. s. w.; da er an sich selbst ein so wilder, ungestümer Drang ist, wie die Kraft, die im herabstürzenden Wasserfall erscheint, – ja, wie wir wissen, im tiefsten Grunde, identisch mit dieser. Im höchsten Zorn, im Rausch, in der Verzweiflung, hat er das Gebiß zwischen die Zähne genommen, ist durchgegangen und folgt seiner ursprünglichen Natur. In der *Mania sine delirio* [Raserei ohne Wahnsinn] hat er Zaum und Gebiß ganz verloren, und zeigt nun am deutlichsten sein ursprüngliches Wesen und daß der Intellekt so verschieden von ihm ist, wie der Zaum vom Pferde: auch kann man ihn, in diesem Zustande, der Uhr vergleichen, welche, nach Wegnahme einer gewissen Schraube, unaufhaltsam abschnurrt.

Also auch diese Betrachtung zeigt uns den Willen als das Ursprüngliche und daher Metaphysische, den Intellekt hingegen als ein Sekundäres und Physisches. Denn als solches ist dieser, wie alles Physische, der *Vis inertiae* [Kraft der Trägheit] unterworfen, mithin erst thätig, wenn er getrieben wird von einem Andern, vom Willen, der ihn beherrscht, lenkt, zur Anstrengung aufmuntert, kurz, ihm die Thätigkeit verleiht, die ihm ursprünglich nicht einwohnt. Daher ruht er willig, sobald es ihm gestattet wird, bezeugt sich oft träge und unaufgelegt zur Thätigkeit: durch fortgesetzte Anstrengung ermüdet er bis zur gänzlichen Abstumpfung, wird erschöpft, wie die Volta'sche Säule durch wiederholte Schläge. Darum erfordert jede anhaltende Geistesarbeit Pausen und Ruhe: sonst erfolgt Stumpfheit und Unfähigkeit; freilich zunächst nur einstweilige. Wird aber diese Ruhe dem Intellekt anhaltend versagt, wird er übermäßig und unausgesetzt angespannt; so ist die Folge eine bleibende Abstumpfung desselben, welche im Alter übergehn kann in gänzliche Unfähigkeit, in Kindischwerden, in Blödsinn und Wahnsinn. Nicht dem Alter an und für sich, sondern der lange fortgesetzten tyrannischen Ueberanstrengung des Intellekts, oder Gehirns, ist es zuzuschreiben, wenn diese Uebel in den letzten Jahren des Lebens sich einfinden. Daraus ist es zu erklären, daß Swift wahnsinnig, Kant kindisch wurde, Walter Scott, auch Wordsworth, Southey und viele *minorum gentium* [unter den unbedeutenderen Leuten] stumpf und unfähig. Goethe ist bis an sein Ende klar, geisteskräftig und geistesthätig geblieben; weil er, der stets Welt- und Hofmann war, niemals seine geistigen Beschäftigungen mit Selbstzwang getrieben hat. Das Selbe gilt von Wieland und dem einundneunzigjährigen Knebel, wie auch von Voltaire. Dieses Alles nun aber beweist, wie sehr sekundär, physisch und ein bloßes Werkzeug der Intellekt ist. Eben deshalb auch bedarf er, auf fast ein Drittel seiner Lebenszeit, der gänzlichen Suspension seiner Thätigkeit, im Schlafe, d. h. der Ruhe des Gehirns, dessen bloße Funktion er ist, welches ihm daher eben so vorhergängig ist, wie der Magen der Verdauung, oder die Körper ihrem Stoß, und mit welchem er, im Alter, verwelkt und versiegt. – Der Wille hingegen, als das Ding an sich, ist nie träge, absolut unermüdlich, seine Thätigkeit ist seine Essenz, er hört nie auf zu wollen, und wann er, während des tiefen Schlafs, vom Intellekt verlassen ist und daher nicht, auf Motive, nach außen wirken kann, ist er als Lebenskraft thätig, besorgt desto ungestörter die innere Oekonomie des Organismus und bringt auch, als *vis naturae medicatrix* [Heilkraft der Natur], die eingeschlichenen Unregelmäßigkeiten desselben wieder in

Ordnung. Denn er ist nicht, wie der Intellekt, eine Funktion des Leibes; sondern der Leib ist seine Funktion: daher ist er diesem *ordine rerum* [nach Ordnung der Dinge] vorgängig, als dessen metaphysisches Substrat, als das Ansich der Erscheinung desselben. Seine Unermüdlichkeit theilt er, auf die Dauer des Lebens, dem Herzen mit, diesem *primum mobile* [ersten Beweggrund] des Organismus, welches deshalb sein Symbol und Synonym geworden ist. Auch schwindet er nicht, im Alter, sondern will noch immer was er gewollt hat, ja wird fester und unbiegsamer, als er in der Jugend gewesen, unversöhnlicher, eigensinniger, unlenksamer, weil der Intellekt unempfänglicher geworden: daher dann nur durch Benutzung der Schwäche dieses ihm allenfalls beizukommen ist.

Auch die durchgängige Schwäche und Unvollkommenheit des Intellekts, wie sie in der Urtheilslosigkeit, Beschränktheit, Verkehrtheit, Thorheit der allermeisten Menschen zu Tage liegt, wäre ganz unerklärlich, wenn der Intellekt nicht ein Sekundäres, Hinzugekommenes, bloß Instrumentales, sondern das unmittelbare und ursprüngliche Wesen der sogenannten Seele, oder überhaupt des innern Menschen wäre; wie alle bisherigen Philosophen es angenommen haben. Denn wie sollte das ursprüngliche Wesen, in seiner unmittelbaren und eigenthümlichen Funktion, so häufig irren und fehlen? – Das wirklich Ursprüngliche im menschlichen Bewußtseyn, das Wollen, geht eben auch allemal vollkommen von Statten: jedes Wesen will unablässig, tüchtig und entschieden. Das Unmoralische im Willen als eine Unvollkommenheit desselben anzusehn, wäre ein grundfalscher Gesichtspunkt: vielmehr hat die Moralität eine Quelle, welche eigentlich schon über die Natur hinaus liegt, daher sie mit den Aussagen derselben in Widerspruch steht. Darum eben tritt sie dem natürlichen Willen, als welcher an sich schlechthin egoistisch ist, geradezu entgegen, ja, die Fortsetzung ihres Weges führt zur Aufhebung desselben. Hierüber verweise ich auf unser viertes Buch und auf meine Preisschrift »Ueber das Fundament der Moral«.

5) Daß der Wille das Reale und Essentiale im Menschen, der Intellekt aber nur das Sekundäre, Bedingte, Hervorgebrachte sei, wird auch daran ersichtlich, daß dieser seine Funktion nur so lange ganz rein und richtig vollziehn kann, als der Wille schweigt und pausirt; hingegen durch jede merkliche Erre-

gung desselben die Funktion des Intellekts gestört, und durch seine Einmischung ihr Resultat verfälscht wird: nicht aber wird auch umgekehrt der Intellekt auf ähnliche Weise dem Willen hinderlich. So kann der Mond nicht wirken, wann die Sonne am Himmel steht; doch hindert jener diese nicht.

Ein großer Schreck benimmt uns oft die Besinnung dermaaßen, daß wir versteinern, oder aber das Verkehrteste thun, z. B. bei ausgebrochenem Feuer gerade in die Flammen laufen. Der Zorn läßt uns nicht mehr wissen was wir thun, noch weniger was wir sagen. Der Eifer, deshalb blind genannt, macht uns unfähig die fremden Argumente zu erwägen, oder selbst unsere eigenen hervorzusuchen und geordnet aufzustellen. Die Freude macht unüberlegt, rücksichtslos und verwegen: fast eben so wirkt die Begierde. Die Furcht verhindert uns die noch vorhandenen, oft nahe liegenden Rettungsmittel zu sehn und zu ergreifen. Deshalb sind zum Bestehn plötzlicher Gefahren, wie auch zum Streit mit Gegnern und Feinden, Kaltblütigkeit und Geistesgegenwart die wesentlichste Befähigung. Jene besteht im Schweigen des Willens, damit der Intellekt agiren könne; diese in der ungestörten Thätigkeit des Intellekts, unter dem Andrang der auf den Willen wirkenden Begebenheiten: daher eben ist jene ihre Bedingung, und Beide sind nahe verwandt, sind selten, und stets nur komparativ vorhanden. Sie sind aber von unschätzbarem Vortheil, weil sie den Gebrauch des Intellekts, gerade zu den Zeiten, wo man seiner am meisten bedarf, gestatten und dadurch entschiedene Ueberlegenheit verleihen. Wer sie nicht hat, erkennt erst nach verschwundener Gelegenheit was zu thun, oder zu sagen gewesen. Sehr treffend sagt man von Dem, der in Affekt geräth, d. h. dessen Wille so stark aufgeregt ist, daß er die Reinheit der Funktion des Intellekts aufhebt, er sei entrüstet: denn die richtige Erkenntniß der Umstände und Verhältnisse ist unsere Wehr und Waffe im Kampf mit den Dingen und den Menschen. In diesem Sinne sagt Balthasar Gracian: *es la pasion enemiga declarada de la cordura* (die Leidenschaft ist der erklärte Feind der Klugheit). – Wäre nun der Intellekt nicht etwas vom Willen völlig Verschiedenes, sondern, wie man es bisher ansah, Erkennen und Wollen in der Wurzel Eins und gleich ursprüngliche Funktionen eines schlechthin einfachen Wesens; so müßte mit der Aufregung und Steigerung des Willens, darin der

Affekt besteht, auch der Intellekt mit gesteigert werden: allein er wird, wie wir gesehn haben, vielmehr dadurch gehindert und deprimirt, weshalb die Alten den Affekt *animi perturbatio* nannten. Wirklich gleicht der Intellekt der Spiegelfläche des Wassers, dieses selbst aber dem Willen, dessen Erschütterung daher die Reinheit jenes Spiegels und die Deutlichkeit seiner Bilder sogleich aufhebt. Der Organismus ist der Wille selbst, ist verkörperter, d. h. objektiv im Gehirn angeschauter Wille: deshalb werden durch die freudigen und überhaupt die rüstigen Affekte manche seiner Funktionen, wie Respiration, Blutumlauf, Gallenabsonderung, Muskelkraft, erhöht und beschleunigt. Der Intellekt hingegen ist die bloße Funktion des Gehirns, welches vom Organismus nur parasitisch genährt und getragen wird: deshalb muß jede Perturbation des Willens, und mit ihm des Organismus, die für sich bestehende und keine andern Bedürfnisse, als nur die der Ruhe und Nahrung kennende Funktion des Gehirns stören oder lähmen.

Dieser störende Einfluß der Thätigkeit des Willens auf den Intellekt ist aber nicht allein in den durch die Affekte herbeigeführten Perturbationen nachzuweisen, sondern ebenfalls in manchen andern, allmäligeren und daher anhaltenderen Verfälschungen des Denkens durch unsere Neigungen. Die Hoffnung läßt uns was wir wünschen, die Furcht was wir besorgen, als wahrscheinlich und nahe erblicken, und Beide vergrößern ihren Gegenstand. Plato (nach Aelian, V. H., 13, 28) hat sehr schön die Hoffnung den Traum des Wachenden genannt. Ihr Wesen liegt darin, daß der Wille seinen Diener, den Intellekt, wann dieser nicht vermag das Gewünschte herbeizuschaffen, nöthigt, es ihm wenigstens vorzumalen, überhaupt die Rolle des Trösters zu übernehmen, seinen Herrn, wie die Amme das Kind, mit Mährchen zu beschwichtigen und diese aufzustutzen, daß sie Schein gewinnen; wobei nun der Intellekt seiner eigenen Natur, die auf Wahrheit gerichtet ist, Gewalt anthun muß, indem er sich zwingt, Dinge, die weder wahr, noch wahrscheinlich, oft kaum möglich sind, seinen eigenen Gesetzen zuwider, für wahr zu halten, um nur den unruhigen und unbändigen Willen auf eine Weile zu beschwichtigen, zu beruhigen und einzuschläfern. Hier sieht man deutlich, wer Herr und wer Diener ist. – Wohl Manche mögen die Beobachtung gemacht haben, daß wenn eine für sie wichtige Angelegenheit mehrere Entwickelungen zuläßt, und sie nun diese alle, in ein, ihrer Meinung nach, vollständiges disjunktives Urtheil gebracht haben, dennoch der Ausgang ein ganz anderer und ihnen völlig unerwarteter wird: aber vielleicht werden sie nicht darauf geachtet haben, daß dieser dann fast immer der für sie ungünstigste war. Dies ist daraus zu erklären, daß, während ihr Intellekt die Möglichkeiten vollständig zu überschauen vermeinte, die schlimmste von allen ihm ganz unsichtbar blieb; weil der Wille sie gleichsam mit der Hand verdeckt hielt, d. h. den Intellekt so bemeisterte, daß er auf den allerschlimmsten Fall zu blicken gar nicht fähig war, obwohl dieser, da er wirklich wurde, auch wohl der wahrscheinlichste gewesen. Jedoch in entschieden melancholischen, oder aber durch diese nämliche Erfahrung gewitzigten Gemüthern kehrt sich der Hergang wohl auch um, indem hier die Besorgniß die Rolle spielt, welche dort die Hoffnung. Der erste Schein einer Gefahr versetzt sie in grundlose Angst. Fängt der Intellekt an, die Sachen zu untersuchen; so wird er als inkompetent, ja, als trügerischer Sophist abgewiesen, weil dem Herzen zu glauben sei, dessen Zagen jetzt geradezu als Argument für die Realität und Größe der Gefahr geltend gemacht wird. So darf dann der Intellekt die guten Gegengründe gar nicht suchen, welche er, sich selber überlassen, bald erkennen würde; sondern wird genöthigt, sogleich den unglücklichsten Ausgang ihnen vorzustellen, wenn auch er selbst ihn kaum als möglich denken kann:

Such as we know is false, yet dread in sooth,
*Because the worst is ever nearest truth**.

(Byron, Lara. C. 1.)

Liebe und Haß verfälschen unser Urtheil gänzlich: an unsern Feinden sehn wir nichts, als Fehler, an unsern Lieblingen lauter Vorzüge, und selbst ihre Fehler scheinen uns liebenswürdig. Eine ähnliche geheime Macht übt unser Vortheil, welcher Art er auch sei, über unser Urtheil aus: was ihm gemäß ist, erscheint uns alsbald billig, gerecht, vernünftig; was ihm zuwider läuft, stellt sich uns, im vollen Ernst, als ungerecht und abscheulich, oder zweckwidrig und absurd dar. Daher so viele

* Etwas, das wir als falsch erkennen, dennoch ernstlich fürchten; weil das Schlimmste stets der Wahrheit am nächsten liegt.

Vorurtheile des Standes, des Gewerbes, der Nation, der Sekte, der Religion. Eine gefaßte Hypothese giebt uns Luchsaugen für alles sie Bestätigende, und macht uns blind für alles ihr Widersprechende. Was unserer Partei, unserm Plane, unserm Wunsche, unserer Hoffnung entgegensteht, können wir oft gar nicht fassen und begreifen, während es allen Andern klar vorliegt: das jenen Günstige hingegen springt uns von ferne in die Augen. Was dem Herzen widerstrebt, läßt der Kopf nicht ein. Manche Irrthümer halten wir unser Leben hindurch fest, und hüten uns, jemals ihren Grund zu prüfen, bloß aus einer uns selber unbewußten Furcht, die Entdeckung machen zu können, daß wir so lange und so oft das Falsche geglaubt und behauptet haben. – So wird denn täglich unser Intellekt durch die Gaukeleien der Neigung bethört und bestochen. Sehr schön hat dies Bako von Verulam ausgedrückt in den Worten: *Intellectus luminis sicci non est; sed recipit infusionem a voluntate et affectibus: id quod generat ad quod vult scientias: quod enim mavult homo, id potius credit. Innumeris modis, iisque interdum imperceptibilibus, affectus intellectum imbuit et inficit (Org. nov., I, 14.)* [Der Intellekt ist kein trocken (ohne Öl) brennendes Licht, sondern er empfängt Zufluß vom Willen und von den Leidenschaften; und das erzeugt die Erkenntnisse, wie er sie zu haben wünscht: denn was der Mensch am meisten will, das glaubt er am liebsten. Auf unzählige, bisweilen unmerkliche Weisen beeinflußt und infiziert die Leidenschaft den Intellekt.] Offenbar ist es auch Dieses, was allen neuen Grundansichten in den Wissenschaften und allen Widerlegungen sanktionirter Irrthümer entgegensteht: denn nicht leicht wird Einer die Richtigkeit Dessen einsehn, was ihn unglaublicher Gedankenlosigkeit überführt. Hieraus allein ist es erklärlich, daß die so klaren und einfachen Wahrheiten der Goethe'schen Farbenlehre von den Physikern noch immer geleugnet werden; wodurch denn selbst Goethe hat erfahren müssen, einen wie viel schwereren Stand man hat, wenn man den Menschen Belehrung, als wenn man ihnen Unterhaltung verheißt; daher es viel glücklicher ist, zum Poeten, als zum Philosophen geboren zu seyn. Je hartnäckiger nun aber andererseits ein Irrthum festgehalten wurde, desto beschämender wird nachher die Ueberführung. Bei einem umgestoßenen System, wie bei einer geschlagenen Armee, ist der Klügste, wer zuerst davonläuft.

Von jener geheimen und unmittelbaren Gewalt, welche der Wille über den Intellekt ausübt, ist ein kleinliches und lächerliches, aber frappantes Beispiel dieses, daß wir, bei Rechnungen, uns viel öfter zu unserm Vortheil als zu unserm Nachtheil verrechnen, und zwar ohne die mindeste unredliche Absicht, bloß durch den unbewußten Hang, unser *Debet* [Schuldkonto] zu verkleinern und unser *Credit* [Guthaben] zu vergrößern.

Hieher gehört endlich noch die Thatsache, daß, bei einem zu ertheilenden Rath, die geringste Absicht des Berathers meistens seine auch noch so große Einsicht überwiegt; daher wir nicht annehmen dürfen, daß er aus dieser spreche, wo wir jene vermuthen. Wie wenig, selbst von sonst redlichen Leuten, vollkommene Aufrichtigkeit zu erwarten steht, sobald ihr Interesse irgendwie dabei im Spiel ist, können wir eben daran ermessen, daß wir so oft uns selbst belügen, wo Hoffnung uns besticht, oder Furcht bethört, oder Argwohn uns quält, oder Eitelkeit uns schmeichelt, oder eine Hypothese uns verblendet, oder ein nahe liegender kleiner Zweck dem größeren, aber entfernteren, Abbruch thut: denn daran sehn wir den unmittelbaren und unbewußten nachtheiligen Einfluß des Willens auf die Erkenntniß. Demnach darf es uns nicht wundern, wenn, bei Fragen um Rath, der Wille des Befragten unmittelbar die Antwort diktirt, ehe die Frage auch nur bis zum Forum seines Urtheils durchdringen konnte.

Nur mit Einem Worte will ich hier auf Dasjenige deuten, was im folgenden Buche ausführlich erörtert wird, daß nämlich die vollkommenste Erkenntniß, also die rein objektive, d. h. die geniale Auffassung der Welt, bedingt ist durch ein so tiefes Schweigen des Willens, daß, so lange sie anhält, sogar die Individualität aus dem Bewußtseyn verschwindet und der Mensch als reines Subjekt des Erkennens, welches das Korrelat der Idee ist, übrig bleibt.

Der durch alle jene Phänomene belegte, störende Einfluß des Willens auf den Intellekt, und dagegen die Zartheit und Hinfälligkeit dieses, vermöge deren er unfähig wird, richtig zu operiren, sobald der Wille irgendwie in Bewegung geräth, giebt uns also einen abermaligen Beweis davon, daß der Wille das Radikale unsers Wesens sei und mit ursprünglicher Gewalt wirke, während der Intellekt, als ein Hinzugekommenes und vielfach Bedingtes, nur sekundär und bedingterweise wirken kann.

Eine der dargelegten Störung und Trübung der Erkenntniß durch den Willen entsprechende, unmittelbare Störung dieses durch jene giebt es nicht: ja, wir können uns von einer solchen nicht wohl einen Begriff machen. Daß falsch aufgefaßte Motive den Willen irre leiten, wird Niemand dahin auslegen wollen; da dies ein Fehler des Intellekts in seiner eigenen Funktion ist, der rein auf seinem Gebiete begangen wird, und der Einfluß desselben auf den Willen ein völlig mittelbarer ist. Scheinbarer wäre es, die Unschlüssigkeit dahin zu ziehn, als bei welcher, durch den Widerstreit der Motive, die der Intellekt dem Willen vorhält, dieser in Stillstand geräth, also gehemmt ist. Allein bei näherer Betrachtung wird es sehr deutlich, daß die Ursache dieser Hemmung nicht in der Thätigkeit des Intellekts als solcher liegt, sondern ganz allein in den durch dieselbe vermittelten äußern Gegenständen, als welche dieses Mal zu dem hier betheiligten Willen gerade in dem Verhältniß stehn, daß sie ihn nach verschiedenen Richtungen mit ziemlich gleicher Stärke ziehn: diese eigentliche Ursache wirkt bloß durch den Intellekt, als das Medium der Motive, hindurch; wiewohl freilich nur unter der Voraussetzung, daß er scharf genug sei, die Gegenstände und ihre vielfachen Beziehungen genau aufzufassen. Unentschlossenheit, als Charakterzug, ist eben so sehr durch Eigenschaften des Willens, als des Intellekts bedingt. Aeußerst beschränkten Köpfen ist sie freilich nicht eigen; weil ihr schwacher Verstand sie theils nicht so vielfache Eigenschaften und Verhältnisse an den Dingen entdecken läßt, theils auch der Anstrengung des Nachdenkens und Grübelns über jene und demnächst über die muthmaaßlichen Folgen jedes Schrittes so wenig gewachsen ist, daß sie lieber nach dem ersten Eindrucke, oder nach irgend einer einfachen Verhaltungsregel, sich sofort entschließen. Das Umgekehrte hievon findet Statt bei Leuten von bedeutendem Verstande: sobald daher bei diesen eine zarte Vorsorge für das eigene Wohl, d. h. ein sehr empfindlicher Egoismus, der durchaus nicht zu kurz kommen und stets geborgen seyn will, hinzukommt; so führt dies eine gewisse Aengstlichkeit bei jedem Schritt und dadurch die Unentschlossenheit herbei. Diese Eigenschaft deutet also durchaus nicht auf Mangel an Verstand, wohl aber an Muth. Sehr eminente Köpfe jedoch übersehn die Verhältnisse und deren wahrscheinliche Entwickelungen mit solcher Schnelligkeit und Sicherheit, daß sie, wenn nur noch von einigem Muth unterstützt, dadurch diejenige rasche Entschlossenheit und Festigkeit erlangen, welche sie befähigt, eine bedeutende Rolle in den Welthändeln zu spielen, falls Zeit und Umstände hiezu Gelegenheit bieten.

Die einzige entschiedene, unmittelbare Hemmung und Störung, die der Wille vom Intellekt als solchem erleiden kann, möchte wohl die ganz exceptionelle seyn, welche die Folge einer abnorm überwiegenden Entwickelung des Intellekts, also derjenigen hohen Begabung ist, die man als Genie bezeichnet. Eine solche nämlich ist der Energie des Charakters und folglich der Thatkraft entschieden hinderlich. Daher eben sind es nicht die eigentlich großen Geister, welche die historischen Charaktere abgeben, indem sie, die Masse der Menschheit zu lenken und zu beherrschen fähig, die Welthändel durchkämpften; sondern hiezu taugen Leute von viel geringerer Kapacität des Geistes, aber großer Festigkeit, Entschiedenheit und Beharrlichkeit des Willens, wie sie bei sehr hoher Intelligenz gar nicht bestehn kann; bei welcher demnach wirklich der Fall eintritt, daß der Intellekt den Willen direkt hemmt.

6) Im Gegensatz der dargelegten Hindernisse und Hemmungen, welche der Intellekt vom Willen erleidet, will ich jetzt an einigen Beispielen zeigen, wie, auch umgekehrt, die Funktionen des Intellekts durch den Antrieb und Sporn des Willens bisweilen befördert und erhöht werden; damit wir auch hieran die primäre Natur des Einen und die sekundäre des Andern erkennen, und sichtbar werde, daß der Intellekt zum Willen im Verhältnisse eines Werkzeuges steht.

Ein stark wirkendes Motiv, wie der sehnsüchtige Wunsch, die dringende Noth, steigert bisweilen den Intellekt zu einem Grade, dessen wir ihn vorher nie fähig geglaubt hatten. Schwierige Umstände, welche uns die Nothwendigkeit gewisser Leistungen auflegen, entwickeln ganz neue Talente in uns, deren Keime uns verborgen geblieben waren und zu denen wir uns keine Fähigkeit zutrauten. – Der Verstand des stumpfesten Menschen wird scharf, wann es sehr angelegene Objekte seines Wollens gilt: er merkt, beachtet und unterscheidet jetzt mit großer Feinheit auch die kleinsten Umstände, welche auf sein Wünschen oder Fürchten Bezug haben. Dies trägt viel bei zu der oft mit Ueberraschung bemerkten Schlauheit der Dummen. Eben deshalb sagt Jesaias [28, 19, Vulgata] mit Recht *vexatio dat intellectum* [Not verleiht Verstand], welches daher auch sprichwörtlich gebraucht wird: ihm verwandt ist das deutsche Sprichwort »die Noth ist die Mutter der Künste«, – wobei jedoch die schönen Künste auszunehmen sind; weil der Kern jedes ihrer Werke, nämlich die Konception, aus einer völlig willenlosen und nur dadurch rein objektiven Anschauung hervorgehn muß, wenn sie ächt seyn sollen. – Selbst der Verstand der Thiere wird durch die Noth bedeutend gesteigert, so daß sie in schwierigen Fällen Dinge leisten, über die wir erstaunen: z. B. fast alle berechnen, daß es sicherer ist, nicht zu fliehen, wann sie sich ungesehn glauben: daher liegt der Hase still in der Furche des Feldes und läßt den Jäger dicht an sich vorbeigehn; Insekten, wenn sie nicht entrinnen können, stellen sich todt u. s. f. Genauer kann man diesen Einfluß kennen lernen durch die specielle Selbstbildungsgeschichte des Wolfes, unter dem Sporn der großen Schwierigkeit seiner Stellung im civilisirten Europa: sie ist zu finden im zweiten Briefe des vortrefflichen Buches von Leroy, *Lettres sur l'intelligence et la perfectibilité des animaux*. Gleich darauf folgt, im dritten Briefe, die hohe Schule des Fuchses, welcher, in gleich schwieriger Lage, viel geringere Körperkräfte hat, die bei ihm durch größeren Verstand ersetzt sind, der aber doch erst durch den beständigen Kampf mit der Noth einerseits und der Gefahr andererseits, also unter dem Sporn des Willens, den hohen Grad von Schlauheit erreicht, welcher ihn, besonders im Alter, auszeichnet. Bei allen diesen Steigerungen des Intellekts spielt der Wille die Rolle des Reiters, der durch den Sporn das Pferd über das natürliche Maaß seiner Kräfte hinaus treibt.

Eben so wird auch das Gedächtniß durch den Drang des Willens gesteigert. Selbst wenn es sonst schwach ist, bewahrt es vollkommen was für die herrschende Leidenschaft Werth hat. Der Verliebte vergißt keine ihm günstige Gelegenheit, der Ehrgeizige keinen Umstand, der zu seinen Plänen paßt, der Geizige nie den erlittenen Verlust, der Stolze nie die erlittene Ehrenkränkung, der Eitele behält jedes Wort des Lobes und auch die kleinste ihm widerfahrene Auszeichnung. Auch Dies erstreckt sich auf die Thiere: das Pferd bleibt vor dem Wirtshause stehn, in welchem es längst ein Mal gefüttert worden: Hunde haben ein treffliches Gedächtniß für alle Gelegenheiten, Zeiten und Orte, die gute Bissen abgeworfen haben; und Füchse für die verschiedenen Verstecke, in denen sie einen Raub niedergelegt haben.

Zu feineren Bemerkungen in dieser Hinsicht giebt die Selbstbeobachtung Gelegenheit. Bisweilen ist mir, durch eine Störung, ganz entfallen, worüber ich soeben nachdachte, oder sogar, welche Nachricht es gewesen, die mir soeben zu Ohren gekommen war. Hatte nun die Sache irgendwie ein auch noch so entferntes, persönliches Interesse; so ist von der Einwirkung, die sie dadurch auf den W i l l e n hatte, der Nachklang geblieben: ich bin mir nämlich noch genau bewußt, wie weit sie mich angenehm, oder unangenehm afficirte, und auch auf welche specielle Weise dies geschah, nämlich ob sie, wenn auch in schwachem Grade, mich kränkte, oder ängstigte, oder erbitterte, oder betrübte, oder aber die diesen entgegengesetzten Affektionen hervorrief. Also bloß die Beziehung der Sache auf meinen Willen hat sich, nachdem sie selbst mir entschwunden ist, im Gedächtniß erhalten, und oft wird diese nun wieder der Leitfaden, um auf die Sache selbst zurückzukommen. Auf analoge Art wirkt bisweilen auf uns der Anblick eines Menschen, indem wir uns nur im Allgemeinen erinnern, mit ihm zu thun gehabt zu haben, ohne jedoch zu wissen, wo, wann und was es gewesen, noch wer er sei; hingegen ruft sein Anblick noch ziemlich genau die Empfindung zurück, welche ehemals seine Angelegenheit in uns erregt hat, nämlich ob sie unangenehm oder angenehm, auch in welchem Grad und in welcher Art sie es gewesen: also bloß den Anklang des W i l l e n s hat das Gedächtniß aufbewahrt, nicht aber Das, was ihn hervorrief. Man könnte Das, was diesem Hergange zum Grunde liegt, das Gedächtniß des Herzens nennen: dasselbe ist viel intimer, als das des Kopfes. Im Grunde jedoch geht es mit dem Zusammenhange Beider so weit, daß, wenn man der Sache tief nachdenkt, man zu dem Ergebniß gelangen wird, daß das Gedächtniß überhaupt der Unterlage eines Willens bedarf, als eines Anknüpfungspunktes, oder vielmehr eines Fadens, auf welchen sich die Erinnerungen reihen, und der sie fest zusammenhält, oder daß der Wille gleichsam der Grund ist, auf welchem die einzelnen Erinnerungen kleben, und ohne den sie nicht haften könnten; und daß daher an einer reinen Intelligenz, d. h. an einem bloß erkennenden und ganz willenlosen Wesen, sich ein Gedächtniß nicht wohl denken läßt. Demnach ist die oben dargelegte Steigerung des Gedächtnisses durch den Sporn der herrschenden Leidenschaft nur der höhere Grad Dessen, was bei allem Behalten und Erinnern Statt findet; indem dessen Basis und Bedingung stets der Wille ist. – Also auch an allem Diesen wird sichtbar, wie sehr viel innerlicher uns der Wille ist, als der Intellekt. Dies zu bestätigen können auch noch folgende Thatsachen dienen.

Der Intellekt gehorcht oft dem Willen: z. B. wenn wir uns auf etwas besinnen wollen, und dies nach einiger Anstrengung gelingt: – eben so, wenn wir jetzt etwas genau und bedächtig überlegen wollen, u. dgl. m. Bisweilen wieder versagt der Intellekt dem Willen den Gehorsam, z. B. wenn wir vergebens uns auf etwas zu fixiren streben, oder wenn wir vom Gedächtniß etwas ihm Anvertrautes vergeblich zurückfordern: der Zorn des Willens gegen den Intellekt, bei solchen Anlässen, macht sein Verhältniß zu diesem und die Verschiedenheit Beider sehr kenntlich. Sogar bringt der durch diesen Zorn gequälte Intellekt das von ihm Verlangte bisweilen nach Stunden, oder gar am folgenden Morgen, ganz unerwartet und zur Unzeit, diensteifrig nach. – Hingegen gehorcht eigentlich nie der Wille dem Intellekt; sondern dieser ist bloß der Ministerrath jenes Souverains: er legt ihm allerlei vor, wonach dieser erwählt was seinem Wesen gemäß ist, wiewohl sich dabei mit Nothwendigkeit bestimmend; weil dies Wesen unveränderlich fest steht und die Motive jetzt vorliegen. Darum eben ist keine Ethik möglich, die den Willen selbst modelte und besserte. Denn jede Lehre wirkt bloß auf die Erkenntniß: diese aber bestimmt nie den Willen selbst, d. h. den Grund-Charakter des Wollens, sondern bloß dessen Anwendung auf die vorliegenden Umstände. Eine berichtigte Erkenntniß kann das Handeln nur in so weit modificiren, als sie die dem Willen zugänglichen Objekte seiner Wahl genauer nachweist und richtiger beurtheilen läßt; wodurch er nunmehr sein Verhältniß zu den Dingen richtiger ermißt, deutlicher sieht, was er will, und demzufolge dem Irrthum bei der Wahl weniger unterworfen ist. Aber über das Wollen selbst, über die Hauptrichtung, oder die Grundmaxime desselben hat der Intellekt keine Macht. Zu glauben, daß die Erkenntniß wirklich und von Grund aus den Willen bestimme, ist wie glauben, daß die Laterne, die Einer bei Nacht trägt, das *primum mobile* seiner Schritte sei. – Wer, durch Erfahrung oder fremde Ermahnung belehrt, einen Grundfehler seines Charakters erkennt und beklagt, faßt wohl den festen und redlichen Vorsatz, sich zu bessern und ihn abzulegen: trotz Dem aber erhält, bei nächster Gelegenheit, der Fehler freien Lauf. Neue Reue, neuer Vorsatz, neues Vergehn. Wann dies einige Male so durchgemacht ist, wird er inne, daß er sich nicht bessern kann, daß der Fehler in seiner Natur und Persönlichkeit liegt, ja, mit dieser Eins ist. Jetzt wird er seine Natur und Persönlichkeit mißbilligen und verdammen, ein schmerzliches Gefühl haben, welches bis zur Gewissenspein steigen kann: aber jene zu ändern vermag er nicht. Hier sehn wir Das, was verdammt, und Das, was verdammt wird, deutlich auseinandertreten: wir sehn Jenes, als ein bloß theoretisches Vermögen, den zu lobenden und daher wünschenswerthen Lebenswandel vorzeichnen und aufstellen; das Andere aber, als ein Reales und unabänderlich Vorhandenes, Jenem zum Trotz, einen ganz andern Gang gehn; und dann wieder das Erste mit ohnmächtigen Klagen über die Beschaffenheit des Andern zurückbleiben, mit welchem es sich durch eben diese Betrübniß wieder identificirt. Wille und Intellekt treten hier sehr deutlich auseinander. Dabei zeigt sich der Wille als das Stärkere, Unbezwingbare, Unveränderliche, Primitive, und zugleich auch als das Wesentliche, darauf es ankommt; indem der Intellekt die Fehler desselben bejammert und keinen Trost findet an der Richtigkeit der Erkenntniß, als seiner eigenen Funktion. Dieser zeigt sich also als ganz sekundär, nämlich theils als Zuschauer fremder Thaten, die er mit ohnmächtigem Lobe und Tadel begleitet, und theils als von außen bestimmbar, indem er, durch die Erfahrung belehrt, seine Vorschriften abfaßt und ändert. Specielle Erläuterungen dieses Gegenstandes findet man in den Parergis, Bd. 2, § 118. – Demgemäß wird auch, bei der Vergleichung unserer Denkungsart in verschiedenen Lebensaltern, sich uns ein sonderbares Gemisch von Beharrlichkeit und Veränderlichkeit darbieten. Einerseits ist die moralische Tendenz des Mannes und Greises noch die selbe, welche die des Knaben war: andererseits ist ihm Vieles so entfremdet, daß er sich nicht mehr kennt und sich wundert, wie er einst Dieses und Jenes thun oder sagen gekonnt. In der ersten Lebenshälfte lacht meistens das Heute über das Gestern, ja sieht wohl gar verächtlich darauf hinab; in der zweiten hingegen mehr und mehr mit Neid darauf zurück. Bei näherer Untersuchung aber wird man finden, daß das Veränderliche der Intellekt war, mit seinen Funktionen der Einsicht und Erkenntniß, als welche, täglich neuen Stoff von außen sich aneignend, ein stets verändertes Gedankensystem darstellen; während zudem auch er selbst, mit dem Aufblühen und Welken des Organismus, steigt und sinkt. Als das Unabänderliche im Bewußtseyn hingegen weist sich gerade die Basis desselben aus, der Wille, also die Neigungen, Leidenschaften, Affekte, der Charakter; wobei jedoch die Modifikationen in Rechnung zu bringen sind, welche von den körperlichen Fähigkeiten zum Genusse und hiedurch vom Alter abhängen. So z. B. wird die Gier nach sinnlichem Genuß im Knabenalter als Naschhaftigkeit auftreten, im Jünglings- und Mannesalter als Hang zur Wollust, und im Greisenalter wieder als Naschhaftigkeit.

7) Wenn, der allgemeinen Annahme gemäß, der Wille aus der Erkenntniß hervorgienge, als ihr Resultat oder Produkt; so müßte, wo viel Wille ist, auch viel Erkenntniß, Einsicht, Verstand seyn. Dem ist aber ganz und gar nicht so: vielmehr finden wir, in vielen Menschen, einen starken, d. h. entschiedenen, entschlossenen, beharrlichen, unbiegsamen, eigensinnigen und heftigen Willen, verbunden mit einem sehr schwachen und unfähigen Verstande; wodurch eben wer mit ihnen zu thun hat zur Verzweiflung gebracht wird, indem ihr Wille allen Gründen und Vorstellungen unzugänglich bleibt und ihm nicht beizukommen ist; so daß er gleichsam in einem Sack steckt, von wo aus er blindlings will. Die Thiere haben, bei oft heftigem, oft starrsinnigem Willen, noch viel weniger Verstand; die Pflanzen endlich bloßen Willen, ohne alle Erkenntniß.

Entspränge das Wollen bloß aus der Erkenntniß; so müßte unser Zorn seinem jedesmaligen Anlaß, oder wenigstens unserm Verständniß desselben, genau angemessen seyn; indem auch er nichts weiter, als das Resultat der gegenwärtigen Erkenntniß wäre. So fällt es aber sehr selten aus: vielmehr geht der Zorn meistens weit über den Anlaß hinaus. Unser Wüthen und Rasen, der *furor brevis* [kurze Wutausbruch: Horaz, *epist.* 1, 2, 62], oft bei geringen Anlässen und ohne Irrthum hinsichtlich derselben, gleicht dem Toben eines bösen Dämons, welcher, eingesperrt, nur auf die Gelegenheit wartete, losbrechen zu dürfen, und nun jubelt sie gefunden zu haben. Dem könnte nicht so seyn, wenn der Grund unsers Wesens ein Erkennendes und das Wollen ein bloßes Resultat der Erkenntniß wäre: denn wie käme in das Resultat, was nicht in den Elementen desselben lag? Kann doch die Konklusion nicht mehr enthalten, als die Prämissen. Der Wille zeigt sich also auch hier als ein von der Erkenntniß ganz verschiedenes Wesen, welches sich ihrer nur zur Kommunikation mit der Außenwelt bedient, dann aber den Gesetzen seiner eigenen Natur folgt, ohne von jener mehr als den Anlaß zu nehmen.

Der Intellekt, als bloßes Werkzeug des Willens, ist von ihm so verschieden, wie der Hammer vom Schmidt. So lange, bei einer Unterredung, der Intellekt allein thätig ist, bleibt solche k a l t. Es ist fast als wäre der Mensch selbst nicht dabei. Auch kann er dann sich eigentlich nicht kompromittiren, sondern höchstens blamiren. Erst wann der Wille ins Spiel kommt, ist der Mensch wirklich dabei: jetzt wird er w a r m, ja, es geht oft h e i ß her. Immer ist es der W i l l e, dem man die Lebenswärme zuschreibt: hingegen sagt man der k a l t e Verstand, oder eine Sache k a l t untersuchen, d. h. ohne Einfluß des Willens denken. – Versucht man das Verhältniß umzukehren und den Willen als Werkzeug des Intellekts zu betrachten; so ist es, als machte man den Schmidt zum Werkzeug des Hammers.

Nichts ist verdrießlicher, als wenn man, mit Gründen und Auseinandersetzungen gegen einen Menschen streitend, sich alle Mühe giebt, ihn zu überzeugen, in der Meinung, es bloß mit seinem V e r s t a n d e zu thun zu haben, – und nun endlich entdeckt, daß er nicht verstehn w i l l; daß man also es mit seinem W i l l e n zu thun hatte, welcher sich der Wahrheit verschließt und muthwillig Mißverständnisse, Schikanen und Sophismen ins Feld stellt, sich hinter seinem Verstande und dessen vorgeblichem Nichteinsehn verschanzend. Da ist ihm freilich so nicht beizukommen: d e n n G r ü n d e u n d B e w e i s e, g e g e n d e n W i l l e n a n g e w a n d t, sind wie die Stöße eines Hohlspiegelphantoms gegen einen festen Körper. Daher auch der so oft wiederholte Ausspruch: *Stat pro ratione voluntas* [statt des Grundes gilt der Wille: Juvenal, *Sat. 6,* 223]. – Belege zu dem Gesagten liefert das gemeine Leben zur Genüge. Aber auch auf dem Wege der Wissenschaften sind sie leider zu finden. Die Anerkennung der wichtigsten Wahrheiten, der seltensten Leistungen, wird man vergeblich von Denen erwarten, die ein Interesse haben, sie nicht gelten zu lassen, welches nun entweder daraus entspringt, daß solche Dem widersprechen, was sie selbst täglich lehren, oder daraus, daß sie es nicht benutzen und nachlehren dürfen, oder, wenn auch dies Alles nicht, schon weil allezeit die Losung der Mediokren [Mittelmäßigen] seyn wird: *Si quelqu'un excelle parmi nous, qu'il aille exceller ailleurs* [Tut einer sich unter uns hervor, so möge er anderswo hingehn und sich dort hervortun]; wie Helvetius den Ausspruch der Epheser, in Cicero's fünftem Tuskulanischen Buche *(c. 36)*, allerliebst wiedergegeben hat; oder, wie ein Spruch des Abyssiniers Fit Arari es giebt: »Der Demant ist unter den Quarzen verfehmt«. Wer also von dieser stets zahlreichen Schaar eine gerechte Würdigung seiner Leistungen erwartet, wird sich sehr getäuscht finden und vielleicht ihr Betragen eine Weile gar nicht begreifen können; bis auch er endlich dahinter kommt, daß, während er sich an die Erkenntniß wendete, er es mit dem Willen zu thun hatte, also ganz in dem oben beschriebenen Fall sich befindet, ja, eigentlich Dem gleicht, der seine Sache vor einem Gerichte führt, dessen Beisitzer sämmtlich bestochen sind. In einzelnen Fällen jedoch wird er davon, daß ihr Wille, nicht ihre Einsicht, ihm entgegenstand, sogar den vollgültigsten Beweis erhalten: wenn nämlich Einer und der Andere von ihnen sich zum Plagiat entschließt. Da wird er mit Erstaunen sehn, wie feine Kenner sie sind, welchen richtigen Takt sie für fremdes Verdienst haben und wie treffend sie das Beste herauszufinden wissen; den Sperlingen gleich, welche die reifsten Kirschen nicht verfehlen. –

Das Widerspiel des hier dargestellten siegreichen Widerstrebens des Willens gegen die Erkenntniß tritt ein, wenn man, bei der Darlegung seiner Gründe und Beweise, den Willen der Angeredeten für sich hat: da ist Alles gleich überzeugt, da sind alle Argumente schlagend und die Sache ist sofort klar, wie der Tag. Das wissen die Volksredner. – Im einen, wie im andern Fall, zeigt sich der Wille als das Urkräftige, gegen welches der Intellekt nichts vermag.

8) Jetzt aber wollen wir die individuellen Eigenschaften, also Vorzüge und Fehler, einerseits des Willens und Charakters, andererseits des Intellekts, in Betrachtung nehmen, um auch an ihrem Verhältniß zu einander und an ihrem relativen Werth die gänzliche Verschiedenheit beider Grundvermögen deutlich zu machen. Geschichte und Erfahrung lehren, daß Beide völlig unabhängig von einander auftreten. Daß die größte Trefflich-

keit des Kopfes mit einer gleichen des Charakters nicht leicht im Verein gefunden wird, erklärt sich genugsam aus der unaussprechlich großen Seltenheit Beider; während ihre Gegentheile durchgängig an der Tagesordnung sind: daher man diese auch täglich im Verein antrifft. Inzwischen schließt man nie von einem vorzüglichen Kopf auf einen guten Willen, noch von diesem auf jenen, noch vom Gegentheil auf das Gegentheil: sondern jeder Unbefangene nimmt sie als völlig gesonderte Eigenschaften, deren Vorhandenseyn, jedes für sich, durch Erfahrung auszumachen ist. Große Beschränktheit des Kopfes kann mit großer Güte des Herzens zusammenbestehn, und ich glaube nicht, daß Balthasar Gracian *(Discreto, p. 406)* Recht hat zu sagen: *No ay simple, que no sea malicioso* (Es giebt keinen Tropf, der nicht boshaft wäre), obwohl er das Spanische Sprichwort: *Nunca la necedad anduvo sin malicia* (Nie geht die Dummheit ohne die Bosheit), für sich hat. Jedoch mag es seyn, daß manche Dumme, aus dem selben Grunde wie manche Bucklichte, boshaft werden, nämlich aus Erbitterung über die von der Natur erlittene Zurücksetzung, und indem sie gelegentlich was ihnen an Verstande abgeht durch Heimtücke zu ersetzen vermeinen, darin einen kurzen Triumph suchend. Hieraus wird beiläufig auch begreiflich, warum, einem sehr überlegenen Kopfe gegenüber, fast Jeder leicht boshaft wird. Andererseits wieder stehn die Dummen sehr oft im Ruf besonderer Herzensgüte, der sich jedoch so selten bestätigt, daß ich mich habe wundern müssen, wie sie ihn erlangten, bis ich den Schlüssel dazu in Folgendem gefunden zu haben mir schmeicheln durfte. Jeder wählt, durch einen geheimen Zug bewogen, zu seinem nähern Umgange am liebsten Jemanden, dem er an Verstande ein wenig überlegen ist: denn nur bei diesem fühlt er sich behaglich; weil, nach Hobbes, *omnis animi voluptas, omnisque alacritas in eo sita est, quod quis habeat, quibuscum conferens se, possit magnifice sentire de se ipso (de Cive, I, 5)* [Alle Herzensfreude und alle Fröhlichkeit beruhen darauf, daß man Menschen habe, im Vergleich zu denen man hoch von sich selbst denken kann.]. Aus dem selben Grunde flieht Jeder Den, der ihm überlegen ist; weshalb Lichtenberg ganz richtig bemerkt: »Gewissen Menschen ist ein Mann von Kopf ein fataleres Geschöpf, als der deklarirteste Schurke« [*Vermischte Schriften,* neue Ausg., II, 177]: dem entsprechend sagt Helvetius: *Les gens* *médiocres ont un instinct sûr et prompt, pour connaître et fuir les gens d'esprit* [Mittelmäßige Leute haben einen sicheren und flinken Instinkt dafür, Menschen von Geist herauszufinden und zu fliehen: *De l'esprit,* Disc. II, ch. III], und Dr. Johnson versichert uns, daß *there is nothing by which a man exasperates most people more, than by displaying a superior ability of brilliancy in conversation. They seem pleased at the time; but their envy makes them curse him at their hearts** *(Boswell; [The Life of Samuel Johnson,] aet. anno 74).* Um diese so allgemein und sorgfältig verhehlte Wahrheit noch schonungsloser an das Licht zu ziehn, füge ich Mercks, des berühmten Jugendfreundes Goethes, Ausdruck derselben hinzu, aus seiner Erzählung Lindor: »Er besaß Talente, die ihm die Natur gegeben und die er sich durch Kenntnisse erworben hatte, und diese brachten zuwege, daß er in den meisten Gesellschaften die werthen Anwesenden weit hinter sich ließ. Wenn das Publikum, in dem Moment von Augenweide an einem außerordentlichen Menschen, diese Vorzüge auch hinunterschluckt, ohne sie gerade sogleich arg auszulegen; so bleibt doch ein gewisser Eindruck von dieser Erscheinung zurück, der, wenn er oft wiederholt wird, für Denjenigen, der daran Schuld hat, bei ernsthaften Gelegenheiten künftig unangenehme Folgen haben kann. Ohne daß sich es Jeder mit Bewußtseyn hinters Ohr schreibt, daß er dies Mal beleidigt war, so stellt er sich doch, bei einer Beförderung dieses Menschen, nicht ungern stummer Weise in den Weg.« – Dieserhalb also isolirt große geistige Ueberlegenheit mehr, als alles Andere, und macht, wenigstens im Stillen, verhaßt. Das Gegentheil nun ist es, was die Dummen so allgemein beliebt macht; zumal da Mancher nur bei ihnen finden kann, was er, nach dem oben erwähnten Gesetze seiner Natur, suchen muß. Diesen wahren Grund einer solchen Zuneigung wird jedoch Keiner sich selber, geschweige Andern gestehn, und wird daher, als plausibeln Vorwand für dieselbe, seinem Auserwählten eine besondere Herzensgüte andichten, die, wie gesagt, höchst selten und nur zufällig ein Mal neben der geistigen Beschränktheit wirklich vorhanden ist. – Der Unverstand ist demnach keineswegs der

---

* Durch nichts erbittert Einer die meisten Menschen mehr, als dadurch, daß er seine Ueberlegenheit in der Konversation zu glänzen an den Tag legt. Für den Augenblick scheinen sie Wohlgefallen daran zu haben: aber in ihrem Herzen verfluchen sie ihn, aus Neid.

Güte des Charakters günstig oder verwandt. Aber andererseits läßt sich nicht behaupten, daß der große Verstand dies sei: vielmehr ist ohne einen solchen noch kein Bösewicht im Großen gewesen. Ja sogar die höchste intellektuelle Eminenz kann zusammenbestehn mit der ärgsten moralischen Verworfenheit. Ein Beispiel hievon gab Bako von Verulam: undankbar, herrschsüchtig, boshaft und niederträchtig, gieng er endlich so weit, daß er, als Lord Großkanzler und höchster Richter des Reichs, sich bei Civilprocessen oft bestechen ließ: angeklagt vor seinen Pairs bekannte er sich schuldig, wurde von ihnen ausgestoßen aus dem Hause der Lords und zu vierzigtausend Pfund Strafe, nebst Einsperrung in den Tower verurtheilt. (Siehe die Recension der neuen Ausgabe der Werke Bako's in der *Edinburgh Review*, August 1837.) Deshalb nennt ihn auch Pope *the wisest, brightest, meanest of mankind**. *Essay on man, IV, 282.* Ein ähnliches Beispiel liefert der Historiker Guicciardini, von welchem Rosini, in den, seinem Geschichtsroman Luisa Strozzi beigegebenen, aus guten, gleichzeitigen Quellen geschöpften *Notizie storiche* sagt: *Da coloro, che pongono l'ingegno e il sapere al di sopra di tutte le umane qualità, questo uomo sarà riguardato come fra i più grandi del suo secolo: ma da quelli, che reputano la virtù dovere andare innanzi a tutto, non potra esecrarsi abbastanza la sua memoria. Esso fu il piu crudele fra i cittadini a perseguitare, uccidere e confinare etc.***

Wenn nun von einem Menschen gesagt wird: »er hat ein gutes Herz, wiewohl einen schlechten Kopf«; von einem andern aber: »er hat einen sehr guten Kopf, jedoch ein schlechtes Herz«; so fühlt Jeder, daß beim Ersteren das Lob den Tadel weit überwiegt; beim Andern umgekehrt. Dem entsprechend sehn wir, wenn Jemand eine schlechte Handlung begangen hat, seine Freunde und ihn selbst bemüht, die Schuld vom Willen auf den Intellekt zu wälzen und Fehler des Herzens für Fehler des Kopfes auszugeben; schlechte Streiche werden sie

* Den weisesten, glänzendesten, niederträchtigsten der Menschen.

** Von Denen, welche Geist und Gelehrsamkeit über alle andern menschlichen Eigenschaften stellen, wird dieser Mann den größesten seines Jahrhunderts beigezählt werden: aber von Denen, welche die Tugend allem Andern vorgehn lassen, wird sein Andenken nie genug verflucht werden können. Er war der grausamste unter den Bürgern, im Verfolgen, Tödten und Verbannen.

Verirrungen nennen, werden sagen, es sei bloßer Unverstand gewesen, Unüberlegtheit, Leichtsinn, Thorheit; ja, sie werden zur Noth Paroxysmus, momentane Geistesstörung und, wenn es ein schweres Verbrechen betrifft, sogar Wahnsinn vorschützen, um nur den Willen von der Schuld zu befreien. Und eben so wir selbst, wenn wir einen Unfall oder Schaden verursacht haben, werden, vor Andern und vor uns selbst, sehr gern unsere *stultitia* [Torheit] anklagen, um nur dem Vorwurf der *malitia* [Bosheit] auszuweichen. Dem entsprechend ist, bei gleich ungerechtem Urtheil des Richters, der Unterschied, ob er geirrt habe, oder bestochen gewesen sei, so himmelweit. Alles dieses bezeugt genugsam, daß der Wille allein das Wirkliche und das Wesentliche, der Kern des Menschen ist, der Intellekt aber bloß sein Werkzeug, welches immerhin fehlerhaft seyn mag, ohne daß er dabei betheiligt wäre. Die Anklage des Unverstandes ist, vor dem moralischen Richterstuhle, ganz und gar keine; vielmehr giebt sie hier sogar Privilegien. Und eben so vor den weltlichen Gerichten ist es, um einen Verbrecher von aller Strafe zu befreien, überall hinreichend, daß man die Schuld von seinem Willen auf seinen Intellekt wälze, indem man entweder unvermeidlichen Irrthum, oder Geistesstörung nachweist: denn da hat es nicht mehr auf sich, als wenn Hand oder Fuß wider Willen ausgeglitten wären. Dies habe ich ausführlich erörtert in dem meiner Preisschrift über die Freiheit des Willens beigegebenen Anhang »über die intellektuelle Freiheit«, wohin ich, um mich nicht zu wiederholen, hier verweise.

Ueberall berufen sich Die, welche irgend eine Leistung zu Tage fördern, im Fall solche ungenügend ausfällt, auf ihren guten Willen, an dem es nicht gefehlt habe. Hiedurch glauben sie das Wesentliche, das, wofür sie eigentlich verantwortlich sind, und ihr eigentliches Selbst sicher zu stellen: das Unzureichende der Fähigkeiten hingegen sehn sie an als den Mangel an einem tauglichen Werkzeug.

Ist Einer dumm, so entschuldigt man ihn damit, daß er nicht dafür kann: aber wollte man Den, der schlecht ist, eben damit entschuldigen; so würde man ausgelacht werden. Und doch ist das Eine, wie das Andere, angeboren. Dies beweist, daß der Wille der eigentliche Mensch ist, der Intellekt bloß sein Werkzeug.

Immer also ist es nur unser Wollen was als von uns

abhängig, d. h. als Aeußerung unsers eigentlichen Wesens betrachtet wird und wofür man uns daher verantwortlich macht. Dieserhalb eben ist es absurd und ungerecht, wenn man uns für unsern Glauben, also für unsere Erkenntniß, zur Rede stellen will: denn wir sind genöthigt diese, obschon sie in uns waltet, anzusehn als etwas, das so wenig in unserer Gewalt steht, wie die Vorgänge der Außenwelt. Auch hieran also wird deutlich, daß der Wille allein das Innere und Eigene des Menschen ist, der Intellekt hingegen, mit seinen, gesetzmäßig wie die Außenwelt vor sich gehenden Operationen, zu jenem sich als ein Aeußeres, ein bloßes Werkzeug verhält.

Hohe Geistesgaben hat man allezeit angesehn als ein Geschenk der Natur, oder der Götter: eben deshalb hat man sie Gaben, Begabung, *ingenii dotes, gifts (a man highly gifted* [ein hochbegabter Mann]*)* genannt, sie betrachtend als etwas vom Menschen selbst Verschiedenes, ihm durch Begünstigung Zugefallenes. Nie hingegen hat man es mit den moralischen Vorzügen, obwohl auch sie angeboren sind, eben so genommen: vielmehr hat man diese stets angesehn als etwas vom Menschen selbst Ausgehendes, ihm wesentlich Angehöriges, ja, sein eigenes Selbst Ausmachendes. Hieraus nun folgt abermals, daß der Wille das eigentliche Wesen des Menschen ist, der Intellekt hingegen sekundär, ein Werkzeug, eine Ausstattung.

Diesem entsprechend verheißen alle Religionen für die Vorzüge des Willens, oder Herzens, einen Lohn jenseit des Lebens, in der Ewigkeit; keine aber für die Vorzüge des Kopfes, des Verstandes. Die Tugend erwartet ihren Lohn in jener Welt; die Klugheit hofft ihn in dieser; das Genie weder in dieser, noch in jener: es ist sein eigener Lohn. Demnach ist der Wille der ewige Theil, der Intellekt der zeitliche.

Verbindung, Gemeinschaft, Umgang zwischen Menschen, gründet sich, in der Regel, auf Verhältnisse, die den Willen, selten auf solche, die den Intellekt betreffen: die erstere Art der Gemeinschaft kann man die materiale, die andere die formale nennen. Jener Art sind die Bande der Familie und Verwandtschaft, ferner alle auf irgend einem gemeinschaftlichen Zwecke, oder Interesse, wie das des Gewerbes, Standes, der Korporation, Partei, Faktion [politischen Gruppe] u. s. w. beruhenden Verbindungen. Bei diesen nämlich kommt es bloß auf die Gesinnung, die Absicht an; wobei die größte Verschiedenheit der intellektuellen Fähigkeiten und ihrer Ausbildung bestehn kann. Daher kann Jeder mit Jedem nicht nur in Frieden und Einigkeit leben, sondern auch zum gemeinsamen Wohl Beider mit ihm zusammen wirken und ihm verbündet seyn. Auch die Ehe ist ein Bund der Herzen, nicht der Köpfe. Anders aber verhält es sich mit der bloß formalen Gemeinschaft, als welche nur Gedankenaustausch bezweckt: diese verlangt eine gewisse Gleichheit der intellektuellen Fähigkeiten und der Bildung. Große Unterschiede hierin setzen zwischen Mensch und Mensch eine unübersteigbare Kluft: eine solche liegt z. B. zwischen einem großen Geist und einem Dummkopf, zwischen einem Gelehrten und einem Bauern, zwischen einem Hofmann und einem Matrosen. Dergleichen heterogene Wesen haben daher Mühe sich zu verständigen, so lange es auf die Mittheilung von Gedanken, Vorstellungen und Ansichten ankommt. Nichtsdestoweniger kann enge materiale Freundschaft zwischen ihnen Statt finden, und sie können treue Verbündete, Verschworene und Verpflichtete seyn. Denn in Allem was allein den Willen betrifft, wohin Freundschaft, Feindschaft, Redlichkeit, Treue, Falschheit, und Verrath gehört, sind sie völlig homogen, aus dem selben Teig geformt, und weder Geist noch Bildung machen darin einen Unterschied: ja, oft beschämt hier der Rohe den Gelehrten, der Matrose den Hofmann. Denn bei den verschiedensten Graden der Bildung bestehn die selben Tugenden und Laster, Affekte und Leidenschaften, und, wenn auch in ihren Aeußerungen etwas modificirt, erkennen sie sich doch, selbst in den heterogensten Individuen sehr bald gegenseitig, wonach die gleichgesinnten zusammentreten, die entgegengesetzten sich anfeinden.

Glänzende Eigenschaften des Geistes erwerben Bewunderung, aber nicht Zuneigung: diese bleibt den moralischen, den Eigenschaften des Charakters, vorbehalten. Zu seinem Freunde wird wohl Jeder lieber den Redlichen, den Gutmüthigen, ja selbst den Gefälligen, Nachgiebigen und leicht Beistimmenden wählen, als den bloß Geistreichen. Vor Diesem wird sogar durch unbedeutende, zufällige, äußere Eigenschaften, welche gerade der Neigung eines Andern entsprechen, Mancher den Vorzug gewinnen. Nur wer selbst viel Geist hat, wird den Geistreichen zu seiner Gesellschaft wünschen; seine Freundschaft hingegen wird sich nach den moralischen Eigenschaften richten: denn auf diesen beruht seine eigentliche Hochschätzung eines Menschen, in welcher ein einziger guter Charakterzug große Mängel des Verstandes bedeckt und auslischt. Die erkannte Güte eines Charakters macht uns geduldig und nachgiebig gegen Schwächen des Verstandes, wie auch gegen die Stumpfheit und das kindische Wesen des Alters. Ein entschieden edler Charakter, bei gänzlichem Mangel intellektueller Vorzüge und Bildung, steht da, wie Einer, dem nichts abgeht; hingegen wird der größte Geist, wenn mit starken moralischen Fehlern behaftet, noch immer tadelhaft erscheinen. – Denn wie Fackeln und Feuerwerk vor der Sonne blaß und unscheinbar werden, so wird Geist, ja Genie, und ebenfalls die Schönheit, überstrahlt und verdunkelt von der Güte des Herzens. Wo diese in hohem Grade hervortritt, kann sie den Mangel jener Eigenschaften so sehr ersetzen, daß man solche vermißt zu haben sich schämt. Sogar der beschränkteste Verstand, wie auch die grotteske Häßlichkeit, werden, sobald die ungemeine Güte des Herzens sich in ihrer Begleitung kund gethan, gleichsam verklärt, umstrahlt von einer Schönheit höherer Art, indem jetzt aus ihnen eine Weisheit spricht, vor der jede andere verstummen muß. Denn die Güte des Herzens ist eine transscendente Eigenschaft, gehört einer über dieses Leben hinausreichenden Ordnung der Dinge an und ist mit jeder andern Vollkommenheit inkommensurabel. Wo sie in hohem Grade vorhanden ist, macht sie das Herz so groß, daß es die Welt umfaßt, so daß jetzt Alles in ihm, nichts mehr außerhalb liegt; da sie ja alle Wesen mit dem eigenen identificirt. Alsdann verleiht sie auch gegen Andre jene gränzenlose Nachsicht, die sonst Jeder nur sich selber widerfahren läßt. Ein solcher Mensch ist nicht fähig, sich zu erzürnen: sogar wenn etwan seine eigenen, intellektuellen oder körperlichen Fehler den boshaften Spott und Hohn Anderer hervorgerufen haben, wirft er, in seinem Herzen, nur sich selber vor, zu solchen Aeußerungen der Anlaß gewesen zu seyn, und fährt daher, ohne sich Zwang anzuthun, fort, Jene auf das liebreichste zu behandeln, zuversichtlich hoffend, daß sie von ihrem Irrthum hinsichtlich seiner zurückkommen und auch in ihm sich selber wiedererkennen werden. – Was ist dagegen Witz und Genie? was Bako von Verulam?

Auf das selbe Ergebniß, welches wir hier aus der Betrachtung unserer Schätzung Anderer erhalten haben, führt auch die der Schätzung des eigenen Selbst. Wie ist doch die in moralischer

Hinsicht eintretende Selbstzufriedenheit so grundverschieden von der in intellektualer Hinsicht! Die erstere entsteht, indem wir, beim Rückblick auf unsern Wandel, sehn, daß wir mit schweren Opfern Treue und Redlichkeit geübt, daß wir Manchem geholfen, Manchem verziehen haben, besser gegen Andere gewesen sind, als diese gegen uns, so daß wir mit König Lear sagen dürfen: »Ich bin ein Mann, gegen den mehr gesündigt worden, als er gesündigt hat« [Shakespeare, *King Lear*, III, 2]; und vollends wenn vielleicht gar irgend eine edle That in unserer Rückerinnerung glänzt! Ein tiefer Ernst wird die stille Freude begleiten, die eine solche Musterung uns giebt: und wenn wir dabei Andere gegen uns zurückstehn sehn; so wird uns dies in keinen Jubel versetzen, vielmehr werden wir es bedauern und werden aufrichtig wünschen, sie wären alle wie wir. – Wie ganz anders wirkt hingegen die Erkenntniß unserer intellektuellen Ueberlegenheit! Ihr Grundbaß ist ganz eigentlich der oben [S. 265] angeführte Ausspruch des Hobbes: *Omnis animi voluptas, omnisque alacritas in eo sita est, quod quis habeat, quibuscum conferens se, possit magnifice sentire de se ipso.* Uebermüthige, triumphirende Eitelkeit, stolzes, höhnisches Herabsehn auf Andere, wonnevoller Kitzel des Bewußtseyns entschiedener und bedeutender Ueberlegenheit, dem Stolz auf körperliche Vorzüge verwandt, – das ist hier das Ergebniß. – Dieser Gegensatz zwischen beiden Arten der Selbstzufriedenheit zeigt an, daß die eine unser wahres, inneres und ewiges Wesen, die andere einen mehr äußerlichen, nur zeitlichen, ja fast nur körperlichen Vorzug betrifft. Ist doch in der That der Intellekt die bloße Funktion des Gehirns, der Wille hingegen Das, dessen Funktion der ganze Mensch, seinem Seyn und Wesen nach, ist.

Erwägen wir, nach außen blickend, daß ὁ βιος βραχυς, ἡ δε τεχνη μακρα *(vita brevis, ars longa)* [das Leben kurz, die Kunst langandauernd ist: Hippokrates, *Aphorismi*, I, 1; danach Seneca, *De brevitate vitae*, I, 1], und betrachten, wie die größten und schönsten Geister, oft wann sie kaum den Gipfel ihrer Leistungsfähigkeit erreicht haben, imgleichen große Gelehrte, wann sie eben erst zu einer gründlichen Einsicht ihrer Wissenschaft gelangt sind, vom Tode hinweggerafft werden; so bestätigt uns auch Dieses, daß der Sinn und Zweck des Lebens kein intellektualer, sondern ein moralischer ist.

Der durchgreifende Unterschied zwischen den geistigen und den moralischen Eigenschaften giebt sich endlich auch dadurch zu erkennen, daß der Intellekt höchst bedeutende Veränderungen durch die Zeit erleidet, während der Wille und Charakter von dieser unberührt bleibt. – Das Neugeborene hat noch gar keinen Gebrauch seines Verstandes, erlangt ihn jedoch, innerhalb der ersten zwei Monate, bis zur Anschauung und Apprehension der Dinge in der Außenwelt; welchen Vorgang ich in der Abhandlung »Ueber das Sehn und die Farben«, S. 10 der zweiten Auflage, näher dargelegt habe. Diesem ersten und wichtigsten Schritte folgt viel langsamer, nämlich meistens erst im dritten Jahre, die Ausbildung der Vernunft, bis zur Sprache und dadurch zum Denken. Dennoch bleibt die frühe Kindheit unwiderruflich der Albernheit und Dummheit preisgegeben: zunächst weil dem Gehirn noch die physische Vollendung fehlt, welche es, sowohl seiner Größe als seiner Textur nach, erst im siebenten Jahre erreicht. Sodann aber ist zu seiner energischen Thätigkeit noch der Antagonismus des Genitalsystems erfordert; daher jene erst mit der Pubertät anfängt. Durch dieselbe aber hat alsdann der Intellekt erst die bloße Fähigkeit zu seiner psychischen Ausbildung erlangt: diese selbst kann allein durch Uebung, Erfahrung und Belehrung gewonnen werden. Sobald daher der Geist sich der kindischen Albernheit entwunden hat, geräth er in die Schlingen zahlloser Irrthümer, Vorurtheile, Chimären, mitunter von der absurdesten und krassesten Art, die er eigensinnig festhält, bis die Erfahrung sie ihm nach und nach entwindet, manche auch unvermerkt abhanden kommen: dieses Alles geschieht erst im Lauf vieler Jahre; so daß man ihm zwar die Mündigkeit bald nach dem zwanzigsten Jahre zugesteht, die vollkommene Reife jedoch erst ins vierzigste Jahr, das Schwabenalter, versetzt hat. Allein während diese psychische, auf Hülfe von außen beruhende Ausbildung noch im Wachsen ist, fängt die innere physische Energie des Gehirns bereits an wieder zu sinken. Diese nämlich hat, vermöge ihrer Abhängigkeit vom Blutandrang und der Einwirkung des Pulsschlages auf das Gehirn, und dadurch wieder vom Uebergewicht des arteriellen Systems über das venöse, wie auch von der frischen Zartheit der Gehirnfasern, zudem auch durch die Energie des Genitalsystems, ihren eigentlichen Kulminationspunkt um das dreißigste Jahr: schon nach dem fünfunddreißigsten wird eine leise Abnahme derselben merklich, die durch das allmälig herankommende Uebergewicht des venösen Systems über das arterielle, wie auch durch die immer fester und spröder werdende Konsistenz der Gehirnfasern, mehr und mehr eintritt und viel merklicher sein würde, wenn nicht andererseits die psychische Vervollkommnung, durch Uebung, Erfahrung, Zuwachs der Kenntnisse und erlangte Fertigkeit im Handhaben derselben, ihr entgegenwirkte; welcher Antagonismus glücklicherweise bis ins späte Alter fortdauert, indem mehr und mehr das Gehirn einem ausgespielten Instrumente zu vergleichen ist. Aber dennoch schreitet die Abnahme der ursprünglichen, ganz auf organischen Bedingungen beruhenden Energie des Intellekts zwar langsam, aber unaufhaltsam weiter: das Vermögen ursprünglicher Konception, die Phantasie, die Bildsamkeit, das Gedächtniß, werden merklich schwächer, und so geht es Schritt vor Schritt abwärts, bis hinab in das geschwätzige, gedächtnißlose, halb bewußtlose, endlich ganz kindische Alter.

Der Wille hingegen wird von allem diesem Werden, Wechsel und Wandel nicht mitgetroffen, sondern ist, vom Anfang bis zum Ende, unveränderlich der selbe. Das Wollen braucht nicht, wie das Erkennen, erlernt zu werden, sondern geht sogleich vollkommen von Statten. Das Neugeborene bewegt sich ungestüm, tobt und schreit: es will auf das heftigste; obschon es noch nicht weiß, was es will. Denn das Medium der Motive, der Intellekt, ist noch ganz unentwickelt: der Wille ist über die Außenwelt, wo seine Gegenstände liegen, im Dunkeln, und tobt jetzt wie ein Gefangener gegen die Wände und Gitter seines Kerkers. Doch allmälig wird es Licht: alsbald geben die Grundzüge des allgemeinen menschlichen Wollens und zugleich die hier vorhandene individuelle Modifikation derselben sich kund. Der schon hervortretende Charakter zeigt sich zwar erst in schwachen und schwankenden Zügen, wegen der mangelhaften Dienstleistung des Intellekts, der ihm die Motive vorzuhalten hat; aber für den aufmerksamen Beobachter kündigt er bald seine vollständige Gegenwart an, und in Kurzem wird sie unverkennbar. Die Charakterzüge treten hervor, welche für das ganze Leben bleibend sind: die Hauptrichtungen des Willens, die leicht erregbaren Affekte, die vorherrschende Leidenschaft, sprechen sich aus. Daher verhalten die Vorfälle in der Schule sich zu denen des künftigen Lebenslaufes meistens wie das stumme Vorspiel, welches dem im Hamlet bei Hofe aufzuführenden Drama vorhergeht und dessen Inhalt pantomimisch verkündet, zu diesem selbst. Keineswegs aber lassen sich eben so aus den im Knaben sich zeigenden intellektuellen Fähigkeiten die künftigen prognosticiren: vielmehr werden die *ingenia praecocia*, die Wunderkinder, in der Regel Flachköpfe; das Genie hingegen ist in der Kindheit oft von langsamen Begriffen und faßt schwer, eben weil es tief faßt. Diesem entspricht es, daß Jeder lachend und ohne Rückhalt die Albernheiten und Dummheiten seiner Kindheit erzählt, z. B. G o e t h e, wie er alles Kochgeschirr zum Fenster hinausgeworfen (Dichtung und Wahrheit, Bd. 1, S. 7): denn man weiß, daß alles Dieses nur das Veränderliche betrifft. Hingegen die schlechten Züge, die boshaften und hinterlistigen Streiche seiner Jugend wird ein kluger Mann nicht zum Besten geben: denn er fühlt, daß sie auch von seinem gegenwärtigen Charakter noch Zeugniß ablegen. Man hat mir erzählt, daß der Kranioskop [Schädelforscher] und Menschenforscher G a l l, wann er mit einem ihm noch unbekannten Mann in Verbindung zu treten hatte, diesen auf seine Jugendjahre und Jugendstreiche zu sprechen brachte, um, wo möglich, daraus die Züge seines Charakters ihm abzulauschen; weil dieser auch jetzt noch der selbe seyn mußte. Eben hierauf beruht es, daß, während wir auf die Thorheiten und den Unverstand unserer Jugendjahre gleichgültig, ja mit lächelndem Wohlgefallen zurücksehn, die schlechten Charakterzüge eben jener Zeit, die damals begangenen Bosheiten und Frevel, selbst im späten Alter als unauslöschliche Vorwürfe dastehn und unser Gewissen beängstigen. – Wie nun also der Charakter sich fertig einstellt, so bleibt er auch bis ins späte Alter unverändert. Der Angriff des Alters, welcher die intellektuellen Kräfte allmälig verzehrt, läßt die moralischen Eigenschaften unberührt. Die Güte des Herzens macht den Greis noch verehrt und geliebt, wann sein Kopf schon die Schwächen zeigt, die ihn dem Kindesalter wieder zu nähern anfangen. Sanftmuth, Geduld, Redlichkeit, Wahrhaftigkeit, Uneigennützigkeit, Menschenfreundlichkeit u. s. w. erhalten sich durch das ganze Leben und gehn nicht durch Altersschwäche verloren: in jedem hellen Augenblick des abgelebten Greises treten sie unvermindert hervor, wie die Sonne aus Winterwolken. Und andererseits bleibt Bosheit, Tücke, Habsucht, Hartherzigkeit, Falschheit, Egoismus und Schlechtigkeit jeder Art auch bis ins späteste Alter unvermindert. Wir würden Dem nicht glauben, sondern ihn auslachen, der uns sagte: »In frühern Jahren war ich ein boshafter Schurke, jetzt aber bin ich ein redlicher und edelmüthiger Mann.« Recht schön hat daher Walter Scott in *Nigels fortunes* am alten Wucherer gezeigt, wie brennender Geiz, Egoismus und Unredlichkeit noch in voller Blüthe stehn, gleich den Giftpflanzen im Herbst, und sich noch heftig äußern, nachdem der Intellekt schon kindisch geworden. Die einzigen Veränderungen, welche in unsern Neigungen vorgehn, sind solche, welche unmittelbare Folgen der Abnahme unserer Körperkräfte und damit der Fähigkeiten zum Genießen sind: so wird die Wollust der Völlerei Platz machen, die Prachtliebe dem Geiz, und die Eitelkeit der Ehrsucht; eben wie der Mann, welcher, ehe er noch einen Bart hatte, einen falschen anklebte, späterhin seinen grau gewordenen Bart braun färben wird. Während also alle organischen Kräfte, die Muskelstärke, die Sinne, das Gedächtniß, Witz, Verstand, Genie, sich abnutzen und im Alter stumpf werden, bleibt der Wille allein unversehrt und unverändert: der Drang und die Richtung des Wollens bleibt die selbe. Ja, in manchen Stücken zeigt sich im Alter der Wille noch entschiedener: so, in der Anhänglichkeit am Leben, welche bekanntlich zunimmt; sodann in der Festigkeit und Beharrlichkeit bei Dem, was er ein Mal ergriffen hat, im Eigensinn; welches daraus erklärlich ist, daß die Empfänglichkeit des Intellekts für andere Eindrücke und dadurch die Beweglichkeit des Willens durch hinzuströhmende Motive abgenommen hat: daher die Unversöhnlichkeit des Zorns und Hasses alter Leute:

The young man's wrath is like light straw on fire;
But like red-hot steel is the old man's ire. *(Old Ballad.)**

Aus allen diesen Betrachtungen wird es dem tiefern Blicke unverkennbar, daß, während der Intellekt eine lange Reihe allmäliger Entwickelungen zu durchlaufen hat, dann aber, wie alles Physische, dem Verfall entgegengeht, der Wille hieran keinen Theil nimmt, als nur sofern er Anfangs mit der Unvollkommenheit seines Werkzeuges, des Intellekts, und

* Dem Strohfeu'r gleich, ist Jünglings Zorn nicht schlimm:
Rothglüh'ndem Eisen gleicht des Alten Grimm.

[Aus einer alten Ballade.]

zuletzt wieder mit dessen Abgenutztheit zu kämpfen hat, selbst aber als ein Fertiges auftritt und unverändert bleibt, den Gesetzen der Zeit und des Werdens und Vergehns in ihr nicht unterworfen. Hiedurch also giebt er sich als das Metaphysische, nicht selbst der Erscheinungswelt Angehörige, zu erkennen.

9) Die allgemein gebrauchten und durchgängig sehr wohl verstandenen Ausdrücke Herz und Kopf sind aus einem richtigen Gefühl des hier in Rede stehenden fundamentalen Unterschiedes entsprungen; daher sie auch treffend und bezeichnend sind und in allen Sprachen sich wiederfinden. *Nec cor nec caput habet* [Weder Herz noch Kopf hat er], sagt Seneka vom Kaiser Klaudius. *(Ludus de morte Claudii Caesaris, c. 8.)* Mit vollem Recht ist das Herz, dieses *primum mobile* [erste Bewegende] des thierischen Lebens, zum Symbol, ja zum Synonym des Willens, als des Urkerns unserer Erscheinung, gewählt worden und bezeichnet diesen, im Gegensatz des Intellekts, der mit dem Kopf geradezu identisch ist. Alles was, im weitesten Sinne, Sache des Willens ist, wie Wunsch, Leidenschaft, Freude, Schmerz, Güte, Bosheit, auch was man unter »Gemüth« zu verstehn pflegt, und was Homer durch φιλον ητορ [das liebe Herz] ausdrückt, wird dem Herzen beigelegt. Demnach sagt man: er hat ein schlechtes Herz; – er hängt sein Herz an diese Sache; – es geht ihm vom Herzen; – es war ihm ein Stich ins Herz; – es bricht ihm das Herz; – sein Herz blutet; – das Herz hüpft vor Freude; – wer kann dem Menschen ins Herz sehn? – es ist herzzerreißend, herzzermalmend, herzbrechend, herzerhebend, herzrührend; – er ist herzensgut, – hartherzig, – herzlos, herzhaft, feigherzig u. a. m. Ganz speciell aber heißen Liebeshändel Herzensangelegenheiten, *affaires de coeur*; weil der Geschlechtstrieb der Brennpunkt des Willens ist und die Auswahl in Bezug auf denselben die Hauptangelegenheit des natürlichen menschlichen Wollens ausmacht, wovon ich den Grund in einem ausführlichen Kapitel zum vierten Buche nachweisen werde. Byron, im »Don Juan«, *C. 11, v. 34,* satyrisirt darüber, daß den Damen die Liebe, statt Sache des Herzens, Sache des Kopfes sei. – Hingegen bezeichnet der Kopf Alles, was Sache der Erkenntniß ist. Daher: ein Mann von Kopf, ein kluger Kopf, feiner Kopf, schlechter Kopf, den Kopf verlieren, den Kopf oben behalten u. s. w. Herz und Kopf bezeichnet den ganzen Menschen. Aber der Kopf ist stets

das Zweite, das Abgeleitete: denn er ist nicht das Centrum, sondern die höchste Efflorescenz des Leibes. Wann ein Held stirbt, balsamirt man sein Herz ein, nicht sein Gehirn: hingegen bewahrt man gern den Schädel der Dichter, Künstler und Philosophen. So wurde in der *Academia di S. Luca* zu Rom Raphaels Schädel aufbewahrt, ist jedoch kürzlich als unächt nachgewiesen worden: in Stockholm wurde 1820 der Schädel des Cartesius in Auktion verkauft*.

Ein gewisses Gefühl des wahren Verhältnisses zwischen Willen, Intellekt, Leben, ist auch in der Lateinischen Sprache ausgedrückt. Der Intellekt ist *mens*, νους; der Wille hingegen ist *animus*; welches von *anima* kommt, und dieses von ανεμος [Wind]. *Anima* ist das Leben selbst, der Athem, ψυχη: *animus* aber ist das belebende Princip und zugleich der Wille, das Subjekt der Neigungen, Absichten, Leidenschaften und Affekte: daher auch *est mihi animus*, – *fert animus*, – für »ich habe Lust«, auch *animi causa* u. a. m., es ist das Griechische θυμος, also Gemüth, Herz, nicht aber Kopf. *Animi perturbatio* ist der Affekt, *mentis perturbatio* würde Verrücktheit bedeuten. Das Prädikat *immortalis* [unsterblich] wird dem *animus* beigelegt, nicht der *mens*. Alles dies ist die aus der großen Mehrzahl der Stellen hervorgehende Regel; wenn gleich, bei so nahe verwandten Begriffen, es nicht fehlen kann, daß die Worte bisweilen verwechselt werden. Unter ψυχη scheinen die Griechen zunächst und ursprünglich die Lebenskraft verstanden zu haben, das belebende Princip; wobei sogleich die Ahndung aufstieg, daß es ein Metaphysisches seyn müsse, folglich vom Tode nicht mitgetroffen würde. Dies beweisen, unter Anderm, die von Stobäos aufbewahrten Untersuchungen des Verhältnisses zwischen νους und ψυχη. *(Ecl., Lib. I, c. 51, § 7, 8.)*

10) Worauf beruht die Identität der Person? – Nicht auf der Materie des Leibes: sie ist nach wenigen Jahren eine andere. Nicht auf der Form desselben: sie ändert sich im Ganzen und in allen Theilen; bis auf den Ausdruck des Blickes, an welchem man daher auch nach vielen Jahren einen Menschen noch erkennt; welches beweist, daß trotz allen Veränderungen, die an ihm die Zeit hervorbringt, doch etwas in ihm davon völlig unberührt bleibt: es ist eben Dieses, woran wir, auch nach

* *Times* vom 18. Oktober 1845; nach dem *Athenaeum*.

dem längsten Zwischenraume, ihn wiedererkennen und den Ehemaligen unversehrt wiederfinden; eben so auch uns selbst: denn wenn man auch noch so alt wird; so fühlt man doch im Innern sich ganz und gar als den selben, der man war, als man jung, ja, als man noch ein Kind war. Dieses, was unverändert stets ganz das Selbe bleibt und nicht mitaltert, ist eben der Kern unsers Wesens, welcher nicht in der Zeit liegt. – Man nimmt an, die Identität der Person beruhe auf der des Bewußtseyns. Versteht man aber unter dieser bloß die zusammenhängende Erinnerung des Lebenslaufs; so ist sie nicht ausreichend. Wir wissen von unserm Lebenslauf allenfalls etwas mehr, als von einem ehemals gelesenen Roman; dennoch nur das Allerwenigste. Die Hauptbegebenheiten, die interessanten Scenen haben sich eingeprägt: im Uebrigen sind tausend Vorgänge vergessen, gegen einen, der behalten worden. Je älter wir werden, desto spurloser geht Alles vorüber. Hohes Alter, Krankheit, Gehirnverletzung, Wahnsinn, können das Gedächtniß ganz rauben. Aber die Identität der Person ist damit nicht verloren gegangen. Sie beruht auf dem identischen Willen und dem unveränderlichen Charakter desselben. Er eben auch ist es, der den Ausdruck des Blicks unveränderlich macht. Im Herzen steckt der Mensch; nicht im Kopf. Zwar sind wir, in Folge unserer Relation mit der Außenwelt, gewohnt, als unser eigentliches Selbst das Subjekt des Erkennens, das erkennende Ich, zu betrachten, welches am Abend ermattet, im Schlafe verschwindet, am Morgen mit erneuerten Kräften heller strahlt. Dieses ist jedoch die bloße Gehirnfunktion und nicht unser eigenstes Selbst. Unser wahres Selbst, der Kern unsers Wesens, ist Das, was hinter jenem steckt und eigentlich nichts Anderes kennt, als wollen und nichtwollen, zufrieden und unzufrieden seyn, mit allen Modifikationen der Sache, die man Gefühle, Affekte und Leidenschaften nennt. Dies ist Das, was jenes Andere hervorbringt; nicht mitschläft, wann jenes schläft, und eben so, wann dasselbe im Tode untergeht, unversehrt bleibt. – Alles hingegen, was der Erkenntniß angehört, ist der Vergessenheit ausgesetzt: selbst die Handlungen von moralischer Bedeutsamkeit sind uns, nach Jahren, bisweilen nicht vollkommen erinnerlich, und wir wissen nicht mehr genau und ins Einzelne, wie wir in einem kritischen Fall gehandelt haben. Aber der Charakter selbst, von dem die Thaten bloß Zeugniß ablegen, kann von uns nicht vergessen werden: er ist jetzt noch ganz der selbe, wie damals. Der Wille selbst, allein und für sich, beharrt: denn er allein ist unveränderlich, unzerstörbar, nicht alternd, nicht physisch, sondern metaphysisch, nicht zur Erscheinung gehörig, sondern das Erscheinende selbst. Wie auf ihm auch die Identität des Bewußtseyns, so weit sie geht, beruht, habe ich oben, Kapitel 15, nachgewiesen, brauche mich also hier nicht weiter damit aufzuhalten.

11) Aristoteles sagt beiläufig, im Buch über die Vergleichung des Wünschenswerthen: »gut leben ist besser als leben« (βελτιον του ζην το ευ ζην, *Top. III, 2)*. Hieraus ließe sich, mittelst zweimaliger Kontraposition, folgern: nicht leben ist besser als schlecht leben. Dies ist dem Intellekt auch einleuchtend: dennoch leben die Allermeisten sehr schlecht, lieber als gar nicht. Diese Anhänglichkeit an das Leben kann also nicht im Objekt derselben ihren Grund haben, da das Leben, wie im vierten Buche gezeigt worden, eigentlich ein stetes Leiden, oder wenigstens, wie weiter unten, Kapitel 28 dargethan wird, ein Geschäft ist, welches die Kosten nicht deckt: also kann jene Anhänglichkeit nur im Subjekt derselben gegründet seyn. Sie ist aber nicht im Intellekt gegründet, ist keine Folge der Ueberlegung, und überhaupt keine Sache der Wahl; sondern dies Lebenwollen ist etwas, das sich von selbst versteht: es ist ein *prius* [Früheres] des Intellekts selbst. Wir selbst sind der Wille zum Leben: daher müssen wir leben, gut oder schlecht. Nur daraus, daß diese Anhänglichkeit an ein Leben, welches ihrer so wenig werth ist, ganz *a priori* und nicht *a posteriori* ist, erklärt sich die allem Lebenden einwohnende, überschwängliche Todesfurcht, welche Rochefoucauld mit seltener Freimüthigkeit und Naivetät, in seiner letzten Reflexion, ausgesprochen hat, und auf der auch die Wirksamkeit aller Trauerspiele und Heldenthaten zuletzt beruht, als welche wegfallen würde, wenn wir das Leben nur nach seinem objektiven Werthe schätzten. Auf diesen unaussprechlichen *horror mortis* [Schauder vor dem Tod] gründet sich auch der Lieblingssatz aller gewöhnlichen Köpfe, daß wer sich das Leben nimmt verrückt seyn müsse, nicht weniger jedoch das mit einer gewissen Bewunderung verknüpfte Erstaunen, welches diese Handlung, selbst in denkenden Köpfen, jedesmal hervorruft, weil dieselbe der Natur alles Lebenden so sehr entgegenläuft, daß wir Den, welcher sie zu vollbringen vermochte, in gewissem Sinne bewundern müssen, ja sogar eine

gewisse Beruhigung darin finden, daß, auf die schlimmsten Fälle, dieser Ausweg wirklich offen steht, als woran wir zweifeln könnten, wenn es nicht die Erfahrung bestätigte. Denn der Selbstmord geht von einem Beschlusse des Intellekts aus: unser Lebenwollen aber ist ein *prius* des Intellekts. – Auch diese Betrachtung also, welche Kapitel 28 ausführlich zur Sprache kommt, bestätigt das Primat des Willens im Selbstbewußtseyn.

12) Hingegen beweist nichts deutlicher die sekundäre, abhängige, bedingte Natur des Intellekts, als seine periodische Intermittenz [zeitweiliges Aussetzen]. Im tiefen Schlaf hört alles Erkennen und Vorstellen gänzlich auf. Allein der Kern unsers Wesens, das Metaphysische desselben, welches die organischen Funktionen als ihr *primum mobile* nothwendig voraussetzen, darf nie pausiren, wenn nicht das Leben aufhören soll, und ist auch, als ein Metaphysisches, mithin Unkörperliches, keiner Ruhe bedürftig. Daher haben die Philosophen, welche als diesen metaphysischen Kern eine Seele, d. h. ein ursprünglich und wesentlich erkennendes Wesen aufstellten, sich zu der Behauptung genöthigt gesehn, daß diese Seele in ihrem Vorstellen und Erkennen ganz unermüdlich sei, solches mithin auch im tiefsten Schlafe fortsetze; nur daß uns, nach dem Erwachen, keine Erinnerung davon bliebe. Das Falsche dieser Behauptung einzusehn wurde aber leicht, sobald man, in Folge der Lehre Kants, jene Seele bei Seite gesetzt hatte. Denn Schlaf und Erwachen zeigen dem unbefangenen Sinn auf das deutlichste, daß das Erkennen eine sekundäre und durch den Organismus bedingte Funktion ist, so gut wie irgend eine andere. Unermüdlich ist allein das Herz; weil sein Schlag und der Blutumlauf nicht unmittelbar durch Nerven bedingt, sondern eben die ursprüngliche Aeußerung des Willens sind. Auch alle andern, bloß durch Gangliennerven, die nur eine sehr mittelbare und entfernte Verbindung mit dem Gehirn haben, gelenkte, physiologische Funktionen werden im Schlafe fortgesetzt, wiewohl die Sekretionen langsamer geschehn: selbst der Herzschlag wird, wegen seiner Abhängigkeit von der Respiration, als welche durch das Cerebralsystem *(medulla oblongata* [verlängertes Rückenmark]*)* bedingt ist, mit dieser ein wenig langsamer. Der Magen ist vielleicht im Schlaf am thätigsten, welches seinem speciellen, gegenseitige Störungen veranlassenden Consensus mit

dem jetzt feiernden Gehirn zuzuschreiben ist. Das Gehirn allein, und mit ihm das Erkennen, pausirt im tiefen Schlafe ganz. Denn es ist bloß das Ministerium des Aeußern, wie das Gangliensystem das Ministerium des Innern ist. Das Gehirn, mit seiner Funktion des Erkennens, ist nichts weiter, als eine vom Willen, zu seinen draußen liegenden Zwecken, aufgestellte Vedette [Wachtposten], welche oben, auf der Warte des Kopfes, durch die Fenster der Sinne umherschaut, aufpaßt, von wo Unheil drohe und wo Nutzen abzusehn sei, und nach deren Bericht der Wille sich entscheidet. Diese Vedette ist dabei, wie jeder im aktiven Dienst Begriffene, in einem Zustande der Spannung und Anstrengung, daher sie es gern sieht, wenn sie, nach verrichteter Wacht, wieder eingezogen wird; wie jede Wache gern wieder vom Posten abzieht. Dies Abziehn ist das Einschlafen, welches daher so süß und angenehm ist und zu welchem wir so willfährig sind: hingegen ist das Aufgerütteltwerden unwillkommen, weil es die Vedette plötzlich wieder auf den Posten ruft: man fühlt dabei ordentlich die nach der wohlthätigen Systole [Zusammenziehung der Herzkammer] wieder eintretende beschwerliche Diastole [Erschlaffung], das Wiederauseinanderfahren des Intellekts vom Willen. Einer sogenannten Seele, die ursprünglich und von Hause aus ein erkennendes Wesen wäre, müßte, im Gegentheil, beim Erwachen zu Muthe seyn, wie dem Fisch, der wieder ins Wasser kommt. Im Schlafe, wo bloß das vegetative Leben fortgesetzt wird, wirkt der Wille allein nach seiner ursprünglichen und wesentlichen Natur, ungestört von außen, ohne Abzug seiner Kraft durch die Thätigkeit des Gehirns und Anstrengung des Erkennens, welches die schwerste organische Funktion, für den Organismus aber bloß Mittel, nicht Zweck ist: daher ist im Schlafe die ganze Kraft des Willens auf Erhaltung und, wo es nöthig ist, Ausbesserung des Organismus gerichtet; weshalb alle Heilung, alle wohlthätigen Krisen, im Schlaf erfolgen; indem die *vis naturae medicatrix* [Heilkraft der Natur] erst dann freies Spiel hat, wann sie von der Last der Erkenntnißfunktion befreit ist. Der Embryo, welcher gar erst den Leib noch zu bilden hat, schläft daher fortwährend und das Neugeborene den größten Theil seiner Zeit. In diesem Sinne erklärt auch Burdach (Physiologie, Bd. 3, S. 484) ganz richtig den Schlaf für den ursprünglichen Zustand.

In Hinsicht auf das Gehirn selbst erkläre ich mir die Nothwendigkeit des Schlafes näher durch eine Hypothese, welche zuerst aufgestellt zu seyn scheint in Neumanns Buch »Von den Krankheiten des Menschen«, 1834, Bd. 4, § 216. Es ist diese, daß die Nutrition [Ernährung] des Gehirns, also die Erneuerung seiner Substanz aus dem Blute, während des Wachens nicht vor sich gehn kann; indem die so höchst eminente, organische Funktion des Erkennens und Denkens von der so niedrigen und materiellen der Nutrition gestört oder aufgehoben werden würde. Hieraus erklärt sich, daß der Schlaf nicht ein rein negativer Zustand, bloßes Pausiren der Gehirnthätigkeit, ist, sondern zugleich einen positiven Charakter zeigt. Dieser giebt sich schon dadurch kund, daß zwischen Schlaf und Wachen kein bloßer Unterschied des Grades, sondern eine feste Gränze ist, welche, sobald der Schlaf eintritt, sich durch Traumbilder ankündigt, die unsern dicht vorhergegangenen Gedanken völlig heterogen sind. Ein fernerer Beleg desselben ist, daß wann wir beängstigende Träume haben, wir vergeblich bemüht sind, zu schreien, oder Angriffe abzuwehren, oder den Schlaf abzuschütteln; so daß es ist, als ob das Bindeglied zwischen dem Gehirn und den motorischen Nerven, oder zwischen dem großen und kleinen Gehirn (als dem Regulator der Bewegungen) ausgehoben wäre: denn das Gehirn bleibt in seiner Isolation, und der Schlaf hält uns wie mit ehernen Klauen fest. Endlich ist der positive Charakter des Schlafes daran ersichtlich, daß ein gewisser Grad von Kraft zum Schlafen erfordert ist; weshalb zu große Ermüdung, wie auch natürliche Schwäche, uns verhindern ihn zu erfassen, *capere somnum* [einzuschlafen]. Dies ist daraus zu erklären, daß der Nutritionsproceß eingeleitet werden muß, wenn Schlaf eintreten soll: das Gehirn muß gleichsam anbeißen. Auch das vermehrte Zuströhmen des Blutes ins Gehirn, während des Schlafes, ist aus dem Nutritionsproceß erklärlich; wie auch die, weil sie dieses befördert, instinktmäßig angenommene Lage der über den Kopf zusammengelegten Arme; desgleichen, warum Kinder, so lange das Gehirn noch wächst, sehr vielen Schlafes bedürfen, im Greisenalter hingegen, wo eine gewisse Atrophie des Gehirns, wie aller Theile, eintritt, der Schlaf karg wird; endlich sogar, warum übermäßiger Schlaf eine gewisse Dumpfheit des Bewußtseyns bewirkt, nämlich in Folge einer einstweiligen Hypertrophie des Gehirns, welche, bei habituellem Uebermaaß des Schlafes, auch zu einer dauernden werden und Blödsinn erzeugen kann: ανιη και πολυς ὑπνος *(noxae est etiam multus somnus).* [Auch reichlicher Schlaf ist Beschwerde.] *Od[yssee,] 15, 394.* – Das Bedürfniß des Schlafes steht demgemäß in geradem Verhältniß zur Intensität des Gehirnlebens, also zur Klarheit des Bewußtseyns. Solche Thiere, deren Gehirnleben schwach und dumpf ist, schlafen wenig und leicht, z. B. Reptilien und Fische: wobei ich erinnere, daß der Winterschlaf fast nur dem Namen nach ein Schlaf ist, nämlich nicht eine Inaktion des Gehirns allein, sondern des ganzen Organismus, also eine Art Scheintod. Thiere von bedeutender Intelligenz schlafen tief und lange. Auch Menschen bedürfen um so mehr Schlaf, je entwickelter, der Quantität und Qualität nach, und je thätiger ihr Gehirn ist. Montaigne erzählt von sich, daß er stets ein Langschläfer gewesen, einen großen Theil seines Lebens verschlafen habe und noch im höhern Alter acht bis neun Stunden in Einem Zuge schlafe *([Essais,] Liv. III, ch. 13).* Auch von Cartesius wird uns berichtet, daß er viel geschlafen habe *(Baillet, Vie de Descartes, 1693, p. 288).* Kant hatte sich zum Schlaf sieben Stunden ausgesetzt: aber damit auszukommen wurde ihm so schwer, daß er seinem Bedienten befohlen hatte, ihn wider Willen und ohne auf seine Gegenreden zu hören, zur bestimmten Zeit zum Aufstehn zu zwingen (Jachmann, Immanuel Kant, S. 162). Denn je vollkommener wach Einer ist, d. h. je klärer und aufgeweckter sein Bewußtseyn, desto größer ist für ihn die Nothwendigkeit des Schlafes, also desto tiefer und länger schläft er. Vieles Denken, oder angestrengte Kopfarbeit wird demnach das Bedürfniß des Schlafes vermehren. Daß auch fortgesetzte Muskelanstrengung schläfrig macht, ist daraus zu erklären, daß bei dieser das Gehirn fortdauernd, mittelst der *medulla oblongata,* des Rückenmarks und der motorischen Nerven, den Muskeln den Reiz ertheilt, der auf ihre Irritabilität wirkt, dasselbe also dadurch seine Kraft erschöpft: die Ermüdung, welche wir in Armen und Beinen spüren, hat demnach ihren eigentlichen Sitz im Gehirn; eben wie der Schmerz, den eben diese Theile fühlen, eigentlich im Gehirn empfunden wird: denn es verhält sich mit den motorischen, wie mit den sensibeln Nerven. Die Muskeln, welche nicht vom Gehirn aktuirt werden, z. B. die des Herzens, ermüden eben deshalb nicht. Aus dem selben Grunde ist es erklärlich, daß man sowohl während, als nach großer Muskelanstrengung nicht scharf denken kann. Daß man im Sommer viel weniger Energie des Geistes hat, als im Winter, ist zum Theil daraus erklärlich, daß man im Sommer weniger schläft: denn je tiefer man geschlafen hat, desto vollkommener wach, desto »aufgeweckter« ist man nachher. Dies darf uns jedoch nicht verleiten, den Schlaf über die Gebühr zu verlängern; weil er alsdann an Intension, d. h. Tiefe und Festigkeit, verliert, was er an Extension gewinnt; wodurch er zum bloßen Zeitverlust wird. Dies meint auch Goethe, wenn er (im zweiten Theil des »Faust« [v. 4661]) vom Morgenschlummer sagt: »Schlaf ist Schaale: wirf sie fort.« – Ueberhaupt also bestätigt das Phänomen des Schlafes ganz vorzüglich, daß Bewußtseyn, Wahrnehmen, Erkennen, Denken, nichts Ursprüngliches in uns ist, sondern ein bedingter, sekundärer Zustand. Es ist ein Aufwand der Natur, und zwar ihr höchster, den sie daher, je höher er getrieben worden, desto weniger ohne Unterbrechung fortführen kann. Es ist das Produkt, die Efflorescenz des cerebralen Nervensystems, welches selbst, wie ein Parasit, vom übrigen Organismus genährt wird. Dies hängt auch mit Dem zusammen, was in unserm dritten Buche gezeigt wird, daß das Erkennen um so reiner und vollkommener ist, je mehr es sich vom Wollen losgemacht und gesondert hat, wodurch die rein objektive, die ästhetische Auffassung eintritt; eben wie ein Extrakt um so reiner ist, je mehr er sich von Dem, woraus er abgezogen worden, gesondert und von allem Bodensatz geläutert hat. – Den Gegensatz zeigt der Wille, dessen unmittelbarste Aeußerung das ganze organische Leben und zunächst das unermüdliche Herz ist.

Diese letzte Betrachtung ist schon dem Thema des folgenden Kapitels verwandt, zu dem sie daher den Uebergang macht: ihr gehört jedoch noch folgende Bemerkung an. Im magnetischen Somnambulismus verdoppelt sich das Bewußtseyn: zwei, jede in sich selbst zusammenhängende, von einander aber völlig geschiedene Erkenntnißreihen entstehn; das wachende Bewußtseyn weiß nichts vom somnambulen. Aber der Wille behält in beiden den selben Charakter und bleibt durchaus identisch: er äußert in beiden die selben Neigungen und Abneigungen. Denn die Funktion läßt sich verdoppeln, nicht das Wesen an sich.

Kapitel 20*.

Objektivation des Willens im thierischen Organismus.

Ich verstehe unter Objektivation das Sichdarstellen in der realen Körperwelt. Inzwischen ist diese selbst, wie im ersten Buch und dessen Ergänzungen ausführlich dargethan, durchaus bedingt durch das erkennende Subjekt, also den Intellekt, mithin außerhalb seiner Erkenntniß schlechterdings als solche undenkbar: denn sie ist zunächst nur anschauliche Vorstellung und als solche Gehirnphänomen. Nach ihrer Aufhebung würde das Ding an sich übrig bleiben. Daß dieses der Wille sei, ist das Thema des zweiten Buchs, und wird daselbst zuvörderst am menschlichen und thierischen Organismus nachgewiesen.

Die Erkenntniß der Außenwelt kann auch bezeichnet werden als das Bewußtseyn anderer Dinge, im Gegensatz des Selbstbewußtseyns. Nachdem wir nun in diesem letztern den Willen als das eigentliche Objekt oder den Stoff desselben gefunden haben, werden wir jetzt, in der selben Absicht, das Bewußtseyn von andern Dingen, also die objektive Erkenntniß, in Betracht nehmen. Hier ist nun meine Thesis diese: was im Selbstbewußtseyn, also subjektiv, der Intellekt ist, das stellt im Bewußtseyn anderer Dinge, also objektiv, sich als das Gehirn dar: und was im Selbstbewußtseyn, also subjektiv, der Wille ist, das stellt im Bewußtseyn anderer Dinge, also objektiv, sich als der gesammte Organismus dar.

Zu den für diesen Satz, sowohl in unserm zweiten Buche, als in den beiden ersten Kapiteln der Abhandlung »Ueber den Willen in der Natur«, gelieferten Beweisen füge ich die folgenden Ergänzungen und Erläuterungen.

Zur Begründung des ersten Theiles jener Thesis ist das Meiste schon im vorhergehenden Kapitel beigebracht, indem an der Nothwendigkeit des Schlafes, an den Veränderungen durch das Alter, und an den Unterschieden der anatomischen Konformation [Körperbildung] nachgewiesen wurde, daß der Intellekt, als

* Dieses Kapitel bezieht sich auf § 20 des ersten Bandes.

sekundärer Natur, durchgängig abhängt von einem einzelnen Organ, dem Gehirn, dessen Funktion er ist, wie das Greifen Funktion der Hand; daß er mithin physisch ist, wie die Verdauung, nicht metaphysisch, wie der Wille. Wie gute Verdauung einen gesunden, starken Magen, wie Athletenkraft muskulöse, sehnige Arme erfordert; so erfordert außerordentliche Intelligenz ein ungewöhnlich entwickeltes, schön gebautes, durch feine Textur ausgezeichnetes und durch energischen Pulsschlag belebtes Gehirn. Hingegen ist die Beschaffenheit des Willens von keinem Organ abhängig und aus keinem zu prognosticiren. Der größte Irrthum in G a l l s Schädellehre ist, daß er auch für moralische Eigenschaften Organe des Gehirns aufstellt. – Kopfverletzungen mit Verlust von Gehirnsubstanz wirken, in der Regel, sehr nachtheilig auf den Intellekt: sie haben gänzlichen oder theilweisen Blödsinn zur Folge, oder Vergessenheit der Sprache, auf immer oder auf eine Zeit, bisweilen jedoch von mehreren gewußten Sprachen nur einer, bisweilen wieder bloß der Eigennamen, imgleichen den Verlust anderer besessener Kenntnisse u. dgl. m. Hingegen lesen wir nie, daß nach einem Unglücksfall solcher Art der C h a r a k t e r eine Veränderung erlitten hätte, daß der Mensch etwan moralisch schlechter oder besser geworden wäre, oder gewisse Neigungen oder Leidenschaften verloren, oder auch neue angenommen hätte; niemals. Denn der Wille hat seinen Sitz nicht im Gehirn, und überdies ist er, als das Metaphysische, das *prius* des Gehirns, wie des ganzen Leibes, daher nicht durch Verletzungen des Gehirns veränderlich. – Nach einem von S p a l l a n z a n i gemachten und von V o l t a i r e wiederholten Versuch* bleibt eine Schnecke, der man den Kopf abgeschnitten, am Leben, und nach einigen Wochen wächst ihr ein neuer Kopf, nebst Fühlhörnern: mit diesem stellt sich Bewußtseyn und Vorstellung wieder ein; während bis dahin das Thier, durch ungeregelte Bewegungen, bloßen, blinden Willen zu erkennen gab. Auch hier also finden wir den Willen als die Substanz, welche beharrt, den Intellekt hingegen bedingt durch sein Organ, als das wechselnde Accidenz. Er läßt sich bezeichnen als der Regulator des Willens.

---

* *Spallanzani, Risultati di esperienze sopra la riproduzione della testa nelle lumache terrestri:* in den *Memorie di matematica e fisica della Società Italiana, Tom. I, p. 581. – Voltaire, Les colimaçons du révérend père l'escarbotier.*

Vielleicht ist es Tiedemann, welcher zuerst das cerebrale Nervensystem mit einem Parasiten verglichen hat (Tiedemann und Treviranus Journal für Physiologie, Bd. 1, S. 62). Der Vergleich ist treffend, sofern das Gehirn, nebst ihm anhängendem Rückenmark und Nerven, dem Organismus gleichsam eingepflanzt ist und von ihm genährt wird, ohne selbst seinerseits zur Erhaltung der Oekonomie desselben direkt etwas beizutragen; daher das Leben auch ohne Gehirn bestehn kann, wie bei den hirnlosen Mißgeburten, auch bei Schildkröten, die nach abgeschnittenem Kopfe noch drei Wochen leben; nur muß dabei die *medulla oblongata*, als Organ der Respiration, verschont seyn. Sogar eine Henne, der Flourens das ganze große Gehirn weggeschnitten hatte, lebte noch zehn Monate und gedieh. Selbst beim Menschen führt die Zerstörung des Gehirns nicht direkt, sondern erst durch Vermittelung der Lunge und dann des Herzens den Tod herbei *(Bichat, Sur la vie et la mort, part. II, art. 11, § 1).* Dagegen besorgt das Gehirn die Lenkung der Verhältnisse zur Außenwelt: dies allein ist sein Amt, und hiedurch trägt es seine Schuld an den es ernährenden Organismus ab; da dessen Existenz durch die äußern Verhältnisse bedingt ist. Demgemäß bedarf es, unter allen Theilen allein, des Schlafes: weil nämlich seine Thätigkeit von seiner Erhaltung völlig gesondert ist, jene bloß Kräfte und Substanz verzehrt, diese vom übrigen Organismus, als seiner Amme, geleistet wird: indem also seine Thätigkeit zu seinem Bestande nichts beiträgt, wird sie erschöpft, und erst wann sie pausirt, im Schlaf, geht seine Ernährung ungehindert von Statten.

Der zweite Theil unserer obigen Thesis wird einer ausführlicheren Erörterung bedürfen, selbst nach Allem, was ich bereits in den angeführten Schriften darüber gesagt habe. – Schon oben, Kapitel 18, habe ich nachgewiesen, daß das Ding an sich, welches jeder, also auch unserer eigenen Erscheinung zum Grunde liegen muß, im Selbstbewußtseyn die eine seiner Erscheinungsformen, den Raum, abstreift, und allein die andere, die Zeit, beibehält; weshalb es hier sich unmittelbarer als irgendwo kund giebt, und wir es, nach dieser seiner unverhülltesten Erscheinung, als Willen ansprechen. Nun aber kann, in der bloßen Zeit allein, sich keine beharrende Substanz, dergleichen die Materie ist, darstellen; weil eine solche, wie § 4 des ersten Bandes dargethan, nur durch die innige Vereinigung des Raumes mit der Zeit möglich wird. Daher wird, im Selbstbewußtseyn, der Wille nicht als das bleibende Substrat [Träger] seiner Regungen wahrgenommen, mithin nicht als beharrende Substanz angeschaut; sondern bloß seine einzelnen Akte, Bewegungen und Zustände, dergleichen die Entschließungen, Wünsche und Affekte sind, werden, successiv und während der Zeit ihrer Dauer, unmittelbar, jedoch nicht anschaulich, erkannt. Die Erkenntniß des Willens im Selbstbewußtseyn ist demnach keine *Anschauung* desselben, sondern ein ganz unmittelbares Innewerden seiner successiven Regungen. Hingegen für die nach *außen* gerichtete, durch die Sinne vermittelte und im Verstande vollzogene Erkenntniß, die neben der Zeit auch den *Raum* zur Form hat, welche Beide sie, durch die Verstandesfunktion der Kausalität, aufs Innigste verknüpft, wodurch sie eben zur *Anschauung* wird, stellt sich das Selbe, was in der innern unmittelbaren Wahrnehmung als *Wille* gefaßt wurde, *anschaulich* dar, als *organischer Leib*, dessen einzelne Bewegungen die Akte, dessen Theile und Formen die bleibenden Bestrebungen, den Grundcharakter des individuell gegebenen Willens veranschaulichen, ja, dessen Schmerz und Wohlbehagen ganz unmittelbare Affektionen dieses Willens selbst sind.

Zunächst werden wir dieser Identität des Leibes mit dem Willen inne in den einzelnen Aktionen Beider; da in diesen was im Selbstbewußtseyn als unmittelbarer, wirklicher Willensakt erkannt wird, zugleich und ungetrennt sich äußerlich als Bewegung des Leibes darstellt, und Jeder seine, durch momentan eintretende Motive eben so momentan eintretenden Willensbeschlüsse alsbald in eben so vielen Aktionen seines Leibes so treu abgebildet erblickt, wie diese selbst in seinem Schatten; woraus dem Unbefangenen auf die einfachste Weise die Einsicht entspringt, daß sein Leib bloß die äußerliche Erscheinung seines Willens ist, d. h. die Art und Weise wie, in seinem anschauenden Intellekt, sein Wille sich darstellt; oder sein Wille selbst, unter der Form der Vorstellung. Nur wenn wir dieser ursprünglichen und einfachen Belehrung uns gewaltsam entziehn, können wir, auf eine kurze Weile, den Hergang unserer eigenen Leibesaktion als ein Wunder anstaunen, welches dann darauf beruht, daß zwischen dem Willensakt und der Leibesaktion wirklich keine Kausalverbindung ist: denn sie sind eben unmittelbar *iden-*

tisch, und ihre scheinbare Verschiedenheit entsteht allein daraus, daß hier das Eine und Selbe in zwei verschiedenen Erkenntnißweisen, der innern und der äußern, wahrgenommen wird. – Das wirkliche Wollen ist nämlich vom Thun unzertrennlich, und ein Willensakt im engsten Sinn ist nur der, welchen die That dazu stämpelt. Hingegen bloße Willensbeschlüsse sind, bis zur Ausführung, nur Vorsätze und daher Sache des Intellekts allein: sie haben als solche ihre Stelle bloß im Gehirn und sind nichts weiter, als abgeschlossene Berechnungen der relativen Stärke der verschiedenen, sich entgegenstehenden Motive, haben daher zwar große Wahrscheinlichkeit, aber nie Unfehlbarkeit. Sie können nämlich sich als falsch ausweisen, nicht nur mittelst Aenderung der Umstände, sondern auch dadurch, daß die Abschätzung der respektiven Wirkung der Motive auf den eigentlichen Willen irrig war, welches sich alsdann zeigt, indem die That dem Vorsatz untreu wird: daher eben ist vor der Ausführung kein Entschluß gewiß. Also ist allein im wirklichen Handeln der Wille selbst thätig, mithin in der Muskelaktion, folglich in der Irritabilität: also objektivirt sich in dieser der eigentliche Wille. Das große Gehirn ist der Ort der Motive, woselbst, durch diese, der Wille zur Willkür wird, d. h. eben durch Motive näher bestimmt wird. Diese Motive sind Vorstellungen, welche auf Anlaß äußerer Reize der Sinnesorgane, mittelst der Funktionen des Gehirns entstehn und auch zu Begriffen, dann zu Beschlüssen verarbeitet werden. Wann es zum wirklichen Willensakt kommt, wirken diese Motive, deren Werkstätte das große Gehirn ist, unter Vermittelung des kleinen Gehirns, auf das Rückenmark und die von diesem ausgehenden motorischen Nerven, welche dann auf die Muskeln wirken, jedoch bloß als Reize der Irritabilität derselben; da auch galvanische, chemische und selbst mechanische Reize die selbe Kontraktion, die der motorische Nerv hervorruft, bewirken können. Also was im Gehirn Motiv war, wirkt, wenn es durch die Nervenleitung zum Muskel gelangt, als bloßer Reiz. Die Sensibilität an sich ist völlig unvermögend einen Muskel zu kontrahiren: dies kann nur dieser selbst, und seine Fähigkeit hiezu heißt Irritabilität, d. h. Reizbarkeit: sie ist ausschließlich Eigenschaft des Muskels; wie Sensibilität ausschließliche Eigenschaft des Nerven ist. Dieser giebt zwar dem Muskel den Anlaß zu seiner Kontraktion; aber keineswegs ist er es, welcher, irgendwie mechanisch, den Muskel zusammenzöge: sondern dies geschieht ganz allein vermöge der Irritabilität, welche des Muskels selbst-eigene Kraft ist. Diese ist, von außen aufgefaßt, eine *Qualitas occulta* [verborgene Eigenschaft]; und nur das Selbstbewußtseyn revelirt [enthüllt] sie als den Willen. In der hier kurz dargelegten Kausalkette, von der Einwirkung des außen liegenden Motivs bis zur Kontraktion des Muskels, tritt nicht etwan der Wille als letztes Glied derselben mit ein; sondern er ist das metaphysische Substrat der Irritabilität des Muskels: er spielt also hier genau die selbe Rolle, welche, in einer physikalischen oder chemischen Kausalkette, die dabei dem Vorgange zum Grunde liegenden geheimnißvollen Naturkräfte spielen, welche als solche nicht selbst als Glieder in der Kausalkette begriffen sind, sondern allen Gliedern derselben die Fähigkeit zu wirken verleihen; wie ich dies in § 26 des ersten Bandes ausführlich dargelegt habe. Daher würden wir eine dergleichen geheimnißvolle Naturkraft eben auch der Kontraktion des Muskels unterlegen; wenn diese uns nicht durch eine ganz anderweitige Erkenntnißquelle, das Selbstbewußtseyn, aufgeschlossen wäre, als Wille. Dieserhalb erscheint, wie oben gesagt, unsere eigene Muskelbewegung, wenn wir vom Willen ausgehn, uns als ein Wunder; weil zwar von dem außen liegenden Motiv bis zur Muskelaktion eine strenge Kausalkette fortgeht, der Wille selbst aber nicht als Glied in ihr begriffen ist, sondern als das metaphysische Substrat der Möglichkeit einer Aktuirung [Antreibung] des Muskels durch Gehirn und Nerv, auch der gegenwärtigen Muskelaktion zum Grunde liegt; daher diese eigentlich nicht seine Wirkung, sondern seine Erscheinung ist. Als solche tritt sie ein in der, vom Willen an sich selbst ganz verschiedenen, Welt der Vorstellung, deren Form das Kausalitätsgesetz ist; wodurch sie, wenn man vom Willen ausgeht, für die aufmerksame Reflexion, das Ansehn eines Wunders erhält, für die tiefere Forschung aber die unmittelbarste Beglaubigung der großen Wahrheit liefert, daß was in der Erscheinung als Körper und ihr Wirken auftritt, an sich Wille ist. – Wenn nun etwan der motorische Nerv, der zu meiner Hand leitet, durchschnitten ist; so kann mein Wille sie nicht mehr bewegen. Dies liegt aber nicht daran, daß die Hand aufgehört hätte, wie jeder Theil meines Leibes, die Objektität, die bloße Sichtbarkeit, meines Willens zu seyn, oder mit andern Worten, daß die Irritabilität verschwunden wäre; sondern daran, daß die Einwirkung des Motivs, in Folge deren allein ich meine Hand bewegen kann, nicht zu ihr gelangen und als Reiz auf ihre Muskeln wirken kann, da die Leitung vom Gehirn zu ihr unterbrochen ist. Also ist eigentlich mein Wille, in diesem Theil, nur der Einwirkung des Motivs entzogen. In der Irritabilität objektivirt sich der Wille unmittelbar, nicht in der Sensibilität.

Um über diesen wichtigen Punkt allen Mißverständnissen, besonders solchen, die von der rein empirisch betriebenen Physiologie ausgehn, vorzubeugen, will ich den ganzen Hergang etwas gründlicher auseinandersetzen. – Meine Lehre besagt, daß der ganze Leib der Wille selbst ist, sich darstellend in der Anschauung des Gehirns, folglich eingegangen in dessen Erkenntnißformen. Hieraus folgt, daß der Wille im ganzen Leibe überall gleichmäßig gegenwärtig sei; wie dies auch nachweislich der Fall ist; da die organischen Funktionen nicht weniger als die animalischen sein Werk sind. Wie nun aber ist es hiemit zu vereinigen, daß die willkürlichen Aktionen, diese unleugbarsten Aeußerungen des Willens, doch offenbar vom Gehirn ausgehn, sodann erst, durch das Mark, in die Nervenstämme gelangen, welche endlich die Glieder in Bewegung setzen, und deren Lähmung, oder Durchschneidung, daher die Möglichkeit der willkürlichen Bewegung aufhebt? Danach sollte man denken, daß der Wille, eben wie der Intellekt, seinen Sitz allein im Gehirn habe und, eben wie dieser, eine bloße Funktion des Gehirns sei.

Diesem ist jedoch nicht so; sondern der ganze Leib ist und bleibt die Darstellung des Willens in der Anschauung, also der, vermöge der Gehirnfunktionen, objektiv angeschaute Wille selbst. Jener Hergang, bei den Willensakten, beruht aber darauf, daß der Wille, welcher, nach meiner Lehre, in jeder Erscheinung der Natur, auch der vegetabilischen und unorganischen, sich äußert, im menschlichen und thierischen Leibe als ein bewußter Wille auftritt. Ein Bewußtseyn aber ist wesentlich ein einheitliches und erfordert daher stets einen centralen Einheitspunkt. Die Nothwendigkeit des Bewußtseyns wird, wie ich oft auseinandergesetzt habe, dadurch herbeigeführt, daß, in Folge der gesteigerten Komplikation und dadurch der mannigfaltigeren Bedürfnisse eines Organismus, die Akte seines Willens durch Motive gelenkt werden müssen, nicht mehr, wie auf den tieferen Stufen, durch bloße Reize. Zu diesem Behuf mußte er hier mit einem erkennenden Bewußtseyn, also mit einem Intellekt, als dem Medio [Mittler] und Ort der Motive, versehn auftreten. Dieser Intellekt, wenn selbst objektiv angeschaut, stellt sich dar als das Gehirn, nebst Dependenzien [abhängigen Organen], also Rückenmark und Nerven. Er nun ist es, in welchem, auf Anlaß äußerer Eindrücke, die Vorstellungen entstehn, welche zu Motiven für den Willen werden. Im vernünftigen Intellekt aber erfahren sie hiezu überdies noch eine weitere Verarbeitung durch Reflexion und Ueberlegung. Ein solcher Intellekt nun also muß zuvörderst alle Eindrücke, nebst deren Verarbeitung durch seine Funktionen, sei es zu bloßer Anschauung, oder zu Begriffen, in einen Punkt vereinigen, der gleichsam der Brennpunkt aller seiner Strahlen wird, damit jene Einheit des Bewußtseyns entstehe, welche das theoretische Ich ist, der Träger des ganzen Bewußtseyns, in welchem selbst es mit dem wollenden Ich, dessen bloße Erkenntnißfunktion es ist, als identisch sich darstellt. Jener Einheitspunkt des Bewußtseyns, oder das theoretische Ich, ist eben Kants synthetische Einheit der Apperception [erkennenden Wahrnehmung: *Kritik der reinen Vernunft*, 2 A., 1. Transzendentale Elementarlehre, 2. T., 1. Abt. 1. Buch, § 16], auf welche alle Vorstellungen sich wie auf eine Perlenschnur reihen und vermöge deren das »Ich denke«, als Faden der Perlenschnur, »alle unsere Vorstellungen muß begleiten können«†. – Dieser Sammelplatz der Motive also, woselbst ihr Eintritt in den einheitlichen Fokus des Bewußtseyns Statt hat, ist das Gehirn. Hier werden sie im vernunftlosen Bewußtseyn bloß angeschauet, im vernünftigen durch Begriffe verdeutlicht, also noch allererst *in abstracto* gedacht und verglichen; worauf der Wille sich, seinem individuellen und unwandelbaren Charakter gemäß, entscheidet, und so der Entschluß hervorgeht, welcher nunmehr, mittelst des Cerebellums [Kleinhirns], des Marks und der Nervenstämme, die äußeren Glieder in Bewegung setzt. Denn, wenn gleich auch in diesen der Wille ganz unmittelbar gegenwärtig ist, indem sie seine bloße Erscheinung sind; so bedurfte er, wo er nach Motiven, oder gar nach Ueber-

† Vergl. *p. 314* [S. 325]

legung, sich zu bewegen hat, eines solchen Apparats, zur Auffassung und Verarbeitung der Vorstellungen zu solchen Motiven, in deren Gemäßheit seine Akte hier als Entschlüsse auftreten; – eben wie die Ernährung des Bluts, durch den Chylus [resorbierten Speisebrei], eines Magens und der Gedärme bedarf, in welchen dieser bereitet wird und dann als solcher ihm zufließt durch den *ductus thoracicus* [Brustgang], welcher hier die Rolle spielt, die dort das Rückenmark hat. – Am einfachsten und allgemeinsten läßt die Sache sich so fassen: der Wille ist in allen Muskelfasern des ganzen Leibes als Irritabilität unmittelbar gegenwärtig, als ein fortwährendes Streben zur Thätigkeit überhaupt. Soll nun aber dieses Streben sich realisiren, also sich als Bewegung äußern; so muß diese Bewegung, eben als solche, irgend eine Richtung haben: diese Richtung aber muß durch irgend etwas b e s t i m m t werden: d. h. sie bedarf eines Lenkers: dieser nun ist das Nervensystem. Denn der bloßen Irritabilität, wie sie in der Muskelfaser liegt und an sich purer Wille ist, sind alle Richtungen gleichgültig: also bestimmt sie sich nach keiner, sondern verhält sich wie ein Körper, der nach allen Richtungen gleichmäßig gezogen wird; er ruht. Indem die Nerventhätigkeit als Motiv (bei Reflexbewegungen als Reiz) hinzutritt, erhält die strebende Kraft, d. i. die Irritabilität, eine bestimmte Richtung und liefert jetzt die Bewegungen. – Diejenigen äußeren Willensakte jedoch, welche keiner Motive, also auch nicht der Verarbeitung bloßer Reize zu Vorstellungen im Gehirn, daraus eben Motive werden, bedürfen, sondern unmittelbar auf Reize, meistens innere, erfolgen, sind die Reflexbewegungen, ausgehend vom bloßen Rückenmark, wie z. B. die Spasmen und Krämpfe, in denen der Wille ohne Theilnahme des Gehirns wirkt. – Auf analoge Weise betreibt der Wille das organische Leben, ebenfalls auf Nervenreiz, welcher nicht vom Gehirn ausgeht. Nämlich der Wille erscheint in jedem Muskel als Irritabilität und ist folglich für sich im Stande, diesen zu kontrahiren; jedoch nur ü b e r h a u p t : damit eine bestimmte Kontraktion, in einem gegebenen Augenblick, erfolge, bedarf es, wie überall, einer Ursache, die hier ein Reiz seyn muß. Diesen giebt überall der Nerv, welcher in den Muskel geht. Hängt dieser Nerv mit dem Gehirn zusammen; so ist die Kontraktion ein bewußter Willensakt, d. h. geschieht auf Motive, welche, in Folge ä u ß e r e r Einwirkung, im Gehirn, als Vorstellungen, entstanden sind. Hängt der Nerv nicht mit dem Gehirn zusammen, sondern mit dem *sympathicus maximus* [großen sympathischen Nerv]; so ist die Kontraktion unwillkürlich und unbewußt, nämlich ein dem organischen Leben dienender Akt, und der Nervenreiz dazu wird veranlaßt durch innere Einwirkung, z. B. durch den Druck der eingenommenen Nahrung auf den Magen, oder des Chymus [Speisebreis] auf die Gedärme, oder des einströmenden Blutes auf die Wände des Herzens: er ist demnach Magenverdauung, oder *motus peristalticus* [Verdauungsbewegung], oder Herzschlag u. s. w.

Gehn wir nun aber, in diesem Hergang, noch einen Schritt weiter zurück; so finden wir, daß die Muskeln das Produkt und Verdichtungswerk des Blutes, ja gewissermaaßen nur festgewordenes, gleichsam geronnenes oder krystallisirtes Blut sind; indem sie den Faserstoff (Fibrine, *Cruor*) und den Färbestoff desselben fast unverändert in sich aufgenommen haben (Burdach, Physiologie, Bd. 5, S. 686). Die Kraft aber, welche aus dem Blute den Muskel bildete, darf nicht als verschieden angenommen werden von der, die nachher, als Irritabilität, auf Nervenreiz, welchen das Gehirn liefert, denselben bewegt; wo sie alsdann dem Selbstbewußtseyn sich als Dasjenige kund giebt, was wir Willen nennen. Zudem beweist den nahen Zusammenhang zwischen dem Blut und der Irritabilität auch dieses, daß wo, wegen Unvollkommenheit des kleinen Blutumlaufs, ein Theil des Blutes unoxydirt zum Herzen zurückkehrt, die Irritabilität sogleich ungemein schwach ist; wie bei den Batrachiern [Froschlurchen]. Auch ist die Bewegung des Blutes, eben wie die des Muskels, eine selbstständige und ursprüngliche, sie bedarf nicht ein Mal, wie die Irritabilität, des Nerveneinflusses, und ist selbst vom Herzen unabhängig; wie dies am deutlichsten der Rücklauf des Blutes durch die Venen zum Herzen kund giebt; da bei diesem nicht, wie beim Arterienlauf, eine *vis a tergo* [von hinten treibende Kraft] es propellirt, und auch alle sonstigen mechanischen Erklärungen, wie etwan durch eine Saugekraft der rechten Herzkammer, durchaus zu kurz kommen. (Siehe Burdachs Physiologie, Bd. 4, § 763, und Rösch »Ueber die Bedeutung des Bluts«, S. 11 fg.) Merkwürdig ist es zu sehn, wie die Franzosen, welche nichts, als mechanische Kräfte kennen, mit unzureichenden Gründen auf beiden Seiten, gegen einander streiten, und Bichat den Rücklauf des Blutes durch die Venen dem

Druck der Wände der Kapillargefäße, Magendie dagegen dem noch immer fortwirkenden Impuls des Herzens zuschreibt *(Précis de physiologie par Magendie, Vol. 2, p. 389)*. Daß die Bewegung des Blutes auch vom Nervensystem, wenigstens vom cerebralen, unabhängig ist, bezeugen die Fötus, welche (nach Müllers Physiologie) ohne Gehirn und Rückenmark, doch Blutumlauf haben. Und auch Flourens sagt: *Le mouvement du coeur, pris en soi, et abstraction faite de tout ce qui n'est pas essentiellement lui, comme sa durée, sa régularité, son énergie, ne dépend ni immédiatement ni coinstantanément, du système nerveux central, et conséquemment c'est dans tout autre point de ce système que dans les centres nerveux, eux-mêmes, qu'il faut chercher le principe primitif et immédiat de ce mouvement* [Die Bewegung des Herzens, für sich betrachtet und abgesehen von allem, was nicht wesentlich sie selbst ist, wie z. B. ihre Dauer, ihre Regelmäßigkeit, ihre Intensität, hängt weder unmittelbar noch mittelbar vom zentralen Nervensystem ab, und folglich muß man das ursprüngliche und unmittelbare Prinzip dieser Bewegungen an einem ganz andern Punkte dieses Systems als in den Nervenzentren selbst suchen. *(Nouvelles expériences sur le système nerveux*, in] *Annales des sciences naturelles p. Audouin et Brongniard, 1828, Vol. 13)*. – Auch Cuvier sagt: *La circulation survit à la déstruction de tout l'encéphale et de toute la moëlle épiniaire* [Der Blutkreislauf überdauert die Zerstörung des ganzen Gehirns und des ganzen Rückenmarks], *(Mém. de l'acad. d. sc., 1823, Vol. 6; Hist. de l'acad. p. Cuvier, p. CXXX). Cor primum vivens et ultimum moriens* [Das Herz lebt zuerst und stirbt zuletzt], sagt Haller. Der Herzschlag hört im Tode zuletzt auf. – Die Gefäße selbst hat das Blut gemacht; da es im Ei früher als sie erscheint: sie sind nur seine freiwillig eingeschlagenen, dann gebahnten, endlich allmälig kondensirten und umschlossenen Wege; wie dies schon Kaspar Wolff gelehrt hat: »Theorie der Generation«, § 30–35. Auch die von der des Blutes unzertrennliche Bewegung des Herzens ist, wenn gleich durch das Bedürfniß Blut in die Lunge zu senden veranlaßt, doch eine ursprüngliche; sofern sie vom Nervensystem und der Sensibilität unabhängig ist: wie Burdach dies ausführlich darthut. »Im Herzen«, sagt er, »erscheint, mit dem Maximum von Irritabilität, ein Minimum von Sensibilität« (l. c., § 769). Das Herz gehört sowohl dem

Muskel- als dem Blut- oder Gefäß-System an; woran abermals ersichtlich ist, daß Beide nahe verwandt, ja ein Ganzes sind. Da nun das metaphysische Substrat der Kraft, die den Muskel bewegt, also der Irritabilität, der W i l l e ist; so muß dasselbe es auch von d e r seyn, welche der Bewegung und den Bildungen des Blutes zum Grunde liegt, als durch welche der Muskel hervorgebracht worden. Der Lauf der Arterien bestimmt zudem die Gestalt und Größe aller Glieder: folglich ist die ganze Gestalt des Leibes durch den Lauf des Blutes bestimmt. Ueberhaupt also hat das Blut, wie es alle Theile des Leibes ernährt, auch schon, als Urflüssigkeit des Organismus, dieselben ursprünglich aus sich erzeugt und gebildet; und die Ernährung der Theile, welche eingeständlich die Hauptfunktion des Blutes ausmacht, ist nur die Fortsetzung jener ursprünglichen Erzeugung derselben. Diese Wahrheit findet man gründlich und vortrefflich auseinandergesetzt in der oben erwähnten Schrift von R ö s c h: »Ueber die Bedeutung des Bluts«, 1839. Er zeigt, daß das Blut das ursprünglich Belebte und die Quelle sowohl des Daseyns, als der Erhaltung aller Theile ist; daß aus ihm sich alle Organe ausgeschieden haben, und zugleich mit ihnen, zur Lenkung ihrer Funktionen, das Nervensystem, welches theils als p l a s t i s c h e s, dem Leben der einzelnen Theile im Innern, theils als c e r e b r a l e s, der Relation zur Außenwelt ordnend und leitend vorsteht. »Das Blut«, sagt er S. 25, »war Fleisch und Nerv zugleich, und in dem selben Augenblick, da der Muskel sich von ihm löste, blieb der Nerv, eben so getrennt, dem Fleische gegenüberstehn.« Hiebei versteht es sich von selbst, daß das Blut, ehe jene festen Theile von ihm ausgeschieden sind, auch eine etwas andere Beschaffenheit hat als nachdem: es ist alsdann, wie R ö s c h es bezeichnet, die chaotische, belebte, schleimige Urflüssigkeit, gleichsam eine organische Emulsion, in welcher alle nachherigen Theile *implicite* enthalten sind: auch die rothe Farbe hat es nicht gleich Anfangs. Dies beseitigt den Einwurf, den man daraus nehmen könnte, daß Gehirn und Rückenmark sich zu bilden anfangen, ehe die Cirkulation des Blutes sichtbar ist und das Herz entsteht. In diesem Sinne sagt auch S c h u l t z (System der Cirkulation, S. 297): »Wir glauben nicht, daß die Ansicht B a u m g ä r t n e r s, nach welcher sich das Nervensystem früher, als das Blut bildet, sich wird durchführen lassen; da B a u m g ä r t n e r die Entstehung des Blutes nur von der Bildung der Bläschen an rechnet, während schon viel früher, im Embryo und in der Thierreihe Blut in Form von reinem Plasma erscheint.« – Nimmt doch das Blut der wirbellosen Thiere nie die rothe Farbe an; weshalb wir dennoch nicht, wie Aristoteles, es ihnen absprechen. – Es verdient wohl, angemerkt zu werden, daß, nach dem Berichte Justinus Kerner's (Geschichte zweier Somnambulen, S. 78) eine im höchsten Grade hellsehende Somnambule sagt: »Ich bin so tief in mir, als je ein Mensch in sich geführt werden kann: die Kraft meines irdischen Lebens scheint mir im Blute ihren Ursprung zu haben, wodurch sie sich, durch das Auslaufen in die Adern, vermittelst der Nerven, dem ganzen Körper, das Edelste desselben aber, über sich, dem Gehirn mittheilt.«

Aus diesem Allen geht hervor, daß der Wille sich am unmittelbarsten im Blute objektivirt, als welches den Organismus ursprünglich schafft und formt, ihn durch Wachsthum vollendet und nachher ihn fortwährend erhält, sowohl durch regelmäßige Erneuerung aller, als durch außerordentliche Herstellung etwan verletzter Theile. Das erste Produkt des Blutes sind seine eigenen Gefäße und dann die Muskeln, in deren Irritabilität der Wille sich dem Selbstbewußtseyn kund giebt, hiemit aber auch das Herz, als welches zugleich Gefäß und Muskel, und deshalb das wahre Centrum und *primum mobile* des ganzen Lebens ist. Zum individuellen Leben und Bestehn in der Außenwelt bedarf nun aber der Wille zweier Hülfssysteme: nämlich eines zur Lenkung und Ordnung seiner innern und äußern Thätigkeit, und eines andern zur steten Erneuerung der Masse des Bluts; also eines Lenkers und eines Erhalters. Daher schafft er sich das Nerven- und das Eingeweide-System: also, zu den *functiones vitales* [Lebensfunktionen = Blutkreislauf], welche die ursprünglichsten und wesentlichsten sind, gesellen sich subsidiarisch [unterstützend] die *functiones animales* [sensiblen (= Nerven-)Funktionen] und die *functiones naturales* [organischen Funktionen = Stoffwechsel]. Im Nervensystem objektivirt der Wille sich demnach nur mittelbar und sekundär; sofern nämlich dieses als ein bloßes Hülfsorgan auftritt, als eine Veranstaltung, mittelst welcher die theils innern, theils äußern Veranlassungen, auf welche der Wille sich, seinen Zwecken gemäß, zu äußern hat, zu seiner Kunde gelangen: die innern empfängt das plastische Nervensystem, also der sympathische Nerv, dieses *cerebrum abdominale* [Bauchnervengeflecht], als bloße Reize, und der Wille reagirt darauf an Ort und Stelle, ohne Bewußtseyn des Gehirns; die äußern empfängt das Gehirn, als Motive, und der Wille reagirt darauf durch bewußte, nach außen gerichtete Handlungen. Mithin macht das ganze Nervensystem gleichsam die Fühlhörner des Willens aus, die er nach innen und außen streckt. Die Gehirn- und Rückenmarks-Nerven zerfallen, an ihren Wurzeln, in sensibele und motorische. Die sensibeln empfangen die Kunde von außen, welche nun sich im Heerde des Gehirns sammelt und daselbst verarbeitet wird, woraus Vorstellungen, zunächst als Motive, entstehn. Die motorischen Nerven aber hinterbringen, wie Kouriere, das Resultat der Gehirnfunktion dem Muskel, auf welchen dasselbe als Reiz wirkt und dessen Irritabilität die unmittelbare Erscheinung des Willens ist. Vermuthlich zerfallen die plastischen Nerven ebenfalls in sensibele und motorische, wiewohl auf einer untergeordneten Skala. – Die Rolle, welche im Organismus die Ganglien spielen, haben wir als eine diminutive Gehirnrolle zu denken, wodurch die eine zur Erläuterung der andern wird. Die Ganglien liegen überall, wo die organischen Funktionen des vegetativen Systems einer Aufsicht bedürfen. Es ist als ob daselbst der Wille, um seine Zwecke durchzusetzen, nicht mit seinem direkten und einfachen Wirken ausreichen konnte, sondern einer Leitung und deshalb einer Kontrole desselben bedurfte; wie wenn man, bei einer Verrichtung, nicht mit seiner bloßen natürlichen Besinnung ausreicht, sondern was man thut allemal notiren muß. Hiezu reichen, für das Innere des Organismus, bloße Nervenknoten aus; eben weil Alles im eigenen Bereich desselben vorgeht. Hingegen für das Aeußere bedurfte es einer sehr komplicirten Veranstaltung der selben Art: diese ist das Gehirn mit seinen Fühlfäden, welche es in die Außenwelt streckt, den Sinnesnerven. Aber selbst in den mit diesem großen Nervencentro kommunicirenden Organen braucht, in sehr einfachen Fällen, die Angelegenheit nicht vor die oberste Behörde gebracht zu werden; sondern eine untergeordnete reicht aus, das Nöthige zu verfügen: eine solche ist das Rückenmark, in den von Marshall Hall entdeckten Reflexbewegungen, wie das Niesen, Gähnen, Erbrechen, die zweite Hälfte des Schlingens u. a. m. Der Wille selbst ist im ganzen Organismus gegenwärtig, da dieser seine bloße Sichtbarkeit ist: das Nervensystem ist überall bloß da, um eine Direktion seines Thuns möglich zu machen, durch eine Kontrole desselben, gleichsam dem Willen als Spiegel zu dienen, damit er sehe was er thue; wie wir beim Rasiren uns eines Spiegels bedienen. Dadurch entstehn kleine Sensoria im Innern, für specielle und deshalb einfache Verrichtungen, die Ganglien: das Hauptsensorium aber, das Gehirn, ist der große und künstliche Apparat für die komplicirten und vielseitigen, auf die unaufhörlich und unregelmäßig wechselnde Außenwelt bezüglichen Verrichtungen. Wo im Organismus Nervenfäden in ein Ganglion zusammenlaufen, da ist gewissermaaßen ein eigenes Thier vorhanden und abgeschlossen, welches, mittelst des Ganglions, eine Art von schwacher Erkenntniß hat, deren Sphäre jedoch beschränkt ist auf die Theile, aus denen diese Nerven unmittelbar kommen. Was nun aber diese Theile auf solche *quasi* Erkenntniß aktuirt, ist offenbar Wille, ja, wir vermögen gar nicht es anders auch nur zu denken. Hierauf beruht die *vita propria* [Eigenleben] jedes Theils, wie auch, bei Insekten, als welche, statt des Rückenmarks, einen doppelten Nervenstrang mit Ganglien in regelmäßigen Entfernungen haben, die Fähigkeit jedes Theils, nach Trennung vom Kopf und übrigen Rumpf, noch tagelang zu leben; endlich auch die, in letzter Instanz, nicht vom Gehirn aus motivirten Handlungen, d.i. Instinkt und Kunsttrieb. Marshall Hall, dessen Entdeckung der Reflexbewegungen ich oben erwähnte, hat in derselben uns eigentlich die Theorie der unwillkürlichen Bewegungen geliefert. Diese sind theils normale oder physiologische: dahin gehören die Verschließung der Ein- und Ausgänge des Leibes, also der *sphincteres vesicae et ani* [Schließmuskeln der Blase und des Afters] (ausgehend von Rückenmarksnerven), der Augenlider im Schlaf (vom fünften Nervenpaare aus), des Larynx [Kehlkopfs] (vom *N. vagus* [zehnten Gehirnnerv] aus), wenn Speisen an ihm vorübergehn, oder Kohlensäure eindringen will, sodann das Schlucken, vom Pharynx [Schlundkopf] an, das Gähnen, Niesen, die Respiration, im Schlafe ganz, im Wachen zum Theil, endlich die Erektion, Ejakulation, wie auch die Konception u. a. m.: theils sind sie abnormale oder pathologische: dahin gehören das Stottern, der Schluchzen, das Erbrechen, wie auch die Krämpfe und Konvulsionen aller Art, zumal in der Epilepsie, im Tetanus, in der Hydrophobie [Tollwut] und sonst, endlich die durch galvanischen oder andern Reiz hervorgerufenen, ohne Gefühl und Bewußtseyn geschehenden Zuckungen paralysirter, d. h. außer Verbindung mit dem Gehirn gesetzter Glieder, eben so die Zuckungen enthaupteter Thiere, endlich alle Bewegungen und Aktionen hirnlos geborener Kinder. Alle Krämpfe sind eine Rebellion der Nerven der Glieder gegen die Souveränität des Gehirns: hingegen sind die normalen Reflexbewegungen die legitime Autokratie [Selbstherrschaft] untergeordneter Beamten. Diese sämmtlichen Bewegungen also sind unwillkürlich, weil sie nicht vom Gehirn ausgehn und daher nicht auf Motive geschehn, sondern auf bloße Reize. Die sie veranlassenden Reize gelangen bloß zum Rückenmark, oder zur *medulla oblongata* [verlängertes Rückenmark], und von da aus geschieht unmittelbar die Reaktion, welche die Bewegung bewirkt. Das selbe Verhältniß, welches das Gehirn zu Motiv und Handlung hat, hat das Rückenmark zu jenen unwillkürlichen Bewegungen, und was der *sentient and voluntary nerv[e]* [empfindende und wollende Nerv] für jenes, ist für dieses der *incident and motor nerv[e]* [reizende und bewegende Nerv]. Daß dennoch, in den Einen wie in den Andern, das eigentlich Bewegende der Wille ist, fällt um so deutlicher in die Augen, als die unwillkürlich bewegten Muskeln großentheils die selben sind, welche, unter andern Umständen, vom Gehirn aus bewegt werden, in den willkürlichen Aktionen, wo ihr *primum mobile* uns durch das Selbstbewußtseyn als Wille intim bekannt ist. Marshall Halls vortreffliches Buch *On the diseases of the nervous system* ist überaus geeignet, den Unterschied zwischen Willkür und Wille deutlich zu machen und die Wahrheit meiner Grundlehre zu bestätigen.

Erinnern wir uns jetzt, zur Veranschaulichung alles hier Gesagten, an diejenige Entstehung eines Organismus, welche unserer Beobachtung am zugänglichsten ist. Wer macht das Hühnchen im Ei? etwan eine von außen kommende und durch die Schaale dringende Macht und Kunst? O nein! das Hühnchen macht sich selbst, und eben die Kraft, welche dieses über allen Ausdruck komplicirte, wohlberechnete und zweckmäßige Werk ausführt und vollendet, durchbricht, sobald es fertig ist, die Schaale, und vollzieht nunmehr, unter der Benennung Wille, die äußern Handlungen des Hühnchens. Beides zugleich konnte sie nicht leisten: vorher mit Ausarbeitung des Organismus beschäftigt, hatte sie keine Besorgung nach außen. Nachdem nun aber jener vollendet ist, tritt diese ein, unter Leitung des Gehirns und seiner Fühlfäden, der Sinne, als eines zu diesem Zweck vorhin bereiteten Werkzeuges, dessen Dienst erst anfängt, wann es im Selbstbewußtseyn als Intellekt aufwacht, der die Laterne der Schritte des Willens, sein ἡγεμονικον [leitendes Prinzip], und zugleich der Träger der objektiven Außenwelt ist, so beschränkt auch der Horizont dieser im Bewußtseyn eines Huhnes seyn mag. Was aber jetzt das Huhn, unter Vermittelung dieses Organs, in der Außenwelt zu leisten vermag, ist, als durch ein Sekundäres vermittelt, unendlich geringfügiger, als was es in seiner Ursprünglichkeit leistete, da es sich selbst machte.

Wir haben oben das cerebrale Nervensystem als ein Hülfsorgan des Willens kennen gelernt, in welchem dieser sich daher sekundär objektivirt. Wie also das Cerebralsystem, obgleich nicht direkt eingreifend in den Kreis der Lebensfunktionen des Organismus, sondern nur dessen Relationen nach außen lenkend, dennoch den Organismus zur Basis hat und zum Lohn seiner Dienste von ihm genährt wird, wie also das cerebrale oder animale Leben als Produkt des organischen Lebens anzusehn ist; so gehört das Gehirn und dessen Funktion, das Erkennen, also der Intellekt, mittelbar und sekundär zur Erscheinung des Willens: auch in ihm objektivirt sich der Wille und zwar als Wille zur Wahrnehmung der Außenwelt, also als ein Erkennenwollen. So groß und fundamental daher auch der Unterschied des Wollens vom Erkennen in uns ist; so bleibt dennoch das letzte Substrat Beider das selbe, nämlich der Wille, als das Wesen an sich der ganzen Erscheinung: das Erkennen aber, der Intellekt, welcher im Selbstbewußtseyn sich durchaus als das Sekundäre darstellt, ist nicht nur als sein Accidenz, sondern auch als sein Werk anzusehn und also, durch einen Umweg, doch wieder auf ihn zurückzuführen. Wie der Intellekt physiologisch sich ergiebt als die Funktion eines Organs des Leibes; so ist er metaphysisch anzusehn als ein Werk des Willens, dessen Objektivation, oder Sichtbarkeit, der ganze Leib ist. Also der Wille zu erkennen, objektiv angeschaut, ist das Gehirn; wie der Wille zu gehn, objektiv angeschaut, der Fuß ist; der Wille zu greifen, die Hand; der Wille zu verdauen, der Magen; zu zeugen, die Genitalien u. s. f. Diese ganze Objektivation ist freilich zuletzt nur für das Gehirn da, als seine Anschauung: in dieser stellt sich der

Wille als organischer Leib dar. Aber sofern das Gehirn erkennt, wird es selbst nicht erkannt; sondern ist das Erkennende, das Subjekt aller Erkenntniß. Sofern es aber in der objektiven Anschauung, d. h. im Bewußtseyn anderer Dinge, also sekundär, erkannt wird, gehört es, als Organ des Leibes, zur Objektivation des Willens. Denn der ganze Proceß ist die Selbsterkenntniß des Willens, geht von diesem aus und läuft auf ihn zurück, und macht Das aus, was Kant die Erscheinung, im Gegensatz des Dinges an sich benannt hat. Was daher erkannt, was Vorstellung wird, ist der Wille: und diese Vorstellung ist, was wir den Leib nennen, der als ein räumlich Ausgedehntes und sich in der Zeit Bewegendes nur mittelst der Funktionen des Gehirns, also nur in diesem, existirt. Was hingegen erkennt, was jene Vorstellung hat, ist das Gehirn, welches jedoch sich selbst nicht erkennt, sondern nur als Intellekt, d. h. als Erkennendes, also nur subjektiv, sich seiner bewußt wird. Was von innen gesehn das Erkenntnißvermögen ist, das ist, von außen gesehn, das Gehirn. Dieses Gehirn ist ein Theil eben jenes Leibes, weil es selbst zur Objektivation des Willens gehört, nämlich das Erkennenwollen desselben, seine Richtung auf die Außenwelt, in ihm objektivirt ist. Demnach ist allerdings das Gehirn, mithin der Intellekt, unmittelbar durch den Leib bedingt, und dieser wiederum durch das Gehirn, jedoch nur mittelbar, nämlich als Räumliches und Körperliches, in der Welt der Anschauung, nicht aber an sich selbst, d. h. als Wille. Das Ganze also ist zuletzt der Wille, der sich selber Vorstellung wird, und ist jene Einheit, die wir durch Ich ausdrücken. Das Gehirn selbst ist, sofern es vorgestellt wird, – also im Bewußtseyn anderer Dinge, mithin sekundär, – selbst nur Vorstellung. An sich aber und sofern es vorstellt, ist es der Wille, weil dieser das reale Substrat der ganzen Erscheinung ist: sein Erkennenwollen objektivirt sich als Gehirn und dessen Funktionen. – Als ein zwar unvollkommenes, aber doch einigermaaßen das Wesen der menschlichen Erscheinung, wie wir es hier betrachten, veranschaulichendes Gleichniß kann man allenfalls die Volta'sche Säule ansehn: die Metalle, nebst Flüssigkeit, wären der Leib; die chemische Aktion, als Basis des ganzen Wirkens, wäre der Wille, und die daraus hervorgehende elektrische Spannung, welche Schlag und Funken hervorruft, der Intellekt. Aber *omne simile claudicat* [jedes Gleichnis hinkt].

In der Pathologie hat sich in neuester Zeit endlich die physiatrische Ansicht geltend gemacht, welcher zufolge die Krankheiten selbst ein Heilproceß der Natur sind, den sie einleitet, um eine irgendwie im Organismus eingerissene Unordnung durch Ueberwindung der Ursachen derselben zu beseitigen, wobei sie, im entscheidenden Kampf, der Krisis, entweder den Sieg davonträgt und ihren Zweck erreicht, oder aber unterliegt. Ihre ganze Rationalität gewinnt diese Ansicht erst von unserm Standpunkt aus, welcher in der Lebenskraft, die hier als *vis naturae medicatrix* [Heilkraft der Natur] auftritt, den Willen erkennen läßt, der im gesunden Zustand allen organischen Funktionen zum Grunde liegt, jetzt aber, bei eingetretenen, sein ganzes Werk bedrohenden Unordnungen, sich mit diktatorischer Gewalt bekleidet, um durch ganz außerordentliche Maaßregeln und völlig abnorme Operationen (die Krankheit) die rebellischen Potenzen zu dämpfen und Alles ins Gleis zurückzuführen. Daß hingegen, wie Brandis, in den Stellen seines Buches »Ueber die Anwendung der Kälte«, die ich im ersten Abschnitt meiner Abhandlung »Ueber den Willen in der Natur« angeführt habe, sich wiederholt ausdrückt, der Wille selbst krank sei, ist ein grobes Mißverständniß. Wenn ich dieses erwäge und zugleich bemerke, daß Brandis in seinem frühen Buch »Ueber die Lebenskraft«, von 1795, keine Ahndung davon verräth, daß diese Kraft an sich der Wille sei, vielmehr daselbst S. 13 sagt: »Unmöglich kann die Lebenskraft das Wesen seyn, welches wir nur durch unser Bewußtseyn kennen, da die meisten Bewegungen ohne unser Bewußtseyn vorgehn. Die Behauptung, daß dieses Wesen, dessen einziger uns bekannter Charakter Bewußtseyn ist, auch ohne Bewußtseyn auf den Körper wirke, ist wenigstens ganz willkürlich und unbewiesen«; und S. 14: »Gegen die Meinung, daß alle lebendige Bewegung Wirkung der Seele sei, sind, wie ich glaube, Haller's Einwürfe unwiderleglich«; – wenn ich ferner bedenke, daß er sein Buch »Ueber die Anwendung der Kälte«, worin der Wille mit einem Male so entschieden als Lebenskraft auftritt, im siebzigsten Jahre geschrieben hat, einem Alter, in welchem wohl noch Niemand originelle Grundgedanken zuerst gefaßt hat; – wenn ich dabei noch berücksichtige, daß er sich gerade meiner Ausdrücke »Wille und Vorstellung«, nicht aber der sonst viel gebräuchlicheren »Begehrungs- und Erkenntniß-Vermögen« bedient: – bin ich, meiner frühern Voraussetzung entgegen, jetzt der Ueberzeugung daß er seinen Grundgedanken von mir entlehnt und, mit der heut zu Tage in der gelehrten Welt üblichen Redlichkeit, davon geschwiegen hat. Das Nähere hierüber findet man in der zweiten Auflage der Schrift »Ueber den Willen in der Natur«, S. 14.

Die Thesis, welche uns in gegenwärtigem Kapitel beschäftigt, zu bestätigen und zu erläutern, ist nichts geeigneter, als Bichat's mit Recht berühmtes Buch *Sur la vie et la mort.* Seine und meine Betrachtungen unterstützen sich wechselseitig, indem die seinigen der physiologische Kommentar der meinigen, und diese der philosophische Kommentar der seinigen sind und man uns beiderseits zusammengelesen am besten verstehn wird. Vornehmlich ist hier von der ersten Hälfte seines Werkes, betitelt *Recherches physiologiques sur la vie,* die Rede. Seinen Auseinandersetzungen legt er den Gegensatz von organischem und animalischem Leben zum Grunde, welcher dem meinigen von Willen und Intellekt entspricht. Wer auf den Sinn, nicht auf die Worte sieht, wird sich nicht dadurch irre machen lassen, daß er den Willen dem animalischen Leben zuschreibt; da er darunter, wie gewöhnlich, bloß die bewußte Willkür versteht, welche allerdings vom Gehirn ausgeht, wo sie jedoch, wie oben gezeigt worden, noch kein wirkliches Wollen, sondern die bloße Ueberlegung und Berechnung der Motive ist, deren Konklusion, oder Facit, zuletzt als Willensakt hervortritt. Alles was ich dem eigentlichen Willen zuschreibe, legt er dem organischen Leben bei, und Alles was ich als Intellekt fasse, ist bei ihm das animale Leben: dieses hat bei ihm seinen Sitz allein im Gehirn nebst Anhängen; jenes hingegen im ganzen übrigen Organismus. Der durchgängige Gegensatz, in welchem er Beide gegen einander nachweist, entspricht dem, welcher bei mir zwischen Willen und Intellekt vorliegt. Er geht dabei, als Anatom und Physiolog, vom Objektiven, d. h. vom Bewußtseyn anderer Dinge, aus; ich, als Philosoph, vom Subjektiven, dem Selbstbewußtseyn: und da ist es nun eine Freude zu sehn, wie wir, gleich den zwei Stimmen im Duetto, in Harmonie mit einander fortschreiten, obgleich Jeder etwas Anderes vernehmen läßt. Daher lese, wer mich verstehn will, ihn; und wer ihn gründlicher verstehn will, als er sich selbst verstand, lese mich. Da zeigt uns Bichat, im Artikel 4, daß das organische Leben früher anfängt und später erlischt als das animale, folglich, da dieses auch im Schlafe feiert, beinahe eine doppelt so lange Dauer hat; dann, im Artikel 8 und 9, daß das organische Leben Alles sogleich und von selbst vollkommen leistet, das animale hingegen einer langen Uebung und Erziehung bedarf. Aber am interessantesten ist er im sechsten Artikel, wo er darthut, daß das animale Leben gänzlich auf die intellektuellen Operationen beschränkt ist, daher kalt und antheilslos vor sich geht, während die Affekte und Leidenschaften ihren Sitz im organischen Leben haben, wenn gleich die Anlässe dazu im animalen, d. i. cerebralen Leben liegen: hier hat er zehn köstliche Seiten, die ich ganz abschreiben möchte. S. 50 [4. ed. 1805] sagt er: *Il est sans doute étonnant, que les passions n'ayent jamais leur terme ni leur origine dans les divers organes de la vie animale; qu'au contraire les parties servant aux fonctions internes, soient constamment affectées par elles, et même les déterminent suivant l'état où elles se trouvent. Tel est cependant ce que la stricte observation nous prouve. Je dis d'abord que l'effet de toute espèce de passion, constamment étranger à la vie animale, est de faire naître un changement, une altération quelconque dans la vie organique.* [Es ist zweifellos erstaunlich, daß die Leidenschaften niemals weder ihren Endpunkt noch ihren Ausgangspunkt in den verschiedenen Organen des animalischen Lebens haben; daß vielmehr diejenigen Teile, welche den inneren Funktionen dienen, beständig durch dieselben affiziert werden und sie sogar bestimmen, je nach dem Zustand, in dem sie sich befinden. Und doch wird dies durch genaue Beobachtung erwiesen. Ich behaupte zunächst, daß die Wirkung von allen Arten der Leidenschaft beständig dem animalischen Leben fremd bleibt und vielmehr darin besteht, in dem organischen Leben eine Veränderung, irgend eine Modifikation zu veranlassen.] Dann führt er aus, wie der Zorn auf Blutumlauf und Herzschlag wirkt, dann wie die Freude, und endlich wie die Furcht; hierauf, wie die Lunge, der Magen, die Gedärme, Leber, Drüsen und Pankreas von eben jenem und den verwandten Gemüthsbewegungen afficirt werden, und wie der Gram die Nutrition [Ernährung] vermindert; sodann aber, wie das animale, d. h. das Gehirnleben, von dem

Allen unberührt bleibt und ruhig seinen Gang fortgeht. Er beruft sich auch darauf, daß wir, um intellektuelle Operationen zu bezeichnen, die Hand zum Kopfe führen, diese hingegen an das Herz, den Magen, die Gedärme legen, wenn wir unsere Liebe, Freude, Trauer oder Haß ausdrücken wollen, und bemerkt, daß es ein schlechter Schauspieler seyn müßte, der, wenn er von seinem Gram redete, den Kopf, und wenn von seiner Geistesanstrengung, das Herz berührte; wie auch daß, während die Gelehrten die sogenannte Seele im Kopfe wohnen ließen, das Volk den wohlgefühlten Unterschied zwischen Intellekt und Willensaffektionen allemal durch richtige Ausdrücke bezeichne, indem es z. B. von einem tüchtigen, gescheuten, feinen Kopfe rede, hingegen sage: ein gutes Herz, ein gefühlvolles Herz; so auch »der Zorn kocht in meinen Adern, bewegt mir die Galle, – vor Freude hüpfen mir die Eingeweide, – die Eifersucht vergiftet mein Blut«, u. s. w. *Les chants sont le langage des passions, de la vie organique, comme la parole ordinaire est celui de l'entendement, de la vie animale: la déclamation tient le milieu, elle anime la langue froide du cerveau, par la langue expressive des organes intérieurs, du coeur, du foie, de l'estomac etc.* [Der Gesang ist die Sprache der Leidenschaften, des organischen Lebens, wie das gesprochene Wort die des Verstandes, des animalischen Lebens ist: die Deklamation hält die Mitte, sie belebt die kalte Sprache des Gehirns durch die ausdrucksvolle Sprache der inneren Organe, des Herzens, der Leber, des Magens u. s. w. (S. 68).] – Sein Resultat ist: *La vie organique est le terme où aboutissent, et le centre d'où partent les passions.* [Das organische Leben ist der Endpunkt, in den die Leidenschaften einmünden, und das Zentrum, von dem sie ausgehen (S. 71).] Nichts ist mehr als dieses vortreffliche und gründliche Buch geeignet, zu bestätigen und deutlich zu machen, daß der Leib nur der verkörperte (d. h. mittelst der Gehirnfunktionen, also Zeit, Raum und Kausalität, angeschaute) W i l l e selbst ist, woraus folgt, daß der Wille das Primäre und Ursprüngliche, der Intellekt hingegen, als bloße Gehirnfunktion, das Sekundäre und Abgeleitete ist. Aber das Bewunderungswürdigste und für mich Erfreulichste im Gedankengang B i c h a t ' s ist, daß dieser große Anatom, auf dem Wege seiner rein physiologischen Betrachtungen, sogar dahin gelangt, die Unveränderlichkeit des m o r a l i s c h e n C h a r a k t e r s daraus zu erklären, daß nur das a n i m a l e Leben, also die Funktion des Gehirns, dem Einfluß der Erziehung, Uebung, Bildung und Gewohnheit unterworfen ist, der moralische Charakter aber dem von außen nicht modifikabeln organischen Leben, d. h. dem aller übrigen Theile, angehört. Ich kann mich nicht entbrechen, die Stelle herzusetzen: sie steht Artikel 9, § 2 [S. 175–77]. *Telle est donc la grande différence des deux vies de l'animal* (cerebrales oder animales, und organisches Leben) *par rapport à l'inégalité de perfection des divers systèmes de fonctions, dont chacune résulte; savoir, que dans l'une la prédominance ou l'infériorité d'un système, relativement aux autres, tient presque toujours à l'activité ou à l'inertie plus grandes de ce système, à l'habitude d'agir ou de ne pas agir; que dans l'autre, au contraire, cette prédominance ou cette infériorité sont immédiatement liées à la texture des organes, et jamais à leur éducation. Voilà pourquoi le tempérament physique et le caractère moral ne sont point susceptibles de changer par l'éducation, qui modifie si prodigieusement les actes de la vie animale; car, comme nous l'avons vu, tous deux appartiennent à la vie organique. Le caractère est, si je puis m'exprimer ainsi, la physionomie des passions; le tempérament est celle des fonctions internes: or les unes et les autres étant toujours les mêmes, ayant une direction que l'habitude et l'exercice ne dérangent jamais, il est manifeste que le tempérament et le caractère doivent être aussi soustraits à l'empire de l'éducation. Elle peut modérer l'influence du second, perfectionner assez le jugement et la réflexion, pour rendre leur empire supérieur au sien, fortifier la vie animale, afin qu'elle résiste aux impulsions de l'organique. Mais vouloir par elle dénaturer le caractère, adoucir ou exalter les passions dont il est l'expression habituelle, agrandir ou resserrer leur sphère, c'est une entreprise analogue à celle d'un médecin qui essaierait d'élever ou d'abaisser de quelques degrés, et pour toute la vie, la force de contraction ordinaire au coeur dans l'état de santé, de précipiter ou de ralentir habituellement le mouvement naturel aux artères, et qui est nécessaire à leur action etc. Nous observerions à ce médecin, que la circulation, la respiration etc. ne sont point sous le domaine de la volonté* (Willkür), *qu'elles ne peuvent être modifiées par l'homme, sans passer à l'état maladif etc. Faisons la même observation à ceux qui croient qu'on change le caractère, et par-là même les passions, puisque celles-ci sont un produit de l'action de tous les organes internes, ou qu'elles y ont au moins spécialement leur siège.* [Dies ist also der große Unterschied in den beiden Leben des Tieres (dem cerebralen oder animalen und dem organischen Leben) hinsichtlich der Ungleichheit in der Vervollkommnung der verschiedenen Systeme von Funktionen, aus denen jedes der beiden Systeme resultiert; nämlich daß in dem einen (dem animalischen Leben) die Vorherrschaft oder die Inferiorität irgend eines Systems im Vergleich mit den anderen fast immer bedingt ist durch die größere oder geringere Regsamkeit oder Trägheit dieses Systems, durch die Gewohnheit sich zu betätigen oder nicht zu betätigen; und daß hingegen in dem anderen (dem organischen Leben) diese Vorherrschaft oder Inferiorität unmittelbar mit der Textur der Organe zusammenhängt und niemals mit ihrer Erziehung. Eben dies ist der Grund, warum das physische Temperament und der moralische Charakter für eine Änderung durch die Erziehung durchaus nicht empfänglich sind, welche doch in so außerordentlichem Maße die Betätigungen des animalischen Lebens beeinflußt; denn alle beide (das Temperament und der Charakter) gehören, wie wir gesehen haben, zum organischen Leben. Der Charakter ist, wenn ich mich so ausdrücken darf, der Ausdruck der Leidenschaften; das Temperament ist der der inneren Funktionen. Da nun die einen wie die anderen immer dieselben bleiben und eine Richtung haben, welche durch Gewohnheit und Übung niemals gestört wird, so ist es klar, daß auch das Temperament und der Charakter der Herrschaft der Erziehung entzogen bleiben müssen. Diese kann allerdings den Einfluß des Charakters mildern, das Urteil und das Nachdenken beträchtlich vervollkommnen, um ihre Herrschaft der seinigen überlegen zu machen. Sie kann weiterhin das animalische Leben kräftigen, so daß es den Antrieben des organischen Lebens Widerstand leisten kann. Wer aber durch die Erziehung dem Charakter eine andere Natur geben, die Leidenschaften, deren stetiger Ausdruck er ist, mildern oder steigern, ihre Sphäre erweitern oder einschränken wollte, der würde etwas ähnliches unternehmen, wie ein Arzt, der versuchen wollte, die dem Herzen im gesunden Zustande eigene Kraft der Zusammenziehung um einige Grade und für das ganze Leben zu steigern oder zu mäßigen, oder die den Arterien natürliche und für ihre Betätigung notwendige Bewegung für die Dauer zu beschleunigen oder zu verlangsamen. Wir würden diesem Arzte vorhalten, daß Blutumlauf, Atmung u. s. w. nicht unter der Herrschaft der Willkür stehen, daß sie vom Menschen nicht abgeändert werden können, ohne in einen krankhaften Zustand zu geraten u. s. w. Die nämliche Vorhaltung machen wir denen, welche glauben, daß man den Charakter und durch ihn sogar die Leidenschaften abändern könne; denn diese sind ein Produkt der Tätigkeit aller inneren Organe oder haben wenigstens in ihnen ihren eigentümlichen Sitz.] Der mit meiner Philosophie vertraute Leser mag sich denken, wie groß meine Freude gewesen ist, als ich in den auf einem ganz andern Felde gewonnenen Ueberzeugungen des der Welt so früh entrissenen, außerordentlichen Mannes gleichsam die Rechnungsprobe zu den meinigen entdeckte.

Einen speciellen Beleg zu der Wahrheit, daß der Organismus die bloße Sichtbarkeit des Willens ist, giebt uns auch noch die Thatsache, daß wenn Hunde, Katzen, Haushähne, auch wohl noch andere Thiere, im heftigsten Zorn beißen, die Wunde tödtlich werden, ja, wenn von einem Hunde kommend, Hydrophobie [Tollwut] im Menschen, den sie traf, hervorbringen kann, ohne daß der Hund toll sei, oder es nachher werde. Denn der äußerste Zorn ist eben nur der entschiedenste und heftigste Wille zur Vernichtung seines Gegenstandes: dies erscheint nun eben darin, daß alsdann augenblicklich der Speichel eine verderbliche, gewissermaaßen magisch wirkende Kraft annimmt, und zeugt davon, daß Wille und Organismus in Wahrheit Eins sind. Eben Dies geht auch aus der Thatsache hervor, daß heftiger Aerger der Muttermilch schleunig eine so verderbliche Beschaffenheit geben kann, daß der Säugling alsbald unter Zuckungen stirbt. (Most, Ueber sympathetische Mittel, S. 16.)

Anmerkung zu dem über Bichat Gesagten.

Bichat hat, wie oben dargelegt, einen tiefen Blick in die menschliche Natur gethan und in Folge desselben eine überaus bewunderungswürdige Auseinandersetzung gegeben, welche zu dem Tiefgedachtesten der ganzen Französischen Litteratur gehört. Dagegen tritt jetzt, sechzig Jahre später, plötzlich Herr

Flourens polemisirend auf, in seiner Schrift *»De la vie et de l'intelligence«*, und entblödet sich nicht, Alles, was Bichat über diesen wichtigen und ihm ganz eigenthümlichen Gegenstand zu Tage gefördert hat, ohne Umstände für falsch zu erklären. Und was stellt er gegen ihn ins Feld? Gegengründe? Nein, Gegenbehauptungen* und Auktoritäten, und zwar so unstatthafte, wie wunderliche: nämlich Cartesius – und Gall! – Herr Flourens ist nämlich seines Glaubens ein Cartesianer, und ihm ist, noch im Jahre 1858, Descartes *»le philosophe par excellence«* [der Philosoph schlechthin]. – Nun ist allerdings Cartesius ein großer Mann, jedoch nur als Bahnbrecher: an seinen sämmtlichen Dogmen hingegen ist kein wahres Wort; und sich heut zu Tage auf diese als Auktorität zu berufen, ist geradezu lächerlich. Denn im 19. Jahrhundert ist ein Cartesianer in der Philosophie eben Das, was ein Ptolemäianer in der Astronomie, oder ein Stahlianer in der Chemie seyn würde. Für Herrn Flourens nun aber sind die Dogmen des Cartesius Glaubensartikel. Cartesius hat gelehrt: *les volontés sont des pensées* [Die Willensakte sind Gedanken]: also ist es so; wenn gleich Jeder in seinem Innern fühlt, daß Wollen und Denken verschieden sind, wie weiß und schwarz; daher ich oben im neunzehnten Kapitel Dieses habe ausführlich, gründlich und stets am Leitfaden der Erfahrung darthun und verdeutlichen können. Vor Allem aber giebt es, nach Cartesius, dem Orakel des Herrn Flourens, zwei grundverschiedene Substanzen, Leib und Seele: folglich sagt Herr Flourens, als rechtgläubiger Cartesianer: *Le premier point est de séparer, même par les mots, ce qui est du corps de ce qui est de l'âme (I, 72).* [Als erstes kommt es auf die Trennung – auch durch die Worte! – des zum Körper Gehörigen von dem zur Seele Gehörigen an.] Er belehrt uns ferner, das diese *âme réside uniquement et exclusivement dans le cerveau* [Seele einzig und allein im Gehirn wohne] *(II, 137)*; von wo aus sie, nach einer Stelle des Cartesius, die *spiritus animales* [Lebensgeister] als

---

* *»Tout ce qui est relatif à l'entendement appartient à la vie animale«, dit Bichat, et jusque-là point de doute; »tout ce qui est relatif aux passions appartient à la vie organique«, – et ceci est absolument faux.* [»Alles was sich auf das Erkennen bezieht, gehört dem animalen Leben an«, sagt Bichat, und soweit gibt es keinen Zweifel; »alles, was sich auf die Leidenschaften bezieht, gehört dem organischen Leben zu«, – und das ist völlig falsch. –] – So?! – *decrevit Florentius magnus.* [Der große Flourens hat's entschieden.]

Kouriere nach den Muskeln sendet, selbst jedoch nur vom Gehirn afficirt werden kann, daher die Leidenschaften ihren Sitz *(siège)* im Herzen, als welches von ihnen alterirt wird, haben, jedoch ihre Stelle *(place)* im Gehirn. So, so spricht wirklich das Orakel des Herrn Flourens, welcher davon so sehr erbaut ist, daß er es sogar zwei Mal *(II, 33,* und *II, 135)* nachbetet, zu unfehlbarer Besiegung des unwissenden Bichat, als welcher weder Seele, noch Leib, sondern bloß ein animales und ein organisches Leben kennt, und den er dann hier herablassend belehrt, daß man gründlich unterscheiden müsse die Theile, wo die Leidenschaften ihren Sitz haben *(siègent),* von denen, welche sie afficiren. Danach wirken also die Leidenschaften an einer Stelle, während sie an einer andern sind. Körperliche Dinge pflegen nur wo sie sind zu wirken: aber mit so einer immateriellen Seele mag es ein anderes Bewandtniß haben. Was mag überhaupt er und sein Orakel sich bei dieser Unterscheidung von *place* und *siège,* von *siéger* [seinen Sitz haben] und *affecter* [erregen] wohl so eigentlich gedacht haben? – Der Grundirrthum des Herrn Flourens und seines Cartesius entspringt eigentlich daraus, daß sie die Motive, oder Anlässe der Leidenschaften, welche, als Vorstellungen, allerdings im Intellekt, d. i. dem Gehirn, liegen, verwechseln mit den Leidenschaften selbst, die, als Willensbewegungen, im ganzen Leibe, welcher (wie wir wissen) der angeschaute Wille selbst ist, liegen. – Herrn Flourens zweite Auktorität ist, wie gesagt, Gall. Ich freilich habe am Anfang dieses zwanzigsten Kapitels (und zwar bereits in der früheren Auflage) gesagt: »Der größte Irrthum in Galls Schädellehre ist, daß er auch für moralische Eigenschaften Organe des Gehirns aufstellt.« Aber was ich tadle und verwerfe, ist gerade was Herr Flourens lobt und bewundert: denn er trägt ja das *les volontés sont des pensées* des Cartesius im Herzen. Demgemäß sagt er, S. 144: *Le premier service que Gall a rendu à la physiologie (?) a été de rammener le moral à l'intellectuel, et de faire voir que les facultés morales et les facultés intellectuelles sont des facultés du même ordre, et de les placer toutes, autant les unes que les autres, uniquement et exclusivement dans le cerveau.* [Der erste Dienst, den Gall der Physiologie erwiesen hat, war die Zurückführung des Moralischen auf das Intellektuelle, der Hinweis, daß die moralischen und die intellektuellen Fähigkeiten zu derselben Ordnung gehören, und die Tatsache, daß er sie alle, die einen ebenso wie die anderen, einzig und allein ins Gehirn verlegte.] Gewissermaaßen meine ganze Philosophie, besonders aber das neunzehnte Kapitel dieses Bandes besteht in der Widerlegung dieses Grundirrthums. Herr Flourens hingegen wird nicht müde, eben diesen als eine große Wahrheit und den Gall als ihren Entdecker zu preisen: z. B. S. 147: *Si j'en étais à classer les services que nous a rendu Gall, je dirais que le premier a été de rammener les qualités morales au cerveau.* [Wenn es an mir wäre, die Verdienste Galls aufzuzählen, so würde ich als erstes die Verlegung der moralischen Eigenschaften ins Gehirn nennen.] – S. 153: *Le cerveau seul est l'organe de l'âme, et de l'âme dans toute la plénitude de ses fonctions* [Das Gehirn allein ist das Organ der Seele, und zwar der Seele in der ganzen Fülle ihrer Funktionen] (man sieht, die Cartesianische einfache Seele steckt, als Kern der Sache, noch immer dahinter); *il est le siège de toutes les facultés morales, comme de toutes les facultés intellectuelles. --- Gall a rammené le moral à l'intellectuel, il a rammené les qualités morales au même siège, au même organe, que les facultés intellectuelles* [es ist der Sitz aller moralischen wie aller organischen Fähigkeiten. --- Gall hat das Moralische auf das Intellektuelle zurückgeführt, er hat die moralischen Eigenschaften auf den gleichen Sitz, das gleiche Organ zurückgeführt wie die intellektuellen]. – O wie müssen Bichat und ich uns schämen vor solcher Weisheit! – Aber, ernstlich zu reden, was kann niederschlagender, oder vielmehr empörender seyn, als das Richtige und Tiefgedachte verworfen und dagegen das Falsche und Verkehrte präkonisirt [angepriesen] zu sehn; zu erleben, daß tief verborgene, schwer und spät errungene, wichtige Wahrheiten wieder herabgerissen und der alte, platte, spät besiegte Irrthum abermals an ihre Stelle gesetzt werden soll; ja, fürchten zu müssen, daß durch solches Verfahren die so schweren Fortschritte des menschlichen Wissens wieder rückgängig gemacht werden! Aber beruhigen wir uns: denn *magna est vis veritatis et praevalebit* [groß ist die Macht der Wahrheit, und sie wird den Sieg behalten: vgl. *Esra* 3, 4, 41]. – Herr Flourens ist unstreitig ein Mann von vielem Verdienst, hat sich jedoch dasselbe hauptsächlich auf dem experimentalen Wege erworben. Nun aber sind gerade die wichtigsten Wahrheiten nicht durch Experimente herauszubringen, sondern allein durch Nachdenken und Penetration. So hat denn auch Bichat durch sein Nachdenken und durch seinen Tiefblick hier eine Wahrheit zu Tage gefördert, welche zu denen gehört, die den experimentalen Bemühungen des Herrn Flourens unerreichbar bleiben, selbst wenn er, als ächter und konsequenter Cartesianer, noch hundert Thiere mehr zu Tode martert. Er hätte aber hievon bei Zeiten etwas merken und denken sollen: »Hüte dich, Bock, denn es brennt.« Nun aber die Vermessenheit und Süffisance, wie nur die mit falschem Dünkel verbundene Oberflächlichkeit sie verleiht, mit der jedoch Herr Flourens einen Denker, wie Bichat, durch bloße Gegenbehauptung, Alte-Weiber-Ueberzeugungen und futile Auktoritäten zu widerlegen, sogar ihn zurechtzuweisen, zu meistern, ja, fast zu verspotten unternimmt, hat ihren Ursprung im Akademiewesen und dessen Fauteuils, auf welchen thronend und sich gegenseitig als *illustre confrère* [erlauchter Fachgenosse] begrüßend die Herren gar nicht umhin können, sich den Besten, die je gewesen, gleich zu setzen, sich für Orakel zu halten und demgemäß zu dekretiren, was falsch und was wahr seyn soll. Dies bewegt und berechtigt mich, ein Mal gerade heraus zu sagen, daß die wirklich überlegenen und privilegirten Geister, welche dann und wann ein Mal zur Erleuchtung der übrigen geboren werden, und zu welchen allerdings auch Bichat gehört, es »von Gottes Gnaden« sind und demnach zu den Akademien (in welchen sie meistens nur den einundvierzigsten Fauteuil eingenommen haben) und zu deren *illustres confrères* sich verhalten wie geborene Fürsten zu den zahlreichen und aus der Menge gewählten Repräsentanten des Volkes. Daher sollte eine geheime Scheu *(a secret awe)* die Herren Akademiker (als welche stets schockweise vorhanden sind), warnen, ehe sie sich an einem solchen rieben, – es wäre denn, sie hätten die triftigsten Gründe aufzuweisen, nicht aber bloße Gegenbehauptungen und Berufungen auf *placita* [Lehrmeinungen] des Cartesius, als welches heut zu Tage durchaus lächerlich ist.

Kapitel 21.

Rückblick und allgemeinere Betrachtung.

Wäre nicht, wie die beiden vorhergehenden Kapitel darthun, der Intellekt sekundärer Natur; so würde nicht Alles, was ohne denselben, d. h. ohne Dazwischenkunft der Vorstellung, zu Stande kommt, wie z. B. die Zeugung, die Entwickelung und Erhaltung des Organismus, die Heilung der Wunden, der Ersatz oder die vikarirende [ersatzmäßige] Ergänzung verstümmelter Theile, die heilbringende Krisis in Krankheiten, die Werke thierischer Kunsttriebe und das Schaffen des Instinkts überhaupt, so unendlich besser und vollkommener ausfallen, als Das, was mit Hülfe des Intellekts geschieht, nämlich alle bewußten und beabsichtigten Leistungen und Werke der Menschen, als welche, gegen jene andern gehalten, bloße Stümperei sind. Ueberhaupt bedeutet Natur das ohne Vermittelung des Intellekts Wirkende, Treibende, Schaffende. Daß nun eben dieses identisch sei mit Dem, was wir in uns als Willen finden, ist das alleinige Thema dieses zweiten Buchs, wie auch der Abhandlung »Ueber den Willen in der Natur«. Die Möglichkeit dieser Grunderkenntniß beruht darauf, daß dasselbe in uns unmittelbar vom Intellekt, der hier als Selbstbewußtseyn auftritt, beleuchtet wird; sonst wir es eben so wenig in uns, als außer uns näher kennen lernen würden und ewig vor unerforschlichen Naturkräften stehn bleiben müßten. Die Beihülfe des Intellekts haben wir wegzudenken, wenn wir das Wesen des Willens an sich selbst erfassen und dadurch, so weit es möglich ist, ins Innere der Natur dringen wollen.

Dieserhalb ist, beiläufig gesagt, mein direkter Antipode unter den Philosophen Anaxagoras; da er zum Ersten und Ursprünglichen, wovon Alles ausgeht, einen νους, eine Intelligenz, ein Vorstellendes, beliebig annahm, und als der Erste gilt, der eine solche Ansicht aufgestellt hat. Derselben gemäß wäre die Welt früher in der bloßen Vorstellung, als an sich selbst vorhanden gewesen; während bei mir der erkenntnißlose Wille es ist, der die Realität der Dinge begründet, deren Entwickelung schon sehr weit gediehen seyn muß, ehe es endlich, im animalen Bewußtseyn, zur Vorstellung und Intelligenz kommt; so daß bei mir das Denken als das Allerletzte auftritt. Inzwischen hat, nach dem Zeugniß des Aristoteles *(Metaph., I, 4),* Anaxagoras selbst mit seinem νους nicht viel anzufangen gewußt, sondern ihn nur aufgestellt und dann eben stehn lassen, wie einen gemalten Heiligen am Eingang, ohne zu seinen Entwickelungen der Natur sich desselben zu bedienen, es sei denn in Nothfällen, wann er sich ein Mal nicht anders zu helfen wußte. – Alle Physikotheologie ist eine Ausführung des, der (Anfangs dieses Kapitels ausgesprochenen) Wahrheit entgegenstehenden, Irrthums, daß nämlich die vollkommenste Art der Entstehung der Dinge, die durch Vermittelung eines Intellekts sei. Daher eben schiebt dieselbe aller tiefern Ergründung der Natur einen Riegel vor.

Seit Sokrates' Zeit und bis auf die unserige finden wir als einen Hauptgegenstand des unaufhörlichen Disputirens der Philosophen jenes *ens rationis* [Vernunftgegenstand], genannt Seele. Wir sehn die Meisten die Unsterblichkeit, welches sägen will, die metaphysische Wesenheit, derselben behaupten, Andere jedoch, gestützt auf Thatsachen, welche die gänzliche Abhängigkeit des Intellekts von körperlichen Organen unwidersprechlich darthun, den Widerspruch dagegen unermüdet aufrecht erhalten. Jene Seele wurde von Allen und vor Allem als schlechthin einfach genommen: denn gerade hieraus wurde ihr metaphysisches Wesen, ihre Immaterialität und Unsterblichkeit bewiesen; obgleich diese gar nicht ein Mal nothwendig daraus folgt; denn, wenn wir auch die Zerstörung eines geformten Körpers uns nur durch Zerlegung in seine Theile denken können; so folgt daraus nicht, daß die Zerstörung eines einfachen Wesens, von dem wir ohnehin keinen Begriff haben, nicht auf irgend eine andere Art, etwan durch allmäliges Schwinden, möglich sei. Ich hingegen gehe davon aus, daß ich die vorausgesetzte Einfachheit unsers subjektiv bewußten Wesens, oder des Ichs, aufhebe, indem ich nachweise, daß die Aeußerungen, aus welchen man dieselbe folgerte, zwei sehr verschiedene Quellen haben, und daß allerdings der Intellekt physisch bedingt, die Funktion eines materiellen Organs, daher von diesem abhängig, und ohne dasselbe so unmöglich sei, wie das Greifen ohne die Hand, daß er demnach zur bloßen Erscheinung gehöre und also das Schicksal dieser theile, – daß hingegen der Wille an kein specielles Organ gebunden, sondern überall gegenwärtig, überall das eigentlich Bewegende und Bildende, mithin das

Bedingende des ganzen Organismus sei, daß er in der That das metaphysische Substrat der gesammten Erscheinung ausmache, folglich nicht, wie der Intellekt, ein *Posterius* [Späteres], sondern das *Prius* [Frühere] derselben, und diese von ihm, nicht er von ihr, abhängig sei. Der Leib aber wird sogar zu einer bloßen Vorstellung herabgesetzt, indem er nur die Art ist, wie in der Anschauung des Intellekts, oder Gehirns, der W i l l e sich darstellt. Der W i l l e hingegen, welcher in allen früheren, sonst noch so verschiedenen Systemen als eines der letzten Ergebnisse auftritt, ist bei mir das Allererste. Der I n t e l l e k t wird, als bloße Funktion des Gehirns, vom Untergang des Leibes mitgetroffen; hingegen keineswegs der Wille. Aus dieser Heterogeneität Beider, nebst der sekundären Natur des Intellekts, wird es begreiflich, daß der Mensch, in der Tiefe seines Selbstbewußtseyns, sich ewig und unzerstörbar fühlt, dennoch aber keine Erinnerung, weder *a parte ante* [hinsichtlich des Vorher] noch *a parte post* [hinsichtlich des Nachher], über seine Lebensdauer hinaus haben kann. Ich will hier nicht der Erörterung der wahren Unzerstörbarkeit unsers Wesens, als welche ihre Stelle im vierten Buche hat, vorgreifen, sondern habe nur die Stelle, an welche sie sich knüpft, bezeichnen wollen.

Daß nun aber, in einem allerdings einseitigen, jedoch von unserm Standpunkt aus wahren Ausdrucke, der Leib eine bloße Vorstellung genannt wird, beruht darauf, daß ein Daseyn im Raum, als ein ausgedehntes, und in der Zeit, als ein sich änderndes, in Beiden aber durch Kausalnexus näher bestimmtes, nur möglich ist in der V o r s t e l l u n g , als auf deren Formen jene Bestimmungen sämmtlich beruhen, also in einem Gehirn, in welchem demnach ein solches Daseyn als ein objektives, d. h. ein fremdes, auftritt. Daher kann selbst unser eigener Leib diese Art von Daseyn nur in einem Gehirn haben. Denn die Erkenntniß, welche ich von meinem Leibe als einem Ausgedehnten, Raumerfüllenden und Beweglichen habe, ist bloß m i t t e l b a r : sie ist ein Bild in meinem Gehirn, welches mittelst Sinne und Verstand zu Stande kommt. U n m i t t e l b a r gegeben ist mir der Leib allein in der Muskelaktion und im Schmerz oder Behagen, welche Beide zunächst und unmittelbar dem Willen angehören. – Das Zusammenbringen aber dieser beiden verschiedenen Erkenntnißweisen meines eigenen Leibes vermittelt nachher die fernere Einsicht, daß alle andern Dinge, welche ebenfalls das beschriebene objektive Daseyn, welches zunächst nur in meinem Gehirn ist, haben, deshalb nicht außer demselben gar nicht vorhanden seien, sondern ebenfalls an sich zuletzt eben Das seyn müssen, was sich dem Selbstbewußtseyn als Wille kund giebt.

Kapitel 22*.

Objektive Ansicht des Intellekts.

Es giebt zwei von Grund aus verschiedene Betrachtungsweisen des Intellekts, welche auf der Verschiedenheit des Standpunkts beruhen und, so sehr sie auch, in Folge dieser, einander entgegengesetzt sind, dennoch in Uebereinstimmung gebracht werden müssen. – Die eine ist die subjektive, welche, von innen ausgehend und das Bewußtseyn als das Gegebene nehmend, uns darlegt, durch welchen Mechanismus in demselben die Welt sich darstellt, und wie aus den Materialien, welche Sinne und Verstand liefern, sie sich darin aufbaut. Als den Urheber dieser Betrachtungsweise haben wir Locke anzusehn: Kant brachte sie zu ungleich höherer Vollendung, und ebenfalls ist unser erstes Buch, nebst den Ergänzungen dazu, ihr gewidmet.

Die dieser entgegengesetzte Betrachtungsweise des Intellekts ist die objektive, welche von außen anhebt, nicht das eigene Bewußtseyn, sondern die in der äußern Erfahrung gegebenen, sich ihrer selbst und der Welt bewußten Wesen zu ihrem Gegenstande nimmt, und nun untersucht, welches Verhältniß der Intellekt derselben zu ihren übrigen Eigenschaften hat, wodurch er möglich, wodurch er nothwendig geworden, und was er ihnen leistet. Der Standpunkt dieser Betrachtungsweise ist der empirische: sie nimmt die Welt und die darin vorhandenen thierischen Wesen als schlechthin gegeben, indem sie von ihnen ausgeht. Sie ist demnach zunächst zoologisch, anatomisch, physiologisch, und wird erst durch die Verbindung mit jener erstern und von dem dadurch gewonnenen höhern Standpunkt aus philosophisch. Die bis jetzt allein gegebene Grundlage zu ihr verdanken wir den

* Dieses Kapitel bezieht sich auf die letztere Hälfte des § 27 des ersten Bandes.

Zootomen und Physiologen, zumeist den Französischen. Besonders ist hier Cabanis zu nennen, dessen vortreffliches Werk, *Des rapports du physique au moral*, auf dem physiologischen Wege, für diese Betrachtungsweise bahnbrechend gewesen ist. Gleichzeitig wirkte der berühmte Bichat, dessen Thema jedoch ein viel umfassenderes war. Selbst Gall ist hier zu nennen; wenn gleich sein Hauptzweck verfehlt wurde. Unwissenheit und Vorurtheil haben gegen diese Betrachtungsweise die Anklage des Materialismus erhoben; weil dieselbe, sich rein an die Erfahrung haltend, die immaterielle Substanz, Seele, nicht kennt. Die neuesten Fortschritte in der Physiologie des Nervensystems, durch Charles Bell, Magendie, Marshall Hall u. a., haben den Stoff dieser Betrachtungsweise ebenfalls bereichert und berichtigt. Eine Philosophie, welche, wie die Kantische, diesen Gesichtspunkt für den Intellekt gänzlich ignorirt, ist einseitig und eben dadurch unzureichend. Sie läßt zwischen unserm philosophischen und unserm physiologischen Wissen eine unübersehbare Kluft, bei der wir nimmermehr Befriedigung finden können.

Obwohl schon Das, was ich in den beiden vorhergegangenen Kapiteln über das Leben und die Thätigkeit des Gehirns gesagt habe, dieser Betrachtungsweise angehört, imgleichen, in der Abhandlung über den Willen in der Natur, alle unter der Rubrik »Pflanzenphysiologie« gegebenen Erläuterungen und auch ein Theil der unter der Rubrik »Vergleichende Anatomie« befindlichen ihr gewidmet sind, wird die hier folgende Darlegung ihrer Resultate im Allgemeinen keineswegs überflüssig seyn.

Des grellen Kontrastes zwischen den beiden im Obigen einander entgegengestellten Betrachtungsweisen des Intellekts wird man am lebhaftesten inne werden, wenn man, die Sache auf die Spitze stellend, sich vergegenwärtigt, daß was die eine als besonnenes Denken und lebendiges Anschauen unmittelbar aufnimmt und zu ihrem Stoffe macht, für die andere nichts weiter ist, als die physiologische Funktion eines Eingeweides, des Gehirns; ja, daß man berechtigt ist, zu behaupten, die ganze objektive Welt, so gränzenlos im Raum, so unendlich in der Zeit, so unergründlich in der Vollkommenheit, sei eigentlich nur eine gewisse Bewegung oder Affektion der Breimasse im Hirnschädel. Da frägt man erstaunt: was ist dieses Gehirn, dessen Funktion ein solches Phänomen aller Phänomene hervorbringt? Was ist die Materie, die zu einer solchen Breimasse raffinirt und potenzirt werden kann, daß die Reizung einiger ihrer Partikeln zum bedingenden Träger des Daseyns einer objektiven Welt wird? Die Scheu vor solchen Fragen trieb zur Hypostase der einfachen Substanz einer immateriellen Seele, die im Gehirn bloß wohnte. Wir sagen unerschrocken: auch diese Breimasse ist, wie jeder vegetabilische oder animalische Theil, ein organisches Gebilde, gleich allen ihren geringeren Anverwandten, in der schlechtern Behausung der Köpfe unserer unvernünftigen Brüder, bis zum geringsten, kaum noch apprehendirenden herab; jedoch ist jene organische Breimasse das letzte Produkt der Natur, welches alle übrigen schon voraussetzt. An sich selbst aber und außerhalb der Vorstellung ist auch das Gehirn, wie Alles Andere, Wille. *Denn Für-ein-Anderes-daseyn ist Vorgestelltwerden, Ansichseyn ist Wollen*: hierauf eben beruht es, daß wir auf dem rein *objektiven* Wege nie zum Innern der Dinge gelangen; sondern, wenn wir von außen und empirisch ihr Inneres zu finden versuchen, dieses Innere, unter unsern Händen, stets wieder zu einem Aeußern wird, – das Mark des Baumes, so gut wie seine Rinde, das Herz des Thieres, so gut wie sein Fell, die Keimhaut und der Dotter des Eis, so gut wie seine Schaale. Hingegen auf dem *subjektiven* Wege ist das Innere uns jeden Augenblick zugänglich: da finden wir es als *den Willen* zunächst in uns selbst, und müssen, am Leitfaden der Analogie mit unserm eigenen Wesen, die übrigen enträthseln können, indem wir zu der Einsicht gelangen, daß ein Seyn an sich, unabhängig vom Erkanntwerden, d. h. Sichdarstellen in einem Intellekt, nur als ein *Wollen* denkbar ist.

Gehn wir nun, in der *objektiven* Auffassung des Intellekts, so weit wir irgend können, zurück; so werden wir finden, daß die Nothwendigkeit, oder das Bedürfniß der *Erkenntniß überhaupt* entsteht aus der Vielheit und dem *getrennten* Daseyn der Wesen, also aus der Individuation. Denn denkt man sich, es sei nur *ein einziges* Wesen vorhanden; so bedarf ein solches keiner Erkenntniß: weil nichts daist, was von ihm selbst verschieden wäre, und dessen Daseyn es daher erst mittelbar, durch Erkenntniß, d. h. Bild und Begriff, in sich aufzunehmen hätte. Es wäre eben *selbst* schon Alles in Allem, mithin bliebe ihm nichts zu erkennen, d. h. nichts Fremdes, das als Gegenstand, Objekt, aufgefaßt werden könnte, übrig. Bei der Vielheit der Wesen hingegen befindet jedes Individuum sich in einem Zustande der Isolation von allen übrigen, und daraus entsteht die Nothwendigkeit der Erkenntniß. Das Nervensystem, mittelst dessen das thierische Individuum zunächst sich seiner selbst bewußt wird, ist durch seine Haut begränzt: jedoch, im Gehirn bis zum Intellekt gesteigert, überschreitet es diese Gränze, mittelst seiner Erkenntnißform der Kausalität, und so entsteht ihm die Anschauung, als ein Bewußtseyn anderer Dinge, als ein Bild von Wesen in Raum und Zeit, die sich verändern, gemäß der Kausalität. – In diesem Sinne wäre es richtiger zu sagen: »nur das Verschiedene wird vom Verschiedenen erkannt«, als, wie Empedokles sagte, »nur das Gleiche vom Gleichen«, welches ein gar schwankender und vieldeutiger Satz war; obgleich sich auch wohl Gesichtspunkte fassen lassen, von welchen aus er wahr ist; wie, beiläufig gesagt, schon der des Helvetius, wenn er so schön wie treffend bemerkt: *Il n'y a que l'esprit qui sente l'esprit: c'est une corde qui ne frémit qu'à l'unison* [Nur der Geist vermag den Geist zu vernehmen; er ist eine Saite, die nur im Zusammenklang ertönt]; – welches zusammentrifft mit dem Xenophanischen σοφον ειναι δει τον επιγνωσομενον τον σοφον *(sapientem esse oportet eum, qui sapientem agniturus sit)* [Weise muß man sein, um den Weisen zu erkennen: bei Diogenes Laërtius IX, 20], und ein großes Herzeleid ist. – Nun aber wieder von der andern Seite wissen wir, daß, umgekehrt, die Vielheit des Gleichartigen erst möglich wird durch Zeit und Raum, also durch die Formen unserer Erkenntniß. Der Raum entsteht erst, indem das erkennende Subjekt nach außen sieht: er ist die Art und Weise, wie das Subjekt etwas als von sich verschieden auffaßt. Soeben aber sahen wir die Erkenntniß überhaupt durch Vielheit und Verschiedenheit bedingt. Also die Erkenntniß und die Vielheit, oder Individuation, stehn und fallen mit einander, indem sie sich gegenseitig bedingen. – Hieraus ist zu schließen, daß jenseit der Erscheinung, im Wesen an sich aller Dinge, welchem Zeit und Raum, und deshalb auch die Vielheit, fremd seyn muß, auch keine Erkenntniß vorhanden seyn kann. Dieses bezeichnet der Buddhaismus als Pradschna Paramita, d. i. das Jenseits aller Erkenntniß. (Hierüber siehe I. J.

Schmidt, »Ueber das Maha-Jana und Pradschna Paramita«.) Ein »Erkennen der Dinge an sich«, im strengsten Sinne des Worts, wäre demnach schon darum unmöglich, weil wo das Wesen an sich der Dinge anfängt, das Erkennen wegfällt, und alle Erkenntniß schon grundwesentlich bloß auf Erscheinungen geht. Denn sie entspringt aus einer Beschränkung, durch welche sie nöthig gemacht wird, um die Schranken zu erweitern.

Für die objektive Betrachtung ist das Gehirn die Efflorescenz [Blüte] des Organismus; daher erst wo dieser seine höchste Vollkommenheit und Komplikation erlangt hat, es in seiner größten Entwickelung auftritt. Den Organismus aber haben wir im vorhergehenden Kapitel als die Objektivation des Willens kennen gelernt: zu dieser muß daher auch das Gehirn, als sein Theil, gehören. Ferner habe ich daraus, daß der Organismus nur die Sichtbarkeit des Willens, also an sich dieser selbst ist, abgeleitet, daß jede Affektion des Organismus zugleich und unmittelbar den Willen afficirt, d. h. angenehm oder schmerzlich empfunden wird. Jedoch tritt, durch die Steigerung der Sensibilität, bei höherer Entwickelung des Nervensystems, die Möglichkeit ein, daß in den edleren, d. h. den objektiven Sinnesorganen (Gesicht, Gehör) die ihnen angemessenen, höchst zarten Affektionen empfunden werden, ohne an sich selbst und unmittelbar den Willen zu afficiren, d. h. ohne schmerzlich oder angenehm zu seyn, daß sie mithin als an sich gleichgültige, bloß wahrgenommene Empfindungen ins Bewußtseyn treten. Im Gehirn erreicht nun aber diese Steigerung der Sensibilität einen so hohen Grad, daß auf empfangene Sinneseindrücke sogar eine Reaktion entsteht, welche nicht unmittelbar vom Willen ausgeht, sondern zunächst eine Spontaneität der Verstandesfunktion ist, als welche von der unmittelbar wahrgenommenen Sinnesempfindung den Uebergang zu deren Ursache macht, wodurch, indem dabei das Gehirn zugleich die Form des Raumes hervorbringt, die Anschauung eines äußern Objektes entsteht. Man kann daher den Punkt, wo von der Empfindung auf der Retina, welche noch eine bloße Affektion des Leibes und insofern des Willens ist, der Verstand den Uebergang macht zur Ursache jener Empfindung, die er mittelst seiner Form des Raumes als ein Aeußeres und von der eigenen Person Verschiedenes projicirt, – als die Gränze betrachten zwischen der Welt als Wille und der Welt als Vorstellung, oder auch als die

Geburtsstätte dieser letzteren. Beim Menschen geht nun aber die, in letzter Instanz freilich doch vom Willen verliehene, Spontaneität der Gehirntätigkeit noch weiter, als zur bloßen Anschauung und unmittelbaren Auffassung der Kausalverhältnisse; nämlich bis zum Bilden abstrakter Begriffe aus jenen Anschauungen, und zum Operiren mit diesen, d. h. zum Denken, als worin seine Vernunft besteht. Die Gedanken sind daher von den Affektionen des Leibes, welche, weil dieser die Objektivation des Willens ist, selbst in den Sinnesorganen, durch Steigerung, sogleich in Schmerz übergehn können, am entferntesten. Vorstellung und Gedanke können, dem Gesagten zufolge, auch als die Efflorescenz des Willens angesehn werden, sofern sie aus der höchsten Vollendung und Steigerung des Organismus entspringen, dieser aber, an sich selbst und außerhalb der Vorstellung, der Wille ist. Allerdings setzt, in meiner Erklärung, das Daseyn des Leibes die Welt der Vorstellung voraus; sofern auch er, als Körper oder reales Objekt, nur in ihr ist: und andererseits setzt die Vorstellung selbst eben so sehr den Leib voraus; da sie nur durch die Funktion eines Organs desselben entsteht. Das der ganzen Erscheinung zum Grunde Liegende, das allein an sich selbst Seiende und Ursprüngliche darin, ist ausschließlich der Wille: denn er ist es, welcher, eben durch diesen Proceß, die Form der Vorstellung annimmt, d. h. in das sekundäre Daseyn einer gegenständlichen Welt, oder die Erkennbarkeit, eingeht. – Die Philosophen vor Kant, wenige ausgenommen, haben die Erklärung des Hergangs unsers Erkennens von der verkehrten Seite angegriffen. Sie giengen nämlich dabei aus von einer sogenannten Seele, einem Wesen, dessen innere Natur und eigenthümliche Funktion im Denken bestände, und zwar ganz eigentlich im abstrakten Denken, mit bloßen Begriffen, die ihr um so vollkommener angehörten, als sie von aller Anschaulichkeit ferner lagen. (Hier bitte ich, die Anmerkung am Ende des § 6 meiner Preisschrift über das Fundament der Moral nachzusehn.) Diese Seele sei unbegreiflicherweise in den Leib gerathen, woselbst sie in ihrem reinen Denken nur Störungen erleide, schon durch die Sinneseindrücke und Anschauungen, noch mehr durch die Gelüste, welche diese erregen, endlich durch die Affekte, ja Leidenschaften, zu welchen wieder diese sich entwickeln; während das selbsteigene und ursprüngliche Element dieser Seele lauteres, abstraktes Denken sei, welchem überlassen sie nur Universalia, angeborene Begriffe und *aeternas veritates* [ewige Wahrheiten] zu ihren Gegenständen habe und alles Anschauliche tief unter sich liegen lasse. Daher stammt denn auch die Verachtung, mit welcher noch jetzt von den Philosophieprofessoren die »Sinnlichkeit« und das »Sinnliche« erwähnt, ja, zur Hauptquelle der Immoralität gemacht werden; während gerade die Sinne, da sie im Verein mit den apriorischen Funktionen des Intellekts, die Anschauung hervorbringen, die lautere und unschuldige Quelle aller unserer Erkenntnisse sind, von welcher alles Denken seinen Gehalt erst erborgt. Man könnte wahrlich glauben, jene Herren dächten bei der Sinnlichkeit stets nur an den vorgeblichen sechsten Sinn der Franzosen. – Besagtermaaßen also machte man, beim Proceß des Erkennens, das allerletzte Produkt desselben, das abstrakte Denken, zum Ersten und Ursprünglichen, griff demnach, wie gesagt, die Sache am verkehrten Ende an. – Wie nun, meiner Darstellung zufolge, der Intellekt aus dem Organismus und dadurch aus dem Willen entspringt, mithin ohne diesen nicht seyn könnte; so fände er ohne ihn auch keinen Stoff und Beschäftigung: weil alles Erkennbare eben nur die Objektivation des Willens ist.

Aber nicht nur die Anschauung der Außenwelt, oder das Bewußtseyn anderer Dinge, ist durch das Gehirn und seine Funktionen bedingt, sondern auch das Selbstbewußtseyn. Der Wille an sich selbst ist bewußtlos und bleibt es im größten Theile seiner Erscheinungen. Die sekundäre Welt der Vorstellung muß hinzutreten, damit er sich seiner bewußt werde; wie das Licht erst durch die es zurückwerfenden Körper sichtbar wird und außerdem sich wirkungslos in die Finsterniß verliert. Indem der Wille, zum Zweck der Auffassung seiner Beziehungen zur Außenwelt, im thierischen Individuo, ein Gehirn hervorbringt, entsteht erst in diesem das Bewußtseyn des eigenen Selbst, mittelst des Subjekts des Erkennens, welches die Dinge als daseiend, das Ich als wollend auffaßt. Nämlich die im Gehirn aufs Höchste gesteigerte, jedoch in die verschiedenen Theile desselben ausgebreitete Sensibilität muß zuvörderst alle Strahlen ihrer Thätigkeit zusammenbringen, sie gleichsam in einen Brennpunkt koncentriren, der jedoch nicht, wie bei Hohlspiegeln, nach außen, sondern, wie bei Konvexspiegeln, nach innen fällt: mit diesem Punkte nun beschreibt sie zunächst die Linie der Zeit, auf der daher Alles, was sie vorstellt, sich darstellen muß und welche die erste und wesentlichste Form alles Erkennens, oder die Form des innern Sinnes ist. Dieser Brennpunkt der gesammten Gehirnthätigkeit ist Das, was Kant die synthetische Einheit der Apperception nannte†: erst mittelst desselben wird der Wille sich seiner selbst bewußt, indem dieser Fokus der Gehirnthätigkeit, oder das Erkennende, sich mit seiner eigenen Basis, daraus er entsprungen ist, dem Wollenden, als identisch auffaßt und so das Ich entsteht. Dieser Fokus der Gehirnthätigkeit bleibt dennoch zunächst ein bloßes Subjekt des Erkennens und als solches fähig, der kalte und antheilslose Zuschauer, der bloße Lenker und Berather des Willens zu seyn, wie auch, ohne Rücksicht auf diesen und sein Wohl oder Weh, die Außenwelt rein objektiv aufzufassen. Aber sobald er sich nach innen richtet, erkennt er als die Basis seiner eigenen Erscheinung den Willen, und fließt daher mit diesem in das Bewußtseyn eines Ich zusammen. Jener Brennpunkt der Gehirnthätigkeit (oder das Subjekt der Erkenntniß) ist, als untheilbarer Punkt, zwar einfach, deshalb aber doch keine Substanz (Seele), sondern ein bloßer Zustand. Das, dessen Zustand er selbst ist, kann nur indirekt, gleichsam durch Reflex, von ihm erkannt werden: aber das Aufhören des Zustandes darf nicht angesehn werden als die Vernichtung Dessen, von dem es ein Zustand ist. Dieses erkennende und bewußte Ich verhält sich zum Willen, welcher die Basis der Erscheinung desselben ist, wie das Bild im Fokus des Hohlspiegels zu diesem selbst, und hat, wie jenes, nur eine bedingte, ja eigentlich bloß scheinbare Realität. Weit entfernt, das schlechthin Erste zu seyn (wie z. B. Fichte lehrte), ist es im Grunde tertiär [an dritter Stelle], indem es den Organismus voraussetzt, dieser aber den Willen. – Ich gebe zu, daß alles hier Gesagte doch eigentlich nur Bild und Gleichniß, auch zum Theil hypothetisch sei: allein wir stehn bei einem Punkte, bis zu welchem kaum die Gedanken, geschweige die Beweise reichen. Ich bitte daher, es mit Dem zu vergleichen, was ich im zwanzigsten Kapitel über diesen Gegenstand ausführlich beigebracht habe.

Obgleich nun das Wesen an sich jedes Daseienden in seinem Willen besteht, und die Erkenntniß, nebst dem Bewußtseyn, nur als ein Sekundäres, auf den höheren Stufen der Erscheinung hin-

† Vergl. *p. 284* [S. 293]

zukommt; so finden wir doch, daß der Unterschied, den die Anwesenheit und der verschiedene Grad des Bewußtseyns und Intellekts zwischen Wesen und Wesen setzt, überaus groß und folgenreich ist. Das subjektive Daseyn der Pflanze müssen wir uns denken als ein schwaches Analogon, einen bloßen Schatten von Behagen und Unbehagen: und selbst in diesem äußerst schwachen Grade weiß die Pflanze allein von sich, nicht von irgend etwas außer ihr. Hingegen schon das ihr am nächsten stehende, unterste Thier ist durch gesteigerte und genauer specificirte Bedürfnisse veranlaßt, die Sphäre seines Daseins über die Gränze seines Leibes hinaus zu erweitern. Dies geschieht durch die Erkenntniß: es hat eine dumpfe Wahrnehmung seiner nächsten Umgebung, aus welcher ihm Motive für sein Thun, zum Zweck seiner Erhaltung, erwachsen. Hiedurch tritt sonach das Medium der Motive ein: und dieses ist – die in Zeit und Raum objektiv dastehende Welt, die Welt als Vorstellung; so schwach, dumpf und kaum dämmernd auch dieses erste und niedrigste Exemplar derselben seyn mag. Aber deutlicher und immer deutlicher, immer weiter und immer tiefer, prägt sie sich aus, in dem Maaße, wie in der aufsteigenden Reihe thierischer Organisationen das Gehirn immer vollkommener producirt wird. Diese Steigerung der Gehirnentwickelung, also des Intellekts und der Klarheit der Vorstellung, auf jeder dieser immer höheren Stufen, wird aber herbeigeführt durch das sich immer mehr erhöhende und komplicirende Bedürfniß dieser Erscheinungen des Willens. Dieses muß immer erst den Anlaß dazu geben: denn ohne Noth bringt die Natur (d. h. der in ihr sich objektivirende Wille) nichts, am wenigsten die schwierigste ihrer Produktionen, ein vollkommneres Gehirn hervor; in Folge ihrer *lex parsimoniae: natura nihil agit frustra et nihil facit supervacaneum* [Gesetz der Sparsamkeit: Die Natur tut nichts vergebens und schafft nichts Überflüssiges: nach Aristoteles]. Jedes Thier hat sie ausgestattet mit den Organen, die zu seiner Erhaltung, den Waffen, die zu seinem Kampfe nothwendig sind; wie ich dies in der Schrift »Ueber den Willen in der Natur« unter der Rubrik »Vergleichende Anatomie« ausführlich dargestellt habe: nach dem nämlichen Maaßstabe daher ertheilte sie jedem das wichtigste der nach außen gerichteten Organe, das Gehirn, mit seiner Funktion, dem Intellekt. Je komplicirter nämlich, durch höhere Entwickelung, seine Organisation wurde, desto mannigfaltiger und specieller bestimmt wurden auch seine Bedürfnisse, folglich desto schwieriger und von der Gelegenheit abhängiger die Herbeischaffung des sie Befriedigenden. Da bedurfte es also eines weitern Gesichtskreises, einer genauern Auffassung, einer richtigern Unterscheidung der Dinge in der Außenwelt, in allen ihren Umständen und Beziehungen. Demgemäß sehn wir die Vorstellungskräfte und ihre Organe, Gehirn, Nerven und Sinneswerkzeuge, immer vollkommener hervortreten, je höher wir in der Stufenleiter der Thiere aufwärts gehn: und in dem Maaße, wie das Cerebralsystem sich entwickelt, stellt sich die Außenwelt immer deutlicher, vielseitiger, vollkommener, im Bewußtseyn dar. Die Auffassung derselben erfordert jetzt immer mehr Aufmerksamkeit, und zuletzt in dem Grade, daß bisweilen ihre Beziehung auf den Willen momentan aus den Augen verloren werden muß, damit sie desto reiner und richtiger vor sich gehe. Ganz entschieden tritt dies erst beim Menschen ein: bei ihm allein findet eine reine Sonderung des Erkennens vom Wollen Statt. Dies ist ein wichtiger Punkt, den ich hier bloß berühre, um seine Stelle zu bezeichnen und weiter unten ihn wieder aufnehmen zu können. – Aber auch diesen letzten Schritt in der Ausdehnung und Vervollkommnung des Gehirns, und damit in der Erhöhung der Erkenntnißkräfte, thut die Natur, wie alle übrigen, bloß in Folge der erhöhten Bedürfnisse, also zum Dienste des Willens. Was dieser im Menschen bezweckt und erreicht, ist zwar im Wesentlichen das Selbe und nicht mehr, als was auch im Thiere sein Ziel ist: Ernährung und Fortpflanzung. Aber durch die Organisation des Menschen wurden die Erfordernisse zur Erreichung jenes Ziels so sehr vermehrt, gesteigert und specificirt, daß, zur Erreichung des Zwecks, eine ungleich beträchtlichere Erhöhung des Intellekts, als die bisherigen Stufen darboten, nothwendig, oder wenigstens das leichteste Mittel war. Da nun aber der Intellekt, seinem Wesen zufolge, ein Werkzeug von höchst vielseitigem Gebrauch und auf die verschiedenartigsten Zwecke gleich anwendbar ist; so konnte die Natur, ihrem Geist der Sparsamkeit getreu, alle Forderungen der so mannigfach gewordenen Bedürfnisse nunmehr ganz allein durch ihn decken: daher stellte sie den Menschen, ohne Bekleidung, ohne natürliche Schutzwehr, oder Angriffswaffe, ja mit verhältnißmäßig geringer Muskelkraft, bei großer Gebrechlichkeit und geringer Ausdauer gegen widrige Einflüsse und Mangel, hin, im Verlaß auf jenes eine große Werkzeug, zu welchem sie nur noch die Hände, von der nächsten Stufe unter ihm, dem Affen, beizubehalten hatte. Durch den also hier auftretenden überwiegenden Intellekt ist aber nicht nur die Auffassung der Motive, die Mannigfaltigkeit derselben und überhaupt der Horizont der Zwecke unendlich vermehrt, sondern auch die Deutlichkeit, mit welcher der Wille sich seiner selbst bewußt wird, aufs höchste gesteigert, in Folge der eingetretenen Klarheit des ganzen Bewußtseyns, welche, durch die Fähigkeit des abstrakten Erkennens unterstützt, jetzt bis zur vollkommenen Besonnenheit geht. Dadurch aber, wie auch durch die als Träger eines so erhöhten Intellekts nothwendig vorausgesetzte Vehemenz des Willens, ist eine Erhöhung aller Affekte eingetreten, ja die Möglichkeit der Leidenschaften, welche das Thier eigentlich nicht kennt. Denn die Heftigkeit des Willens hält mit der Erhöhung der Intelligenz gleichen Schritt; eben weil diese eigentlich immer aus den gesteigerten Bedürfnissen und dringendern Forderungen des Willens entspringt: zudem aber unterstützen Beide sich wechselseitig. Die Heftigkeit des Charakters nämlich hängt zusammen mit größerer Energie des Herzschlags und Blutumlaufs, welche physisch die Thätigkeit des Gehirns erhöht. Andererseits wieder erhöht die Klarheit der Intelligenz, mittelst der lebhafteren Auffassung der äußeren Umstände, die durch diese hervorgerufenen Affekte. Daher z. B. lassen junge Kälber sich ruhig auf einen Wagen packen und fortschleppen: junge Löwen aber, wenn nur von der Mutter getrennt, bleiben fortwährend unruhig und brüllen unablässig, vom Morgen bis zum Abend; Kinder, in einer solchen Lage, würden sich fast zu Tode schreien und quälen. Die Lebhaftigkeit und Heftigkeit des Affen steht mit seiner schon sehr entwickelten Intelligenz in genauer Verbindung. Auf eben diesem Wechselverhältniß beruht es, daß der Mensch überhaupt viel größerer Leiden fähig ist, als das Thier; aber auch größerer Freudigkeit, in den befriedigten und frohen Affekten. Eben so macht der erhöhte Intellekt ihm die Langeweile fühlbarer, als dem Thier, wird aber auch, wenn er individuell sehr vollkommen ist, zu einer unerschöpflichen Quelle der Kurzweil. Im Ganzen also verhält sich die Erscheinung des Willens im Menschen zu der im Thier der obern Geschlechter wie ein angeschlagener Ton zu seiner zwei bis drei Oktaven tiefer gegriffenen Quinte. Aber auch zwischen den verschiedenen Thierarten sind die Unterschiede des Intellekts und dadurch des Bewußtseyns groß und endlos abgestuft. Das bloße Analogon von Bewußtseyn, welches wir noch der Pflanze zuschreiben müssen, wird sich zu dem noch viel dumpferen subjektiven Wesen eines unorganischen Körpers ungefähr verhalten wie das Bewußtseyn des untersten Thieres zu jenem *quasi* Bewußtseyn der Pflanze. Man kann sich die zahllosen Abstufungen im Grade des Bewußtseyns veranschaulichen unter dem Bilde der verschiedenen Geschwindigkeit, welche die vom Centro ungleich entfernten Punkte einer drehenden Scheibe haben. Aber das richtigste, ja, wie unser drittes Buch lehrt, das natürliche Bild jener Abstufung liefert die Tonleiter, in ihrem ganzen Umfang, vom tiefsten noch hörbaren bis zum höchsten Ton. Nun aber ist es der Grad des Bewußtseyns, welcher den Grad des Daseyns eines Wesens bestimmt. Denn alles unmittelbare Daseyn ist ein subjektives: das objektive Daseyn ist im Bewußtseyn eines Andern vorhanden, also nur für dieses, mithin ganz mittelbar. Durch den Grad des Bewußtseyns sind die Wesen so verschieden, wie sie durch den Willen gleich sind, sofern dieser das Gemeinsame in ihnen allen ist.

Was wir aber jetzt zwischen Pflanze und Thier, und dann zwischen den verschiedenen Thiergeschlechtern betrachtet haben, findet auch noch zwischen Mensch und Mensch Statt. Auch hier nämlich begründet das Sekundäre, der Intellekt, mittelst der von ihm abhängigen Klarheit des Bewußtseyns und Deutlichkeit des Erkennens, einen fundamentalen und unabsehbar großen Unterschied in der ganzen Weise des Daseyns, und dadurch im Grade desselben. Je höher gesteigert das Bewußtseyn ist, desto deutlicher und zusammenhängender die Gedanken, desto klärer die Anschauungen, desto inniger die Empfindungen. Dadurch gewinnt Alles mehr Tiefe: die Rührung, die Wehmuth, die Freude und der Schmerz. Die gewöhnlichen Flachköpfe sind nicht ein Mal rechter Freude fähig: sie leben in Dumpfheit dahin. Während dem Einen sein Bewußtseyn nur das eigene Daseyn, nebst den Motiven, welche zum Zweck der Erhaltung und Erheiterung desselben apprehendirt werden müssen, in einer dürftigen Auffassung der Außenwelt vergegenwärtigt, ist es dem Andern eine *camera obscura* [Guckkasten], in welcher sich der Makrokosmos darstellt:

»Er fühlet, daß er eine kleine Welt
In seinem Gehirne brütend hält,
Daß die fängt an zu wirken und zu leben,
Daß er sie gerne möchte von sich geben.«
[Goethe, ›Hans Sachsens poetische Sendung‹;
in *Vermischte Gedichte.*]

Die Verschiedenheit der ganzen Art des Daseyns, welche die Extreme der Gradation der intellektuellen Fähigkeiten zwischen Mensch und Mensch feststellen, ist so groß, daß die zwischen König und Tagelöhner dagegen gering erscheint. Und auch hier ist, wie bei den Thiergeschlechtern, ein Zusammenhang zwischen der Vehemenz des Willens und der Steigerung des Intellekts nachweisbar. Genie ist durch ein leidenschaftliches Temperament bedingt, und ein phlegmatisches Genie ist undenkbar; es scheint, daß ein überaus heftiger, also gewaltig verlangender Wille daseyn mußte, wenn die Natur einen abnorm erhöhten Intellekt, als jenem angemessen, dazugeben sollte; während die bloß physische Rechenschaft hierüber auf die größere Energie, mit der die Arterien des Kopfes das Gehirn bewegen und die Turgescenz [Blutreichtum] desselben vermehren, hinweist. Freilich aber ist die Quantität, Qualität und Form des Gehirns selbst die andere und ungleich seltenere Bedingung des Genies. Andererseits sind die Phlegmatici in der Regel von sehr mittelmäßigen Geisteskräften: und eben so stehn die nördlichen, kaltblütigen und phlegmatischen Völker, im Allgemeinen, den südlichen, lebhaften und leidenschaftlichen an Geist merklich nach; obgleich, wie B a k o * überaus treffend bemerkt hat, wenn ein Mal ein Nordländer von der Natur hochbegabt wird, dies alsdann einen Grad erreichen kann, bis zu welchem kein Südländer je gelangt. Demnach ist es so verkehrt als gewöhnlich, zum Maaßstab der Vergleichung der Geisteskräfte verschiedener Nationen die großen Geister derselben zu nehmen: denn das heißt, die Regel durch die Ausnahmen begründen wollen. Vielmehr ist es die große Pluralität jeder Nation, die man zu betrachten hat: denn eine Schwalbe macht keinen Sommer. – Noch ist hier zu bemerken, daß eben die Leidenschaftlichkeit, welche Bedingung des Genies ist, mit seiner lebhaften Auffassung der Dinge verbunden, im

* *De augm. scient., L. VI, c. 3.*

praktischen Leben, wo der Wille ins Spiel kommt, zumal bei plötzlichen Ereignissen, eine so große Aufregung der Affekte herbeiführt, daß sie den Intellekt stört und verwirrt; während der Phlegmatikus auch dann noch den vollen Gebrauch seiner, wenn gleich viel geringern, Geisteskräfte behält und damit alsdann viel mehr leistet, als das größte Genie vermag. Sonach begünstigt ein leidenschaftliches Temperament die ursprüngliche Beschaffenheit des Intellekts, ein phlegmatisches aber dessen Gebrauch. Deshalb ist das eigentliche Genie durchaus nur zu theoretischen Leistungen, als zu welchen es seine Zeit wählen und abwarten kann; welches gerade die seyn wird, wo der Wille gänzlich ruht und keine Welle den reinen Spiegel der Weltanschauung trübt: hingegen ist zum praktischen Leben das Genie ungeschickt und unbrauchbar, daher auch meistens unglücklich. In diesem Sinn ist G o e t h e s Tasso gedichtet. Wie nun das eigentliche Genie auf der a b s o l u t e n Stärke des Intellekts beruht, welche durch eine ihr entsprechende, übermäßige Heftigkeit des Gemüths erkauft werden muß; so beruht hingegen die große Ueberlegenheit im praktischen Leben, welche Feldherren und Staatsmänner macht, auf der r e l a t i v e n Stärke des Intellekts, nämlich auf dem höchsten Grad desselben, der ohne eine zu große Erregbarkeit der Affekte, nebst zu großer Heftigkeit des Charakters erreicht werden kann und daher auch im Sturm noch Stand hält. Viel Festigkeit des Willens und Unerschütterlichkeit des Gemüths, bei einem tüchtigen und feinen Verstande, reicht hier aus; und was darüber hinausgeht, wirkt schädlich: denn die zu große Entwickelung der Intelligenz steht der Festigkeit des Charakters und Entschlossenheit des Willens geradezu im Wege. Deshalb ist auch diese Art der Eminenz nicht so abnorm und ist hundert Mal weniger selten, als jene andere: demgemäß sehn wir große Feldherren und große Minister zu allen Zeiten, sobald nur die äußern Umstände ihrer Wirksamkeit günstig sind, auftreten. Große Dichter und Philosophen hingegen lassen Jahrhunderte auf sich warten: doch kann die Menschheit auch an diesem seltenen Erscheinen derselben sich genügen lassen; da ihre Werke bleiben und nicht bloß für die Gegenwart dasind, wie die Leistungen jener Andern. – Dem oben erwähnten Gesetze der Sparsamkeit der Natur ist es auch völlig gemäß, daß sie die geistige Eminenz überhaupt höchst Wenigen, und das Genie nur als die seltenste aller Ausnahmen ertheilt, den großen Haufen des Menschengeschlechts aber mit nicht mehr Geisteskräften ausstattet, als die Erhaltung des Einzelnen und der Gattung erfordert. Denn die großen und, durch ihre Befriedigung selbst, sich beständig vermehrenden Bedürfnisse des Menschengeschlechts machen es nothwendig, daß der bei weitem größte Teil desselben sein Leben mit grob körperlichen und ganz mechanischen Arbeiten zubringt; wozu sollte nun diesem ein lebhafter Geist, eine glühende Phantasie, ein subtiler Verstand, ein tief eindringender Scharfsinn nutzen? Dergleichen würde die Leute nur untauglich und unglücklich machen. Daher also ist die Natur mit dem kostbarsten aller ihrer Erzeugnisse am wenigsten verschwenderisch umgegangen. Von diesem Gesichtspunkt aus sollte man auch, um nicht unbillig zu urtheilen, seine Erwartungen von den geistigen Leistungen der Menschen überhaupt feststellen und z. B. auch Gelehrte, da in der Regel bloß äußere Veranlassungen sie zu solchen gemacht haben, zunächst betrachten als Männer, welche die Natur eigentlich zum Ackerbau bestimmt hatte: ja, selbst Philosophieprofessoren sollte man nach diesem Maaßstabe abschätzen und wird dann ihre Leistungen allen billigen Erwartungen entsprechend finden. – Beachtenswerth ist es, daß im Süden, wo die Noth des Lebens weniger schwer auf dem Menschengeschlecht lastet und mehr Muße gestattet, auch die geistigen Fähigkeiten, selbst der Menge, sogleich regsamer und feiner werden. – Physiologisch merkwürdig ist, daß das Uebergewicht der Masse des Gehirns über die des Rückenmarks und der Nerven, welches, nach Sömmerings scharfsinniger Entdeckung, den wahren nächsten Maaßstab für den Grad der Intelligenz, sowohl in den Thiergeschlechtern, als in den menschlichen Individuen, abgiebt, zugleich die unmittelbare Beweglichkeit, die Agilität der Glieder vermehrt; weil, durch die große Ungleichheit des Verhältnisses, die Abhängigkeit aller motorischen Nerven vom Gehirn entschiedener wird; wozu wohl noch kommt, daß an der qualitativen Vollkommenheit des großen Gehirns auch die des kleinen, dieses nächsten Lenkers der Bewegungen, Theil nimmt; durch Beides also alle willkürlichen Bewegungen größere Leichtigkeit, Schnelle und Behändigkeit gewinnen, und durch die Koncentration des Ausgangspunktes aller Aktivität Das entsteht, was Lichtenberg an Garrick lobt: »daß er allgegenwärtig in den Muskeln seines Körpers schien«. [*Briefe aus England*, An Heinrich Christian Boie, Erster Brief.] Daher deutet Schwerfälligkeit im Gange des Körpers auf Schwerfälligkeit im Gange der Gedanken und wird, so gut wie Schlaffheit der Gesichtszüge und Stumpfheit des Blicks, als ein Zeichen von Geistlosigkeit betrachtet, sowohl an Individuen, wie an Nationen. Ein anderes Symptom des angeregten physiologischen Sachverhältnisses ist der Umstand, daß viele Leute, sobald ihr Gespräch mit ihrem Begleiter anfängt einigen Zusammenhang zu gewinnen, sogleich stillstehn müssen; weil nämlich ihr Gehirn, sobald es ein Paar Gedanken an einander zu haken hat, nicht mehr so viel Kraft übrig behält, wie erforderlich ist, um durch die motorischen Nerven die Beine in Bewegung zu erhalten: so knapp ist bei ihnen Alles zugeschnitten.

Aus dieser ganzen objektiven Betrachtung des Intellekts und seines Ursprungs geht hervor, daß derselbe zur Auffassung der Zwecke, auf deren Erreichung das individuelle Leben und die Fortpflanzung desselben beruht, bestimmt ist, keineswegs aber, das vom Erkennenden unabhängig vorhandene Wesen an sich der Dinge und der Welt wiederzugeben. Was der Pflanze die Empfänglichkeit für das Licht ist, in Folge derer sie ihr Wachsthum der Richtung desselben entgegen lenkt, das Selbe ist, der Art nach, die Erkenntniß des Thieres, ja, auch des Menschen, wenn gleich, dem Grade nach, in dem Maaße gesteigert, wie die Bedürfnisse jedes dieser Wesen es heischen. Bei ihnen allen bleibt die Wahrnehmung ein bloßes Innewerden ihrer Relation zu andern Dingen, und ist keineswegs bestimmt, das eigentliche, schlechthin reale Wesen dieser im Bewußtseyn des Erkennenden noch ein Mal darzustellen. Vielmehr ist der Intellekt, als aus dem Willen stammend, auch nur zum Dienste dieses, also zur Auffassung der Motive, bestimmt: darauf ist er eingerichtet, mithin von durchaus praktischer Tendenz. Dies gilt auch insofern, als wir die metaphysische Bedeutung des Lebens als eine ethische begreifen: denn auch in diesem Sinne finden wir den Menschen nur zum Behufe seines Handelns erkennend. Ein solches, ausschließlich zu praktischen Zwecken vorhandenes Erkenntnißvermögen wird, seiner Natur nach, stets nur die Relationen der Dinge zu einander auffassen, nicht aber das eigene Wesen derselben, wie es an sich selbst ist. Nun aber den Komplex dieser Relationen für das schlechthin und an sich selbst vorhandene Wesen der Welt, und die Art und Weise, wie sie sich, nach den im Gehirn präformirten Gesetzen, nothwendig darstellen, für die ewigen Gesetze des Daseyns aller Dinge zu halten, und nun danach Ontologie, Kosmologie und Theologie zu konstruiren, – dies war eigentlich der uralte Grund-Irrthum, dem Kants Lehre ein Ende gemacht hat. Hier also kommt unsere objektive und daher großentheils physiologische Betrachtung des Intellekts seiner transscendentalen entgegen, ja, tritt, in gewissem Sinne, sogar als eine Einsicht *a priori* in dieselbe auf, indem sie, von einem außerhalb derselben genommenen Standpunkt, uns genetisch und daher als nothwendig erkennen läßt, was jene, von Thatsachen des Bewußtseyns ausgehend, auch nur thatsächlich darlegt. Denn in Folge unserer objektiven Betrachtung des Intellekts ist die Welt als Vorstellung, wie sie, in Raum und Zeit ausgebreitet, dasteht und nach der strengen Regel der Kausalität sich gesetzmäßig fortbewegt, zunächst nur ein physiologisches Phänomen, eine Funktion des Gehirns, welche dieses, zwar auf Anlaß gewisser äußerer Reize, aber doch seinen eigenen Gesetzen gemäß vollzieht. Demnach versteht es sich zum voraus, daß was in dieser Funktion selbst, mithin durch sie und für sie vorgeht, keineswegs für die Beschaffenheit unabhängig von ihr vorhandener und ganz von ihr verschiedener Dinge an sich gehalten werden darf, sondern zunächst bloß die Art und Weise dieser Funktion selbst darstellt, als welche immer nur eine sehr untergeordnete Modifikation durch das von ihr völlig unabhängig Vorhandene, welches als Reiz sie in Bewegung setzt, erhalten kann. Wie demnach Locke Alles, was mittelst der Empfindung in die Wahrnehmung kommt, den Sinnesorganen vindicirte [zusprach], um es den Dingen an sich abzusprechen; so hat Kant, in gleicher Absicht und auf dem selben Wege weitergehend, Alles was die eigentliche Anschauung möglich macht, nämlich Raum, Zeit und Kausalität, als Gehirnfunktion nachgewiesen; wenn gleich er dieses physiologischen Ausdrucks sich enthalten hat, zu welchem jedoch unsere jetzige, von der entgegengesetzten, realen Seite kommende Betrachtungsweise uns nothwendig hinführt. Kant kam, auf seinem analytischen Wege, zu dem Resultat, daß was wir erkennen bloße Erscheinungen seien. Was dieser räthselhafte Ausdruck eigentlich besage, wird aus unserer objektiven und genetischen Betrachtung des Intellekts klar: es sind die Motive, für die Zwecke eines individuellen

Willens, wie sie in dem, zu diesem Behuf von ihm hervorgebrachten Intellekt (welcher selbst, objektiv, als Gehirn erscheint) sich darstellen, und welche, so weit man ihre Verkettung verfolgen mag, aufgefaßt, in ihrem Zusammenhange die in Zeit und Raum sich objektiv ausbreitende Welt liefern, welche ich die Welt als Vorstellung nenne. Auch verschwindet, von unserm Gesichtspunkt aus, das Anstößige, welches in der Kantischen Lehre daraus entsteht, daß, indem der Intellekt, statt der Dinge, wie sie an sich sind, bloße Erscheinungen erkennt, ja, in Folge derselben zu Paralogismen [Fehlschlüssen] und ungegründeten Hypostasen verleitet wird, mittelst »Sophistikationen, nicht der Menschen, sondern der Vernunft selbst, von denen selbst der Weiseste sich nicht losmachen, und vielleicht zwar nach vieler Bemühung den Irrthum verhüten, den Schein aber, der ihn unaufhörlich zwackt und äfft, niemals los werden kann« [*Kritik der reinen Vernunft.* Dialektik. II. Buch, Eingang: Von den dialektischen Schlüssen der reinen Vernunft], – es das Ansehn gewinnt, als sei unser Intellekt absichtlich bestimmt, uns zu Irrthümern zu verleiten. Denn die hier gegebene objektive Ansicht des Intellekts, welche eine Genesis desselben enthält, macht begreiflich, daß er, ausschließlich zu praktischen Zwecken bestimmt, das bloße Medium der Motive ist, mithin durch richtige Darstellung dieser seine Bestimmung erfüllt, und daß, wenn wir aus dem Komplex und der Gesetzmäßigkeit der hiebei sich uns objektiv darstellenden Erscheinungen das Wesen der Dinge an sich selbst zu konstruiren unternehmen, dieses auf eigene Gefahr und Verantwortlichkeit geschieht. Wir haben nämlich erkannt, daß die ursprünglich erkenntnißlose und im Finstern treibende innere Kraft der Natur, welche, wenn sie sich bis zum Selbstbewußtseyn emporgearbeitet hat, sich diesem als Wille entschleiert, diese Stufe nur mittelst Produktion eines animalischen Gehirns und der Erkenntniß, als Funktion desselben, erreicht, wonach in diesem Gehirn das Phänomen der anschaulichen Welt entsteht. Nun aber dieses bloße Gehirnphänomen, mit der seinen Funktionen unwandelbar anhängenden Gesetzmäßigkeit, für das, unabhängig von ihm, vor ihm und nach ihm vorhandene, objektive Wesen an sich selbst der Welt und der Dinge in ihr zu erklären, ist offenbar ein Sprung, zu welchem nichts uns berechtigt. Aus diesem *mundus phaenomenon* [Welt als Erscheinung], aus dieser, unter so vielfachen Bedingungen entstehenden Anschauung sind nun aber alle unsere Begriffe geschöpft, haben allen Gehalt nur von ihr, oder doch nur in Beziehung auf sie. Daher sind sie, wie Kant sagt, nur von immanentem, nicht von transscendentem Gebrauch: d. h. diese unsere Begriffe, dieses erste Material des Denkens, folglich noch mehr die durch ihre Zusammensetzung entstehenden Urtheile, sind der Aufgabe, das Wesen der Dinge an sich und den wahren Zusammenhang der Welt und des Daseyns zu denken, unangemessen: ja, dieses Unternehmen ist dem, den stereometrischen Gehalt eines Körpers in Quadratzollen auszudrücken, analog. Denn unser Intellekt, ursprünglich nur bestimmt, einem individuellen Willen seine kleinlichen Zwecke vorzuhalten, faßt demgemäß bloße Relationen der Dinge auf und dringt nicht in ihr Inneres, in ihr eigenes Wesen: er ist demnach eine bloße Flächenkraft, haftet an der Oberfläche der Dinge und faßt bloße *species transitivas* [vorübergehende Erscheinungen], nicht das wahre Wesen derselben. Hieraus eben entspringt es, daß wir kein einziges Ding, auch nicht das einfachste und geringste, durch und durch verstehn und begreifen können; sondern an jedem etwas uns völlig Unerklärliches übrig bleibt. – Eben weil der Intellekt ein Produkt der Natur und daher nur auf ihre Zwecke berechnet ist, haben die Christlichen Mystiker ihn recht artig das »Licht der Natur« benannt und in seine Schranken zurückgewiesen: denn die Natur ist das Objekt, zu welchem allein er das Subjekt ist. Jenem Ausdruck liegt eigentlich schon der Gedanke zum Grunde, aus dem die Kritik der reinen Vernunft entsprungen ist. Daß wir auf dem unmittelbaren Wege, d. h. durch die unkritische, direkte Anwendung des Intellekts und seiner Data, die Welt nicht begreifen können, sondern beim Nachdenken über sie uns immer tiefer in unauflösliche Räthsel verstricken, rührt eben daher, daß der Intellekt, also die Erkenntniß selbst, schon ein Sekundäres, ein bloßes Produkt ist, herbeigeführt durch die Entwickelung des Wesens der Welt, die ihm folglich bis dahin vorhergängig war, und er zuletzt eintrat, als ein Durchbruch ans Licht aus der dunkeln Tiefe des erkenntnißlosen Strebens, dessen Wesen sich in dem zugleich dadurch entstehenden Selbstbewußtseyn als Wille darstellt. Das der Erkenntniß als ihre Bedingung Vorhergängige, wodurch sie allererst möglich wurde, also ihre eigene Basis, kann nicht unmittelbar von ihr gefaßt werden; wie das Auge nicht sich selbst sehn kann. Vielmehr sind die auf der Oberfläche der Dinge sich darstellenden Verhältnisse zwischen Wesen und Wesen allein ihre Sache, und sind es nur mittelst des Apparats des Intellekts, nämlich seiner Formen, Raum, Zeit, Kausalität. Eben weil die Welt ohne Hülfe der Erkenntniß sich gemacht hat, geht ihr ganzes Wesen nicht in die Erkenntniß ein, sondern diese setzt das Daseyn der Welt schon voraus; weshalb der Ursprung desselben nicht in ihrem Bereiche liegt. Sie ist demnach beschränkt auf die Verhältnisse zwischen dem Vorhandenen, und damit für den individuellen Willen, zu dessen Dienst allein sie entstand, ausreichend. Denn der Intellekt ist, wie gezeigt worden, durch die Natur bedingt, liegt in ihr, gehört zu ihr, und kann daher nicht sich ihr als ein ganz Fremdes gegenüberstellen, um so ihr ganzes Wesen schlechthin objektiv und von Grund aus in sich aufzunehmen. Er kann, wenn das Glück gut ist, Alles in der Natur verstehn, aber nicht die Natur selbst, wenigstens nicht unmittelbar.

So entmuthigend für die Metaphysik diese aus der Beschaffenheit und dem Ursprung des Intellekts hervorgehende wesentliche Beschränkung desselben auch seyn mag; so hat eben diese doch auch eine andere, sehr tröstliche Seite. Sie benimmt nämlich den unmittelbaren Aussagen der Natur ihre unbedingte Gültigkeit, in deren Behauptung der eigentliche Naturalismus besteht. Wenn daher auch die Natur uns jedes Lebende als aus dem Nichts hervorgehend und, nach einem ephemeren Daseyn, auf immer dahin zurückkehrend darstellt, und sie sich daran zu vergnügen scheint, unaufhörlich von Neuem hervorzubringen, um unaufhörlich zerstören zu können, hingegen nichts Bestehendes zu Tage zu fördern vermag; wenn wir demnach als das einzige Bleibende die Materie anerkennen müssen, welche, unentstanden und unvergänglich, Alles aus ihrem Schooße gebiert, weshalb ihr Name aus *mater rerum* [Mutter der Dinge] entstanden scheint, und neben ihr, als den Vater der Dinge, die Form, welche, eben so flüchtig, wie jene beharrlich, eigentlich jeden Augenblick wechselt und sich nur erhalten kann, so lange sie sich der Materie parasitisch anklammert (bald diesem, bald jenem Theil derselben), aber wenn sie diesen Anhalt ein Mal ganz verliert, untergeht, wie die Paläotherien [Vorfahren des Pferdes] und Ichthyosauren bezeugen; so müssen wir dies zwar als die unmittelbare und unverfälschte Aussage der Natur anerkennen; aber, wegen des oben auseinandergesetzten Ursprungs und daraus sich ergebender Beschaffenheit des Intellekts, können wir dieser Aussage keine unbedingte Wahrheit zugestehn, vielmehr nur eine durchweg bedingte, welche Kant treffend als eine solche bezeichnet hat, indem er sie die Erscheinung im Gegensatz des Dinges an sich nannte. –

Wenn es, trotz dieser wesentlichen Beschränkung des Intellekts, möglich wird, auf einem Umwege, nämlich mittelst der weit verfolgten Reflexion und durch künstliche Verknüpfung der nach außen gerichteten, objektiven Erkenntniß mit den Datis des Selbstbewußtseyns, zu einem gewissen Verständniß der Welt und des Wesens der Dinge zu gelangen; so wird dieses doch nur ein sehr limitirtes, ganz mittelbares und relatives, nämlich eine parabolische [gleichnisweise] Uebersetzung in die Formen der Erkenntniß, also ein *quadam prodire tenus* [Fortschreiten bis zu einer gewissen Grenze: Horaz, *epist.*, 1, 1, 32] seyn, welches stets noch viele Probleme ungelöst übrig lassen muß. – Hingegen war der Grundfehler des alten, durch Kant zerstörten Dogmatismus, in allen seinen Formen, dieser, daß er schlechthin von der Erkenntniß, d. i. der Welt als Vorstellung, ausgieng, um aus deren Gesetzen das Seiende überhaupt abzuleiten und aufzubauen, wobei er jene Welt der Vorstellung, nebst ihren Gesetzen, als etwas schlechthin Vorhandenes und absolut Reales nahm; während das ganze Daseyn derselben von Grund aus relativ und ein bloßes Resultat oder Phänomen des ihr zum Grunde liegenden Wesens an sich ist, – oder, mit andern Worten, daß er eine Ontologie konstruirte, wo er bloß zu einer Dianoiologie [Denklehre] Stoff hatte. Kant deckte das subjektiv Bedingte und deshalb schlechterdings Immanente, d. h. zum transscendenten Gebrauch Untaugliche, der Erkenntniß, aus der eigenen Gesetzmäßigkeit dieser selbst, auf: weshalb er seine Lehre sehr treffend Kritik der Vernunft nannte. Er führte dies theils dadurch aus, daß er den beträchtlichen und durchgängigen apriorischen Theil aller Erkenntniß nachwies, welcher, als durchaus subjektiv, alle Objektivität verkümmert; theils dadurch, daß er angeblich darthat, daß die Grundsätze der als rein objektiv genommenen Erkenntniß, wenn bis ans Ende verfolgt, auf Widersprüche leiteten. Nur aber hatte er voreilig angenommen, daß außer der objektiven Erkenntniß, d. h. außer der Welt als Vorstellung, uns nichts gegeben sei, als etwan noch das Gewissen, aus welchem er das Wenige, was noch von Metaphysik übrig blieb, konstruirte, nämlich die Moraltheologie, welcher er jedoch auch schlechterdings nur praktische, durchaus nicht theoretische Gültigkeit zugestand. – Er hatte übersehn, daß, wenn gleich allerdings die objektive Erkenntniß, oder die Welt als Vorstellung, nichts, als Erscheinungen, nebst deren phänomenalen Zusammenhang und Regressus liefert; dennoch unser selbsteigenes Wesen nothwendig auch der Welt der Dinge an sich angehört, indem es in dieser wurzeln muß: hieraus aber müssen, wenn auch die Wurzel nicht gerade zu Tage gezogen werden kann, doch einige Data zu erfassen seyn, zur Aufklärung des Zusammenhangs der Welt der Erscheinungen mit dem Wesen an sich der Dinge. Hier also liegt der Weg, auf welchem ich über Kant und die von ihm gezogene Gränze hinausgegangen bin, jedoch stets auf dem Boden der Reflexion, mithin der Redlichkeit, mich haltend, daher ohne das windbeutelnde Vorgeben intellektualer Anschauung, oder absoluten Denkens, welches die Periode der Pseudophilosophie zwischen Kant und mir charakterisirt. Kant gieng, bei seiner Nachweisung des Unzulänglichen der vernünftigen Erkenntniß zur Ergründung des Wesens der Welt, von der Erkenntniß, als einer Thatsache, die unser Bewußtseyn liefert, aus, verfuhr also, in diesem Sinne, *a posteriori*. Ich aber habe in diesem Kapitel, wie auch in der Schrift »Ueber den Willen in der Natur«, nachzuweisen gesucht, was die Erkenntniß ihrem Wesen und Ursprung nach sei, nämlich ein Sekundäres, zu individuellen Zwecken Bestimmtes: woraus folgt, daß sie zur Ergründung des Wesens der Welt unzulänglich seyn muß; bin also, insofern, zum selben Ziel *a priori* gelangt. Man erkennt aber nichts ganz und vollkommen, als bis man darum herumgekommen und nun von der andern Seite zum Ausgangspunkt zurückgelangt ist. Daher muß man, auch bei der hier in Betracht genommenen, wichtigen Grunderkenntniß, nicht bloß, wie Kant gethan, vom Intellekt zur Erkenntniß der Welt gehn, sondern auch, wie ich hier unternommen habe, von der als vorhanden genommenen Welt zum Intellekt. Dann wird diese, im weitern Sinn, physiologische Betrachtung die Ergänzung jener ideologischen, wie die Franzosen sagen, richtiger transscendentalen.

Im Obigen habe ich, um den Faden der Darstellung nicht zu unterbrechen, die Erörterung eines Punktes, den ich berührte, hinausgeschoben: es war dieser, daß in dem Maaße als, in der aufsteigenden Thierreihe, der Intellekt sich immer mehr entwickelt und vollkommener auftritt, das Erkennen sich immer deutlicher vom Wollen sondert und dadurch reiner wird. Das Wesentliche hierüber findet man in meiner Schrift »Ueber den Willen in der Natur«, unter der Rubrik »Pflanzenphysiologie« (S. 68–72 der zweiten Auflage [Bd. v uns. Ausg., S. 270–274]), wohin ich, um mich nicht zu wiederholen, verweise und hier bloß einige Bemerkungen daran knüpfe. Indem die Pflanze weder Irritabilität noch Sensibilität besitzt, sondern in ihr der Wille sich allein als Plasticität [Körperlichkeit] oder Reproduktionskraft objektivirt; so hat sie weder Muskel noch Nerv. Auf der niedrigsten Stufe des Thierreichs, in den Zoophyten [Pflanzentieren], namentlich den Polypen, können wir die Sonderung dieser beiden Bestandtheile noch nicht deutlich erkennen, setzen jedoch ihr Vorhandenseyn, wenn gleich in einem Zustande der Verschmelzung, voraus; weil wir Bewegungen wahrnehmen, die nicht, gleich denen der Pflanze, auf bloße Reize, sondern auf Motive, d. h. in Folge einer gewissen Wahrnehmung, vor sich gehn; daher eben wir diese Wesen als Thiere ansprechen. In dem Maaße nun, als, in der aufsteigenden Thierreihe, das Nerven- und das Muskelsystem sich immer deutlicher von einander sondern, bis das erstere, in den Wirbelthieren und am vollkommensten im Menschen, sich in ein organisches und ein cerebrales Nervensystem scheidet und dieses wieder sich zu dem überaus zusammengesetzten Apparat von großem und kleinem Gehirn, verlängertem und Rücken-Mark, Cerebral- und Spinal-Nerven, sensibeln und motorischen Nervenbündeln steigert, davon allein das große Gehirn, nebst den ihm anhängenden sensibeln Nerven und den hintern Spinalnervenbündeln zur Aufnahme der Motive aus der Außenwelt, alle übrigen Theile hingegen nur zur Transmission derselben an die Muskeln, in denen der Wille sich direkt äußert, bestimmt sind; in dem selben Maaße sondert sich im Bewußtseyn immer deutlicher das Motiv von dem Willensakt, den es hervorruft, also die Vorstellung vom Willen: dadurch nun nimmt die Objektivität des Bewußtseyns beständig zu, indem die Vorstellungen sich immer deutlicher und reiner darin darstellen. Beide Sonderungen sind aber eigentlich nur eine und die selbe, die wir hier von zwei Seiten betrachtet haben, nämlich von der objektiven und von der subjektiven, oder erst im Bewußtseyn anderer Dinge, und dann im Selbstbewußtseyn. Auf dem Grade dieser Sonderung beruht, im tiefsten Grunde, der Unterschied und die Stufenfolge der intellektuellen Fähigkeiten, sowohl zwischen verschiedenen Thierarten, als auch zwischen menschlichen Individuen: er giebt also das Maaß für die intellektuelle Vollkommenheit dieser Wesen. Denn die Klarheit des Bewußtseyns der Außenwelt, die Objektivität der Anschauung, hängt von ihm ab. In der oben angeführten Stelle habe ich gezeigt, daß das Thier die Dinge nur so weit wahrnimmt, als sie Motive für seinen Willen sind, und daß selbst die intelligentesten Thiere diese Gränze kaum überschreiten; weil ihr Intellekt noch zu fest am Willen haftet, aus dem er entsprossen ist. Hingegen faßt selbst der stumpfeste Mensch die Dinge schon einigermaaßen objektiv auf, indem er in ihnen nicht bloß erkennt, was sie in Bezug auf ihn, sondern auch Einiges von Dem, was sie in Bezug auf sich selbst und auf andere Dinge sind. Jedoch bei den Wenigsten erreicht dies den Grad, daß sie im Stande wären, irgend eine Sache rein objektiv zu prüfen und zu beurtheilen: sondern »das muß ich thun, das muß ich sagen, das muß ich glauben« ist das Ziel, welchem, bei jedem Anlaß, ihr Denken in gerader Linie zueilt und woselbst ihr Verstand alsbald die willkommene Rast findet. Denn dem schwachen Kopf ist das Denken so unerträglich, wie dem schwachen Arm das Heben einer Last: daher Beide eilen niederzusetzen. Die Objektivität der Erkenntniß, und zunächst der anschauenden, hat unzählige Grade, die auf der Energie des Intellekts und seiner Sonderung vom Willen beruhen und deren höchster das Genie ist, als in welchem die Auffassung der Außenwelt so rein und objektiv wird, daß ihm in den einzelnen Dingen sogar mehr als diese selbst, nämlich das Wesen ihrer ganzen Gattung, d.i. die Platonische Idee derselben, sich unmittelbar aufschließt; welches dadurch bedingt ist, daß hiebei der Wille gänzlich aus dem Bewußtseyn schwindet. Hier ist der Punkt, wo sich die gegenwärtige, von physiologischen Grundlagen ausgehende Betrachtung an den Gegenstand unsers dritten Buches, also an die Metaphysik des Schönen anknüpft, woselbst die eigentlich ästhetische Auffassung, die im höhern Grade nur dem Genie eigenthümlich ist, als der Zustand des reinen, d. h. völlig willenlosen und eben dadurch vollkommen objektiven Erkennens ausführlich betrachtet wird. Dem Gesagten zufolge ist die Steigerung der Intelligenz, vom dumpfesten thierischen Bewußtseyn bis zu dem des Menschen, eine fortschreitende Ablösung des Intellekts vom Willen, welche vollkommen, wiewohl nur ausnahmsweise, im Genie eintritt: daher kann man dieses als den höchsten Grad der Objektivität des Erkennens definiren. Die so selten vorhandene Bedingung zu demselben ist ein entschieden größeres Maaß von Intelligenz, als zum Dienste des ihre Grundlage ausmachenden Willens erfordert ist: dieser demnach frei werdende Ueberschuß ist es erst, der recht eigentlich die Welt gewahr wird, d. h. sie vollkommen objektiv auffaßt und nun danach bildet, dichtet, denkt.

Kapitel 23*.

Ueber die Objektivation des Willens in der erkenntnißlosen Natur.

Daß der Wille, welchen wir in unserm Innern finden, nicht, wie die bisherige Philosophie annahm, allererst aus der Erkenntniß hervorgeht, ja, eine bloße Modifikation dieser, also ein Sekundäres, Abgeleitetes und, wie die Erkenntniß selbst, durch das Gehirn Bedingtes sei; sondern daß er das *Prius* derselben, der Kern unsers Wesens und jener Urkraft selbst sei, welche den thierischen Leib schafft und erhält, indem sie die unbewußten, so gut wie die bewußten Funktionen desselben vollzieht; – dies ist der erste Schritt in der Grunderkenntniß meiner Metaphysik. So paradox es auch jetzt noch Vielen erscheint, daß der Wille an sich selbst ein Erkenntnißloses sei; so haben doch schon sogar die Scholastiker es irgendwie erkannt und eingesehn; da der in ihrer Philosophie durchaus bewanderte Jul. Cäs. Vaninus (jenes bekannte Opfer des Fanatismus und der Pfaffenwuth), in seinem *Amphitheatro*, [Exercitatio XXVIII] *p. 181*, sagt:

* Dieses Kapitel bezieht sich auf § 23 des ersten Bandes.

Voluntas potentia coeca est, ex scholasticorum opinione [Der Wille ist eine blinde Macht, nach Ansicht der Scholastiker]. – Daß nun ferner jener selbe Wille es sei, welcher auch in der Pflanze die Gemme [Brutkörper] ansetzt, um Blatt oder Blume aus ihr zu entwickeln, ja, daß die regelmäßige Form des Krystalls nur die zurückgelassene Spur seines momentanen Strebens sei, daß er überhaupt, als das wahre und einzige αυτοματον [Selbstwirkende], im eigentlichen Sinne des Worts, auch allen Kräften der unorganischen Natur zum Grunde liege, in allen ihren mannigfaltigen Erscheinungen spiele, wirke, ihren Gesetzen die Macht verleihe, und selbst in der rohesten Masse sich noch als Schwere zu erkennen gebe; – diese Einsicht ist der zweite Schritt in jener Grunderkenntniß, und schon durch eine fernere Reflexion vermittelt. Das gröbste aller Mißverständnisse aber wäre es, zu meinen, daß es sich hiebei nur um ein Wort handle, eine unbekannte Größe damit zu bezeichnen: vielmehr ist es die realste aller Realerkenntnisse, welche hier zur Sprache gebracht wird. Denn es ist die Zurückführung jenes unserer unmittelbaren Erkenntniß ganz Unzugänglichen, daher uns im Wesentlichen Fremden und Unbekannten, welches wir mit dem Worte Naturkraft bezeichnen, auf das uns am genauesten und intimsten Bekannte, welches jedoch nur in unserm eigenen Wesen uns unmittelbar zugänglich ist; daher es von diesem aus auf die andern Erscheinungen übertragen werden muß. Es ist die Einsicht, daß das Innere und Ursprüngliche in allen, wenn gleich noch so verschiedenartigen Veränderungen und Bewegungen der Körper, dem Wesen nach, identisch ist; daß wir jedoch nur eine Gelegenheit haben, es näher und unmittelbar kennen zu lernen, nämlich in den Bewegungen unsers eigenen Leibes; in Folge welcher Erkenntniß wir es Wille nennen müssen. Es ist die Einsicht, daß was in der Natur wirkt und treibt und in immer vollkommeneren Erscheinungen sich darstellt, nachdem es sich so hoch emporgearbeitet hat, daß das Licht der Erkenntniß unmittelbar darauf fällt, – d. h. nachdem es bis zum Zustande des Selbstbewußtseyns gelangt ist, – nunmehr dasteht als jener Wille, der das uns am genauesten Bekannte und deshalb durch nichts Anderes ferner zu Erklärende ist, welches vielmehr zu allem Andern die Erklärung giebt. Er ist demnach das Ding an sich, so weit dieses von der Erkenntniß irgend erreicht werden kann. Folglich ist er Das, was in jedem Dinge auf der

Welt, in irgend einer Weise, sich äußern muß: denn er ist das Wesen der Welt und der Kern aller Erscheinungen.

Da meine Abhandlung »Ueber den Willen in der Natur« dem Gegenstande dieses Kapitels ganz eigentlich gewidmet ist und auch die Zeugnisse unbefangener Empiriker für diesen Hauptpunkt meiner Lehre beibringt; so habe ich hier nur noch einige Ergänzungen zu dem dort Gesagten hinzuzufügen, welche daher etwas fragmentarisch sich an einander reihen.

Zuvörderst also, in Hinsicht auf das Pflanzenleben, mache ich auf die merkwürdigen zwei ersten Kapitel der Abhandlung des Aristoteles über die Pflanzen aufmerksam. Das Interessanteste darin sind, wie so oft im Aristoteles, die von ihm angeführten Meinungen der früheren, tiefsinnigeren Philosophen. Da sehn wir, daß Anaxagoras und Empedokles ganz richtig gelehrt haben, die Pflanzen hätten die Bewegung ihres Wachsthums vermöge der ihnen einwohnenden Begierde (επιθυμια); ja, daß sie ihnen auch Freude und Schmerz, mithin Empfindung, beilegten; Plato aber die Begierde allein ihnen zuerkannte, und zwar wegen ihres starken Nahrungstriebes (vergl. Plato im Timäos, S. 403, *Bip.*). Aristoteles hingegen, seiner gewöhnlichen Methode getreu, gleitet auf der Oberfläche der Dinge hin, hält sich an vereinzelte Merkmale und durch gangbare Ausdrücke fixirte Begriffe, behauptet, daß ohne Empfindung keine Begierde seyn könne, jene aber hätten doch die Pflanzen nicht, ist indessen, wie sein konfuses Gerede bezeugt, in bedeutender Verlegenheit, bis denn auch hier, »wo die Begriffe fehlen, ein Wort zur rechten Zeit sich einstellt« [nach Goethe, *Faust* 1, 1 1995–96], nämlich το θρεπτικον, das Ernährungsvermögen: dies hätten die Pflanzen, also einen Theil der sogenannten Seele, nach seiner beliebten Eintheilung in *anima vegetativa, sensitiva, et intellectiva* [ernährende, empfindende und denkende Seele]. Das ist aber eben eine scholastische *Quidditas* [Washeit = Wesenseigentümlichkeit] und besagt: *plantae nutriuntur, quia habent facultatem nutritivam* [Die Pflanzen ernähren sich, weil sie das Vermögen der Ernährung haben]; ist mithin ein schlechter Ersatz für die tiefere Forschung seiner von ihm kritisirten Vorgänger. Auch sehn wir, im zweiten Kapitel, daß Empedokles sogar die Sexualität der Pflanzen erkannt hatte; welches Aristoteles denn ebenfalls bekrittelt, und seinen Mangel an eigentlicher Sachkenntniß hinter allgemeine Principien verbirgt, wie dieses, daß die Pflanzen nicht beide Geschlechter im Verein haben könnten, da sie sonst vollkommener, als die Thiere seyn würden. – Durch ein ganz analoges Verfahren hat er das richtige astronomische Weltsystem der Pythagoreer verdrängt und durch seine absurden Grundprincipien, die er besonders in den Büchern *de coelo* darlegt, das System des Ptolemäos veranlaßt, wodurch die Menschheit einer bereits gefundenen Wahrheit, von höchster Wichtigkeit, wieder auf fast 2000 Jahre verlustig ward.

Aber den Ausspruch eines vortrefflichen Biologen unserer Zeit, der genau mit meiner Lehre übereinstimmt, kann ich mich nicht entbrechen herzusetzen. G. R. Treviranus ist es, der in seinem Werke »Ueber die Erscheinungen und Gesetze des organischen Lebens«, 1832, Bd. 2, Abth. 1, S. 49, Folgendes sagt: »Es läßt sich aber eine Form des Lebens denken, wobei die Wirkung des Aeußeren auf das Innere bloße Gefühle von Lust und Unlust, und in deren Folge Begehrungen veranlaßt. Eine solche ist das Pflanzenleben. In den höheren Formen des thierischen Lebens wird das Aeußere als etwas Objektives empfunden.« Treviranus spricht hier aus reiner und unbefangener Naturauffassung, und ist sich der metaphysischen Wichtigkeit seines Ausspruchs so wenig bewußt, wie der *contradictio in adjecto* [Widersinnigkeit im Beiwort], die im Begriff eines »als Objektives Empfundenen« liegt, welches er sogar noch weitläuftig ausführt. Er weiß nicht, daß alle Empfindung wesentlich subjektiv, alles Objektive aber Anschauung, mithin Produkt des Verstandes ist. Dies thut jedoch dem Wahren und Wichtigen seines Ausspruchs keinen Abbruch.

In der That ist die Wahrheit, daß Wille auch ohne Erkenntniß bestehn könne, am Pflanzenleben augenscheinlich, man möchte sagen handgreiflich erkennbar. Denn hier sehn wir ein entschiedenes Streben, durch Bedürfnisse bestimmt, mannigfaltig modificirt und der Verschiedenheit der Umstände sich anpassend, – dennoch offenbar ohne Erkenntniß. – Und eben weil die Pflanze erkenntnißlos ist, trägt sie ihre Geschlechtstheile prunkend zur Schau, in gänzlicher Unschuld: sie weiß nichts davon. Sobald hingegen, in der Wesenreihe, die Erkenntniß eintritt, verlegen die Geschlechtstheile sich an eine verborgene Stelle. Der Mensch aber, bei welchem dies wieder weniger der Fall ist, verhüllt sich absichtlich: er schämt sich ihrer. –

Zunächst nun also ist die Lebenskraft identisch mit dem Willen: allein auch alle andern Naturkräfte sind es; obgleich dies weniger augenfällig ist. Wenn wir daher die Anerkennung einer Begierde, d. h. eines Willens, als Basis des Pflanzenlebens, zu allen Zeiten, mit mehr oder weniger Deutlichkeit des Begriffs, ausgesprochen finden; so ist hingegen die Zurückführung der Kräfte der unorganischen Natur auf die selbe Grundlage in dem Maaße seltener, als die Entfernung dieser von unserm eigenen Wesen größer ist. – In der That ist die Gränze zwischen dem Organischen und dem Unorganischen die am schärfsten gezogene in der ganzen Natur und vielleicht die einzige, welche keine Uebergänge zuläßt; so daß das *natura non facit saltus* [die Natur macht keine Sprünge: Arist., *de incessu anim.*, c 2 und c. 8] hier eine Ausnahme zu erleiden scheint. Wenn auch manche Krystallisationen eine der vegetabilischen ähnelnde äußere Gestalt zeigen; so bleibt doch selbst zwischen der geringsten Flechte, dem niedrigsten Schimmel, und allem Unorganischen ein grundwesentlicher Unterschied. Im unorganischen Körper ist das Wesentliche und Bleibende, also Das, worauf seine Identität und Integrität beruht, der Stoff, die Materie; das Unwesentliche und Wandelbare hingegen ist die Form. Beim organischen Körper verhält es sich gerade umgekehrt: denn eben im beständigen Wechsel des Stoffs, unter dem Beharren der Form, besteht sein Leben, d. h. sein Daseyn als eines Organischen. Sein Wesen und seine Identität liegt also allein in der Form. Daher hat der unorganische Körper seinen Bestand durch Ruhe und Abgeschlossenheit von äußern Einflüssen: hiebei allein erhält sich sein Daseyn, und, wenn dieser Zustand vollkommen ist, ist ein solcher Körper von endloser Dauer. Der organische hingegen hat seinen Bestand gerade durch die fortwährende Bewegung und stetes Empfangen äußerer Einflüsse: sobald diese wegfallen und die Bewegung in ihm stockt, ist er todt und hört damit auf organisch zu seyn, wenn auch die Spur des dagewesenen Organismus noch eine Weile beharrt. – Demnach ist auch das in unsern Tagen so beliebte Gerede vom Leben des Unorganischen, ja sogar des Erdkörpers, und daß dieser, wie auch das Planetensystem, ein Organismus sei, durchaus unstatthaft. Nur dem Organischen gebührt das Prädikat Leben. Jeder Organismus aber ist durch und durch organisch, ist es in allen seinen Theilen und nirgend sind diese, selbst nicht in ihren kleinsten Partikeln, aus Unorganischem aggregativ [regellos] zusammengesetzt. Wäre also die Erde ein Organismus; so müßten alle Berge und Felsen und das ganze Innere ihrer Masse organisch seyn und demnach eigentlich gar nichts Unorganisches existiren, mithin der ganze Begriff desselben wegfallen.

Hingegen daß die Erscheinung eines Willens so wenig an das Leben und die Organisation, als an die Erkenntniß gebunden sei, mithin auch das Unorganische einen Willen habe, dessen Aeußerungen alle seine nicht weiter erklärlichen Grundeigenschaften sind, dies ist ein wesentlicher Punkt meiner Lehre; wenn gleich die Spur eines solchen Gedankens bei den mir vorhergegangenen Schriftstellern viel seltener zu finden ist, als die vom Willen in den Pflanzen, wo er doch auch schon erkenntnißlos ist.

Im Anschießen des Krystalls sehn wir gleichsam noch einen Ansatz, einen Versuch zum Leben, zu welchem es jedoch nicht kommt, weil die Flüssigkeit, aus der er, gleich einem Lebendigen, im Augenblick jener Bewegung besteht, nicht, wie stets bei diesem, in einer Haut eingeschlossen ist, und er demnach weder Gefäße hat, in denen jene Bewegung sich fortsetzen könnte, noch irgend etwas ihn von der Außenwelt absondert. Daher ergreift die Erstarrung alsbald jene augenblickliche Bewegung, von der nur die Spur als Krystall bleibt. –

Auch den »Wahlverwandtschaften« von Goethe liegt, wie schon der Titel andeutet, wenn gleich ihm unbewußt, der Gedanke zum Grunde, daß der Wille, der die Basis unsers eigenen Wesens ausmacht, der selbe ist, welcher sich schon in den niedrigsten, unorganischen Erscheinungen kund giebt, weshalb die Gesetzmäßigkeit beider Erscheinungen vollkommene Analogie zeigt.

Die Mechanik und Astronomie zeigen uns eigentlich, wie dieser Wille sich benimmt, so weit als er, auf der niedrigsten Stufe seiner Erscheinung, bloß als Schwere, Starrheit und Trägheit auftritt. Die Hydraulik zeigt uns das Selbe da, wo die Starrheit wegfällt, und nun der flüssige Stoff seiner vorherrschenden Leidenschaft, der Schwere, ungezügelt hingegeben ist. Die Hydraulik kann, in diesem Sinne, als eine Charakterschilderung des Wassers aufgefaßt werden, indem sie uns die Willensäußerungen angiebt, zu welchen dasselbe durch die Schwere bewogen wird: diese sind, da bei allen nichtindividuellen Wesen kein partikularer Charakter neben dem generellen besteht, den äußern Einflüssen stets genau angemessen, lassen sich also, durch Erfahrung dem Wasser abgemerkt, leicht auf feste Grundzüge, die man Gesetze nennt, zurückführen, welche genau angeben, wie das Wasser, vermöge seiner Schwere, bei unbedingter Verschiebbarkeit seiner Theile und Mangel der Elasticität, unter allen verschiedenen Umständen sich benehmen wird. Wie es durch die Schwere zur Ruhe gebracht wird, lehrt die Hydrostatik, wie zur Bewegung, die Hydrodynamik, die hiebei durch Hindernisse, welche die Adhäsion dem Willen des Wassers entgegensetzt, zu berücksichtigen hat: Beide zusammen machen die Hydraulik aus. – Eben so lehrt uns die Chemie, wie sich der Wille benimmt, wann die inneren Qualitäten der Stoffe, durch den herbeigeführten Zustand der Flüssigkeit, freies Spiel erhalten, und nun jenes wunderbare Suchen und Fliehen, sich Trennen und Vereinen, Fahrenlassen des Einen, um das Andere zu ergreifen, wovon jeder Niederschlag zeugt, auftritt, welches Alles man als Wahlverwandtschaft (einen ganz dem bewußten Willen entlehnten Ausdruck) bezeichnet. – Aber die Anatomie und Physiologie läßt uns sehn, wie sich der Wille benimmt, um das Phänomen des Lebens zu Stande zu bringen und eine Weile zu unterhalten. – Der Poet endlich zeigt uns, wie sich der Wille unter dem Einfluß der Motive und der Reflexion benimmt. Er stellt ihn daher meistens in der vollkommensten seiner Erscheinungen dar, in vernünftigen Wesen, deren Charakter individuell ist, und deren Handeln und Leiden gegen einander er uns als Drama, Epos, Roman u. s. w. vorführt. Je regelrechter, je streng naturgesetzmäßiger die Darstellung seiner Charaktere dabei ausfällt, desto größer ist sein Ruhm; daher steht Shakespeare obenan. – Der hier gefaßte Gesichtspunkt entspricht im Grunde dem Geist, in welchem Goethe die Naturwissenschaften trieb und liebte; wiewohl er sich der Sache nicht *in abstracto* bewußt war. Mehr noch, als dies aus seinen Schriften hervorgeht, ist es mir aus seinen persönlichen Aeußerungen bewußt.

Wenn wir den Willen da, wo ihn Niemand leugnet, also in den erkennenden Wesen, betrachten; so finden wir überall, als seine Grundbestrebung, die Selbsterhaltung eines jeden Wesens: *omnis natura vult esse conservatrix sui* [Jedes Naturwesen ist bestrebt, sich selbst zu erhalten: nach Cicero, *de fin.* v,

9, 26]. Alle Aeußerungen dieser Grundbestrebung aber lassen sich stets zurückführen auf ein Suchen, oder Verfolgen, und ein Meiden, oder Fliehen, je nach dem Anlaß. Nun läßt eben Dieses sich noch nachweisen sogar auf der allerniedrigsten Stufe der Natur, also der Objektivation des Willens, da nämlich, wo die Körper nur noch als Körper überhaupt wirken, also Gegenstände der Mechanik sind, und bloß nach den Aeußerungen der Undurchdringlichkeit, Kohäsion, Starrheit, Elasticität und Schwere in Betracht kommen. Auch hier noch zeigt sich das Suchen als Gravitation, das Fliehen aber als Empfangen von Bewegung, und die Beweglichkeit der Körper durch Druck oder Stoß, welche die Basis der Mechanik ausmacht, ist im Grunde eine Aeußerung des auch ihnen einwohnenden Strebens nach Selbsterhaltung. Dieselbe nämlich ist, da sie als Körper undurchdringlich sind, das einzige Mittel, ihre Kohäsion, also ihren jedesmaligen Bestand, zu retten. Der gestoßene oder gedrückte Körper würde von dem stoßenden oder drückenden zermalmt werden, wenn er nicht, um seine Kohäsion zu retten, der Gewalt desselben sich durch die Flucht entzöge, und wo diese ihm benommen ist, geschieht es wirklich. Ja, man kann die elastischen Körper als die muthigeren betrachten, welche den Feind zurückzutreiben suchen, oder wenigstens ihm die weitere Verfolgung benehmen. So sehn wir denn in dem einzigen Geheimniß, welches (neben der Schwere) die so klare Mechanik übrig läßt, nämlich in der Mittheilbarkeit der Bewegung, eine Aeußerung der Grundbestrebung des Willens in allen seinen Erscheinungen, also des Triebes zur Selbsterhaltung, der als das Wesentliche sich auch noch auf der untersten Stufe erkennen läßt.

In der unorganischen Natur objektivirt der Wille sich zunächst in den allgemeinen Kräften, und erst mittelst dieser in den durch Ursachen hervorgerufenen Phänomenen der einzelnen Dinge. Das Verhältniß zwischen Ursache, Naturkraft und Willen als Ding an sich habe ich § 26 des ersten Bandes hinlänglich auseinandergesetzt. Man sieht daraus, daß die Metaphysik den Gang der Physik nie unterbricht, sondern nur den Faden da aufnimmt, wo diese ihn liegen läßt, nämlich bei den ursprünglichen Kräften, an welchen alle Kausalerklärung ihre Gränze hat. Hier erst hebt die metaphysische Erklärung aus dem Willen als Dinge an sich an. Bei jedem physischen Phänomen, jeder Veränderung materieller Dinge, ist zunächst ihre Ursache nachzuweisen, die eine eben solche einzelne, dicht zuvor eingetretene Veränderung ist; dann aber die ursprüngliche Naturkraft, vermöge welcher diese Ursache zu wirken fähig war; und allererst als das Wesen an sich dieser Kraft, im Gegensatz ihrer Erscheinung, ist der Wille zu erkennen. Dennoch giebt dieser sich eben so unmittelbar im Fallen eines Steines kund, wie im Thun des Menschen: der Unterschied ist nur, daß seine einzelne Aeußerung hier durch ein Motiv, dort durch eine mechanisch wirkende Ursache, z. B. die Wegnahme seiner Stütze, hervorgerufen wird, jedoch in beiden Fällen mit gleicher Nothwendigkeit, und daß sie dort auf einem individuellen Charakter, hier auf einer allgemeinen Naturkraft beruht. Diese Identität des Grundwesentlichen wird sogar sinnenfällig, wenn wir etwan einen aus dem Gleichgewicht gebrachten Körper, der vermöge seiner besondern Gestalt lange hin und her rollt, bis er den Schwerpunkt wiederfindet, aufmerksam betrachten, wo dann ein gewisser Anschein des Lebens sich uns aufdringt und wir unmittelbar fühlen, daß etwas der Grundlage des Lebens Analoges auch hier wirksam ist. Dieses ist freilich die allgemeine Naturkraft, welche aber, an sich mit dem Willen identisch, hier gleichsam die Seele eines sehr kurzen *Quasi*-Lebens wird. Also giebt das in den beiden Extremen der Erscheinung des Willens Identische sich hier sogar der unmittelbaren Anschauung noch leise kund, indem diese ein Gefühl in uns erregt, daß auch hier ein ganz Ursprüngliches, wie wir es nur aus den Akten unsers eigenen Willens kennen, unmittelbar zur Erscheinung gelangt.

Auf eine ganz andere und großartige Weise kann man zu einer intuitiven Erkenntniß vom Daseyn und Wirken des Willens in der unorganischen Natur gelangen, wenn man sich in das Problem der drei Körper hineinstudirt und also den Lauf des Mondes um die Erde etwas genauer und specieller kennen lernt. Durch die verschiedenen Kombinationen, welche der beständige Wechsel der Stellung dieser drei Weltkörper gegen einander herbeiführt, wird der Gang des Mondes bald beschleunigt, bald verlangsamt, und tritt er der Erde bald näher, bald ferner: dieses nun aber wieder anders im Perihelio [Sonnennähe], als im Aphelio [Sonnenferne] der Erde; welches Alles zusammen in seinen Lauf eine solche Unregelmäßigkeit bringt, daß derselbe ein wirklich kapriciöses Ansehn erhält, indem sogar das zweite Keplerische Gesetz nicht mehr unwandelbar gültig bleibt, sondern er in gleichen Zeiten ungleiche Flächen umschreibt. Die Betrachtung dieses Laufes ist ein kleines und abgeschlossenes Kapitel der himmlischen Mechanik, welche von der irdischen sich durch die Abwesenheit alles Stoßes und Druckes, also der uns so faßlich scheinenden *vis a tergo* [von hinten treibenden Kraft], und sogar des wirklich vollbrachten Falles, auf erhabene Weise unterscheidet, indem sie neben der *vis inertiae* [Kraft der Trägheit] keine andere bewegende und lenkende Kraft kennt, als bloß die Gravitation, diese aus dem eigenen Innern der Körper hervortretende Sehnsucht derselben nach Vereinigung. Wenn man nun, an diesem gegebenen Fall, sich ihr Wirken bis ins Einzelne veranschaulicht; so erkennt man deutlich und unmittelbar in der hier bewegenden Kraft eben Das, was im Selbstbewußtseyn uns als Wille gegeben ist. Denn die Aenderungen im Laufe der Erde und des Mondes, je nachdem eines derselben, durch seine Stellung, dem Einfluß der Sonne bald mehr, bald weniger ausgesetzt ist, haben augenfällige Analogie mit dem Einfluß neu eintretender Motive auf unsern Willen und mit den Modifikationen unsers Handelns danach.

Ein erläuterndes Beispiel anderer Art ist folgendes. L i e b i g (Chemie in Anwendung auf Agrikultur, S. 501) sagt: »Bringen wir feuchtes Kupfer in Luft, welche Kohlensäure enthält, so wird durch den Kontakt mit dieser Säure, die Verwandtschaft des Metalls zum Sauerstoff der Luft in dem Grade gesteigert, daß sich Beide mit einander verbinden; seine Oberfläche bedeckt sich mit grünem, kohlensauerm Kupferoxyd. – Nun aber nehmen zwei Körper, welche die Fähigkeit haben, sich zu verbinden, in dem Moment, da sie sich berühren, entgegengesetzte Elektricitätszustände an. Daher wird, wenn wir das Kupfer mit Eisen berühren, durch Erregung eines besondern Elektricitätszustandes, die Fähigkeit des Kupfers, eine Verbindung mit dem Sauerstoff einzugehn, vernichtet: es bleibt auch unter den obigen Bedingungen blank.« – Die Sache ist bekannt und von technischem Nutzen. Ich führe sie an, um zu sagen, daß hier der Wille des Kupfers, durch den elektrischen Gegensatz zum Eisen in Anspruch genommen und beschäftigt, die für seine chemische Verwandtschaft zum Oxygen und Kohlensäure sich darbietende Gelegenheit unbenutzt läßt. Er verhält sich demnach gerade so, wie der Wille in einem Menschen, der eine Handlung, zu der er sonst sich bewogen fühlen würde, unterläßt, um eine andere, zu der ein stärkeres Motiv ihn auffordert, zu vollziehn.

Im ersten Bande habe ich gezeigt, daß die Naturkräfte außerhalb der Kette von Ursachen und Wirkungen liegen, indem sie die durchgängige Bedingung, die metaphysische Grundlage derselben, ausmachen und sich daher als ewig und allgegenwärtig, d. h. von Zeit und Raum unabhängig, bewähren. Sogar in der unbestrittenen Wahrheit, daß das Wesentliche einer Ursache, als solcher, darin bestehe, daß sie die selbe Wirkung, wie jetzt, auch zu jeder künftigen Zeit hervorbringen wird, ist schon enthalten, daß in der Ursache etwas liegt, das vom Laufe der Zeit unabhängig, d. h. außer aller Zeit ist: dies ist die in ihr sich äußernde Naturkraft. Man kann selbst, indem man die Machtlosigkeit der Zeit, den Naturkräften gegenüber, ins Auge faßt, von der bloßen Idealität dieser Form unserer Anschauung gewissermaaßen sich empirisch und faktisch überzeugen. Wenn z. B. ein Planet, durch irgend eine äußere Ursache, in eine rotirende Bewegung versetzt ist; so wird diese, wenn keine neu hinzukommende Ursache sie aufhebt, endlos dauern. Dem könnte nicht so seyn, wenn die Zeit etwas an sich selbst wäre und ein objektives, reales Daseyn hätte: denn da müßte sie auch etwas wirken. Wir sehn also hier einerseits die Naturkräfte, welche in jener Rotation sich äußern und sie, wenn ein Mal angefangen, endlos fortsetzen, ohne selbst zu ermüden, oder zu ersterben, sich als ewig oder zeitlos, mithin als schlechthin real und an sich selbst existirend bewähren; und andererseits die Zeit, als etwas, das nur in der Art und Weise, wie wir jene Erscheinung apprehendiren, besteht, da es auf diese selbst keine Macht und keinen Einfluß ausübt: denn was nicht wirkt, das ist auch nicht.

Wir haben einen natürlichen Hang, jede Naturerscheinung wo möglich mechanisch zu erklären; ohne Zweifel weil die Mechanik die wenigsten ursprünglichen und daher unerklärlichen Kräfte zur Hülfe nimmt, hingegen viel *a priori* Erkennbares und daher auf den Formen unsers eigenen Intellekts Beruhendes enthält, welches, eben als solches, den höchsten Grad von Verständlichkeit und Klarheit mit sich führt. Indessen hat Kant, in den Metaphysischen Anfangsgründen der Naturwissenschaft, die mechanische Wirksamkeit selbst auf eine dynamische zurückgeführt. Hingegen ist die Anwendung mechanischer Erklärungshypothesen, über das nachweisbar Mechanische, wohin z. B. noch die Akustik gehört, hinaus, durchaus unberechtigt, und nimmermehr werde ich glauben, daß jemals auch nur die einfachste chemische Verbindung, oder auch die Verschiedenheit der drei Aggregationszustände sich wird mechanisch erklären lassen, viel weniger die Eigenschaften des Lichts, der Wärme und der Elektricität. Diese werden stets nur eine dynamische Erklärung zulassen, d. h. eine solche, welche die Erscheinung aus ursprünglichen Kräften erklärt, die von denen des Stoßes, Druckes, der Schwere u. s. w. gänzlich verschieden und daher höherer Art, d. h. deutlichere Objektivationen jenes Willens sind, der in allen Dingen zur Sichtbarkeit gelangt. Ich halte dafür, daß das Licht weder eine Emanation, noch eine Vibration ist: beide Ansichten sind der verwandt, welche die Durchsichtigkeit durch Poren erklärt, und deren offenbare Falschheit beweist, daß das Licht keinen mechanischen Gesetzen unterworfen ist. Um hievon die unmittelbarste Ueberzeugung zu erhalten, braucht man nur den Wirkungen eines Sturmwindes zuzusehn, der Alles beugt, umwirft und zerstreut, während dessen aber ein Lichtstrahl, aus einer Wolkenlücke herabschießend, so ganz unerschüttert und mehr als felsenfest dasteht, daß er recht unmittelbar zu erkennen giebt, er gehöre einer andern, als der mechanischen Ordnung der Dinge an: unbeweglich steht er da, wie ein Gespenst. Aber nun gar die von den Franzosen ausgegangenen Konstruktionen des Lichts aus Molekülen und Atomen sind eine empörende Absurdität. Als einen schreienden Ausdruck derselben, wie überhaupt der ganzen Atomistik, kann man einen im Aprilheft der *Annales de chimie et physique* von 1835 befindlichen Aufsatz über Licht und Wärme, von dem sonst so scharfsinnigen Ampère, betrachten. Da besteht Festes, Flüssiges und Elastisches aus den selben Atomen, und aus deren Aggregation allein entspringen alle Unterschiede: ja, es wird gesagt, daß zwar der Raum ins Unendliche theilbar sei, aber nicht die Materie; weil, wenn die Theilung bis zu den Atomen gelangt sei, die fernere Theilung in die Zwischenräume der Atome fallen müsse! Da sind dann Licht und Wärme Vibrationen der Atome, der Schall hingegen eine Vibration der aus den Atomen zusammengesetzten Molekülen. – In Wahrheit aber sind die Atome eine fixe Idee der französischen Gelehrten;

daher diese eben von ihnen reden, als hätten sie sie gesehn. Außerdem müßte man sich wundern, daß eine so empirisch gesinnte Nation, eine solche *matter of fact nation* [Tatsachen-Nation], wie die Franzosen, so fest an einer völlig transscendenten, alle Möglichkeit der Erfahrung überfliegenden Hypothese halten und darauf getrost ins weite Blaue hineinbauen kann. Dies ist nun eben eine Folge des zurückgebliebenen Zustandes der von ihnen so sehr vermiedenen Metaphysik welche durch den, bei allem guten Willen, seichten und mit Urtheilskraft sehr dürftig begabten Herrn Cousin schlecht vertreten wird. Sie sind, durch den frühern Einfluß Condillac's, im Grunde noch immer Lockianer. Daher ist ihnen das Ding an sich eigentlich die Materie, aus deren Grundeigenschaften, wie Undurchdringlichkeit, Gestalt, Härte und sonstige *primary qualities* [ursprüngliche Qualitäten], Alles in der Welt zuletzt erklärbar seyn muß: das lassen sie sich nicht ausreden, und ihre stillschweigende Voraussetzung ist, daß die Materie nur durch mechanische Kräfte bewegt werden kann. In Deutschland hat Kants Lehre den Absurditäten der Atomistik und der durchweg mechanischen Physik auf die Dauer vorgebeugt; wenn gleich im gegenwärtigen Augenblick diese Ansichten auch hier grassiren; welches eine Folge der durch Hegel herbeigeführten Seichtigkeit, Rohheit und Unwissenheit ist. – Inzwischen ist nicht zu leugnen, daß nicht nur die offenbar poröse Beschaffenheit der Naturkörper, sondern auch zwei specielle Lehren der neuern Physik dem Atomenunwesen scheinbar Vorschub gethan haben: nämlich Hauy's Krystallographie, welche jeden Krystall auf seine Kerngestalt zurückführt, die ein Letztes, aber doch nur relativ Untheilbares ist; sodann Berzelius' Lehre von den chemischen Atomen, welche jedoch bloße Ausdrücke der Verbindungsverhältnisse, also nur arithmetische Größen und im Grunde nicht mehr, als Rechenpfennige sind. – Hingegen Kants, freilich nur zu dialektischem Behuf aufgestellte, die Atome vertheidigende Thesis der zweiten Antinomie, ist, wie ich in der Kritik seiner Philosophie nachgewiesen habe, ein bloßes Sophisma, und keineswegs leitet unser Verstand selbst uns nothwendig auf die Annahme von Atomen hin. Denn so wenig ich genöthigt bin, die, vor meinen Augen vorgehende, langsame, aber stetige und gleichförmige Bewegung eines Körpers mir zu denken als bestehend aus unzähligen, absolut schnellen, aber abgesetzten und durch eben so viele absolut kurze Zeitpunkte der Ruhe unterbrochenen Bewegungen, vielmehr recht wohl weiß, daß der geworfene Stein langsamer fliegt, als die geschossene Kugel, dennoch aber unterwegs keinen Augenblick ruht; eben so wenig bin ich genöthigt, mir die Masse eines Körpers als aus Atomen und deren Zwischenräumen, d. h. dem absolut Dichten und dem absolut Leeren, bestehend zu denken: sondern ich fasse, ohne Schwierigkeit, jene beiden Erscheinungen als stetige *Continua* [ununterbrochen Fortlaufende] auf, deren eines die *Zeit*, das andere den *Raum*, *gleichmäßig erfüllt*. Wie aber dabei dennoch *eine* Bewegung *schneller* als die andere seyn, d. h. in gleicher Zeit mehr Raum durchlaufen kann; so kann auch ein Körper specifisch *schwerer* als der andere seyn, d. h. in gleichem Raume mehr Materie enthalten: der Unterschied beruht nämlich in beiden Fällen auf der Intensität der wirkenden Kraft; da *Kant* (nach *Priestley's* Vorgang) ganz richtig die Materie in Kräfte aufgelöst hat. – Aber sogar wenn man die hier aufgestellte Analogie nicht gelten lassen, sondern darauf bestehn wollte, daß die Verschiedenheit des specifischen Gewichts ihren Grund stets nur in der Porosität haben könne; so würde diese Annahme noch immer nicht auf Atome, sondern bloß auf eine völlig dichte und in den verschiedenen Körpern ungleich vertheilte Materie leiten, die daher da, wo keine Poren mehr sie durchsetzten, zwar schlechterdings nicht weiter *komprimabel* [verdichtbar] wäre, aber dennoch stets, wie der Raum, den sie füllt, ins Unendliche *theilbar* bliebe; weil darin, daß sie ohne Poren wäre, gar nicht liegt, daß keine mögliche Kraft die Kontinuität ihrer räumlichen Theile aufzuheben vermöchte. Denn, zu sagen, daß dies überall nur durch Erweiterung bereits vorhandener Zwischenräume möglich sei, ist eine ganz willkürliche Behauptung.

Die Annahme der Atome beruht eben auf den beiden angeregten Phänomenen, nämlich auf der Verschiedenheit des specifischen Gewichts der Körper und auf der ihrer Kompressibilität, als welche beide durch die Annahme der Atome bequem erklärt werden. Dann aber müßten auch beide stets in gleichem Maaße vorhanden seyn; – was keineswegs der Fall ist. Denn z. B. Wasser hat ein viel geringeres specifisches Gewicht, als alle eigentlichen Metalle, müßte also weniger Atome und größere Interstizien [Zwischenräume] derselben haben und folglich sehr kompressibel seyn: allein es ist beinahe ganz inkompressibel.

Die Vertheidigung der Atome ließe sich dadurch führen, daß man von der Porosität ausgienge und etwan sagte: alle Körper haben Poren, also auch alle Theile eines Körpers; gienge es nun hiemit ins Unendliche fort, so würde von einem Körper zuletzt nichts, als Poren übrig bleiben. – Die Widerlegung wäre, daß das übrig Bleibende zwar als ohne Poren und insofern als absolut dicht anzunehmen sei; jedoch darum noch nicht als aus absolut untheilbaren Partikeln, Atomen, bestehend: demnach wäre es wohl absolut inkompressibel, aber nicht absolut untheilbar; man müßte denn die Theilung eines Körpers als allein durch Eindringen in seine Poren möglich behaupten wollen; was aber ganz unerwiesen ist. Nimmt man es jedoch an, so hat man zwar Atome, d. h. absolut untheilbare Körper, also Körper von so starker Kohäsion ihrer räumlichen Theile, daß keine mögliche Gewalt sie trennen kann: solche Körper aber kann man alsdann so gut groß, wie klein annehmen, und ein Atom könnte so groß seyn, wie ein Ochs; wenn es nur jedem möglichen Angriffe widerstände.

Denkt man sich zwei höchst verschiedenartige Körper durch Kompression, wie mittelst Hämmern, oder durch Pulverisation, aller Poren gänzlich entledigt; – würde dann ihr specifisches Gewicht das selbe seyn? – Dies wäre das Kriterium der Dynamik.

Kapitel 24.

Von der Materie.

Bereits in den Ergänzungen zum ersten Buche ist, im vierten Kapitel, bei Betrachtung des uns *a priori* bewußten Theiles unserer Erkenntniß, die Materie zur Sprache gekommen. Jedoch konnte sie daselbst nur von einem einseitigen Standpunkte aus betrachtet werden; weil wir dort bloß ihre Beziehung zu den Formen des Intellekts, nicht aber die zum Dinge an sich im Auge hatten, mithin wir sie nur von der subjektiven Seite, d. h. sofern sie unsere Vorstellung ist, nicht aber auch von der objektiven Seite, d. h. nach dem was sie an sich seyn mag, untersuchten. In ersterer Hinsicht war unser Ergebniß, daß sie die objektiv, jedoch ohne nähere Bestimmung aufgefaßte Wirksamkeit überhaupt sei; daher sie, auf der dort beigegebenen Tafel unserer Erkenntnisse *a priori,* die Stelle der Kausalität einnimmt. Denn das Materielle ist das Wirkende (Wirkliche) überhaupt und abgesehn von der specifischen Art seines Wirkens. Daher eben auch ist die Materie, bloß als solche, nicht Gegenstand der Anschauung, sondern allein des Denkens, mithin eigentlich eine Abstraktion: in der Anschauung hingegen kommt sie nur in Verbindung mit der Form und Qualität vor, als Körper, d. h. als eine ganz bestimmte Art des Wirkens. Bloß dadurch, daß wir von dieser nähern Bestimmung abstrahiren, denken wir die Materie als solche, d. h. gesondert von der Form und Qualität: folglich denken wir unter dieser das Wirken schlechthin und überhaupt, also die Wirksamkeit *in abstracto.* Das näher bestimmte Wirken fassen wir alsdann als das Accidenz der Materie auf: aber erst mittelst dieses wird dieselbe anschaulich, d. h. stellt sich als Körper und Gegenstand der Erfahrung dar. Die reine Materie hingegen, welche allein, wie ich in der Kritik der Kantischen Philosophie dargethan habe, den wirklichen und berechtigten Inhalt des Begriffes der Substanz ausmacht, ist die Kausalität selbst, objektiv, mithin als im Raum und daher als diesen erfüllend, gedacht. Demgemäß besteht das ganze Wesen der Materie im Wirken: nur durch dieses erfüllt sie den Raum und beharrt in der Zeit: sie ist durch und durch lautere Kausalität. Mithin wo gewirkt wird, ist Materie, und das Materielle ist das Wirkende überhaupt. – Nun aber ist die Kausalität selbst die Form unsers Verstandes: denn sie ist, so gut wie Raum und Zeit, uns *a priori* bewußt. Also gehört auch die Materie, insofern und bis hieher, dem formellen Theil unserer Erkenntniß an, und ist demnach die mit Raum und Zeit verbundene, daher objektivirte, d. h. als das Raum Erfüllende aufgefaßte, Verstandesform der Kausalität selbst. (Die nähere Auseinandersetzung dieser Lehre findet man in der zweiten Auflage der Abhandlung über den Satz vom Grunde, S. 77 [Bd. v uns. Ausg., S. 99].) Insofern aber ist die Materie eigentlich auch nicht Gegenstand, sondern Bedingung der Erfahrung; wie der reine Verstand selbst, dessen Funktion sie so weit ist. Daher giebt es von der bloßen Materie auch nur einen Begriff, keine Anschauung: sie geht in alle äußere Erfahrung, als nothwendiger Bestandtheil derselben, ein, kann jedoch in keiner gegeben werden; sondern wird nur gedacht, und zwar als das absolut Träge, Unthätige, Formlose, Eigenschaftslose, welches jedoch der Träger aller Formen, Eigenschaften und Wirkungen ist. Demzufolge ist die Materie das durch die Formen unsers Intellekts, in welchem die Welt als Vorstellung sich darstellt, nothwendig herbeigeführte, bleibende Substrat aller vorübergehenden Erscheinungen, also aller Aeußerungen der Naturkräfte und aller lebenden Wesen. Als solches und als aus den Formen des Intellekts entsprungen verhält sie sich gegen jene Erscheinungen selbst durchaus indifferent, d. h. sie ist eben so bereit, der Träger dieser, wie jener Naturkraft zu seyn, sobald nur, am Leitfaden der Kausalität, die Bedingungen dazu eingetreten sind; während sie selbst, eben weil ihre Existenz eigentlich nur formal, d. h. im Intellekt gegründet ist, unter allem jenem Wechsel als das schlechthin Beharrende, also das zeitlich Anfangs- und Endlose gedacht werden muß. Hierauf beruht es, daß wir den Gedanken nicht aufgeben können, daß aus Jedem Jedes werden kann, z. B. aus Blei Gold; indem hiezu bloß erfordert wäre, daß man die Zwischenzustände herausfände und herbeiführte, welche die an sich indifferente Materie auf jenem Wege zu durchwandern hätte. Denn *a priori* ist nimmermehr einzusehn, warum die selbe Materie, welche jetzt Träger der Qualität Blei ist, nicht einst Träger der Qualität Gold werden könnte. – Von den eigentlichen Anschauungen *a priori* unterscheidet die Materie, als welche bloß ein *a priori* Gedachtes ist, sich zwar dadurch, daß wir sie auch ganz wegdenken können; Raum und Zeit hingegen nimmermehr: allein dies bedeutet bloß, daß wir Raum und Zeit auch ohne die Materie vorstellen können. Denn die ein Mal in sie hineingesetzte und demnach als vorhanden gedachte Materie können wir schlechterdings nicht mehr wegdenken, d. h. sie als verschwunden und vernichtet, sondern immer nur als in einen andern Raum versetzt uns vorstellen: insofern also ist sie mit unserm Erkenntnißvermögen eben so unzertrennlich verknüpft, wie Raum und Zeit selbst. Jedoch der Unterschied, daß sie dabei zuerst beliebig als vorhanden gesetzt seyn muß, deutet schon an, daß sie nicht so gänzlich und in jeder Hinsicht dem formalen Theil unserer Erkenntniß angehört, wie Raum und Zeit, sondern zugleich ein nur *a posteriori* gegebenes Element enthält. Sie ist in der That der Anknüpfungspunkt des empirischen Theils unserer Erkenntniß an den reinen und apriorischen, mithin der eigenthümliche Grundstein der Erfahrungswelt.

Allererst da, wo alle Aussagen *a priori* aufhören, mithin in dem ganz empirischen Theil unserer Erkenntniß der Körper, also in der Form, Qualität und bestimmten Wirkungsart derselben, offenbart sich jener Wille, den wir als das Wesen an sich der Dinge bereits erkannt und festgestellt haben. Allein diese Formen und Qualitäten erscheinen stets nur als Eigenschaften und Aeußerungen eben jener Materie, deren Daseyn und Wesen auf den subjektiven Formen unsers Intellekts beruht: d. h. sie werden nur an ihr, daher mittelst ihrer sichtbar. Denn, was immer sich uns darstellt ist stets nur eine auf speciell bestimmte Weise wirkende Materie. Aus den inneren und nicht weiter erklärbaren Eigenschaften einer solchen geht alle bestimmte Wirkungsart gegebener Körper hervor; und doch wird die Materie selbst nie wahrgenommen, sondern eben nur jene Wirkungen und die diesen zum Grunde liegenden bestimmten Eigenschaften, nach deren Absonderung die Materie, als das dann noch übrig Bleibende, von uns nothwendig hinzugedacht wird: denn sie ist, laut der oben gegebenen Auseinandersetzung, die objektivirte Ursächlichkeit selbst. – Demzufolge ist die Materie Dasjenige, wodurch der Wille, der das innere Wesen der Dinge ausmacht, in die Wahrnehmbarkeit tritt, anschaulich, sichtbar wird. In diesem Sinne ist also die Materie die bloße Sichtbarkeit des Willens, oder das Band der Welt als Wille mit der Welt als Vorstellung. Dieser gehört sie an, sofern sie das Produkt der Funktionen des Intellekts ist, jener, sofern das in allen materiellen Wesen, d. i. Erscheinungen, sich Manifestirende der Wille ist. Daher ist jedes Objekt als Ding an sich Wille, und als Erscheinung Materie. Könnten wir eine gegebene Materie von allen ihr *a priori* zukommenden Eigenschaften, d. h. von allen Formen unserer Anschauung und Apprehension entkleiden; so würden wir das Ding an sich übrig behalten, nämlich Dasjenige, was, mittelst jener Formen, als das rein Empirische an der Materie auftritt, welche selbst aber alsdann nicht mehr als ein Ausgedehntes und Wirkendes erscheinen würde: d. h. wir würden keine Materie mehr vor uns haben, sondern den Willen. Eben dieses Ding an sich, oder der Wille, tritt, indem es zur Erscheinung wird, d. h. in die Formen unsers Intellekts eingeht, als die Materie auf, d. h. als der selbst unsichtbare, aber nothwendig vorausgesetzte Träger nur durch ihn sichtbarer Eigenschaften: in diesem Sinn also ist die Materie die Sichtbarkeit des Willens. Demnach hatten auch Plotinos und Jordanus Brunus, nicht nur in ihrem, sondern auch in unserm Sinne Recht wenn sie, wie bereits Kap. 4 erwähnt wurde, den paradoxen Ausspruch thaten, die Materie selbst sei nicht ausgedehnt, sie sei folglich unkörperlich. Denn die Ausdehnung verleiht der Materie den Raum, welcher unsere Anschauungsform ist, und die Körperlichkeit besteht im Wirken, welches auf der Kausalität, mithin der Form unsers Verstandes, beruht. Hingegen alle bestimmte Eigenschaft, also alles Empirische an der Materie, selbst schon die Schwere, beruht auf Dem, was nur mittelst der Materie sichtbar wird, auf dem Dinge an sich, dem Willen. Die Schwere ist jedoch die allerniedrigste Stufe der Objektivation des Willens; daher sie sich an jeder Materie, ohne Ausnahme, zeigt, also von der Materie überhaupt unzertrennlich ist. Doch gehört sie, eben weil sie schon Willensmanifestation ist, der Erkenntniß *a posteriori,* nicht der *a priori* an. Daher können wir eine Materie ohne Schwere uns noch allenfalls vorstellen, nicht aber eine ohne Ausdehnung, Repulsionskraft und Beharrlichkeit; weil sie alsdann ohne Undurchdringlichkeit, mithin ohne Raumerfüllung, d. h. ohne Wirksamkeit wäre: allein eben im Wirken, d. h. in der Kausalität überhaupt, besteht das Wesen der Materie als solcher: und die Kausalität beruht auf der Form *a priori* unsers Verstandes, kann daher nicht weggedacht werden.

Die Materie ist demzufolge der Wille selbst, aber nicht mehr an sich, sondern sofern er angeschaut wird, d. h. die Form der objektiven Vorstellung annimmt: also was objektiv Materie ist, ist subjektiv Wille. Dem ganz entsprechend ist, wie oben nachgewiesen, unser Leib nur die Sichtbarkeit, Objektität, unsers Willens, und eben so ist jeder Körper die Objektität des Willens auf irgend einer ihrer Stufen. Sobald der Wille sich der objektiven Erkenntniß darstellt, geht er ein in die Anschauungsformen des Intellekts, in Zeit, Raum und Kausalität: alsbald aber steht er, vermöge dieser, als ein materielles Objekt da. Wir können Form ohne Materie vorstellen; aber nicht umgekehrt: weil die Materie, von der Form entblößt, der Wille selbst wäre, dieser aber nur durch Eingehn in die Anschauungsweise unsers Intellekts und daher nur mittelst Annahme der Form, objektiv wird. Der Raum ist die Anschauungsform der Materie, weil er der Stoff der bloßen Form ist, die Materie aber nur in der Form erscheinen kann.

Indem der Wille objektiv wird, d. h. in die Vorstellung übergeht, ist die Materie das allgemeine Substrat dieser Objektivation, oder vielmehr die Objektivation selbst *in abstracto* genommen, d. h. abgesehn von aller Form. Die Materie ist demnach die Sichtbarkeit des Willens überhaupt, während der Charakter seiner bestimmten Erscheinungen an der Form und Qualität seinen Ausdruck hat. Was daher in der Erscheinung, d. h. für die Vorstellung, Materie ist, das ist an sich selbst Wille. Daher gilt von ihr unter den Bedingungen der Erfahrung und Anschauung, was vom Willen an sich selbst gilt, und sie giebt alle seine Beziehungen und Eigenschaften im zeitlichen Bilde wieder. Demnach ist sie der Stoff der anschaulichen Welt, wie der Wille das Wesen an sich aller Dinge ist. Die Gestalten sind unzählig, die Materie ist Eine; eben wie der Wille Einer ist in allen seinen Objektivationen. Wie dieser sich nie als Allgemeines, d. h. als Wille schlechthin, sondern stets als Besonderes, d. h. unter speciellen Bestimmungen und gegebenem Charakter, objektivirt; so erscheint die Materie nie als solche, sondern stets in Verbindung mit irgend einer Form und Qualität. In der Erscheinung, oder Objektivation des Willens repräsentirt sie seine Ganzheit, ihn selbst, der in Allen Einer ist, wie sie in allen Körpern Eine. Wie der Wille der innerste Kern aller erscheinenden Wesen ist; so ist sie die Substanz, welche nach Aufhebung aller Accidenzien übrig bleibt. Wie der Wille das schlechthin Unzerstörbare in allem Daseienden ist; so ist die Materie das in der Zeit Unvergängliche, welches unter allen Veränderungen beharrt. – Daß die Materie für sich, also getrennt von der Form, nicht angeschaut oder vorgestellt werden kann, beruht darauf, daß sie an sich selbst und als das rein Substantielle der Körper eigentlich der Wille selbst ist; dieser aber nicht an sich selbst, sondern nur unter sämmtlichen Bedingungen der Vorstellung und daher nur als Erscheinung objektiv wahrgenommen, oder angeschaut werden kann:

unter diesen Bedingungen aber stellt er sich sofort als Körper dar, d. h. als die in Form und Qualität gehüllte Materie. Die Form aber ist durch den Raum, und die Qualität, oder Wirksamkeit, durch die Kausalität bedingt: Beide also beruhen auf den Funktionen des Intellekts. Die Materie ohne sie wäre eben das Ding an sich, d. i. der Wille selbst. Nur daher konnten, wie gesagt, Plotinos und Jordanus Brunus, auf ganz objektivem Wege, zu dem Ausspruch gebracht werden, daß die Materie an und für sich ohne Ausdehnung, folglich ohne Räumlichkeit, folglich ohne Körperlichkeit sei.

Weil also die Materie die Sichtbarkeit des Willens, jede Kraft aber an sich selbst Wille ist, kann keine Kraft ohne materielles Substrat auftreten, und umgekehrt kein Körper ohne ihm inwohnende Kräfte seyn, die eben seine Qualität ausmachen. Dadurch ist er die Vereinigung von Materie und Form, welche Stoff heißt. Kraft und Stoff sind unzertrennlich, weil sie im Grunde Eines sind; da, wie Kant dargethan hat, die Materie selbst uns nur als der Verein zweier Kräfte, der Expansions- und Attraktions-Kraft, gegeben ist. Zwischen Kraft und Stoff besteht also kein Gegensatz: vielmehr sind sie geradezu Eines.

Durch den Gang unserer Betrachtung auf diesen Gesichtspunkt geführt und zu dieser metaphysischen Ansicht der Materie gelangt, werden wir ohne Widerstreben eingestehn, daß der zeitliche Ursprung der Formen, der Gestalten, oder Species, nicht füglich irgend wo anders gesucht werden kann, als in der Materie. Aus dieser müssen sie einst hervorgebrochen seyn; eben weil solche die bloße Sichtbarkeit des Willens ist, welcher das Wesen an sich aller Erscheinungen ausmacht. Indem er zur Erscheinung wird, d. h. dem Intellekt sich objektiv darstellt, nimmt die Materie, als seine Sichtbarkeit, mittelst der Funktionen des Intellekts, die Form an. Daher sagten die Scholastiker: *materia appetit formam* [Der Stoff strebt nach der Form: nach Thomas von Aquino, *Summa theolog.* Pars 1, quaest. 2, artic. 11, 4]. Daß der Ursprung aller Gestalten der Lebendigen ein solcher war, ist nicht zu bezweifeln: es läßt sich nicht ein Mal anders denken. Ob aber auch noch jetzt, da die Wege zur Perpetuirung der Gestalten offen stehn und von der Natur mit gränzenloser Sorgfalt und Eifer gesichert und erhalten werden, die *generatio aequivoca* [Urzeugung] Statt finde, ist allein durch die Erfahrung zu entscheiden; zumal da das *natura nihil facit frustra* [die Natur macht nichts vergebens: Aristoteles, *De incessu animalium,* c. 2], mit Hinweisung auf die Wege der regelmäßigen Fortpflanzung, als Argument dagegen geltend gemacht werden könnte. Doch halte ich die *generatio aequivoca* auf sehr niedrigen Stufen, der neuesten Einwendungen dagegen ungeachtet, für höchst wahrscheinlich, und zwar zunächst bei Entozoen und Epizoen [Schmarotzern], besonders solchen, welche in Folge specieller Kachexien [Kräfteverfallserscheinungen] der thierischen Organismen auftreten; weil nämlich die Bedingungen zum Leben derselben nur ausnahmsweise Statt finden, ihre Gestalt sich also nicht auf dem regelmäßigen Wege fortpflanzen kann und deshalb, bei eintretender Gelegenheit, stets von Neuem zu entstehn hat. Sobald daher, in Folge gewisser chronischer Krankheiten, oder Kachexien, die Lebensbedingungen der Epizoen eingetreten sind, entstehn, nach Maaßgabe derselben, *pediculus capitis,* oder *pubis,* oder *corporis* [Kopflaus oder Filzlaus oder Kleiderlaus], ganz von selbst und ohne Ei; so komplicirt auch der Bau dieser Insekten seyn mag: denn die Fäulniß eines lebenden thierischen Körpers giebt Stoff zu höheren Produktionen, als die des Heues im Wasser, welche bloß Infusions[Aufguß]-thiere liefert. Oder will man lieber, daß auch die Eier der Epizoen stets hoffnungsvoll in der Luft schweben? – (Schrecklich zu denken!) Vielmehr erinnere man sich der auch jetzt noch vorkommenden Phtheiriasis [Läusesucht]. – Ein analoger Fall tritt ein, wann, durch besondere Umstände, die Lebensbedingungen einer Species, welche dem Orte bis dahin fremd war, sich einfinden. So sah August St. Hilaire in Brasilien, nach dem Abbrennen eines Urwaldes, sobald die Asche nur eben kalt geworden, eine Menge Pflanzen aus ihr hervorwachsen, deren Art weit und breit nicht zu finden war; und ganz neuerlich berichtete der Admiral Petit-Thouars, vor der *Académie des sciences,* daß auf den neu sich bildenden Korallen-Inseln in Polynesien allmälig ein Boden sich absetzt, der bald trocken, bald im Wasser liegt, und dessen die Vegetation sich alsbald bemächtigt, Bäume hervorbringend, welche diesen Inseln ganz ausschließlich eigen sind *(Comptes rendus, 17 Janv. 1859, p. 147).* – Ueberall wo Fäulniß entsteht, zeigen sich Schimmel, Pilze und, im Flüssigen, Infusorien. Die jetzt beliebte Annahme, daß Sporen und Eier zu den zahllosen Species aller jener Gattungen überall in der Luft schweben und lange Jahre hindurch auf eine günstige Gelegenheit warten, ist paradoxer, als die der *generatio aequivoca.* Fäulniß ist die Zersetzung eines organischen Körpers, zuerst in seine n ä h e r e n chemischen Bestandtheile: weil nun diese in allen lebenden Wesen mehr oder weniger gleichartig sind; so kann, in solchem Augenblick, der allgegenwärtige Wille zum Leben sich ihrer bemächtigen, um jetzt, nach Maaßgabe der Umstände, neue Wesen daraus zu erzeugen, welche alsbald, sich zweckmäßig gestaltend, d. h. sein jedesmaliges Wollen objektivirend, aus ihnen so gerinnen, wie das Hühnchen aus der Flüssigkeit des Eies. Wo Dies nun aber nicht geschieht; da werden die faulenden Stoffe in ihre e n t f e r n t e r e n Bestandtheile zersetzt, welches die chemischen Grundstoffe sind, und gehn nunmehr über in den großen Kreislauf der Natur. Der seit 10–15 Jahren geführte Krieg gegen die *generatio aequivoca,* mit seinem voreiligen Siegesgeschrei, war das Vorspiel zum Ableugnen der Lebenskraft, und diesem verwandt. Man lasse sich nur ja nicht durch Machtsprüche und mit dreister Stirn gegebene Versicherungen, daß die Sachen entschieden, abgemacht und allgemein anerkannt wären, übertölpeln. Vielmehr geht die ganze mechanische und atomistische Naturansicht ihrem Bankrott entgegen, und die Vertheidiger derselben haben zu lernen, daß hinter der Natur etwas mehr steckt, als Stoß und Gegenstoß. Die Realität der *generatio aequivoca* und die Nichtigkeit der abenteuerlichen Annahme, daß in der Atmosphäre überall und jederzeit Billionen Keime aller möglichen Schimmelpilze und Eier aller möglichen Infusorien herumschweben, bis ein Mal Eines und das Andere zufällig das ihm gemäße Medium findet, hat ganz neuerlich (1859) P o u c h e t vor der französischen Akademie, zum großen Verdruß der übrigen Mitglieder derselben, gründlich und siegreich dargethan.

Unsere Verwunderung bei dem Gedanken des Ursprungs der Formen aus der Materie gleicht im Grunde der des Wilden, der zum ersten Mal einen Spiegel erblickt und über sein eigenes Bild, das ihm daraus entgegentritt, erstaunt. Denn unser eigenes Wesen ist der W i l l e, dessen bloße S i c h t b a r k e i t die Materie ist, welche jedoch nie anders als mit dem S i c h t b a r e n, d. h. unter der Hülle der Form und Qualität, auftritt, daher nie unmittelbar wahrgenommen, sondern stets nur hinzugedacht wird, als das in allen Dingen, unter aller Verschiedenheit der Qualität und Form, Identische, welches gerade das eigentlich Substantielle in ihnen allen ist. Eben deshalb ist sie mehr ein metaphysisches, als ein bloß physisches Erklärungsprincip der Dinge, und alle Wesen aus ihr entspringen lassen, heißt wirklich sie aus einem sehr Geheimnißvollen erklären; wofür es nur Der nicht erkennt, welcher Angreifen mit Begreifen verwechselt. In Wahrheit ist zwar keineswegs die letzte und erschöpfende Erklärung der Dinge, wohl aber der zeitliche Ursprung, wie der unorganischen Formen, so auch der organischen Wesen allerdings in der Materie zu suchen. – Jedoch scheint es, daß die Urerzeugung organischer Formen, die Hervorbringung der Gattungen selbst, der Natur fast so schwer fällt auszuführen, wie uns zu begreifen: dahin nämlich deutet die durchweg so ganz übermäßige Vorsorge derselben für die Erhaltung der ein Mal vorhandenen Gattungen. Auf der gegenwärtigen Oberfläche dieses Planeten hat dennoch der Wille zum Leben die Skala seiner Objektivation drei Mal, ganz unabhängig von einander, in verschiedener Modulation, aber auch in sehr verschiedener Vollkommenheit und Vollständigkeit, abgespielt, Nämlich die alte Welt, Amerika und Australien haben bekanntlich Jedes seine eigenthümliche, selbstständige und von der der beiden Andern gänzlich verschiedene Thierreihe. Die Species sind auf jedem dieser großen Kontinente durchweg andere, haben aber doch, weil alle drei dem selben Planeten angehören, eine durchgängige und parallel laufende Analogie mit einander; daher die *genera* [Gattungen] größtentheils die selben sind. Diese Analogie läßt in Australien sich nur sehr unvollständig verfolgen; weil dessen Fauna an Säugethieren sehr arm ist und weder reißende Thiere, noch Affen hat: hingegen zwischen der alten Welt und Amerika ist sie augenfällig und zwar so, daß Amerika an Säugethieren stets das schlechtere Analogon aufweist, dagegen aber an Vögeln und Reptilien das bessere. So hat es zwar den Kondor, die Aras, die Kolibrite und die größten Batrachier [Froschlurche] und Ophidier [Schlangen] voraus; aber z. B. statt des Elephanten nur den Tapir, statt des Löwen den Kuguar, statt des Tigers den Jaguar, statt des Kameels das Lama, und statt der eigentlichen Affen nur Meerkatzen. Schon aus diesem letzteren Mangel läßt sich schließen, daß die Natur es in Amerika nicht bis zum Menschen hat bringen können; da sogar von der nächsten Stufe unter diesem, dem Tschimpansee und dem Orangutan oder Pongo, der Schritt bis zum Menschen noch ein unmäßig großer war. Dem entsprechend finden wir die drei, sowohl aus physiologischen, als linguistischen Gründen nicht zu bezweifelnden, gleich ursprünglichen Menschenrassen, die kaukasische, mongolische und äthiopische, allein in der alten Welt zu Hause, Amerika hingegen von einem gemischten, oder klimatisch modificirten, mongolischen Stamme bevölkert, der von Asien hinübergekommen seyn muß. Auf der der jetzigen Erdoberfläche zunächst vorhergegangenen war es stellenweise bereits zu Affen, jedoch nicht bis zum Menschen gekommen.

Von diesem Standpunkt unserer Betrachtung aus, welcher uns die Materie als die unmittelbare Sichtbarkeit des in allen Dingen erscheinenden Willens erkennen, ja sogar für die bloß physische, dem Leitfaden der Zeit und Kausalität nachgehende Forschung, sie als den Ursprung der Dinge gelten läßt, wird man leicht auf die Frage geführt, ob man nicht selbst in der Philosophie, eben so gut von der objektiven, wie von der subjektiven Seite ausgehn und demnach als die fundamentale Wahrheit den Satz aufstellen könnte: »Es giebt überhaupt nichts als die Materie und die ihr inwohnenden Kräfte.« – Bei diesen hier so leicht hingeworfenen »inwohnenden Kräften« ist aber sogleich zu erinnern, daß ihre Voraussetzung jede Erklärung auf ein völlig unbegreifliches Wunder zurückführt und dann bei diesem stehn, oder vielmehr von ihm anheben läßt: denn ein solches ist wahrlich jede, den verschiedenartigen Wirkungen eines unorganischen Körpers zum Grunde liegende, bestimmte und unerklärliche Naturkraft nicht minder, als die in jedem organischen sich äußernde Lebenskraft; – wie ich dies Kap. 17 ausführlich auseinandergesetzt und daran dargethan habe, daß niemals die Physik auf den Thron der Metaphysik gesetzt werden kann, eben weil sie die erwähnte und noch viele andere Voraussetzungen ganz unberührt stehn läßt; wodurch sie auf den Anspruch, eine letzte Erklärung der Dinge abzugeben, von vorne herein verzichtet. Ferner habe ich hier an die, gegen das Ende des ersten Kapitels gegebene, Nachweisung der Unzulässigkeit des Materialismus zu erinnern, sofern er, wie dort gesagt wurde, die Philosophie des bei seiner Rechnung sich selbst vergessenden Subjekts ist. Diese sämmtlichen Wahrheiten aber beruhen darauf, daß alles Objektive, alles Aeußere, da es stets nur ein Wahrgenommenes, Erkanntes ist, auch immer nur ein Mittelbares und Sekundäres bleibt, daher schlechterdings nie der letzte Erklärungsgrund der

Dinge, oder der Ausgangspunkt der Philosophie werden kann. Diese nämlich verlangt nothwendig das schlechthin Unmittelbare zu ihrem Ausgangspunkt: ein falsches aber ist offenbar nur das dem Selbstbewußtseyn Gegebene, das Innere, das Subjektive. Daher eben ist es ein so eminentes Verdienst des Cartesius, daß er zuerst die Philosophie vom Selbstbewußtseyn hat ausgehn lassen. Auf diesem Wege sind seitdem die ächten Philosophen, vorzüglich Locke, Berkeley und Kant, jeder auf seine Weise, immer weiter gegangen, und in Folge ihrer Untersuchungen wurde ich darauf geleitet, im Selbstbewußtseyn, statt eines, zwei völlig verschiedene Data der unmittelbaren Erkenntniß gewahr zu werden und zu benutzen, die Vorstellung und den Willen, durch deren kombinirte Anwendung man in der Philosophie in dem Maaße weiter gelangt, als man bei einer algebraischen Aufgabe mehr leisten kann, wenn man zwei, als wenn man nur eine bekannte Größe gegeben erhält.

Das unausweichbar Falsche des Materialismus besteht, dem Gesagten zufolge, zunächst darin, daß er von einer *petitio principii* ausgeht, welche, näher betrachtet, sich sogar als ein πρωτον ψευδος [erster falscher Schritt] ausweist, nämlich von der Annahme, daß die Materie ein schlechthin und unbedingt Gegebenes, nämlich unabhängig von der Erkenntniß des Subjekts Vorhandenes, also eigentlich ein Ding an sich sei. Er legt der Materie (und damit auch ihren Voraussetzungen, Zeit und Raum) eine absolute, d. h. vom wahrnehmenden Subjekt unabhängige Existenz bei: dies ist sein Grundfehler. Nächstdem muß er, wenn er redlich zu Werke gehn will, die den gegebenen Materien, d. h. den Stoffen, inhärirenden Qualitäten, sammt den in diesen sich äußernden Naturkräften, und endlich auch die Lebenskraft, als unergründliche *qualitates occultas* der Materie, unerklärt dastehn lassen und von ihnen ausgehn; wie dies Physik und Physiologie wirklich thun, weil sie eben keine Ansprüche darauf machen, die letzte Erklärung der Dinge zu seyn. Aber gerade um dies zu vermeiden, verfährt der Materialismus, wenigstens wie er bisher aufgetreten, nicht redlich: er leugnet nämlich alle jene ursprünglichen Kräfte weg, indem er sie alle, und am Ende auch die Lebenskraft, vorgeblich und scheinbar zurückführt auf die bloß mechanische Wirksamkeit der Materie, also auf Aeußerungen der Undurchdringlichkeit, Form, Kohäsion, Stoßkraft, Trägheit, Schwere u. s. w., welche Eigenschaften freilich das wenigste Unerklärliche an sich haben, eben weil sie zum Theil auf dem *a priori* Gewissen, mithin auf den Formen unsers eigenen Intellekts beruhen, welche das Princip aller Verständlichkeit sind. Den Intellekt aber, als Bedingung alles Objekts, mithin der gesammten Erscheinung, ignorirt der Materialismus gänzlich. Sein Vorhaben ist nun, alles Qualitative auf ein bloß Quantitatives zurückzuführen, indem er jenes zur bloßen Form, im Gegensatz der eigentlichen Materie zählt: dieser läßt er von den eigentlich empirischen Qualitäten allein die Schwere, weil sie schon an sich als ein Quantitatives, nämlich als das alleinige Maaß der Quantität der Materie, auftritt. Dieser Weg führt ihn nothwendig auf die Fiktion der Atome, welche nun das Material werden, daraus er die so geheimnißvollen Aeußerungen aller ursprünglichen Kräfte aufzubauen gedenkt. Dabei hat er es aber eigentlich gar nicht mehr mit der empirisch gegebenen, sondern mit einer Materie zu thun, die *in rerum natura* [in der Natur der Dinge] nicht anzutreffen, vielmehr ein bloßes Abstraktum jener wirklichen Materie ist, nämlich mit einer solchen, die schlechthin keine andern, als jene mechanischen Eigenschaften hätte, welche, mit Ausnahme der Schwere, sich so ziemlich *a priori* konstruiren lassen, eben weil sie auf den Formen des Raumes, der Zeit und der Kausalität, mithin auf unserm Intellekt, beruhen: auf diesen ärmlichen Stoff also sieht er sich bei Aufrichtung seines Luftgebäudes reducirt.

Hiebei wird er unausweichbar zum Atomismus; wie es ihm schon in seiner Kindheit, beim Leukippos und Demokritos, begegnet ist und ihm jetzt, da er vor Alter zum zweiten Male kindisch geworden, abermals begegnet: bei den Franzosen, weil sie die Kantische Philosophie nie gekannt, und bei den Deutschen, weil sie solche vergessen haben. Und zwar treibt er es, in dieser seiner zweiten Kindheit, noch bunter, als in der ersten: nicht bloß die festen Körper sollen aus Atomen bestehn, sondern auch die flüssigen, das Wasser, sogar die Luft, die Gase, ja, das Licht, als welches die Undulation [Wellenbewegung] eines völlig hypothetischen und durchaus unbewiesenen, aus Atomen bestehenden Aethers seyn soll, deren verschiedene Schnelligkeit die Farben verursache; – eine Hypothese, welche, eben wie weiland die siebenfarbige Neutonische, von einer ganz arbiträr [willkürlich] angenommenen und dann gewaltsam durchgeführten Analogie mit der Musik ausgeht. Man muß wahrlich unerhört leichtgläubig seyn, um sich einreden zu lassen, daß die von der endlosen Mannigfaltigkeit farbiger Flächen, in dieser bunten Welt, ausgehenden, zahllos verschiedenen Aether-Tremulanten [Schwebungen], immerfort und jeder in einem andern Tempo, nach allen Richtungen durch einander laufen und überall sich kreuzen könnten, ohne je einander zu stören, vielmehr durch solchen Tumult und Wirrwarr den tiefruhigen Anblick beleuchteter Natur und Kunst hervorbrächten. *Credat Judaeus Apella!* [Das glaube der Jude Apella! Horaz, *serm.* 1, 5, 100.] Allerdings ist die Natur des Lichtes uns ein Geheimniß: aber es ist besser, dies einzugestehn, als durch schlechte Theorien der künftigen Erkenntniß den Weg zu verrennen. Daß das Licht etwas ganz Anderes sei, als eine bloß mechanische Bewegung, Undulation, oder Vibration und Tremulant, ja, daß es stoffartig sei, beweisen schon seine chemischen Wirkungen, von welchen eine schöne Reihe kürzlich der *Acad. des sciences* vorgelegt worden ist von Chevreul, indem er das Sonnenlicht auf verschiedene gefärbte Stoffe wirken ließ; wobei das Schönste ist, daß eine weiße, dem Sonnenlicht ausgesetzt gewesene Papierrolle die selben Wirkungen hervorbringt, ja, dies auch noch nach 6 Monaten thut, wenn sie während dieser Zeit in einer fest verschlossenen Blechröhre verwahrt gewesen ist: hat da etwan der Tremulant 6 Monate pausirt und fällt jetzt *a tempo* [sofort] wieder ein? *(Comptes rendus* vom 20. Dec. 1858). – Diese ganze Aether-Atomen-Tremulanten-Hypothese ist nicht nur ein Hirngespinst, sondern thut es an täppischer Plumpheit den ärgsten Demokritischen gleich, ist aber unverschämt genug, sich heut zu Tage als ausgemachte Sache zu geriren [betragen], wodurch sie erlangt hat, daß sie von tausend pinselhaften Skribenten aller Fächer, denen jede Kenntniß von solchen Dingen abgeht, rechtgläubig nachgebetet und wie ein Evangelium geglaubt wird. – Die Atomenlehre überhaupt geht aber noch weiter: bald nämlich heißt es *Spartam, quam nactus es, orna!* [Hast du Sparta erlangt, so verschöne es! Nach Stobäus, *Florilegium,* 39, 10.] Da werden dann sämmtlichen Atomen verschiedene immerwährende Bewegungen, drehende, vibrirende u. s. w., je nachdem ihr Amt ist, angedichtet: imgleichen hat jedes Atom seine Atmosphäre aus Aether, oder sonst was, und was dergleichen Träumereien mehr sind. – Die Träumereien der Schellingischen Naturphilosophie und ihrer Anhänger waren doch meistens geistreich, schwunghaft, oder wenigstens witzig: diese hingegen sind plump, platt, ärmlich und täppisch, die Ausgeburt von Köpfen, welche erstlich keine andere Realität zu denken vermögen, als eine gefabelte eigenschaftslose Materie, die dabei ein absolutes Objekt, d. h. ein Objekt ohne Subjekt wäre, und zweitens keine andere Thätigkeit, als Bewegung und Stoß: diese zwei allein sind ihnen faßlich, und daß auf sie Alles zurücklaufe, ist ihre Voraussetzung *a priori:* denn sie sind ihr Ding an sich. Dieses Ziel zu erreichen, wird die Lebenskraft auf chemische Kräfte (welche insidiös [heimtückischerweise] und unberechtigt Molekularkräfte genannt werden) und alle Processe der unorganischen Natur auf Mechanismus, d. h. Stoß und Gegenstoß zurückgeführt. Und so wäre denn am Ende die ganze Welt, mit allen Dingen darin, bloß ein mechanisches Kunststück, gleich den durch Hebel, Räder und Sand getriebenen Spielzeugen, welche ein Bergwerk, oder ländlichen Betrieb darstellen. – Die Quelle des Uebels ist, daß durch die viele Handarbeit des Experimentirens die Kopfarbeit des Denkens aus der Uebung gekommen ist. Die Tiegel und Volta'schen Säulen sollen dessen Funktionen übernehmen: daher auch der profunde Abscheu gegen alle Philosophie. –

Man könnte nun aber die Sache auch so wenden, daß man sagte, der Materialismus, wie er bisher aufgetreten, wäre bloß dadurch mißlungen, daß er die Materie, aus der er die Welt zu konstruiren gedachte, nicht genugsam gekannt und daher, statt ihrer, es mit einem eigenschaftslosen Wechselbalg derselben zu thun gehabt hätte: wenn er hingegen, statt dessen, die wirkliche und empirisch gegebene Materie (d. h. den Stoff, oder vielmehr die Stoffe) genommen hätte, ausgestattet, wie sie ist, mit allen physikalischen, chemischen, elektrischen und auch mit den aus ihr selbst das Leben spontan hervortreibenden Eigenschaften, also die wahre *mater rerum* [Mutter der Dinge], aus deren dunklem Schooße alle Erscheinungen und Gestalten sich hervorwinden, um einst in ihn zurückzufallen; so hätte aus dieser, d. h. aus der vollständig gefaßten und erschöpfend gekannten Materie, sich schon eine Welt konstruiren lassen, deren der Materialismus sich nicht zu schämen brauchte. Ganz recht: nur hätte das Kunststück dann darin bestanden, daß man die *Quaesita* [das Gesuchte] in die *Data* verlegte, indem man angeblich die bloße Materie, wirklich aber alle die geheimnißvollen Kräfte der Natur, welche an derselben haften, oder richtiger, mittelst ihrer uns sichtbar werden, als das Gegebene nähme und zum Ausgangspunkt der Ableitungen machte; – ungefähr wie wenn man unter dem Namen der Schüssel das Daraufliegende versteht. Denn wirklich ist die Materie, für unsere Erkenntniß, bloß das Vehikel der Qualitäten und Naturkräfte, welche als ihre Accidenzien auftreten: und eben weil ich diese auf den Willen zurückgeführt habe, nenne ich die Materie die bloße Sichtbarkeit des Willens. Von diesen sämmtlichen Qualitäten aber entblößt, bleibt die Materie zurück als das Eigenschaftslose, das *caput mortuum* [der tote Rückstand] der Natur, daraus sich ehrlicherweise nichts machen läßt. Läßt man ihr hingegen erwähntermaaßen alle jene Eigenschaften; so hat man eine versteckte *petitio principii* begangen, indem man die *Quaesita* sich als *Data* zum voraus geben ließ. Was nun aber damit zu Stande kommt, wird kein eigentlicher Materialismus mehr seyn, sondern bloßer Naturalismus, d. h. eine absolute Physik, welche, wie im schon erwähnten Kap. 17 gezeigt worden, nie die Stelle der Metaphysik einnehmen und ausfüllen kann, eben weil sie erst nach so vielen Voraussetzungen anhebt, also gar nicht ein Mal unternimmt, die Dinge von Grund aus zu erklären. Der bloße Naturalismus ist daher wesentlich auf lauter *Qualitates occultae* basirt, über welche man nie anders hinauskann, als dadurch, daß man, wie ich gethan, die subjektive Erkenntnißquelle zu Hülfe nimmt, was dann freilich auf den weiten und mühevollen Umweg der Metaphysik führt, indem es die vollständige Analyse des Selbstbewußtseyns und des in ihm gegebenen Intellekts und Willens voraussetzt. – Inzwischen ist das Ausgehn vom Objektiven, welchem die so deutliche und faßliche äußere Anschauung zum Grunde liegt, ein dem Menschen so natürlicher und sich von selbst darbietender Weg, daß der Naturalismus und in Folge dieses, weil er, als nicht erschöpfend, nicht genügen kann, der Materialismus, Systeme sind, auf welche die spekulirende Vernunft nothwendig, ja, zu allererst gerathen muß: daher wir gleich am Anfang der Geschichte der Philosophie den Naturalismus, in den Systemen der Ionischen Philosophen, und darauf den Materialismus, in der Lehre des Leukippos und Demokritos, auftreten, ja, auch später von Zeit zu Zeit sich immer wieder erneuern sehn.

Kapitel 25.

Transscendente Betrachtungen über den Willen als Ding an sich.

Schon die bloß empirische Betrachtung der Natur erkennt, von der einfachsten und nothwendigsten Aeußerung irgend einer allgemeinen Naturkraft an, bis zum Leben und Bewußtseyn des Menschen hinauf, einen stetigen Uebergang, durch allmälige Abstufungen und ohne andere, als relative, ja meistens schwankende Gränzen. Das diese Ansicht verfolgende und dabei etwas tiefer eindringende Nachdenken wird bald zu der Ueberzeugung geführt, daß in allen jenen Erscheinungen das innere Wesen, das sich Manifestirende, das Erscheinende, Eines und das Selbe sei, welches immer deutlicher hervortrete; und daß demnach was sich in Millionen Gestalten von endloser Verschiedenheit darstellt und so das bunteste und barockeste Schauspiel ohne Anfang und Ende aufführt, dieses Eine Wesen sei, welches hinter allen jenen Masken steckt, so dicht verlarvt, daß es sich selbst nicht wiedererkennt, und daher oft sich selbst unsanft behandelt. Daher ist die große Lehre vom ἑν και παν [einen und allen], im Orient wie im Occident, früh aufgetreten und hat sich, allem Widerspruche zum Trotz, behauptet, oder doch stets erneuert. Wir nun aber sind jetzt schon tiefer in das Geheimniß eingeweiht, indem wir durch das Bisherige zu der Einsicht geleitet worden sind, daß, wo jenem, allen Erscheinungen zum Grunde liegenden Wesen, in irgend einer einzelnen derselben, ein erkennendes Bewußtseyn beigegeben ist, welches in seiner Richtung nach innen zum Selbstbewußtseyn wird, diesem sich dasselbe darstellt als jenes so Vertraute und so Geheimnißvolle, welches das Wort Wille bezeichnet. Demzufolge haben wir jenes universelle Grundwesen aller Erscheinungen, nach der Manifestation, in welcher es sich am unverschleiertesten zu erkennen giebt, den Willen benannt, mit welchem Worte wir demnach nichts weniger, als ein unbekanntes *x*, sondern, im Gegentheil, Dasjenige bezeichnen, was uns, wenigstens von einer Seite, unendlich bekannter und vertrauter ist, als alles Uebrige.

Erinnern wir uns jetzt an eine Wahrheit, deren ausführlichsten und gründlichsten Beweis man in meiner Preisschrift über die Freiheit des Willens findet, an diese nämlich, daß, kraft der ausnahmslosen Gültigkeit des Gesetzes der Kausalität, das Thun oder Wirken aller Wesen dieser Welt, durch die dasselbe jedesmal hervorrufenden Ursachen, stets streng necessitirt [notwendig bedingt] eintritt; in welcher Hinsicht es keinen Unterschied macht, ob es Ursachen im engsten Sinne des Worts, oder aber Reize, oder endlich Motive sind, welche eine solche Aktion hervorgerufen haben; indem diese Unterschiede sich allein auf den Grad der Empfänglichkeit der verschiedenartigen Wesen beziehn. Hierüber darf man sich keine Illusion machen: das Gesetz der Kausalität kennt keine Ausnahmen; sondern Alles, von der Bewegung eines Sonnenstäubchens an, bis zum wohlüberlegten Thun des Menschen, ist ihm mit gleicher Strenge unterworfen. Daher konnte nie, im ganzen Verlauf der Welt, weder ein Sonnenstäubchen in seinem Fluge eine andere Linie beschreiben, als die es beschrieben hat, noch ein Mensch irgend anders handeln, als er gehandelt hat: und keine Wahrheit ist gewisser als diese, daß Alles was geschieht, sei es klein oder groß, völlig nothwendig geschieht. Demzufolge ist, in jedem gegebenen Zeitpunkt, der gesammte Zustand aller Dinge fest und genau bestimmt, durch den ihm soeben vorhergegangenen; und so den Zeitstrohm aufwärts, ins Unendliche hinauf, und so ihn abwärts, ins Unendliche herab. Folglich gleicht der Lauf der Welt dem einer Uhr, nachdem sie zusammengesetzt und aufgezogen worden: also ist sie, von diesem unabstreitbaren Gesichtspunkt aus, eine bloße Maschine, deren Zweck man nicht absieht. Auch wenn man, ganz unbefugterweise, ja, im Grunde, aller Denkbarkeit, mit ihrer Gesetzlichkeit, zum Trotz, einen ersten Anfang annehmen wollte; so wäre dadurch im Wesentlichen nichts geändert. Denn der willkürlich gesetzte erste Zustand der Dinge, bei ihrem Ursprung, hätte den ihm zunächst folgenden, im Großen und bis auf das Kleinste herab, unwiderruflich bestimmt und festgestellt, dieser wieder den folgenden, und so fort, *per secula seculorum* [in alle Ewigkeit]; da die Kette der Kausalität, mit ihrer ausnahmslosen Strenge, – dieses eherne Band der Nothwendigkeit und des Schicksals, – jede Erscheinung unwiderruflich und unabänderlich, so wie sie ist, herbeiführt. Der Unterschied liefe bloß darauf zurück, daß wir, bei der einen Annahme, ein ein Mal aufgezogenes Uhrwerk, bei der andern aber ein *perpetuum mobile* [sich ewig bewegendes Ding] vor uns hätten, hingegen die Nothwendigkeit des Verlaufs bliebe die selbe. Daß das Thun des Menschen dabei keine Ausnahme machen kann, habe ich in der angezogenen Preisschrift unwiderleglich bewiesen, indem ich zeigte, wie es aus zwei Faktoren, seinem Charakter und den eintretenden Motiven, jedesmal streng nothwendig hervorgeht: jener ist angeboren und unveränderlich, diese werden, am Faden der Kausalität, durch den streng bestimmten Weltlauf nothwendig herbeigeführt.

Demnach also erscheint, von einem Gesichtspunkt aus, welchem wir uns, weil er durch die objektiv und *a priori* gültigen Weltgesetze festgestellt ist, schlechterdings nicht entziehn können, die Welt, mit Allem was darin ist, als ein zweckloses und darum unbegreifliches Spiel einer ewigen Nothwendigkeit, einer unergründlichen und unerbittlichen Αναγκη. Das Anstößige, ja Empörende dieser unausweichbaren und unwiderleglichen Weltansicht kann nun aber durch keine andere Annahme gründlich gehoben werden, als durch die, daß jedes Wesen auf der Welt, wie es einerseits Erscheinung und durch die Gesetze der Erscheinung nothwendig bestimmt ist, andererseits an sich selbst Wille sei, und zwar schlechthin freier Wille, da alle Nothwendigkeit allein durch die Formen entsteht, welche gänzlich der Erscheinung angehören, nämlich durch den Satz vom Grunde in seinen verschiedenen Gestalten: einem solchen Willen muß dann aber auch Aseität [vollkommenes Durchsichselbstsein] zukommen, da er, als freier, d. h. als Ding an sich und deshalb dem Satz vom Grunde nicht unterworfener, in seinem Seyn und Wesen so wenig, wie in seinem Thun und Wirken, von einem Andern abhängen kann. Durch diese Annahme allein wird so viel Freiheit gesetzt, als nöthig ist, der unabweisbaren strengen Nothwendigkeit, die den Verlauf der Welt beherrscht, das Gleichgewicht zu halten. Demnach hat man eigentlich nur die Wahl, in der Welt entweder eine bloße, nothwendig ablaufende Maschine zu sehn, oder als das Wesen an sich derselben einen freien Willen zu erkennen, dessen Aeußerung nicht unmittelbar das Wirken, sondern zunächst das Daseyn und Wesen der Dinge ist. Diese Freiheit ist daher eine transscendentale, und besteht mit der empirischen Nothwendigkeit so zusammen, wie die transscendentale Idealität der Erscheinungen mit ihrer empirischen Realität. Daß allein unter Annahme derselben die That eines Menschen, trotz der Nothwendigkeit, mit der sie aus seinem Charakter und den Motiven hervorgeht, doch seine eigene ist, habe ich in der Preisschrift über die Willensfreiheit dargethan: eben damit aber ist seinem Wesen Aseität beigelegt. Das selbe Verhältniß nun gilt von allen Dingen der Welt. – Die strengste, redlich, mit starrer Konsequenz durchgeführte Nothwendigkeit und die vollkommenste, bis zur Allmacht gesteigerte Freiheit mußten zugleich und zusammen in die Philosophie eintreten: ohne die Wahrheit zu verletzen konnte dies aber nur dadurch geschehn, daß die ganze Nothwendigkeit in das Wirken und Thun *(Operari)*, die ganze Freiheit hingegen in das Seyn und Wesen *(Esse)* verlegt wurde. Dadurch löst sich ein Räthsel, welches nur deshalb so alt ist wie die Welt, weil man bisher es immer gerade umgekehrt gehalten hat und schlechterdings die Freiheit im *Operari*, die Nothwendigkeit im *Esse* suchte. Ich hingegen sage: jedes Wesen, ohne Ausnahme, wirkt mit strenger Nothwendigkeit, dasselbe aber existirt und ist was es ist, vermöge seiner Freiheit. Bei mir ist also nicht mehr und nicht weniger Freiheit und Nothwendigkeit anzutreffen, als in irgend einem frühern System; obwohl bald das Eine, bald das Andere scheinen muß, je nachdem man daran, daß den bisher aus reiner Nothwendigkeit erklärten Naturvorgängen Wille untergelegt wird, oder daran, daß der Motivation die selbe strenge Nothwendigkeit, wie der mechanischen Kausalität, zuerkannt wird, Anstoß nimmt. Bloß ihre Stellen haben Beide vertauscht: die Freiheit ist in das *Esse* versetzt und die Nothwendigkeit auf das *Operari* beschränkt worden.

Kurzum, der Determinismus steht fest: an ihm zu rütteln haben nun schon anderthalb Jahrtausende vergeblich sich bemüht, dazu getrieben durch gewisse Grillen, welche man wohl kennt, jedoch noch nicht so ganz bei ihrem Namen nennen darf. In Folge seiner aber wird die Welt zu einem Spiel mit Puppen, an Drähten (Motiven) gezogen; ohne daß auch nur abzusehn wäre, zu wessen Belustigung: hat das Stück einen Plan, so ist ein Fatum, hat es keinen, so ist die blinde Nothwendigkeit der

Direktor. – Aus dieser Absurdität giebt es keine andere Rettung, als die Erkenntniß, daß schon das Seyn und Wesen aller Dinge die Erscheinung eines wirklich freien Willens ist, der sich eben darin selbst erkennt: denn ihr Thun und Wirken ist vor der Nothwendigkeit nicht zu retten. Um die Freiheit vor dem Schicksal oder dem Zufall zu bergen, mußte sie aus der Aktion in die Existenz versetzt werden. –

Wie nun demnach die Nothwendigkeit nur der Erscheinung, nicht aber dem Dinge an sich, d. h. dem wahren Wesen der Welt, zukommt; so auch die Vielheit. Dies ist § 25 des ersten Bandes genügend dargethan. Bloß einige, diese Wahrheit bestätigende und erläuternde Betrachtungen habe ich hier hinzuzufügen.

Jeder erkennt nur ein Wesen ganz unmittelbar: seinen eigenen Willen, im Selbstbewußtseyn. Alles Andere erkennt er bloß mittelbar, und beurtheilt es dann nach der Analogie mit jenem, die er, je nachdem der Grad seines Nachdenkens ist, weiter durchführt. Selbst Dieses entspringt im tiefsten Grunde daraus, daß es eigentlich auch nur ein Wesen giebt: die aus den Formen der äußern, objektiven Auffassung herrührende Illusion der Vielheit (Maja) konnte nicht bis in das innere, einfache Bewußtseyn dringen: daher dieses immer nur Ein Wesen vorfindet.

Betrachten wir die nie genug bewunderte Vollendung in den Werken der Natur, welche, selbst in den letzten und kleinsten Organismen, z. B. den Befruchtungstheilen der Pflanzen, oder dem innern Bau der Insekten, mit so unendlicher Sorgfalt, so unermüdlicher Arbeit durchgeführt ist, als ob das vorliegende Werk der Natur ihr einziges gewesen wäre, auf welches sie daher alle ihre Kunst und Macht verwenden gekonnt; finden wir dasselbe dennoch unendlich oft wiederholt, in jedem einzelnen der zahllosen Individuen jeglicher Art, und nicht etwan weniger sorgfältig vollendet in dem, dessen Wohnplatz der einsamste, vernachlässigteste Fleck ist, zu welchem bis dahin noch kein Auge gedrungen war; verfolgen wir nun die Zusammensetzung der Theile jedes Organismus, so weit wir können, und stoßen doch nie auf ein ganz Einfaches und daher Letztes, geschweige auf ein Unorganisches; verlieren wir uns endlich in die Berechnung der Zweckmäßigkeit aller jener Theile desselben zum Bestande des Ganzen, vermöge deren jedes Lebende, an und für sich selbst, ein Vollkommenes ist; erwägen wir dabei, daß jedes dieser Meisterwerke, selbst von kurzer Dauer, schon unzählige Male von Neuem hervorgebracht wurde, und dennoch jedes Exemplar seiner Art, jedes Insekt, jede Blume, jedes Blatt, noch eben so sorgfältig ausgearbeitet erscheint, wie das erste dieser Art es gewesen ist, die Natur also keineswegs ermüdet und zu pfuschen anfängt, sondern mit gleich geduldiger Meisterhand, das letzte wie das erste vollendet: dann werden wir zuvörderst inne, daß alle menschliche Kunst nicht bloß dem Grade, sondern der Art nach vom Schaffen der Natur völlig verschieden ist; nächstdem aber, daß die wirkende Urkraft, die *natura naturans* [schaffende Natur], in jedem ihrer zahllosen Werke, im kleinsten, wie im größten, im letzten, wie im ersten, g a n z u n d u n g e t h e i l t u n m i t t e l b a r g e g e n w ä r t i g i s t; woraus folgt, daß sie, als solche und an sich von Raum und Zeit nicht weiß. Bedenken wir nun ferner, daß die Hervorbringung jener Hyperbeln [Höchstleistungen] aller Kunstgebilde dennoch der Natur so ganz und gar nichts kostet, daß sie, mit unbegreiflicher Verschwendung, Millionen Organismen schafft, die nie zur Reife gelangen, und jedes Lebende tausendfältigen Zufällen ohne Schonung Preis giebt, andererseits aber auch, wenn durch Zufall begünstigt, oder durch menschliche Absicht angeleitet, bereitwillig Millionen Exemplare einer Art liefert, wo sie bisher nur eines gab, folglich Millionen ihr nichts mehr kosten als Eines; so leitet auch Dieses uns auf die Einsicht hin, daß die Vielheit der Dinge ihre Wurzel in der Erkenntnißweise des Subjekts hat, dem Dinge an sich aber, d. h. der innern sich darin kund gebenden Urkraft, fremd ist; daß mithin Raum und Zeit, auf welchen die Möglichkeit aller Vielheit beruht, bloße Formen unserer Anschauung sind; ja, daß sogar jene ganz unbegreifliche Künstlichkeit der Struktur, zu welcher sich die rücksichtsloseste Verschwendung der Werke, worauf sie verwendet worden, gesellt, im Grunde auch nur aus der Art, wie wir die Dinge auffassen, entspringt; indem nämlich das einfache und untheilbare, ursprüngliche Streben des Willens, als Dinges an sich, wann dasselbe, in unserer cerebralen Erkenntniß, sich als Objekt darstellt, erscheinen muß als eine künstliche Verkettung gesonderter Theile, zu Mitteln und Zwecken von einander, in überschwänglicher Vollkommenheit durchgeführt.

Die hier angedeutete, jenseit der Erscheinung liegende E i n -

heit jenes Willens, in welchem wir das Wesen an sich der Erscheinungswelt erkannt haben, ist eine metaphysische, mithin die Erkenntniß derselben transscendent, d. h. nicht auf den Funktionen unsers Intellekts beruhend und daher mit diesen nicht eigentlich zu erfassen. Daher kommt es, daß sie einen Abgrund der Betrachtung eröffnet, dessen Tiefe keine ganz klare und in durchgängigem Zusammenhang stehende Einsicht mehr gestattet, sondern nur einzelne Blicke vergönnt, welche dieselbe in diesem und jenem Verhältniß der Dinge, bald im Subjektiven, bald im Objektiven, erkennen lassen, wodurch jedoch wieder neue Probleme angeregt werden, welche alle zu lösen ich mich nicht anheischig mache, vielmehr auch hier mich auf das *est quadam prodire tenus* berufe, mehr darauf bedacht, nichts Falsches oder willkürlich Ersonnenes aufzustellen, als von Allem durchgängige Rechenschaft zu geben; – auf die Gefahr hin, hier nur eine fragmentarische Darstellung zu liefern.

Wenn man die so scharfsinnige, zuerst von Kant und später von Laplace aufgestellte Theorie der Entstehung des Planetensystems, an deren Richtigkeit zu zweifeln kaum möglich ist, sich vergegenwärtigt und sie deutlich durchdenkt; so sieht man die niedrigsten, rohesten, blindesten, an die starreste Gesetzlichkeit gebundenen Naturkräfte, mittelst ihres Konflikts an einer und der selben gegebenen Materie und der durch diesen herbeigeführten accidentellen Folgen, das Grundgerüst der Welt, also des künftigen zweckmäßig eingerichteten Wohnplatzes zahlloser lebender Wesen, zu Stande bringen, als ein System der Ordnung und Harmonie, über welches wir um so mehr erstaunen, je deutlicher und genauer wir es verstehn lernen. So z. B. wenn wir einsehn, daß jeder Planet, bei seiner gegenwärtigen Geschwindigkeit, gerade nur da, wo er wirklich seinen Ort hat, sich behaupten kann, indem er, der Sonne näher gerückt, hineinfallen, weiter von ihr gestellt, hinwegfliegen müßte; wie auch umgekehrt, wenn wir seinen Ort als gegeben nehmen, er nur bei seiner gegenwärtigen und keiner andern Geschwindigkeit daselbst bleiben kann, indem er, schneller laufend, davonfliegen, langsamer gehend, in die Sonne fallen müßte; daß also nur ein bestimmter Ort zu jeder bestimmten Velocität eines Planeten paßte; und wir nun dieses Problem dadurch gelöst sehn, daß die selbe physische, nothwendig und blind wirkende Ursache, welche ihm seinen Ort anwies, zugleich und eben dadurch ihm genau die diesem Ort allein angemessene Geschwindigkeit ertheilte, in Folge des Naturgesetzes, daß ein kreisender Körper, in dem Verhältniß, wie sein Kreis kleiner wird, seine Geschwindigkeit vermehrt; und vollends, wenn wir endlich verstehn, wie dem ganzen System ein endloser Bestand gesichert ist, dadurch, daß alle die unvermeidlich eintretenden, gegenseitigen Störungen des Laufes der Planeten mit der Zeit sich wieder ausgleichen müssen; wie denn gerade die Irrationalität der Umlaufszeiten Jupiters und Saturns zu einander verhindert, daß ihre gegenseitigen Perturbationen sich nicht auf einer Stelle wiederholen, als wodurch sie gefährlich werden würden, und herbeiführt, daß sie, immer an einer andern Stelle und selten eintretend, sich selbst wieder aufheben müssen, den Dissonanzen in der Musik zu vergleichen, die sich wieder in Harmonie auflösen. Wir erkennen mittelst solcher Betrachtungen eine Zweckmäßigkeit und Vollkommenheit, wie die freieste Willkür, geleitet vom durchdringendesten Verstande und der schärfsten Berechnung, sie nur irgend hätte zu Stande bringen können. Und doch können wir, am Leitfaden jener so wohl durchdachten und so genau berechneten Laplace'schen Kosmogonie, uns der Einsicht nicht entziehn, daß völlig blinde Naturkräfte, nach unwandelbaren Naturgesetzen wirkend, durch ihren Konflikt und in ihrem absichtslosen Spiel gegen einander, nichts Anderes hervorbringen konnten, als eben dieses Grundgerüst der Welt, welches dem Werk einer hyperbolisch gesteigerten Kombination gleich kommt. Statt nun, nach Weise des Anaxagoras, das uns bloß aus der animalischen Natur bekannte und auf ihre Zwecke allein berechnete Hülfsmittel einer Intelligenz herbei zu ziehn, welche von außen hinzukommend, die ein Mal vorhandenen und gegebenen Naturkräfte und deren Gesetze schlau benutzt hätte, um ihre, diesen eigentlich fremden Zwecke durchzusetzen, – erkennen wir, in jenen untersten Naturkräften selbst, schon jenen selben und Einen Willen, welcher eben an ihnen seine erste Aeußerung hat und, bereits in dieser seinem Ziel entgegenstrebend, durch ihre ursprünglichen Gesetze selbst, auf seinen Endzweck hinarbeitet, welchem daher Alles, was nach blinden Naturgesetzen geschieht, nothwendig dienen und entsprechen muß; wie dieses denn auch nicht anders ausfallen kann, sofern alles Materielle nichts Anderes ist, als eben die Erscheinung, die Sichtbarkeit, die Objektität, des Willens zum Leben, welcher Einer ist. Also schon die untersten Naturkräfte selbst sind von jenem selben Willen beseelt, der sich nachher in den mit Intelligenz ausgestatteten, individuellen Wesen, über sein eigenes Werk verwundert, wie der Nachtwandler am Morgen über Das, was er im Schlafe vollbracht hat; oder richtiger, der über seine eigene Gestalt, die er im Spiegel erblickt, erstaunt. Diese hier nachgewiesene Einheit des Zufälligen mit dem Absichtlichen, des Nothwendigen mit dem Freien, vermöge deren die blindesten, aber auf allgemeinen Naturgesetzen beruhenden Zufälle gleichsam die Tasten sind, auf denen der Weltgeist seine sinnvollen Melodien abspielt, ist wie gesagt, ein Abgrund der Betrachtung, in welchen auch die Philosophie kein volles Licht, sondern nur einen Schimmer werfen kann.

Nunmehr aber wende ich mich zu einer subjektiven, hieher gehörigen Betrachtung, welcher ich jedoch noch weniger Deutlichkeit, als der eben dargelegten objektiven, zu geben vermag; indem ich sie nur durch Bild und Gleichniß werde ausdrücken können. – Warum ist unser Bewußtseyn heller und deutlicher, je weiter es nach außen gelangt, wie denn seine größte Klarheit in der sinnlichen Anschauung liegt, welche schon zur Hälfte den Dingen außer uns angehört, – wird hingegen dunkler nach innen zu, und führt, in sein Innerstes verfolgt, in eine Finsterniß, in der alle Erkenntniß aufhört? – Weil, sage ich, Bewußtseyn Individualität voraussetzt, diese aber schon der bloßen Erscheinung angehört, indem sie als Vielheit des Gleichartigen, durch die Formen der Erscheinung, Zeit und Raum, bedingt ist. Unser Inneres hingegen hat seine Wurzel in Dem, was nicht mehr Erscheinung, sondern Ding an sich ist, wohin daher die Formen der Erscheinung nicht reichen, wodurch dann die Hauptbedingungen der Individualität mangeln und mit dieser das deutliche Bewußtseyn wegfällt. In diesem Wurzelpunkt des Daseyns nämlich hört die Verschiedenheit der Wesen so auf, wie die der Radien einer Kugel im Mittelpunkt: und wie an dieser die Oberfläche dadurch entsteht, daß die Radien enden und abbrechen; so ist das Bewußtseyn nur da möglich, wo das Wesen an sich in die Erscheinung ausläuft; durch deren Formen die geschiedene Individualität möglich wird, auf der das Bewußtseyn beruht, welches eben deshalb auf Erscheinungen beschränkt ist. Daher liegt alles Deutliche und recht Begreifliche unsers Bewußtseyns stets nur nach außen, auf dieser Oberfläche der Kugel. Sobald wir hingegen uns von dieser ganz zurückziehn, verläßt uns das Bewußtseyn, – im Schlaf, im Tode, gewissermaaßen auch im magnetischen oder magischen Wirken: denn diese alle führen durch das Centrum. Eben aber weil das deutliche Bewußtseyn, als durch die Oberfläche der Kugel bedingt, nicht nach dem Centro hin gerichtet ist, erkennt es die andern Individuen wohl als gleichartig, nicht aber als identisch, was sie an sich doch sind. Unsterblichkeit des Individui ließe sich dem Fortfliegen eines Punktes der Oberfläche in der Tangente vergleichen; Unsterblichkeit, vermöge der Ewigkeit des Wesens an sich der ganzen Erscheinung aber, der Rückkehr jenes Punktes, auf dem Radius, zum Centro, dessen bloße Ausdehnung die Oberfläche ist. Der Wille als Ding an sich ist ganz und ungetheilt in jedem Wesen, wie das Centrum ein integrirender Theil eines jeden Radius ist: während das peripherische Ende dieses Radius mit der Oberfläche, welche die Zeit und ihren Inhalt vorstellt, im schnellsten Umschwunge ist, bleibt das andere Ende, am Centro, als wo die Ewigkeit liegt, in tiefster Ruhe, weil das Centrum der Punkt ist, dessen steigende Hälfte von der sinkenden nicht verschieden ist. Daher heißt es auch im Bhagavad Gita: *Haud distributum animantibus, et quasi distributum tamen insidens, animantiumque sustentaculum id cognoscendum, edax et rursus genitale (lect. 13, 16. vers. Schlegel).* [Ungeteilt, und doch als wäre es geteilt, wohnt es den Wesen inne. Erkennen muß man es als das die Wesen Erhaltende, Verschlingende und wieder Hervorbringende.] – Freilich gerathen wir hier in eine mystische Bildersprache: aber sie ist die einzige, in der sich über dieses völlig transscendente Thema noch irgend etwas sagen läßt. So mag denn auch noch dieses Gleichniß mit hingehn, daß man sich das Menschengeschlecht bildlich als ein *animal compositum* [zusammengesetztes Lebewesen] vorstellen kann, eine Lebensform, von welcher viele Polypen, besonders die schwimmenden, wie *Veretillum, Funiculina* [Schwimmpolyp, Seefedern] und andere Beispiele darbieten. Wie bei diesen der Kopftheil jedes einzelne Thier isolirt, der untere Theil hingegen, mit dem gemeinschaftlichen Magen, sie alle zur Einheit eines Lebensprocesses verbindet; so isolirt das Gehirn mit seinem Bewußtseyn die menschlichen Individuen: hingegen der unbewußte Theil, das vegetative Leben, mit seinem Gangliensystem, darin im Schlaf das Gehirnbewußtseyn, gleich einem Lotus, der sich nächtlich in die Fluth versenkt, untergeht, ist ein gemeinsames Leben Aller, mittelst dessen sie sogar ausnahmsweise kommuniciren können, welches z. B. Statt hat, wann Träume sich unmittelbar mittheilen, die Gedanken des Magnetiseurs in die Somnambule übergehn, endlich auch in der vom absichtlichen Wollen ausgehenden magnetischen, oder überhaupt magischen Einwirkung. Eine solche nämlich, wenn sie Statt findet, ist von jeder andern, durch den *influxus physicus* [physischen Einfluß] geschehenden, *toto genere* verschieden, indem sie eine eigentliche *actio in distans* [Wirkung in die Ferne] ist, welche der zwar vom Einzelnen ausgehende Wille dennoch in seiner metaphysischen Eigenschaft, als das allgegenwärtige Substrat der ganzen Natur, vollbringt. Auch könnte man sagen, daß, wie von seiner ursprünglichen Schöpferkraft, welche in den vorhandenen Gestalten der Natur bereits ihr Werk gethan hat und darin erloschen ist, dennoch bisweilen und ausnahmsweise ein schwacher Ueberrest in der *generatio aequivoca* hervortritt; eben so, von seiner ursprünglichen Allmacht, welche in der Darstellung und Erhaltung der Organismen ihr Werk vollbringt und darin aufgeht, doch noch gleichsam ein Ueberschuß, in solchem magischen Wirken, ausnahmsweise thätig werden kann. Im »Willen in der Natur« habe ich von dieser magischen Eigenschaft des Willens ausführlich geredet, und verlasse hier gern Betrachtungen, welche sich auf ungewisse Thatsachen, die man dennoch nicht ganz ignoriren oder ableugnen darf, zu berufen haben.

Kapitel 26*.

Zur Teleologie.

Die durchgängige, auf den Bestand jedes Wesens sich beziehende Zweckmäßigkeit der organischen Natur, nebst der Angemessenheit dieser zur unorganischen, kann bei keinem philosophischen System ungezwungener in den Zusammenhang desselben treten, als bei dem, welches dem Daseyn jedes Naturwesens einen

* Dieses, wie auch das folgende Kapitel bezieht sich auf § 28 des ersten Bandes.

Willen zum Grunde legt, der demnach sein Wesen und Streben nicht bloß erst in den Aktionen, sondern auch schon in der Gestalt des erscheinenden Organismus ausspricht. Auf die Rechenschaft, welche unser Gedankengang über diesen Gegenstand an die Hand giebt, habe ich im vorhergegangenen Kapitel nur hingedeutet, nachdem ich dieselbe schon in der unten bezeichneten Stelle des ersten Bandes, besonders deutlich und ausführlich aber im »Willen in der Natur« unter der Rubrik: »Vergleichende Anatomie« dargelegt hatte. Daran schließen sich jetzt noch die folgenden Erörterungen.

Die staunende Bewunderung, welche uns bei der Betrachtung der unendlichen Zweckmäßigkeit in dem Bau der organischen Wesen zu ergreifen pflegt, beruht im Grunde auf der zwar natürlichen, aber dennoch falschen Voraussetzung, daß jene Uebereinstimmung der Theile zu einander, zum Ganzen des Organismus und zu seinen Zwecken in der Außenwelt, wie wir dieselbe mittelst der Erkenntniß, also auf dem Wege der Vorstellung, auffassen und beurtheilen, auch auf dem selben Wege hineingekommen sei; daß also, wie sie für den Intellekt existirt, sie auch durch den Intellekt zu Stande gekommen wäre. Wir freilich können etwas Regelmäßiges und Gesetzmäßiges, dergleichen z. B. jeder Krystall ist, nur zu Stande bringen unter Leitung des Gesetzes und der Regel, und eben so etwas Zweckmäßiges nur unter Leitung des Zweckbegriffs: aber keineswegs sind wir berechtigt, diese unsere Beschränkung auf die Natur zu übertragen, als welche selbst ein *Prius* alles Intellekts ist und deren Wirken von dem unserigen, wie im vorigen Kapitel gesagt wurde, sich der ganzen Art nach unterscheidet. Sie bringt das so zweckmäßig und so überlegt Scheinende zu Stande, ohne Ueberlegung und ohne Zweckbegriff, weil ohne Vorstellung, als welche ganz sekundären Ursprungs ist. Betrachten wir zunächst das bloß Regelmäßige, noch nicht Zweckmäßige. Die sechs gleichen und in gleichen Winkeln auseinandergehenden Radien einer Schneeflocke sind von keiner Erkenntniß vorgemessen; sondern es ist das einfache Streben des ursprünglichen Willens, welches sich für die Erkenntniß, wann sie hinzutritt, so darstellt. Wie nun hier der Wille die regelmäßige Figur zu Stande bringt ohne Mathematik, so auch die organische und höchst zweckmäßig organisirte ohne Physiologie. Die regelmäßige Form im Raume ist nur da für die

Anschauung, deren Anschauungsform der Raum ist; so ist die Zweckmäßigkeit des Organismus bloß da für die erkennende Vernunft, deren Ueberlegung an die Begriffe von Zweck und Mittel gebunden ist. Wenn eine unmittelbare Einsicht in das Wirken der Natur für uns möglich würde; so müßten wir erkennen, daß das oben erwähnte teleologische Erstaunen demjenigen analog ist, welches jener, von Kant bei Erklärung des Lächerlichen erwähnte, Wilde empfand, als er aus einer eben geöffneten Bierflasche den Schaum unaufhaltsam hervorsprudeln sah und dabei äußerte, nicht über das Herauskommen wundere er sich, sondern darüber, wie man es nur habe hineinbringen können: denn auch wir setzen voraus, die Zweckmäßigkeit der Naturprodukte sei auf eben dem Wege hineingekommen, auf welchem sie für uns herauskommt. Daher kann unser teleologisches Erstaunen gleichfalls dem verglichen werden, welches die ersten Werke der Buchdruckerkunst bei Denen erregten, welche sie unter der Voraussetzung, daß sie Werke der Feder seien, betrachteten und demnach zur Erklärung derselben die Annahme der Hülfe eines Teufels ergriffen. – Denn, es sei hier nochmals gesagt, unser Intellekt ist es, welcher, indem er den an sich metaphysischen und untheilbaren Willensakt, der sich in der Erscheinung eines Thieres darstellt, mittelst seiner eigenen Formen, Raum, Zeit und Kausalität, als Objekt auffaßt, die Vielheit und Verschiedenheit der Theile und ihrer Funktionen erst hervorbringt und dann über die aus der ursprünglichen Einheit hervorgehende vollkommene Uebereinstimmung und Konspiration [Einmütigkeit] derselben in Erstaunen geräth; wobei er also, in gewissem Sinn, sein eigenes Werk bewundert.

Wenn wir uns der Betrachtung des so unaussprechlich und endlos künstlichen Baues irgend eines Thieres, wäre es auch nur das gemeinste Insekt, hingeben, uns in Bewunderung desselben versenkend, jetzt aber uns einfällt, daß die Natur eben diesen, so überaus künstlichen und so höchst komplicirten Organismus täglich zu Tausenden der Zerstörung, durch Zufall, thierische Gier und menschlichen Muthwillen rücksichtslos Preis giebt; so setzt diese rasende Verschwendung uns in Erstaunen. Allein dasselbe beruht auf einer Amphibolie [Doppelwertigkeit] der Begriffe, indem wir dabei das menschliche Kunstwerk im Sinne haben, welches unter Vermittelung des Intellekts und durch Ueberwältigung eines fremden, widerstrebenden Stoffes zu

Stande gebracht wird, folglich allerdings viel Mühe kostet. Der Natur hingegen kosten ihre Werke, so künstlich sie auch sind, gar keine Mühe; weil hier der Wille zum Werke schon selbst das Werk ist; indem, wie schon gesagt, der Organismus bloß die im Gehirn zu Stande kommende Sichtbarkeit des hier vorhandenen Willens ist.

Der ausgesprochenen Beschaffenheit organischer Wesen zufolge ist die Teleologie, als Voraussetzung der Zweckmäßigkeit jedes Theils, ein vollkommen sicherer Leitfaden bei Betrachtung der gesammten organischen Natur; hingegen in metaphysischer Absicht, zur Erklärung der Natur über die Möglichkeit der Erfahrung hinaus, darf sie nur sekundär und subsidiarisch zur Bestätigung anderweitig begründeter Erklärungsprincipien geltend gemacht werden: denn hier gehört sie zu den Problemen, davon Rechenschaft zu geben ist. – Demnach, wenn an einem Thiere ein Theil gefunden wird, von dem man keinen Zweck absieht; so darf man nie die Vermuthung wagen, die Natur habe ihn zwecklos, etwan spielend und aus bloßer Laune hervorgebracht. Allenfalls zwar ließe sich so etwas als möglich denken, unter der Anaxagorischen Voraussetzung, daß die Natur mittelst eines ordnenden Verstandes, der als solcher einer fremden Willkür diente, ihre Einrichtung erhalten hätte; nicht aber unter der, daß das Wesen an sich (d. h. außer unserer Vorstellung) eines jeden Organismus ganz allein sein eigener Wille sei: denn da ist das Daseyn jedes Theiles dadurch bedingt, daß es dem hier zum Grunde liegenden Willen zu irgend etwas diene, irgend eine Bestrebung desselben ausdrücke und verwirkliche, folglich zur Erhaltung dieses Organismus irgendwie beitrage. Denn außer dem in ihm erscheinenden Willen und den Bedingungen der Außenwelt, unter welchen dieser zu leben freiwillig unternommen hat, auf den Konflikt mit welchen daher schon seine ganze Gestalt und Einrichtung abzielt, kann nichts auf ihn Einfluß gehabt und seine Form und Theile bestimmt haben, also keine Willkür, keine Grille. Deshalb muß Alles an ihm zweckmäßig seyn: daher sind die Endursachen *(causae finales)* der Leitfaden zum Verständniß der organischen Natur, wie die wirkenden Ursachen *(causae efficientes)* zu dem der unorganischen. Hierauf beruht es, daß, wenn wir, in der Anatomie oder Zoologie, den Zweck eines vorhandenen Theiles nicht finden können, unser

Verstand daran einen Anstoß nimmt, der dem ähnlich ist, welchen in der Physik eine Wirkung, deren Ursache verborgen bleibt, geben muß: und wie diese, so setzen wir auch jenen als nothwendig voraus, fahren daher fort ihn zu suchen, so oft dies auch schon vergeblich geschehn seyn mag. Dies ist z. B. der Fall mit der Milz, über deren Zweck man nicht aufhört Hypothesen zu ersinnen, bis ein Mal eine sich als richtig bewährt haben wird. Eben so steht es mit den großen, spiralförmigen Zähnen des Babirussa [Hirschebers], mit den hornförmigen Auswüchsen einiger Raupen und mehr dergleichen. Auch negative Fälle werden von uns nach der selben Regel beurtheilt, z. B. daß in einer im Ganzen so gleichförmigen Ordnung, wie die der Saurier, ein so wichtiger Theil, wie die Urinblase, bei vielen Species vorhanden ist, während er den andern fehlt; imgleichen, daß die Delphine und einige ihnen verwandte Cetaceen [Wale] ganz ohne Geruchsnerven sind, während die übrigen Cetaceen und sogar die Fische solche haben: ein dies bestimmender Grund muß daseyn.

Einzelne wirkliche Ausnahmen zu diesem durchgängigen Gesetz der Zweckmäßigkeit in der organischen Natur hat man allerdings und mit großem Erstaunen aufgefunden: jedoch findet bei ihnen, weil sich anderweitig Rechenschaft darüber geben läßt, das *exceptio firmat regulam* [Die Ausnahme bestätigt die Regel] Anwendung. Dahin nämlich gehört, daß die Kaulquappen der Kröte Pipa Schwänze und Kiemen haben, obschon sie nicht, wie alle andern Kaulquappen, schwimmend, sondern auf dem Rücken der Mutter ihre Metamorphose abwarten; – daß das männliche Kanguru einen Ansatz zu dem Knochen hat, welcher beim weiblichen den Beutel trägt; – daß auch die männlichen Säugethiere Zitzen haben; – daß *Mus typhlus*, eine Ratte, Augen hat, wiewohl winzig kleine, ohne eine Oeffnung für dieselben in der äußern Haut, welche also, mit Haaren bedeckt, darüber geht, und daß der Maulwurf der Apenninen, wie auch zwei Fische, *Murena caecilia* und *Gastrobranchus caecus*, sich im selben Falle befinden; desgleichen der *Proteus anguinus*. Diese seltenen und überraschenden Ausnahmen von der sonst so festen Regel der Natur, diese Widersprüche, darin sie mit sich selbst geräth, müssen wir uns erklären aus dem innern Zusammenhange, welchen ihre verschiedenartigen Erscheinungen, vermöge der Einheit des in ihnen Erscheinenden, unter einander haben, und in Folge dessen sie bei der einen etwas andeuten muß, bloß weil eine andere, mit derselben zusammenhängende, es wirklich hat. Demnach hat das männliche Thier das Rudiment eines Organs, welches bei dem weiblichen wirklich vorhanden ist. Wie nun hier die Differenz der Geschlechter den Typus der Species nicht aufheben kann; so behauptet sich auch der Typus einer ganzen Ordnung, z. B. der Batrachier [Froschlurche], selbst da, wo in einer einzelnen Species (Pipa) eine seiner Bestimmungen überflüssig wird. Noch weniger vermag die Natur eine Bestimmung, die zum Typus einer ganzen Grundabtheilung *(Vertebrata* [Wirbeltiere]*)* gehört, (Augen), wenn sie in einer einzelnen Species *(Mus typhlus)* als überflüssig wegfallen soll, ganz spurlos verschwinden zu lassen; sondern sie muß auch hier wenigstens rudimentarisch andeuten, was sie bei allen übrigen ausführt.

Sogar ist von hier aus in gewissem Grade abzusehn, worauf jene, besonders von R. Owen in seiner *Ostéologie comparée* so ausführlich dargelegte Homologie [Übereinstimmung] im Skelett, zunächst der Mammalien [Säugetiere] und im weitern Sinn aller Wirbelthiere, beruht, vermöge welcher z. B. alle Säugethiere sieben Halswirbel haben, jeder Knochen der menschlichen Hand und Arm sein Analogon in der Schwimmflosse des Wallfisches findet, der Schädel des Vogels im Ei gerade so viel Knochen hat, wie der des menschlichen Fötus u. s. w. Dies Alles nämlich deutet auf ein von der Teleologie unabhängiges Princip, welches jedoch das Fundament ist, auf welchem sie baut, oder der zum voraus gegebene Stoff zu ihren Werken, und eben Das, was Geoffroy Saint-Hilaire als das »anatomische Element« dargelegt hat. Es ist die *unité de plan* [Einheit des Plans], der Ur-Grund-Typus der obern Thierwelt, gleichsam die willkürlich gewählte Tonart, aus welcher die Natur hier spielt.

Den Unterschied zwischen der wirkenden Ursache *(causa efficiens)* und der Endursache *(causa finalis)* hat schon Aristoteles *(De part. anim., I, 1)* richtig bezeichnet in den Worten: Δυο τροποι της αιτιας, το οὗ ἑνεκα και το εξ αναγκης, και δει λεγοντας τυγχανειν μαλιστα μεν αμφοιν. *(Duo sunt causae modi: alter cujus gratia, et alter e necessitate; ac potissimum utrumque eruere oportet.)* [Es gibt zwei Arten von Ursachen: die Zweckursache und die notwendig wirkende Ursache; und man muß möglichst beide berücksichtigen.] Die wirkende Ursache ist die, wodurch etwas ist, die Endursache, die, weshalb es ist: die zu erklärende Erscheinung hat, in der Zeit, jene hinter sich, diese vor sich. Bloß bei den willkürlichen Handlungen thierischer Wesen fallen beide unmittelbar zusammen, indem hier die Endursache, der Zweck, als Motiv auftritt: ein solches aber ist stets die wahre und eigentliche Ursache der Handlung, ist ganz und gar die sie bewirkende Ursache, die ihr vorhergängige Veränderung, welche dieselbe hervorruft, vermöge derer sie nothwendig eintritt und ohne die sie nicht geschehn könnte; wie ich dies in der Preisschrift über die Freiheit bewiesen habe. Denn, was man auch zwischen den Willensakt und die Körperbewegung physiologisch einschieben möchte, immer bleibt hier eigenständlich der Wille das Bewegende, und was ihn bewegt, ist das von außen kommende Motiv, also die *causa finalis;* welche folglich hier als *causa efficiens* auftritt. Ueberdies wissen wir aus dem Vorhergegangenen, daß im Grunde die Körperbewegung mit dem Willensakt Eins ist, als seine bloße Erscheinung in der cerebralen Anschauung. Dies Zusammenfallen der *causa finalis* mit der wirkenden Ursache, in der einzigen uns intim bekannten Erscheinung, welche deshalb durchgängig unser Urphänomen bleibt, ist wohl festzuhalten: denn es führt uns gerade darauf hin, daß, wenigstens in der organischen Natur, deren Kenntniß durchaus die Endursachen zum Leitfaden hat, ein Wille das Gestaltende ist. In der That können wir eine Endursache uns nicht anders deutlich denken, denn als einen beabsichtigten Zweck, d. i. ein Motiv. Ja, wenn wir die Endursache in der Natur genau betrachten, so müssen wir, um ihr transscendentes Wesen auszudrücken, einen Widerspruch nicht scheuen, und kühn heraussagen: die Endursache ist ein Motiv, welches auf ein Wesen wirkt, von welchem es nicht erkannt wird. Denn allerdings sind die Termitennester das Motiv, welches den zahnlosen Kiefer des Ameisenbären, nebst der langen, fadenförmigen und klebrigen Zunge hervorgerufen hat: die harte Eierschaale, welche das Vögelein gefangen hält, ist allerdings das Motiv zu der hornartigen Spitze, mit welcher sein Schnabel versehn ist, um jene damit zu durchbrechen, wonach es sie als ferner nutzlos abwirft. Und eben so sind die Gesetze der Reflexion [Rückstrahlung] und Refraktion [Brechung] des Lichts das Motiv zu dem so überkünstlich komplicirten optischen

Werkzeug, dem menschlichen Auge, als welches die Durchsichtigkeit seiner Hornhaut, die verschiedene Dichtigkeit seiner drei Feuchtigkeiten, die Gestalt seiner Linse, die Schwärze seiner Chorioiides [Aderhaut], die Sensibilität seiner Retina, die Verengerungsfähigkeit seiner Pupille und seine Muskulatur genau nach jenen Gesetzen berechnet hat. Aber jene Motive wirkten schon, ehe sie wahrgenommen wurden: es ist nicht anders; so widersprechend es auch klingt. Denn hier ist der Uebergang des Physischen ins Metaphysische. Dieses aber haben wir im Willen erkannt: daher müssen wir einsehn, daß der selbe Wille, welcher den Elephantenrüssel nach einem Gegenstande ausstreckt, es auch ist, der ihn hervorgetrieben und gestaltet hat, die Gegenstände anticipirend. –

Hiemit ist es übereinstimmend, daß wir, bei der Untersuchung der organischen Natur, ganz und gar auf die Endursachen verwiesen sind, überall diese suchen und Alles aus ihnen erklären; die wirkenden Ursachen hingegen hier nur noch eine ganz untergeordnete Stelle, als bloße Werkzeuge jener einnehmen und, eben wie bei der eingeständlich von äußern Motiven bewirkten willkürlichen Bewegung der Glieder, mehr vorausgesetzt, als nachgewiesen werden. Bei Erklärung der physiologischen Funktionen sehn wir uns noch allenfalls nach ihnen, wiewohl meistens vergeblich, um; bei der Erklärung der Entstehung der Theile aber schon gar nicht mehr, sondern begnügen uns mit den Endursachen allein: höchstens haben wir hier noch so einen allgemeinen Grundsatz, etwan wie, daß je größer der Theil ausfallen soll, desto stärker auch die ihm Blut zuführende Arterie seyn muß; aber von den eigentlich wirkenden Ursachen, welche z. B. das Auge, das Ohr, das Gehirn zu Stande bringen, wissen wir gar nichts. Ja, selbst bei der Erklärung der bloßen Funktionen ist die Endursache bei Weitem wichtiger und mehr zur Sache, als die wirkende: daher, wenn jene allein bekannt ist, wir in der Hauptsache belehrt und befriedigt sind, hingegen die wirkende allein uns wenig hilft. Z. B. wenn wir die wirkende Ursache des Blutumlaufs wirklich kennten, wie wir sie eigentlich nicht kennen, sondern noch suchen; so würde dies uns wenig fördern, ohne die Endursache, daß nämlich das Blut in die Lunge gehn muß, zur Oxydation, und wieder zurückfließen, zur Ernährung: durch diese hingegen, auch ohne jene, ist uns ein großes Licht aufgesteckt. Uebrigens bin ich, wie oben gesagt, der Meinung, daß der Blutumlauf gar keine eigentlich wirkende Ursache hat, sondern der Wille hier so unmittelbar, wie in der Muskularbewegung, wo ihn, mittelst der Nervenleitung, Motive bestimmen, thätig ist, so daß auch hier die Bewegung unmittelbar durch die Endursache hervorgerufen werde, also durch das Bedürfniß der Oxydation in der Lunge, welches hier auf das Blut gewissermaaßen als Motiv wirkt, jedoch so, daß die Vermittelung der Erkenntniß dabei wegfällt, weil Alles im Innern des Organismus vorgeht. – Die sogenannte Metamorphose der Pflanzen, ein von Kaspar Wolf leicht hingeworfener Gedanke, den, unter dieser hyperbolischen Benennung, Goethe als eigenes Erzeugniß pomphaft und in schwierigem Vortrage darstellt, gehört zu den Erklärungen des Organischen aus der wirkenden Ursache; wiewohl er im Grunde bloß besagt, daß die Natur nicht bei jedem Erzeugnisse von vorne anfängt und aus nichts schafft, sondern, gleichsam im selben Stile fortschreibend, an das Vorhandene anknüpft, die früheren Gestaltungen benutzt, entwickelt und höher potenzirt, ihr Werk weiter zu führen; wie sie es eben so in der Steigerung der Thierreihe gehalten hat, ganz nach der Regel: *natura non facit saltus, et quod commodissimum in omnibus suis operationibus sequitur* [Die Natur macht keine Sprünge und schlägt bei allen ihren Unternehmungen den bequemsten Weg ein] *(Arist. de incessu animalium, c. 2 et 8).* Ja, die Blüthe dadurch erklären, daß man in allen ihren Theilen die Form des Blattes nachweist, kommt mir fast vor, wie die Struktur eines Hauses dadurch erklären, daß man zeigt, alle seine Theile, Stockwerke, Erker und Dachkammern, seien nur aus Backsteinen zusammengesetzt und bloße Wiederholung der Ureinheit des Backsteins. Und nicht viel besser, jedoch viel problematischer, scheint mir die Erklärung des Schädels aus Wirbelbeinen; wiewohl es eben auch hier sich von selbst versteht, daß das Futteral des Gehirns dem Futteral des Rückenmarks, dessen Fortsetzung und Ende-Knauf es ist, nicht absolut heterogen und ganz disparat [ungleichartig], vielmehr in der selben Art fortgeführt seyn wird. Diese ganze Betrachtungsart gehört der oben erwähnten Homologie R. Owen's an. – Dagegen scheint mir folgende, von einem Italiäner, dessen Name mir entfallen ist, herrührende Erklärung des Wesens der Blume aus ihrer Endursache einen viel befriedigenderen Aufschluß zu geben. Der Zweck der *Corolla* [Blumenkrone] ist: 1) Schutz des Pistills [Stempels] und der *stamina* [Staubgefäße]; 2) werden mittelst ihrer die verfeinerten Säfte bereitet, welche im *pollen* [Blütenstaub] und *germen* [Fruchtknoten] koncentrirt sind; 3) sondert sich aus den Drüsen ihres Bodens das ätherische Oel ab, welches, als meistens wohlriechender Dunst, Antheren [Pollenträger] und Pistill umgebend, sie vor dem Einfluß der feuchten Luft einigermaaßen schützt. – Zu den Vorzügen der Endursachen gehört auch, daß jede wirkende Ursache zuletzt immer auf einem Unerforschlichen, nämlich einer Naturkraft, d. i. einer *qualitas occulta,* beruht, daher sie nur eine relative Erklärung geben kann; während die Endursache, in ihrem Bereich, eine genügende und vollständige Erklärung liefert. Ganz zufrieden gestellt sind wir freilich erst dann, wann wir beide, die wirkende Ursache, vom Aristoteles auch ἡ αιτια εξ αναγκης [die notwendig wirkende Ursache] genannt, und die Endursache, ἡ χαριν του βελτιονος [die Ursache zum Zwecke des Besseren], zugleich und doch gesondert erkennen, als wo uns ihr Zusammentreffen, die wundersame Konspiration derselben, überrascht, vermöge welcher das Beste als ein ganz Nothwendiges eintritt, und das Nothwendige wieder, als ob es bloß das Beste und nicht nothwendig wäre: denn da entsteht in uns die Ahndung, daß beide Ursachen, so verschieden auch ihr Ursprung sei, doch in der Wurzel, dem Wesen der Dinge an sich, zusammenhängen. Eine solche zwiefache Erkenntniß ist jedoch selten erreichbar: in der organischen Natur, weil die wirkende Ursache uns selten bekannt ist; in der unorganischen, weil die Endursache problematisch bleibt. Inzwischen will ich dieselbe durch ein Paar Beispiele, so gut ich sie im Bereich meiner physiologischen Kenntnisse finde, erläutern, welchen die Physiologen deutlichere und schlagendere substituiren [dafür einsetzen] mögen. Die Laus des Negers ist schwarz. Endursache: zu ihrer Sicherheit. Bewirkende Ursache: weil das schwarze *rete Malpighi* [Schleimschicht der Haut] des Negers ihre Nahrung ist. – Die so höchst mannigfaltige und brennend lebhafte Färbung des Gefieders tropischer Vögel erklärt man, wiewohl nur sehr im Allgemeinen, aus der starken Einwirkung des Lichtes zwischen den Wendekreisen, – als ihrer wirkenden Ursache. Als Endursache würde ich angeben, daß jene Glanzgefieder die Prachtuniformen sind, an denen die

Individuen der dort so zahllosen, oft dem selben *genus* angehörigen Species sich unter einander erkennen; so daß jedes Männchen sein Weibchen findet. Das Selbe gilt von den Schmetterlingen der verschiedenen Zonen und Breitengrade. – Man hat beobachtet, daß schwindsüchtige Frauen im letzten Stadio ihrer Krankheit leicht schwanger werden, daß während der Schwangerschaft die Krankheit stille steht, nach der Niederkunft aber verstärkt wieder eintritt und nun meistens den Tod herbeiführt: desgleichen, daß schwindsüchtige Männer, in ihrer letzten Lebenszeit, meistens noch ein Kind zeugen. Die Endursache ist hier, daß die auf die Erhaltung der Species überall so ängstlich bedachte Natur den heranrückenden Ausfall eines im kräftigen Alter stehenden Individuums geschwinde noch durch ein neues ersetzen will; die wirkende Ursache hingegen ist der in der letzten Periode der Schwindsucht eintretende ungewöhnlich gereizte Zustand des Nervensystems. Aus der selben Endursache ist das analoge Phänomen zu erklären, daß (nach Oken, »Die Zeugung«, S. 65) die mit Arsenik vergiftete Fliege, aus einem unerklärten Triebe, sich noch begattet und in der Begattung stirbt. – Die Endursache der *Pubes* [Schamhaare], bei beiden Geschlechtern, und des *Mons Veneris* [Venushügels], beim weiblichen, ist, daß auch bei sehr magern Subjekten, während der Kopulation, die *Ossa pubis* [Schambeine] nicht fühlbar werden sollen, als welches Abscheu erregen könnte: die wirkende Ursache hingegen ist darin zu suchen, daß überall, wo die Schleimhaut in die äußere Haut übergeht, Haare in der Nähe wachsen; nächstdem auch darin, daß Kopf und Genitalien gewissermaaßen entgegengesetzte Pole von einander sind, daher mancherlei Beziehungen und Analogien mit einander haben, zu welchen auch das Behaartseyn gehört. – Die selbe wirkende Ursache gilt auch vom Barte der Männer: die Endursache desselben vermuthe ich darin, daß das Pathognomische, also die, jede innere Bewegung des Gemüths verrathende schnelle Aenderung der Gesichtszüge, hauptsächlich am Munde und dessen Umgebung sichtbar wird: um daher diese, als eine bei Unterhandlungen, oder bei plötzlichen Vorfällen, oft gefährliche, dem Späherblicke des Gegenparts zu entziehn, gab die Natur (welche weiß, daß *homo homini lupus* [der Mensch dem Menschen ein Wolf ist: nach Plautus, *Asinaria*, 2, 495]) dem Manne den Bart. Hingegen konnte desselben das Weib entrathen; da ihr die Verstellung und Selbstbemeisterung *(contenance)* angeboren ist. – Es müssen sich, wie gesagt, viel treffendere Beispiele auffinden lassen, um daran nachzuweisen, wie das völlig blinde Wirken der Natur mit dem anscheinend absichtsvollen, oder wie Kant es nennt, der Mechanismus der Natur mit ihrer Technik, im Resultat zusammentrifft; welches darauf hinweist, daß Beide ihren gemeinschaftlichen Ursprung jenseit dieser Differenz haben, im Willen als Ding an sich. Für die Verdeutlichung dieses Gesichtspunkts würde man viel leisten, wenn man z. B. die wirkende Ursache finden könnte, welche das Treibholz den baumlosen Polarländern zuführt; oder auch die, welche das Festland unsers Planeten hauptsächlich auf die nördliche Hälfte desselben zusammengedrängt hat; während als Endursache hievon zu betrachten ist, daß der Winter jener Hälfte, weil er in das den Lauf der Erde beschleunigende Perihelium trifft, um acht Tage kürzer ausfällt und hiedurch wieder auch gelinder ist. Jedoch wird, bei Betrachtung der unorganischen Natur, die Endursache allemal zweideutig, und läßt uns, zumal wann die wirkende gefunden ist, im Zweifel, ob sie nicht eine bloß subjektive Ansicht, ein durch unsern Gesichtspunkt bedingter Schein sei. Hierin aber ist sie manchen Kunstwerken, z. B. den groben Musivarbeiten [Mosaikarbeiten], den Theaterdekorationen und dem aus groben Felsenmassen zusammengesetzten Gott Appennin zu Pratolino bei Florenz zu vergleichen, welche alle nur in die Ferne wirksam sind, in der Nähe aber verschwinden, indem an ihrer Stelle jetzt die wirkende Ursache des Scheines sichtbar wird: aber die Gestalten sind dennoch wirklich vorhanden und keine bloße Einbildung. Dem also analog verhalten sich die Endursachen in der unorganischen Natur, wenn die wirkenden hervortreten. Ja, wer einen weiten Ueberblick hat, würde es vielleicht hingehn lassen, wenn man hinzusetzte, daß es mit den *Ominibus* [Vorbedeutungen] ein ähnliches Bewandniß hat.

Wenn übrigens jemand die äußere Zweckmäßigkeit, welche, wie gesagt, stets zweideutig bleibt, zu physikotheologischen Demonstrationen mißbrauchen will, wie dies noch heut zu Tage, hoffentlich jedoch nur von Engländern, geschieht; so giebt es in dieser Gattung Beispiele *in contrarium* [die das Gegenteil beweisen], also Ateleologien genug, ihm das Koncept zu verrücken. Eine der stärksten bietet uns die Untrinkbarkeit des Meerwassers, in Folge welcher der Mensch der Gefahr zu verdursten nirgends mehr ausgesetzt ist, als gerade in der Mitte der großen Wassermassen seines Planeten. »Wozu braucht denn das Meer salzig zu seyn?« fragt man seinen Engländer.

Daß in der unorganischen Natur die Endursachen gänzlich zurücktreten, so daß eine aus ihnen allein gegebene Erklärung hier nicht mehr gültig ist, vielmehr die wirkenden Ursachen schlechterdings verlangt werden, beruht darauf, daß der auch in der unorganischen Natur sich objektivirende Wille hier nicht mehr in Individuen, die ein Ganzes für sich ausmachen, erscheint, sondern in Naturkräften und deren Wirken, wodurch Zweck und Mittel zu weit aus einander gerathen, als daß ihre Beziehung klar seyn und man eine Willensäußerung darin erkennen könnte. Dies tritt sogar, in gewissem Grade, schon bei der organischen Natur ein, nämlich da, wo die Zweckmäßigkeit eine äußere ist, d. h. der Zweck im einen, das Mittel im andern Individuo liegt. Dennoch bleibt sie auch hier noch unzweifelhaft, solange beide der selben Species angehören, ja, sie wird dann um so auffallender. Hieher ist zunächst die gegenseitig auf einander berechnete Organisation der Genitalien beider Geschlechter zu zählen, sodann auch manches der Begattung Entgegenkommende, z. B. bei der *Lampyris noctiluca* (Glühwurm) der Umstand, daß bloß das Männchen, welches nicht leuchtet, geflügelt ist, um das Weibchen aufsuchen zu können, das ungeflügelte Weibchen hingegen, da sie nur Abends hervorkommen, das phosphorische Licht besitzt, um vom Männchen gefunden werden zu können. Jedoch sind bei der *Lampyris Italica* beide Geschlechter leuchtend, welches zum Naturluxus des Südens gehört. Aber ein auffallendes, weil ganz specielles Beispiel der hier in Rede stehenden Art der Zweckmäßigkeit giebt die von Geoffroy St. Hilaire, in seinen letzten Jahren, gemachte schöne Entdeckung der nähern Beschaffenheit des Saugapparats der Cetaceen. Da nämlich alles Saugen die Thätigkeit der Respiration [Atmung] erfordert, kann es nur im respirabeln Medio [in zum Atemholen tauglicher Umgebung] selbst, nicht aber unter dem Wasser vor sich gehn, woselbst jedoch das saugende Junge des Wallfisches an den Zitzen der Mutter hängt; diesem nun zu begegnen, ist der ganze

Mammilarapparat [Säugeapparat] der Cetaceen so modificirt, daß er ein Injektionsorgan geworden ist und, dem Jungen ins Maul gelegt, ihm, ohne daß es zu saugen braucht, die Milch einspritzt. – Wo hingegen das Individuum, welches einem andern wesentliche Hülfe leistet, ganz verschiedener Art, sogar einem andern Naturreich angehörig ist, werden wir diese äußere Zweckmäßigkeit, eben so wie bei der unorganischen Natur, bezweifeln; es sei denn, daß augenfällig die Erhaltung der Gattungen auf ihr beruhe. Dies aber ist der Fall bei vielen Pflanzen, deren Befruchtung nur mittelst der Insekten vor sich geht, als welche nämlich entweder den Pollen [Blütenstaub] ans Stigma [an die Narbe] tragen, oder die Stamina [Staubgefäße] zum Pistill [Stempel] beugen: die gemeine Berberitze, viele Iris-Arten und *Aristolochia Clematitis* [Osterluzei] können sich ohne Hülfe der Insekten gar nicht befruchten. (Chr. Conr. Sprengel, Entdecktes Geheimniß u. s. w., 1793. – Willdenow, Grundriß der Kräuterkunde, 353.) Sehr viele Diöcisten [Pflanzen mit getrenntem Geschlecht], Monöcisten [eingeschlechtliche Pflanzen] und Polygamisten, z. B. Gurken und Melonen, sind im selben Fall. Die gegenseitige Unterstützung, welche die Pflanzen- und die Insekten-Welt von einander erhalten, findet man vortrefflich dargestellt in Burdachs großer Physiologie, Bd. 1, § 263. Sehr schön setzt er hinzu: »Dies ist keine mechanische Aushülfe, kein Nothbehelf, gleichsam als ob die Natur gestern die Pflanzen gebildet und dabei einen Fehler begangen hätte, den sie heute durch das Insekt zu verbessern suchte; es ist vielmehr eine tiefer liegende Sympathie der Pflanzenwelt mit der Thierwelt. Es soll die Identität Beider sich offenbaren: Beide, Kinder einer Mutter, sollen mit einander und durch einander bestehn.« – Und weiterhin: »Aber auch mit der unorganischen Welt steht das Organische in einer solchen Sympathie« u. s. w. – Einen Beleg zu diesem *Consensus naturae* [Übereinstimmen in der Natur] giebt auch die im zweiten Band der *Introduction into Entomology by Kirby and Spence* mitgetheilte Beobachtung, daß die Insekteneier, welche, an die Zweige der ihrer Larve zur Nahrung dienenden Bäume angeklebt, überwintern, genau zu der Zeit auskriechen, wo der Zweig ausschlägt, also z. B. die Aphis [Blattlaus] der Birke einen Monat früher als die der Esche: desgleichen, daß die Insekten der perennirenden Pflanzen auf diesen als Eier überwintern; die der bloß jährigen aber, da sie dies nicht können, im Puppenzustand. –

Drei große Männer haben die Teleologie, oder die Erklärung aus Endursachen, gänzlich verworfen, – und viele kleine Männer haben ihnen nachgebetet. Jene sind: Lukretius, Bako von Verulam und Spinoza. Allein bei allen dreien erkennt man deutlich genug die Quelle dieser Abneigung: daß sie nämlich die Teleologie für unzertrennlich von der spekulativen Theologie hielten, vor dieser aber eine so große Scheu (welche Bako zwar klüglich zu verbergen sucht) hegten, daß sie ihr schon von Weitem aus dem Wege gehn wollten. In jenem Vorurtheil finden wir auch noch den Leibnitz ganz und gar befangen, indem er es, als etwas sich von selbst Verstehendes, mit charakteristischer Naivetät ausspricht, in seiner *Lettre à M. Nicaise (Spinozae op. ed. Paulus, Vol. 2, p. 672): les causes finales, ou ce qui est la même chose, la considération de la sagesse divine dans l'ordre des choses* [die Endursachen, oder, was dasselbe bedeutet, die Betrachtung der göttlichen Weisheit in der Ordnung der Dinge]. (Den Teufel auch, *même chose!*) Auf dem selben Standpunkt finden wir sogar noch die heutigen Engländer, die *Bridgewater-treatise*-Männer, den Lord Brougham u. s. w., ja, sogar noch R. Owen, in seiner *Ostéologie comparée,* denkt gerade so wie Leibnitz; welches ich bereits im ersten Bande gerügt habe. Diesen Allen ist Teleologie sofort auch Theologie, und bei jeder in der Natur erkannten Zweckmäßigkeit brechen sie, statt zu denken und die Natur verstehn zu lernen, sofort in ein kindisches Geschrei *design! design!* [Absicht! Absicht!] aus, stimmen dann den Refrain ihrer Rockenphilosophie an, und verstopfen ihre Ohren gegen alle Vernunftgründe, wie sie ihnen doch schon der große Hume* entgegengehalten hat. An diesem ganzen Englischen Elend ist hauptsächlich die, jetzt, nach 70 Jahren, den Englischen Gelehrten wirklich zur Schande gereichende Unkenntniß der Kantischen Philosophie

* Hier sei es beiläufig bemerkt, daß, nach der Deutschen Litteratur seit Kant zu urtheilen, man glauben müßte, Hume's ganze Weisheit hätte in seinem handgreiflich falschen Skepticismus gegen das Kausalitätsgesetz bestanden, als wovon überall ganz allein geredet wird. Um Hume kennen zu lernen, muß man seine *Natural history of religion* und die *Dialogues on natural religion* lesen: da sieht man ihn in seiner Größe, und dies, nebst dem *essay 20, on national character,* sind die Schriften, wegen welcher er, – ich wüßte zu seinem Ruhme nichts Besseres zu sagen – bis auf den heutigen Tag der Englischen Pfaffenschaft über Alles verhaßt ist.

Schuld, und diese wieder beruht, wenigstens größten Theils, auf dem heillosen Einfluß jener abscheulichen Englischen Pfaffenschaft, welcher Verdummung in jeder Art eine Herzensangelegenheit ist, damit sie nur ferner die übrigens so intelligente Englische Nation in der degradirendesten Bigotterie befangen halten könne: daher tritt sie, vom niederträchtigsten Obskurantismus beseelt, dem Volksunterricht, der Naturforschung, ja, der Förderung alles menschlichen Wissens überhaupt, aus allen Kräften entgegen, und sowohl mittelst ihrer Konnexionen, als mittelst ihres skandalösen, unverantwortlichen und das Elend des Volks steigernden Mammons, erstreckt ihr Einfluß sich auch auf Universitätsgelehrte und Schriftsteller, die demnach (z. B. *Th. Brown, On cause and effect*) sich zu Reticenzen [Verschweigen] und Verdrehungen jeder Art bequemen, um nur nicht jenem »kalten Aberglauben« wie Pückler [in: *Briefe eines Verstorbenen*] sehr treffend ihre Religion bezeichnet), oder den gangbaren Argumenten für denselben, auch nur von Ferne in den Weg zu treten. –

Den dreien in Rede stehenden großen Männern hingegen, da sie lange vor dem Tagesanbruch der Kantischen Philosophie lebten, ist jene Scheu vor der Teleologie, ihres Ursprungs wegen, zu verzeihen; hielt doch sogar Voltaire den physikotheologischen Beweis für unwiderleglich. Um indessen auf dieselben etwas näher einzugehen; so ist zuvörderst die Polemik des Lukretius *(IV, 824–858)* gegen die Teleologie so kraß und plump, daß sie sich selbst widerlegt und vom Gegentheil überzeugt. – Was aber Bako betrifft *(De augm. scient., III, 4)*, so macht er erstlich, hinsichtlich des Gebrauchs der Endursachen, keinen Unterschied zwischen organischer und unorganischer Natur (worauf es doch gerade hauptsächlich ankommt), indem er, in seinen Beispielen derselben, Beide durch einander wirft. Dann bannt er die Endursachen aus der Physik in die Metaphysik: diese aber ist ihm, wie noch heut zu Tage Vielen, identisch mit der spekulativen Theologie. Von dieser also hält er die Endursachen für unzertrennlich, und geht hierin so weit, daß er den Aristoteles tadelt, weil dieser (was ich sogleich speciell loben werde) von den Endursachen starken Gebrauch gemacht habe, ohne sie doch je an die spekulative Theologie zu knüpfen. – Spinoza endlich *(Eth. I, prop. 36, appendix)* legt aufs Deutlichste an den Tag, daß er die Teleologie mit der Physikotheologie, gegen welche er sich mit Bitterkeit ausläßt, identificirt, so sehr, daß er das *naturam nihil frustra agere* [die Natur tue nichts vergeblich], erklärt: *hoc est, quod in usum hominum non sit* [das heißt, was nicht zum Nutzen der Menschen dient]; desgleichen: *omnia naturalia tanquam ad suum utile media considerant, et credunt aliquem alium esse, qui illa media paraverit* [Alles in der Natur betrachten sie als Mittel zu ihrem Nutzen, und sie glauben, daß es einen anderen gebe, der diese Mittel bereitet habe]; wie auch: *hinc statuerunt, Deos omnia in usum hominum fecisse et dirigere* [Daraus haben sie geschlossen, daß die Götter alles zum Nutzen der Menschen geschaffen haben und lenken]. Darauf nun stützt er seine Behauptung: *naturam finem nullum sibi praefixum habere et omnes causas finales nihil, nisi humana esse figmenta* [daß die Natur sich keinen Zweck vorgenommen habe und daß alle Endursachen nichts weiter seien als menschliche Erfindungen]. Ihm war es bloß darum zu thun, dem Theismus den Weg zu verrennen: als die stärkeste Waffe desselben aber hatte er ganz richtig den physikotheologischen Beweis erkannt. Diesen nun aber wirklich zu widerlegen war Kanten, und dem Stoffe desselben die richtige Auslegung zu geben mir vorbehalten; wodurch ich dem *est enim verum index sui et falsi* [Denn das Wahre legt Zeugnis ab für sich selbst wie für das Falsche] genügt habe. S p i n o z a nun aber wußte sich nicht anders zu helfen, als durch den desperaten Streich, die Teleologie selbst, also die Zweckmäßigkeit in den Werken der Natur zu leugnen, eine Behauptung, deren Monstroses Jedem, der die organische Natur nur irgend genauer kennen gelernt hat, in die Augen springt. Dieser beschränkte Gesichtspunkt des Spinoza, zusammen mit seiner völligen Unkenntniß der Natur, bezeugt genugsam seine gänzliche Inkompetenz in dieser Sache und die Albernheit Derer, die, auf seine Auktorität hin, glauben, von den Endursachen schnöde urtheilen zu müssen. –

Sehr vortheilhaft sticht gegen diese Philosophen der neuern Zeit A r i s t o t e l e s ab, der gerade hier sich von der glänzenden Seite zeigt. Er geht unbefangen an die Natur, weiß von keiner Physikotheologie, so etwas ist ihm nie in den Sinn gekommen, und nie hat er die Welt darauf angesehn, ob sie wohl ein Machwerk wäre: er ist in seinem Herzen rein von dem Allen; wie er denn auch *(De generat. anim., III, 11)* Hypothesen über den Ursprung der Thiere und Menschen aufstellt, ohne dabei auf den physikotheologischen Gedankengang zu gerathen. Immer sagt er ἡ φυσις ποιει *(natura facit)* [die Natur schafft], nie ἡ φυσις πεποιηται *(natura facta est)* [die Natur wird geschaffen]. Aber nachdem er die Natur treu und fleißig studirt hat, findet er, daß sie überall zweckmäßig verfährt und sagt: Ματην ὁρωμεν ουδεν ποιουσαν την φυσιν *(naturam nihil frustra facere cernimus)* [Wir sehen, daß die Natur nichts vergeblich tut]; *de respir., c. 10* – und in den Büchern *de partibus animalium* [= *de generat. animalium,* II, *6; de anima* II, *4; de partibus animalium* I, I], welche eine vergleichende Anatomie sind: Ουδε περιεργον ουδεν, ουτε ματην ἡ φυσις ποιει. – Ἡ φυσις ἑνεκα του ποιει παντα. – Πανταχου δε λεγομεν τοδε τουδε ἑνεκα, ὁπου αν φαινηται τελος τι, προς ὁ ἡ κινησις περαινει· ὡστε ειναι φανερον, ὁτι εστι τι τοιουτον, ὁ δη και καλουμεν φυσιν. – Επει το σωμα οργανον· ἑνεκα τινος γαρ ἑκαστον των μοριων, ὁμοιως τε και το ὁλον. *(Nihil supervacaneum, nihil frustra natura facit. – Natura rei alicujus gratia facit omnia. – Rem autem hanc esse illius gratia asserere ubique solemus, quoties finem intelligimus aliquem, in quem motus terminetur: quocirca ejusmodi aliquid esse constat, quod Naturam vocamus. – Est enim corpus instrumentum: nam membrum unumquodque rei alicujus gratia est, tum vero totum ipsum.)* [Die Natur tut nichts überflüssig und nichts vergebens. – Die Natur tut alles um eines Zweckes willen. – Überall aber sagen wir, dies geschieht für das, wo ein Zweck sichtbar ist, in welchen die Bewegung ausläuft; so daß klar ist, daß es so etwas gibt, was wir eben auch Natur nennen. – Denn der Leib ist ein Werkzeug; denn jeder seiner Teile dient einem Zweck, und ebenso der ganze Leib.] Ausführlicher S. 645 und 663 der Berliner Quart-Ausgabe – wie auch *De incessu animalium, c. 2:* Ἡ φυσις ουδεν ποιει ματην, αλλ' αει, εκ των ενδεχομενων τῃ ουσιᾳ, περι ἑκαστον γενος ζωου, το αριστον. *(Natura nihil frustra facit, sed semper ex iis, quae cuique animalium generis essentiae contingunt, id quod optimum est.)* [Die Natur tut nichts vergeblich, sondern immer das, was von dem bei jeder Tiergattung Möglichen das Beste ist.] Ausdrücklich aber empfiehlt er die Teleologie am Schlusse der Bücher *de generatione animalium,* und tadelt den Demokritos, daß er sie verleugnet habe, was Bako, in seiner Befangenheit, an diesem gerade lobt. Besonders aber *Physica, II, 8, p. 198,* redet Aristoteles *ex professo* [ausdrücklich] von den Endursachen und stellt sie als das wahre Princip der Naturbetrachtung auf. In der That muß jeder gute und regelrechte Kopf, bei Betrachtung der organischen Natur, auf Teleologie gerathen, jedoch keineswegs, wenn ihn nicht vorgefaßte Meinungen bestimmen, weder auf Physikotheologie, noch auf die von Spinoza getadelte Anthropoteleologie [Zweckmäßigkeit im Dasein des Menschen]. – Den Aristoteles überhaupt anlangend, will ich hier noch darauf aufmerksam machen, daß seine Lehren, soweit sie die unorganische Natur betreffen, höchst fehlerhaft und unbrauchbar sind, indem er in den Grundbegriffen der Mechanik und Physik den gröbsten Irrthümern huldigt, was um so unverzeihlicher ist, als schon vor ihm die Pythagoreer und Empedokles auf dem richtigen Weg gewesen waren und viel Besseres gelehrt hatten: hatte doch sogar, wie wir aus des Aristoteles zweitem Buche *de coelo (c. I, p. 284)* ersehn, Empedokles schon den Begriff einer der Schwere entgegenwirkenden, durch den Umschwung entstehenden Tangentialkraft gefaßt, welche Aristoteles wieder verwirft. Ganz entgegengesetzt nun aber verhält sich Aristoteles zur Betrachtung der organischen Natur: hier ist sein Feld, hier setzen seine reichen Kenntnisse, seine scharfe Beobachtung, ja mitunter tiefe Einsicht, in Erstaunen. So, um nur ein Beispiel anzuführen, hatte er schon den Antagonismus erkannt, in welchem, bei den Wiederkäuern, die Hörner mit den Zähnen des Oberkiefers stehn, vermöge dessen daher diese fehlen, wo jene sich finden, und umgekehrt *(De partib. anim., III, 2)*. – Daher denn auch seine richtige Würdigung der Endursachen.

Kapitel 27.

Vom Instinkt und Kunsttrieb.

Es ist als hätte die Natur zu ihrem Wirken nach Endursachen und der dadurch herbeigeführten bewundrungswürdigen Zweckmäßigkeit ihrer organischen Produktionen, dem Forscher einen erläuternden Kommentar an die Hand geben wollen, in den Kunsttrieben der Thiere. Denn diese zeigen uns aufs Deutlichste, daß Wesen mit der größten Entschiedenheit und Bestimmtheit auf einen Zweck hinarbeiten können, den sie nicht erkennen, ja, von dem sie keine Vorstellung haben. Ein solcher nämlich ist das Vogelnest, die Spinnenwebe, die Ameisenlöwengrube, der so künstliche Bienenstock, der wundervolle Termitenbau u. s. w., wenigstens für diejenigen thierischen Individuen, welche dergleichen zum ersten Mal ausführen; da weder die Gestalt des zu vollendenden Werks, noch der Nutzen desselben ihnen bekannt seyn kann. Gerade so aber wirkt auch die organisirende Natur; weshalb ich, im vorigen Kapitel, von der Endursache die paradoxe Erklärung gab, daß sie ein Motiv sei, welches wirkt, ohne erkannt zu werden. Und wie im Wirken aus dem Kunsttriebe das darin Thätige augenscheinlich und eingeständlich der Wille ist; so ist er es wahrlich auch im Wirken der organisirenden Natur.

Man könnte sagen: der Wille thierischer Wesen wird auf zwei verschiedene Weisen in Bewegung gesetzt: entweder durch Motivation, oder durch Instinkt; also von außen, oder von innen; durch einen äußern Anlaß, oder durch einen innern Trieb: jener ist erklärlich, weil er außen vorliegt, dieser unerklärlich, weil bloß innerlich. Allein, näher betrachtet, ist der Gegensatz zwischen Beiden nicht so scharf, ja, er läuft im Grunde auf einen Unterschied des Grades zurück. Das Motiv nämlich wirkt ebenfalls nur unter Voraussetzung eines innern Triebes, d. h. einer bestimmten Beschaffenheit des Willens, welche man den Charakter desselben nennt: diesem giebt das jedesmalige Motiv nur eine entschiedene Richtung, – individualisirt ihn, für den konkreten Fall. Eben so der Instinkt, obwohl ein entschiedener Trieb des Willens, wirkt nicht, wie eine Springfeder, durchaus nur von innen; sondern auch er wartet auf einen dazu nothwendig erforderten äußern Umstand, welcher wenigstens den Zeitpunkt seiner Aeußerung bestimmt: dergleichen ist für den Zugvogel die Jahreszeit; für den sein Nest bauenden Vogel die geschehene Befruchtung und das ihm vorkommende Material zum Nest; für die Biene ist es, zu Anfang des Baues, der Korb, oder der hohle Baum, und zu den folgenden Verrichtungen viele einzeln eintretende Umstände; für die Spinne ist es ein wohlgeeigneter Winkel; für die Raupe das passende Blatt; für das eierlegende Insekt der meistens sehr speciell bestimmte, oft seltsame Ort, wo die auskriechenden Larven sogleich ihre Nahrung finden werden, u. s. f. Hieraus folgt, daß bei den Werken der Kunsttriebe zunächst der Instinkt, untergeordnet jedoch auch der Intellekt dieser Thiere thätig ist: der Instinkt nämlich giebt das Allgemeine, die Regel; der Intellekt das Besondere, die Anwendung, indem er dem Detail der Ausführung vorsteht, bei welchem daher die Arbeit dieser Thiere offenbar sich den jedesmaligen Umständen anpaßt. Nach diesem Allen ist der Unterschied des Instinkts vom bloßen Charakter so fest zu stellen, daß jener ein Charakter ist, der nur durch ein *ganz speciell bestimmtes* Motiv in Bewegung gesetzt wird, weshalb die daraus hervorgehende Handlung allemal ganz gleichartig ausfällt; während der Charakter, wie ihn jede Thierspecies und jedes menschliche Individuum hat, zwar ebenfalls eine bleibende und unveränderliche Willensbeschaffenheit ist, welche jedoch durch sehr verschiedene Motive in Bewegung gesetzt werden kann und sich diesen anpaßt, weshalb die daraus hervorgehende Handlung, ihrer materiellen Beschaffenheit nach, sehr verschieden ausfallen kann, jedoch allemal den Stämpel des selben Charakters tragen, daher diesen ausdrücken und an den Tag legen wird, für dessen Erkenntniß mithin die materielle Beschaffenheit der Handlung, in der er hervortritt, im Wesentlichen gleichgültig ist: man könnte demnach *den Instinkt* erklären als einen über alle Maaßen *einseitigen* und *streng determinirten Charakter*. Aus dieser Darstellung folgt, daß das Bestimmtwerden durch bloße *Motivation* schon eine gewisse Weite der Erkenntnißsphäre, mithin einen vollkommener entwickelten Intellekt voraussetzt; daher es den obern Thieren, ganz vorzüglich aber dem Menschen, eigen ist; während das Bestimmtwerden durch *Instinkt* nur so viel Intellekt erfordert, wie nöthig ist, das ganz speciell bestimmte eine Motiv, welches allein und ausschließlich Anlaß zur Aeußerung des Instinkts wird, wahrzunehmen; weshalb es bei einer äußerst beschränkten Erkenntnißsphäre und daher eben, in der Regel und im höchsten Grade, nur bei den Thieren der untern Klassen, namentlich den Insekten, Statt findet. Da demnach die Handlungen dieser Thiere nur einer äußerst einfachen und geringen Motivation von außen bedürfen, ist das Medium dieser, also der Intellekt oder das Gehirn, bei ihnen auch nur schwach entwickelt, und ihre äußern Handlungen stehn großentheils unter der selben Leitung mit den innern, auf bloße Reize vor sich gehenden, physiologischen

Funktionen, also dem Gangliensystem. Dieses ist daher bei ihnen überwiegend entwickelt: ihr Haupt-Nervenstamm läuft, in Gestalt zweier Stränge, die bei jedem Gliede des Leibes ein Ganglion, welches dem Gehirn an Größe oft nur wenig nachsteht, bilden, unter dem Bauche hin, und ist, nach Cuvier, ein Analogon nicht sowohl des Rückenmarks, als des großen sympathischen Nerven. Diesem Allen gemäß stehn Instinkt und Leitung durch bloße Motivation in einem gewissen Antagonismus, in Folge dessen jener sein Maximum bei den Insekten, diese ihres beim Menschen hat und zwischen Beiden die Aktuirung [Antreibung] der übrigen Thiere liegt, mannigfaltig abgestuft, je nachdem bei jedem das Cerebral- oder das Gangliensystem überwiegend entwickelt ist. Eben weil das instinktive Thun und die Kunstverrichtungen der Insekten hauptsächlich vom Gangliensystem aus geleitet werden, geräth man, wenn man dieselben als allein vom Gehirn ausgehend betrachtet und demgemäß erklären will, auf Ungereimtheiten, indem man alsdann einen falschen Schlüssel anlegt. Der selbe Umstand giebt aber ihrem Thun eine bedeutsame Aehnlichkeit mit dem der Somnambulen, als welches ja ebenfalls daraus erklärt wird, daß, statt des Gehirns, der sympathische Nerv die Leitung auch der äußern Aktionen übernommen hat: die Insekten sind demnach gewissermaaßen natürliche Somnambulen. Dinge, denen man geradezu nicht beikommen kann, muß man sich durch eine Analogie faßlich machen: die soeben berührte wird dies in hohem Grade leisten, wenn wir dabei zu Hülfe nehmen, daß in Kiesers Tellurismus (Bd. 2, S. 250) ein Fall erwähnt wird, »wo der Befehl des Magnetiseurs an die Somnambule, im wachenden Zustande eine bestimmte Handlung vorzunehmen, von ihr, als sie erwacht war, ausgeführt ward, ohne daß sie sich des Befehls klar erinnerte«. Ihr war also, als müßte sie jene Handlung verrichten, ohne daß sie recht wußte warum. Gewiß hat dies die größte Aehnlichkeit mit Dem, was bei den Kunsttrieben in den Insekten vorgeht: der jungen Spinne ist, als müßte sie ihr Netz weben, obgleich sie den Zweck desselben nicht kennt, noch versteht. Auch werden wir dabei an das Dämonion [innere Stimme] des Sokrates erinnert, vermöge dessen er das Gefühl hatte, daß er eine ihm zugemuthete, oder nahe gelegte Handlung unterlassen müsse, ohne daß er wußte warum: – denn sein prophetischer Traum darüber war vergessen. Diesem analoge, ganz wohl konstatirte Fälle haben wir aus unsern Tagen; daher ich dieselben nur kurz in Erinnerung bringe. Einer hatte seinen Platz auf einem Schiffe ackordirt: als aber dieses absegeln sollte, wollte er, ohne sich eines Grundes bewußt zu seyn, schlechterdings nicht an Bord: es gieng unter. Ein Anderer geht, mit Gefährten, nach einem Pulverthurm: in dessen Nähe angelangt will er durchaus nicht weiter, sondern kehrt, von Angst ergriffen, schleunig um, ohne zu wissen warum: der Thurm flog auf. Ein Dritter, auf dem Ocean, fühlt sich eines Abends, ohne allen Grund, bewogen, sich nicht auszuziehn, sondern legt sich in Kleidern und Stiefeln, sogar mit der Brille, auf das Bett: in der Nacht geräth das Schiff in Brand, und er ist unter den Wenigen, die sich im Boote retten. Alles Dieses beruht auf der dumpfen Nachwirkung vergessener fatidiker [prophetischer] Träume und giebt uns den Schlüssel zu einem analogischen Verständniß des Instinkts und der Kunsttriebe.

Andererseits werfen, wie gesagt, die Kunsttriebe der Insekten viel Licht zurück auf das Wirken des erkenntnißlosen Willens im innern Getriebe des Organismus und bei der Bildung desselben. Denn ganz ungezwungen kann man im Ameisenhaufen oder im Bienenstock das Abbild eines auseinandergelegten und an das Licht der Erkenntniß gezogenen Organismus erblicken. In diesem Sinne sagt Burdach (Physiologie, Bd. 2, S. 22): »Die Bildung und Geburt der Eier kommt der Königin, die Einsaat und Sorge für die Ausbildung den Arbeiterinnen zu: in jener ist der Eierstock, in diesen der Uterus gleichsam zum Individuum geworden.« Wie im thierischen Organismus, so in der Insektengesellschaft ist die *vita propria* [Eigenleben] jedes Theiles dem Leben des Ganzen untergeordnet, und die Sorge für das Ganze geht der für die eigene Existenz vor; ja, diese wird nur bedingt gewollt, jenes unbedingt: daher werden sogar die Einzelnen dem Ganzen gelegentlich geopfert; wie wir ein Glied abnehmen lassen, um den ganzen Leib zu retten. So, z. B., wenn dem Zuge der Ameisen der Weg durch Wasser gesperrt ist, werfen sich die vordersten kühn hinein, bis ihre Leichen sich zu einem Damm für die nachfolgenden gehäuft haben. Die Drohnen, wann unnütz geworden, werden erstochen. Zwei Königinnen im Stock werden umringt und müssen mit einander kämpfen, bis eine von ihnen das Leben läßt. Die Ameisenmutter, nachdem das Befruchtungsgeschäft vorüber ist, beißt sich selbst die Flügel ab, die bei ihrem nunmehrigen Verpflegungsgeschäft einer neu zu gründenden Familie, unter der Erde, nur hinderlich seyn würden. *(Kirby and Spence, Vol. 1.)* Wie die Leber nichts weiter will, als Galle absondern, zum Dienste der Verdauung, ja, bloß dieses Zweckes halber selbst daseyn will, und eben so jeder andere Theil; so will auch die Arbeitsbiene weiter nichts, als Honig sammeln, Wachs absondern und Zellen bauen, für die Brut der Königin; die Drohne weiter nichts, als befruchten; die Königin nichts, als Eier legen: alle Theile also arbeiten bloß für den Bestand des Ganzen, als welches allein der unbedingte Zweck ist; gerade wie die Theile des Organismus. Der Unterschied ist bloß, daß im Organismus der Wille völlig blind wirkt, in seiner Ursprünglichkeit; in der Insektengesellschaft hingegen die Sache schon am Lichte der Erkenntniß vor sich geht, welcher jedoch nur in den Zufälligkeiten des Details eine entschiedene Mitwirkung und selbst einige Wahl überlassen ist, als wo sie aushilft und das Auszuführende den Umständen anpaßt. Den Zweck im Ganzen aber wollen die Insekten, ohne ihn zu erkennen; eben wie die nach Endursachen wirkende organische Natur: auch ist nicht die Wahl der Mittel im Ganzen, sondern bloß die nähere Anordnung derselben im Einzelnen, ihrer Erkenntniß überlassen. Daher aber eben ist ihr Handeln keineswegs maschinenmäßig; was am deutlichsten sichtbar wird, wenn man ihrem Treiben Hindernisse in den Weg legt. Z. B. die Raupe spinnt sich in Blätter, ohne Kenntniß des Zwecks; aber zerstört man das Gespinst, so flickt sie es geschickt aus. Die Bienen passen ihren Bau schon Anfangs den vorgefundenen Umständen an, und eingetretenen Unfällen, wie absichtlichen Zerstörungen, helfen sie auf das für den besondern Fall Zweckmäßigste ab. *(Kirby and Spence, Introd. to entomol. – Huber, Des abeilles.)* Dergleichen erregt unsere Bewunderung; weil die Wahrnehmung der Umstände und das Anpassen an dieselben offenbar Sache der Erkenntniß ist; während wir die künstlichste Vorsorge für das kommende Geschlecht und die ferne Zukunft ihnen ein für alle Mal zutrauen, wohl wissend, daß sie hierin nicht von der Erkenntniß geleitet werden: denn eine von dieser ausgehende Vorsorge der Art verlangt eine bis zur Vernunft gesteigerte Gehirntätigkeit. Hingegen dem Modificiren und Anordnen des Einzelnen, gemäß den vorliegenden oder eintretenden Umständen, ist selbst der Intellekt der untern Thiere gewachsen; weil er, vom Instinkt geleitet, nur die

Lücken, welche dieser läßt, auszufüllen hat. So sehn wir die Ameisen ihre Larven wegschleppen, sobald der Ort zu feucht, und wieder, sobald er zu dürre wird: den Zweck kennen sie nicht, sind also darin nicht von der Erkenntniß geleitet; aber die Wahl des Zeitpunkts, wo der Ort nicht mehr den Larven dienlich ist, wie auch die eines andern Orts, wohin sie dieselben jetzt bringen, bleibt ihrer Erkenntniß überlassen. – Hier will ich noch eine Thatsache erwähnen, die mir Jemand mündlich aus eigener Erfahrung mitgetheilt hat; wiewohl ich seitdem finde, daß Burdach sie nach Gleditsch anführt. Jener hatte, um den Todtengräber *(Necrophorus vespillo)* zu prüfen, einen auf der Erde liegenden todten Frosch an einen Faden gebunden, welcher am obern Ende einer schräg im Boden steckenden Ruthe befestigt war: nachdem nun einige Todtengräber, ihrer Sitte gemäß, den Frosch untergraben hatten, konnte dieser nicht, wie sie erwarteten, in den Boden sinken: nach vielem verlegenen Hin- und Herlaufen untergruben sie auch die Ruthe. – Dieser dem Instinkt geleisteten Nachhülfe und jenem Ausbessern der Werke des Kunsttriebes finden wir, im Organismus, die Heilkraft der Natur analog, als welche nicht nur Wunden vernarbt, selbst Knochen- und Nerven-Masse dabei ersetzend, sondern auch, wenn, durch Verlust eines Ader- oder Nerven-Zweiges eine Verbindung unterbrochen ist, eine neue eröffnet, mittelst Vergrößerung anderer Adern oder Nerven, ja vielleicht gar durch Hervortreibung neuer Zweige; welche ferner für einen erkrankten Theil, oder Funktion, eine andere vikariren läßt; beim Verlust eines Auges das andere schärft, und beim Verlust eines Sinnes alle übrigen; welche sogar eine an sich tödtliche Darmwunde bisweilen durch Anwachsen des *Mesenterii* [Gekröses] oder *Peritonaei* [Bauchfells] schließt; kurz, auf das Sinnreichste jedem Schaden und jeder Störung zu begegnen sucht. Ist hingegen der Schaden durchaus unheilbar, so eilt sie den Tod zu beschleunigen, und zwar um so mehr, je höherer Art, also je empfindlicher der Organismus ist. Sogar dies hat sein Analogon im Instinkt der Insekten: die Wespen nämlich, welche, den ganzen Sommer hindurch, ihre Larven, mit großer Mühe und Arbeit, vom Ertrag ihrer Räubereien aufgefüttert haben, nun aber, im Oktober, die letzte Generation derselben dem Hungertode entgegengehn sehn, erstechen diese. *(Kirby and Spence, Vol. 1, p. 374.)* Ja, noch seltsamere und speciellere Analogien lassen sich auffinden, z. B. diese: wenn die weibliche Hummel *(apis terrestris, bombylius)* Eier legt, ergreift die Arbeitshummeln ein Drang, die Eier zu verschlingen, welcher sechs bis acht Stunden anhält und befriedigt wird, wenn nicht die Mutter sie abwehrt und die Eier sorgsam bewacht. Nach dieser Zeit aber zeigen die Arbeitshummeln durchaus keine Lust, die Eier, selbst wenn ihnen dargeboten, zu fressen; vielmehr werden sie jetzt die eifrigen Pfleger und Ernährer der auskriechenden Larven. Dies läßt sich ungezwungen auslegen als ein Analogon der Kinderkrankheiten, namentlich des Zahnens, als bei welchem gerade die künftigen Ernährer des Organismus einen Angriff auf denselben thun, der so häufig ihm das Leben kostet. – Die Betrachtung aller dieser Analogien zwischen dem organischen Leben und dem Instinkt, nebst Kunsttrieb der unteren Thiere, dient, die Ueberzeugung, daß dem Einen wie dem Andern der Wille zum Grunde liegt, immer mehr zu befestigen, indem sie die untergeordnete, bald mehr, bald weniger beschränkte, bald ganz wegfallende Rolle der Erkenntniß, beim Wirken desselben, auch hier nachweist.

Aber noch in einer andern Rücksicht erläutern die Instinkte und die thierische Organisation sich wechselseitig: nämlich durch die in Beiden hervortretende Anticipation des Zukünftigen. Mittelst der Instinkte und Kunsttriebe sorgen die Thiere für die Befriedigung solcher Bedürfnisse, die sie noch nicht fühlen, ja, nicht nur der eigenen, sondern sogar der ihrer künftigen Brut: sie arbeiten also auf einen ihnen noch unbekannten Zweck hin: dies geht, wie ich im »Willen in der Natur«, S. 45 (zweite Auflage) [Bd. v uns. Ausg., S. 246] am Beispiel des *Bombyx* [Seidenraupe] erläutert habe, so weit, daß sie die Feinde ihrer künftigen Eier schon zum voraus verfolgen und tödten. Eben so nun sehn wir in der ganzen Korporisation eines Thieres seine künftigen Bedürfnisse, seine einstigen Zwecke, durch die organischen Werkzeuge zu ihrer Erreichung und Befriedigung anticipirt; woraus denn jene vollkommene Angemessenheit des Baues jedes Thieres zu seiner Lebensweise, jene Ausrüstung desselben mit den ihm nöthigen Waffen zum Angriff seiner Beute und zur Abwehr seiner Feinde, und jene Berechnung seiner ganzen Gestalt auf das Element und die Umgebung, in welcher es als Verfolger aufzutreten hat, hervorgeht, welche ich in der Schrift über den Willen in der Natur, unter der Rubrik »Vergleichende Anatomie«, ausführlich geschildert habe. – Alle diese sowohl im Instinkt, als in der Organisation der Thiere hervortretenden Anticipationen könnten wir unter den Begriff einer Erkenntniß *a priori* bringen, wenn denselben überhaupt eine Erkenntniß zum Grunde läge. Allein dies ist, wie gezeigt, nicht der Fall: ihr Ursprung liegt tiefer, als das Gebiet der Erkenntniß, nämlich im Willen als dem Dinge an sich, der als solcher auch von den Formen der Erkenntniß frei bleibt; daher in Hinsicht auf ihn die Zeit keine Bedeutung hat, mithin das Zukünftige ihm so nahe liegt, wie das Gegenwärtige.

Kapitel 28*.

Charakteristik des Willens zum Leben.

Unser zweites Buch schließt mit der Frage nach dem Ziel und Zweck jenes Willens, der sich als das Wesen an sich aller Dinge der Welt ergeben hatte. Die dort im Allgemeinen gegebene Beantwortung derselben zu ergänzen, dienen die folgenden Betrachtungen, indem sie den Charakter jenes Willens überhaupt darlegen.

Eine solche Charakteristik ist darum möglich, weil wir als das innere Wesen der Welt etwas durchaus Wirkliches und empirisch Gegebenes erkannt haben. Hingegen schon die Benennung »Weltseele«, wodurch Manche jenes innere Wesen bezeichnet haben, giebt statt desselben ein bloßes *ens rationis* [Gedankending]: denn »Seele« besagt eine individuelle Einheit des Bewußtseyns, die offenbar jenem Wesen nicht zukommt, und überhaupt ist der Begriff »Seele«, weil er Erkennen und Wollen in unzertrennlicher Verbindung und dabei doch unabhängig vom animalischen Organismus hypostasirt, nicht zu rechtfertigen, also nicht zu gebrauchen. Das Wort sollte nie anders als in tropischer Bedeutung angewendet werden: denn es ist keineswegs so unverfänglich, wie ψυχη oder *anima*, als welche Athem bedeuten. –

---

* Dieses Kapitel bezieht sich auf § 29 des ersten Bandes.

Noch viel unpassender jedoch ist die Ausdrucksweise der sogenannten Pantheisten, deren ganze Philosophie hauptsächlich darin besteht, daß sie das innere, ihnen unbekannte Wesen der Welt »Gott« betiteln; womit sie sogar viel geleistet zu haben meinen. Danach wäre denn die Welt eine Theophanie. Man sehe sie doch nur ein Mal darauf an, diese Welt beständig bedürftiger Wesen, die bloß d a d u r c h , daß sie einander auffressen, eine Zeitlang bestehn, ihr Daseyn unter Angst und Noth durchbringen und oft entsetzliche Quaalen erdulden, bis sie endlich dem Tode in die Arme stürzen: wer dies deutlich ins Auge faßt, wird dem Aristoteles den Rat geben, wenn er sagt: ἡ φυσις δαιμονια, αλλ' ου θεια εστι *(natura daemonia est, non divina)* [Die Natur ist dämonisch, aber nicht göttlich]; *de divinat., c. 2, p. 463;* ja, er wird gestehn müssen, daß einen Gott, der sich hätte beigehn lassen, sich in eine solche Welt zu verwandeln, doch wahrlich der Teufel geplagt haben müßte. – Ich weiß es wohl, die vorgeblichen Philosophen dieses Jahrhunderts thun es dem S p i n o z a nach und halten sich hiedurch gerechtfertigt. Allein S p i n o z a hatte besondere Gründe, seine alleinige Substanz so zu benennen, um nämlich wenigstens das Wort, wenn auch nicht die Sache, zu retten. Giordano Bruno's und Vanini's Scheiterhaufen waren noch in frischem Andenken: auch Diese nämlich waren jenem Gotte geopfert worden, für dessen Ehre, ohne allen Vergleich, mehr Menschenopfer geblutet haben, als auf den Altären aller heidnischen Götter beider Hemisphären zusammengenommen. Wenn daher S p i n o z a die Welt Gott benennt; so ist es gerade nur so, wie wenn R o u s s e a u , im *Contrat social,* stets und durchgängig mit dem Wort *le souverain* das Volk bezeichnet: auch könnte man es damit vergleichen, daß einst ein Fürst, welcher beabsichtigte, in seinem Lande den Adel abzuschaffen, auf den Gedanken kam, um Keinem das Seine zu nehmen, alle seine Unterthanen zu adeln. Jene Weisen unserer Tage haben freilich für die in Rede stehende Benennung noch einen andern Grund, der aber um nichts triftiger ist. Sie alle nämlich gehn, bei ihrem Philosophiren, nicht von der Welt, oder unserm Bewußtseyn von dieser aus, sondern von Gott, als einem Gegebenen und Bekannten: er ist nicht ihr *quaesitum* [Gesuchtes], sondern ihr *datum* [Gegebenes]. Wären sie Knaben, so würde ich ihnen darthun, daß dies eine *petitio principii* ist: jedoch sie wissen es, so gut wie ich. Allein nachdem K a n t bewiesen hat, daß der Weg des frühern, redlich verfahrenden Dogmatismus, von der Welt zu einem Gott, doch nicht dahin führe; – da meinen nun diese Herren, sie hätten einen feinen Ausweg gefunden und machten es pfiffig. Der Leser späterer Zeit verzeihe, daß ich ihn von Leuten unterhalte, die er nicht kennt.

Jeder Blick auf die Welt, welche zu erklären die Aufgabe des Philosophen ist, bestätigt und bezeugt, daß Wille zum Leben, weit entfernt eine beliebige Hypostase, oder gar ein leeres Wort zu seyn, der allein wahre Ausdruck ihres innersten Wesens ist. Alles drängt und treibt zum Daseyn, wo möglich zum organischen, d. i. zum Leben, und danach zur möglichsten Steigerung desselben: an der thierischen Natur wird es dann augenscheinlich, daß Wille zum Leben der Grundton ihres Wesens, die einzige unwandelbare und unbedingte Eigenschaft desselben ist. Man betrachte diesen universellen Lebensdrang, man sehe die unendliche Bereitwilligkeit, Leichtigkeit und Ueppigkeit, mit welcher der Wille zum Leben, unter Millionen Formen, überall und jeden Augenblick, mittelst Befruchtungen und Keimen, ja, wo diese mangeln, mittelst *generatio aequivoca*, sich ungestüm ins Daseyn drängt, jede Gelegenheit ergreifend, jeden lebensfähigen Stoff begierig an sich reißend: und dann wieder werfe man einen Blick auf den entsetzlichen Allarm und wilden Aufruhr desselben, wann er in irgend einer einzelnen Erscheinung aus dem Daseyn weichen soll; zumal wo dieses bei deutlichem Bewußtseyn eintritt. Da ist es nicht anders, als ob in dieser einzigen Erscheinung die ganze Welt auf immer vernichtet werden sollte, und das ganze Wesen eines so bedrohten Lebenden verwandelt sich sofort in das verzweifelteste Sträuben und Wehren gegen den Tod. Man sehe z. B. die unglaubliche Angst eines Menschen in Lebensgefahr, die schnelle und so ernstliche Theilnahme jedes Zeugen derselben und den gränzenlosen Jubel nach der Rettung. Man sehe das starre Entsetzen, mit welchem ein Todesurtheil vernommen wird, das tiefe Grausen, mit welchem wir die Anstalten zu dessen Vollziehung erblicken, und das herzzerreißende Mitleid, welches uns bei dieser selbst ergreift. Da sollte man glauben, daß es sich um etwas ganz Anderes handelte, als bloß um einige Jahre weniger einer leeren, traurigen, durch Plagen jeder Art verbitterten und stets ungewissen Existenz; vielmehr müßte man denken, daß Wunder was daran gelegen sei, ob Einer etliche

Jahre früher dahin gelangt, wo er, nach einer ephemeren Existenz, Billionen Jahre zu seyn hat. – An solchen Erscheinungen also wird sichtbar, daß ich mit Recht als das nicht weiter Erklärliche, sondern jeder Erklärung zum Grunde zu Legende, den Willen zum Leben gesetzt habe, und daß dieser, weit entfernt, wie das Absolutum, das Unendliche, die Idee und ähnliche Ausdrücke mehr, ein leerer Wortschall zu seyn, das Allerrealste ist, was wir kennen, ja, der Kern der Realität selbst.

Wenn wir nun aber, von dieser aus unserm Innern geschöpften Interpretation einstweilen abstrahirend, uns der Natur fremd gegenüberstellen, um sie objektiv zu erfassen; so finden wir, daß sie, von der Stufe des organischen Lebens an, nur eine Absicht hat: die der Erhaltung aller Gattungen. Auf diese arbeitet sie hin, durch die unermeßliche Ueberzahl von Keimen, durch die dringende Heftigkeit des Geschlechtstriebes, durch dessen Bereitwilligkeit sich allen Umständen und Gelegenheiten anzupassen, bis zur Bastarderzeugung, und durch die instinktive Mutterliebe, deren Stärke so groß ist, daß sie, in vielen Thierarten, die Selbstliebe überwiegt, so daß die Mutter ihr Leben opfert, um das des Jungen zu retten. Das Individuum hingegen hat für die Natur nur einen indirekten Werth, nämlich nur sofern es das Mittel ist, die Gattung zu erhalten. Außerdem ist ihr sein Daseyn gleichgültig, ja, sie selbst führt es dem Untergang entgegen, sobald es aufhört zu jenem Zwecke tauglich zu seyn. Wozu das Individuum dasei, wäre also deutlich: aber wozu die Gattung selbst? dies ist eine Frage, auf welche die bloß objektiv betrachtete Natur die Antwort schuldig bleibt. Denn vergeblich sucht man, bei ihrem Anblick, von diesem rastlosen Treiben, diesem ungestümen Drängen ins Daseyn, dieser ängstlichen Sorgfalt für die Erhaltung der Gattungen, einen Zweck zu entdecken. Die Kräfte und die Zeit der Individuen gehn auf in der Anstrengung für ihren und ihrer Jungen Unterhalt, und reichen nur knapp, bisweilen selbst gar nicht dazu aus. Wenn aber auch hier und da ein Mal ein Ueberschuß von Kraft und dadurch von Wohlbehagen – bei der einen vernünftigen Gattung, auch wohl von Erkenntniß – bleibt; so ist dies viel zu unbedeutend, um für den Zweck jenes ganzen Treibens der Natur gelten zu können. – Die ganze Sache so rein objektiv und sogar fremd ins Auge gefaßt, sieht es gerade aus, als ob der Natur bloß daran gelegen wäre, daß von allen ihren (Platonischen) Ideen, d. i. permanenten Formen, keine verloren gehn möge: danach hätte sie in der glücklichen Erfindung und Aneinanderfügung dieser Ideen (zu der die drei vorhergegangenen Thierbevölkerungen der Erdoberfläche die Vorübung gewesen) sich selber so gänzlich genug gethan, daß jetzt ihre einzige Besorgniß wäre, es könne irgend einer dieser schönen Einfälle verloren gehn, d. i. irgend eine jener Formen könne aus der Zeit und Kausalreihe verschwinden. Denn die Individuen sind flüchtig, wie das Wasser im Bach, die Ideen hingegen beharrend, wie dessen Strudel: nur das Versiegen des Wassers würde auch sie vernichten. – Bei dieser räthselhaften Ansicht müßten wir stehn bleiben, wenn die Natur uns allein von außen, also bloß objektiv gegeben wäre, und wir sie, wie sie von der Erkenntniß aufgefaßt wird, auch als aus der Erkenntniß, d. i. im Gebiete der Vorstellung, entsprungen annehmen und demnach, bei ihrer Enträthselung, auf diesem Gebiete uns halten müßten. Allein es verhält sich anders, und allerdings ist uns ein Blick ins Innere der Natur gestattet; sofern nämlich dieses nichts Anderes, als unser eigenes Inneres ist, woselbst gerade die Natur, auf der höchsten Stufe, zu welcher ihr Treiben sich hinaufarbeiten konnte, angekommen, nun vom Lichte der Erkenntniß, im Selbstbewußtseyn, unmittelbar getroffen wird. Hier zeigt sich uns der Wille, als ein von der Vorstellung, in der die Natur, zu allen ihren Ideen entfaltet, dastand, *toto genere* Verschiedenes, und giebt uns jetzt, mit Einem Schlage, den Aufschluß, der auf dem bloß objektiven Wege der Vorstellung nie zu finden war. Das Subjektive also giebt hier den Schlüssel zur Auslegung des Objektiven.

Um den oben, zur Charakteristik dieses Subjektiven, oder des Willens, dargelegten, überschwänglich starken Hang aller Thiere und Menschen, das Leben zu erhalten und möglichst lange fortzusetzen, als ein Ursprüngliches und Unbedingtes zu erkennen, ist noch erfordert, daß wir uns deutlich machen, daß derselbe keineswegs das Resultat irgend einer objektiven Erkenntniß vom Werthe des Lebens, sondern von aller Erkenntniß unabhängig sei; oder, mit andern Worten, daß jene Wesen nicht als von vorne gezogen, sondern als von hinten getrieben sich darstellen.

Wenn man, in dieser Absicht, zuvörderst die unabsehbare

Reihe der Thiere mustert, die endlose Mannigfaltigkeit ihrer Gestalten betrachtet, wie sie, nach Element und Lebensweise, stets anders modificirt sich darstellen, dabei zugleich die unerreichbare und in jedem Individuo gleich vollkommen ausgeführte Künstlichkeit des Baues und Getriebes derselben erwägt, und endlich den unglaublichen Aufwand von Kraft, Gewandtheit, Klugheit und Thätigkeit, den jedes Thier, sein Leben hindurch, unaufhörlich zu machen hat, in Betrachtung nimmt; wenn man, näher darauf eingehend, z. B. die rastlose Emsigkeit kleiner, armsäliger Ameisen, die wundervolle und künstliche Arbeitsamkeit der Bienen sich vor Augen stellt, oder zusieht, wie ein einzelner Todtengräber *(Necrophorus Vespillo)* einen Maulwurf von vierzig Mal seine eigene Größe in zwei Tagen begräbt, um seine Eier hineinzulegen und der künftigen Brut Nahrung zu sichern (G l e d i t s c h, Physik. Bot. Oekon. Abhandl. III, 220), hiebei sich vergegenwärtigend, wie überhaupt das Leben der meisten Insekten nichts als eine rastlose Arbeit ist, um Nahrung und Aufenthalt für die aus ihren Eiern künftig erstehende Brut vorzubereiten, welche dann, nachdem sie die Nahrung verzehrt und sich verpuppt hat, ins Leben tritt, bloß um die selbe Arbeit von vorne wieder anzufangen; dann auch, wie, dem ähnlich, das Leben der Vögel größtentheils hingeht mit ihrer weiten und mühsamen Wanderung, dann mit dem Bau des Nestes und Zuschleppen der Nahrung für die Brut, welche selbst, im folgenden Jahre, die nämliche Rolle zu spielen hat, und so Alles stets für die Zukunft arbeitet, welche nachher Bankrott macht; – da kann man nicht umhin, sich umzusehn nach dem Lohn für alle diese Kunst und Mühe, nach dem Zweck, welchen vor Augen habend die Thiere so rastlos streben, kurzum zu fragen: Was kommt dabei heraus? Was wird erreicht durch das thierische Daseyn, welches so unübersehbare Anstalten erfordert? – Und da ist nun nichts aufzuweisen, als die Befriedigung des Hungers und des Begattungstriebes und allenfalls noch ein wenig augenblickliches Behagen, wie es jedem thierischen Individuo, zwischen seiner endlosen Noth und Anstrengung, dann und wann zu Theil wird. Wenn man Beides, die unbeschreibliche Künstlichkeit der Anstalten, den unsäglichen Reichthum der Mittel, und die Dürftigkeit des dadurch Bezweckten und Erlangten neben einander hält; so dringt sich die Einsicht auf, daß das Leben ein Geschäft ist, dessen Ertrag bei Weitem nicht die Kosten deckt.

Am augenfälligsten wird Dies an manchen Thieren von besonders einfacher Lebensweise. Man betrachte z. B. den Maulwurf, diesen unermüdlichen Arbeiter. Mit seinen übermäßigen Schaufelpfoten angestrengt zu graben, – ist die Beschäftigung seines ganzen Lebens: bleibende Nacht umgiebt ihn: seine embryonischen Augen hat er bloß, um das Licht zu fliehen. Er allein ist ein wahres *animal nocturnum* [Nachttier]; nicht Katzen, Eulen und Fledermäuse, die bei Nacht sehn. Was aber nun erlangt er durch diesen mühevollen und freudenleeren Lebenslauf? Futter und Begattung: also nur die Mittel, die selbe traurige Bahn fortzusetzen und wieder anzufangen, im neuen Individuo. An solchen Beispielen wird es deutlich, daß zwischen den Mühen und Plagen des Lebens und dem Ertrag oder Gewinn desselben kein Verhältniß ist. Dem Leben der sehenden Thiere giebt das Bewußtseyn der anschaulichen Welt, obwohl es bei ihnen durchaus subjektiv und auf die Einwirkung der Motive beschränkt ist, doch einen Schein von objektivem Werth des Daseyns. Aber der b l i n d e Maulwurf, mit seiner so vollkommenen Organisation und seiner rastlosen Thätigkeit, auf den Wechsel von Insektenlarven und Hungern beschränkt, macht die Unangemessenheit der Mittel zum Zweck augenscheinlich. – In dieser Hinsicht ist auch die Betrachtung der sich selber überlassenen Thierwelt, in menschenleeren Ländern, besonders belehrend. Ein schönes Bild einer solchen und der Leiden, welche ihr, ohne Zuthun des Menschen, die Natur selbst bereitet, giebt H u m b o l d t in seinen »Ansichten der Natur«, zweite Auflage, S. 30 fg.: auch unterläßt er nicht, S. 44, auf das analoge Leiden des mit sich selbst allezeit und überall entzweiten Menschengeschlechts einen Blick zu werfen. Jedoch wird am einfachen, leicht übersehbaren Leben der Thiere die Nichtigkeit und Vergeblichkeit des Strebens der ganzen Erscheinung leichter faßlich. Die Mannigfaltigkeit der Organisationen, die Künstlichkeit der Mittel, wodurch jede ihrem Element und ihrem Raube angepaßt ist, kontrastirt hier deutlich mit dem Mangel irgend eines haltbaren Endzweckes; statt dessen sich nur augenblickliches Behagen, flüchtiger, durch Mangel bedingter Genuß, vieles und langes Leiden, beständiger Kampf, *bellum omnium* [Krieg aller], Jedes ein Jäger und Jedes gejagt, Gedränge, Mangel, Noth und Angst, Geschrei und Geheul darstellt: und das geht so fort, *in secula seculorum* [in alle Ewigkeit], oder bis ein Mal wieder die Rinde des Planeten bricht. Junghuhn erzählt, daß er auf Java ein unabsehbares Feld ganz mit Gerippen bedeckt erblickt und für ein Schlachtfeld gehalten habe: es waren jedoch lauter Gerippe großer, fünf Fuß langer, drei Fuß breiter und eben so hoher Schildkröten, welche, um ihre Eier zu legen, vom Meere aus, dieses Weges gehn und dann von wilden Hunden *(Canis rutilans)* angepackt werden, die, mit vereinten Kräften sie auf den Rücken legen, ihnen den untern Harnisch, also die kleinen Schilder des Bauches, aufreißen und so sie lebendig verzehren. Oft aber fällt alsdann über die Hunde ein Tiger her. Dieser ganze Jammer nun wiederholt sich tausend und aber tausend Mal, Jahr aus Jahr ein. Dazu werden also diese Schildkröten geboren. Für welche Verschuldung müssen sie diese Quaal leiden? Wozu die ganze Gräuelscene? Darauf ist die alleinige Antwort: so objektivirt sich der Wille zum Leben†. Man betrachte ihn wohl und fasse ihn auf, in allen seinen Objektivationen: dann wird man zum Verständniß seines Wesens und der Welt

† Im *Siècle, 10 Avril 1859*, steht, sehr schön beschrieben, die Geschichte eines Eichhörnchens, das von einer Schlange magisch bis in ihren Rachen gezogen worden: »*Un voyageur qui vient de parcourir plusieurs provinces de l'île de Java cite un exemple remarquable du pouvoir fascinateur des serpens. Le voyageur dont il est question commençait à gravir le Junjind, un des monts appelés par les Hollandais Pepergebergte. Après avoir pénétré dans une épaisse forêt, il aperçut sur les branches d'un kijatile un écureuil de Java à tête blanche, folâtrant avec la grâce et l'agilité qui distinguent cette charmante espèce de rongeurs. Un nid sphérique, formé de brins flexibles et de mousse, placé dans les parties les plus élevées de l'arbre, à l'enfourchure de deux branches, et une cavité dans le tronc, semblaient les points de mire de ses yeux. A peine s'en était-il éloigné qu'il y revenait avec une ardeur extrême. On était dans le mois de juillet, et probablement l'écureuil avait en haut ses petits, et dans le bas le magasin à fruits. Bientôt il fut comme saisi d'effroi, ses mouvemens devinrent désordonnés, on eut dit qu'il cherchait toujours à mettre un obstacle entre lui et certaines parties de l'arbre: puis il se tapit et resta immobile entre deux branches. Le voyageur eut le sentiment d'un danger pour l'innocente bête, mais il ne pouvait deviner lequel. Il approcha, et un examen attentif lui fit découvrir dans un creux du tronc une couleuvre lien, dardant ses yeux fixes dans la direction de l'écureuil ... Notre voyageur trembla pour le pauvre écureuil. – L'appareil destiné à la perception des sons est peu parfait chez les serpens et ils ne paraissent pas avoir l'ouïe très fine. La couleuvre était d'ailleurs si attentive à sa proie qu'elle ne semblait nullement remarquer la présence d'un homme. Notre voyageur, qui était armé, aurait donc pu venir en aide à l'infortuné rongeur en tuant le serpent. Mais la science l'emporta sur la pitié, et il voulut voir quelle issue aurait le drame. Le dénoûment fut tragique. L'écureuil ne tarda point à pousser un cri plaintif qui, pour tous ceux qui le connaissent, dénote le voisinage d'un serpent. Il avança un peu, essaya de reculer, revint encore en avant, tâcha de retourner en arrière, mais s'approcha toujours plus du reptile. La couleuvre, roulée en spirale, la tête au-dessus des anneaux, et immobile comme un morceau de bois, ne le quittait pas du regard. L'écureuil, de branche en branche, et descendant toujours plus bas, arriva jusqu'à la partie nue du*

gelangen; nicht aber wenn man allgemeine Begriffe konstruirt und daraus Kartenhäuser baut. Die Auffassung des großen Schauspiels der Objektivation des Willens zum Leben und die Charakteristik seines Wesens erfordert freilich etwas genauere Betrachtung und größere Ausführlichkeit, als die Abfertigung der Welt dadurch, daß man ihr den Titel Gott beilegt, oder, mit einer Niaiserie [Albernheit], wie sie nur das Deutsche Vaterland darbietet und zu genießen weiß, erklärt, es sei die »Idee in ihrem Andersseyn«, – woran die Pinsel meiner Zeit zwanzig Jahre hindurch ihr unsägliches Genügen gefunden haben. Freilich, nach dem Pantheismus oder Spinozismus, dessen bloße Travestien [Verkleidungen] jene Systeme unsers Jahrhunderts sind, haspelt das Alles sich wirklich ohne Ende, die Ewigkeit hindurch so fort. Denn da ist die Welt ein Gott, *ens perfectissimum* [das vollkommenste Wesen]: d. h. es kann nichts Besseres geben, noch gedacht werden. Also bedarf es keiner Erlösung daraus; folglich giebt es keine. Wozu aber die ganze Tragikomödie dasei, ist nicht entfernt abzusehn; da sie keine

---

tronc. Alors le pauvre animal ne tenta même plus de fuir le danger. Attiré par une puissance invincible, et comme poussé par le vertige, il se précipita dans la gueule du serpent, qui s'ouvrit tout à coup démesurément pour le recevoir. Autant la couleuvre avait été inerte jusque là, autant elle devint active dès qu'elle fut en possession de sa proie. Déroulant ses anneaux et prenant sa course de bas en haut avec une agilité inconcevable, sa reptation la porta en un clin d'oeil au sommet de l'arbre, où elle alla sans doute digérer et dormir.«

[Ein Reisender, der vor kurzem mehrere Provinzen der Insel Java durchstreift hat, erwähnt ein bemerkenswertes Beispiel von der Zaubermacht der Schlangen. Der Reisende, von dem die Rede ist, fing an, den Junjind zu erklimmen, einen der Berge, welche bei den Holländern Pepergebergte heißen. Nachdem er in einen dichten Wald gedrungen war, bemerkte er auf den Ästen eines Kijatile ein javanisches Eichhorn mit weißem Kopfe, welches seine mutwilligen Sprünge mit jener Grazie und Behendigkeit ausführte, welche diese entzückende Art der Nagetiere auszeichnen. Ein rundliches Nest, aus biegsamem Reisig und Moos, auf dem höchsten Gipfel des Baumes, in der Gabelung zweier Äste, und andererseits eine Höhlung im Stamme schienen die beiden Zielpunkte seiner Augen zu bilden. So oft es sich von ihnen entfernte, kehrte es mit großem Eifer zu ihnen zurück. Es war im Monat Juli, und das Eichhörnchen hatte wahrscheinlich hoch oben seine Jungen und unten seine Vorratskammer für Früchte. Plötzlich war es wie von Schrecken ergriffen, seine Bewegungen wurden ungeregelt, es war, als wenn es immer versuchte, ein Hindernis zwischen sich und eine bestimmte Gegend des Baumes zu bringen: endlich kauerte es nieder und blieb unbeweglich zwischen zwei Ästen sitzen. Der Reisende hatte den Eindruck, als wenn dem unschuldigen Tierchen eine Gefahr drohte, aber er konnte nicht erraten, von welcher Art sie war. Er näherte sich, und eine aufmerksame Prüfung ließ ihn in einer Höhlung des Stammes eine Bandnatter entdecken, welche ihre Augen fest auf das Eichhörnchen heftete ... Unser Reisender zitterte für das arme Eichhörnchen. – Der Apparat, der zur Wahrnehmung der Töne dient, ist bei den Schlangen wenig ausgebildet, und sie scheinen kein sehr feines Gehör zu haben. Übrigens war die Schlange so aufmerksam

Zuschauer hat und die Akteurs selbst unendliche Plage ausstehn, bei wenigem und bloß negativem Genuß.

Nehmen wir jetzt noch die Betrachtung des Menschengeschlechts hinzu; so wird die Sache zwar komplicirter und erhält einen gewissen ernsten Anstrich: doch bleibt der Grundcharakter unverändert. Auch hier stellt das Leben sich keineswegs dar als ein Geschenk zum Genießen, sondern als eine Aufgabe, ein Pensum zum Abarbeiten, und dem entsprechend sehn wir, im Großen wie im Kleinen, allgemeine Noth, rastloses Mühen, beständiges Drängen, endlosen Kampf, erzwungene Thätigkeit, mit äußerster Anstrengung aller Leibes- und Geisteskräfte. Viele Millionen, zu Völkern vereinigt, streben nach dem Gemeinwohl, jeder Einzelne seines eigenen wegen; aber viele Tausende fallen als Opfer für dasselbe. Bald unsinniger Wahn, bald grübelnde Politik, hetzt sie zu Kriegen auf einander: dann muß Schweiß und Blut des großen Haufens fließen, die Einfälle Einzelner durchzusetzen, oder ihre Fehler abzubüßen. Im Frieden ist Industrie und Handel thätig, Erfindungen thun Wunder, Meere

---

auf ihre Beute, daß sie die Nähe eines Menschen gar nicht zu bemerken schien. Unser Reisender, der bewaffnet war, hätte also dem unglücklichen Nagetier zu Hilfe kommen und die Schlange töten können. Aber die Wißbegierde war stärker als das Mitleid, und er wollte sehen, wie das Schauspiel zu Ende gehen würde. Die Lösung des Knotens war tragisch. Das Eichhörnchen ermangelte nicht, einen klagenden Laut auszustoßen, welcher für alle, die ihn kennen, die Nähe einer Schlange anzeigt. Es ging ein wenig vor, suchte zurückzuweichen, ging dann wieder vorwärts, suchte umzukehren, aber es kam dem Reptil immer näher. Die Schlange, zusammengerollt, den Kopf über den Ringelungen und unbeweglich wie ein Stück Holz, wandte keinen Blick von ihm. Das Eichhörnchen kletterte von Ast zu Ast herunter und kam bis an die Stelle des Stammes, wo die Äste aufhörten. Jetzt versuchte das arme Tier gar nicht mehr zu fliehen. Angezogen durch eine unwiderstehliche Gewalt und gleichsam vom Schwindel ergriffen, stürzte es sich in den Rachen der Schlange, der sich plötzlich übermäßig weit öffnete, um es aufzunehmen. So unbeweglich die Schlange sich bis dahin verhalten hatte, so tätig wurde sie, sobald sie im Besitz ihrer Beute war. Sie wickelte ihre Ringe auf, nahm ihren Weg mit unglaublicher Behendigkeit in die Höhe und gelangte, emporkriechend, in einem Augenblick zum Gipfel des Baumes, ohne Zweifel, um dort zu verdauen und zu schlafen.]

An diesem Beispiel ersieht man, welcher Geist die Natur belebt, indem er sich darin offenbart, und wie sehr wahr der oben (S. 398 [409]) angeführte Ausspruch des Aristoteles ist. Diese Geschichte ist nicht bloß in magischer Hinsicht wichtig, sondern auch als Argument zum Pessimismus: daß ein Thier vom andern überfallen und gefressen wird, ist schlimm, jedoch kann man sich darüber beruhigen: aber daß so ein armes unschuldiges Eichhorn, neben dem Neste mit seinen Jungen sitzend, gezwungen ist, schrittweise, zögernd, mit sich selbst kämpfend und wehklagend dem weit offenen Rachen der Schlange entgegenzugehn und mit Bewußtseyn sich hineinstürzen, – ist so empörend und himmelschreiend, daß man fühlt wie Recht Aristoteles hat zu sagen: ἡ φυσις δαιμονια μεν εστι, οὐ δε θεια. [Die Natur ist dämonisch, nicht göttlich]. – Was für eine entsetzliche Natur ist diese, der wir angehören!

werden durchschifft, Leckereien aus allen Enden der Welt zusammengeholt, die Wellen verschlingen Tausende. Alles treibt, die Einen sinnend, die Andern handelnd, der Tumult ist unbeschreiblich. – Aber der letzte Zweck von dem Allen, was ist er? Ephemere und geplagte Individuen eine kurze Spanne Zeit hindurch zu erhalten, im glücklichsten Fall mit erträglicher Noth und komparativer Schmerzlosigkeit, der aber auch sogleich die Langeweile aufpaßt; sodann die Fortpflanzung dieses Geschlechts und seines Treibens. – Bei diesem offenbaren Mißverhältniß zwischen der Mühe und dem Lohn, erscheint uns, von diesem Gesichtspunkt aus, der Wille zum Leben, objektiv genommen, als ein Thor, oder subjektiv, als ein Wahn, von welchem alles Lebende ergriffen, mit äußerster Anstrengung seiner Kräfte, auf etwas hinarbeitet, das keinen Werth hat. Allein bei genauerer Betrachtung werden wir auch hier finden, daß er vielmehr ein blinder Drang, ein völlig grundloser, unmotivirter Trieb ist.

Das Gesetz der Motivation nämlich erstreckt sich, wie § 29 des ersten Bandes ausgeführt worden, nur auf die einzelnen Handlungen, nicht auf das Wollen *im Ganzen und überhaupt*. Hierauf beruht es, daß wenn wir das Menschengeschlecht und sein Treiben *im Ganzen und Allgemeinen* auffassen, dasselbe sich uns nicht, wie wenn wir die einzelnen Handlungen im Auge haben, darstellt als ein Spiel von Puppen, die nach Art der gewöhnlichen, durch äußere Fäden gezogen werden; sondern, von diesem Gesichtspunkt aus, als Puppen, welche ein inneres Uhrwerk in Bewegung setzt. Denn, wenn man, wie im Obigen geschehn, das so rastlose, ernstliche und mühevolle Treiben der Menschen vergleicht mit Dem, was ihnen dafür wird, ja auch nur jemals werden kann; so stellt das dargelegte Mißverhältniß sich heraus, indem man erkennt, daß das zu Erlangende, als bewegende Kraft genommen, zur Erklärung jener Bewegung und jenes rastlosen Treibens durchaus unzulänglich ist. Was nämlich ist denn ein kurzer Aufschub des Todes, eine kleine Erleichterung der Noth, Zurückschiebung des Schmerzes, momentane Stillung des Wunsches, – bei so häufigem Siege jener Allen und gewissem des Todes? Was könnten dergleichen Vortheile vermögen, genommen als wirkliche Bewegungsursachen eines, durch stete Erneuerung, zahllosen Menschengeschlechts, welches unablässig sich rührt, treibt, drängt, quält, zappelt und die gesammte tragikomische Weltgeschichte aufführt, ja, was mehr als Alles sagt, ausharrt in einer solchen Spottexistenz, so lange als Jedem nur möglich? – Offenbar ist das Alles nicht zu erklären, wenn wir die bewegenden Ursachen außerhalb der Figuren suchen und das Menschengeschlecht uns denken als in Folge einer vernünftigen Ueberlegung, oder etwas dieser Analoges (als ziehende Fäden), strebend nach jenen ihm dargebotenen Gütern, deren Erlangung ein angemessener Lohn wäre für sein rastloses Mühen und Plagen. Die Sache so genommen, würde vielmehr Jeder längst gesagt haben *le jeu ne vaut pas la chandelle* [Das Spiel zahlt sich nicht aus] und hinaus gegangen seyn. Aber, im Gegentheil, Jeder bewacht und beschützt sein Leben, gleichwie ein ihm bei schwerer Verantwortlichkeit anvertrautes theures Pfand, unter endloser Sorge und häufiger Noth, darunter eben das Leben hingeht. Das Wofür und Warum, den Lohn dafür sieht er freilich nicht; sondern er hat den Werth jenes Pfandes unbesehens, auf Treu und Glauben, angenommen, und weiß nicht, worin er besteht. Daher habe ich gesagt, daß jene Puppen nicht von außen gezogen werden, sondern jede das Uhrwerk in sich trägt, vermöge dessen ihre Bewegungen erfolgen. Dieses ist der Wille zum Leben, sich bezeigend als ein unermüdliches Triebwerk, ein unvernünftiger Trieb, der seinen zureichenden Grund nicht in der Außenwelt hat. Er hält die Einzelnen fest auf diesem Schauplatz und ist das *primum mobile* ihrer Bewegungen; während die äußern Gegenstände, die Motive, bloß die Richtung derselben im Einzelnen bestimmen: sonst wäre die Ursache der Wirkung gar nicht angemessen. Denn, wie jede Aeußerung einer Naturkraft eine Ursache hat, die Naturkraft selbst aber keine; so hat jeder einzelne Willensakt ein Motiv, der Wille überhaupt aber keines: ja, im Grunde ist dies Beides Eins und das Selbe. Ueberall ist der Wille, als das Metaphysische, der Gränzstein jeder Betrachtung, über den sie nirgends hinauskann. Aus der dargelegten Ursprünglichkeit und Unbedingtheit des Willens ist es erklärlich, daß der Mensch ein Daseyn voll Noth, Plage, Schmerz, Angst und dann wieder voll Langerweile, welches, rein objektiv betrachtet und erwogen, von ihm verabscheut werden müßte, über Alles liebt und dessen Ende, welches jedoch das einzige Gewisse für ihn ist, über Alles fürchtet*. – Demgemäß sehn wir

---

* *Augustini de civit. Dei, L. XI, c. 27* verdient, als ein interessanter Kommentar zu dem hier Gesagten, verglichen zu werden.

oft eine Jammergestalt, von Alter, Mangel und Krankheit verunstaltet und gekrümmt, aus Herzensgrunde unsere Hülfe anrufen, zur Verlängerung eines Daseyns, dessen Ende als durchaus wünschenswerth erscheinen müßte, wenn ein objektives Urtheil hier das Bestimmende wäre. Statt dessen also ist es der blinde Wille, auftretend als Lebenstrieb, Lebenslust, Lebensmuth: es ist das Selbe, was die Pflanze wachsen macht. Diesen Lebensmuth kann man vergleichen mit einem Seile, welches über dem Puppenspiel der Menschenwelt ausgespannt wäre und woran die Puppen mittelst unsichtbarer Fäden hiengen, während sie bloß scheinbar von dem Boden unter ihnen (dem objektiven Werthe des Lebens) getragen würden. Wird jedoch dieses Seil ein Mal schwach, so senkt sich die Puppe; reißt es, so muß sie fallen: denn der Boden unter ihr trug sie nur scheinbar: d. h. das Schwachwerden jener Lebenslust zeigt sich als Hypochondrie, *spleen,* Melancholie; ihr gänzliches Versiegen als Hang zum Selbstmord, der alsdann bei dem geringfügigsten, ja, einem bloß eingebildeten Anlaß eintritt, indem jetzt der Mensch gleichsam Händel mit sich selbst sucht, um sich todtzuschießen, wie Mancher es, zu gleichem Zweck, mit einem Andern macht: – sogar wird, zur Noth, ohne allen besondern Anlaß zum Selbstmord gegriffen. (Belege hiezu findet man in *Esquirol, Des maladies mentales,* 1838.) Und wie mit dem Ausharren im Leben, so ist es auch mit dem Treiben und der Bewegung desselben. Diese ist nicht etwas irgend frei Erwähltes: sondern, während eigentlich Jeder gern ruhen möchte, sind Noth und Langeweile die Peitschen, welche die Bewegung der Kreisel unterhalten. Daher trägt das Ganze und jedes Einzelne das Gepräge eines erzwungenen Zustandes und Jeder, indem er, innerlich träge, sich nach Ruhe sehnt, doch aber vorwärts muß, gleicht seinem Planeten, der nur darum nicht auf die Sonne fällt, weil eine ihn vorwärts treibende Kraft ihn nicht dazu kommen läßt. So ist denn Alles in fortdauernder Spannung und abgenöthigter Bewegung, und das Treiben der Welt geht, einen Ausdruck des Aristoteles *(de coelo, II, 13)* zu gebrauchen, ου φυσει, αλλα βιᾳ *(motu, non naturali, sed violento)* [nicht natürlich, sondern gewaltsam] vor sich. Die Menschen werden nur scheinbar von vorne gezogen, eigentlich aber von hinten geschoben: nicht das Leben lockt sie an, sondern die Noth drängt sie vorwärts. Das Gesetz der Motivation ist, wie alle Kausalität, bloße Form der Erscheinung. – Beiläufig gesagt, liegt hier der Ursprung des Komischen, des Burlesken, Grottesken, der fratzenhaften Seite des Lebens: denn wider Willen vorwärts getrieben geberdet Jeder sich wie er eben kann [nach Goethe, *Egmont*, III, 2], und das so entstehende Gedränge nimmt sich oft possirlich aus; so ernsthaft auch die Plage ist, welche darin steckt.

An allen diesen Betrachtungen also wird uns deutlich, daß der Wille zum Leben nicht eine Folge der Erkenntniß des Lebens, nicht irgendwie eine *conclusio ex praemissis* [Schlußfolgerung aus Voraussetzungen] und überhaupt nichts Sekundäres ist: vielmehr ist er das Erste und Unbedingte, die Prämisse aller Prämissen und eben deshalb Das, wovon die Philosophie auszugehn hat; indem der Wille zum Leben sich nicht in Folge der Welt einfindet, sondern die Welt in Folge des Willens zum Leben.

Ich brauche wohl kaum darauf aufmerksam zu machen, daß die Betrachtungen, mit welchen wir hier das zweite Buch beschließen, schon stark hindeuten auf das ernste Thema des vierten Buches, ja geradezu darin übergehn würden, wenn meine Architektonik nicht nöthig machte, daß erst, als eine zweite Betrachtung der Welt als Vorstellung, unser drittes Buch, mit seinem heitern Inhalt, dazwischenträte, dessen Schluß jedoch wieder eben dahin deutet.